扫码观看

配套视频课程

关注公众号

人大社法律出版

中国民法典释评

ZHONGGUO MINFADIAN SHIPING

合同编·通则

主　编　王利明
副主编　朱　虎
撰稿人　（以撰写条文顺序排列）
王利明　尹　飞　王叶刚
朱　虎　武　腾

中国人民大学出版社
·北京·

主编简介

主编：王利明，1960 年 2 月生，湖北省仙桃市人。1981 年获湖北财经学院法学学士学位；1984 年获中国人民大学法学硕士学位并留校任教；1990 年获中国人民大学法学博士学位；1989 年 2 月至 1990 年 2 月、1998 年 8 月至 1999 年 6 月，先后在美国密歇根大学法学院和哈佛大学法学院进修。现任中国人民大学法学院教授、博士研究生导师、中国法学会副会长、中国民法学研究会会长、中国人民大学民商事法律科学研究中心研究员，入选教育部长江学者奖励计划特聘教授。曾获“中国有突出贡献的博士学位获得者”“第一届十大杰出青年法学家”等荣誉称号、教育部优秀青年教师奖、第一届中韩青年学术奖，曾两次获得教育部颁发的国家级教学成果二等奖、四次获得教育部中国高校人文社会科学研究优秀成果奖一等奖等。

王利明教授曾任第九、十、十一届全国人大代表，第九届全国人大财经委员会委员，第十、十一届全国人大法律委员会委员；参与《民法总则》《合同法》《物权法》《侵权责任法》等多部法律的起草工作，担任中国法学会民法典编纂项目领导小组副组长并深度参与民法典的编纂工作。

副主编：朱虎，中国人民大学民商事法律科学研究中心研究员，中国人民大学法学院教授、博士生导师，全国人大常委会法制工作委员会民法典编纂工作专班成员。

撰稿人写作分工（按照撰写条文的顺序排列）

王利明：第 463—508 条；

尹　飞：第 509—534 条；

王叶刚：第 535—542 条；

朱　虎：第 543—576 条；

武　腾：第 577—594 条。

代总序

民法典的时代意义

民法典是新中国成立以来第一部以“法典”命名的法律，也是第一部直接以“民”命名的法典。以“法典”命名，表明凡是纳入民法典的规则，都具有基础性、典范性的特点；以“民”命名，说明民法典把人民愿望置于首位，充分反映人民的利益诉求。民法典的立法宗旨和目的就是充分反映人民群众的意愿，保障私权，维护广大人民群众的利益。

习近平总书记指出，“民法典在中国特色社会主义法律体系中具有重要地位，是一部固根本、稳预期、利长远的基础性法律”。如何理解习近平总书记所说的“基础性法律”？我认为可以从两个方面理解：一是在整个社会主义法律体系中，民法典是一部基础性法律。所谓“典”，就是典范、典籍的意思，在整个社会主义法律体系中，民法典是宪法之下的基础性法律。法律分为公法与私法两部分，它们分别确认公权与私权。现代法治的核心是规范公权、保障私权。一般认为，保障私权是由民法典等民事法律实现的，而规范公权是由公法承担的，但实际上，民法典通过确认和保护私权，也起到了规范公权的作用，其他法律、行政法规以及单行法等，都应当与民法典保持一致。同时，行政执法、司法也都要以民法典为基本遵循。二是在民事领域，民法典是基础性法律，换言之，民法典是私法的基本法。民事关系纷繁复杂，它不仅依靠民法典调整，还需要大量的民事单行法，而在所有调整民事主体财产和人身关系的法律中，民法典居于基础性地位，民法典也被称为私法基本法。

（一）推进民事立法的体系化

我国民法典的颁布有力地促进了民事立法的体系化。一方面，迄今为止，我国已经颁布了多部民商事法律，在民法典之外，还存在大量的单行法，如公司法、保险法、破产法等。民法典的颁布，使各个民商事单行法在民法典的统帅下，构成一个完整的、系统化的整体。民法典和民事单行法之间的关系，就像树根、主干与枝叶之间的关系，民法典是树根和主干，而民事单行法是枝叶，民事单行法必须以民法典为基础和根据。民法典的颁布有效沟通了民法典和单行法，这有利于消除民法典与单行法之间的冲突和矛盾。另一方面，就内部体系而言，民法典按照“总—分”结构，形成由总则、物权、合同等构成的完整体系，各分编也在一定的价值和原则指引下形成了由概念、规则、制度构成的、具有内在一致性的整体，实现了形式的一致性、内容的完备性以及逻辑自足性。民法典共分七编，即总则编、物权编、合同编、人格权编、婚姻家庭编、继承编、侵权责任编，它们都以对民事权利的确认和保护而形成一个体系化的整体。总则是对民事权利的一般规则作出的规定，各分编则是分别对物权、合同债权、人格权、婚姻家庭中的权利、继承权以及对各项权利的侵权责任制度所组成的规则体系。

民法典有助于制度的科学化，为良法善治奠定基础。在我国，由于长期没有民法典，许多调整民事关系的重要规则不能通过民事法律的方式表现出来，从而留下了法律调整的空白。这些法律空白一般是通过国务院各部委的规章及地方政府颁布的地方性规章予以填补的，而一些规章难免出现不当限制公民私权，或者变相扩张行政权的问题。民法典颁布后，其作为上位法，可以有效指导行政法规等制度，避免民法规范与行政法规、地方法规等的矛盾冲突，防止政出多门，保障交易主体的稳定预期，维持市场经济的正常运行。

（二）有效提升国家治理体系和治理能力的现代化

国家治理体系和治理能力现代化的主要特征是实现法治，即全面依法治国。如前述，现代法治的核心在于规范公权、保障私权。一方面，民法典构建了完备的民事权利体系，确立了完善的民事权利保护规则，鼓励个人积极维护自身权利，这不仅保障了私权，也有利于规范公权。民法典的各项规则也明确了各级政府依法行政的边界，就是说，国家机关要把民法典作为行政决策、行政管理、行政监督的重要标尺，不得违背法律法规随意作出减损自然人、法人和非法人组织合法权益或增加其义务的决定，这必将有力推动政府治理能力。另一方面，作为市民社会的一般私法以及百科全书，民法典通过合理的架构为民事活动提供各种基本准则，为交易活动确立基本的规则依据，为各种民事纠纷的预防和解决提供基本的遵循。民法典进一步强化私法自治，充分鼓励交易，维护交易安全。合同编从合同的订立到履行都强调了增进合同自由和私法自治这一宗旨，将有力调动市场主体从事交易的积极性。此外，民法典还有效地处理了个人与个人、个人与社会、个人与国家的关系，在对个人的保护中，同时强调对公共利益的维护，以实现个人和社会之间关系的平衡，这必将推动社会共建共治共享，促进社会和谐有序。

（三）完善社会主义市场经济法律体系

社会主义市场经济本质上是法治经济。各项民法制度根植于市场经济的土壤，其也反作用于市场经济，是市场经济有序发展的重要制度保障。我国《民法典》总则编所规定的诚实信用、公平原则等，确立了市场主体活动的基本原则，为诚信经济的建立提供了法律保障；总则编中的民事主体就涵盖了市场主体，民事法律行为制度、代理制度为市场主体从事交易活动提供了极大的便利；民法典的物权制度、合同制度是市场经济最基本的规则，是支撑市场经济最重要的两根法律支柱；民法典的担保制度也为融通资金、繁荣经济、保障债权提供了有力的制度保障。编纂民法典不仅完善了市场经济基本的法律制度，而且有利于营造良好的营商环境，并充分调动民事主体的积极性和创造性，维护市场交易秩序和交易安全。①

（四）为实现人民群众美好幸福生活提供保障

民法典的要义是为民立法，以民为本。“人民的福祉是最高的法律”。编纂民法典，就是顺应保障人民群众合法权益的需求，形成更加完备、更加切实的民事权利体系，完善权利保护和救济规则，形成较为有效的权利保护机制，使人民群众有更多、更直接、更实在的获得感、幸福感和安全感。我国《民法典》充分保障人民群众美好幸福生活，主要表现在以下几方面。

一是通过人格权编充分保障个人人格尊严。进入新时代，我国已经成为世界第二大经济体，人民物质生活条件得到了极大改善，不久即将全面建成小康社会。在基本温饱得到解决之后，人民群众就会有更高水平的精神生活追求，并希望过上更有尊严、更体面的生活。正因如此，“保护人格权、维护人格尊严，是我国法治建设的重要任务”②，例如，针对发送垃圾短信、垃圾邮件侵扰个人私人生活安宁的行为，《民法典》人格权编专门在隐私权部分规定了此种侵害隐私

---

①　王晨．关于《中华人民共和国民法典（草案）》的说明：二〇二〇年五月二十二日在第十三届全国人民代表大会第三次会议上．人民日报，2020-05-23（6）．

②　民法典分编草案首次提请审议：分编草案共六编总计千余条．人民日报，2018-08-28（6）．

权的行为类型，并第一次规定了私人生活安宁权，明确将个人私人生活安宁规定在隐私权之中，禁止非法进入、拍摄、窥视他人的住宅、宾馆房间等私密空间，禁止非法拍摄、窥视、窃听、公开他人的私密活动，禁止非法拍摄、窥视他人身体的私密部位（第1033条）。这有利于保障社会生活的安定有序。

二是民法典通过各项制度安排充分保障人民群众的物质生活需求。例如，《民法典》之物权编新增的居住权制度，对于解决"住有所居"问题、保障个人的居住利益具有重要意义。再如，《民法典》合同编之典型合同完善了租赁合同的规则，完善了优先购买权规则，新增优先承租权规则（第734条）。这对于稳定租赁关系、规范租赁市场秩序、保障承租人的居住利益具有重要意义。又如，合同编之典型合同部分还完善了运输合同的规则，这对于保障个人出行安全、维护运输秩序具有重要意义。

三是民法典通过各项民事责任制度充分保障人民的合法权益。民法典通过各项规则，守护老百姓"舌尖上的安全""车轮上的安全""头顶上的安全"等财产和人身安全。例如，《民法典》侵权责任编在产品责任部分规定了惩罚性赔偿规则（第1207条），这必将有力遏制生产、销售不合格食品的行为，有利于保证人们"舌尖上"的安全；侵权责任编还重点完善了高楼抛物致人损害的责任（第1254条），这有利于充分保障人们"头顶上的安全"。

（五）有利于实现依法行政、公正司法

民法典具有基础性和典范性的特点，是公民权利保护的宣言书，是民事主体的行为准则、依法行政的基本依循，也是法院裁判民事案件的基本遵循。民法典对于依法行政、公正司法的作用还表现在：一是资讯集中，方便找法。实践中之所以出现"同案不同判、同法不同解"现象，重要的原因就在于，法官选择法条和裁判依据存在差别。而法典化的一个重要优势在于"资讯集中"。正所谓"法典在手，找法不愁"，执法者、法官只要有一部民法典在手，并通过领悟其规则和精神，就可以找到民事裁判的主要依据。二是统一裁判依据。民法典是基础性法律，是行政执法者、法官适用法律的基本遵循，因此，处理民事纠纷，首先要从民法典中找法。在我国，长期以来，有些新法颁布以后，因为没有废止旧法，且没有指明新法修改了哪些旧有的规定，所以就产生了新法与旧法同时适用的现象，造成了规则的不统一。《民法典》的颁布将从根本上改变这一现象。《民法典》的颁行可以保障法官裁判依据的统一性，而正是因为法律适用具有一致性，法官的自由裁量权将在规范的约束下进行，这就可以保障法官平等地、统一地对不同案件作出判决，保障"类似情况类似处理"，从而实现判决结果的可预测性，实现法的安定性。三是提升执法和司法人员的能力。民法典是法律工作者今后研究、处理涉及民事纠纷的基本依据，也是执法、司法的基本平台，民事纠纷的解决都应当在该平台中研讨。在民事领域考验我们的执法能力，很大程度上就是衡量我们准确把握、理解和运用民法典的能力。《民法典》颁布后，如果执法和司法人员都能够真正学懂、弄通民法典的规则，就可以基本把握处理和裁判民事纠纷的基本规则，并能够按照体系化的思维方式处理民事纠纷。

序　言

民法典合同编的中国特色

合同法是市场经济的基本法，在现代市场经济法治保障中发挥着最为基础性的作用。我国《民法典》合同编一共分为三个分编（通则、典型合同、准合同），共计526条，占《民法典》条文总数的40%以上，几乎占据《民法典》的半壁江山，在《民法典》中具有举足轻重的地位。合同编是在系统总结我国合同立法经验的基础上产生的，它植根于中国大地，是我国改革开放和市场经济经验的总结，彰显了中国特色，也回应了我国经济生活、交易实践的需要。

从合同编的规范来源来看，其不仅借鉴了很多国家和地区的立法经验，也积极吸收了我国立法和司法实践经验，尤其是整体继受了1999年统一合同法的立法经验。《合同法》是立足中国国情、反映我国市场经济的需求，在充分借鉴国外先进的立法经验基础上制定的。二十多年的实践证明，《合同法》在保护当事人合同权益、促进市场经济健康有序发展以及维护社会经济秩序等方面发挥了重要的作用。《合同法》的大多数规则是符合我国市场经济的基本情况的，在交易实践和司法实践中也运行良好，因此其主要内容被《民法典》所吸收。除《合同法》外，合同编还积极总结司法实践经验，确立了相关规则，如预约合同、未生效合同、打破合同僵局、代位权的直接受偿等规则，这些规则都来源于司法实践，并且在实践中取得了良好的社会效果。从《民法典》合同编规则的来源可见，合同编立足中国基本国情，从中国的实践出发，解决当代中国的实践问题，充分彰显了中国特色。

合同编的中国特色主要表现在如下几个方面。

(一)体系结构上的重大创新

我国《民法典》的分则体系设计并未采纳德国、法国和瑞士的立法模式,没有设置债法总则,而是从中国实际情况出发,保持了合同法总则体系的完整性和内容的丰富性,这是对大陆法系民法典体系的一种重要创新。同时,为避免债法总则功能的缺失,合同编规范在一定程度上发挥了债法总则的功能,合同编新增了70个法条,其中将近三分之一涉及有关债的分类以及不当得利、无因管理等债的规则,具体而言:一是在合同的履行中规定了债的分类,补充了多数人之债(按份之债和连带之债)、选择之债、金钱之债等规则,为合同编发挥债法总则的功能创造了条件。二是合同编中严格区分了债权债务与合同的权利义务的概念。例如,在第六章"合同的变更和转让"中,规定了债权转让与债务移转,但合同的概括转让,则采取"合同的权利和义务一并转让"的表述(第556条),表明债权转让与债务移转可以适用于合同外的债权债务转让,而合同的概括转让仅仅适用于合同关系。三是借鉴法国法和英美法的经验,规定了准合同。我国民法典合同编第三分编对准合同作出了规定,其中规定了无因管理、不当得利制度,我国民法典合同编设立准合同分编,不再在债法中割裂各种债的发生原因,而使得不当得利与无因管理制度与合同制度有效联系,并充分考虑法律适用中的不同情形,从而实现了对法定之债与意定之债的整合。合同编发挥债法总则的功能,这种体系上的创新既避免了设置债法总则所可能导致的叠床架屋,同时也便利了司法适用,避免法官找法的困难;另外,此种立法设计也可以在规定债法总则共通性规则的基础上,保持合同法总则体系的完整性,这也有利于更好地解释适用合同编的规则。

(二)兼顾合同严守、合同自由和合同正义的关系

我国《民法典》合同编将合同严守作为最基础的价值,《民法典》第465条第1款规定:"依法成立的合同,受法律保护。"合同编强调合同对当事人的约束力,并通过合同的履行、保全、解除、违约责任等制度、规则,督促当事人遵守合同。合同法是自治法或任意法(dispositives Recht),合同的成立和内容基本取决于当事人意思自治。市场经济的发展需要进一步强化私法自治,充分鼓励交易,维护交易安全。合同编从合同的订立到履行都强调了增进合同自由和私法自治这一宗旨,将有力调动市场主体从事交易的积极性。合同编在保障合同自由、合同严守的基础上,注重维护合同正义,如规定了情势变更、不可抗力解除和免责、打破合同僵局以及违约金调整等规则,这些规则不仅填补了《合同法》的漏

洞，而且为解决因疫情等而产生的合同纠纷提供了基本依据，具有重大的现实意义。

（三）强化对弱势群体的人文关怀

古典的合同法理论认为，“契约即公正”，也就是说，合同自由可以自然导向合同正义。人们按照自己的意愿自主地进行交换，这种关系对于双方都是公正的，也有利于创造财富、实现资源的优化配置。然而，合同自由并没有也不可能完全实现社会正义，由于信息不对称、竞争不充分等原因，市场不能够完全自发、有效地配置资源，有时无法通过自发的合同交易实现社会财富的最有效流通，尤其是不能体现对弱势群体的关爱。因此，我国《民法典》合同编强化了对弱势群体的保护与关爱，彰显了实质正义和实质平等。例如，合同编考虑到了相关主体缔约能力的不足，确认了强制缔约、对格式条款的规制等一系列规则，旨在通过法律的强制性规定实现合同的实质正义。必须说明的是，合同编强化对弱势群体的保护是为了体现实质正义和实质平等。这并非放弃了形式正义和形式平等，而是在弱势群体保护上，合同编既要维护形式公平，也要实现实质公平，对弱势群体之外的主体仍要以形式平等为原则。

（四）突出对民生的保护

合同编在保留《合同法》所规定的15类典型合同的前提下，新增了4种典型合同，其中专门规定了物业服务合同，这主要是考虑到物业服务对老百姓安居乐业的重要性，与广大业主的权益密切相关。在该章中，合同编明确规定了业主单方解除权、前期物业服务合同、物业服务人的安全保障义务、物业服务人的相互交接等问题。为落实党的十九大报告提出的“加快建立多主体供给、多渠道保障、租购并举的住房制度”，合同编在租赁合同一章中进一步完善了买卖不破租赁规则（《民法典》第725条）、优先购买权规则（《民法典》第726条）、承租人优先承租权规则（《民法典》第734条）、承租人死亡后共同居住人的继续承租权规则（《民法典》第732条）等，这都有助于加强对承租人的保护，有利于实现租售并举的住房制度改革。

（五）贯彻民商合一的原则

我国历来采用民商合一的立法体例，这在合同编中体现得尤为明显。合同编秉持“民商合一”的立法传统，将许多商事法律规范纳入其中，如融资租赁、保理、仓储、建设工程、行纪等合同，都是典型的商事合同，其他一些典型合同也既包括民事也包括商事合同规则。合同编通则中的规则也同样采取了民商合一的原则。此外，为了改善营商环境，合同编进一步补充完善了所有权保留买卖、融资租赁、保理等具有担保性质的规则，并协调了合同性担保权利与担保物权之间的关系。例如，合同编在买卖合同中明确规定，出卖人对标的物保留的所有权，未经登记，不得对抗善意第三人（《民法典》第641条第2款），这就在一定程度上解决了各类担保的受偿顺位问题。

（六）彰显绿色原则

21世纪是一个面临严重生态危机的时代，生态环境被严重破坏，人类生存与发展的环境不断受到严峻挑战。良好的生态环境是人民美好幸福生活的重要内容，是最普惠的民生福祉。合同编直面这一问题，充分贯彻绿色原则。例如，《民法典》第509条第3款规定："当事人在履行合同过程中，应当避免浪费资源、污染环境和破坏生态。"这就明确规定了当事人在合同履行中应当避免浪费资源和破坏生态。再如，《民法典》第558条规定："债权债务终止后，当事人应当遵循诚信等原则，根据交易习惯履行通知、协助、保密、旧物回收等义务。"此外，在买卖合同中，合同编还明确规定，对于标的物的包装没有通用方式的，应当采取足以保护标的物且有利于节约资源、保护生态环境的包装方式（《民法典》第619条）；标的物在有效使用年限届满后应予回收的，出卖人负有自行或者委托第三人对标的物予以回收的义务（《民法典》第625条）。

（七）增加电子商务的规则

近些年来，我国电子商务发展迅速，无论是在交易数量还是总规模上，我国都居于全球首位。为适应电子商务交易发展的需要，合同编中增加了有关电子商务的规则，如针对电子合同本身所具有的无纸化、数据化等特点，《民法典》第469条第3款规定："以电子数据交换、电子邮件等方式能够有形地表现所载内容，并可以随时调取查用的数据电文，视为书面形式。"合同编在合同订立部分还增加了通过互联网方式订约的特别规则，《民法典》第491条第2款规定："当事人一方通过互联网等信息网络发布的商品或者服务信息符合要约条件的，对方选择该商品或者服务并提交订单成功时合同成立，但是当事人另有约定的除外。"这就对合同的成立时间进行了特别的规定。《民法典》第512条还就通过信息网络订立的电子合同标的物的交付时间作出了特别规定。这些规定都回应了互联网时代交易的需求。

我国《民法典》合同编的中国特色使其更加符合国情，更能回应我国市场经济发展需求、解决中国的现实问题，也更能把握中国的时代脉搏。因此，合同编更能为中国的市场经济发展保驾护航，更能使《民法典》走到群众身边，走进群众心里。

中国民法典作为 21 世纪最新的民法典，回应了互联网、高科技、大数据时代科技爆炸和科技进步带来的时代问题，充分彰显了时代精神和时代特征，如果说 19 世纪的《法国民法典》和 20 世纪初的《德国民法典》的问世，在世界民法发展史上具有典范的意义，那么 21 世纪中国民法典的出台，也必将在世界民法发展史上留下光辉篇章，有望于垂范后世！

2020 年 6 月

缩略语

《民法典》——《中华人民共和国民法典》
《物权法》——《中华人民共和国物权法》
《合同法》——《中华人民共和国合同法》
《经济合同法》——《中华人民共和国经济合同法》（已失效）
《涉外经济合同法》——《中华人民共和国涉外经济合同法》（已失效）
《技术合同法》——《中华人民共和国技术合同法》（已失效）
《旅游法》——《中华人民共和国旅游法》
《保险法》——《中华人民共和国保险法》
《民法通则》——《中华人民共和国民法通则》
《民法总则》——《中华人民共和国民法总则》
《仲裁法》——《中华人民共和国仲裁法》
《收养法》——《中华人民共和国收养法》
《婚姻法》——《中华人民共和国婚姻法》
《海商法》——《中华人民共和国海商法》
《公司法》——《中华人民共和国公司法》
《电子签名法》——《中华人民共和国电子签名法》
《电子商务法》——《中华人民共和国电子商务法》
《城市房地产管理法》——《中华人民共和国城市房地产管理法》
《证券投资基金法》——《中华人民共和国证券投资基金法》
《广告法》——《中华人民共和国广告法》
《涉外民事关系法律适用法》——《中华人民共和国涉外民事关系法律适用法》
《证券法》——《中华人民共和国证券法》
《执业医师法》——《中华人民共和国执业医师法》
《电力法》——《中华人民共和国电力法》
《消费者权益保护法》——《中华人民共和国消费者权益保护法》

《邮政法》——《中华人民共和国邮政法》
《矿产资源法》——《中华人民共和国矿产资源法》
《中外合资经营企业法》——《中华人民共和国中外合资经营企业法》(已失效)
《企业国有资产法》——《中华人民共和国企业国有资产法》
《票据法》——《中华人民共和国票据法》
《商业银行法》——《中华人民共和国商业银行法》
《农村土地承包法》——《中华人民共和国农村土地承包法》
《企业破产法》——《中华人民共和国企业破产法》
《标准化法》——《中华人民共和国标准化法》
《价格法》——《中华人民共和国价格法》
《人民币管理条例》——《中华人民共和国人民币管理条例》
《外汇管理条例》——《中华人民共和国外汇管理条例》
《招标投标法》——《中华人民共和国招标投标法》
《食品安全法》——《中华人民共和国食品安全法》
《合伙企业法》——《中华人民共和国合伙企业法》
《信托法》——《中华人民共和国信托法》
《产品质量法》——《中华人民共和国产品质量法》

《融资租赁合同司法解释》——《最高人民法院关于审理融资租赁合同纠纷案件适用法律问题的解释》

《城镇房屋租赁合同纠纷司法解释》——《最高人民法院关于审理城镇房屋租赁合同纠纷案件具体应用法律若干问题的解释》

《婚姻法司法解释三》——《最高人民法院关于适用〈中华人民共和国婚姻法〉若干问题的解释(三)》

《合同法司法解释一》——《最高人民法院关于适用〈中华人民共和国合同法〉若干问题的解释(一)》

《合同法司法解释二》——《最高人民法院关于适用〈中华人民共和国合同法〉若干问题的解释(二)》

《买卖合同司法解释》——《最高人民法院关于审理买卖合同纠纷案件适用法律问题的解释》

《商品房买卖合同司法解释》——《最高人民法院关于审理商品房买卖合同纠纷案件适用法律若干问题的解释》

《民事诉讼法司法解释》——《最高人民法院关于适用〈中华人民共和国民事诉讼法〉的解释》

《保险法司法解释二》——《最高人民法院关于适用〈中华人民共和国保险法〉若干问题的解释（二）》

《担保法司法解释》——《最高人民法院关于适用〈中华人民共和国担保法〉若干问题的解释》

《建设工程施工合同司法解释》——《最高人民法院关于审理建设工程施工合同纠纷案件适用法律问题的解释》

《诉讼时效规定》——《最高人民法院关于审理民事案件适用诉讼时效制度若干问题的规定》

《技术合同司法解释》——《最高人民法院关于审理技术合同纠纷案件适用法律若干问题的解释》

《破产法解释二》——《最高人民法院关于适用〈中华人民共和国企业破产法〉若干问题的规定（二）》

《民法通则意见》——《最高人民法院关于贯彻执行〈中华人民共和国民法通则〉若干问题的意见（试行）》

《农村土地承包纠纷司法解释》——《最高人民法院关于审理涉及农村土地承包纠纷案件适用法律问题的解释》

《仲裁法解释》——《最高人民法院关于适用〈中华人民共和国仲裁法〉若干问题的解释》

《民间借贷司法解释》——《最高人民法院关于审理民间借贷案件适用法律若干问题的规定》

《外商投资纠纷司法解释》——《最高人民法院关于审理外商投资企业纠纷案件若干问题的规定（一）》

《矿业权纠纷司法解释》——《最高人民法院关于审理矿业权纠纷案件适用法律若干问题的解释》

目　录

第三编　合　同

第一分编　通　则

第三编 合 同

第一分编 通 则

第一章

一般规定

第四百六十三条

本编调整因合同产生的民事关系。

本条主旨

本条是关于合同编的概念和调整对象的规定。

相关条文

《合同法》第 2 条 本法所称合同是平等主体的自然人、法人、其他组织之间设立、变更、终止民事权利义务关系的协议。

婚姻、收养、监护等有关身份关系的协议，适用其他法律的规定。

理解与适用

一、合同编与合同法的概念

本条是关于合同编的概念和调整对象的规定。合同编是调整有关合同的订立、履行、保全等法律关系的规范，该编共计526条，条文数量在民法典中占比超过40%，其内容分为通则、典型合同和准合同三个分编：第一分编为通则。通则是关于合同的一般规则，或者说是所有典型合同共同适用的规则，也就是合同法的总则。其主要规范合同的订立、合同的效力及合同的履行、保全、变更和转让、终止、违约责任等问题。但为了与民法总则的表述相区别，合同编使用了合同法通则的提法，这也不无道理。第二分编为典型合同。所谓典型合同，也就是有名合同。合同编一共规定了19种典型合同，包括买卖合同，供用电、水、气、热力合同，赠与合同，借款合同，保证合同，租赁合同，融资租赁合同，保理合同，承揽合同，建设工程合同，运输合同，技术合同，保管合同，仓储合同，委托合同，物业服务合同，行纪合同，中介合同，合伙合同。第二分编可以说就是传统合同法中的分则内容。第三分编是准合同。所谓准合同，是指与合同相关的有关无因管理、不当得利的债的形态的规定。在该分编中，规定了无因管理、不当得利制度。严格地说，这些内容都属于传统债法的内容，本不应当规定在合同编，但由于我国民法典没有设置独立的债法总则，而合同编在一定程度上又发挥了债法总则的功能，所以将这些法定之债的内容作为准合同，规定在合同编之中。

《民法典》第463条规定："本编调整因合同产生的民事关系。"严格地说，合同关系不仅仅受《民法典》合同编调整，其还要受《民法典》其他编以及许多单行法的调整，并非因合同产生的民事关系都仅受本编调整。这就是说，《民法典》合同编只是调整部分合同关系，所有的合同关系是由合同法调整的，合同法是调整平等主体之间的交易关系的法律规范的总和，合同编与合同法之间的关系表现在三个方面。

1. 合同编是合同法的重要组成部分。合同法是调整合同关系的法律规范的总称，除包含民法典合同编外，合同法还包括如下调整合同关系的规范：

（1）民法典其他编所规定的合同。除合同编已确认的19类有名合同以外，民法典其他各编也可能调整合同关系，具体而言：一是总则中关于法律行为的规定主要针对的就是作为双方法律行为的合同。二是物权编中关于土地承包经营合同、建设用地使用权出让合同等的规定，涉及抵押合同、质押合同、土地使用权出让和转让合同等各类合同。三是人格权编中关于人格利益的许可使用合同的规定。四是婚姻家庭编中关于夫妻对婚姻关系存续期间所得的财产以及婚前财产的约定等。五是继承编中关于遗赠抚养协议的规定。上述内容都属于合同规范，可见，民法典合同编的规范则只局限于民法典合同编之内。合同法的概念是更为宽泛的。

（2）特别法中的合同法规范。除了民法典合同编外，一些特别法也包含有合同法的规范，如《旅游法》中关于旅游服务合同的规定、《保险法》中关于保险合同的规定以及知识产权法中有关知识产权许可使用合同的规定等。依据特别法优先于普通法的规定，这些合同首先要适用合同编以外的其他法律的特别规定，但是在这些编没有就合同的订立、合同的效力及合同的履行、保全、变更和转让、终止、违约责任等问题作出规定的情况下，也可以适用合同编通则的相关规定。

（3）行政法规中的合同法规范。例如，《物业管理条例》中关于物业服务合同的规定。

（4）司法解释中的合同法规范，如《融资租赁合同司法解释》中关于融资租赁合同的规定、《城镇房屋租赁合同纠纷司法解释》中关于租赁合同的规定等。

由此可见，民法典合同编只是合同法的一部分，《民法典》第 463 条之所以采用了“调整因合同产生的民事关系”的表述，而并未使用“合同关系受本编调整”的表述，是因为民法典合同编只是合同法的组成部分，可见该条采用了广义的合同概念。

2. 合同编是合同法最基本的组成部分。

民法典合同编是最为基础性的合同法规范，在发生合同纠纷后，法官首先应当且主要依据合同编的规定处理。但依据《民法典》第 11 条的规定，“其他法律对民事关系有特别规定的，依照其规定”，因此，如果对合同纠纷涉及法律特别规定的，可以依据特别法的规定予以处理。

3. 合同编是解释合同法的重要依据。这就是说，由于法典是基础性规范，因此，在解释民法典以外的有关合同的单行法律规定时，应当以法典为依据。有关合同的单行法律规定不得与民法典合同编相冲突。

二、合同编的调整对象

《民法典》第 463 条规定：“本编调整因合同产生的民事关系。”依据本条规定，合同编调整“因合同产生的民事关系”，这就意味着合同编调整平等主体之间因合同产生的法律关系。具体而言，是指调整合同的订立、履行、变更、终止等的法律关系。

合同编以交易关系为其调整对象，它不仅规范了交易关系的全过程，而且对一些重要的交易类型即典型合同作出了规定，可以说，合同编是市场经济的基本法律规则。合同编也是社会生活的百科全书。《民法典》合同编与每个人的生活息息相关。一个人在一生中，可能不会与刑法打交道，但总是要订立合同，参与各种民事交往，从而受到合同法的广泛调整。《民法典》第464条规定："合同是民事主体之间设立、变更、终止民事法律关系的协议。婚姻、收养、监护等有关身份关系的协议，适用有关该身份关系的法律规定；没有规定的，可以根据其性质参照适用本编规定。"该条进一步明确了合同编的调整对象。

（一）合同编调整平等主体之间的协议

合同编所调整的合同关系是发生在平等主体之间的合同关系，合同是反映交易关系的法律形式。正如马克思所指出的，"这种通过交换和在交换中才产生的实际关系，后来获得了契约这样的法的形式"①。所谓交易，是指平等主体基于平等自愿及等价有偿原则而发生的商品、劳务的交换，而由这些交换所发生的交易关系则构成了合同法的调整对象。一方面，这些交易关系的主体都是平等的。在市场中，各种交易关系，只要是发生在民事主体之间的，不管这种关系的客体是生产资料还是生活资料，是国家、集体所有的财产还是公民个人所有的财产，只要是发生在平等主体之间的交易关系，都可以由合同编调整，并遵循合同编的基本原则和准则。另一方面，合同法所调整的合同关系具有等价有偿性以及合同订立的自愿性。凡不具有上述特点的合同，一般不能作为合同编调整的对象。

在确定某一类合同是否属于合同编的调整对象时，首先要考虑其主体是否具有平等性。例如，企业内部实行生产责任制，由企业及企业的车间与工人之间订立的责任制合同，只是企业内部的管理措施，是一种生产管理手段，当事人之间仍然是一种管理和被管理的关系，双方地位不平等，应属于劳动法等法律调整，不应当受合同编调整。再如，有关行政合同（如有关财政拨款、征税和收取有关费用、征用、征购等），是政府行使行政管理职权的行为，政府机关在从事行政管理活动中采用协议的形式明确管理关系的内容，如与被管理者订立有关综合治理等协议，因为这些协议并不是基于平等自愿的原则订立的，所以不是民事合同，应适用行政法的规定，不适用合同编。② 当然，政府机关作为平等的民事主

① 马克思恩格斯全集：第19卷．北京：人民出版社，1963：423.

② 顾昂然．关于《中华人民共和国合同法（草案）》的说明．（1999年3月9日在第九届全国人民代表大会第二次会议上）.

体与其他自然人、法人之间订立的有关民事权利义务的民事合同，如购买文具、修缮房屋、新建大楼等合同，仍然应受合同编调整。民事合同的主要特点在于主体的平等性和独立性、内容的等价有偿性以及合同订立的自愿性，凡不具有这些特点的合同一般不能作为合同编规范的对象。例如，税务机关与纳税义务人之间签订的征税合同，不是平等主体之间的合同，所以不能成为合同编调整的对象。

（二）合同编调整以确立民事权利义务为内容的协议

合同编只适用于私法领域而非公法领域，只是调整民事合同而非其他类型的合同。民事合同的重要特点在于它是以确定民事权利义务为内容的，实际上就是以平等自愿为基础的交易关系。"以民事权利义务关系为内容"，界定了双方之间的实质关系。因此，虽然某一类合同在名称上称为合同，但其确立的是管理和被管理、生产责任制等内容，不具有交易的特点，就不属于合同编调整的范围。例如，企业内部的生产责任制合同等。合同作为债的发生原因，属于财产法的调整范畴。合同编的调整对象主要是以财产给付为内容的交易关系，合同编主要规范动态的财产流转关系。合同编在性质上属于财产流转法，不适用于人身关系，但与人身有关的一些财产交易，如肖像的许可使用等，可以适用合同编的规则。

需要指出的是，合同编规定的合同不同于行政协议。行政协议是指行政机关为了实现行政管理或者公共服务目标，与公民、法人或者其他组织协商订立的具有行政法上权利义务内容的协议。① 合同作为当事人之间产生、变更、消灭民事权利义务关系的协议，本质上是一种交易的产物。行政协议不同于一般的民事合同之处就在于，其本质上不是一种交易的产物，而具有非市场性。行政协议的订立仍然是一种行政权的行使方式，在一定程度上以追求公益为目的，是政府行使行政管理职权的行为。政府机关在从事行政管理活动中采用协议的形式明确管理关系的内容，如与被管理者订立有关综合治理等协议，因为其并不是基于平等自愿的原则订立的，所以不是民事合同。② 再如，就土地、房屋等征收征用补偿协议而言，其属于政府行使征收权、征用权的必要环节，是政府征收权、征用权的组成部分，无法完全适用民法的等价交换、公平等原则，也不能完全适用合同编的规定，应适用行政法的规定。

（三）合同编调整设立、变更、终止民事权利义务关系的协议

所谓设立，是指当事人通过合同确定当事人之间具体的权利义务；所谓变

① 参见《最高人民法院关于审理行政协议案件若干问题的规定》第1条。

② 顾昂然．关于《中华人民共和国合同法（草案）》的说明．（1999年3月9日在第九届全国人民代表大会第二次会议上）．

更，是指当事人通过订立合同修改原有的合同关系的内容；所谓终止，是指当事人通过订立合同消灭原来存在的合同关系。

（四）合同编调整各类合同关系

合同编首先调整合同编分则所规定的各类典型合同，包括买卖合同，供用电、水、气、热力合同，赠与合同，借款合同，保证合同，租赁合同，融资租赁合同，保理合同，承揽合同，建设工程合同，运输合同，技术合同，保管合同，仓储合同，委托合同，物业服务合同，行纪合同，中介合同，合伙合同。典型合同是由法律明确规定的合同。但合同编并非对民法典其他编和特别法所规定的合同以及非典型合同不可适用。具体而言，合同编还可以适用于其他类型的合同。

一是合同编以外的其他编关于合同的规定，首先要适用其他编的规定，但在其他编没有规定时，也要适用合同编通则的规定。例如，违反建设用地使用权转让合同的规定，涉及违约金或者损害赔偿责任的确定，就要适用合同编通则关于违约责任的规定。

二是特别法规定的合同，如知识产权法所确认的专利权或商标权转让合同、许可合同、著作权使用合同、出版合同，海商法规定的船舶租赁合同，保险法规定的保险合同，旅游法规定的旅游合同，劳动合同法规定的劳动合同等。这些合同首先要适用特别法针对这些合同所作出的特殊规定，但在这些法律没有就这些合同的订立、合同的效力及合同的履行、保全、变更和转让、终止、违约责任等问题作出规定的情况下，也可以适用合同编通则的相关规定。

三是非典型合同。非典型合同是指民法典合同编和其他法律没有明文规定的合同，如借用合同等。合同法并不禁止当事人订立非典型合同。按照合同自由原则，当事人完全可以约定各种非典型合同。当事人订立非典型合同只要不违反法律都是有效的，都应当受到法律保护，并受合同法的调整。但即使是非典型合同关系，也应当适用合同法的基本规则。《民法典》第467条第1款规定："本法或者其他法律没有明文规定的合同，适用本编通则的规定，并可以参照适用本编或者其他法律最相类似合同的规定。"

四是非因合同产生的债权债务关系。《民法典》第468条规定："非因合同产生的债权债务关系，适用有关该债权债务关系的法律规定；没有规定的，适用本编通则的有关规定，但是根据其性质不能适用的除外。"依据该条规定，非因合同而产生的债权债务关系，在该债权债务关系的法律没有规定时，也可以适用《民法典》合同编的规定。

由于合同是债的发生原因之一，按照大陆法的民法体系，合同法是债法的组成部分。所谓债法，是指调整特定当事人之间请求为特定行为的财产关系的法律规范的总称。[①] 我国传统上属于大陆法系，因而民法中一直继受大陆法的债的概念。我国《民法典》虽然没有规定债编，因此不存在由民法典所规定的形式意义上的债法，但是这并不意味着在我国民法典体系中实质意义上的债法就不存在了。合同编中关于准合同等制度的规定，实际上属于传统债法的组成部分。

三、合同编的特点

合同编以调整交易关系为内容，且其适用范围为各类民事合同，这就决定了合同编具有不同于民法其他部门法（如人格权法、侵权责任法、物权法等）的特点，这些特点主要表现如下。

第一，合同编的规则具有任意性。在市场经济条件下，交易的发展和财产的增长要求市场主体在交易中能够独立自主，并能充分表达其意志，根据其意愿达成合同，自主地调整其交易关系。合同法理应尊重当事人自愿达成的协议，当事人的行为自由在合同编中表现得最为彻底，合同编主要通过任意性规范而不是强行性规范来调整交易关系。例如，合同编虽然规定了各种典型契约，但并不要求当事人必须按法律关于典型契约的规定确定合同的内容，而允许当事人自由拟定合同条款，只要当事人协商的条款不违背法律的禁止性规定、社会公共利益和公共道德，法律即承认其效力。合同编的绝大多数规范都是允许当事人通过协商加以改变的任意性规范，从这个意义上可以将合同编称为任意法。

第二，合同编强调平等协商和等价有偿原则。合同编规范的对象是交易关系，而交易关系本质上需要遵守平等协商和等价有偿原则，商品交换必然要求遵循价值规律，实行等量劳动的交换，这也决定了合同编须贯彻平等协商和等价有偿原则。所以，合同编所规定的典型合同，大多具有有偿性，而无偿合同只是例外。

第三，合同编的规则具有国际趋同性。市场经济是开放的经济，它要求消除对市场的分割、垄断、不正当竞争等现象，使各类市场成为统一的而不是分割的市场。各类市场主体能够在统一的市场中平等地从事各种交易活动，经济全球化决定了作为市场经济基本法的合同编，不仅应反映国内统一市场的需要而形成一套统一规则，同时也应该与国际惯例相衔接。近几十年来，合同法的国际化已成为法律发展的重要趋向。调整国际贸易的合同公约，例如《关于国际货物买卖合同成立统一法公约》（1964 年）、《关于国际货物买卖统一法公约》（1964 年）以及《联合国国际货物销售合同公约》（1980 年）等，都是合同法国际化的重要

---

① 王家福，等．合同法．北京：中国社会科学出版社，1996：1.

体现。

第四，合同编具有促进财富创造的功能。庞德指出，“在商业时代，财富都是由允诺构成的”①。合同编创造财富的特性表现在保障当事人的意志，使其订约目的和基于合同所产生的期待利益得以实现。从这一意义上说，合同编有利于促进社会资源在不同主体间的自由流转，从而促进社会财富的创造，这也是合同编区别于侵权法的重要特点：侵权法旨在对因侵权行为遭受损害的人提供救济，着眼于对受害人的权利进行保护，所以，侵权法旨在恢复原状，并不创造财富。②

四、合同编的功能

所谓合同编的功能，是指合同编在社会经济生活中所发挥的作用。具体来说，合同编的功能主要表现如下。

第一，鼓励交易，创造财富。合同编的目标就是尽可能鼓励当事人进行交易。物权只是一种静态的财产权，人与人之间的财产权只有通过缔结合同、发生交易，才能够进行财产权利的流转，才能够满足不同主体的不同需求。只有通过合同规范的交易，才能实现资源的有效配置，而合同编正是促进财富创造的法律，其保障当事人订约目的和基于合同所产生的利益得以实现，从而促进财产的流转和财富的创造。英国学者 Tony Weir 就认为，“合同法是创造财富的法，侵权法是保护财富的法（Contract is productive，tort law is protective）”③。

第二，分配风险，规范交易。在市场经济社会，交易中的风险具有一定的不可预测性。合同法的目标是通过确立合同的示范样本，帮助当事人合理预料未来的风险，指引当事人订立完备的合同，从而有效地防范未来的风险、避免纠纷的发生。④ 例如，《民法典》合同编规定的各类典型契约，为当事人的缔约提供了有效的指引，可以降低缔约时的磋商成本，避免交易风险。

第三，保障自由，实现允诺。合同最充分地体现了私法自治的内容和精神。“合同法的中心是承诺的交换”⑤。合同作为一种各方当事人共同进行意思磋商和自治的工具，能够充分地体现当事人的意志和利益。合同法强调“契约严守”

① 阿蒂亚．合同法概论．程正康，译．北京：法律出版社，1980：3.

② 沈达明．英美合同法引论．北京：对外贸易教育出版社，1993：88.

③ Marc Stauch. The Law of Medical Negligence in England and Germany：A Comparative Analys. Hart Publishing，2008：7.

④ 朱广新．合同法总则．北京：中国人民大学出版社，2012：17.

⑤ 罗伯特·考特，等．法和经济学．张军，等译．上海：上海三联书店，1994：314.

（pacta sunt servanda）的规则，要求当事人不得随意变更和解除合同。按照《法国民法典》的经典表述[①]，在当事人之间，合同具有法律的效力。合同所具有的法律效力有赖于合同编的保护，保障合同得到履行，就能使当事人的意志得以实现。

第四，保护信赖，维护秩序。合同使当事人之间形成合理信赖，此种信赖实际上构成交易安全的重要内容。只有依据合同法才能保障合同的顺利履行，实现当事人之间的信赖，进而保障交易安全。另外，合同法是构建市场经济秩序的法，它通过规范和支持成千上万的协议，构建了市场体制的基础。[②]

第五，组织私人生活，保障生活秩序。合同是组织私人生活的有效制度工具，它可以实现生活的可预期性，保障生活的秩序。合同就是人们安排社会生活的法律形式，合同法规范了合同，也就规范了生活秩序。[③] 可以说，合同是构建国家、社会和个人三者之间和谐关系的基础。[④]

第四百六十四条

合同是民事主体之间设立、变更、终止民事法律关系的协议。

婚姻、收养、监护等有关身份关系的协议，适用有关该身份关系的法律规定；没有规定的，可以根据其性质参照适用本编规定。

本条主旨

本条是关于合同的定义和身份协议参照适用的规定。

相关条文

《民法通则》第 85 条　合同是当事人之间设立、变更、终止民事关系的协议。依法成立的合同，受法律保护。

《民法总则》第 5 条　民事主体从事民事活动，应当遵循自愿原则，按照自己的意思设立、变更、终止民事法律关系。

《合同法》第 2 条第 2 款　婚姻、收养、监护等有关身份关系的协议，适用

① 《法国民法典》第 1134 条规定："依法成立的契约，在缔结契约的当事人间有相当于法律的效力。"

② 何宝玉．英国合同法．北京：中国政法大学出版社，1999：51.

③ ［日］吉田克己．现代市民社会的民法学．东京：日本评论社，2008：14.

④ 同③11.

其他法律的规定。

《仲裁法》第3条 下列纠纷不能仲裁：

（一）婚姻、收养、监护、扶养、继承纠纷……

理解与适用

一、合同的概念

本条规定了合同的概念。合同也称契约。英文中的“Contract”，法文中的“Contract”或“Pacte”，德文中的“Vertrag”或“Kontrakt”，意大利文中的“Contractto”，都表示合同，而这些用语又都来源于罗马法中的合同概念“Contractus”①。然而究竟应如何给合同下定义，在大陆法和英美法中一直存在不同的看法。大陆法学者基本上认为合同是一种合意或协议，而英美法学者大都认为合同是一种允诺。

合同是反映交易的法律形式，它反映的是等价交换的基本原则。在我国，千百年来契约的含义基本上仍保持了“合意”和“拘束”的含义。根据一些学者的考证，在我国，合同一词早在两千多年前即已存在，但一直未被广泛采用。② 古代汉语中的“契”，在古代同“锲”，即用刀子刻的意思；“约”，“缠束也”，该词“反映了远古时代刻木为信、结绳记事的遗风”③。以后衍生出“合意”的意思。《说文解字》中说：“券，契也。券别之书以刀判契其旁，故曰契券。”《辞源》说：“合同即指契约文书。当事人订立一个‘约’，表示他们愿意受其约束”。“契”和“约”的基本含义就是“合意”“约束”。古代最典型的两种契约形式“质剂”和“傅别”，都表达了相同的含义。④ 1949年以前，民法著述中都使用“契约”而不使用“合同”一词。自20世纪50年代初期至现在，除我国台湾地

① 据学者考证，“Contractus”一词由“con”和“tractus”两部分组成。“con”由“cum”转化而来，有“共”的意思，“tractus”有交易的意思。因此，合同的本义为“共相交易”。王家福．中国民法学·民法债权．北京：法律出版社，1991：286.

② 周林彬．比较合同法．兰州：兰州大学出版社，1989：79.

③ 叶孝信．中国民法史．上海：上海人民出版社，1993：62.

④ “质剂”一词最初见于《周礼·天官·小宰》：“听买卖以质剂”，“质剂”是中国最古老的买卖契约。所谓“质剂”，就是“两书一札同而别之者，谓前后作二券，中央破之，两家各得其一”（贾公彦《疏》）。合在一起，称为“合同”。古代契约还有另外一种形式，称为“傅别”。据《周礼·天官·小宰》记载，“听称责以傅别”。这是古代最早的借贷契约。此种契约形式是指在竹木简上书写双方协议内容，然后在简中间剖开，双方各执一半，要“合券”才能读通，而“合券”实际上就是合同。

区之外，我国的民事立法和司法实践主要采用了合同而不是契约的概念。[①] 我国民事立法在合同定义上，也基本继受了大陆法的概念，认为合同是一种合意或协议。例如，《民法通则》第 85 条规定："合同是当事人之间设立、变更、终止民事关系的协议。"合同编继续沿用《民法通则》第 85 条的规定。《民法典》第 464 条第 1 款规定："合同是民事主体之间设立、变更、终止民事法律关系的协议。"根据这一规定，合同具有以下特点。

1. 合同是平等主体的自然人、法人和其他组织所实施的一种民事法律行为。民事法律行为作为一种最重要的法律事实，是民事主体实施的、能够引起民事权利和民事义务的产生、变更或终止的合法行为。民事法律行为以意思表示为成立要件，没有意思表示，就没有民事法律行为。合同是当事人之间设立、变更、终止民事权利义务关系的协议，是当事人意思表示一致的结果，因此，合同是一种民事法律行为。由于合同是一种民事法律行为，因而民法关于民事法律行为的一般规定，如民事法律行为的生效要件、民事法律行为的无效和撤销等，均可适用于合同。此外，合同在本质上属于合法行为，只有在合同当事人所作出的意思表示符合法律要求的情况下，合同才具有法律约束力；如果当事人作出违法的意思表示，即使当事人达成合意，也不能产生法律拘束力。

2. 合同以设立、变更或终止民事权利义务关系为目的和宗旨。民事法律行为是以达到行为人预期的民事法律后果为目的的行为，对合同而言，这种预期的民事法律后果就是设立、变更、终止民事权利义务关系。所谓设立民事权利义务关系，是指当事人订立合同旨在形成某种法律关系（如买卖关系、租赁关系），从而具体地享受民事权利、承担民事义务。所谓变更民事权利义务关系，是指当事人通过订立合同使原有的合同关系在内容上发生变化，它通常是在继续保持原合同关系效力的前提下变更合同内容。所谓终止民事权利义务关系，是指当事人订立合同的目的旨在消灭原合同关系。无论当事人订立合同旨在达到何种目的，只要当事人达成的协议依法成立并生效，就会对当事人产生法律效力，当事人可以基于合同约定享有权利，但也应当按照约定履行义务。

3. 合同的成立需要当事人意思表示一致。合同又称协议，相当于英美法上的"agreement"，"协议"一词在民法中也可以指当事人之间形成的合意。[②] 任何合同都必须是订约当事人意思表示一致的产物。由于合同是合意的结果，因而它

---

① 当然，从法律上看，合同和契约也是存在区别的：契约常常指双方法律行为，而且强调双方意思表示的对立性；而合同主要指多方法律行为，其主要强调各方意思表示方向的一致性。

② 梁慧星．民法学说判例与立法研究．北京：中国政法大学出版社，1993：242－243.

必须包括以下要素：第一，合同的成立必须要有两个以上的当事人；第二，各方当事人须作出意思表示，这就是说，当事人各自从追求自身的利益出发而作出某种意思表示；第三，各个意思表示是一致的，也就是说当事人达成了一致的协议；第四，当事人必须在平等、自愿基础上进行协商，形成合意。如果不存在平等、自愿，也就没有真正的合意。合同是由平等主体的自然人、法人或其他组织所订立的，因此，订立合同的主体在法律地位上是平等的，任何一方都不得将自己的意志强加给另一方。合同是反映交易的法律形式，而任何交易都要通过交易当事人的合意才能完成，所以合同必须是当事人协商一致的产物或意思表示一致的协议。总之，合同是平等主体的自然人、法人及其他组织之间设立、变更、终止民事权利义务关系的协议，其是一种发生民法上效果的合意。

二、有关身份关系的协议可以准用合同编的规定

（一）有关身份关系的协议的概念和范围

所谓有关身份关系的协议，是指基于身份关系而订立的、主要不具有交易内容的协议。这些协议虽然也是当事人设立、变更、终止民事权利义务的协议，但其不是具有平等、等价有偿属性的民事合同，与市场经济活动存在本质的区别。此类合同是以身份关系的取得和变更为内容的协议。具体而言，有关身份关系的协议主要有如下几种。

第一，婚姻关系中的协议。婚姻本身不是合同，不能直接适用合同编的规定，但婚姻关系中也涉及一些协议，如婚前协议、分家析产协议、离婚协议等，由于其已经在《婚姻法》和有关法律中作出了规定，且这些协议的内容大多涉及身份关系的变动，因而原则上不应受以调整交易关系为己任的合同法调整。例如，离婚协议应由婚姻法调整，一方违反该协议，另一方亦不得基于合同法的规定而请求另一方承担违约责任。至于婚姻关系本身在法律上不是一种合同关系，在我国传统的法律观念和意识中，也从不认为婚姻是一种合同。① 因此，婚姻关系本身不适用合同编的规定，但在身份关系没有特别规定的情形下，可以准用合同编的规定。

第二，收养协议。我国《收养法》第 15 条明确规定："收养关系当事人愿意订立收养协议的，可以订立收养协议。"收养协议是否受到合同法调整？应当看到，尽管收养是一种民事法律行为，收养人与送养人之间必须在平等自愿的基础上达成有关收养的协议，但该协议只是收养成立的条件，收养本身在性质上并不

① 孙鹏．合同法热点问题研究．北京：群众出版社，2001：72.

是民事合同，因此收养关系应当适用《收养法》以及《婚姻法》等法律的规定，一般不适用合同编的规定，其主要原因在于：一方面，收养关系不是一种单独的财产关系，而是一种具有很强人身性质的民事行为。收养是产生拟制血亲关系的法律行为，养父母与养子女通过收养建立了父母子女之间的身份关系和权利义务关系。一旦建立收养关系，就形成了一种等同于血缘关系的父母子女关系。而一般的民事合同主要是产生、变更和消灭以财产为内容的债权债务关系。另一方面，送养人和收养人之间的合意也不同于一般的合同，因为法律对收养人和送养人的条件做了严格的规定，对被收养人的条件也有明确的限定。收养年满 10 周岁以上的未成年人，还必须征得被收养人的同意（第 11 条），收养应当向有关民政部门登记。此外，《民法典》第 1044 条规定："严禁买卖儿童或者借收养名义买卖儿童。"收养人与送养人在合意的内容中不得约定有关收养的付款报酬，不得使收养变成一种交易关系，否则，将会使收养变成一种买卖或变相买卖儿童的关系。当然，有关收养协议的要约、承诺，收养合同的效力等，在身份关系没有特别规定的情形下，可以准用合同编的相关规定。

第三，监护协议。在我国《民法典》总则中，有关监护协议主要是成年监护协议。《民法典》总则编第 33 条规定："具有完全民事行为能力的成年人，可以与其近亲属、其他愿意担任监护人的个人或者组织事先协商，以书面形式确定自己的监护人。协商确定的监护人在该成年人丧失或者部分丧失民事行为能力时，履行监护职责。"因协商确定的成年监护，也称为意定监护，因此达成的协议也是一种有关身份关系的协议。在此类协议发生纠纷以后，如果法律对身份关系没有特别规定，也可以准用合同编的规定。

第四，其他有关身份关系的协议，如继承编规定遗赠扶养协议等。应当看到，随着社会生活的发展，有关身份关系的协议也在不断发展，法律上很难全面列举。

（二）有关身份关系的协议可以依其性质参照适用合同编的规定

《民法典》第 464 条第 2 款规定："婚姻、收养、监护等有关身份关系的协议，适用有关该身份关系的法律规定；没有规定的，可以根据其性质参照适用本编规定。"这一规则修改了《合同法》第 2 条关于"婚姻、收养、监护等有关身份关系的协议，适用其他法律的规定"的规则。对于婚姻、收养、监护等有关身份关系的协议，《合同法》只是规定适用其他法律的规定，而完全排除了合同法的适用，这显然是不妥当的。因为一方面，关于婚姻、收养、监护等有关身份关系的协议的立法在合同履行、变更、解除特别是违约责任等方面，基本上没有作出规定，如果不适用合同法的规定，则很难确定法律适用的规则。另一方面，从司法实践来看，这些协议在《婚姻法》《收养法》等法律没有规定的情况下，也可能参照合同法的规定处理。例如，有关这些合同的订立、履行、变更、解除以及违约责任等，通常在这些法律中没有明确作出规定，对此即可准用合同编的规定。因此，《民法典》第 464 条第 2 款修改了《合同法》第 2 条的规定。

《民法典》第 464 条第 2 款规定包括了如下两层含义。

第一，对于婚姻、收养、监护等有关身份关系的协议首先应当适用身份关系的法律规定，这是特别法优先于一般法这一原则的必然要求。有关身份关系的法律规范虽然就身份关系而言属于一般规范，但是其中对于婚姻、收养、监护等有关身份关系的协议的规定相较于合同规范而言则是特别规范。如果身份法上具有特别的规则，那么首先应当适用身份法上的相关规定，如关于夫妻婚内财产制的约定以及离婚财产分割等，婚姻家庭编已经包含了一些规则，这些规则应当优先于合同编的规则适用。只有在身份法中没有规定的情况下，才能依据其性质准用合同编的规则。

第二，在身份法律关系的规范中没有规定时，可以依据该协议的性质，参照适用合同编的规定。这一规范意味着有关身份关系的协议可以参照适用合同编的规定。例如，意定监护协议在没有特别规范的情形下可以适用委托合同的规定，夫妻间赠与可以适用赠与合同的规定。同时，还需要依据该协议的性质判断能否参照适用合同编的规则，对于性质上不能适用的不能参照适用合同编的规则。例如，对于家事代理行为，就不能适用委托合同中的任意撤销权。

如何理解根据性质参照适用本编规定？这就是说，对于合同规则在身份关系协议中的适用应当对于不同的身份关系协议分别考虑，是否可以适用合同编的相关规则，需要根据相关协议中身份性的强弱分别确定。基于上述区分标准，可以将身份关系协议区分为三类：第一类是纯粹的有关身份关系的协议。例如，结婚协议、离婚协议等，此类协议具有明确人身性质，与合同法中的合同具有本质上的区别，原则上不适用合同编的规则。例如，婚姻也有人称为合同，但它是典型的人身关系，不能适用合同编的规则。第二类是基于身份关系作出的与财产有关的协议约定。例如，夫妻双方订立的婚内财产制协议和离婚中财产分割协议等，这类协议是基于身份关系作出的关于财产的约定，可以参照适用合同编规则。[①] 当然，在确定是否可以适用合同编的相关规定时，也要具体确定身份性的强弱。第三类是纯粹的财产协议，这类协议虽然可能与身份关系有关，但是在性质上仍

---

① 王雷．婚姻、收养、监护等有关身份关系协议的法律适用问题——《合同法》第 2 条第 2 款的解释论．广东社会科学，2017（6）.

然属于财产协议，因而可以适用合同编的规则。例如，夫妻间的赠与协议，虽然赠与发生于夫妻之间，但是不影响赠与合同的性质，因此，也应当适用合同编的规则。[①] 再如，遗赠扶养协议，虽然具有一定的身份属性，但主要还是以财产为内容的协议。因此，应当区分不同类型的身份协议，分别进行考察，而不宜一概排斥合同编的适用。

如果理解参照适用？参照适用就是"准用"（entsprechende Anwendung），准用是指法律明确规定特定法律规定可以参照适用于其他的情形。准用"乃为法律简洁，避免复杂的规定，以明文使类推适用关于类似事项之规定"[②]。如此规定，既弥补身份权立法规定的不足，同时也简化法律规定以避免重复。在法律适用中，法官首先应当穷尽现有的规则，在穷尽现有规则的情形下，才能通过该准用条款，参照适用合同编的规范。

最后需要指出的是，参照适用既包括当事人设立民事权利义务的协议，也包括当事人变更、终止民事权利义务的协议。变更民事权利义务关系，是指当事人通过订立合同修改原有的合同关系的内容。终止民事权利义务关系，是指当事人通过订立合同消灭原来存在的合同关系。

第四百六十五条

依法成立的合同，受法律保护。

依法成立的合同，仅对当事人具有法律约束力，但是法律另有规定的除外。

本条主旨

本条是关于合同法律效力的规定。

相关条文

《民法总则》第 119 条　依法成立的合同，对当事人具有法律约束力。

《民法通则》第 85 条　合同是当事人之间设立、变更、终止民事关系的协议。依法成立的合同，受法律保护。

《合同法》第 8 条　依法成立的合同，对当事人具有法律约束力。当事人应当按照约定履行自己的义务，不得擅自变更或者解除合同。

---

① 在司法实践中，《婚姻法司法解释三》第 6 条也肯定了夫妻间赠与可以适用《合同法》的规定。

② 史尚宽．民法总论．北京：中国政法大学出版社，2000：51.

依法成立的合同，受法律保护。

理解与适用

一、合同成立的概念和要件

所谓合同的成立，是指合同当事人对合同的主要条款达成合意。如果合同是在双方当事人之间订立的，就应当在双方之间达成合意；如果是在多方当事人之间订立的，则应当由所有当事人达成合意。合同成立制度旨在解决合同是否存在的问题，合同的成立是合同履行、变更、终止、解释等制度的前提，也是认定合同效力的基础，如果合同根本没有成立，那么确认合同的有效和无效问题也就无从谈起。此外，合同的成立也是区分违约责任与缔约过失责任的重要标志。在合同成立以前，因合同关系不存在，则因一方的过失造成另一方信赖利益的损失属于缔约过失责任而不属于违约责任范畴。只有在合同成立以后，一方违反义务才构成对合同义务的违反并应负违约责任。

根据我国《民法典》第502条，依法成立的合同，自成立时生效。可见，在一般情况下，合法的合同一经成立便生效，合同成立的时间也就是合同生效的时间，因此合同成立的时间可以成为判断合同生效时间的标准。① 但也有一些合同的成立时间和生效时间是不同的。例如，效力待定的合同虽已成立，但其效力处于不确定状态。当然，此类情况毕竟是例外现象。

合同的成立应当具备以下要件。

（一）存在双方或多方当事人

合同是双方或多方当事人意思表示一致的产物，所以，合同的成立必须存在双方或者多方当事人，如果仅有一方当事人，则无法形成意思表示一致，无法成立合同。例如，甲以某公司的名义订立合同，如果并不存在该公司，则可以认为不存在一方当事人，合同不能成立。合同当事人又称为合同主体，他们是实际享受合同权利并承担合同义务的人。② 有些合同当事人并未亲自参与合同的订立，但可以成为合同主体（如通过代理人订约），而另一些人可能参与合同的订立而不能成为合同当事人（如代理人）。

（二）订约当事人经过要约、承诺而达成了合意

订约当事人必须达成了合意，而这一合意的达成应经过要约和承诺两个阶

① 赵德铭．合同成立与合同效力辨．法律科学，1994（3）．

② 苏惠祥．中国当代合同法论．长春：吉林大学出版社，1992：67．

段。《民法典》第471条规定："当事人订立合同，可以采取要约、承诺方式或者其他方式。"要约和承诺是合同成立的基本规则，也是合同成立必须经过的两个阶段。如果合同没有经过承诺，而只是停留在要约阶段，则合同根本未成立。例如，甲向某编辑部（乙）去函，询问该编辑部是否出版有关于法律资格考试的教材和参考资料，乙立即向甲邮寄了法律资格考试资料5本，共120元，甲认为该书不符合其需要，拒绝接受，双方为此发生争议。从本案来看，甲向乙去函询问情况并表示愿意购买法律资格考试资料和书籍，属于一种要约邀请行为，而乙向甲邮寄书籍行为属于现货要约行为。假如该书不符合甲的需要，甲拒绝收货实际上是未作出承诺，由于双方并未完成要约和承诺阶段，因而合同并未成立。

（三）当事人就合同主要条款达成合意

合同成立的根本标志在于，合同当事人就合同的主要条款达成合意。所谓主要条款，又称必要条款，是指根据特定合同性质所应具备的条款，如果缺少这些条款合同是不能成立的。从现代合同法的发展趋势来看，为适应鼓励交易、增进社会财富的需要，各国合同法大都减少了在合同成立方面的不必要的限制（例如现代合同法不像古代合同法那样注重形式），并广泛运用合同解释的方法，尽可能促使合同成立。《民法典》第470条第1款规定："合同的内容由当事人约定，一般包括下列条款：（一）当事人的姓名或者名称和住所；（二）标的；（三）数量；（四）质量；（五）价款或者报酬；（六）履行期限、地点和方式；（七）违约责任；（八）解决争议的方法。"需要指出的是，该条使用了"一般包括"而未使用"必须包括"的用语，表明上述条款只是为当事人订约提供指引，为主要条款的判断提供参考，但并不是每一个合同所必须包括的主要条款。为了准确认定合同的主要条款，需要法院在实践中根据特定合同的性质具体认定哪些条款属于合同的主要条款，而不能将本条所规定的合同条款都作为每个合同所必须具备的主要条款。

根据《合同法司法解释二》第1条第1款的规定，除非法律另有规定或者当事人另有约定，当事人的名称或者姓名、标的和数量条款，为主要条款。因此，该条将标的和数量条款作为合同成立的必要条款。例如，订立买卖合同，首先就要确定购买何种货物，以及购买的数量，否则，买卖合同将难以有效成立。依据这一规定，要约人在发出要约时，要约也应当包含这两个主要条款，而相对人在承诺时也应当对这两项内容作出承诺，对这两项内容作出变更的，构成实质性变更。当然，即便欠缺非必要条款，也并不意味着合同无法有效成立，从鼓励交易的原则出发，《民法典》第510、511条也允许根据当事人事后达成补充协议或者交易习惯，明确上述非必要条款的内容。

以上只是合同的一般成立要件，法律或当事人约定可能对一些合同设定了特定的成立要件。例如，对实践合同来说，应以实际交付标的物作为其成立要件；而对于要式合同来说，则应践行一定的形式才能成立。尤其需要指出，如果当事人在合同中规定了特殊的成立条件（如必须办理公证合同才能成立），则应依当事人的约定。

二、依法成立的合同受法律保护

《民法典》第465条规定，依法成立的合同，受法律保护。所谓受法律保护，是指依法成立的合同对当事人具有法律约束力。当事人应当按照约定履行自己的义务，不得擅自变更或者解除合同，任何一方违反合同，都应当依法承担违约责任。合同的拘束力主要体现在对当事人的拘束力上，具体体现为权利、义务和责任三个方面。

第一，从权利方面来说，合同当事人依据法律和合同的约定所产生的权利依法受到法律保护。合同的权利包括请求和接受债务人履行债务的权利，以及在一方不履行合同时获得补救的权利、诉请强制执行的权利等。当事人因正当行使这些权利而获得的利益，也受到法律的保障。

第二，从义务方面来说，合同对当事人具有拘束力，当事人根据合同所产生的义务具有强制性，当事人应当按照法定和约定的义务履行合同。《民法典》第509条第1款规定："当事人应当按照约定全面履行自己的义务。"当事人拒绝履行和不适当履行义务或随意变更和解除合同，都是对法律的违反，因此本质上属于违法行为。

第三，从责任方面来说，如果当事人违反合同义务，则应当承担违约责任。也就是说，如果当事人不履行其应负的义务，将要借助国家的强制力强制义务人履行义务。因此，法律责任乃是合同义务的保障，失去了法律责任，合同将很难产生真正的拘束力。

此外，依法成立的合同所具有的效力，也包括排斥第三人的非法干预和侵害的效力。有学者将债的效力界定为："为实现债的目的，法律赋予债的当事人及有关第三人某种行为之力或者拘束之力以及在债务不履行时的强制执行力。"① 事实上，在实践中合同的履行通常受到第三人的影响，如第三人非法引诱债务人不履行义务或采取拘束债务人等非法强制手段迫使债务人不履行债务，或者与债务人恶意串通损害债权人利益等。如果不赋予合同当事人在特殊情况下排除第三

① 章戈．论债的效力．法学研究，1990（5）．

人非法干预和侵害的权利，就不能保证合同的正常履行和合同目的的实现。

当事人订立合同的目的，就是要使合同产生拘束力，从而实现合同所规定的权利和利益。如果合同不能生效，则合同等于一纸空文，当事人也就不能实现订约目的。从实践来看，如果当事人依据法律的规定订立合同，合同的内容和形式都符合法律规定，则这些合同一旦成立，便会自然产生法律拘束力。因此，在通常情形下，依法成立的合同，自成立时生效，但是在法律另有规定或者当事人另有约定的情形下，合同虽然已经成立，但并不当然生效，这主要有如下几种情形：一是附条件的合同。所谓附条件的合同，是指当事人在合同中特别规定一定的条件，以条件的是否成就来决定合同的效力的发生或消灭的合同。例如，甲、乙双方约定，待甲将某项产品试验成功以后，乙即向甲赠送一套设备。在该例中，产品试验成功是一个条件，在该条件实现时，赠送设备的合同即发生效力。根据我国法律规定，除了法律明确规定的法律行为（如继承权的接受或放弃等民事法律行为不得附条件）以外，其他民事法律行为均可以由当事人设定条件，以此限制民事法律行为的效力，从而满足当事人的各种不同需要。二是依法需要办理批准等手续生效的合同。如果法律、行政法规规定应当办理批准等手续生效的，依照其规定。未办理批准等手续的，该合同不生效，但是不影响合同中履行报批等义务条款以及相关条款的效力。应当办理申请批准等手续的当事人未履行义务的，对方可以请求其承担违反该义务的责任。三是当事人约定了特殊生效要件的，依据当事人的约定。例如，当事人在合同中特别约定，以办理公证为合同生效要件，则合同签订以后，还不能立即生效，必须在当事人办理了公证以后才能实际生效。

三、合同相对性规则：合同原则上仅对当事人具有法律约束力

本条第 2 款规定："依法成立的合同，仅对当事人具有法律约束力，但是法律另有规定的除外。"这就确认了合同相对性规则。合同关系的相对性在大陆法中称为"债的相对性"，它是指合同主要在特定的合同当事人之间发生，合同当事人一方只能基于合同向与其有合同关系的另一方提出请求，而不能向与其无合同关系的第三人提出合同上的请求，也不能擅自为第三人设定合同上的义务。根据合同相对性的原则，只有合同当事人才能享有基于合同所产生的权利，并承担根据合同所产生的义务，当事人一方只能向对方行使权利并要求其承担义务，不能请求第三人承担合同上的义务，第三人也不得向合同当事人主张合同上的权利和承担合同上的义务。从这个意义上说，合同原则上不具有对第三人的拘束力。

合同关系的相对性与物权的绝对性相对应，两者不仅确定了债权与物权的一

项区分标准，而且在此基础上形成了债权法与物权法的一些重要规则。例如，由于合同债权具有相对性，仅发生在特定的当事人之间，并不具有公开与公示的特点，也不具有对抗第三人的效力。而物权作为一种绝对权，具有社会公开性，因而，物权变动必须要公示。合同相对性规则主要包含如下三个方面的内容。

（一）合同主体的相对性

所谓合同主体的相对性，是指合同关系只能发生在特定的主体之间，只有合同当事人一方能够向合同的另一方当事人基于合同提出请求或提起诉讼。具体来说，一方面，由于合同关系仅发生在特定的当事人之间，因而只有合同关系当事人彼此之间才能相互提出请求，与合同关系当事人没有发生合同上的权利义务关系的第三人，不能依据合同向合同当事人提出合同上的请求和诉讼。另一方面，合同一方当事人只能向另一方当事人提出合同上的请求和诉讼，而不能向与其无合同关系的第三人提出合同上的请求及诉讼。例如，甲、乙订立买卖合同后，甲委托丙向乙送货，结果因为丙的原因导致货物毁损，此时，乙只能请求甲承担违约责任，由于乙、丙之间并不存在合同关系，因而乙无权请求丙承担违约责任。

（二）合同内容的相对性

所谓合同内容的相对性，是指除法律另有规定或者合同另有约定外，只有合同当事人才能享有合同债权，并承担合同义务，合同当事人以外的任何第三人都不能主张合同上的权利。在双务合同中，合同内容的相对性还表现在一方的权利就是另一方的义务，权利义务是相互对应的，权利人的权利须依赖于义务人履行义务的行为才能实现。从合同内容的相对性原理中，可以引申出如下几项规则。

第一，合同规定由当事人享有的权利，原则上不能由第三人享有；合同规定由当事人承担的义务，一般也不能对第三人产生拘束力。

第二，合同当事人无权为他人设定合同上的义务。一般来说，权利会给主体带来一定利益，而义务则会为义务人带来一定负担或使其蒙受不利益。如果合同当事人为第三人设定权利，法律可以推定，此种设定是符合第三人意愿的。但如果为第三人设定义务，则只有经第三人同意后，才能对第三人发生效力，否则第三人并不受该条款的拘束。

第三，合同权利与义务主要对合同当事人产生约束力。但法律为防止因债务人的财产的不当减少而给债权人的债权带来损害，允许债权人对债务人和第三人的某些行为行使撤销权及代位权，以保护其债权。这两种权利的行使都涉及合同关系以外的第三人，并对第三人产生法律上的拘束力。因此，合同的保全也可以看作是合同相对性原则的例外。

（三）违约责任的相对性

合同义务的相对性必然决定违约责任的相对性。所谓违约责任的相对性，是指违约责任只能在特定的当事人之间即合同关系的当事人之间发生，合同关系以外的人不负违约责任，合同当事人也不对其承担违约责任。如果因第三人的行为导致债务不能履行，则债务人仍应向债权人承担违约责任，债务人在承担违约责任以后，有权向第三人追偿。《民法典》第593条明确规定："当事人一方因第三人的原因造成违约的，应当依法向对方承担违约责任。当事人一方和第三人之间的纠纷，依照法律规定或者按照约定处理。"当然，如果第三人的行为已直接构成侵害债权，则债权人有权请求该第三人承担侵权责任。

四、合同相对性规则的例外

在法律具有特别规定的情形下，合同也可以产生对第三人的效力。因此，《民法典》第465条第2款规定："依法成立的合同，仅对当事人具有法律约束力，但是法律另有规定的除外。"这就确认了合同相对性规则。依据该条的规定，合同相对性表现为，在法律上依法成立的合同，仅对当事人具有法律约束力，单纯有当事人的意思并不能产生合同在当事人之外的效力。法律作出这一规定的主要理由在于：一方面，合同是当事人之间的约定，只能在当事人之间产生效力，法律行为的原理要求，只有作出意思表示的人才能受意思表示的约束。另一方面，出于保护第三人的角度考量，双方当事人不得为他人设定合同义务（除非得到第三人许可），但如果双方当事人为第三人设定权利，或者对第三人有利（如债务的加入）等，虽然同样符合保护第三人的目的，但也应该经由法律的认可。同时，法律也要对第三人的拒绝权进行规定。所以，合同在当事人之外发生效力，仅仅有双方当事人的约定是不够的。诸如债务加入、利益第三人合同也是基于法律的规定而对第三人发生了效力。

《民法典》第465条第2款中仅规定了"法律另有规定的除外"，而未规定当事人另有约定的除外。原则上合同只能对当事人发生效力，对第三人产生拘束力的只能由法律规定。这主要是因为：一方面，合同双方当事人只能为第三人设定权利，而不能为第三人设定义务，否则将给他人增加负担。另一方面，如果第三人依据约定参与到合同关系之中，合同能够对第三人产生约束，但此时对第三人约束力的具体内容也要受到法律规定的限制。此处"法律另有规定的"主要包括以下几种情形。

第一，利益第三人合同。它是指合同当事人约定由债务人向合同当事人之外的第三人作出给付，从广义上说，利益第三人合同可以被分为真正利益第三人的合同与非真正利益第三人合同。一是非真正利益第三人合同。《民法典》第522条第1款规定:“当事人约定由债务人向第三人履行债务,债务人未向第三人履行债务或者履行债务不符合约定的,应当向债权人承担违约责任。”该款是关于非真正利益第三人合同的规定。“非真正利益第三人合同”是指针对第三人而不直接针对债权人为履行的合同,这种合同的特征在于,发生合同争议时,第三人并不享有直接的请求权。二是真正利益第三人合同。《民法典》第522条第2款规定:“法律规定或者当事人约定第三人可以直接请求债务人向其履行债务,第三人未在合理期限内明确拒绝,债务人未向第三人履行债务或者履行债务不符合约定的,第三人可以请求债务人承担违约责任;债务人对债权人的抗辩,可以向第三人主张。”该条规定了真正利益第三人合同。在该合同中,第三人即因此取得直接请求债务人作出给付的权利。①

第二,债权人代位权。所谓债权人代位权,是指因债务人怠于行使其到期债权,造成债权人损害的,债权人可以以自己的名义向人民法院请求代位行使债务人债权的权利。《民法典》第535条第1款规定:“因债务人怠于行使其债权或者与该债权有关的从权利,影响债权人的到期债权实现的,债权人可以向人民法院请求以自己的名义代位行使债务人对相对人的权利,但是该权利专属于债务人自身的除外。”本条对债权人代位权作出了规定。在债权人行使代位权时,可以获得来自相对人(债务人的债务人)的清偿。

第三,债权人撤销权。所谓债权人撤销权,是指因债务人实施放弃债权、无偿或低价处分财产等行为而影响债权人债权的实现时,债权人可以依法请求法院撤销债务人实施的行为。《民法典》第538条规定:“债务人以放弃其债权、放弃债权担保、无偿转让财产等方式无偿处分财产权益,或者恶意延长其到期债权的履行期限,影响债权人的债权实现的,债权人可以请求人民法院撤销债务人的行为。”第539条规定:“债务人以明显不合理的低价转让财产、以明显不合理的高价受让他人财产或者为他人的债务提供担保,影响债权人的债权实现,债务人的相对人知道或者应当知道该情形的,债权人可以请求人民法院撤销债务人的行为。”这就对债权人撤销权作出了规定。债权人行使撤销权,将对第三人发生效力。

第四,建设工程合同对第三人的效力。《民法典》第791条第1款、第2款规定:“发包人可以与总承包人订立建设工程合同,也可以分别与勘察人、设计人、施工人订立勘察、设计、施工承包合同。发包人不得将应当由一个承包人完成的建设工程支解成若干部分发包给数个承包人。总承包人或者勘察、设计、施

① Vgl. MüKoBGB/Gottwald, 8. Aufl. 2019, BGB § 328 Rn. 1.

工承包人经发包人同意，可以将自己承包的部分工作交由第三人完成。第三人就其完成的工作成果与总承包人或者勘察、设计、施工承包人向发包人承担连带责任。承包人不得将其承包的全部建设工程转包给第三人或者将其承包的全部建设工程支解以后以分包的名义分别转包给第三人。”该条表明建设工程合同也可以对第三人发生效力。

第五，运输合同对第三人的效力。《民法典》第834条规定：“两个以上承运人以同一运输方式联运的，与托运人订立合同的承运人应当对全程运输承担责任；损失发生在某一运输区段的，与托运人订立合同的承运人和该区段的承运人承担连带责任。”《民法典》第830条规定：“货物运输到达后，承运人知道收货人的，应当及时通知收货人，收货人应当及时提货。收货人逾期提货的，应当向承运人支付保管费等费用。”

第六，保理合同中，债权人与债务人之间的合同对保理人也产生拘束力。《民法典》第766条规定：“当事人约定有追索权保理的，保理人可以向应收账款债权人主张返还保理融资款本息或者回购应收账款债权，也可以向应收账款债务人主张应收账款债权。保理人向应收账款债务人主张应收账款债权，在扣除保理融资款本息和相关费用后有剩余的，剩余部分应当返还给应收账款债权人。”依据该条规定，在有追索权的保理中，保理人可以向应收账款的债务人主张应收账款债权，这也可以看作是合同相对性规则的例外。

上述法律规定都表明了合同对第三人所产生的效力，严格地说，按照合同相对性的原理，合同对第三人的效力只是合同相对性规则的例外，而这种例外情况必须由法律明确作出规定。也就是说，合同能否对第三人产生效力，不应当由合同当事人双方决定，更不能由债权人单方决定，而应当由法律明确作出规定。因为合同的效力本质上就是法律所赋予的。法律既可以赋予合同对当事人双方所产生的拘束力，也可以赋予合同在特殊情况下对第三人的拘束力。也只有在法律有特别规定的情况下，合同才能对第三人产生这种特殊的拘束力。

第四百六十六条

当事人对合同条款的理解有争议的，应当依据本法第一百四十二条第一款的规定，确定争议条款的含义。

合同文本采用两种以上文字订立并约定具有同等效力的，对各文本使用的词句推定具有相同含义。各文本使用的词句不一致的，应当根据合同的相关条款、性质、目的以及诚信原则等予以解释。

本条主旨

本条是关于合同条款的解释规则的规定。

相关条文

《合同法》第125条　当事人对合同条款的理解有争议的，应当按照合同所使用的词句、合同的有关条款、合同的目的、交易习惯以及诚实信用原则，确定该条款的真实意思。

合同文本采用两种以上文字订立并约定具有同等效力的，对各文本使用的词句推定具有相同含义。各文本使用的词句不一致的，应当根据合同的目的予以解释。

《合同法》第60条　当事人应当遵循诚实信用原则，根据合同的性质、目的和交易习惯履行通知、协助、保密等义务。

理解与适用

一、合同解释的概念和目的

本条是关于合同条款的解释规则的规定。所谓合同解释，是指依据一定的事实，遵循有关的原则，对合同的内容和含义所作出的说明。合同是当事人通过合意对于其未来事务的安排，然而，由于当事人在订立合同时，即使具有丰富的交易经验和渊博的法律知识，也不可能对未来发生的各种情况事先都作出充分的预见，并在合同中将未来的各种事务安排得十分周全，所以合同中的某些条款不明确、具体，甚至出现某些漏洞，是在所难免的。当事人通过合同对其未来的事务作出安排时，需要通过一定的言语表达其内容，但由于各方面的原因，缔约当事人对合同的某个条款和用语可能会产生不同的理解和认识，也难免会发生争议，这就需要对合同进行解释。

合同的解释旨在确定合同是否成立，或补充和完善合同的内容。一般来说，合同的解释不涉及合同形式的确定问题，因为无论是作为合同约定的缔约方式，还是作为法律对当事人特殊的形式要件的要求，都是显而易见的，当事人是否完成了这些形式要件的要求也是非常明显的，无须作出解释。合同解释的直接目的在于正确地确定当事人的权利义务，从而合理地解决合同纠纷。具体而言，合同解释的目的主要包括如下几个方面。

1. 判断合同是否成立和生效。合同的解释常常以合同的成立为前提，但在合同的内容不明确或者存在漏洞的情形下，合同既可以被解释为已经成立或生效，也可以被解释为不成立或不生效，此时需要通过合同的解释来促成合同的成立和生效。[①] 例如，甲向乙发出一份传真求购某种型号的钢材，乙在收到该传真后即向甲发送该型号的钢材，甲拒绝收货，双方为此发生了争议。为解决此种纠纷，法官首先需要解释传真的内容和性质，确定该传真是构成要约还是要约邀请，这就是合同解释需要解决的问题。

2. 明确合同条款的含义。传统的合同解释方法主要是阐明解释，或称为意义发现的解释，是指当事人在合同中表示的意思不明确、不清楚，或者双方当事人对于合同中的用语在理解上发生了分歧，需要根据一定的解释方法使用语明确。阐明解释的目的在于准确地解释、明确当事人的真实意思，从而使合同得到正确履行，合理地解决纠纷。所谓明确合同的内容，主要要解决如下问题：一是合同中的用语不明确、含混不清，二是对合同的某些用语产生多种不同理解。

3. 完善合同内容。合同解释不仅是为了明确合同条款的含义，而且具有补充当事人意思的功能，即填补性的解释具有弥补当事人约定不足的作用。在当事人没有约定或者约定不明确，存在合同漏洞时，有漏洞的填补问题。合同的解释绝不限于合同所使用的文字，尤其需要填补合同的漏洞。现代合同法发展了补充的解释方法，要求在合同内容存在漏洞的情况下通过发现当事人的真实意思来填补合同的漏洞。

合同的解释有助于使合同的内容得到补充和完善。合同的解释针对的是合同的内容而不是合同的形式，区分合同的内容和形式，在合同的解释方面是不无意义的。[②] 一般来说，合同的解释并不涉及合同形式的确定问题，因为无论是作为合同缔约方式，还是作为法律对当事人特殊的形式要件的要求，都是显而易见的，当事人是否完成了这些形式要件的要求也是事实判断的问题，而不需要进行解释。所以合同解释所涉及的主要是合同内容的问题。由于合同的内容不明确或者存在漏洞将直接阻碍当事人依合同规定做出履行，并引起合同纠纷，一旦当事人一方将纠纷提交法院或仲裁机构等待作出裁判，法官和仲裁员就需要依据一定的方法和原则来正确解释合同，从而对合同纠纷作出公正的裁判。所以，合同解释直接的目的在于正确地确定当事人的权利义务，从而合理地解决合同纠纷。合同解释的内容主要包括两方面：一是确定合同的内容，二是解释者在探究合同的

---

① 崔建远．合同法．6版．北京：法律出版社，2016：352.

② Lon Fuller. Consideration and Form. 41 Colum. L. Rev. 799（1941）；Duncan Kennedy. Form and Substance in Private Law Adjudication. 89 Harv. L. Rev. 1685（1976）.

含义时，应考虑哪些因素、哪些手段和方法。[1]

从民法上看，一般是在当事人发生争议之后，才需要对合同进行解释，因此，合同解释的主体是法官，而非当事人。但法官解释合同并不能完全自由裁量，而应当遵守一定的解释规则。我国民法典合同编通过确定合同解释的规则，在一定程度上限定了法官在合同解释方面的权限，即法官解释合同时必须依据法律规定的程序，同时，合同解释规则也给法官提供了规范的解释方法，帮助法官正确地解释合同，从而有效处理合同纠纷。

二、依据《民法典》第142条第1款的规定解释合同

本条第1款规定："当事人对合同条款的理解有争议的，应当依据本法第一百四十二条第一款的规定，确定争议条款的含义。"依据这一规定，对合同条款理解有争议的，应当援引《民法典》第142条第1款解释，依据《民法典》第142条的规定，意思表示的解释通常分为有相对人的意思表示的解释和无相对人意思表示的解释。所谓有相对人的意思表示的解释，是指对表意人向特定的相对人发出的意思表示进行的解释。例如，要约是一种意思表示，但要约必须到达于受要约人，因为它属于向特定人发出的意思表示。所谓无相对人的意思表示的解释，是指对不需要相对人的意思表示进行的解释。例如，对不特定人的悬赏广告、订立章程和决议。由于合同解释都是有相对人的意思表示，因此，本条第1款作出上述规定。

针对有相对人的意思表示，《民法典》兼采了主观解释与客观解释两种方式。《民法典》第142条第1款规定："有相对人的意思表示的解释，应当按照所使用的词句，结合相关条款、行为的性质和目的、习惯以及诚信原则，确定意思表示的含义。"其中所谓"按照所使用的词句，结合相关条款、行为的性质和目的"解释，要求意思表示的解释应当探究表意人的主观目的和意图，这实际上是主观主义解释方法的体现；而按照"习惯以及诚信原则"解释，则体现了客观主义的解释方法。从这一意义上说，有相对人意思表示的解释实际上是两种解释方法的结合。

（一）应当按照所使用的词句进行解释

所谓对用语应当按照通常的理解进行解释，是指在当事人就意思表示本身的用语发生争议以后，对于有关的用语本身，按照一个普通人的合理理解为标准来

---

① ［葡］平托．民法总论．中译本．法律翻译办公室，澳门大学法学院，1999：254.

进行解释。[①]《民法典》第142条第1款规定："有相对人的意思表示的解释，应当按照所使用的词句，结合相关条款、行为的性质和目的、习惯以及诚信原则，确定意思表示的含义。"在用语不清晰、模糊的情形下，首先需要澄清用语的含义。如果针对合同中某个用语的含义，当事人各执一词，法官对此应当考虑一般人在相同情况下对有争议的意思表示用语所能理解的含义进行解释，以避免荒谬的结论。按照一个普通人的标准来进行解释，意味着法官既不能根据当事人一方的理解来解释意思表示，更不能根据起草的一方对意思表示所作的理解来解释意思表示，而应当以一个普通人对意思表示用语的合理理解进行解释。一个普通人既可能是一个社会一般的人，也可能是在一定的地域、行业中从事某种特殊交易的人。如果当事人本身是在一定的地域、行业中从事某种特殊交易的人，则法官应当按照在该地域、行业中从事某种特殊交易的一般人的标准来理解该用语的含义。例如，买卖双方对交货的计量标准"车"的含义发生争执，则应当考虑当事人双方是从事何种活动的买卖，并按照从事该种行业的一般人对"车"的理解来进行解释。

（二）结合相关条款、行为的性质和目的、习惯以及诚信原则，确定意思表示的含义

1. 整体解释原则

所谓整体解释，又称为体系解释，是指将全部合同的各项条款以及各个构成部分作为一个完整的整体，综合考虑各个条款和各个部分的相互关联性、争议的条款与整个合同的关系以及争议条款在合同中所处的地位等各方面因素，来确定争议的合同条款的含义。《民法典》第142条第1款规定："有相对人的意思表示的解释，应当按照所使用的词句，结合相关条款、行为的性质和目的、习惯以及诚信原则，确定意思表示的含义。"该条所规定的"结合相关条款"解释意思表示，实际上规定的就是整体解释规则。法谚云，"最佳的解释，要前后对照"[②]。在罗马法中，就有"误载不害真意（falsa demonstrationon nocet）"和"矛盾行为不予尊重（protestatio declarationi）"的合同解释规则[③]，它实际上强调的是整体解释原则。

整体解释实际上就是要从整个合同的全部内容上理解、分析和说明当事人争议的有关合同条款的内容和含义。整体解释要求合同解释不能局限于合同的字面

① Reinhard Bork, Allgemeiner Teil des Bürgerlichen Gesetzbuchs, 2. Auf., Rn. 545ff, S. 203ff.

② 郑玉波．法谚（一）．北京：法律出版社，2007：310.

③ 王泽鉴．债法原理：第一册．北京：中国政法大学出版社，1999：213.

含义，也不应当仅仅考虑合同的条款，更不能断章取义，或将合同的只言片语作为当事人的真实意图。如果合同中的数个条款相互冲突，应当将这些条款综合在一起，根据合同的性质、订约目的等来考虑当事人的意图，尤其是当事人在合同中所使用的语言文字必须联系起来考察。

在适用整体解释原则时，还应当遵循以下规则。

第一，借助整体来理解个别的规则。法谚有云：只有理解了整体，才能理解部分。[①] 如果合同中有多个条款表达同一内容，其中，某一条款比另一条款含义更为明确，则含义不够明确的条款可以被删除。例如，合同中多次提到“应根据本地的市价而定”或“根据市价而定”，显然前者的含义更为明确，可以据此确定当事人的意思。

第二，特别约定优先于普通约定的规则。如果当事人在合同中增加了特别条款，特别条款的效力可以优先于一般条款的效力。如果分合同规定的是总合同的例外和特殊的情况，当分合同条款的意思与总合同条款的意思不一致时，分合同条款优先。[②]

第三，在同一份合同文件中，如果印刷条款与手写条款并存，且这些条款彼此间相互矛盾时，则应当认为手写条款优先。

第四，明示其一即排斥其他规则。它是指当事人在合同中明确提及特定种类的一种或者多种事项，可以视为以默示的方法排除了该种类以外的其他事项。按照该规则，如果合同中明确提及某类东西中的一些，可解释为它无意包括同一类别中并未被提及的事项。例如，合同规定：“一方出售房屋连同门前屋后的树木、房屋后的庭院、门前的石狮子一对、假山一座等物”，其中是否包括在庭院中摆放的20盆名贵盆花？显然，概括性词语“等物”的外延不应包括20盆名贵盆花，因为它不是与特殊列举事物相类同的事物。

第五，数量和价格条款中，大写数字与小写数字并存，相互抵触，原则上应当确定大写数字的效力优先于小写数字。这主要是因为大写数字更为正规，较之于小写数字不易涂改，更充分地表达了当事人的真实意思。

2. 目的解释原则

依据《民法典》第142条第1款规定，“有相对人的意思表示的解释，应当按照所使用的词句，结合相关条款、行为的性质和目的……”进行解释，这就要求结合合同的目的确定当事人的真实意思。按照私法自治原则，民事主体可以在

---

① James A. Holland & JuLians, *Webb. Learning Legal Rules*, Oxford University Press, 2006: 242.

② 张玉卿．国际商事合同通则2004. 北京：中国商务出版社，2005：311.

法律规定范围内，为追求其目的而表达其意思，并通过双方的协议，产生、变更民事法律关系。当事人订立合同都要追求一定的目的，目的解释在合同解释中具有重要地位。[①] 合同订立的目的是当事人从事交易行为所希望达到的目的，合同本身也不过是当事人实现其目的的手段。因此，在解释合同时，应当考虑当事人的订约目的。当然，当事人双方可能具有不同的合同目的。例如，在“枣庄矿业（集团）有限公司柴里煤矿与华夏银行股份有限公司青岛分行、青岛保税区华东国际贸易有限公司联营合同纠纷案”中，最高人民法院认为，在通过目的解释的方法明确合同条款的内容时，“并非只按一方当事人期待实现的合同目的进行解释，而应按照与合同无利害关系的理性第三人通常理解的当事人共同的合同目的进行解释”[②]。

在实践中，根据合同的目的来解释，一是要考虑当事人双方而不是当事人一方的目的进行解释，即考虑当事人在合同订立时的合同目的。如果难以确定双方当事人的缔约目的，则应当从一方当事人表现于外部的并能够为对方所合理理解的目的解释合同条款。[③] 二是尽量作有效解释规则（Ut res magis valeat quam pereat），也称为促进合同有效原则（favor contractus），这就是说，对合同的解释要以最大限度地促进合同的成立为解释方向，促成合同的实际履行，尽量避免宣告合同不成立或无效。例如，合同尚未成立，但当事人已经实际履行合同，在此情况下，应通过解释的方法努力促成合同成立。当事人订立合同的目的是从事交易，在合同可以被认定为有效的情形下，应当尽量承认合同的效力，这也符合当事人订立合同的目的。三是当事人使用的多个文本的含义不一致时，应当根据当事人订立合同的目的解释合同。如果当事人在有关合同文本中所使用的用语的含义各不相同，应当根据合同的目的进行解释。例如，当事人双方共同投资兴办一家合资企业，在合资合同和章程中明确规定双方共同出资，而在当事人内部的一份合同中，规定双方为借贷关系，两份合同规定的内容不同，但当事人双方缔约的真实目的在于共同出资兴办合资企业，据此，应当宣告该借贷合同无效。

3. *习惯解释原则*

所谓习惯，是指当事人所知悉或实践的生活和交易习惯。合同乃是一种交易，所以在解释合同的时候通常应当根据交易习惯来解释当事人的意思。依据《民法典》第142条第1款的规定，解释合同应当依据交易习惯进行，这就确立

---

① Farnsworth. *Contracts*. Second Edition，Little，Brown and Company，1990：513.

② 最高人民法院（2009）民提字第137号民事判决书。

③ 张广兴，等．合同法总则：下．北京：法律出版社，1999：246.

了习惯解释的原则。

习惯包括生活习惯和交易习惯两大类，由于合同本质上是一种交易，因而，如果当事人就合同条款发生争议，则通常应当按照习惯解释合同条款。例如，双方订立一份租赁合同，乙方承租甲方 1 000 平方米的房屋，但该房屋究竟是以建筑面积还是使用面积计算，双方为此发生了争议。如果当地的习惯都是按照使用面积来计算租赁房屋的面积，在解释面积条款时，可以以该交易习惯作为解释的依据。

如果地区习惯与一般的习惯发生冲突，应当以一般的习惯为准。如果地区习惯与行业习惯发生冲突，应当确定行业习惯优先。如果对某一条款发生争议之后，一方是按照一般的或特殊的以及行业的习惯来理解的，而另一方是按照当事人过去从事系列交易时所形成的习惯来理解的，则应当按照系列交易的习惯进行解释，这主要是因为从系列交易中形成的习惯更接近当事人的意思。

当然，对各种习惯的存在以及内容应当由当事人双方举证证明，在当事人未举证证明交易习惯的情况下，法官也可以根据自己对交易习惯的理解选择依据某种习惯来解释合同条款。

4. 依诚实信用原则进行解释

解释合同应依据诚实信用原则。从现代民法的发展趋势来看，诚实信用原则在合同解释中的作用日益重要，诚实信用原则也因此被称为“解释法”。依据《民法典》第 142 条第 1 款的规定，依据诚信原则进行解释，要求法官将自己作为一个诚实守信的当事人来判断、理解合同内容和条款的含义，即如果当事人在合同中对相关事项约定不明，则应当按照一个诚实守信的人所应当作出的理智选择进行解释。法官在依据诚实信用原则解释合同时，需要平衡当事人双方的利益，公平合理地确定合同内容。

依据诚实信用原则解释合同，应当遵循如下规则：第一，如果当事人对合同的履行时间、地点等约定不明确，则应当作有利于债务履行的解释。例如，合同约定在 6 月 1 日交货，但对于究竟是在白天交货还是夜间交货，规定并不明确，则法官可以直接根据诚信原则确定交货时间应为白天而非夜间。第二，对债务人的义务应当做减轻的解释。例如，对于无偿合同，应按对债务人义务较轻的含义进行解释，对有偿合同则应按对双方都较为公平的含义进行解释。第三，从诚信原则出发，应当认定当事人有相互协作的义务。在依据诚信原则解释合同的时候，应当强调当事人之间的相互协作等义务，并尽可能按照诚信原则来理解合同条款。第四，诚实信用原则还可以用来填补合同漏洞。也就是说，在当事人未就相关事项作出约定或者约定不明时，即存在合同漏洞，此时法官要考虑一个合理的、诚实守信的商人，在此情况下应当如何作出履行，或者说应当如何作出意思表示，以此来填补合同的漏洞。

上述各项合同解释的原则构成了一个完整的规则体系，一般来说，在当事人就合同条款含义发生争议时，首先应当按照文义解释的方法，对该条款的准确含义进行解释。如果该条款涉及合同的其他条款或规定，则应当适用整体解释的方法。如果依合同本身的文字材料不能进行解释时，则应当采用目的的、习惯的及诚信原则等方法进行解释。尤其是当合同存在漏洞时则应当适用诚信原则、习惯解释等方法加以解释。如果文义解释等与目的解释的结果不一致，应根据合同的目的进行解释。

三、针对采用两种以上文字订立的合同的解释

依据本条第 2 款的规定，合同文本采用两种以上文字订立、并约定具有同等效力的，对各文本使用的词句推定具有相同含义。各文本使用的词句不一致的，应当根据合同的性质、目的以及诚信原则等予以解释。本条第 1 款主要涉及同一文本中具体条款的解释，第 2 款则是针对多个不同文本且使用词句不一致时的解释。本条第 2 款规定了合同文本以两种以上文字订立，且合同文本使用词句不一致情形下的合同解释问题，这与第 1 款所针对的情形不同。例如，双方分别用中英文两种语言签订了买卖合同，在中文合同中约定出现争议交由北京仲裁委进行仲裁，英文文本中则约定为提交仲裁机构进行仲裁。此时就出现了两种以上文本所规定的词句不一致的情况。

（一）对各文本使用的词句推定具有相同含义

当事人使用了多种语言订立同一意思表示，即使当事人没有特别约定各意思表示文本之间的关系，根据本条第 2 款规定，合同文本采用两种以上文字订立并约定具有同等效力的，对各文本使用的词句也推定具有相同含义。例如，甲乙双方在订立合同时适用了中英文两种文字，英文的翻译与中文的用语不一致，如果合同中没有明确规定以哪个文本为准，在此情形下不应认为双方订立了两份合同，而应当考察，哪一个文本是另一个文本的翻译本。如果对此能够确定，则翻译的文本应当根据基础文本确定其应有的含义。

具体而言，本款主要具有以下几方面的意义。

一是承认合同文本采用两种以上文字订立，并非订立两个合同，而仍然是一个合同，只是采取了两种文本。

二是在具有两种以上文字的合同文本的情况下，由于合同使用了两种以上语言，只有推定各种语言的文本所用的词句具有相同的含义，才能有效减少合同争

议，便于展开合同的解释。如果无法确定何种文本优先，只能通过解释确认合同内容。此时，就需要根据合同的性质、目的以及诚信原则，展开合同解释，最终确定合同的内容。

三是明确举证责任的分担。本款对于两种不同语言的文本中的词句采用了"推定"具有相同含义的表述。这一推定实际上是对证明责任分配的规定，即主张两种文本使用的词句具有不同含义的一方，必须承担证明词句含义不同的证明责任，主张词句含义相同的一方不承担此种责任。

(二) 各文本使用的词句不一致的，应当根据合同的性质、目的以及诚信原则等予以解释

依据本款的规定，在出现这种情形时，应当根据合同的性质、目的以及诚信原则等予以解释。

一是根据合同的性质进行解释。合同性质主要是指合同类型，即是买卖合同抑或租赁合同等，依据合同性质解释，是指判断词句不一致时，要确定哪一种表达更符合当事人的意思。例如，各文本对是否支付价款约定不明确的，就需要确定合同性质究竟是买卖还是赠与。当然，如果是不同文本所使用词句不一致，合同性质是一样的，则不存在性质的差异问题。

二是根据合同目的进行解释。所谓根据合同目的进行解释，是指在文本出现不一致的情况下，应当结合合同目的确定词句的真实含义。解释合同应当首先判断当事人的目的。当事人订立合同都是要追求一定的目的，目的解释在合同解释中具有重要地位。[①] 合同订立的目的是当事人从事交易行为所希望达到的目的，合同本身也不过是当事人实现其目的的手段。在这种方法中，解释者需要探究当事人的目的。例如，在多种文字的原材料买卖的合同文本中对买卖的标的物使用了不一致的表述时，就可以结合当事人订约的目的是希望用于从事何种产品的生产，来确定当事人真实的购买意愿。

三是依据诚实信用原则进行解释。解释合同应依据诚实信用原则。诚实信用原则是合同法中的一项极为重要的原则。这就是说，如果当事人在合同中缺乏约定或者条款本身不明确，则应当按照一个诚实守信的人所应当做出的理智的选择进行解释。也就是说，法官要考虑一个合理的诚实守信的商人，在此情况下应当如何做出履行，或者说应当如何做出意思表示，以此来填补合同的漏洞。

四是整体解释。这就是说，要结合交易当事人的订约背景、相关资料以及交易习惯等进行整体解释。例如，在上述争议解决方式的争议中，就可以参看以往

① Farnsworth. Contracts. Second Edition. Little，Brown and Company，1990：513.

双方的交易中选择了何种争议解决方式，对于仲裁机构的选择一般表述为具体仲裁机构，还是只抽象选择争议解决方式，从而展开解释。

如果合同是由信笺、电报甚至备忘录等构成的，在确定某一条款的意思构成时，应当将这些材料作为一个整体进行解释。例如，当事人在合同中约定，备忘录和附件作为合同组成部分，当事人在附件中都已经签字，在备忘录中只有一方签字，而另一方没有签字，在发生争议以后，未签字的一方提出，其不同意备忘录的内容，已经签字的一方则认为对方实际上已经接受备忘录的条件。笔者认为，既然当事人在合同中已经约定备忘录和附件作为合同组成部分，那么，无论当事人是否在备忘录上签字，都可以认为备忘录已经成为合同的内容，并对当事人产生了拘束力。整体解释要求合同解释不能局限于合同的字面含义，也不应当仅仅考虑合同的条款，更不能将合同的只言片语作为当事人的真实意图，断章取义。

当事人在订立合同时所使用的文字词句可能有所不当，未能将其真实意思表达清楚，或合同未能明确各自的权利义务关系，使合同难以正确履行，从而发生纠纷。此时，法院或仲裁机构主要应当依据除诚实信用以外的其他规则，考虑各种因素（如合同的性质和目的、合同签订地的习惯等）以探求当事人的真实意思，并正确地解释合同，从而辨明是非，确定责任。尤其应当看到，依据诚实信用原则来解释合同过于抽象，给予法官过大的自由裁量权，因此，对该解释方法应当严格限制，防止被滥用。所以，笔者认为，我国《民法典》第466条第2款在确立合同解释的规则时，将诚信原则放在最后，也表明了立法者的意图在于，诚信原则只能是在其他规则不能适用时，才能加以运用。

第四百六十七条

本法或者其他法律没有明文规定的合同，适用本编通则的规定，并可以参照适用本编或者其他法律最相类似合同的规定。

在中华人民共和国境内履行的中外合资经营企业合同、中外合作经营企业合同、中外合作勘探开发自然资源合同，适用中华人民共和国法律。

本条主旨

本条是关于非典型合同（无名合同）法律适用规则的规定。

相关条文

《合同法》第124条　本法分则或者其他法律没有明文规定的合同，适用本法总则的规定，并可以参照本法分则或者其他法律最相类似的规定。

理解与适用

一、非典型合同（无名合同）的法律适用规则概述

根据法律上是否规定了一定合同的名称，可以将合同分为典型合同与非典型合同。典型合同又称为有名合同，是指法律上已经确定了一定的名称及规则的合同。所谓非典型合同又称无名合同，依据《民法典》第467条的规定，是指“本法或者其他法律没有明文规定的合同”，此处的法律未明确规定是指合同编与其他法律均没有明确规定的合同。简单地说，非典型合同就是法律没有明确规定的合同。其他法律是指民法典其他编和民法典之外的特别法两种。其中，民法典其他编有规定的，如人格权编中规定的肖像许可使用合同、物权编规定的建设用地使用权出让合同等，均属于典型合同；特别法有规定的，如《旅游法》规定的旅游合同、保险法规定的保险合同等，也属于典型合同。非典型合同具有如下特点。

第一，它是民法典合同编与其他法律都没有作出规定的合同。非典型合同是法律并未明确规定的合同类型。依其内容构成可分为三类：（1）纯粹的无名合同，又称狭义的非典型合同，即以法律完全无规定的事项为内容的合同，或者说，合同的内容不属于任何典型合同的事项。例如，如瘦身美容、企业咨询等现代新型合同，这些合同的内容并没有规定在现行法律之中。（2）混合无名合同，即合同中可能同时包含多个典型合同的内容，从而使其难以被归入某个典型合同之中，简言之，即双方当事人互负属于不同类型之主给付义务，学说上也称之为“二重典型契约”或“混血儿契约”①。《欧洲民法典草案》第2－1：107条规定，混合合同是指两类或两类以上的有名合同，或者有名合同与无名合同的组合而成的。例如，在租赁房屋时承租人以提供劳务代替交付租金的合同，该合同的内容由不同的有名合同事项构成。再如，一方提供住宿，另一方帮助看管、维护房屋的合同，都属于混合合同。（3）准混合合同，即在一个典型合同中涉及一些法律

① 詹森林．民事法理与判决研究．台北：1998：121.

没有规定的非典型合同的内容。① 与混合合同不同，准混合合同仅涉及典型合同与非典型合同的混合，而不涉及多个典型合同内容的混合。这种合同内容一部分属于典型合同，另一部分不属于任何典型合同，如一方提供劳务，另一方提供企业经营咨询服务的合同。此外，还有一种情况是当事人在订立合同时，对民法中的典型合同作相反的特别约定，如买卖合同中当事人双方作出变更风险移转时间的约定等。② 这种非典型合同适用法律较为简单，其效力视其变更的条款类型是否属于强行法而定。如果违反了强行法的规定，则应当认定无效。除上述各种类型外，非典型合同还有很多新的形式，这也是交易发展的必然结果。

第二，非典型合同只要不违反法律、行政法规的强制性规定和公序良俗，则原则上都是有效的。我国《民法典》合同编第二分编所规定的 19 种典型合同，也就是典型契约，包括买卖合同，供用电、水、气、热力合同，赠与合同，借款合同，保证合同，租赁合同，融资租赁合同，保理合同，承揽合同，建设工程合同，运输合同，技术合同，保管合同，仓储合同，委托合同，物业服务合同，行纪合同，中介合同，合伙合同。除合同编之外，民法典其他编也规定了一些典型合同，如物权编规定的建设用地使用权出让合同、土地承包经营权合同、抵押合同、质押合同等。尤其是，一些特别法也规定了一些合同，如保险法中规定的保险合同，旅游法规定的旅游合同等。这些法律所规定的合同都是典型合同。法律上规定典型合同的主要意义在于：规范合同关系的内容，帮助当事人正确订约。对于典型合同的内容，法律通常设有一些规定，但这些规定大多为任意性规范，当事人可以通过其约定改变法律的规定。也就是说，法律关于典型合同内容的规定主要是要规范合同的内容，以任意性的规定弥补当事人约定的不足。除了合同的必要条款必须由当事人约定以外，对于其他非必要条款，如履行时间、履行地点、危险负担等方面的问题，如果当事人未作出约定，则可以适用法律关于典型合同的规定。可见，典型合同的规则并非要代替当事人订立合同，而是为了辅助当事人完善合同的内容。

原则上说，合同法并不禁止当事人订立非典型合同。合同法关于典型合同的规定，并不是代替当事人订立合同，也不是要求当事人必须按照典型合同的规定来订立合同，只是在当事人在合同中没有特别约定或者约定不明确的情况下，才适用合同法的规则。按照合同自由原则，当事人完全可以在合同中约定各种非典型合同，只要当事人的约定不违反法律法规的强行性规定和社会公共利益，合同

① 周林彬．比较合同法．兰州：兰州大学出版社，1989：127.

② 同①120.

法就应当承认其效力。在这一点上，合同法与物权法中的物权法定原则是不同的。物权法对物权的类型采取“物权法定主义”，如果当事人设立某项权利不符合物权法规定的类型，则不能形成为物权；但合同法完全允许当事人在法律规定的典型合同之外，确立各种非典型合同，这是合同自由的固有含义。“此为民法一面采契约自由原则，一面又列举典型契约的产物，盖社会生活变化万端，交易活动日益复杂，当事人不能不在法定契约类型之外，另创设新型态的契约，以满足不同之需要。”① 法律规定非典型合同，实际上为当事人自由创设各种合同形式、从事各类交易提供了广泛的活动空间，也使各种合法的交易即使没有被法律规定为典型合同，也能够获得法律的保护。

第三，民法典合同编也为非典型合同的法律适用设置了相应的规则。非典型合同虽然不是法律明确规定的合同，但并非没有法律适用的依据。《民法典》第467条第1款规定：“本法或者其他法律没有明文规定的合同，适用本编通则的规定，并可以参照适用本编或者其他法律最相类似合同的规定。”这实际上是设定了非典型合同法律适用的规则。

二、非典型合同的法律适用

依据《民法典》第467条的规定，非典型合同可以适用或参照适用三种规定。一是合同编通则的规定；二是合同编关于典型合同的规定，即适用合同编分则的规定；三是其他法律最相类似合同的规定。例如，货物的互易合同可以参照买卖合同的规定，以提供劳务换取旅游服务的合同则可以适用《旅游法》中关于旅游合同的规定。需要注意的是，本条延续了《合同法》第124条的规则，并未就这三种法源的适用顺序进行规定。

（一）非典型合同适用合同编通则的规定

由于交易关系与当事人合意内容的复杂性，出现非典型合同是在所难免的，非典型合同产生以后，经过一定的发展阶段，其基本内容和特点已经形成，则可以由合同法予以规范，使之成为典型合同。典型合同与非典型合同的区分意义主要在于两者适用的法律规则不同。依据本条规定，要求适用合同编通则的规定。例如，非典型合同的订立同样需要遵循合同编通则关于合同订立的规则，并可以参照适用合同编典型合同或其他法律最相似合同的规定，因为一方面，合同编通则是关于所有合同的一般规则，既可以适用于典型合同，也可以适用于非典型合同，其本身的适用范围涵盖了所有合同类型。合同编通则中的具体原则的规定，

① 王泽鉴．民法债编总论：第一册（基本理论）．北京：北京大学出版社，2009：121.

应当是在分则中普遍适用的。虽然按照特别法优于普通法的规则，应当先适用分则的内容，但如果当事人之间的约定不属于分则中规定的典型合同，则应当适用总则中的规定。① 另一方面，非典型合同大都与合同编中的典型合同不相同，难以完全适用典型合同的规则。虽然一些非典型合同与典型合同类似，但由于一些典型合同的规则是针对特定的交易而规定的，因此一些非典型契约也不能够完全适用与其类似的典型合同的规则。例如，在股权转让的合同中，当事人可以约定分期付款，此时，是否可以适用分期付款买卖的相关规定呢？《民法典》第 634 条第 1 款规定："分期付款的买受人未支付到期价款的数额达到全部价款的五分之一的，出卖人可以请求买受人支付全部价款或者解除合同。"最高人民法院发布的指导案例 67 号裁判要点认为，分期付款股权转让人解除合同的，不适用《合同法》第 167 条有关解除合同的规定，理由是分期付款股权转让合同不同于以消费为目的的分期付款买卖合同，《合同法》第 167 条的立法仅应适用于以消费为目的的买卖合同，而在股权转让中，并无消费存在，因此不应当适用《合同法》第 167 条的规则。② 虽然这一指导性案例引发了一定的争议，但对于非典型合同能否适用类似典型合同的规则，必须结合典型合同的立法目的进行考量，如果不符合典型合同的立法目的，还是应当适用合同编通则的规定。

（二）非典型合同可以参照适用合同编典型合同或者其他法律最相类似合同的规定

对于纯粹的非典型合同，应适用合同编通则与民法典总则的规定；对于混合合同和准混合合同的法律适用，在理论上存在争议，大致有吸收主义、结合主义和类推适用主义等三种学说。

1. 吸收说。该学说认为，应当将混合合同的构成部分区分为主要部分和非主要部分，而适用主要部分的典型（或非典型）合同的规定，非主要部分被主要部分吸收。按照吸收说的观点，混合合同的构成要素应当区分为主要构成部分与非主要构成部分，以主要构成部分吸收非主要构成部分，以主要构成部分应适用的法律规范调整该非典型合同。古代罗马法不承认契约自由，因此采纳吸收主义。但吸收主义存在两种成分难以明确区别，且吸收适用的方式有悖于当事人订立合同的真正目的等弊端。

2. 结合说。结合主义又称分解主义，它是指分解混合合同的各条款分析其

① Tadas Klimas. Comparative Contract Law, A Transystemic Approach with an Emphasis on the Continental Law Cases, Text and Materials. Carolina Academic Press, 2006: 639.

② 参见《最高人民法院关于发布第 14 批指导性案例的通知》（法〔2016〕311 号）。

构成，结合起来统一适用，系统地发现其法律效果。按照结合说，应当分解混合合同的构成部分而适用各该部分的典型合同规定，并按照当事人的可以推知的意思来调和它们的分歧，统一适用。当然，在实践中将合同各部分机械相加，分别适用法律规则，可能会违背当事人真实的缔约意图。

3. 类推适用说。该学说认为，法律对混合合同既然没有加以规定，则应当就混合合同的各个构成部分类推适用法律对各典型合同所作的规定，并斟酌当事人缔约真实目的予以调整。① 依据《民法典》第 467 条规定，“本法或者其他法律没有明文规定的合同，适用本编通则的规定，并可以参照适用本编或者其他法律最相类似合同的规定”。即使对于混合合同和准混合合同，首先也仍然要适用合同编通则的规定，并可以参照适用本编典型合同或者其他法律最相类似合同的规定。对于非典型合同来说，因其内容可能涉及典型合同的某些规则，所以，应当比照类似的典型合同的规则，参照合同的经济目的及当事人的意思等进行处理。

在合同法上，典型合同与非典型合同的区分意义主要在于，两者适用的法律规则不同。对于典型合同应当直接适用合同法的规定，非典型合同无法直接适用法律的规定。这就是说，在难以适用通则的规定，且无法判断属于哪一类典型契约时，可以根据合同的相关内容，将其归入特定的典型合同的类型，参照某一类典型合同的规定适用。典型合同是民法典合同编所提供的合同样板。对于非典型合同来说，因其内容可能涉及典型合同的某些规则，所以应当比照类似的典型合同的规则，参照合同的经济目的及当事人的意思等进行处理。例如，旅游合同包含了运输合同、服务合同、房屋租赁合同等多项典型合同的内容，因此可以类推适用这些典型合同的规则。

《民法典》第 467 条中所说的“最相类似合同”的规定，是指从合同的性质来看，待决案件中的合同与分则中某典型合同具有最相类似的特点。问题在于，此时究竟应当优先适用通则的规定，还是优先参照典型合同中的相关规定？笔者认为，在此情形下，主要应当考虑，哪个规则与案件中的事实具有最密切的联系，联系越密切，就越应当适用。例如，对于一般的债务承担，依据合同编通则的规定，需要债权人与原债务人达成协议。如果相关争议涉及债务承担规则，则应当适用合同编通则的规定。再如，就旅游合同而言，依据《旅游法》第 63 条的规定，该协议必须采用书面形式，该条规定显然变更了合同编通则关于形式要件的一般规则。因此，如果某非典型合同与旅游合同最为类似，则应当优先适用

① 王泽鉴．债法原理：第一册．北京：中国政法大学出版社，1999：124.

该规则。

《民法典》第467条规定相较于《合同法》而言，将参照适用的规则局限于本编典型合同以及其他法律最相似合同的规定。这是由于合同编分则的内容较为庞杂，除规定了典型合同外，还包括了准合同一章，立法者在此排除了非典型契约适用准合同的规则。此处的“其他法律最相类似合同的规定”是指法律，尤其是特别法的规定，如《旅游法》中旅游合同的规定，《保险法》中的保险合同的规定，《海商法》中海上货物运输合同的规定等。

三、涉外合同的法律适用

《民法典》第467条第2款规定：“在中华人民共和国境内履行的中外合资经营企业合同、中外合作经营企业合同、中外合作勘探开发自然资源合同，适用中华人民共和国法律。”依据该条规定，在中华人民共和国境内履行的中外合资经营企业合同、中外合作经营企业合同、中外合作勘探开发自然资源合同约定适用中国法律，这就是说，即使这些合同是在国外订立的，只要合同在中国履行，就要适用中国法律。原因在于：一方面，依据相关的法律法规，订立中外合资经营企业合同、中外合作经营企业合同、中外合作勘探开发自然资源合同，依据相关法律法规规定，需要办理审批手续，如果不适用中国法律，有关审批的规定就会被规避、形同虚设了。另一方面，订立中外合资经营企业合同、中外合作经营企业合同常常要设立中国法人，且中外合作勘探开发自然资源合同等也可能涉及国家安全等利益，因此，应当适用中国法律。依据该款规定，当事人不得通过合同约定排除中国法律的适用。

第四百六十八条

非因合同产生的债权债务关系，适用有关该债权债务关系的法律规定；没有规定的，适用本编通则的有关规定，但是根据其性质不能适用的除外。

本条主旨

本条是关于非因合同产生的债权债务关系法律适用规则的规定。

相关条文

无

理解与适用

本条扩张了合同编通则的适用范围，使得合同编通则不仅仅在合同编发挥作用，同时发挥债法总则的功能。

一、非合同之债适用有关该债权债务关系的法律规定

所谓非合同之债，又称为法定之债，是指因法律规定而在当事人之间产生的债权债务关系，其主要包括不当得利之债、无因管理之债、侵权损害赔偿之债等。由于我国民法典没有设置债法总则，为妥当规定各类法定之债（如不当得利、无因管理等）的规则，合同编借鉴英美法和法国法上“准合同”的概念，单设第三分编，对各类法定之债的规则作出规定，并将其置于合同编最后。所谓准合同，是指类似于合同的债的关系。① 准合同的概念起源于罗马法，盖尤斯认为，不当得利、无因管理也在一定程度上体现了当事人的意思，因此是类似于合同的债的关系②，这一观点后来被法国法和英美法所吸收。由于合同编中设置了准合同一章，因此，不当得利、无因管理的相关规则也纳入合同编中调整。此外，《民法典》第 499 条规定的悬赏广告，作为单方行为受到合同编通则的调整。合同编要发挥债法总则的功能，就必须在一般规定中对非因合同产生的债权债务规则进行规定。

依据《民法典》第 468 条的规定，非因合同产生的债权债务关系，如不当得利、无因管理首要适用准合同的规定，侵权之债首先要适用有关该债权债务的法律规定。这就是说，不当得利、无因管理首先要适用准合同的规则，悬赏广告首先要适用《民法典》第 499 条的规定，侵权损害赔偿之债要适用侵权责任编的规定。例如，违反安全保障义务的行为作为侵权责任中的特殊侵权形态，首先适用侵权责任编关于违反安全保障义务的责任，但如果当事人之间就安全保障义务的内容事先作出了约定，一方违反该约定后如何确定违约责任，由于侵权责任编没有具体规定，则可以适用合同编的相关规定。之所以要适用特别法律的规定，一方面是因为，这些债的关系是法定之债，与合同之债这种意定之债不同。例如，不当得利、无因管理虽然与合同类似，但并非合同关系。另一方面，不当得利、无因管理等经过法律的发展，已经形成了自身特殊的规则，应当优先适用其自身特殊的规则。还应当看到，不当得利、无因管理等虽然放在准合同部分，但与合

① 李世刚．中国债编体系构建中若干基础关系的协调．法学研究，2016（5）.

② 丁超．论准契约的基本问题//费安玲．学说汇纂：第 3 卷．北京：知识产权出版社，2011：68.

同编通则相比，其也属于特别规定，应当优先适用。再如，错误给付等准合同之债，也要先适用合同编关于不当得利的规定，只有在没有特别规定时，才能适用合同编通则的规定。

二、如果没有特别规定，非合同之债适用合同编通则的规定

严格地说，非因合同产生的债权债务关系一般不涉及典型合同的相关规则，因为其并非因为合同产生，也没有以具体合同关系为前提，如果存在基础合同关系就不再属于非因合同产生的债权债务，因此合同编典型合同的规定原则上并不能适用于非因合同产生的债权债务关系。但是，在没有特别规定的情形下，依据本条规定，也可以适用合同编的规定，主要理由在于：一方面，非合同之债中的一些类型与合同关系十分密切，类似于合同关系。例如，在无因管理中，无因管理与委托合同关系密切，内容都是在管理他人事务。因此，关于无因管理的规则可能要适用委托合同的规定，正是基于这一原因，《民法典》第984条规定："管理人管理事务经受益人事后追认的，从管理事务开始时起，适用委托合同的有关规定，但是管理人另有意思表示的除外。"除这种情况外，非因合同产生的债权债务关系一般不涉及有名合同规则的问题。另一方面，即便是在侵权责任编中，有些债的关系也涉及债的履行、保全等债的共通性规则的适用，而从我国民法典合同编的规定来看，这些债的一般性规则是规定在合同编通则之中的，因此，非合同之债也有适用合同编通则规定的可能。例如，侵权损害赔偿之债也可能有抵销、清偿抵充、保全甚至特定情形下的转让等问题，由于侵权损害赔偿在性质上仍然属于一种债的关系，只不过是因侵权行为产生，在发生抵销、清偿抵充、保全、甚至转让等问题时，也应当可以准用合同编通则的规则。《民法典》第468条为侵权损害赔偿之债适用债的一般规则提供了法律依据。

合同编通则中可以适用于非法定之债的规则，在《民法典》的规定中存在一定的标志。如果条文中使用的是"债""债权"或者"债务"，这意味着该条文能够适用于所有的债。但如果条文中适用的是"合同"、"合同的权利"或者"合同的义务"，这意味着该条文仅能够适用于合同之债。

合同编通则中的规定有大量的可以适用于所有债之关系的规则，主要包括如下几类。

1. 关于债的履行规则。债的履行规则也可以适用于非因合同发生的债，具体而言体现在：一是《民法典》第509条关于合同履行的原则，不仅仅是针对合同之债而言的，同样针对非合同之债，这些债的履行也要遵循这些原则。二是关于履行地点、履行期限等的确定，在债没有规定时，同样可以适用民法典第511

条的规定。例如，《民法典》第 514 条规定了金钱之债的履行地点，对于非因合同发生的债之关系，以金钱给付为内容的，也同样应当适用这一规定。三是关于选择之债的规定。选择之债并不一定都是基于合同关系才可以发生的。例如，在总则编第 171 条第 3 款关于无权代理的规定中，善意第三人与无权代理人之间并不存在合同关系，但是善意相对人可以选择主张由无权代理人履行合同或请求损害赔偿，这便构成了非因合同而产生的选择之债。此时，同样应当适用合同编第 515、516 条的规定。四是金钱之债、多数人之债等的规定，在大陆法系的民法典中一直是债法总则的重要组成部分。例如，只要是债权人或债务人的一方是多数人，无论形成的原因为何，便可以成立多数人之债，应当适用多数人之债的规则。合同编对于连带债权、连带债务、按份债权、按份债务均设置了完整的规则，因此第 517—521 条的规则在侵权之债、不当得利之债、无因管理之债中均有适用的余地。五是向第三人履行规则（第 522 条）、由第三人履行规则（第 523 条）、第三人代为履行规则（第 524 条）、债务人提前履行债务（第 530 条）、债务人部分履行债务（第 531 条）等，都可以适用于非合同之债。

2. 关于合同的保全规定。在合同编第五章合同的保全中，采用了债权、债务、债权人、债务人的表述，表明该章的规则完全可以适用于非合同之债。因此，债权人对债务人的债权不以合同债权为限，无论是侵权之债的债权人还是不当得利、无因管理之债的债权人均可以行使第 535—542 条所规定的债权人的代位权和撤销权，甚至依据第 536 条的规定，在债权人的债权到期之前在满足特定条件的情况下也可以行使代位权。

3. 关于合同的变更和移转规则。一方面，在非合同之债中，也可能发生双方通过协商达成和解、变更债的内容，因此，可以适用合同变更的规则。另一方面，在发生债权让与、债务承担、债权债务概括移转的场合，无论这些债权债务是因为当事人的合意或单方允诺发生，还是因为法律的规定发生，都应当适用第 543—556 条的规定。当然，依据法律规定或者债的性质不能适用的，应当予以排除。例如，一般认为基于人身损害的侵权损害赔偿之债，不具有可让与性，不能适用合同移转的规则。

4. 关于合同的权利义务终止规则。《民法典》第 557 条区分合同解除（第 2 款）与其他债的终止（第 1 款）分别作出规定，尤其是在非合同之债的终止规则都以债权债务表述，表明除了合同解除的规则不能适用于非合同之债以外，其他债的终止规则都可以适用于非合同之债。依据第 557 条的规定，清偿、抵销、提存、免除、混同均可能导致债权债务的终止。这些规则的适用均不以合同之债为限，对于非因合同产生的债权债务关系同样可能因为上述事由而消灭。这主要包括第560条和第561条规定的清偿抵充的规则，第568、569条规定的抵销的规则，第570—574条规定的提存的规则以及第575—576条规定的债的免除的规则。当然，在非合同之债中适用合同终止规则时，必须确定依据非因合同发生的债之关系的性质能否适用相应规范。例如，一般认为对于故意侵权产生的损害赔偿之债，不能适用抵销的规则。

5. 关于违约责任规定。一般认为，合同编第八章违约责任的规定仅仅适用于合同关系，但实际上，该章中有些规则也可以适用于非合同之债。例如，关于债权人受领迟延（第589条）、防止损失扩大义务（第591条）、过失相抵（第592条）等，也可以适用于非合同之债。

需要注意的是，依据本条规定，非因合同产生的债权债务关系，如不当得利、无因管理首要适用准合同的规定，侵权之债首先要适用有关该债权债务的法律规定。如果没有特别规定，非合同之债适用合同编通则的规定。这就是说，不当得利、无因管理首先要适用准合同的规则，悬赏广告首先要适用《民法典》第499条的规定，侵权损害赔偿之债首先要适用侵权责任编的规定。例如，违反安全保障义务的行为作为侵权责任中的特殊侵权形态，首先适用侵权责任编关于违反安全保障义务的责任，但如果当事人之间就安全保障义务的内容事先作出了约定，一方违反该约定后如何确定违约责任，由于侵权责任编没有具体规定，则可以适用合同编的相关规定。之所以要适用特别法律的规定，一方面是因为，这些债的关系是法定之债，与合同之债这种意定之债不同。例如，不当得利、无因管理虽然与合同类似，但并非合同关系。另一方面，不当得利、无因管理等经过法律的发展，已经形成了自身特殊的规则，应当优先适用其自身特殊的规则。还应当看到，不当得利、无因管理等虽然放在准合同部分，但与合同编通则相比，其也属于特别规定，应当优先适用。只有在没有特别规定时，才能适用合同编通则的规定。

《民法典》第468条规定是否会导致法律规则的“双重适用”？此种援引本身也是法典化所要求的。民法的法典化实际上就是体系化，民法典的重要目的就是要形成完善的体系架构，为法官处理民事案件提供完备的规范体系。这就决定了在民法典各编中会出现大量的引致条款，这些条款最大限度地保证了立法的简洁。据粗略统计，《民法典》中有49个引致条文，引致条款的出现意味着法官不能只援引一个条款，完全否定双重引用，否定引致条款的作用，将增加大量本不必要的规范，与实现法典体系化的目标是相互矛盾的。还要看到，法典化的另一优势在于为法官裁判提供具有体系性的规范，任何一个民事案件的裁判，都需要从民法典规范中寻求裁判依据，进行体系性的思考，这种引导作用正是法典化的优势。因此，在具体个案的裁判中，法官援用多个条款裁判是很常见的现象。还要看到，纵观整个《民法典》，其中包含有大量的不完全规范，需要结合其他条款适用。这些不完全规范或说明、或限制、或引致、或解释、或推定，功能不一而足，绝非仅仅是“提示”。这些不完全规范的性质就决定了其必须与其他规范共同适用。[①] 德国民法学者扬·沙普就认为，请求权基础规范和辅助性规范应当结合使用。因为在《德国民法典》中，请求权规范的数量远少于辅助性规范的数量，在《德国民法典》的前三编中，只有 50 至 60 条请求权规范具有重要意义，几乎所有并非请求权规范的制定法规范都是请求权规范的辅助性规范，这些辅助性规范的数量是非常巨大的，包括补充构成要件的辅助性规范、补充法律效果的辅助性规范和反对规范（如抗辩权规范）。法官将大量的辅助性规范组合而成所谓的请求权前提（Anspruchshypothese）。

三、依非合同之债的性质不能适用合同编通则的除外

依据《民法典》第 468 条规定，“非因合同产生的债权债务关系，适用有关该债权债务关系的法律规定；没有规定的，适用本编通则的有关规定，但是根据其性质不能适用的除外”，这就需要根据非因合同产生的债权债务关系性质确定能否适用合同编通则的规定，即有必要对非因合同产生的债权债务进行区分，依据其性质来确定能否适用合同编通则。所谓依据其性质来确定，也就是说，依据非合同之债产生的特定的债权债务关系与合同的相关规则和性质是冲突的，存在本质差异，因此，不能适用合同编通则的规定。例如，关于侵权法中有关侵害生命权、健康权的法定损害赔偿，其赔偿范围、赔偿项目等是法律明确规定的，不能适用合同编通则关于损害赔偿的规定。当然，依据其性质与合同编规则并不矛盾和冲突的规则，则可以适用。

对有些债的关系而言，需要区分其债的内容而分别确定其能否适用合同编通则的规定，如果其内容属于债的一般规则，则通常可以适用合同编通则的规定，但如果其属于其特有规则，不适用债的一般规则，则无法适用合同编通则的规定。例如，就共同侵权而产生的债的关系而言，其责任构成是法定的，但行为人的对外连带责任、对内份额等具体规则，则可以适用合同编通则的规定。

① ［德］扬·沙普．请求权理论．朱虎，译//徐国栋．罗马法与现代民法：第 9 卷．厦门：厦门大学出版社，2016.

第二章

合同的订立

第四百六十九条

当事人订立合同，可以采用书面形式、口头形式或者其他形式。

书面形式是合同书、信件、电报、电传、传真等可以有形地表现所载内容的形式。

以电子数据交换、电子邮件等方式能够有形地表现所载内容，并可以随时调取查用的数据电文，视为书面形式。

本条主旨

本条是关于合同形式的规定。

相关条文

《合同法》第 10 条　当事人订立合同，有书面形式、口头形式和其他形式。法律、行政法规规定采用书面形式的，应当采用书面形式。当事人约定采用书面形式的，应当采用书面形式。

《合同法》第 11 条　书面形式是指合同书、信件和数据电文（包括电报、电传、传真、电子数据交换和电子邮件）等可以有形地表现所载内容的形式。

《买卖合同司法解释》第 4 条　人民法院在按照合同法的规定认定电子交易合同的成立及效力的同时，还应当适用电子签名法的相关规定。

《电子签名法》第 4 条　能够有形地表现所载内容，并可以随时调取查用的数据电文，视为符合法律、法规要求的书面形式。

第5条 符合下列条件的数据电文，视为满足法律、法规规定的原件形式要求：

（一）能够有效地表现所载内容并可供随时调取查用；

（二）能够可靠地保证自最终形成时起，内容保持完整、未被更改。但是，在数据电文上增加背书以及数据交换、储存和显示过程中发生的形式变化不影响数据电文的完整性。

《公司法》第148条 董事、高级管理人员不得有下列行为：

…………

（四）违反公司章程的规定或者未经股东会、股东大会同意，与本公司订立合同或者进行交易；

…………

《旅游法》第57条 旅行社组织和安排旅游活动，应当与旅游者订立合同。

《电子商务法》第50条 电子商务经营者应当清晰、全面、明确地告知用户订立合同的步骤、注意事项、下载方法等事项，并保证用户能够便利、完整地阅览和下载。

《保险法》第17条 对保险合同中免除保险人责任的条款，保险人在订立合同时应当在投保单、保险单或者其他保险凭证上作出足以引起投保人注意的提示，并对该条款的内容以书面或者口头形式向投保人作出明确说明；未作提示或者明确说明的，该条款不产生效力。

《民法总则》第135条 民事法律行为可以采用书面形式、口头形式或者其他形式；法律、行政法规规定或者当事人约定采用特定形式的，应当采用特定形式。

《民法通则》第56条 民事法律行为可以采用书面形式、口头形式或者其他形式。法律规定用特定形式的，应当依照法律规定。

《合同法司法解释二》第1条 当事人对合同是否成立存在争议，人民法院能够确定当事人名称或者姓名、标的和数量的，一般应当认定合同成立。但法律另有规定或者当事人另有约定的除外。

对合同欠缺的前款规定以外的其他内容，当事人达不成协议的，人民法院依照合同法第六十一条、第六十二条、第一百二十五条等有关规定予以确定。

第2条 当事人未以书面形式或者口头形式订立合同，但从双方从事的民事行为能够推定双方有订立合同意愿的，人民法院可以认定是以合同法第十条第一款中的“其他形式”订立的合同。但法律另有规定的除外。

理解与适用

一、当事人订立合同，可以采用书面形式、口头形式或者其他形式

本条是关于合同形式的规定。所谓合同的形式，又称合同的方式，它是当事人的合意所采取的方式。合同的形式是合同内容的表现方式，与合同的内容密不可分。从哲学上看，形式是内容的外在表现，任何形式都是为了表达一定的内容，是内容的载体。同样，合同的形式是合同法律关系的外在表现形式。合同是一种法律关系，它可以有多种表现形式，其既可以体现为书面形式，也可以是口头形式或者其他形式。在某些情况下，合同是否具备特定的形式对于判断当事人之间是否存在合同关系，以及确定合同的具体内容等，均具有重要意义。在法律对合同形式作出明确规定的情形下，合同欠缺法定形式可能导致合同不成立或者无效。如果当事人采用口头形式，但事后无法证明当事人已经就合同的主要条款达成合意，此时也可能导致合同不能成立。

在合同的形式选择方面，各国普遍从合同自由原则出发，采纳了可由当事人自由选择合同形式的原则，因此，在合同形式方面，提出采纳了以非要式为原则，以要式为例外的立法模式，该原则被许多国际示范法所广泛认可。[①] 我国《民法典》第 469 条第 1 款规定："当事人订立合同，可以采用书面形式、口头形式或者其他形式。"此处使用"可以采用"的表述，表明当事人可以依法自主选择合同的形式，这也是合同自由原则的具体体现。但是，对一些特殊类型的交易而言，法律规定了书面形式的要求。我国民法典合同编对许多合同都规定了书面形式，例如，对保证合同（第 685 条）、租赁期限在 6 个月以上的租赁合同（第 707 条）、融资租赁合同（第 736 条）、保理合同（第 762 条）、建设工程合同（第 789 条）、建设工程委托监理合同（第 796 条）、技术开发合同（第 851 条）以及技术转让合同、技术许可合同（第 863 条）等，均规定了应当采用书面形式。除民法典合同编以外，其他法律、法规也对合同的书面形式作出了规定。[②] 但法律、行政法规规定某种类型的合同必须采用书面形式，即便当事人没有采用书面形式，也不宜简单地一概宣告合同不成立，如果一方当事人履行合同主要义务，

---

① 参见《联合国国际货物销售合同公约》第 11 条、《欧洲合同法原则》第 2：101 条第 2 款、《国际商事合同通则》第 1.2 条。

② 例如，《民法典》物权编对许多合同也规定了书面形式要件，如采取招标、拍卖、协议等出让方式设立建设用地使用权的合同（第 348 条），建设用地使用权转让、互换、出资、赠与或者抵押的合同（第 354 条），设立抵押权的合同（第 400 条），以及设立质权的合同（第 427 条）等。

对方接受的，合同也可以成立。

依据本条第 1 款的规定，合同的形式主要可以分为书面形式、口头形式和其他形式。

（一）书面形式

所谓书面形式，是指以文字等有形的表现形式订立合同的形式。根据本条第 2 款的规定，“书面形式是合同书、信件、电报、电传、传真等可以有形地表现所载内容的形式”。书面形式的主要优特点在于，它能够通过文字凭据确定当事人之间的权利义务，既有利于当事人依据该文字凭据作出履行，也有利于在发生纠纷时有据可查，准确地确定当事人的权利义务和责任，从而能够合理公正地解决纠纷。书面形式主要起到证明合同关系存在的作用，有书面形式存在，就能够有效地证明合同关系的存在，并且通常也能证明合同的内容，尤其是作为书面形式的合同书，更能够有效地证明合同关系。但合同并不等于合同书，没有书面形式并不意味着当事人间并不存在合同关系，也不一定表明当事人无法通过其他形式证明合同关系的存在以及合同的内容，所以不能将合同书等书面形式等同于合同关系。在不存在书面形式的情况下，一方当事人要主张合同关系存在，其应当证明双方已经就合同关系的成立达成合意。可见，合同的形式原则上具有证据的效力。

依据本条规定，当事人订立合同，可以选择书面形式、口头形式或者其他形式。这就是说，当事人可以自由约定是否采用书面形式，但如果法律有特别规定和当事人在合同中有特别约定需要采用书面形式的，则应当采用书面形式。书面形式的主要优点如下。

第一，保存证据功能，即认为书面形式的主要作用是保存证据。书面形式的要求有助于当事人在发生纠纷的情况下，依据书面合同确定当事人之间的权利义务，及时解决合同纠纷。口头形式的最大弊病就是发生纠纷后举证困难。书面形式便于法院收集证据、审理案件。当然，如果当事人之间达成书面约定，也有可能发生争议，但是，书面形式的采用将会大大减少争议。①

第二，明确合同内容功能，即通过订立书面合同，可以明确合同内容，避免事后发生争议。毕竟书面合同有据可查，条款清晰，能够进一步明确双方的权利义务关系，有利于督促双方履行合同。

第三，提醒慎重缔约功能，即书面形式的目的主要是提醒当事人在缔约时要慎重。在交易过程中，毕竟当事人交易经验、能力是各不相等的，一些不法行为

① ［德］海因·克茨．欧洲合同法：上卷．周忠海，等译．北京：法律出版社，2001：115.

人也会利用他人缺乏经验和能力等而从事欺诈等行为，尤其是在一些特殊的直接关系到当事人重大利益的合同中，法律要求合同采取书面形式，对督促当事人认真缔约是有利的。德国学者康拉德·茨威格特指出："那些要求合同遵守特定形式的规则经常与意思表示的严肃性联系在一起。对于某些合同，法律规定必须满足一些条件，只有满足这些条件的合同才被认为是严肃订立的，才有强制执行力。规定这些条件的目的是为了给不熟悉的人以深思熟虑的机会，才能防止他们遭遇异常情况。"①

第四，保护弱者功能。海因·克茨指出，在合同一方当事人需要特别保护时，现代立法越来越多地要求合同以书面形式订立。在少数案例中，如消费者信贷合同、住房出租、尚未完工之寓所的销售和培训合同等就属于这种情况。由于在这些合同中，消费者订约知识欠缺或缺乏必要的法律知识，而有可能受到欺诈。因此，一些国家要求对这些合同应当采取标准化的示范合同订立。例如，在不动产买卖、房屋租赁等交易领域，要求采取书面形式，国家发布了一些示范合同，该合同明确将一些保护消费者的条款列入其中，而且当事人不得约定排除，其主要目的就是保护消费者，防止对方当事人利用其优势订约地位侵害消费者的合法权益。

第五，防止欺诈功能。书面形式的最大好处是有助于防止欺诈和伪证，因为即便口头合同存在，当事人双方也不否认，但如一方不愿履约，即可依合同不具书面形式为由，拒不履约，这又导致欺诈活动的产生。② 所以，采取书面形式可以使一方当事人不受自己的疏忽或对方的欺骗的损害。正如德国学者迪特尔·梅迪库斯所指出的："形式有利于维护个别的第三人的利益。这些第三人虽然不是有关法律行为的当事人，但这些行为对它们产生效力。"③

但书面形式所具有的上述优点不是绝对的，如就证据效力而言，电子邮件作为一种书面形式，在目前电子邮件的签字问题在技术上没有完全解决之前，它仍然不能作为直接证据采用，也不能作为定案的唯一依据。就传真件而言，其虽然也属于书面形式，但在证据法上无法作为定案的直接依据，因为其被修改和复制的可能性极大。这些证据相对于录音而言，也未必具有更强的证明力。

依据《民法典》第135条规定，"法律、行政法规规定或者当事人约定采用特定形式的，应当采用特定形式"。可见，合同的书面形式可以分为当事人约定

① 康拉德·茨威格特，海因·科茨．合同形式．中外法学，2001（1）：82.
② 徐炳．买卖法．北京：经济日报出版社，1991：55.
③ ［德］迪特尔·梅迪库斯．德国民法总论．北京：法律出版社，2000：462.

的形式和法定形式。一是当事人约定的形式，它是指当事人在合同中明确规定合同必须采用书面形式，如果未采用书面形式，即使当事人之间已达成了口头协议，一般也不能认为合同已经成立。如果当事人约定采用书面形式，应当从当事人达成约定的书面合同之日起，确定合同的成立时间。二是法定的形式，它是指法律和行政法规规定在某种合同关系中应当采用书面形式，如果当事人未采用书面形式，一般认定合同没有成立。例如，《城市房地产管理法》第 15 条规定："土地使用权出让，应当签订书面出让合同。"第 41 条规定："房地产转让，应当签订书面转让合同，合同中应当载明土地使用权取得的方式。"这就表明，合同的订立方式既可以由法律规定，也可以由当事人约定。这种规定不是任意性规定，而是强制性规定，当事人违反这些规定而采用口头和其他的形式缔约，可能导致合同不能依法成立和生效。区分法定形式和约定形式的意义主要在于，合同采用某种特定形式的根据不同，如果合同约定了特定的形式，则当事人应当按照合同约定采用特定的形式。例如，当事人约定合同不仅要采用书面形式，而且要办理公证，此时，当事人应当对该书面合同办理公证。

（二）口头形式

口头形式是指当事人通过口头对话的方式订立合同。在社会生活中，口头形式是最普遍采用的合同订立方式，其优点在于简单、便捷。"今天对于我们来说，不言自明的是，合同不应该要求具有任何特定形式，即使是口头合同也是可履行的，这一点已经得到广泛的认可。"① 除了即时交易之外，即使是在大规模的交易中，也可能采取口头形式订约。例如，通过电话预订房间、购买产品等。口头形式实际上是运用语言对话的方式缔约，也就是说当事人只用语言为意思表示表达内容，而不用文字表达协议内容。《民法典》合同编允许当事人采用口头的形式缔约，凡是当事人没有约定或法律没有规定采用何种形式的合同，都可以采取口头形式，当然，如果采取口头形式，在发生争议的情况下，当事人应当负有举证证明合同关系存在和合同关系内容的义务。

口头的形式在实践中也运用得比较广泛，一般对即时结清的买卖服务和消费合同大都要采取口头形式订立，所以在日常生活中经常被使用，其主要优点在于简便易行、快捷迅速，但其固有的缺点是缺乏文字凭据，一旦发生纠纷，也可能使当事人面临不能就合同关系的存在以及合同的内容作出举证的危险。《民法典》合同编允许当事人采取口头形式缔约，既尊重了当事人的合同自由，也有利于鼓励交易。尤其是在现代市场经济条件下，既要求顾及交易安全，同时也要求交易

① ［德］海因·克茨．欧洲合同法：上卷．周忠海，等译．北京：法律出版社，2001：113.

迅速达成，尽可能降低交易成本，因此，在许多情况下允许当事人采用口头形式缔约是完全符合交易的要求的。当然，尽管口头形式具有缺乏文字凭据的缺点，但并非任何口头形式都不如书面形式。例如，对于一些重要的交易，当事人可以采用录音的方式将双方的对话内容录制下来，这也可以成为一种有效的证据，所以在采用口头形式缔约的情况下，并不一定意味着当事人就不能就合同关系的存在和合同的内容进行举证。

值得探讨的是，关于视听资料，如录音录像资料，究竟是口头形式，还是书面形式？一些学者将其归入书面形式的范畴。① 另一些学者认为，它们仍然是口头形式。笔者认为，视听资料仍然是对口头形式的记载，而且其并没有“书写”的特点，因此，归入口头形式更为妥当。所以，即使当事人以视听资料的方式来证明，仍然表明其采取了口头形式。

（三）其他形式

所谓其他形式，是指推定形式，也有学者称为默示形式。推定形式是当事人未用语言、文字表达其意思表示，而是仅用行为向对方发出要约，对方通过一定的行为作出承诺，从而使合同成立。在实践中，当事人在交易过程中通过协商谈判，可能并没有就合同主要条款达成书面合同或者口头协议，但事后一方当事人向对方作出了实际履行（如交付了一定数量的货物），而对方又接受该履行的，可以通过当事人实际履行的行为认定合同已经成立。这种订约方式也被称为通过实际履行的方式订立合同。此种订约方式的特点是，主要通过法律规定认定当事人具有订立合同的效果意思，从而发生法律效果。② 从鼓励交易的目的出发，《民法典》合同编第 490 条对以实际履行方式订约这一合同订立方式作出了规定。根据该条规定，当事人采用合同书形式订立合同时，“在签名、盖章或者按指印之前，当事人一方已经履行主要义务，对方接受时，该合同成立”。该条确立了合同不成立的补正规则，从而明确了以实际履行方式订约实际上是书面、口头形式之外的另一种订约形式。当然，以实际履行方式订约，必须是一方履行了主要义务，且另一方必须无条件地接受履行，且并未提出异议。例如，如果一方向另一方交付 100 吨钢材，另一方只接受 50 吨，而不接受另外 50 吨，这意味着当事人可能只是就 50 吨钢材的买卖作出了承诺，而对于另外 50 吨钢材则并未达成买卖协议。但如果这 100 吨钢材的交易是完整的、不可分割的整体，则应当认定合同并未成立，而只能认定受领钢材的一方向对方当事人发出了新的要约。在判断

① 朱广新．合同法总论．北京：中国人民大学出版社，2008：95.

② 谢鸿飞．合同法学的新发展．北京：中国社会科学出版社，2014：114.

合同成立时，上述两个要件缺一不可。这表明以实际履行方式订约也应当由当事人双方就合同的主要条款完成要约、承诺的过程，即就合同的主要条款形成合意，否则不能产生订立合同的效果。

本条第 1 款规定了当事人可以以书面和口头形式外的其他形式订约，如以实际履行的方式订约。此外，日常生活中常见的公交车刷卡、自动售货机贩卖等合同订立方式，均难以归入口头或书面形式之中，而可以归入推定形式。在实践中，推定形式大多是指以行为的方式达成合意。也就是说，当事人既没有采用口头形式，也没有采用书面形式缔约，而是通过实际履行主要义务的方式来订约。《合同法司法解释二》第 2 条的规定即认可了这种推定形式。因此，本款规定了以其他方式订立合同的规则。

二、书面形式是合同书、信件等可以有形地表现所载内容的形式

《民法典》第 469 条第 2 款规定："书面形式是合同书、信件、电报、电传、传真等可以有形地表现所载内容的形式。"如何理解"有形地表现所载内容的形式"？这就是说，一方面，书面形式都应当具有有形的载体，如合同书、信件等，可以有形地展现合同的内容。另一方面，书面形式必须能够记载并表现合同的内容，尤其是此种表现应当是将来可以随时查询的。如果只是暂时地储存而不能随时调取、查询，则不能称之为书面形式。

在交易和科技迅速发展的情况下，书面形式也越来越呈现出多样化的趋向。它包括了合同书、信件以及数据电文等可以有形地表现所载内容的形式。根据《民法典》第 469 条第 3 款的规定，"以电子数据交换、电子邮件等方式能够有形地表现所载内容，并可以随时调取查用的数据电文，视为书面形式"。由此可见，书面形式包括如下三种。

1. 合同书

合同书是指载有合同条款且有当事人双方签字或盖章的文书。合同书是最典型的、也是最重要的书面形式。合同书具有如下特点：第一，必须以文字凭据的方式为内容载体，也就是说必须要有某种文字凭据。第二，必须载有合同的条款，否则就不能成为合同。例如，收据等文字凭据尽管也可以证明合同关系的存在，但是该凭据上并未载有合同的条款，因此不是合同书。当然，如果一份合同书载有合同的全部条款或主要条款，则该合同书将可以构成一份完整的合同。如果一份合同书载有一项或者某几项条款，这样该合同书将需要和其他的合同书一起共同组成合同内容。第三，必须要有当事人双方及其代理人的签字、盖章或者按指印。《民法典》第 490 条第 1 款第 1 句规定："当事人采用合同书形式订立合

同的，自当事人均签名、盖章或者按指印时合同成立。”该条强调必须是双方均签字、盖章或者按指印时合同才能成立。因此，如果仅有一方的签字、盖章或者按指印时，则不能视为合同书。如果当事人双方在合同中明确规定必须要采用合同书的形式缔约，那么在书面文件上只有一方的签字或者盖章或者按指印时，不能认为合同已经成立。需要指出的是，该条对于合同书的达成规定只需要有双方的签字、盖章按指印，而不要求双方既签字又盖章，这是有利于鼓励交易、维护当事人利益的。

2. 信件

所谓信件，是指载有合同条款的文书，它是当事人双方书信交往的文件。合同法中所称的信件不同于一般的书信，其必须载有合同的条款，能够用来作为证明合同关系和合同内容的凭据。但信件又不同于合同书，表现在它不具有双方的签字或盖章，而通常只是有一方的签字或盖章。如果在一个信件上一方签字以后，另一方也在上面签字，则该信件有可能转化为合同书。《民法典》第 491 条第 1 款规定：“当事人采用信件、数据电文等形式订立合同要求签订确认书的，签订确认书时合同成立。”所谓签订确认书，实际上是最终作出承诺。由于信件的方式只有一方的签字且信件的内容也毕竟不像合同书那样规范，因而法律允许当事人采用信件缔约时要求签订确认书。但如果当事人采用合同书的形式缔约，则因为签字或盖章后合同已经成立，也不能再要求签订确认书。

3. 电报、电传、传真

电报、电传、传真是典型的书面形式，与本条所规定的“数据电文”和电子邮件是相区分的，“数据电文”主要是指电子数据交换和电子邮件，不包括电报、电传、传真。因为一方面，电报、电传、传真等可以以书面的载体有形地表现所载内容，而电子数据交换和电子邮件不能够以书面的载体有形地表现所载内容。在这一点上，电报、电传、传真与信件并没有本质的区别。另一方面，只有电子数据交换和电子邮件才有可能进入指定数据电文接收系统。而电报、传真、电传只存在收件地址，而不存在指定系统的问题，这显然与“数据电文”的概念不同。

我国有关法律历来将电报、电传、传真作为书面形式而不是视为书面形式。例如，《海商法》第 43 条规定：“承运人或者托运人可以要求书面确认海上货物运输合同的成立。但是，航次租船合同应当书面订立。电报、电传和传真具有书面效力。”

三、电子数据交换、电子邮件可视为书面形式

依据《民法典》第 469 条第 3 款的规定，“以电子数据交换、电子邮件等方

式能够有形地表现所载内容，并可以随时调取查用的数据电文，视为书面形式”。该条规定来源于《电子签名法》第 4 条、第 5 条：“能够有形地表现所载内容，并可以随时调取查用的数据电文，视为符合法律、法规要求的书面形式。”“符合下列条件的数据电文，视为满足法律、法规规定的原件形式要求：（一）能够有效地表现所载内容并可供随时调取查用；（二）能够可靠地保证自最终形成时起，内容保持完整、未被更改。但是，在数据电文上增加背书以及数据交换、储存和显示过程中发生的形式变化不影响数据电文的完整性。”该规定是借鉴比较法上合同法立法经验的结果，通过数据电文形式订立的合同通常称为电子合同。将数据电文纳入书面形式范畴，符合世界各国商业发展与立法的趋势，也与国际电子商务的立法与实务相衔接。

本条第 3 款规定了将电子数据交换、电子邮件等视为书面形式的条件，《合同法》第 11 条将数据电文直接作为书面形式进行规定，《民法典》合同编改变了这一做法，而单独使用一条对以数据电文方式订立合同进行了规定。合同编之所以作出这种改变，是因为数据电文并不当然属于书面形式，只有符合法律规定的条件（即有形表现和随时调取），才能被视为书面形式。原《合同法》的规定可能导致误解，即凡是采用数据电文形式，均构成书面形式订立的合同，因此，《民法典》的这一规定相较于《合同法》的规定更为科学。本条采用了“视为”的表述，“视为”是法律拟制的手段，即立法者明知不同而视为等同，事实上，数据电文如果满足上述要件，其性质上仍然应当属于书面形式，本条并不应当采用拟制的立法手段。所谓“视为”，是指电子数据交换、电子邮件等方式本身因为不能不能够以书面的载体有形地表现所载内容，所以不属于书面形式，但在满足一定的条件下，法律将其视为书面形式。

本条承认数据电文形式可以作为书面形式，有利于促进电子商务的发展。随着计算机技术的广泛应用，电子商务逐渐成为 21 世纪贸易往来的重要方式，这也迫切需要创造有利于电子商务发展的法律环境。将电子合同作为书面形式肯定下来，实际上是肯定了这种交易方式的合法性，以及作为证据使用的可能性。尽管这种形式与合同书等书面形式在安全性和完整性上尚有一定的差距，但这一问题可以通过计算机技术的不断改进以及法律制度的不断完善而逐步解决。例如，随着科学技术的发展，电子签字问题将得到解决，从而不断提高其安全性和完整性。① 此外，承认电子合同为书面形式，有助于使当事人意识到通过电子合同订约也可产生合同拘束力，因此促使当事人在订立合同时能够仔细考虑，而不至于

① 阚凯力，张楚．外国电子商务法．北京：北京邮电大学出版社，2000：288.

仓促订约，草率行事。

依据《民法典》第469条第3款的规定，电子数据交换、电子邮件等方式能够被视为书面形式，必须满足如下两个要件。

第一，必须能够有形地表现所载内容。这一要求与联合国国际贸易法委员会《电子商务示范法》的规定存在相似之处，但并不完全相同，因为根据该示范法第6条的规定："如法律要求信息须采用书面形式，则假若一项数据电文所含信息可以调取以备日后查用，即满足了该项要求。"可见，该规定强调了"信息可以调取以备日后查用"。而我国《民法典》第469条则规定其必须是"可以有形地表现所载内容的形式"，这一要求是必要的。

第二，必须可以随时调取查用。联合国国际贸易法委员会《电子商务示范法》第6条强调了"信息可以调取以备日后查用"。根据联合国国际贸易法委员会的解释，"'可以调取'是意指计算机数据形式的信息应当是可读和可解释的，应当保存读取此类信息所必需的软件。'以备'一词并非仅指人的使用，还包括计算机的处理。至于'日后查用'概念，它指的是'耐久性'或'不可更改性'等会确立过分严厉的标准的概念和'可读性'或'可理解性'等会构成过于主观的标准的概念"①。"日后查用"是指数据电文要能够成为书面的形式，仅仅只是可以有形地表现所载的内容是不够的，还必须可以调取以备日后查用。我国《民法典》第469条也要求数据电文"可以随时调取查用"。笔者认为，作出这一要求是必要的，原因在于一方面，书面形式的优点在于其可以起到书证或准书证的作用。这就要求电子合同的内容应该是相对固定的而不是瞬间消失的，而电子信息往往是以电子流的方式来传送的，它要能够成为书面的形式就必须在一定时间内存在，而不是瞬间即逝的。因此，在合同发生争议时，相关的电子信息也可以作为证据以备调取。只有那些在一定时间内存在的、能够为人们所查阅的电子文件，才能成为书面的形式。以后在合同发生争议时，也可以调取证据。例如，在电子公告牌BBS上的留言尽管也具有"可以有形地表现所载内容的形式"的特点，但因为这些文字不能够在一定期限内保留，也很难为人们所调取以备日后查用，所以它不能成为书面形式，当事人也很难对此举证。因此采用计算机数据形式的信息应当具有可读性和可解释性，并应保存使这种信息具有可读性而可能需要的软件。② 另一方面，计算机登记、处理、传输的资料信息均以电磁浓缩的形

---

① 1996年联合国国际贸易法委员会．电子商业示范法颁布指南//阚凯力，张楚．外国电子商务法．北京：北京邮电大学出版社，2000：288.

② 何其生．统一合同法的新发展．北京：北京大学出版社，2007：126.

式存储，信息本身是无形的，因此电子文件与一般的纸面文件的不同之处是其容易被删除、篡改且不留痕迹，这就需要采取一定的措施有效保管和保存电子信息，并通过一定的认证机构对电子信息的记录予以保存和证实，从而才能真正使电子合同和其他书面形式一样既可以作为证据使用，也可以用来记载和确定双方的权利义务。所以电子合同形式所载的内容必须“可以调取以备日后查用”，假如不具有这个特点就不能真正达到法律承认其作为书面形式的要求。

第四百七十条

合同的内容由当事人约定，一般包括下列条款：

（一）当事人的姓名或者名称和住所；

（二）标的；

（三）数量；

（四）质量；

（五）价款或者报酬；

（六）履行期限、地点和方式；

（七）违约责任；

（八）解决争议的方法。

当事人可以参照各类合同的示范文本订立合同。

本条主旨

本条是关于合同内容的规定。

相关条文

《合同法》第12条规定　合同的内容由当事人约定，一般包括以下条款：

（一）当事人的名称或者姓名和住所；

（二）标的；

（三）数量；

（四）质量；

（五）价款或者报酬；

（六）履行期限、地点和方式；

（七）违约责任；

（八）解决争议的方法。

当事人可以参照各类合同的示范文本订立合同。

《合同法司法解释二》第 1 条 当事人对合同是否成立存在争议，人民法院能够确定当事人名称或者姓名、标的和数量的，一般应当认定合同成立。但法律另有规定或者当事人另有约定的除外。

对合同欠缺的前款规定以外的其他内容，当事人达不成协议的，人民法院依照合同法第六十一条、第六十二条、第一百二十五条等有关规定予以确定。

《保险法》第 18 条 保险合同应当包括下列事项：

（一）保险人的名称和住所；

（二）投保人、被保险人的姓名或者名称、住所，以及人身保险的受益人的姓名或者名称、住所；

（三）保险标的；

（四）保险责任和责任免除；

（五）保险期间和保险责任开始时间；

（六）保险金额；

（七）保险费以及支付办法；

（八）保险金赔偿或者给付办法；

（九）违约责任和争议处理；

（十）订立合同的年、月、日。

投保人和保险人可以约定与保险有关的其他事项。

受益人是指人身保险合同中由被保险人或者投保人指定的享有保险金请求权的人。投保人、被保险人可以为受益人。

保险金额是指保险人承担赔偿或者给付保险金责任的最高限额。

理解与适用

一、合同的内容由当事人约定

关于合同的内容，可以从如下两方面理解其含义。

一是从民事法律关系的角度看，合同内容是指合同当事人享有的权利（即合同债权）和承担的义务（即合同债务）。[①] 换言之，合同的内容是指合同当事人依据法律规定和合同的约定所产生的权利义务关系，简称为合同权利和合同义务。所谓合同权利，又称合同债权，是指债权人请求债务人为一定行为或者不为

① 孔祥俊. 合同法教程. 北京：中国人民公安大学出版社，1999：49.

一定行为的权利。所谓合同义务，又称合同债务，是指义务人依据法律规定和合同约定应当为一定行为或者不为一定行为。合同义务是债务的一种，义务具有强制性，即义务人必须依据法律规定或者当事人约定履行义务，义务人不履行其合同债务，债权人即有权请求其承担违约责任。

二是指合同的各项条款。合同的条款是合同内容的外在具体表现，是确定合同当事人权利义务的根据，合同的条款必须明确、肯定、完整，并且不能自相矛盾，否则将构成合同的缺陷。[①] 合同的权利义务与合同条款之间关联密切，如果将合同理解为一种法律关系，合同当事人的权利义务正是通过合同条款确定和反映出来的。[②] 合同的条款是当事人协商一致的产物，所以合同的权利义务除少数由法律直接规定产生之外，大多是由当事人约定的，也就是说，是通过合同条款固定的。合同的权利义务来源于合同项下的条款。

从合同编的规定来看，其主要是从合同条款的角度规定合同的内容。合同的条款是由当事人协商一致的产物，所以合同的权利义务，除少数由法律直接规定产生之外，大都是由合同当事人约定的，也就是说，是通过合同条款固定的。换言之，合同的权利义务来源于合同项下的条款。合同条款越明确、清楚，当事人之间的关系越确定，就越有利于当事人正确履行合同，并在纠纷发生时越能够及时依据合同条款的规定解决纠纷。

按照合同自由原则，合同的内容应当由当事人在法律规定的范围内自由约定。依据本条第 1 款，“合同的内容由当事人约定”，这就强调了当事人选择合同内容的自由，即合同内容由当事人自由约定的原则。按照合同自由原则，当事人有权自由决定合同的内容，只要当事人的约定不违反法律和社会的公共道德，这种约定就能产生法律上的拘束力，但在当事人没有约定或者约定不明确的情况下，可能需要借助《民法典》合同编的任意性规定确定合同的内容。同时，该条也表明，缔约者可以自由地确立契约的标的、价款、交付方式、履约的时间和地点等内容，只要当事人就合同的必要条款达成合意，合同就宣告成立。如果当事人的合意内容不违反法律及社会公共道德，则在法律上就是有效的。

尽管合同的条款是当事人按照合同自由的原则通过意思表示一致而确立的，但并不是说，所有的合同条款都必须通过合意来完成。现代合同法为了鼓励交易，充分尊重当事人的意志和利益，维护交易的安全和秩序，在合同的部分条款不具备的情况下，法律并不简单地宣告合同不成立或无效，而是通过合同解释的

① 董安生．英国商法．北京：法律出版社，1991：47.

② 郭明瑞，房绍坤．新合同法原理．北京：中国人民大学出版社，2000：129.

规则来确定合同的条款的意思，或通过漏洞填补的规则填补合同漏洞。也就是说，如果合同欠缺某个条款，并不一定直接导致合同不成立或无效。由此可见，虽然合同条款由当事人合意所形成的，但也可以通过合同解释的规则予以确定。

二、合同一般包括的条款

《民法典》第470条规定："合同的内容由当事人约定，一般包括下列条款：(一) 当事人的姓名或者名称和住所；(二) 标的；(三) 数量；(四) 质量；(五) 价款或者报酬；(六) 履行期限、地点和方式；(七) 违约责任；(八) 解决争议的方法。当事人可以参照各类合同的示范文本订立合同。"该条首先强调了合同自由原则，即合同内容由当事人自由约定的原则，按照合同自由原则，当事人有权自由决定合同的内容，只要当事人的约定不违反法律和社会的公共道德，这种约定就能产生法律上的拘束力，但在当事人没有约定或者约定不明确的情况下，将要适用民法典合同编的任意性规定。其次，该条适用了"一般包括"的提法，表明本条所规定的合同的主要条款并不是任何合同都必须具备的条款。因为交易的现象纷繁复杂，合同的性质和内容也各不相同，法律上不可能要求任何合同都必须具备以下各项条款。如价金条款在买卖中是主要条款，但是在赠与合同中则不是主要条款，甚至不是合同的条款。合同应当具备什么条款，应当根据不同的合同来确定，除了依据合同的性质所必须具备的主要条款以外，对其他内容的选择完全由当事人自由约定，"一般包括"的表述表明，本条规定主要是一种建议性的或者是提示性的[①]，如果当事人在合同中的约定不具备上述某一项或者某几项条款，并不必然导致合同不能成立。

(一) 当事人的名称或者姓名和住所

合同应当确定当事人的姓名或名称和住所，并要由双方当事人签字，如果当事人是以合同书的形式订立的，则必须在合同中明确写明姓名或名称，并且要签字、盖章。当事人的住所是表明当事人的主体身份的重要标志。合同中写明住所的意义在于通过确定住所，决定债务履行地、诉讼管辖、涉外法律适用的准据法、法律文书送达的地点等事宜。当然，如果合同中没有规定住所，只要当事人是确定的，也不应当影响合同的成立。

(二) 标的

标的是合同权利义务指向的对象。合同不规定标的，就会失去目的。可见，标的是一切合同的主要条款。当然，在不同的合同中，标的的类型是不同的。例

---

① 胡康生．中华人民共和国合同法释义．北京：法律出版社，1999：26.

如，在买卖、租赁等移转财产的合同中，标的通常与物联系在一起，换言之，标的是转移一定的物的使用权和所有权。而在提供劳务的合同中，标的只是完成一定的行为。但由于各类合同都必须确定标的，所以如果在合同中没有规定标的条款，一般将影响到合同的成立。在合同中，合同的标的条款必须清楚地写明标的物或服务的具体名称，以使标的特定化。

（三）数量和质量

标的的数量和质量是确定合同标的的具体条件，是某一标的区别于同类另一标的的具体特点。数量是度量标的的基本条件，尤其在买卖等交换标的物的合同中，数量条款直接决定了当事人的基本权利和义务，数量条款不确定，合同将根本不能得到履行。例如，甲向乙发出一项意思表示，问乙是否需要某种货物，如果没有提出数量条款，则该意思表示仍然可能是不确定的，因此可能不构成要约。当事人在约定数量条款时，应当明确计量单位和计量方法，并且可以规定合理的磅差和尾差。除应适用国家明文规定的计量单位以外，当事人依法有权选择非国家或国际标准计量单位，但应当确定其具体含义。

合同中的质量条款也可能直接决定当事人的订约目的和权利义务关系。例如，购买某种类型的货物，当事人通常需要该货物达到特定的质量要求，如果质量条款规定不明确，则极容易产生争议。当然，质量条款在一般情况下并不是合同的必要条款，如果当事人在合同中没有约定质量条款或约定的质量条款不明确，可以根据《民法典》第510条和第511条的规定填补漏洞，但不宜因此简单地宣布合同不成立。

（四）价款或者报酬

价款一般是针对标的物而言的，如买卖合同中的标的物应当规定价格。而报酬是针对服务而言的，如在提供服务的合同中，一方提供一定的服务，另一方应当支付相应的报酬。价款和报酬是有偿合同的主要条款，因为有偿合同是一种交易关系，要体现等价交换的交易原则，所以价款和报酬是有偿合同中的对价，获取一定的价款和报酬也是一方当事人订立合同所要达到的目的。当事人在合同中明确约定价款和报酬，可以有效地预防纠纷的发生。但价款和报酬条款并不是直接影响合同成立的条款，没有这些条款，可以根据民法典合同编的规定填补漏洞，但不应当影响合同的成立。

（五）履行期限、地点和方式

所谓履行期限，是有关当事人实际履行合同的时间规定，换言之，是指债务人向债权人履行义务的时间。在合同成立并生效之后，当事人还不必实际地履行其义务，应当等待履行期到来以后才实际地履行义务，在履行期到来之前，任何一方都不得请求他方实际地履行义务。履行期限明确的，当事人应按确定的期限履行；履行期限不明确的，可由当事人事后达成补充协议或通过合同解释的办法来填补漏洞。在双务合同中，除法律另有规定外，当事人双方应当同时履行。凡是在履行期限到来时，不作出履行和不接受履行，均构成履行迟延。

所谓履行地点，是指当事人依据合同规定履行其义务的场所。履行地点与双方当事人的权利义务关系也有一定的联系。在许多合同中，履行地点是确定标的物验收地点、运输费用由谁负担、风险由谁承受的依据，有时也是确定标的物所有权是否转移以及何时转移的依据。

所谓履行方式，是指当事人履行合同义务的方法。例如，在履行交付标的物的义务中，是应当采取一次履行还是分次履行，是采取现实交付还是采取占有改定方式，是采用买受人自提还是采用出卖人送货的方式，如果要采用运输的方法交货，则采用何种运输方式等，这些内容也应当在合同中尽可能作出约定，以免今后发生争议。

应当指出，有关合同的履行期限、地点和方式的条款并不是决定合同成立的必要条款。在当事人就这些条款没有约定或约定不明时，可以采用合同编规定的方法填补漏洞。

（六）违约责任

所谓违约责任，是指违反法律规定和合同约定的义务而应当承担的责任。换言之，是指在当事人不履行合同债务时，所应承担的损害赔偿、支付违约金等责任。违约责任是民事责任的重要内容，它有利于督促当事人正确履行义务，并为非违约方提供补救。当事人可以事先约定违约金的数额、幅度，约定损害赔偿额的计算方法甚至确定具体数额，也可以通过设定免责条款限制和免除当事人可能在未来发生的责任。所以，当事人应当在合同中尽可能地就违约责任作出具体规定。但即使合同中没有约定违约责任条款，也不应当影响合同的成立。在此情况下，可以按照法定的违约责任制度来确定违约方的责任。

（七）解决争议的方法

所谓解决争议的方法，是指将来一旦发生合同纠纷，应当通过何种方式来解决纠纷。按照合同自由原则，选择解决争议的方法也是当事人所应当享有的合同自由的内容。具体来说，当事人可以在合同中约定，一旦发生争议，是采取诉讼还是仲裁的方式，如何选择适用的法律，如何选择管辖的法院等。当然，解决争议的方法并不是合同的必要条款。如果当事人没有约定解决争议的方法，则在发生争议以后，应当通过诉讼解决。

应当指出，《民法典》第470条规定了合同的内容一般应包括当事人的名称或者姓名和住所、标的、数量等条款，但本条并没有明确哪些条款是合同成立的必要条款，即合同应当具备哪些内容后才能成立。《合同法司法解释二》第1条对此予以了明确，该条规定："当事人对合同是否成立存在争议，人民法院能够确定当事人名称或者姓名、标的和数量的，一般应当认定合同成立。但法律另有规定或者当事人另有约定的除外。"即只要合同中的"当事人名称或者姓名"、"标的"和"数量"等三项合同条款能够确定，且法律未对合同成立作特别规定或当事人未对合同成立作特别约定，合同原则上就已经成立。因此，"当事人名称或者姓名"、"标的"和"数量"等三项内容是合同成立的必要条款。不过，该条是针对买卖合同应当具备的主要条款所作出的规定，并不适用于所有的合同，例如，在劳务合同中，并不以数量作为必要条款。合同的性质不同，其必要条款也存在差别，不可一概而论。

《民法典》第470条第2款规定："当事人可以参照各类合同的示范文本订立合同。"所谓示范文本，是指根据法规和惯例而确定的具有合同示范作用的文件。在我国，房屋的买卖、房屋租赁、建筑等许多行业正在逐渐推行各类示范文本。示范文本的推广对于完善合同条款、明确当事人的权利义务、减少因当事人欠缺合同法律知识而产生的各类纠纷具有重要作用。但由于示范文本只是当事人双方签约时的参考文件，对当事人无强制约束力，双方可以修改其条款形式和格式，也可以增减条款，因此它不是格式条款。在国际贸易中，区分格式合同（contract of adhesion）和示范文本（model contract forms）具有重要意义，可以说，条款的内容能否与对方协商，是格式条款与示范文本的根本区别。因为格式条款与示范文本一样，都是为重复使用而预先拟定的，但格式条款是固定的且不能修改的，而示范文本只是订约的参考，是可以协商修改的。合同编之所以允许当事人参照各类合同的示范文本订立合同，是因为制订此类示范文本的大多是当事人的行政主管机关或者行业主管部门，例如，房地产管理部门制订的房屋买卖合同，土地管理部门制订的土地使用权出让合同等。它们虽然只是由有关部门制订出来提供给缔约当事人参考的，并不具有强制性，但可以有效地规范、引导当事人正确定约，降低和减少交易成本，因此参照各类合同的示范文本订立合同，也具有重要意义。

三、合同条款的分类

根据合同条款在合同中的地位和作用，可以将合同条款区分为如下几类。

（一）必要条款和非必要条款

所谓必要条款，是指依据合同的性质和当事人的特别约定所必须具备的条款，缺少这些条款将影响合同的成立。依据《民法典》第470条的规定，合同一般包括当事人的名称和住所、标的、数量、质量、价款或报酬、履行期限、地点、方式、违约责任、解决争议的方法等。这些条款中有的是合同的必要条款，有的不一定是合同的必要条款。是否是合同的必要条款应依据合同的性质和当事人的特别约定来确定。《合同法司法解释二》第1条规定："当事人对合同是否成立存在争议，人民法院能够确定当事人名称或者姓名、标的和数量的，一般应当认定合同成立。但法律另有规定或者当事人另有约定的除外。"因此，标的和数量一般属于必要条款。

所谓非必要条款，是指依据合同的性质在合同中不是必须具备的条款。也就是说，即使合同不具备这些条款也不应当影响合同的成立，如有关履行期限、质量等的条款。在缺少这些条款的情况下，完全可以根据《民法典》第510条和第511条的规定填补漏洞。

必要条款和非必要条款的区别主要表现在：第一，是否属于依据合同的性质必须具备的条款。必要条款是依据合同的性质所必须具备的条款，如买卖合同都应具备标的、价金条款等。而非必要条款则是依特定合同的性质所不是必须具备的条款。第二，是否属于当事人约定必须具备的条款。一些必要条款是当事人特别约定合同必须具备的条款。即使是非必要条款，只要当事人在合同中特别约定并将其作为合同成立的必要条款，则这些非必要条款也可以成为必要条款。例如，当事人在合同中规定，本合同必须经过公证才能生效，则公证成为本合同的必要条款。第三，是否影响到合同的成立与生效。原则上说，必要条款是特定合同所必须具备的，所以，缺少必要条款会影响到合同的成立或生效，而非必要条款的缺少并不产生如此效果。

（二）格式条款和非格式条款

格式条款是指由一方为了反复使用而预先制订的、在订立合同时不与对方协商的条款。可见，格式条款必须具备两个条件：一是为反复使用而预先制订，如果某个条款仅仅只是一方为另一方在某次特定交易中制订并使用的，而不再重复使用，则不能视为格式条款。二是在订立合同时不与对方协商。非格式条款是指当事人在订立合同时可以与对方协商的条款。

区分格式条款与非格式条款的主要意义在于加强对相对方（非格式条款制订人）权益的保护。为了加强对格式条款的规范，法律设立了三项重要规则：一是明确格式条款制订者采取合理方式，提请对方注意免除或者限制其责任的条款；二是禁止格式条款的制订者利用格式条款免除其责任、加重对方责任，排除对方主要权利；三是在解释格式条款时应当作出不利于提供格式条款一方的解释。这些规定不仅对于经济上处于弱者地位的消费者的权利提供了有力的保障，而且可以有效地防止和限制公司与企业滥用经济优势损害消费者的利益。扩大格式条款的适用范围，显然对消费者的保护是十分必要的。

（三）实体条款和程序条款

实体条款是规定有关当事人在合同中所享有的实体权利义务内容的条款，如有关合同标的、数量、质量的规定等都是实体条款。而程序条款主要是指当事人在合同中规定的履行合同义务的程序及解决合同争议的条款，如有关标的物检验程序、关于商品房交付的质量检验程序、有关合同发生争议后的诉讼管辖或仲裁的选择等。区分实体条款和程序条款的意义主要在于：一方面，两种条款对于当事人所享有的实体权利义务的影响不同。实体条款直接影响当事人的权利义务，而程序条款只是间接地影响当事人的权利义务。另一方面，两种条款应适用的法律规范不同。实体条款主要适用《民法典》等实体法的规定，而程序条款主要适用《民事诉讼法》《仲裁法》等程序法的规则。

第四百七十一条

当事人订立合同，可以采取要约、承诺方式或者其他方式。

本条主旨

本条是关于合同成立的规定。

相关条文

《合同法》第13条　当事人订立合同，采取要约、承诺方式。

《商务部关于网上交易的指导意见（暂行）》第二条第（一）项

3. 遵守合同订立的各项要求

交易各方采用电子邮件、网上交流等方式订立合同，应当遵守合同法、电子签名法的有关规定，注意下列事项：

（1）与数据电文确认收讫有关的事项；

（2）以数据电文形式发送的要约的撤回、撤销和失效以及承诺的撤回；

（3）自动交易系统形成的文件的法律效力；

（4）价款的支付，标的物和有关单据、凭证的交付；

（5）管辖法院或仲裁机构的选择，准据法的确定；

（6）法律、法规规定的其他事项。

交易方采用格式合同的，制定合同的一方应遵守法律、法规关于格式合同的规定，并注意适应网络特点，相对方要仔细阅读合同条款，谨慎操作。

《合同法司法解释二》第 4 条　采用书面形式订立合同，合同约定的签订地与实际签字或者盖章地点不符的，人民法院应当认定约定的签订地为合同签订地；合同没有约定签订地，双方当事人签字或者盖章不在同一地点的，人民法院应当认定最后签字或者盖章的地点为合同签订地。

第 5 条　当事人采用合同书形式订立合同的，应当签字或者盖章。当事人在合同书上摁手印的，人民法院应当认定其具有与签字或者盖章同等的法律效力。

理解与适用

一、合同的成立应经过要约和承诺阶段

所谓合同的成立，是指订约当事人就合同的主要条款达成合意。合同成立是与合同订立密切联系的一个概念，合同订立是一个动态描述，包括从当事人开始接触、具体磋商并最终达成合意的全过程；而合同成立是一个静态描述，强调的是合同订立过程完成后的最终结果，即当事人达成合意这一既成事实。[①] 根据《民法典》第 464 条第 1 款的规定，“合同是民事主体之间设立、变更、终止民事法律关系的协议”。此处所说的协议一词包括了双重含义：一是指合同，二是指合意（mutual assent）。[②] 如果以后一种含义来理解，可以认为合同本质上是一种合意，而合同的成立则意味着各方当事人就合同的主要条款达成了一致的意思表示。

《民法典》第 471 条规定：“当事人订立合同，可以采取要约、承诺方式或者其他方式。”这就是说，合同的成立通常应经过要约和承诺阶段。要约是希望和他人订立合同的意思表示，承诺是受要约人同意要约的意思表示。要约和承诺是合同成立的基本规则，也是合同成立必须经过的两个阶段。订约当事人必须达成了合意，而这一合意的达成应经过要约和承诺两个阶段。经过这两个阶段，才表明一方发出的意思表示已经为另一方所接受。如果合同没有经过承诺，而只是停留在要约阶段，则合同无法成立。例如，甲向某编辑部（乙）去函，询问该编辑部是否出版有关于律师考试的教材和参考资料，乙立即向甲邮寄了律师考试资料 5 本，共 120 元，甲认为该书不符合其需要，拒绝接受，双方为此发生争议。从

---

① 韩世远．合同法总论．北京：法律出版社，2008：76．

② 梁慧星．民法．成都：四川人民出版社，1989：245．

本案来看，甲向乙去函询问情况并表示愿意购买律师考试资料和书籍，属于一种要约邀请行为，而乙向甲邮寄书籍行为属于现货要约行为。假如该书不符合甲的需要，甲拒绝收货实际上是未作出承诺，由于双方并未完成要约和承诺阶段，因而合同并未成立。

合同的成立应经过要约和承诺阶段，同时也意味着当事人应具有明确的订立合同的目的。这就是英美法所强调的当事人应具有成立法律关系的意图。因为要约和承诺是就订立合同问题提出建议和接受建议，如果没有明确的订约目的就不可能形成要约和承诺。正是基于这一原因，本书认为不宜将当事人具有订约目的作为合同成立的要件。

合同的成立不仅应经过要约和承诺阶段，而且当事人需要就合同主要条款达成合意。合同成立的根本标志在于，合同当事人就合同的主要条款达成合意。所谓主要条款，又称必要条款，是指根据特定合同性质所应具备的条款，如果缺少这些条款合同是不能成立的。从现代合同法的发展趋势来看，为适应鼓励交易、增进社会财富的需要，各国合同法大都减少了在合同成立方面的不必要的限制（如现代合同法不像古代合同法那样注重形式），并广泛运用合同解释的方法，尽可能促使合同成立。《民法典》第 470 条第 1 款规定："合同的内容由当事人约定，一般包括下列条款：（一）当事人的姓名或者名称和住所；（二）标的；（三）数量；（四）质量；（五）价款或者报酬；（六）履行期限、地点和方式；（七）违约责任；（八）解决争议的方法。"该条在规定合同条款时使用了"一般包括"而未使用"必须包括"的用语，表明上述条款并不是每一个合同所必须包括的主要条款。为了准确认定合同的主要条款，法院在实践中要根据特定合同的性质具体认定哪些条款属于合同的主要条款，而不能将《民法典》第 470 条所规定的合同条款都作为每个合同所必须具备的主要条款。

根据《合同法司法解释二》第 1 条第 1 款的规定，除非法律另有规定或者当事人另有约定，在买卖合同中，仅当事人的名称或者姓名、标的和数量条款，为主要条款。因此，该条将标的和数量条款作为合同成立的必要条款。例如，订立买卖合同，首先就要确定购买何种货物，以及购买的数量，否则，买卖合同将难以有效成立。因此，依据这一规定，要约人在发出要约时，要约也应当包含这两个主要条款，而相对人在承诺时也应当对这两项内容作出承诺，对这两项内容作出变更的，构成实质性变更。但是，实质性变更并非与合同主要条款等同，依据《民法典》第 488 条，除必要条款的变更之外，对非必要条款如履行期限、履行方式等的变更，都可能构成实质性变更，而在承诺对要约的内容进行实质性变更的情形下，不能成立合同，而应当将其视为新的要约。

二、当事人订立合同，可以采取要约、承诺方式以外的其他方式

《民法典》第471条允许当事人采用要约、承诺之外的其他方式订立合同，这主要是因为在实践中，有一些当事人采用了无法区分要约与承诺的订约方式，或在有一些场合中，区分要约与承诺并无必要。要约与承诺的区分通常体现在远距离非即时的交易中，而在近距离的和以智能合约为典型的自动执行的合同中，则没有进行区分的意义。《国际商事合同通则》和《欧洲民法典草案》均承认了要约、承诺以外的其他方式订立的合同。以要约、承诺之外的方式订立合同主要有两种形式：交叉要约和智能合约。这两种方式虽然不以要约承诺存在为必要，但是仍然需要当事人之间的合意。

（一）交叉要约

所谓交叉要约，是指订约当事人采取非直接对话的方式，相互不约而同地向对方发出了内容相同的要约。① 例如，甲于1993年5月1日在某报刊登一广告"出售位于某地区的豪华别墅一栋，价值200万元，有意者请与××联系"。乙于5月3日去函，表示愿以150万元购买，甲于5月10日复函，称不低于190万元。甲见乙久无回音，于6月24日再致函乙，表示愿以170万元出售，于6月25日达到。乙不知甲的来信，也于6月24日去函给甲，表示愿以170万元成交，于6月26日到达。在这个案件中，甲乙同时于6月24日各自向对方去信，表示愿以170万元的价格购买和出售该栋房屋，这样，双方有缔约的相同意愿，这种情况就属于典型的交叉要约。邱聪智教授认为，证券市场上的上市公司股票买卖，期货交易市场上的期货商品买卖，大多采用了交叉要约的方式。上市有价证券之买卖，通常采用电脑撮合，价格符合竞价形成之买卖价格时即自动成交，无待承诺之成立及通知。② 可见，交叉要约也是常被采用的订约方式。

交叉要约具有如下特点：第一，双方各自向对方发出要约。交叉要约有两种形式：一是同时向对方发出要约，此处所说的同时，也可以是存在微小时间差的情形。二是双方先后发出要约，但是后发出要约的一方还没有收到先发出的要约。③ 第二，双方是以口头形式以外的方式发出要约。如果双方以口头形式缔约，则当事人会即时对对方的要约作出表示，不可能存在交叉要约的情形。交叉要约往往是以信件等方式来订约时出现的。第三，双方的要约必须到达对方。无

① 史尚宽．债法总论．北京：中国政法大学出版社，2000：29.

② 邱聪智．新订债法各论：上．北京：中国人民大学出版社，2006：164.

③ 桂万先．对交叉要约成立合同的质疑．政法论丛，1998（1）.

论是同时发出，还是先后发出，要约只有到达对方才会发生法律效力，也才有探讨合同成立与否的必要。① 第四，双方的要约在合同必要条款方面是一致的。如果双方的要约内容在合同必要条款上存在差异，无论如何该合同也不可能成立。

交叉要约最大的特点在于，通过交叉要约成立合同，使合同成立时间提前，从而鼓励交易，减少交易费用。但对于交叉要约能否成立合同的最大质疑在于，双方没有经过协商，而使合同成立时间提前。② 事实上，采用交叉要约订约时，双方虽然没有经过协商，但双方已经有明确的订约意图，尤其是交叉要约中实际上对主要条款达成了合意，所以，以双方没有经过协商为由而认定合同不成立，与合同是当事人合意的本质不相符合。笔者认为，交叉要约并没有损害要约人的利益，如果要约人希望在承诺之前享有撤回要约的权利，其可以在要约中作出相应表示，以保护其利益。当然，在一方要约到达另一方之后，另一方发出的要约尚未到达对方，则另一方可以在到达之前撤销该要约。

（二）智能合约

"智能合约（smart contract）"的概念最初是由尼克·萨博（Nick Szabo）于1995年提出来的。他认为，"一个智能合约是一套以数字形式定义的承诺（promises），包括合约参与方可以在上面执行这些承诺的协议"。智能合约是依靠代码在互联网空间中运行的合约，依靠计算机读取、执行，具有自动化的特点，能够减少人为干预，并通过区域链等技术的应用保障交易透明和隐私保护。智能合约与传统的书面合同类似，只是用计算机语言来描述，通过计算机执行。智能合约是将自然语言转化为程序语言后的计算机程序，首先需要通过自然语言达成合同（需要承诺），再转化为计算机语言的智能合约。目前智能合约主要是基于区块链技术来实现。例如，甲将自己的汽车出租给乙，甲乙之间签署一份智能合约，合同中明确约定：甲的汽车的启动密钥在某年某月某日前有效，乙转账后密钥生效，到期不转账密钥失效。

智能合约的特点在于，仅仅意思表达还不构成区块链上的承诺，承诺人必须有实际的行为，也就是说，只有承诺人执行代码满足智能合约中的预设条件，才构成有效的承诺，也才能成立智能合约。智能合约一定程度上融合了可执行合同和已执行合同。由于当事人事先已经约定，只要符合某种条件，就能产生合同订立和执行的后果，不需要单独作出承诺，合同就可以成立，这样使合同的订立、履行更加便利、高效。

① 王家福．民法债权．北京：法律出版社，1991：302.

② 刘俊臣．合同成立基本问题研究．北京：中国工商出版社，2003：79.

第四百七十二条

要约是希望与他人订立合同的意思表示，该意思表示应当符合下列条件：

（一）内容具体确定；

（二）表明经受要约人承诺，要约人即受该意思表示约束。

本条主旨

本条是关于要约的概念和要件的规定。

相关条文

《合同法》第 14 条　要约是希望和他人订立合同的意思表示，该意思表示应当符合下列规定：

（一）内容具体确定；

（二）表明经受要约人承诺，要约人即受该意思表示约束。

《电子商务法》第 49 条　电子商务经营者发布的商品或者服务信息符合要约条件的，用户选择该商品或者服务并提交订单成功，合同成立。当事人另有约定的，从其约定。

《商品房买卖合同司法解释》第 3 条　商品房的销售广告和宣传资料为要约邀请，但是出卖人就商品房开发规划范围内的房屋及相关设施所作的说明和允诺具体确定，并对商品房买卖合同的订立以及房屋价格的确定有重大影响的，应当视为要约。该说明和允诺即使未载入商品房买卖合同，亦应当视为合同内容，当事人违反的，应当承担违约责任。

《股票发行与交易管理暂行条例》第 52 条第 1 款、第 2 款　收购要约发出后，主要要约条件改变的，收购要约人应当立即通知所有受要约人。通知可以采用新闻发布会、登报或者其他传播形式。

收购要约人在要约期内及要约期满后三十个工作日内，不得以要约规定以外的任何条件购买该种股票。

理解与适用

一、要约是希望和他人订立合同的意思表示

本条是关于要约的概念与要件的规定。要约又称为发盘、出盘、发价、出价

或报价等，是订立合同所必须经过的程序。本条规定，“要约是希望和他人订立合同的意思表示”。依据这一规定，要约是一方当事人以缔结合同为目的、向对方当事人所作的意思表示。发出要约的人称为要约人，接受要约的人则称为受要约人、相对人或者承诺人。要约主要具有如下法律特征。

第一，要约是一种意思表示。所谓意思表示，是指向外部表明意欲发生一定私法上效果之意思的行为。意思表示中的“意思”是指设立、变更、终止民事法律关系的内心意图。所谓“表示”，是指将此种内心意图表示于外部的行为。① 意思表示不同于事实行为，因为意思表示的表意人具有使法律关系发生变动的意图，该意图不违反法律强制性规定和公序良俗，所以发生当事人所预期的效力。从这个意义上说，意思表示是实现意思自治的工具，行为人可以依据自己的主观意志与外界发生法律关系，并能够依法产生、变更、终止民事法律关系，从而形成民法特殊的调整方法。

第二，要约是希望和他人订立合同的意思表示。要约是订立合同的必经阶段，不经过要约的阶段，合同无法成立。要约作为一种订约的意思表示，能够对要约人和受要约人产生一种拘束力。尤其是要约人在要约的有效期限内，必须受要约的内容拘束。依据《民法典》第 472 条第 2 项的规定，要约的意思表示必须“表明经受要约人承诺，要约人即受该意思表示约束”。要约在到达受要约人后，非依法律规定或受要约人的同意，不得变更、撤销要约的内容。

第三，要约不是民事法律行为。尽管要约是一种意思表示，但其并不是民事法律行为。因为一方面，要约必须经过受要约人的承诺，才能产生要约人预期的法律效果（即成立合同），而民事法律行为都可以产生行为人所预期的法律效果。另一方面，要约人所作出的意思表示可以是合法的，也可能是非法的。由于要约是一种意思表示且具有法律意义，并能产生法律后果，违反有效的要约将产生缔约过失责任。但是，要约的内容只是表达了要约人一方要求订立合同的意思，合同能否成立，要约的条件能否被受要约人接受，均有待于受要约人作出承诺。如果没有承诺，则当事人没有达成合意，合同无法成立，要约就不能产生要约人所预期的法律效果。

二、要约的有效条件

要约通常都具有特定的形式和内容，必须具有特定的有效条件，否则要约不能成立，也不能产生法律效力。依据《民法典》第 472 条，要约的有效条件

① 胡长清．中国民法总论：上册．上海：商务印书馆，1935：223.

如下。

(一) 要约是由特定主体作出的意思表示

要约人发出要约旨在与他人订立合同，唤起相对人的承诺，并据此订立合同。因此，要约人应当是特定的主体。例如，对订立买卖合同来说，其既可以是买受人也可以是出卖人，但必须是准备订立买卖合同的当事人。要约是一种意思表示，而不是事实行为，其符合意思表示的构成要件，经受要约人承诺后，可以在当事人之间成立合同关系。

(二) 要约必须表明经受要约人承诺，要约人即受该意思表示约束

要约人发出要约的目的在于订立合同，而这种订约的意图一定要由要约人通过其发出的要约充分表达出来，由此才能在受要约人承诺的情况下成立合同。根据《民法典》第472条的规定，要约是希望和他人订立合同的意思表示，要约中必须表明要约经受要约人承诺，要约人即受该意思表示拘束。在判断要约人是否具有订约意图时，应当考虑要约所使用的语言、文字及其他情况来确定要约人是否已经决定订立合同。“决定订约”意味着要约人并不是“准备”和“正在考虑”订约，而是已经决定订约。正是因为要约具有订约的意图，所以，一经对方承诺，即可成立合同。

(三) 要约必须向要约人希望与之缔结合同的受要约人发出

要约只有向要约人希望与之缔结合同的受要约人发出，才能够唤起受要约人的承诺。要约原则上应向特定的人发出，特定人可以是一个人，也可以是数个人。为什么要约的相对人原则上应当特定呢？因为一方面，相对人的特定意味着要约人对谁有资格作为承诺人的问题作出了选择，也只有相对人特定才能明确承诺人。一旦要约人确定了要约的相对人，这样一经对方的承诺，合同就可以成立。[①] 反之，如果相对人不特定，则意味着发出提议的人并未选择真正的相对人，该提议不过是为了唤起他人发出要约，其本身并不是要约。例如，向公众发出某项提议，通常是提议人希望公众中的某个特定人向其发出要约。另一方面，如果要约的对象不能确定，却仍可以被称为要约，那么向不特定的许多人同时发出以某一特定物的出让为内容的要约是有效的，此时若多人向发出要约的人作出承诺，则可能导致一物数卖，影响交易安全。但要约原则上应向特定的相对人发出，并不是说严格禁止要约向不特定人发出。例如，在校园内设置自动售货机的行为即构成要约，此种情形即属于向不特定的相对人发出的要约。[②] 再如，广告

① 徐炳．买卖法．北京：经济日报出版社，1991：78.

② 王泽鉴．债法原理．北京：中国政法大学出版社，1999：175.

中声明“备有现货，售完为止”，此种广告也构成要约。同时，如果要约人愿意向不特定人发出要约，并自愿承担由此产生的后果，在法律上也是允许的。

（四）要约的内容必须具体确定

依据本条第1项的规定，要约的内容必须具体确定，具体来说包括两个方面：一是要约的内容必须具体。所谓“具体”，是指要约的内容必须具有足以使合同成立的主要条款。要约是受要约人一旦承诺就使得合同成立的意思表示，因此，如果要约不包含合同的主要条款，承诺人将难以作出承诺，或者即便作出了承诺，也会因为这种合意不具备合同的主要条款而使合同不能成立。由于要约旨在缔结具有特定内容的合同，因而要约本身必须确定或者能够确定，它必须包含特定合同的要素（essentialia negotii），从而使要约一经承诺人的承诺就可使合同成立。[①] 二是要约的内容必须确定。所谓“确定”，一方面是指要约的内容必须明确，从而使受要约人能够理解要约的真实含义，而不能含混不清，否则受要约人将无法承诺。另一方面，要约在内容上必须是最终的、无保留的。如果要约人对要约保留了一定的条件，则受要约人将无法作出承诺，在此情形下，要约人的意思表示在性质上并不是真正的要约，而是要约邀请。要约的内容越具体和确定，则越有利于承诺人迅速作出承诺。

第四百七十三条

要约邀请是希望他人向自己发出要约的表示。拍卖公告、招标公告、招股说明书、债券募集办法、基金招募说明书、商业广告和宣传、寄送的价目表等为要约邀请。

商业广告和宣传的内容符合要约条件的，构成要约。

本条主旨

本条是关于要约邀请的概念和具体形式的规定。

相关条文

《合同法》第15条 要约邀请是希望他人向自己发出要约的意思表示。寄送的价目表、拍卖公告、招标公告、招股说明书、商业广告等为要约邀请。

商业广告的内容符合要约规定的，视为要约。

① MünchKomm/Busche，§145，Rn. 6.

《商品房买卖合同司法解释》第 3 条 商品房的销售广告和宣传资料为要约邀请，但是出卖人就商品房开发规划范围内的房屋及相关设施所作的说明和允诺具体确定，并对商品房买卖合同的订立以及房屋价格的确定有重大影响的，应当视为要约。该说明和允诺即使未载入商品房买卖合同，亦应当视为合同内容，当事人违反的，应当承担违约责任。

理解与适用

一、要约邀请的概念

要约邀请又称引诱要约，是指希望他人向自己发出要约的表示。《民法典》第 473 条第 1 款中规定："要约邀请是希望他人向自己发出要约的表示。"依据这一规定，要约邀请具有如下特点：第一，要约邀请是一方邀请对方向自己发出要约[①]，而不是像要约那样是由一方向他人发出订立合同的意思表示。第二，要约邀请不是一种意思表示，而是一种事实行为。也就是说，要约邀请是当事人订立合同的预备行为，在发出要约邀请时，当事人仍处于订约的准备阶段。第三，要约邀请只是引诱他人发出要约，它既不能因相对人的承诺而成立合同，也不能因自己作出某种承诺而约束要约人。在发出要约邀请以后，要约邀请人撤回其邀请，只要没有给善意相对人造成信赖利益的损失，要约邀请人一般不承担法律责任。

关于要约邀请的性质，在学说上有两种不同的观点：一种观点认为，要约邀请不是意思表示，而是事实行为，没有法律意义。[②] 另一种观点认为，要约邀请是希望他人向自己发出要约的意思表示。笔者认为，要约邀请并不是一种没有法律意义的事实行为，也不是意思表示。一方面，要约邀请并非意思表示。要约邀请虽然是有目的、自觉自愿的行为，但并非"法效意思"（具体说，一定契约订立之意思）之表示。意思表示能产生当事人预期的法律效果，而要约邀请并不能产生这种效果。另一方面，要约邀请也不同于意思通知。若其为意思通知，则邀请人之行为能力应准用意思表示人能力之规定，这并不妥当。例如，寄送价目表的行为人并不需要具有行为能力。正是因为上述原因，《民法典》第 473 条修改了《合同法》第 15 条的规定，将要约邀请仅称为"表示"。

要约邀请虽然仍然是一种事实行为，但它是具有一定的法律意义的事实行

① 王家福．中国民法学·民法债权．北京：法律出版社，1991：283.

② 史尚宽．债法总论．北京：中国政法大学出版社，2000：20.

为。具体而言，要约邀请具有如下的法律意义：第一，要约邀请的内容在特殊情况下有可能转化为合同的内容，在交易中一方提出要约邀请使另一方产生合理的信赖，而双方在以后的要约和承诺过程中，没有作出相反的意思表示，则在某些国家合同法中，可认为其构成合同的内容和默示条款。第二，某些特殊的要约邀请在法律上是有一定的意义的，如招标公告。英美法上所说的招标具有法律意义，英美法认为招标中对有关合同条件的说明，构成合同的内容，对双方当事人有约束力。第三，在发出要约邀请以后，善意相对人已对要约邀请产生了合理的信赖，并为此发出要约且支付了一定的费用，若因为邀请人的过失甚至恶意的行为致相对人损失，邀请人就应当负责。例如，招标人在发出招标文件以后，违反招标文件的规定致投标人的损失，亦应依据具体情况负缔约过失责任。第四，在要约邀请阶段，邀请人作出虚假陈述也可能构成欺诈，并应当承担相应的民事责任。

二、要约邀请和要约的区别

在合同订立中，区分要约邀请和要约，关系到合同的成立问题，如果是一方发出要约，另一方接受要约，作出承诺，则合同关系成立；但如果一方发出的是要约邀请，则即便对方同意，也无法在当事人之间成立合同关系。如何区别要约邀请和要约，在实践中极为复杂。结合我国司法实践和理论，笔者认为，可从如下几方面来区分要约和要约邀请。

1. 依法律规定作出区分。如果法律明确规定了某种行为为要约或要约邀请，则应按照法律的规定作出区分。例如，依据《民法典》第 473 条规定，拍卖公告、招标公告、招股说明书、债券募集说明书、基金招募说明书、商业广告和宣传、寄送的价目表等行为，属于要约邀请，据此，对这些行为一般应认定为要约邀请。

2. 根据当事人的意愿作出区分。此处所说的当事人的意愿，是指根据当事人已经表达出来的意思来确定当事人对其实施的提议行为主观上认为是要约还是要约邀请。具体来说，一是要考虑提议的内容，要约中应当含有当事人受要约拘束的意旨，而要约邀请只是希望对方主动向自己提出订立合同的意思表示。二是要考虑提议中的声明，如当事人在其行为或提议中特别声明是要约还是要约邀请。例如，某时装店在其橱窗内展示的衣服上标明“正在出售”且标示了价格，或者标示为“样品”，则“正在出售”且标明价格的标示可视为要约，而“样品”的标示可认为是要约邀请。同时，当事人也可以明确表示其所作出的提议不具有法律拘束力，此时，其所作的提议是要约邀请而不是要约。三是要考虑订约意图，由于要约是旨在订立合同的意思表示，因此要约中应包含明确的订约意图。而要约邀请人只是希望对方向自己提出订约的意思表示，所以，在要约邀请中，订约的意图并不是很明确。

3. 根据提议的内容是否包含合同的主要条款来区分。要约的内容中应当包含合同的主要条款，如此才能因承诺人的承诺而成立合同。而要约邀请只是希望对方当事人提出要约，因此，它不必要包含合同的主要条款。当然，仅以是否包含合同的主要条款来作出区分是不够的，即使要约人提出了未来合同的主要条款，但如果其在提议中声明不受要约的拘束，或提出需要进一步协商，或提出需要最后确认等，都将难以确定他具有明确的订约意图，因此不能认为是要约。

4. 根据交易的习惯即当事人历来的交易做法来区分。例如，询问商品的价格，根据交易习惯，一般认为是要约邀请而不是要约。再如，出租车司机将出租车停在路边招揽顾客，由于乘客的目的地等合同内容尚不确定，因此，此种招揽是要约邀请。

此外，在区分要约和要约邀请时，还应当考虑到其他情况，诸如是否注重相对人的身份、信用、资力、品行等情况（如招聘家庭教师的广告，招聘人注重家庭教师的个人情况，需要与其实际接触和协商），是否实际接触，一方发出的提议是否使他方产生要约的信赖等，应当综合各种因素考虑某项提议是要约还是要约邀请。

三、几种典型的要约邀请行为

《民法典》第473条第1款规定："要约邀请是希望他人向自己发出要约的表示。拍卖公告、招标公告、招股说明书、债券募集办法、基金招募说明书、商业广告和宣传、寄送的价目表等为要约邀请。"因此，下列行为属于要约邀请。

1. 拍卖公告

所谓拍卖，是指拍卖人在众多的报价中，选择报价最高者与其订立合同的一种特殊买卖方式。拍卖一般分为三个阶段：一是拍卖表示，是指拍卖人经过刊登或发出拍卖公告，在拍卖公告中对拍卖物进行宣传和介绍。对拍卖表示，各国合同法一般认为属于要约邀请。[①] 因为在该表示中并不包括合同成立的主要条件，特别是未包括价格条款。二是拍买（又称叫价），是指竞买者向拍卖人提出价款数额的意思表示。一般认为，拍买的表示属于要约，因为竞买人已就购买标的物

---

① ［德］冯·巴尔，等．欧洲私法的原则、定义与示范规则：欧洲示范民法典草案．高圣平，等译．北京：法律出版社，2014：272.

提出了价格条件，并愿与出卖人订立合同，竞买人提出价款以后，在没有其他竞买人提出更高的价款之前，该意思表示对竞买人具有拘束力。三是拍定，是指拍卖人以拍板、击槌或其他惯用方式确定拍卖合同成立或宣告竞争终结的一种法律行为。一般认为，这种行为在性质上属于承诺。一旦拍定，合同即宣告成立。在整个拍卖流程中，拍卖公告是拍卖的发起阶段，其属于典型的要约邀请。

2. 招标公告

招标是订立合同的一种特殊方式。以招标方式订立合同，要经过招标、投标、定标等阶段。所谓招标，是指订立合同的一方当事人采取招标公告的形式，向不特定人发出的、以吸引或邀请相对方发出要约为目的的表示。所谓投标，是指投标人（出标人）按照招标人提出的要求，在规定的期间内向招标人发出的以订立合同为目的、包括合同全部条款的意思表示。所谓定标，是指招标人在开标、评标后从各投标人中选出条件最佳者。招标行为都要发出公告。根据《民法典》第473条的规定，此种公告属于要约邀请行为。因为招标人实施招标行为是订约前的预备行为，其目的在于引诱更多的相对人提出要约，从而使招标人能够从更多的投标人中寻取条件最佳者并与其订立合同；而投标则是投标人根据招标人所公布的标准和条件向招标人发出以订立合同为目的的意思表示，在投标人投标以后必须有招标人的承诺，合同才能成立，所以投标在性质上为要约。而定标则意味着招标人对投标人的要约予以承诺。

3. 招股说明书

在申请股票公开发行的文件中，招股说明书是一个十分关键的文件。它是指拟公开发行股票的公司经批准公开发行股票后，依法在法定的日期和证券主管机关指定的报刊上刊登的全面、真实、准确地披露发行股票的公司信息以供投资者参考的法律文件。根据《公司法》的规定，公司成立时，发起人向社会公开募集股份，必须向国务院证券管理部门递交募股申请，并报送招股说明书等有关文件。招股说明书应当载明发起人认购的股份数；每股的票面金额和发行价格；无记名股票的发行总数；认股人的权利、义务；本次募股的起止期限及逾期未募足时认股人可撤回所认股份的说明等。招股说明书通过向投资者提供股票发行人各方面的信息，吸引投资者向发行人发出购买股票的要约，但其本身并不是发行人向广大投资者所发出的要约，而只是一种要约邀请。

4. 债券募集办法

债券募集办法又称为发行章程或募债说明书，是指申请发行债券的企业，在有关债券募集的公告中，告知相关的公司债券募集办法。债券募集办法首先应当经证券管理部门批准，在获得批准之后对外公布。在该债券募集办法中，要向公众告知有关债券总额、债券的票面金额、债券的利率、还本付息的期限和方式、债券发行的起止日期等事项。由于债券募集办法只是企业发出公告，邀请相对人向自己购买企业债券，而不是在相对人作出购买的表示后直接成立合同关系，因此，企业发布债券募集办法在性质上属于要约邀请，而不构成要约。

5. 基金招募说明书

基金招募说明书又称为公开说明书，它是指基金管理人向投资者提供的经国家有关部门认可的介绍基金各项详细内容的法律文件。该法律文件是面向投资者的，以使得广大投资者了解基金详情并帮助其作出是否投资该基金决策为目的。[①]《证券投资基金法》第53条规定："公开募集基金的基金招募说明书应当包括下列内容：（一）基金募集申请的准予注册文件名称和注册日期；（二）基金管理人、基金托管人的基本情况；（三）基金合同和基金托管协议的内容摘要；（四）基金份额的发售日期、价格、费用和期限；（五）基金份额的发售方式、发售机构及登记机构名称；（六）出具法律意见书的律师事务所和审计基金财产的会计师事务所的名称和住所；（七）基金管理人、基金托管人报酬及其他有关费用的提取、支付方式与比例；（八）风险警示内容；（九）国务院证券监督管理机构规定的其他内容。"企业发布基金招募说明书邀请投资者购买其基金，只是向公众发出了购买基金的邀请，有购买意愿的投资者在向企业发出购买基金的请求后，企业作出同意投资者购买的承诺，合同关系才能成立，因此，企业发布基金招募说明书的行为在性质上属于要约邀请，而不构成要约。

6. 商业广告和宣传

广义的广告包括商业广告、公益性广告及分类广告（如寻人、征婚、挂失、婚庆、吊唁、招聘、求购、启事以及权属声明等广告），而狭义的广告仅指商业广告。我国《广告法》第2条采纳了狭义的广告概念，即广告是指商品经营者或者服务提供者承担费用，"通过一定媒介和形式直接或者间接地介绍自己所推销的商品或者服务的商业广告"。

根据《民法典》第473条的规定，商业广告是要约邀请，发出商业广告不能产生要约的效力。法律上之所以将商业广告作为要约邀请，主要是因为：第一，商业广告旨在宣传和推销某种商品或服务，而一般并没有提出出售该商品或提供该服务的主要条款。发出广告的人通常只是希望他人向其发出购买该商品或要求提供该服务的要约。第二，商业广告发出后，不能因任何人接受广告的条件便使合同成立，否则广告人将要承担许多其不可预见的违约责任。第三，广告人并非

① ［英］R. R. 阿罗．投资基金．北京：企业管理出版社，1999：103.

针对特定的人发出，并不符合要约对象为特定主体的特点。

商业广告虽然原则上不是要约，而是要约邀请，但如果商业广告的内容具体、确定，且包含了当事人订约的意思，也可以构成要约。《民法典》第 473 条第 2 款规定："商业广告和宣传的内容符合要约条件的，构成要约。"在符合要约条件的情形下，商业广告和宣传本质上就成为希望与对方订立合同的意思表示，因此其性质上就是要约，而不仅仅是可以被"视为"要约。"视为"作为法律上的拟制，是立法者明知性质不同而作同等对待，而满足要约条件的广告和宣传事实上已经具有了要约的性质，因此不宜再使用"视为"这一表述。例如，广告中声称："我公司现有某型号的水泥 1 000 吨，每吨价格 200 元，先来先买，欲购从速"，或者在广告中声称"保证有现货供应"，则可以依具体情况将该商业广告认为已经构成要约。一般认为，商业广告构成要约应当具备如下几个要件：第一，广告人具有明确的缔约意图，且有受该商业广告拘束的意思。例如，广告中明确标明"一经承诺合同即成立"或类似字样。第二，广告中必须包含了合同的主要条款，或者写明相对人只要作出规定的行为就可以使合同成立，即该广告的内容具体、确定，则应该认为属于要约而不是要约邀请。《欧洲民法典草案》第 2—4：201 条规定，如果经营者在广告中明确表明，其要以特定的价格来提供某种商品或者服务，则视为经营者发出了以该价格提供商品或者服务的要约。

7. 寄送的价目表

生产厂家和经营者为了推销某种商品，通常向不特定的相对人派发或寄送某些商品的价目表。发出价目表的行为虽包含了商品名称及价格条款，且含有行为人希望订立合同的意思，但由于从该行为中并不能确定行为人具有一经对方承诺即接受承诺后果的意图，而只是向对方提供某种信息，希望对方向自己提出订约条件（如购买多少本图书或某种图书），因此，《民法典》第 473 条明确规定，寄送的价目表只是要约邀请，而不是要约。当然，如果行为人向不特定的相对人派发某种商品的订单，并在订单中明确声明愿受承诺的拘束，或者从订单的内容中可以确定他具有接受承诺后果拘束的意图，应认为该订单不是要约邀请，而是要约。

第四百七十四条

要约生效的时间适用本法第一百三十七条的规定。

本条主旨

本条是关于要约生效的时间规定。

相关条文

《合同法》第 16 条　要约到达受要约人时生效。

采用数据电文形式订立合同，收件人指定特定系统接收数据电文的，该数据电文进入该特定系统的时间，视为到达时间；未指定特定系统的，该数据电文进入收件人的任何系统的首次时间，视为到达时间。

《民法总则》第 137 条　以对话方式作出的意思表示，相对人知道其内容时生效。

以非对话方式作出的意思表示，到达相对人时生效。以非对话方式作出的采用数据电文形式的意思表示，相对人指定特定系统接收数据电文的，该数据电文进入该特定系统时生效；未指定特定系统的，相对人知道或者应当知道该数据电文进入其系统时生效。当事人对采用数据电文形式的意思表示的生效时间另有约定的，按照其约定。

理解与适用

一、要约生效的时间

要约生效的时间既关系到要约从什么时间对要约人产生拘束力，也涉及承诺期限的问题。关于要约生效的时间，理论上有三种观点：一是发信主义。此种观点认为，要约人发出要约以后，只要要约已处于要约人控制范围之外，要约即产生效力。二是到达主义。到达主义又称为受信主义，此种观点认为，要约必须到达受要约人之时才能产生法律效力。三是了解主义。此种观点认为，要约人发出要约，在到达相对人后还不能立即生效，必须在相对人了解要约的内涵时，要约才能生效。例如，《联合国国际货物销售合同公约》第 15 条规定，“（1）发价于送达被发价人时生效。（2）一项发价，即使是不可撤销的，得予撤回，如果撤回通知于发价送达被发价人之前或同时，送达被发价人”。可见，该公约采纳了到达主义。

我国《合同法》第 16 条第 1 款规定：“要约到达受要约人时生效。”可见，我国《合同法》亦采纳了到达主义。但《民法典》第 137 条区分以对话方式和非以对话方式作出的意思表示，分别确定其效力，这实际上是修改了《合同法》第 16 条规定，不再采用统一的到达主义。作出此种修改的主要原因在于：一方面，虽然诸如《联合国国际货物销售合同公约》并未对要约生效的时间进行区分，但是其针对的主要是商事交易，到达主义主要是针对以非对话方式作出的意思表示。由于我国实行民商合一的体例，《民法典》合同编所规范的合同范围广、内容多，因此适用意思表示的一般规则更合适。另一方面，意思表示可以以多种方式作出，到达主义主要是针对在非对话方式的情形下，当事人处于异地，通过信件、邮件、传真等方式订立合同的场合，采纳到达主义中到达的时间才具有意义。但如果是在即时交易中，当事人面对面地订立口头合同，意思表示的发出和到达就没有必要作出区分了。一般认为，在对话方式缔约中，依法作出意思表示，只要所表示出来的意思为对方所理解，就应当发生效力。

二、区分以对话方式作出和以非对话方式作出的要约的生效

《民法典》第 474 条规定："要约生效的时间适用本法第一百三十七条的规定。"《民法典》第 137 条对以对话方式作出的意思表示和以非对话方式作出的意思表示的生效规则分别作出了规定，这也意味着，需要区分以对话方式作出的要约和以非对话方式作出的要约，分别确定要约的生效的时间。

1. 以对话方式作出的要约，相对人知道其内容时生效

所谓以对话方式作出的要约，是指当事人直接以对话的形式发出要约。例如，当事人面对面地订立口头买卖合同，或者通过电话交谈的方式订立合同。关于以对话方式作出的意思表示的生效，《民法典》总则第 137 条第 1 款规定："以对话方式作出的意思表示，相对人知道其内容时生效。"在以对话方式作出的意思表示中，意思表示的发出和相对人受领意思表示是同步进行的。[①] 依据该条规定，对以对话方式作出的要约而言，只有在表意人的意思表示被相对人知悉要约的内容时，该要约才能够生效。如果相对人并不知道要约的内容，也就无法作出相应的承诺，此时，应当认定要约未生效。因此，对以对话方式作出的要约而言，其生效实际上是采取了解主义。

2. 以非对话方式作出的要约，到达相对人时生效

所谓以非对话方式作出的意思表示，是指当事人以对话以外的形式发出意思表示。例如，采用邮件、传真等方式订立合同。关于非对话方式作出的意思表示的生效，《民法典》第 137 条第 2 款规定，"以非对话方式作出的意思表示，到达相对人时生效"。依据这一规定，关于以非对话方式作出意思表示的生效，《民法典》采用了到达主义，即到达相对人时生效。所谓到达，是指根据一般的交易观念，已经进入相对人可以了解的范围。到达并不意味着相对人必须亲自收到，只

① 石宏．中华人民共和国民法总则条文说明、立法理由及相关规定．北京：北京大学出版社，2017：328.

要意思表示已进入受领人的控制领域，并在通常情况下可以期待受领人能够知悉意思表示的内容，就视为已经到达。① 到达并不一定实际送达到受要约人及其代理人手中，只要要约送达到受要约人所能够控制的地方（如受要约人的信箱等），即为到达。如果要约人未明确限制时间，应以要约能够到达的合理时间为准。在要约人发出要约但未到达受要约人之前，要约人可以撤回要约或修改要约的内容。之所以针对非对话方式作出的意思表示采用到达主义，是因为到达主义为我国立法和司法实践所采纳，尤其是在合同订立中，对要约、承诺的生效采取的是到达主义。因此，《民法典》第137条延续了这一立法和司法实践经验。②

3. *以非对话方式作出的、采用数据电文形式的要约的生效*

在互联网时代，采用数据电文形式作出要约也是合同订立的重要方式。《民法典》第137条第2款规定："以非对话方式作出的采用数据电文形式的意思表示，相对人指定特定系统接收数据电文的，该数据电文进入该特定系统时生效；未指定特定系统的，相对人知道或者应当知道该数据电文进入其系统时生效。当事人对采用数据电文形式的意思表示的生效时间另有约定的，按照其约定。"由此可见，以数据电文形式作出的要约，其生效分为两种情形：一是相对人指定了特定的系统接收数据电文的，该要约自该数据电文进入该特定系统时生效。依据这一规定，在数据电文进入系统以后，尽管没有为收件人所阅读、使用，也认为是收到了电文。对此解释的理由是"进入"的概念既用于界定数据电文的发出，也用于界定其收到。③ 本书认为，要约毕竟不同于承诺，对要约的到达采取宽松的解释，在一般情况下不会影响到交易的安全，所以可以以"进入"来界定到达。这就是说，只要要约的内容进入收件人的系统，即使没有为收件人所实际检索、阅读，也视为到达。如果要约人事后可能撤回其要约，则可以在其要约中要求受要约人发出确认的信件以证实是否收到。在没有确认之前，该要约并没有实际生效，此时，要约人可以撤回其要约。二是相对人未指定特定的系统接收数据电文的，则自相对人知道或者应当知道该数据电文进入其系统时生效。依据《民法典》第137条的规定，在相对人未指定特定的系统接收数据电文时，则自相关数据电文进入收件人的任何系统的首次时间为到达时间。可见，《民法典》改变了《合同法》的规则，而采用了更为灵活的生效规则，即相关数据电文到达相对人的任何一个系统，即被推定为相对人知道或应当知道，该数据电文进入其系统

① 徐国建．德国民法总论．北京：经济科学出版社，1993：96.

② 石宏．中华人民共和国民法总则条文说明、立法理由及相关规定．北京：北京大学出版社，2017：329.

③ 胡康生．中华人民共和国合同法释义．北京：法律出版社，1999：41.

时生效，除非相对人举证证明其不应当知道。例如，其所用的邮箱长期不予使用且相对人明知的，则可以认定相对人不应当知道。

第四百七十五条

要约可以撤回。要约的撤回适用本法第一百四十一条的规定。

本条主旨

本条是要约可以撤回的规定。

相关条文

《合同法》第17条　要约可以撤回。撤回要约的通知应当在要约到达受要约人之前或者与要约同时到达受要约人。

《民法总则》第141条　行为人可以撤回意思表示。撤回意思表示的通知应当在意思表示到达相对人前或者与意思表示同时到达相对人。

《商务部关于网上交易的指导意见（暂行）》　遵守合同订立的各项要求

交易各方采用电子邮件、网上交流等方式订立合同，应当遵守合同法、电子签名法的有关规定，注意下列事项：

…………

（2）以数据电文形式发送的要约的撤回、撤销和失效以及承诺的撤回；

…………

《股票发行与交易管理暂行条例》第52条第3款　预受收购要约的受要约人有权在收购要约失效前撤回对该要约的预受。

理解与适用

一、要约可以撤回

本条是关于要约的撤回的规定。所谓要约的撤回，是指要约人在要约发出以后，未到达受要约人之前，有权宣告取消要约。如甲于某日给乙去函要求购买某种机器，但甲事后与丙达成了购买该种机器的协议，即立即给乙发去传真要求撤回要约，在发出要约信函到达乙之前，这种撤回应是有效的。根据要约的形式拘束力，任何一项要约都是可以撤回的，只要撤回的通知先于或与要约同时到达受要约人，便能产生撤回的效力。允许要约人撤回要约，是尊重要约人的意志和利益的体现。由于撤回是在要约到达受要约人之前作出的，因而在撤回时要约并没有生效，撤回要约也不会影响到受要约人的利益。

《民法典》第 475 条规定："要约可以撤回。要约的撤回适用本法第一百四十一条的规定。"《民法典》第 141 条规定："行为人可以撤回意思表示。撤回意思表示的通知应当在意思表示到达相对人前或者与意思表示同时到达相对人。"《民法典》第 475 条之所以如此规定，主要是为了强调要约属于意思表示，因此要约的撤回需要遵循意思表示撤回的一般规则，总则编已经就意思表示的撤回进行了规定，为避免重复，要约的撤回可以直接适用总则编的规定。

二、撤回的通知先于意思表示到达或者与意思表示同时到达

依据《民法典》第 137 条的规定，非对话方式的意思表示必须到达相对人时才能生效，因此，在其生效之前表意人发出撤回表示，且撤回表示在原意思表示生效之前到达或同时到达的，原意思表示当然不能生效。行为人要撤回意思表示，必须使其撤回意思表示的通知先于意思表示到达相对人，或者与意思表示同时到达相对人。如果行为人撤回意思表示的通知晚于意思表示到达相对人，则不产生撤回意思表示的效力。由此可见，意思表示的撤回主要适用于非以数据电文方式作出的意思表示，因为对于以数据电文形式作出的意思表示而言，其瞬间到达相对人，行为人撤回意思表示的通知很难先于意思表示到达相对人或者与意思表示同时到达相对人。所以在电子商务中，要约一般是不能撤回的。

第四百七十六条

要约可以撤销，但是有下列情形之一的除外：

（一）要约人以确定承诺期限或者其他形式明示要约不可撤销；

（二）受要约人有理由认为要约是不可撤销的，并已经为履行合同做了合理准备工作。

本条主旨

本条是关于要约撤销的规定。

相关条文

《合同法》第 18 条　要约可以撤销。撤销要约的通知应当在受要约人发出承诺通知之前到达受要约人。

《合同法》第19条　有下列情形之一的，要约不得撤销：

（一）要约人确定了承诺期限或者以其他形式明示要约不可撤销；

（二）受要约人有理由认为要约是不可撤销的，并已经为履行合同做了准备工作。

理解与适用

一、要约撤销的概念

本条是关于要约撤销的规定。所谓要约的撤销，是指要约人在要约到达受要约人并生效以后，受要约人作出承诺前，将该项要约取消，从而使要约的效力归于消灭。法律规定要约可以撤销的理由在于：一方面，从理论上看，要约乃是要约人一方的意思表示，并没有像合同那样对双方产生拘束力，因此，原则上应当允许要约人撤回或者撤销，而不能以合同的拘束力确定要约的效力。另一方面，从实践来看，如果要约人不得撤销要约，可能赋予受要约人过分的特权，从而不利于保护要约人。因为要约达到后，在承诺人作出承诺之前，可能会因为各种原因如不可抗力、要约内容存在缺陷和错误、市场行情的变化等促使要约人撤销其要约。允许要约人撤销要约对保护要约人的利益，减少不必要的损失和浪费也是有必要的。《联合国国际货物销售合同公约》第16条规定，在未订立合同之前，如果撤销通知于受要约人发出接受通知之前送达被要约人，要约得予撤销。如果要约写明接受要约的期限或以其他方式表示要约是不可撤销的，或受要约人有理由信赖该项要约是不可撤销的而且受要约人已根据对要约的信赖行事，则要约不得撤销。《国际商事合同通则》第2.1.4条第2款规定："但是，在下列情况下，要约不得撤销：（a）要约写明承诺期限，或以其他方式表明要约是不可撤销的；或（b）受要约人有理由信赖该项要约是不可撤销的，且受要约人已依赖该要约行事。"我国《民法典》合同编借鉴了该经验，规定要约可以撤销。

撤销要约与撤回要约都旨在使要约作废，并且都只能在承诺作出之前实施，但两者存在一定的区别，表现在：撤回发生在要约并未到达受要约人并生效之前，而撤销则发生在要约已经到达并生效，但受要约人尚未作出承诺的期限内。由于撤销要约时要约已经生效，因而对要约的撤销必须有严格的限定，如因撤销要约而给受要约人造成损害的，要约人应负赔偿责任。

关于电子合同订立过程中要约是否可以撤销的问题，应当根据具体情况来确定。尽管EDI交易中，要约的撤销非常困难，但在理论上仍然是可能的。例如，在要约人发出一项要约的指令以后，尽管该指令已经进入对方的系统，但对方的计算机因为出现故障或其他原因没有自动做出应答，在此情况下，要约人完全可以撤销其要约。还要看到，美国虽然采发信主义，但美国法律协会在有关电子交易的报告中认为，在EDI的交易中，无论是要约还是承诺都应该采到达主义，从而接收人在收到信息之后，能够回信确认该信息是否有误。①

二、在法定的例外情形下，要约不得撤销

《民法典》第476条规定："要约可以撤销，但是有下列情形之一的除外：（一）要约人以确定承诺期限或者其他形式明示要约不可撤销；（二）受要约人有理由认为要约是不可撤销的，并已经为履行合同做了合理准备工作。"允许要约人撤销已经生效的要约，必须有严格的条件限制，否则必将在事实上否定要约的法律效力，导致要约在性质上的变化，同时也会给受要约人造成不必要的损失。那么，如何对要约的撤销作出限制呢？根据《民法典》第476条的规定，不可撤销的要约包括两种情况。

（一）要约人以确定承诺期限或者其他形式明示要约不可撤销

1. 要约中以规定承诺期限的形式表明要约不可撤销。这实际上是指要约中明确允诺要约不可撤销或在规定期限内不得撤销。因为要约人在发出要约的时候，已经向受要约人明确告知要约的有效期限，该期限的确定，不仅对要约人产生拘束，而且能够使得受要约人产生合理的信赖。例如，要约人在要约中声称"近一个月飞机票打折，价格维持在一千元之内"，这实际上是确定了在一个月中价格维持在一千元之内，要约人在一个月内不能更改上述要约的内容。问题在于，在规定了承诺期限的要约到达相对人后的第二天，撤销要约的通知也到达，此时是否绝对不能撤销？笔者认为，《民法典》第476条规定"确定承诺期限"的要约不可撤销，这实际上是为了保护受要约人的信赖利益，但是如果受要约人并不存在合理的信赖，甚至是违反诚信原则行为，此时，就没有对其予以特别保护的必要，要约人仍然可以撤销要约。

2. 以其他形式明示要约是不可撤销的。此处的其他形式是指除要约人明确规定承诺期限外，要约人以其他方式表明其要约不可撤销。例如，要约人在要约中声称，"我们坚持我们的要约直到收到贵方的回复"。虽然在该要约中没有明确规定要约的期限，但该要约并没有明确限定承诺的期限，且要约的内容是不可更改的。再如，某家具公司对外发出广告，称其有红木家具出售，一周内可随时提货，价格10万元。某人收到广告之后便四处筹款，三天后其前往家具公司要求

---

① 杨桢．英美契约法论：修订版．北京：北京大学出版社，2000：89.

提货，家具公司提出货已经全部售出。在该案中，受要约人在收到要约以后，基于对要约的信赖，已为准备承诺支付了一定的费用，因此要约人在要约撤销以后应向受要约人承担信赖利益赔偿责任。

（二）受要约人有理由认为要约是不可撤销的，并已经为履行合同作了合理准备工作

此种情形包括两个要件：一是受要约人有理由认为要约是不可撤销的。如何理解“受要约人有理由认为要约是不可撤销的”？这实际上就是指受要约人对要约行为已经产生了合理的信赖，因此要约不可撤销。《欧洲民法典草案》第2-4：202条中确认了在要约发生错误的情况下，如果受要约人基于要约本身产生了合理的信赖，则要约不能随意撤销。其主要目的在于保护当事人的合理信赖，维护交易安全。[①] 二是受要约人已经为履行合同做了合理准备工作。从两大法系的规定来看，要约发出以后，如果受要约人已经开始履行，依照美国法要约不能撤回。[②] 根据《国际商事合同通则》第2.1.4条，如果要约人发出一项要约，在要约中附有某种条件，而受要约人要完成该条件，则需要从事广泛的、费用昂贵的调查，如果受要约人从事了该项行为，为要约做了一定的准备，甚至支付了一定的费用，要约人不可撤销其要约。[③] 我国《民法典》采纳了这一规则。例如，甲向乙商场发出出卖5吨苹果要约，表示其供货充足，随时等待乙作出承诺；乙为了储存苹果，已经承租了两处冷库。此种情形下，乙有理由相信甲不会撤销要约，且乙已经为履行合同做了一定的准备工作，甲不得撤销其要约。

需要指出的是，“不得撤销”并不是指要约人必须无条件地按照要约的内容履行义务，此处所说的不可撤销，并非禁止撤销，也就是说，要约仍然可以撤销，只不过如果受要约人在收到要约以后，基于对要约的信赖，已为准备承诺支付了一定的费用，在要约撤销以后应有权要求要约人予以赔偿。因此，要约的不可撤销规则只是为受要约人主张缔约过失责任提供了依据。

在实践中还必须区分对要约的撤销和对预约合同的撤销，在当事人发出要约后，相对人未作承诺前，合同还没有成立，所以要约可以依法撤销。但在预约合同中，预约合同已经成立。由于预约合同是一种合同，无正当理由撤销预约合同

---

① Christian von Bar and Eric Clive，Definitions and Model ，Rules of European Private Law，Volume I，（Munich：Sellier. European Law Publishers，2009 ），p. 45.

② Tadas Klimas. Comparative Contract Law，A Transystemic Approach with an Emphasis on the Continental Law Cases，Text and Materials，Carolina Academic Press 2006：39.

③ 张玉卿．国际商事合同通则2010. 北京：中国商务出版社，2012：22-23.

实际上是主张单方解除合同，该行为构成违约。

第四百七十七条

撤销要约的意思表示以对话方式作出的，该意思表示的内容应当在受要约人作出承诺之前为受要约人所知道；撤销要约的意思表示以非对话方式作出的，应当在受要约人作出承诺之前到达受要约人。

本条主旨

本条是关于撤销要约的意思表示生效的规定。

相关条文

《民法总则》第 137 条 以对话方式作出的意思表示，相对人知道其内容时生效。

以非对话方式作出的意思表示，到达相对人时生效。以非对话方式作出的采用数据电文形式的意思表示，相对人指定特定系统接收数据电文的，该数据电文进入该特定系统时生效；未指定特定系统的，相对人知道或者应当知道该数据电文进入其系统时生效。当事人对采用数据电文形式的意思表示的生效时间另有约定的，按照其约定。

理解与适用

本条对撤销要约的意思表示生效问题做出了规定，由于要约的撤销也属于意思表示，因此同样需要遵循意思表示的一般规则。针对意思表示的撤销，《民法典》总则编第 137 条区分了以对话方式作出的意思表示和以非对话方式作出的意思表示，因此，本条也对两种以不同方式进行的要约撤销进行了区分，具体而言主要分为以下两种。

一是以对话方式撤销要约，撤销要约的意思表示必须在受要约人作出承诺前为其所知。《民法典》第 137 条第 1 款规定："以对话方式作出的意思表示，相对人知道其内容时生效。"在以对话方式作出的意思表示中，意思表示的发出和相对人受领意思表示是同步进行的。[①] 依据该条规定，对以对话方式作出的意思表示而言，只有在表意人的意思表示被相对人知悉对话的内容时，意思表示才能够

① 石宏．中华人民共和国民法总则条文说明、立法理由及相关规定．北京：北京大学出版社，2017：328.

生效。因此，在以对话方式作出的要约撤销中，对话即时到达受要约人。例如，在面对面的买卖中，在发出要约后，只有承诺人尚未表态承诺与否时，发出的撤销要约的意思表示才能发生撤销要约的效果，因此，撤销要约的意思表示必须在受要约人作出承诺前为其所知。

二是以非对话方式撤销要约，则该撤销的表示必须在受要约人承诺前到达。《民法典》第137条第2款规定："以非对话方式作出的意思表示，到达相对人时生效。"依据这一规定，以非对话方式作出的意思表示，到达相对人时生效，可见，关于以非对话方式作出意思表示的生效，《民法典》采用了到达主义，即到达相对人时生效。所谓到达，是指根据一般的交易观念，已经进入相对人可以了解的范围。到达并不意味着相对人必须亲自收到，只要意思表示已进入受领人的控制领域，并在通常情况下可以期待受领人能够知悉意思表示的内容，就视为已经到达。① 例如，要约规定的期限为15日，在要约发出后经历了10日才到达受要约人，承诺人需要在5日内做出承诺并到达要约人，如果撤销要约的意思表示早于或与要约同时到达受要约人，则不构成撤销而是构成撤回；如果撤销的意思表示在10日后到达，需要区分受要约人是否已经作出承诺，如果受要约人尚未作出承诺，则可以发生要约撤销的效果，如果承诺人已经作出承诺，则不发生要约撤销的效果，在承诺到达要约人时合同成立。但如果要约是在15后才到达受要约人，那么如果受要约人已经在承诺期限内做出承诺，自然不发生撤回的效力；如果承诺人在承诺期限内并未承诺，那么由于要约已经失效，该撤销要约的意思表示就不会发生效力。

第四百七十八条

有下列情形之一的，要约失效：

（一）要约被拒绝；

（二）要约被依法撤销；

（三）承诺期限届满，受要约人未作出承诺；

（四）受要约人对要约的内容作出实质性变更。

本条主旨

本条是关于要约失效的规定。

---

① 徐国建．德国民法总论．北京：经济科学出版社，1993：96.

相关条文

《合同法》第 20 条　有下列情形之一的，要约失效：

（一）拒绝要约的通知到达要约人；

（二）要约人依法撤销要约；

（三）承诺期限届满，受要约人未作出承诺；

（四）受要约人对要约的内容作出实质性变更。

理解与适用

所谓要约失效，是指要约丧失了法律拘束力，即不再对要约人和受要约人产生拘束。要约失效以后，受要约人也丧失了其承诺的资格，即使其向要约人表示了承诺，也不能导致合同的成立。在要约失效后，受要约人发出同意接受要约的表示，只能视为向要约人发出新的要约。因此，判断要约是否失效，对于认定合同是否成立十分重要。根据本条规定，要约失效的原因主要有以下几种。

第一，要约被拒绝。拒绝要约是指受要约人没有接受要约所规定的条件。拒绝的方式有多种，既可以是明确表示拒绝要约的条件，也可以通过行为表示拒绝。受要约人一旦拒绝要约，要约即失效。不过，受要约人在拒绝要约以后，也可以撤回拒绝的通知，但必须在撤回拒绝的通知先于拒绝要约的通知或与其同时到达要约人处时，撤回通知才能产生效力。

第二，要约被依法撤销。要约在受要约人发出承诺通知之前，可以由要约人撤销要约，一旦撤销，要约即失效。撤销要约的意思表示以对话方式作出的，该意思表示的内容应当在受要约人作出承诺之前为受要约人所知道；撤销要约的意思表示以非对话方式作出的，应当在受要约人作出承诺之前到达受要约人。

第三，承诺期限届满，受要约人未作出承诺。凡是在要约中明确规定了承诺期限的，则承诺必须在该期限内作出，超过了该期限，则要约自动失效。要约没有确定承诺期限的，要约以对话方式作出的，应当即时作出承诺，但当事人另有约定的除外；要约以非对话方式作出的，承诺应当在合理期限内到达，承诺未在合理期限内到达的，要约即失去效力。

第四，受要约人对要约的内容作出实质性变更。受要约人对要约的内容作出实质性限制、更改或扩张的，表明受要约人已拒绝了要约，但从鼓励交易原则出发，可以将其视为向要约人发出了新的要约。如果在受要约人作出的承诺通知中，并没有更改要约的实质内容，只是对要约的非实质性内容予以变更，而要约人又没有及时表示反对，则此种承诺不应被视为对要约的拒绝。但如果要约人事先声明要约的任何内容都不得改变，则受要约人虽仅更改要约的非实质性内容，也会产生拒绝要约的效果。

第四百七十九条

承诺是受要约人同意要约的意思表示。

本条主旨

本条是关于承诺概念的规定。

相关条文

《合同法》第 21 条　承诺是受要约人同意要约的意思表示。

理解与适用

一、承诺的概念

根据本条规定，所谓承诺，是指受要约人同意要约的意思表示。换言之，承诺是指受要约人同意接受要约的条件以缔结合同的意思表示。[①] 承诺的法律效力在于，受要约人所作出的承诺一旦到达要约人，合同便告成立。如果受要约人对要约人提出的条件并没有表示接受，而附加了条件、作出了新的提议，则意味着拒绝了要约人的要约，并形成了一项反要约或新的要约。

二、承诺有效的要件

根据《民法典》第 479 条的规定，由于承诺一旦生效，将导致合同的成立，因而承诺必须符合一定的条件。在法律上，承诺必须具备如下条件，才能产生法律效力。

（一）承诺必须由受要约人向要约人作出

一方面，承诺必须由受要约人作出。这是因为只有受要约人是要约人选定的，只有受要约人才能作出承诺，第三人不是受要约人，不具有承诺资格。如果允许第三人作出承诺，则完全违背了要约人的意思。第三人向要约人作出承诺，视为发出要约。但需要指出的是，基于法律规定和要约人发出的要约规定，如果

① 王家福．中国民法学·民法债权．北京：法律出版社，1991：297.

第三人可以对要约人作出承诺，则要约人应当受到承诺的拘束。如果要约是向某个特定人作出的，则该特定人具有承诺人的资格；如果要约是向数人发出的，则其均可成为承诺人。承诺可以由受要约人作出，也可以由其授权的代理人作出。

另一方面，承诺必须向要约人作出。既然承诺是对要约人发出的要约所作的答复，那么只有向要约人作出承诺，才能使合同成立。如果向要约人以外的其他人作出承诺，则只能视为对他人发出要约，不能产生承诺的效力。

（二）承诺是受要约人决定与要约人订立合同的意思表示

本条规定："承诺是受要约人同意要约的意思表示。"承诺在性质上属于意思表示，其必须符合意思表示的要件，即承诺人应当有受承诺拘束的意思。承诺在性质上是需要受领的意思表示。① 也就是说，承诺人作出承诺的意思表示后，必须到达要约人才能使合同成立。正如要约人必须具有与受要约人订立合同的目的一样，承诺中必须明确表明同意与要约人订立合同，才能因承诺而使合同成立。② 这就要求受要约人的承诺必须清楚明确，不能模糊不清。例如，受要约人在答复中提出，"我们愿意考虑你所提出的条件"或"原则上赞成你们提出的条件"等，都不是明确的订约表示，不能产生承诺的效力。如果答复中包含了承诺的意思，但订约的意图不十分明确，在此情况下，应根据诚实信用原则和交易习惯来确认承诺是否有效。

（三）承诺的内容必须与要约的内容一致

根据《民法典》第 488 条的规定，"承诺的内容应当与要约的内容一致"。这就是说，在承诺中，受要约人必须表明其愿意按照要约的全部内容与要约人订立合同。也就是说，承诺是对要约的同意，其同意内容须与要约的内容一致，才构成意思表示的一致（即合意），从而使合同成立。承诺的内容与要约的内容一致，具体表现在：承诺必须是无条件的承诺，不得限制、扩张或者变更要约的内容，否则，不构成承诺，应视为对原要约的拒绝并作出一项新的要约。

从现代合同法的发展趋势来看，从鼓励交易出发，在承诺的内容上采宽松立场，并不要求承诺必须与要约绝对一致，只要不改变要约的实质性内容，仍然构成承诺，而不是反要约。这一立法经验已经为我国合同立法所借鉴。《民法典》第 488 条规定："承诺的内容应当与要约的内容一致。受要约人对要约的内容作出实质性变更的，为新要约。有关合同标的、数量、质量、价款或者报酬、履行期限、履行地点和方式、违约责任和解决争议方法等的变更，是对要约内容的实

① MünchKomm/Busche，§147，Rn. 3.

② 徐炳．买卖法．北京：经济日报出版社，1991：100.

质性变更。”据此可见，该条确立了承诺不得变更要约的实质性内容的规则。如果构成实质性变更，将成为新要约或反要约。所谓实质性内容，是指对当事人利益有重大影响的合同内容，其一般构成未来合同的重要条款。虽然《民法典》第488条对要约内容的实质性变更作出了规定，但对“实质性变更”的判断还需要遵循具体问题具体分析的思路，结合个案中的具体情形来判断，尤其需要考虑承诺对要约内容的变更对当事人利益的影响。另外，在认定是否构成实质性变更时，还应当考虑要约人的意思。如果要约人明确提出，任何内容不得变更，在此情形下，就无所谓实质性变更和非实质性变更的区别，任何变更都属于新的要约。

承诺虽然不能改变要约的实质性内容，但这并不意味着承诺人不能对要约的内容进行任何更改。对要约非实质性内容作出更改，不应影响合同的成立。例如，将履行地点由某一栋小建筑的东门改到西门，而要约人又未及时表示反对的，应认为承诺有效。当然，即使是非实质性内容的变更，根据《民法典》第489条，在以下两种情况下承诺也不能生效：一是要约人及时表示反对，即要约人在收到承诺通知后，立即表示不同意受要约人对非实质性内容所作的变更。如果经过一段时间后仍不表示反对，则承诺已生效。二是要约人在要约中明确表示，承诺不得对要约的内容作出任何变更，否则无效，则受要约人作出非实质性变更也不能使承诺生效。

（四）承诺必须在要约规定的期限内到达要约人

1. 承诺只有到达要约人时才能生效

我国《民法典》合同编在承诺方面采纳到达主义的原则。所谓到达，是指承诺必须到达要约人控制的范围内。如果承诺以对话的方式作出，则可以立即到达要约人，承诺可立即生效。如果承诺以非对话的方式作出，则相关的承诺文件到达要约人的控制范围的时间为承诺的到达时间。例如，相关的承诺文件到达要约人的信箱或者放置于要约人的办公室，至于到达以后要约人是否实际阅读，则不影响承诺的效力。

2. 承诺必须在规定的期限内到达

承诺的到达必须具有一定的期限限制。《民法典》第481条规定：“承诺应当在要约确定的期限内到达要约人。要约没有确定承诺期限的，承诺应当依照下列规定到达：（一）要约以对话方式作出的，应当即时作出承诺；（二）要约以非对话方式作出的，承诺应当在合理期限内到达。”这就是说，只有在规定的期限内到达的承诺才是有效的。未能在合理期限内作出承诺并到达要约人，则视为承诺的通常迟延，或称为逾期承诺。此种逾期的承诺在民法上被视为一项新的要约，而不是承诺。由于要约已经失效，承诺人也不能作出承诺。对失效的要约作出承诺，视为向要约人发出要约，不能产生承诺效力。

（五）承诺的方式必须符合要约的要求

根据《民法典》第480条的规定，承诺应当以通知的方式作出，但根据交易习惯或者要约表明可以通过行为作出承诺的除外。这就是说，受要约人必须将承诺的内容通知要约人，但受要约人通知的方式还应当符合要约的要求。如果要约要求承诺必须以一定的方式作出，则承诺人必须按照该方式作出承诺。例如，要约要求承诺应以发电子邮件的方式作出，则不应采取纸质邮寄的方式。如果要约没有特别规定承诺的方式，则不能将承诺的方式作为有效承诺的特殊要件。

如果要约中没有规定承诺的方式，根据交易习惯也不能确定承诺的方式，则受要约人可以采用如下方式来表示承诺：一是以口头或书面的方式表示承诺，这种方式是在实践中经常采用的。一般来说，如果法律或要约中没有明确规定必须用书面形式承诺，则当事人可以用口头形式承诺。二是以行为方式表示承诺。这就是说，要约人尽管没有通过书面或口头方式明确表达其意思，但是通过实施一定的行为作出了承诺。例如，在现物要约中，接收标的物的一方虽然没有明确表示购买该标的物，但其接受并已使用该标的物，可以视为其以自己的行为作出了承诺。

第四百八十条

承诺应当以通知的方式作出；但是，根据交易习惯或者要约表明可以通过行为作出承诺的除外。

本条主旨

本条是关于承诺的方式的规定。

相关条文

《合同法》第22条　承诺应当以通知的方式作出，但根据交易习惯或者要约表明可以通过行为作出承诺的除外。

《合同法司法解释二》第7条　下列情形，不违反法律、行政法规强制性规定的，人民法院可以认定为合同法所称“交易习惯”：

（一）在交易行为当地或者某一领域、某一行业通常采用并为交易对方订立合同时所知道或者应当知道的做法；

（二）当事人双方经常使用的习惯做法。

对于交易习惯，由提出主张的一方当事人承担举证责任。

理解与适用

一、承诺原则上应当采取通知的方式进行

所谓通知，是指受要约人向要约人作出的接受要约的意思表示。承诺原则上应当采取通知的方式进行，这主要是因为承诺的意思必须以某种方式表达出来，显示于外部，且到达相对人，为相对人所知悉，才能够成为有效的承诺。通知不仅在内容上必须包括接受要约的意思，而且通知必须到达要约人才能生效。这主要是因为我国《民法典》对意思表示的生效采达到主义，而非发信主义。从实践来看，承诺绝大多数都是以向相对人作出意思表示的方式实现的，仅在特殊的情形下，才可以通过行为等方式作出承诺。

承诺作为一种意思表示，自然可以依据意思表示作出的不同方式进行。以通知的方式作出承诺就是典型的明示的承诺，这种明示的承诺只要求当事人将承诺的意思通知于要约人，至于该承诺是以书面抑或口头的方式作出，则均无不可。除此之外，意思表示也可以以默示的方式作出，这种方式虽然不需要以语言或文字的方式作出表示，但是也必须为相对人所知悉，因此，需要通过一定的行为作出。

二、依据交易习惯或者要约表明可以通过行为作出承诺的除外

根据本条规定，承诺原则上应采取通知方式，但根据交易习惯或者要约表明可以通过行为作出承诺的除外。这就是说，如果要约表明可以通过行为作出承诺，则受要约人可以以行为的方式作出承诺。此处所说的以行为作出承诺的方式，就是以实际交付货物、支付价款等方式来作出承诺。在社会生活中，当事人经常在简单的交易中采取行为的方式承诺。例如，行为人乘坐地铁，其刷卡行为本身表明，其作出了承诺。再如，在自动售货机上投币，也属于以行为的方式承诺。在这些情况下，之所以可以以行为的方式承诺，是因为要约人允许承诺人以行为的方式承诺。此种承诺方式实际上就是德国法中所说的意思实现（德语 Willensbetatigung）。所谓意思实现，是指行为人没有通过表达法律行为意思的方式而使法律后果产生，而是以创设相应的状态的方式，使行为人所希冀的法律后果实现。[1]《德国民法典》第 151 条规定："根据交易习惯，承诺无须向要约人表

① ［德］拉伦茨．德国民法通论．邵建东，等译．北京：法律出版社，2003：429.

示，或者要约人预先声明无须表示的，即使没有向要约人表示承诺，承诺一经作出，合同即告成立。应根据要约或者当时情况可以推知的要约人的意思，来确定要约约束力消灭的时间。”该条就是对意思实现的规定。[①] 我国《民法典》第 480 条规定：“承诺应当以通知的方式作出；但是，根据交易习惯或者要约表明可以通过行为作出承诺的除外。”这实际上是认为，根据交易习惯也可以承认意思实现的方式。

通过行为作出承诺包含如下两种情形。

第一，根据交易习惯可以通过行为作出承诺。尤其是在长期的、继续性的合同关系中，双方当事人形成一定的交易习惯，即在合同到期后，只要一方向对方交货，另一方没有及时表示退货，则视为合同成立。此种情形下，按照此种交易习惯，当事人可以通过行为作出承诺。再如，在租赁合同到期后，承租人继续支付租金，对方接受租金的，则视为租赁合同继续有效。

第二，要约人在要约中表明，可以以行为的方式承诺。例如，要约人在要约中载明，承诺人可以通过使用商品的方式作出承诺，则在承诺人作出此种行为时也可以认定为作出了承诺。此时，受要约人以行为的方式承诺，也是符合要约人的意思的。例如，在一方向另一方发出的要约中，明确规定，虽未收到对方的承诺通知，但对方已交付货物，也将达成合同。在此情况下，承诺人不作通知，而直接以行为的方式承诺，也构成有效的承诺。

问题在于，如果要约人没有在要约中明确以何种方式承诺，受要约人是否可以通过行为的方式承诺？我国《民法典》合同编并不禁止以行为承诺。《民法典》第 469 条规定，合同可以采取口头的、书面的或其他形式，此处所说的“其他形式”其实就是指以行为的方式承诺。所以，承诺也可以在口头和书面形式之外以行为来作出。

三、单纯的沉默或不行动本身不构成承诺

从两大法系的规定来看，基本上都认为，单纯的沉默或不作为（silence or inactivity）本身不构成承诺。单纯的沉默或不作为都是指受要约人没有作任何意思表示，也不能确定其具有承诺的意思；而默示的方式虽不是以书面或口头方式作出的，但受要约人通过实施一定的行为或其他方式作出了承诺，而且从其行为

---

① B. S. Markesinis，W. Lorenz & G. Dannemarrn. The German Law of Obligations，Vol .1，The Law of Contracts and Restitution：A Comparative Introduction. Clarendon Press. Oxford，1997：57.

和表现来看，可确定其具有承诺的意思。① 以行为的方式作出承诺与默示承诺是不同的，以行为的方式作出承诺，必须实施一定的行为，符合一定的要件，并且能够从当事人实施的行为中推断当事人的意思。② 但从单纯的沉默和不作为难以推断当事人的意思。例如，甲向乙、丙同时兜售某块手表，价值 100 元，甲问乙、丙是否愿意购买，乙沉默不语，未作任何表示，而丙则点头表示同意。乙的行为属于单纯的沉默或不作为，而丙的行为则属于默示地作出承诺。《联合国国际货物销售公约》第 18 条第 1 款规定，“缄默或不行动本身不等于接受”。《国际商事合同通则》第 2.1.6 条规定，“缄默或不行为本身不构成承诺”。如果要约人在发出要约时，在要约中规定受要约人在规定期限内不作答复即为承诺，受要约人的沉默不能视为承诺。例如，甲向乙发出要约，购买某种型号的钢材，在要约中明确规定：“如果本月底前，没有收到答复，我方将推定贵方已同意订立合同。”此种要约不能对受要约人产生拘束力，也不能认为，受要约人到期没有答复合同就成立。因为合同应当是基于当事人意思而订立的，受要约人没有任何的表示，就不应成立合同。

《民法典》第 140 条第 2 款规定：“沉默只有在有法律规定、当事人约定或者符合当事人之间的交易习惯时，才可以视为意思表示。”据此，单纯的沉默原则上不得作为意思表示的方式。但这并不意味着沉默在任何情况下都不能作为意思表示的方式。依据上述规定，在如下三种情形下，沉默可以视为意思表示。

第一，法律的特别规定。在法律有特别规定的情形下，沉默也可以产生意思表示的效果。例如，《民法典》第 638 条第 1 款规定：“试用买卖的买受人在试用期内可以购买标的物，也可以拒绝购买。试用期限届满，买受人对是否购买标的物未作表示的，视为购买。”依据该条规定，在试用买卖中，在试用期限届满后，如果买受人保持沉默，则视为对购买标的物作出了承诺。

第二，当事人的特别约定。例如，当事人双方事先约定，如果一方更改了相关合同条款，对方沉默的，视为同意更改；在此情形下，如果一方当事人更改了合同的条款，对方沉默的，即视为其同意该更改。如甲向乙询问价格时提出，一旦乙报价，甲在 10 天内不答复，则乙可以发货。此时，甲不答复也构成承诺。当然从性质上来看，这种沉默不语与缄默还是有区别的。此时沉默不语实际上是双方约定的承诺方式。③

① 张玉卿．国际商事合同通则 2004．北京：中国商务出版社，2005：151.

② ［德］梅迪库斯．德国民法总论．邵建东，译．北京：法律出版社，2000：251.

③ 徐炳．买卖法．北京：经济日报出版社，1991：99.

第三，当事人之间存在交易习惯。我国《民法典》合同编中大量采用了交易习惯的概念。交易习惯是一个宽泛的概念，在解释"沉默"的意义时，不能运用一般的交易习惯，而只能采用当事人之间的交易习惯。如果按照当事人之间特定的交易习惯，沉默可以产生意思表示的效力，则沉默也可以视为意思表示。《德国民法典》第151条规定，根据交易惯例，承诺无须向要约人表示，或者要约人预先声明承诺无须表示的，即使没有向要约人表示承诺，可认为有承诺的事实时，合同也认为成立。例如，当事人之间长期进行系列交易，通常一方在另一方发出要约后，一定期限内不作表示，就作为承诺对待，此时，单纯的沉默也可产生承诺的效力。

第四百八十一条

承诺应当在要约确定的期限内到达要约人。

要约没有确定承诺期限的，承诺应当依照下列规定到达：

（一）要约以对话方式作出的，应当即时作出承诺；

（二）要约以非对话方式作出的，承诺应当在合理期限内到达。

本条主旨

本条是关于承诺的期限规定。

相关条文

《合同法》第23条　承诺应当在要约确定的期限内到达要约人。

要约没有确定承诺期限的，承诺应当依照下列规定到达：

（一）要约以对话方式作出的，应当即时作出承诺，但当事人另有约定的除外；

（二）要约以非对话方式作出的，承诺应当在合理期限内到达。

理解与适用

一、承诺应当在要约确定的期限内到达要约人

本条首先明确了承诺期限的确定规则。确定承诺期限的首要依据是要约的内容，如果要约中明确了承诺的期限，则应当适用要约中关于期限的约定。通常，承诺的期限应当由要约人在要约中规定，因为承诺的权利是由要约人赋予的，但

这种权利不是无期限地行使，如果要约中明确地规定了承诺的期限，承诺人只有在承诺的期限内作出承诺，才能视为有效的承诺。值得注意的是，此处所说的作出承诺的期限，应当理解为承诺人发出承诺的通知以后实际到达要约人的期限，而不是指承诺人发出承诺的期限。例如，要约人在要约中规定，10 天内作出答复或 5 天内作出通知，此处所说的 10 天和 5 天的期限，不是指受要约人应当在 10 天内或者 5 天内答复，而是指在 10 天内或者 5 天内承诺人的承诺应当到达要约人处。因此，承诺人在收到要约的信件以后，如果是以信件的方式作出承诺，则应当考虑信件在途的时间。

本条明确了承诺的生效采纳到达主义。对于作为一种意思表示的承诺从何时开始生效，两大法系存在着截然不同的规定。大陆法采纳了到达主义，或称送达主义，即承诺的意思表示于到达要约人支配的范围内时生效，合同方告成立。如《德国民法典》第 130 条规定，在以非对话方式向相对人为意思表示时，以意思表示达到相对人时发生效力。根据《联合国国际货物销售合同公约》第 18 条第 2 款规定，接受发价于表示同意的通知到达发价人时生效。可见公约采纳了大陆法的观点。英美法采纳了送信主义，或称为发送主义（doctrine of dispatch），在美国也常常称为“信筒规则”（mailbox ru1e），是指如果承诺的意思以邮件、电报表示，则承诺人将信件投入邮筒或电报交付电信局即生效力，除非要约人和承诺人另有约定。这一规则最早起源于 1818 年英国的亚当斯诉林塞尔案。[①] 美国《合同法重述》第 64 条规定：“除非另有规定，承诺采用要约规定的方法和传递工具发出即能生效，而不论要约人是否收到承诺。”

从比较法上来看，关于承诺的生效时间，送信主义和到达主义的区别主要表现在以下三点。

第一，在合同成立的时间上不同。根据到达主义，要约人只有在收到承诺人的承诺通知时，承诺才能生效。在此之前，由于邮局、电报局及其他信差的原因承诺通知丢失或延误，一律由承诺人承担此后果。同时因承诺通知的丢失或延误，承诺通知也不生效。但是根据送信主义，一旦承诺人将承诺信件丢进邮筒或把承诺的电报稿交给了电报局，则承诺生效。不论要约人是否收到，都应受到承诺拘束。至于承诺的通知因邮局或电报局的原因丢失或延误，则应由要约人负责。实行此规则的理由是，既然要约人指定邮局或电报局为其收信代理人，那

① Adams v. Lindsell [1818] 1B& Ald. 681. 其余典型案例参见 Dunlop v. Higgins (1848) 1 HL Case 381，Household Fire Insurance Company v. Grant (1879) 4 Ex D. 216。

么，他就应当预见到承诺通知丢失的危险，并应当承担由此产生的风险和责任。[①] 由于在成立的时间上不同，因此根据送信主义所成立的合同，应比依据到达主义成立的合同，在时间上要早。因此，英美法的规则有利于促进交易迅速达成。但因为实践中邮件丢失和延误毕竟不是常情，所以英美法这方面的优势并非如想象的那么大。而且根据送信主义，要约人在未能收到承诺的情况下，就要受承诺的拘束，特别是要对承诺的丢失或延误承担责任，这对于要约人过于苛刻，且对维护要约人的利益并不十分有利。可见在合同成立时间上，两大法系是不同的。

第二，在承诺的撤回上不同。根据到达主义，承诺人发出承诺通知以后，可以撤回其承诺的通知。只要撤回的通知先于或同时于承诺到达要约人，则撤回有效。例如，《德国民法典》第130条规定："如撤销的通知先于或同时到达相对人，则意思表示不生效力。"依据《联合国国际货物销售合同公约》第22条，接受得予撤回，如果撤回于接受通知生效之前或同时送达发价人，则撤回的通知有效。而根据送信主义，承诺在承诺通知发送时即已生效，所以受要约人一旦将承诺的信件丢进了邮筒，或者将承诺的电报稿交给了电报局，承诺已经生效，承诺人不可能再撤回他的承诺通知，即使承诺人的撤回承诺的通知先于或同时于承诺通知到达于要约人，撤回也是无效的。承诺人只有一种撤回的可能性，即在发信之前撤回承诺。事实上，在此之前撤回承诺是很少发生的，所以实际上发信主义已经剥夺了承诺人撤回承诺的权利。英美法认为，承诺人不享有撤回权是合理的，因为它可以防止承诺人在发出承诺与最终撤回承诺之间，根据市场行情的变化而投机取巧。例如，承诺人先用书信向要约人表示承诺，一旦市场价格下跌，就用电话通知要约人撤回承诺。[②] 因此，此种做法最符合合同的实质正义。[③] 而大陆法认为不允许受要约人撤回承诺既不符合受要约人的意志，也不利于使当事人根据市场交易的变化而作出是否订约的决定。实际上上述两种规则是各有利弊的。

第三，在承诺的迟延方面不同。根据送信主义，只要受要约人将承诺的信件投入信箱或将承诺的电报稿交给电报局，承诺就已经发生效力。如因邮局、电报局的原因造成承诺延误，也不阻碍合同的成立。正如1879年英国塞西杰法官所指出："表示接受的信件送交邮局之时，就是合同成立之时，合同就开始具有最

---

① 徐炳．买卖法．北京：经济日报出版社，1991：105.

② 同①106.

③ C. C. Langdell, Summary of the Law of Contract, 2nd ed, (1880), at 15, 20-21.

终的、绝对的拘束力，因为这如同接受人交给了发盘人派来的信使（发盘人的代理人，传送发盘人的发盘，取回接受）手中一样。”[1] 因此，根据送信主义，承诺迟延不影响合同的成立。根据到达主义，承诺必须在要约规定的期限内作出，在有效期届满后作出的承诺不能发生承诺之效力，因此不能使合同成立。《德国民法典》第 150 条规定：“迟到的承诺，视为反要约。”当然，要约人应当将承诺迟到的情况及时通知受要约人，如果要约人怠于发出通知，则迟到的承诺视为未迟到，应具有承诺的效力。

《国际商事合同通则》的起草人认为，到达主义的优点主要在于：“由受要约人承担传递风险比要约人承担更为合理，因为由前者选择通讯方式，他知道该方式是否容易出现特别的风险或延误，他应能采取最有效的措施以确保承诺送达目的地。”[2] 但从以上分析可见，两大法系所采用的规则确实存在着诸多区别。总的来说，大陆法的规则有利于交易安全，而英美法的规则有利于交易迅速达成。两种规则究竟孰优孰劣很难作出定论。

依据《民法典》第 481 条第 1 款的规定，我国采取了到达主义的立场，即承诺期限是指承诺达到要约人的期限，而非承诺发出的期限。所谓到达，指承诺的通知到达要约人支配的范围内，如要约人的信箱、营业场所等。至于要约人是否实际阅读和了解承诺通知，则不影响承诺的效力。承诺通知一旦到达于要约人，合同即宣告成立。如果承诺以非对话的方式作出，则相关的承诺文件到达要约人的控制范围的时间为承诺的到达时间。例如，相关的承诺文件到达要约人的信箱或者放置于要约人的办公室，无论要约人是否实际阅读，都不影响承诺的效力。如果承诺不需要通知，则根据交易习惯或者要约的要求，一旦受要约人作出承诺的行为，即可使承诺生效。

二、要约没有确定承诺期限时承诺期限确定

《民法典》第 481 条第 2 款规定了在没有确定承诺期限的要约中，承诺期限如何确定的问题。针对要约没有规定承诺期限的情形，本款区分了以对话方式与非对话方式作出的要约，对两种情况分别作出了规定。

第一，如果要约是以对话方式作出的，应当即时作出承诺。要约中没有规定承诺期限，在以对话方式作出的要约中，由于当事人可以即时通讯，因此承诺应当在对话中即时作出。如果要约是口头要约，则意味着要约的意图是立即以口头

① 徐炳．买卖法．北京：经济日报出版社，1991：104－105.

② 张玉卿．国际商事合同通则 2004．北京：中国商务出版社，2005：151.

方式答复。不过如果口头要约中规定了承诺期限，也应当视为承诺期限的规定。《国际商事合同通则》第 2.1.7 条规定，“对口头要约必须立即作出承诺，除非情况有相反的表示”。我国《民法典》第 481 条规定，要约没有确定承诺期限的，如果要约是以对话方式作出的，应当即时作出承诺。但是，基于自愿原则，当事人另有约定的除外，就是指口头要约中另外规定了承诺期限，则受要约人应当在该期限内作出答复。例如，一方对另一方在电话中提出，“给你 3 天时间考虑作出答复”，这就是在口头要约中另外规定期限。

第二，如果要约是以非对话方式作出的，承诺人应当在合理期限内作出承诺。[1] 在以非对话方式作出的要约中，当事人双方可能处于异地，并未见面，不可能要求受要约人在收到要约后即时作出承诺，而应当给予受要约人一定的考虑时间和将承诺的意思表示发出并到达要约人的时间。如果要约人未在要约中明确这一时间，那么就只能确定合理期限作为标准。一般来说，该期限包括三个方面：一是要约到达受要约人的时间。二是受要约人作出考虑的期间。该时间因交易的数量等而有所区别。如果要约中规定“请立即答复”“请即刻回函”，则表明要约人的意图是承诺人不应当有过多的考虑承诺的时间，在收到信函以后，应当在一两天之内就作出答复。三是承诺的信件到达要约人手中的合理期限。如果受要约人是在合理期限内发出的信件，但是因为送达等方面的原因而发生迟延，则构成承诺的特殊迟延，应当按照《民法典》第 487 条关于承诺逾期到达的规则确定其效力。

第四百八十二条

要约以信件或者电报作出的，承诺期限自信件载明的日期或者电报交发之日开始计算。信件未载明日期的，自投寄该信件的邮戳日期开始计算。要约以电话、传真、电子邮件等快速通讯方式作出的，承诺期限自要约到达受要约人时开始计算。

本条主旨

本条是关于关于承诺期限起算的规定。

---

[1] 参见《联合国国际货物销售合同公约》第 18 条；《国际商事合同通则》第 2.7 条。

相关条文

《合同法》第 24 条　要约以信件或者电报作出的，承诺期限自信件载明的日期或者电报交发之日开始计算。信件未载明日期的，自投寄该信件的邮戳日期开始计算。要约以电话、传真等快速通讯方式作出的，承诺期限自要约到达受要约人时开始计算。

理解与适用

本条是关于承诺期限起算的规定，区分了以信件或者电报方式作出的要约和以电话、传真、电子邮件等快速通讯方式作出的要约。

第一，对于以信件方式作出的要约，承诺期限以信件载明的日期起算。在要约人以信件的方式作出要约时，如果要约人在信件中明确载明了承诺期限的起算点，则按照私法自治原则，应当尊重要约人的意愿，即以要约所载明的时间点作为承诺期限的起算点。

第二，没有载明日期的以投寄邮戳日期计算。对于以信件方式作出的要约，如果以要约到达受要约人作为承诺期限的起算点，显然会给要约人带来不利，因为在要约人以信件、电报等方式发出要约的情况下，要约人并不能控制要约何时才能达到受要约人，一概要求以到达时间作为起算时点，将使得要约人处于不利地位。因此，为了保护要约人，本条规定此种情形下自投寄该信件的邮戳日期开始计算承诺期限。例如，要约人在要约中规定了承诺期限为 15 日，如果以投寄邮戳日期起算，可能会导致留给受要约人的时间较短，但即便如此，也不宜因此肯定应当自要约达到受要约人再开始起算承诺期限，因为要约人作出要约后，要约人就时刻受到要约的拘束，如果以要约到达受要约人的时间起算承诺期限，要约人由于无法控制该信件的到达时间，就不得不一直受到该要约的拘束；况且一旦采用信件到达受要约人的时间作为起算点，要约人难以证明信件的到达时间，而受要约人则可能故意拖延承诺时间，并以信件到达时间较晚为由主张承诺有效，这就可能助长这种投机行为，使得承诺期限制度的立法目的落空。所以，不宜采用到达时间作为起算点。即使由于信件到达时间较晚，承诺人也可以因没有足够时间思考而拒绝缔约，这是其本应当承担的风险，而不宜牺牲要约人的利益使其一直受到要约的拘束。

第三，要约以电话、传真、电子邮件等快速通讯方式作出的，承诺期限自要约到达受要约人时开始计算。《联合国国际货物销售合同公约》第 20 条和《国际商事合同通则》第 2.1.8 条均在关于承诺期限的起算中区分了快速通讯方式与传统通讯方式。要约以电话、传真等快速通讯方式作出的，由于以此种方式发出要约，要约在途中的时间几乎可以忽略不计，此时，要约一经发出即可到达受要约人，承诺期限也开始计算。电子邮件也是如此，如果要约是以电子邮件的方式作出的，自电子邮件到达受要约人之时开始计算。

依据本条第 3 句规定，要约以电话、传真、电子邮件等快速通讯方式作出的，承诺期限自要约到达受要约人时开始计算，而没有像以信件、电报方式作出的要约那样，承认要约人可以单方确定承诺期限的起算时间点。但笔者认为，按照私法自治原则，在当事人以电话、传真、电子邮件等快速通讯方式作出要约时，也应当允许要约人单方确定承诺期限的起算点。承诺期限是限制承诺人作出承诺的时间，承诺期限的起算事实上也是限制承诺人作出承诺时间的组成部分，因此，承诺期限的起算自然也可以由要约人加以确定。

第四百八十三条

承诺生效时合同成立，但是法律另有规定或者当事人另有约定的除外。

本条主旨

本条是关于合同成立时间的规定。

相关条文

《合同法》第 25 条　承诺生效时合同成立。

《中华全国律师协会律师为买受人提供商品房买卖合同法律服务操作指引》57. 1.1　合同成立，是指订约当事人就合同的主要条款达成合意，包括要约和承诺两个阶段。根据《合同法》的相关规定，承诺生效时合同即成立；但合同当事人如果采用合同书形式订立合同的，自双方当事人签字或者盖章时合同即可成立。

理解与适用

一、承诺生效时合同成立

依据本条规定，承诺的效果在于使合同成立，即一旦承诺生效，合同便宣告成立。承诺生效的时间，是指承诺从什么时候产生法律效力。由于要约因承诺而使合同成立，因此，承诺生效的时间在合同法中具有重要的意义，其直接决定了合同成立的时间。合同在性质上属于当事人之间的协议，双方当事人就合同的主要条款完成要约承诺的过程，就意味着双方当事人达成了合意，合同也就应当随即宣告成立，因此承诺生效的时间就应当是合同成立的时间。该条规定承诺生效时合同成立，实际上是确立了合同成立的时间，也是当事人受合同关系的拘束、享受合同上的权利和承担合同上的义务的时间。此外，承诺生效的时间常常与合同订立的地点联系在一起，而合同的订立地点又与法院管辖权的确定以及选择适用法律的问题密切联系在一起。因此，确定承诺生效的时间意义重大。

二、法律另有规定或者当事人另有约定的除外

依据《民法典》第483条规定，“承诺生效时合同成立，但是法律另有规定或者当事人另有约定的除外”，也就是说，在法律另有规定或者当事人另有约定时，承诺生效也不一定导致合同成立。具体而言，有两种情况。

第一，法律另有规定。这里包括两种情形：一是如果法律明确规定合同应当采用特定的形式（如必须采用书面形式）订立才能成立的，则只有完成该特定的形式，合同才能成立，仅当事人作出承诺，合同还不能成立。二是法律明确规定必须实际交付标的物才能使合同成立。在此，应区分诺成合同与实践合同，如果为诺成合同，则承诺生效时合同成立；如果为实践合同，则还必须实际交付标的物合同才能成立。例如，依据《民法典》第679条的规定，自然人之间借款合同的成立，即“自然人之间的借款合同，自贷款人提供借款时成立”。再如，《民法典》第890条规定：“保管合同自保管物交付时成立，但是当事人另有约定的除外。”在这两个条款中，立法均采用了“成立”的表述。但应当明确的是，成立与生效虽然在绝大多数情形下时间是一致的，但是二者并非等同的概念。成立解决的是当事人之间的合意是否存在的问题，而生效解决的是已经成立的合同能否为法律所认可，发生法律上效力的问题。无论是自然人之间的借款合同还是保管合同，法律规定其为实践合同的原因并非否定未交付借款和保管物情形下的合同效力，而是借此判断当事人之间是否果真形成了一致的合意。因此，从效果上讲，实践合同中未交付标的物导致的结果是合同不成立，而并非合同无效。

第二，当事人另有约定。除法律另有规定的以外，当事人另有约定的，也应当遵循当事人的约定。例如，当事人约定应当采取书面形式订立合同的应当在签订书面合同后成立；当事人约定办理公证后合同成立的，在办理公证前，即便当事人已经达成了合意，合同也并未成立。

第四百八十四条

以通知方式作出的承诺，生效的时间适用本法第一百三十七条的规定。

承诺不需要通知的，根据交易习惯或者要约的要求作出承诺的行为时生效。

本条主旨

本条是关于承诺生效时间的规定。

相关条文

《合同法》第 26 条　承诺通知到达要约人时生效。承诺不需要通知的，根据交易习惯或者要约的要求作出承诺的行为时生效。

采用数据电文形式订立合同的，承诺到达的时间适用本法第十六条第二款的规定。

《民法总则》第 137 条　以对话方式作出的意思表示，相对人知道其内容时生效。

以非对话方式作出的意思表示，到达相对人时生效。以非对话方式作出的采用数据电文形式的意思表示，相对人指定特定系统接收数据电文的，该数据电文进入该特定系统时生效；未指定特定系统的，相对人知道或者应当知道该数据电文进入其系统时生效。当事人对采用数据电文形式的意思表示的生效时间另有约定的，按照其约定。

《合同法司法解释二》第 7 条　下列情形，不违反法律、行政法规强制性规定的，人民法院可以认定为合同法所称“交易习惯”：

（一）在交易行为当地或者某一领域、某一行业通常采用并为交易对方订立合同时所知道或者应当知道的做法；

（二）当事人双方经常使用的习惯做法。

对于交易习惯，由提出主张的一方当事人承担举证责任。

理解与适用

一、以通知方式作出的承诺的生效时间

本条规定了承诺生效的时间，由于《民法典》第 483 条规定了合同成立时间原则上以承诺生效时间为准，因此，承诺生效的时间对于合同成立时间的判断而

言至关重要。《民法典》第480条规定，“承诺应当以通知的方式作出”。根据这一规则，本条区分了以通知方式作出的承诺和以行为方式作出的承诺，设置了不同的承诺生效的规则。以通知方式作出的承诺属于典型的明示的意思表示，因此应当适用意思表示生效的规则，即《民法典》第137条的规定。《民法典》第137条对以对话方式作出的意思表示和以非对话方式作出的意思表示的生效规则分别作出了规定。

（一）以对话方式作出的承诺的生效

所谓以对话方式作出的承诺，是指当事人直接以对话的形式作出承诺。例如，当事人面对面地订立口头买卖合同，或者通过电话交谈的方式订立合同。关于以对话方式作出的意思表示的生效，《民法典》第137条第1款规定：“以对话方式作出的意思表示，相对人知道其内容时生效。”在以对话方式作出的意思表示中，意思表示的发出和相对人受领意思表示是同步进行的。① 依据该条规定，对以对话方式作出的承诺而言，只有在表意人的意思表示被相对人知悉对话的内容时，该承诺的意思表示才能够生效。如果相对人并不知道意思表示的内容，就无法作出相应的意思表示，此时，应当认定承诺未生效。因此，从该条规定来看，《民法典》总则对以对话方式作出的意思表示生效采取了了解主义。

（二）以非对话方式作出的承诺的生效

所谓以非对话方式作出的承诺，是指当事人以对话以外的形式发出承诺的意思表示。例如，采用邮件、传真等方式订立合同。关于以非对话方式作出的意思表示的生效，《民法典》第137条第2款规定，“以非对话方式作出的意思表示，到达相对人时生效”。所谓到达，是指根据一般的交易观念，已经进入相对人可以了解的范围。到达并不意味着相对人必须亲自收到，只要意思表示已进入受领人的控制领域，并在通常情况下可以期待受领人能够知悉意思表示的内容，就视为已经到达。②

（三）以非对话方式作出的采用数据电文形式的承诺的生效

依据《民法典》第137条第2款的规定，对于采用数据电文形式作出的承诺而言，其生效分为两种情形：一是相对人指定了特定的系统接收数据电文的，该意思表示自该数据电文进入该特定系统时生效。二是相对人未指定特定的系统接收数据电文的，则自相对人知道或者应当知道该数据电文进入其系统时生效。在

① 石宏．中华人民共和国民法总则条文说明、立法理由及相关规定．北京：北京大学出版社，2017：328.

② 徐国建．德国民法总论．北京：经济科学出版社，1993：96.

此情形下，相关数据电文到达相对人的任何一个系统，即被推定为相对人知道或应当知道，该数据电文进入其系统时生效，除非相对人举证证明其不应当知道。例如，其所用的邮箱长期不予使用且相对人明知的，则可以认定相对人不应当知道。

承诺以通知方式作出的，如果该通知未到达要约人，依据本条和《民法典》第 137 条的规定，承诺不能发生效力，即承诺不能到达要约人的风险要由承诺人承担。

二、承诺不需要通知的生效

《民法典》第 484 条第 2 款规定："承诺不需要通知的，根据交易习惯或者要约的要求作出承诺的行为时生效。"因此，根据交易习惯或者要约表明可以通过行为作出承诺的，承诺以行为方式作出时生效，这一规则也延续了《合同法》的规则。对于以行为方式作出承诺的，主要是意思实现的方式。例如，在试用买卖中，在试用期满后，如果买受人没有拒绝购买，则应当认定已经同意购买，而不需要买受人对出卖人作出购买的通知。但是，需要指出的是，对于以行为方式承诺的，仅限于法律有明确规定、有交易习惯或要约有明确规定的场合，在没有法律规定、习惯或要约明确规定的场合，当事人应当以通知的方式作出承诺的意思表示。

第四百八十五条

承诺可以撤回。承诺的撤回适用本法第一百四十一条的规定。

本条主旨

本条是关于承诺撤回的规定。

相关条文

《合同法》第 27 条　承诺可以撤回。撤回承诺的通知应当在承诺通知到达要约人之前或者与承诺通知同时到达要约人。

《民法总则》第 141 条　行为人可以撤回意思表示。撤回意思表示的通知应当在意思表示到达相对人前或者与意思表示同时到达相对人。

理解与适用

本条规定了承诺撤回的规则。所谓承诺撤回，是指受要约人在发出承诺通知以后，在承诺正式生效之前撤回其承诺。承诺作为一种意思表示在作出之后，应当允许当事人在其生效前撤回。承诺的撤回对要约人并不会产生不利的影响，因为该撤回的表示需要先于承诺或与承诺同时到达要约人。根据《民法典》第141条的规定，“行为人可以撤回意思表示。撤回意思表示的通知应当在意思表示到达相对人前或者与意思表示同时到达相对人”。因此，撤回的通知必须在承诺生效之前到达要约人，或与承诺通知同时到达要约人，撤回才能生效。如果承诺通知已经生效，合同已经成立，则受要约人当然不能再撤回承诺。

依据本条规定，承诺的撤回要适用《民法典》总则编第141条的规定，这一规定实质上是沿袭了《合同法》第27条的规则。由于《民法典》总则编第141条已经规定了意思表示的撤回，因此，为了避免重复，《民法典》第485条设置了引致规范。依据《民法典》第141条的规定，撤回承诺意思表示只能在如下两种情况下生效：一是撤回的通知应当在承诺到达相对人之前生效。这就是说，在承诺的通知到达以前，承诺撤回的通知已经到达，则撤回有效。二是撤回的通知与承诺同时到达相对人。因为承诺一旦先于撤回的通知到达，则意味着承诺已经生效，合同已经成立。在这一点上承诺与要约不同。要约可以在合同生效前撤销，在要约达到后、合同成立前，要约虽然对要约人具有拘束，但并未成立合同，因此可以撤销。而承诺一旦先于撤回的通知到达，合同就宣告成立，双方当事人就必须受到合同的拘束，不履行合同将导致违约责任的产生。

第四百八十六条

受要约人超过承诺期限发出承诺，或者在承诺期限内发出承诺，按照通常情形不能及时到达要约人的，为新要约；但是，要约人及时通知受要约人该承诺有效的除外。

本条主旨

本条是关于承诺的通常迟延的规定。

相关条文

《合同法》第28条　受要约人超过承诺期限发出承诺的，除要约人及时通知受要约人该承诺有效的以外，为新要约。

理解与适用

所谓承诺迟延（late acceptance），是指受要约人未在承诺期限内作出承诺。“承诺应当在要约确定的期限内到达要约人。”这就是说，只有在规定的期限内到达的承诺才是有效的。未能在合理期限内作出承诺并到达要约人，则视为承诺的通常迟延，或称为逾期承诺。

承诺的迟延可以分为两种：一是通常的迟延，也称为逾期承诺，此种迟延是指承诺人没有在承诺的期限内发出承诺，或者虽然在承诺期限内发出承诺，但按照通常情形不能及时到达要约人。二是特殊的迟延。这种迟延是指受要约人没有迟发承诺的通知，但因为送达等原因而导致迟延。《民法典》第486条规定：“受要约人超过承诺期限发出承诺，或者在承诺期限内发出承诺，按照通常情形不能及时到达要约人的，为新要约……”此处所规定的迟延就是通常的迟延。

通常的迟延产生何种效果？在英美法中，因为采用“信筒规则”（或称发信主义），只要受要约人将承诺发出，就已经生效，无所谓迟到的承诺。即便承诺的通知没有到达，也是无关紧要的。[①] 这一观点被《欧洲合同法原则》第2.207所借鉴。根据该规定，承诺虽迟到仍可成为有效的承诺，如果带有迟到的承诺的信件或者书面材料表明，若传送正常它会按时到达要约人，则此迟到的承诺仍可为有效的承诺，除非要约人及时通知受要约人承诺已经迟延。但是，在大陆法国家，根据《德国民法典》第150条的规定，迟到的承诺被视为反要约，不能发生承诺的效果。根据德国法的规定，如果承诺及时地作出，但因超出受要约人控制的事件而发生迟延，此时，除非要约人及时告知受要约人，否则，承诺仍然有效。[②]

依据我国《民法典》合同编的相关规定，承诺的期限通常是由要约规定的，如果要约中未规定承诺时间，则受要约人应在合理期限作出承诺。超过承诺期限作出承诺，该承诺不产生效力。《民法典》第486条规定：“受要约人超过承诺期限发出承诺，或者在承诺期限内发出承诺，按照通常情形不能及时到达要约人的，为新要约……”这就首先明确了迟到的承诺的性质和效力，也就是说，一方面，迟到的承诺通常不能发生承诺的效力；另一方面，迟到的承诺应当被视为新的要约。在此情形下，要约人将处于承诺人的地位，其可以接受或者拒绝该新

---

① Tadas Klimas, Comparative Contract Law, A Transystemic Approach with an Emphasis on the Continental Law Cases, Text and Materials, Carolina Academic Press 2006. p. 45.

② 同①46.

要约。

依据本条的规定，对迟到的承诺，要约人及时通知受要约人该承诺有效，也可以使其发生效力。对于迟到的承诺，要约人可承认其有效，因为承诺迟延关涉到要约人的利益，要约人自愿接受，表明其延长了承诺期限，该承诺仍然有效，但要约人应及时通知受要约人。一旦要约人及时通知受要约人，则该承诺有效。《民法典》第 486 条规定，“但是，要约人及时通知受要约人该承诺有效的除外”。如果要约人不愿承认其效力，则该迟到的承诺为新要约，要约人将处于承诺人的地位。从《民法典》第 486 条的规定来看，在承诺迟延的情况下，该迟到的承诺在性质上转化为新要约，在迟到的承诺转化为新要约以后，原要约人也应该及时承诺，以防止原要约人在承诺迟到以后利用其选择权来从事投机行为。

第四百八十七条

受要约人在承诺期限内发出承诺，按照通常情形能够及时到达要约人，但是因其他原因致使承诺到达要约人时超过承诺期限的，除要约人及时通知受要约人因承诺超过期限不接受该承诺外，该承诺有效。

本条主旨

本条是关于承诺的特殊迟延的规定。

相关条文

《合同法》第 29 条　受要约人在承诺期限内发出承诺，按照通常情形能够及时到达要约人，但因其他原因承诺到达要约人时超过承诺期限的，除要约人及时通知受要约人因承诺超过期限不接受该承诺的以外，该承诺有效。

理解与适用

承诺的特殊迟延是指受要约人没有迟发承诺的通知，但因为送达等原因而导致迟延。《民法典》第 487 条规定：“受要约人在承诺期限内发出承诺，按照通常情形能够及时到达要约人，但是因其他原因致使承诺到达要约人时超过承诺期限的，除要约人及时通知受要约人因承诺超过期限不接受该承诺外，该承诺有效。”法律之所以作出此种规定，是因为受要约人在承诺期限内作出了承诺，但由于其他原因没有按期到达，迟延并不是承诺人的过错造成的，不应当由受要约人承担承诺迟延的责任，这是完全符合过错责任原则的精神的。同时，从鼓励交易的角度出发，承认此种承诺构成有效的承诺，有利于使交易达成。而承认此种承诺的效力也不损害要约人的利益，因为如果要约人拒绝接受此种承诺，可以及时通知受要约人。

构成特殊的迟延应具备如下条件。

第一，受要约人在承诺期限内发出承诺。这既包括受要约人在要约期限内作出承诺，也包括要约没有规定明确的期限，而受要约人在合理的期限内作出承诺。也就是说，在要约没有规定承诺期限时，受要约人应当在合理期限内作出承诺。

第二，承诺按照通常情形能够及时到达要约人，但因其他原因，承诺到达要约人时超过承诺期限。这就是说，按照一般的交易习惯和生活经验，此种承诺应当能够按期到达于要约人手中，但因为送信人、传达人等非受要约人的原因而发生迟延。[①] 如果送信人、传达人是根据受要约人的要求从事传达的，则应当视为受要约人的过错。因此，“因其他原因”不应当包括承诺人有过错的情形，而是因第三人的原因致使承诺迟延。

第三，如果要约人未及时通知受要约人因承诺超过期限不接受该承诺，该承诺有效。要约人如果要拒绝此种承诺，应当及时通知受要约人。而且为了防止发生纠纷，要约人拒绝承诺人承诺的通知也应当在达到承诺人后生效，否则，在要约人拒绝承诺以后，若拒绝承诺的通知发生丢失，要约人并不知道，则要约人以为合同没有成立，而承诺人以为合同已经成立，这就极容易发生纠纷。承诺的特殊迟延不同于承诺的通常迟延，对承诺的特殊迟延而言，如果要约人没有及时通知承诺人承诺的迟延，则承诺可以发生效力；而对承诺的通常迟延而言，其通常不发生效力，只有要约人及时通知该承诺有效的，其才能发生承诺的效力。

第四百八十八条

承诺的内容应当与要约的内容一致。受要约人对要约的内容作出实质性变更的，为新要约。有关合同标的、数量、质量、价款或者报酬、履行期限、履行地点和方式、违约责任和解决争议方法等的变更，是对要约内容的实质性变更。

---

① 叶金强．合同法上承诺传递迟延的制度安排．法学，2012（1）.

本条主旨

本条是关于承诺的内容的规定。

相关条文

《合同法》第31条　承诺对要约的内容作出非实质性变更的，除要约人及时表示反对或者要约表明承诺不得对要约的内容作出任何变更的以外，该承诺有效，合同的内容以承诺的内容为准。

理解与适用

一、承诺的内容应当与要约的内容一致

根据本条规定，“承诺的内容应当与要约的内容一致”。这就是说，承诺是对要约的同意，其同意内容须与要约的内容一致，才构成意思表示的一致即合意，从而使合同成立。

承诺的内容与要约的内容一致，具体表现在：承诺必须是无条件的承诺，不得限制、扩张或者变更要约的内容，否则不能构成承诺，而应视为对原要约的拒绝并作出一项新的要约，或称为反要约。根据我国《民法典》合同编的相关规定，受要约人必须同意要约的实质内容，而不得对要约的内容作出实质性更改，否则不构成承诺。承诺不能更改要约的实质内容，并非不能对要约的非实质性内容作出更改。对非实质内容作出更改，并不当然影响合同的成立。

在合同法中，之所以要求承诺的内容应当与要约的内容一致，一方面是因为，承诺是对要约的同意，其同意内容须与要约的内容一致，才构成意思表示的一致即合意，从而使合同成立。另一方面，在承诺中，受要约人必须表明其愿意按照要约的全部内容与要约人订立合同，才能使合同有效成立，否则很难认定当事人就合同的全部内容达成了合意。

然而，要求承诺的内容必须与要约的内容绝对一致，可能会妨碍合同的成立，阻碍交易的达成，因此有必要区分承诺对要约作出的实质性变更和非实质性变更，以决定承诺的效力。根据两大法系传统理论，承诺必须与要约的内容完全一致，不得作任何更改。英美法曾采用镜像原则（mirror image rule），要求承诺如同照镜子一般照出要约的内容，即承诺必须与要约的内容完全一致，合同才能成立。[①] 但是，随着交易的发展，要求承诺与要约内容绝对一致，确实不利于很

① ALI，Restatement of Law (2rd)，Contract，§59；see also UCC Section 2-207.

多合同的成立，因而不利于鼓励交易。所以，在美国著名的“爱德华·帕伍尔公司诉韦斯特豪斯电器有限公司案”中，即对镜像规则作出了一定的修改[①]，《美国统一商法典》第2—207条规定：“明确和及时的承诺表示或者于合理时间内发送的确认书均构成承诺，即使其所述条款对要约或约定条款有所补充或不同，但承诺的明示以要约人同意这些补充条款或不同条款条件者除外。”在现在的英国法中，虽然比较严格地遵守这一原则，但允许一些例外，例如，允许增加默示的担保条款或无意义的条款等。[②] 美国《路易斯安那州民法典》第6.178条第2款规定，如果承诺增加了一些其他条款，或提出了不同条款，只要没有实质性改变要约的内容，就仍然有效。

国际性立法文件普遍肯定了非实质性修改仍然可能构成承诺。例如，《联合国国际货物销售合同公约》在第19条第2款中规定：“但是，对发价表示接受但载有添加或不同条件的答复，如所载的添加或不同条件在实质上并不变更该项发价的条件，除发价人在不过分迟延的期间内以口头或书面通知反对其间的差异外，仍构成接受。如果发价人不做出这种反对，合同的条件就以该项发价的条件以及接受通知内所载的更改为准。”该规则与美国法的规定基本一致。《国际商事合同通则》（PICC）也采纳了类似规定。[③]

由此可见，从合同法的发展趋势来看，在承诺的内容上采宽松立场，并不要求承诺必须与要约绝对一致，只要不改变要约的实质性内容，仍然构成承诺，而不是反要约。这种趋势产生的根本原因在于，合同法坚持鼓励交易原则。尤其是在商事交易中，不宜要求承诺的内容与要约的内容绝对一致，如果承诺所作出的是对于要约的非实质性变更，并没有从根本上违反要约人的意思，损害其利益，就应认定承诺有效，合同成立。

我国《民法典》第488条借鉴了这一经验，要求承诺的内容应当与要约的内容一致，但同时区分实质性变更与非实质性变更，在非实质性变更的情形下，承诺可以生效，但在实质性变更的情形下，则不能产生承诺的效力。依据该条规定，“受要约人对要约的内容作出实质性变更的，为新要约”，这就是说，受要约

---

① See Idaho Power Co. v. Westinghouse Electric Corp. United States Court of Appeals, Ninth Circuit, 1979. 596 F. 2d 924.

② Tadas Klimas, Comparative Contract Law, A Transystemic Approach with an Emphasis on the Continental Law Cases, Text and Materials, Carolina Academic Press 2006. p. 55.

③ 《国际商事合同通则》第2.2.11条规定：“对要约意在表示承诺但载有添加或不同条件的答复，如果所载的添加或不同条件没有实质性地改变要约的条件，则除非要约人毫不迟延地表示拒绝这些不符，则此答复仍构成承诺。如果要约人不做出拒绝，则合同的条款应以该要约的条款以及承诺所载有的变更为准。”上述规定均肯定了非实质性的更改可以构成承诺。

人对要约的内容作出实质性变更的，不产生承诺的效力，应视为对原要约的拒绝，并作出一项新的要约，或称为反要约。在此情形下，要约人处于承诺人的地位，其可以作出承诺，也可以予以拒绝。

二、受要约人对要约的内容作出实质性变更的，为新要约

何谓实质性变更？实质性变更是指承诺对要约内容的变更，将对要约的内容和当事人的利益产生重大影响。实质性变更具有如下特点：第一，实质性变更是对要约内容的重大变更。依据本条规定，有关合同标的、数量、质量、价款或者报酬、履行期限、履行地点和方式、违约责任和解决争议方法等的变更，是对要约内容的实质性变更。第二，实质性变更对当事人的利益具有重大影响。一般而言，对有关合同标的、数量、质量、价款或者报酬、履行期限、履行地点和方式、违约责任和解决争议方法等的变更，不仅对要约人而且对承诺人的利益都会产生重大影响。第三，需要根据具体的交易情形予以判断。《国际商事合同通则》认为，对此无法抽象确定，必须视每一交易的具体情况而定。如果添加条款或差异条款的内容涉及价格或支付方式、非金钱债务的履行地点和时间、一方当事人对其他人承担责任的限度或争议的解决等问题，则通常（但不是必然）构成对要约的实质性变更。[①] 根据《联合国国际货物销售合同公约》第 19 条第 3 款，“有关货物价格、付款、货物质量和数量、交货地点和时间、一方当事人对另一方当事人的赔偿责任范围或解决争端等等的添加或不同条件，均视为在实质上变更发价的条件。”根据该公约起草秘书处的评论，公约并不要求承诺与要约使用完全相同的语言，只要承诺中字面上的差异没有改变当事人双方的义务。[②]

根据我国《民法典》第 488 条，“有关合同标的、数量、质量、价款或者报酬、履行期限、履行地点和方式、违约责任和解决争议方法等的变更，是对要约内容的实质性变更”。这就是说，受要约人对要约中有关合同标的、数量、质量、价款或者报酬、履行期限、履行地点和方式、违约责任和解决争议方法等的变更，就构成实质性变更。实质性变更其实就是对要约的实质性内容所作出的变更，所谓实质内容，是指对当事人利益有重大影响的合同内容，这些内容虽然不一定是合同的必要条款，但其一般构成未来合同的重要条款。对这些内容作出变更，从根本上违背了要约人的意思，是指会对于要约人造成损害，因此，此种变

---

① 张玉卿．国际商事合同通则 2004．北京：中国商务出版社，2005：165．

② 参见秘书处评论公约草案第 17 条（正式文本第 19 条）第 2 段、第 3 段。参见张玉卿．国际货物买卖统一法．北京：中国商务出版社，2009：143．

更不能产生承诺的效力。需要指出的是，《民法典》第 488 条所列举的实质性变更的情形，是就通常情形而言的，而合同类型繁多，对有关合同标的、数量、质量、价款或者报酬、履行期限、履行地点和方式、违约责任和解决争议方法等的变更，是否构成实质性变更，还需要考虑交易的具体情形。一方面，实质性情形不限于上述所列各项，合同的条款很多，法律很难列举穷尽，本条使用“等”这一兜底性规定，表明其不限于法律规定的情形，例如，对纠纷解决适用法律的选择也应是实质性的条款。另一方面，在具体合同的订立中，要考虑其具体内容和情形。例如，在有些合同中，其履行方式可能并不重要，履行方式的变更就不应当作为实质性变更。再如，就标的物数量的微小调整，也不应作为实质性变更。总之，在判断实质性变更时，需要结合交易的具体情形来判断。

在受要约人对于要约的内容作出实质性变更的情形下，不能发生承诺的效力，合同不成立。依据《民法典》第 488 条，“受要约人对要约的内容作出实质性变更的，为新要约”，在此情形下，要约人将处于承诺人的地位。其可以拒绝也可以接受该新要约。

第四百八十九条

承诺对要约的内容作出非实质性变更的，除要约人及时表示反对或者要约表明承诺不得对要约的内容作出任何变更外，该承诺有效，合同的内容以承诺的内容为准。

本条主旨

本条是关于承诺对要约的内容作出非实质性变更的规定。

相关条文

《合同法》第 30 条　承诺的内容应当与要约的内容一致。受要约人对要约的内容作出实质性变更的，为新要约。有关合同标的、数量、质量、价款或者报酬、履行期限、履行地点和方式、违约责任和解决争议方法等的变更，是对要约内容的实质性变更。

理解与适用

一、承诺可以对要约的内容作出非实质性变更

承诺的内容应当与要约的内容相一致，但并非绝对一致，《民法典》第 489

条规定，承诺可以在特定条件下对要约的内容作出非实质性变更。所谓非实质性变更，是指除《民法典》第488条所规定的实质性变更以外的内容的变更。从表面上看，非实质性变更也是对要约内容的变更，但此种变更没有实质改变要约的内容，对当事人的利益也没有产生重大影响，没有实质性地增加要约人的负担，因此，也可以成为有效的承诺。

在实践中，非实质性变更主要体表现在：一是受要约人对要约的非主要条款作出了改变。例如，在承诺中要求所购买的物是没有设定抵押的财产，对该条款要约人又未及时表示反对的，应认为承诺有效。二是即使是实质性条款，但依据交易当时的特殊情形，受要约人对要约的内容仅仅作出了轻微的改变，要约人并未表示异议。应当指出的是，尽管按照《民法典》第488条，对有关合同标的、数量、质量、价款或者报酬、履行期限、履行地点和方式、违约责任和解决争议方法等的变更，都为实质性变更，但对这些内容作出轻微的改变，也可能仅为非实质性变更。例如，将购买10 000台电脑改为9 995台，如果要约人没有及时反对，也可以构成非实质性变更。三是受要约人在对这些主要条款承诺后，又添加了一些建议或者表达了一些愿望和希望。如果在这些建议和意见中并没有提出新的合同成立要件，则认为承诺有效。例如，甲向乙兜售一只小狗，价值50元。乙同意购买，但提出越快交付越好，该项意见实际上并未提出一项新的必要条件，应视为对要约内容的非实质性变更。或者在承诺中增加了有关说明性条款。这就是说，受要约人为了使承诺内容表达得更为清晰，或者使当事人之间的权利义务表述得更加明确，对相关内容作出了更为详细的说明，并不会实质性增加要约人的负担，因此是非实质性变更。四是如果承诺中添加了法律规定的义务，不应认为构成反要约。例如，承诺人在承诺中提出，要求欲出售货物的要约人应提供产品的说明书，此种要求只是重复了法律规定的义务，并非提出了新的合同条件，不宜认定为对要约内容的实质性变更。

从现代合同法的发展趋势来看，从鼓励交易的立场出发，在承诺的内容上采宽松立场，并不要求承诺必须与要约绝对一致。在交易实践中，要求承诺与要约内容完全保持一致，很可能不利于合同的成立，阻碍交易的正常进行。因此，只要不改变要约的实质性内容，仍然构成承诺，而不是反要约。这一立法经验已经为我国合同立法所借鉴。本条的规定总结了我国立法和司法实践的经验，也允许承诺对要约的内容作出非实质性变更。

二、非实质性变更

依据本条规定，在以下两种情形下，作出非实质性变更的承诺不能发生效力。

第一，要约人及时表示反对，即要约人在收到承诺通知后，立即表示不同意受要约人对非实质性内容所作的变更。在合同的订立过程中，承诺的内容应当与要约的内容保持一致，合同才能成立，承诺对要约的内容所作出的任何变更，都不得违背要约人的意思。因此，法律虽然许可承诺对要约的内容作出非实质性变更，但如果此种变更不符合要约人的意思，则要约人应当及时提出异议，阻止承诺生效。如果经过一段时间后仍不表示反对，则承诺已生效。

第二，要约表明承诺不得对要约的内容作出任何变更。所谓要约表明，是指要约人在要约中明确表示，承诺不得对要约的内容作出任何变更，否则无效，在此情形下，受要约人作出非实质性变更也不能使承诺生效。

在不存在上述两种情形的情况下，承诺虽然对要约的内容作出非实质性变更，但仍然有效，承诺生效以后，则合同的内容应当以承诺的内容为准。

第四百九十条

当事人采用合同书形式订立合同的，自当事人均签名、盖章或者按指印时合同成立。在签名、盖章或者按指印之前，当事人一方已经履行主要义务，对方接受时，该合同成立。

法律、行政法规规定或者当事人约定合同应当采用书面形式订立，当事人未采用书面形式但是一方已经履行主要义务，对方接受时，该合同成立。

本条主旨

本条是关于采用书面形式订立时合同成立时间以及以实际履行方式订约时的合同成立时间的确定的规定。

相关条文

《合同法》第 32 条　当事人采用合同书形式订立合同的，自双方当事人签字或者盖章时合同成立。

第 36 条　法律、行政法规规定或者当事人约定采用书面形式订立合同，当事人未采用书面形式但一方已经履行主要义务，对方接受的，该合同成立。

第 37 条　采用合同书形式订立合同，在签字或者盖章之前，当事人一方已经履行主要义务，对方接受的，该合同成立。

《合同法司法解释二》第 5 条　当事人采用合同书形式订立合同的，应当签字或者盖章。当事人在合同书上摁手印的，人民法院应当认定其具有与签字或者盖章同等的法律效力。

《全国法院民商事审判工作会议纪要》第41条 司法实践中，有些公司有意刻制两套甚至多套公章，有的法定代表人或者代理人甚至私刻公章，订立合同时恶意加盖非备案的公章或者假公章，发生纠纷后法人以加盖的是假公章为由否定合同效力的情形并不鲜见。人民法院在审理案件时，应当主要审查签约人于盖章之时有无代表权或者代理权，从而根据代表或者代理的相关规则来确定合同的效力。

法定代表人或者其授权之人在合同上加盖法人公章的行为，表明其是以法人名义签订合同，除《公司法》第16条等法律对其职权有特别规定的情形外，应当由法人承担相应的法律后果。法人以法定代表人事后已无代表权、加盖的是假章、所盖之章与备案公章不一致等为由否定合同效力的，人民法院不予支持。

代理人以被代理人名义签订合同，要取得合法授权。代理人取得合法授权后，以被代理人名义签订的合同，应当由被代理人承担责任。被代理人以代理人事后已无代理权、加盖的是假章、所盖之章与备案公章不一致等为由否定合同效力的，人民法院不予支持。

理解与适用

一、采用合同书的方式订立合同，自当事人均签名、盖章或者按指印时合同成立

本条第1款规定："当事人采用合同书形式订立合同的，自当事人均签名、盖章或者按指印时合同成立。"依据这一规定，在当事人采用合同书的方式订立合同的情况下，以当事人均实际签字、盖章或按指印的时间作为合同的成立时间。按照《民法典》第483条的规定，承诺生效时合同成立。显然，这只是对合同成立时间的一般规定，在当事人采用合同书形式订立合同时，承诺的时间比较特殊，即必须以当事人均实际签字、盖章或按指印的时间作为合同的成立时间。也可以说，在当事人采用合同书形式订立合同时，当事人均实际签字、盖章或按指印的时间才是最后的承诺时间。对采用合同书方式订立的合同而言，当事人必须签订书面合同后合同才能成立，签字、盖章、按指印后合同成立。可见，该条与《民法典》第483条的关系是特别法与一般法的关系，《民法典》第483条规定的是一般情形，第490条则规定了当事人采用合同书的方式订立合同的特殊情形。

《民法典》第490条第1款确认了以合同书订立的合同的成立时间，即当事人均签字、盖章或按指印的时间，具体如下。

第一，签字。签字是指某人在某一书面文件上签署自己的名字，以表明自己对该文件承担责任的行为。[①] 如果合同是自然人之间签署的，应当签署自然人的姓名；如果合同是法人之间签署的，应当签署法人的法定代表人的姓名或授权签订合同者的姓名。签字应当由当事人亲自进行，而不能由他人代签。

第二，盖章。盖章是指盖上自然人或法人的印章。就自然人而言，其签字和盖章具有同等效力。就法人而言，一般必须有盖章，才能认定该行为为法人的行为。如果仅有法定代表人的签字，而没有盖章，就不宜认定法人受该合同拘束，甚至可以认为，该行为仅仅是法定代表人的个人行为。

第三，按指印。依据《合同法司法解释二》第5条的规定，“当事人采用合同书形式订立合同的，应当签字或者盖章。当事人在合同书上摁手印的，人民法院应当认定其具有与签字或者盖章同等的法律效力”。该条在签字、盖章之外，承认了以按指印来签约的方式，这主要是考虑到，在我国，一直存在按指印的传统，这种方式在实践中适用范围也十分广泛，尤其是在广大农村，长期存在着“签字画押”的习惯，即识字者签字，不识字者画押。甚至许多识字的当事人也不习惯于签字、盖章，而认为，按指印更能够表明订约人的身份。从身份识别的角度考虑，按指印可以发挥与签字或盖章同等的作用，而且按指印是以生物特征来发挥身份识别作用。[②] 所以，《民法典》第490条吸纳了《合同法司法解释二》第5条的经验，承认按手印与签字或者盖章具有同等的法律效力。当然，按指印应当是当事人真实意思的表示，如果是在昏迷、胁迫等之下被迫按指印，则不能发挥与签字或盖章同等的法律效力。

法律上之所以要求合同的签订必须要签字、盖章、按指印，主要基于以下原因：首先，表明当事人之间已经就合同内容形成了合意，证明当事人自愿接受合同条款的拘束。其次，签字、盖章、按指印能够表明文件的来源，即由何人制作成该文件。在没有反证表明因受到了欺诈、胁迫或基于错误等而使当事人签字、盖章、按指印的情况下，一般认为，在文件上签名或盖章的人就是文件的作者。换言之，签订合同的当事人一般就被认为是缔约当事人。除非当事人可以证明其以代理人身份出现。再次，签字、盖章、按指印可以证明某个当事人愿意受所签

① 中国社科院语言研究所词典编辑室．现代汉语词典：2002年增补本．北京：商务印书馆，2002：1532.

② 沈德咏，奚晓明．最高人民法院关于合同法解释（二）理解与适用．北京：人民法院出版社，2009：53.

合同的约束，证明某人同意一份经由他人写出的文件的内容，证明一个人某时身在某地的事实。[①] 尤其是签字或盖章可以有效地证明，合同已经对当事人发生了效力，合同应当自签字或盖章之时起生效。最后，要求当事人签字、盖章、按指印也能促使当事人更加慎重决定自己的权利义务关系，认真对待将要签署的记载权利义务关系的文件。总之，身份识别、防止抵赖和证据昭示等是签名、盖章、按指印最主要的功能。[②]

依据本条规定，如果合同必须以书面形式订立，则应以双方在合同书上签字、盖章、按指印的时间为承诺生效时间。这就是说，自双方签字、盖章、按指印之时起，合同才成立。如果只是一方当事人签字、盖章、按指印，则合同并不能成立。

二、采用合同书的方式订立合同时，当事人可以通过实际履行的方式促成合同的成立

《民法典》第 490 条第 1 款规定："在签名、盖章或者按指印之前，当事人一方已经履行主要义务，对方接受时，该合同成立。"该条确立了采用合同书的方式订立合同时，当事人可以通过实际履行的方式促成合同的成立，具体如下。

一是必须是一方履行了主要义务。之所以要求一方履行了主要义务，是因为以实际履行方式订约也必须完成要约、承诺的过程，即一方必须以实际履行的方式发出要约。由于要约的内容必须具体、确定，也就是说必须包含未来合同的主要条款，因此一方的实际履行中必须包含未来合同中的主要条款。何为未来合同中的"主要条款"？依据《合同法司法解释二》第 1 条的规定可以确定合同主要条款的内容："当事人对合同是否成立存在争议，人民法院能够确定当事人名称或者姓名、标的和数量的，一般应当认定合同成立。但法律另有规定或者当事人另有约定的除外"。笔者认为，司法解释的上述规定针对买卖合同而言是有道理的，因为买卖合同一般具备当事人、标的和数量这三个主要条款，但对其他类型的合同而言，其未必都要具备这三项条款。例如，提供劳务的合同就未必需要具备上述三项主要条款。合同的性质不同，其主要条款也不相同，不可泛泛而论，而应当根据合同的性质确定合同主要条款。如果根据合同的性质，认定一方当事人所履行的义务包含了合同的主要条款，而对方接受的，则应当认定合同已经

① 1996 年联合国国际贸易法委员会．电子商业示范法颁布指南//阚凯力，张楚．外国电子商务法．北京：北京邮电大学出版社，2000：290.

② 刘德良．网络时代的民法学问题．北京：人民法院出版社，2004：127.

成立。

二是另一方必须无条件地接受履行，且并未提出异议。对于如何判断“对方已经接受履行”，经常发生争议。此处所说的接受，应当是指完全接受，而不能附带条件或提出新的条件，且没有提出任何异议。如果接受履行的一方当事人在接受时提出了异议，或提出新的条件，可能构成反要约，或提出了新的要约，合同仍然不能成立。例如，如果一方向另一方交付 100 吨钢材，另一方只接受 50 吨，而不接受另外 50 吨，这意味着当事人可能只是就 50 吨钢材的买卖作出了承诺，而对于另外 50 吨钢材则并未达成买卖协议。但如果这 100 吨钢材的交易是完整的、不可分割的整体，则应当认定合同并未成立，而应当认定受领钢材的一方向对方当事人发出了新的要约。

在判断合同成立时，上述两个要件缺一不可。这表明以实际履行方式订约也应当由当事人双方就合同的主要条款完成要约、承诺的过程，即就合同的主要条款形成合意，否则不能产生订立合同的效果。

三、合同依法或者依据约定应当采用书面形式订立时，当事人可以通过实际履行的方式促成合同的成立

《民法典》第 490 条第 2 款规定：“法律、行政法规规定或者当事人约定合同应当采用书面形式订立，当事人未采用书面形式但是一方已经履行主要义务，对方接受时，该合同成立。”据此，合同依法或者依据约定应当采用书面形式订立时，当事人可以通过实际履行的方式促成合同的成立。本款规定了如下两种情形。

一是当事人约定采用书面形式订立合同的，如果一方履行了主要义务，且对方接受，则在对方接受时合同宣告成立。此时，可以认为当事人通过履行和接受履行的方式，改变了先前关于其以书面形式订立合同的约定，事实上是通过实际履行的方式订立了合同。例如，甲乙双方多次协商签订一份买卖洗净改良羊毛 200 吨的书面合同，合同文本已经拟定，但因为交货时间存在争议，未能签字。后来甲直接将该批货物送至乙处，声明以市场价出售，货到乙处，乙将该批货物全部收下。因此，从乙接受该批货物时起，合同成立。

二是法律、行政法规法规规定应当采用书面形式的，当事人用实际履行的方式订约。此种情形下合同能否成立，存有争议。这就涉及法律规定采用书面形式订立合同的规则是否属于强制性规范。笔者认为，虽然法律、行政法规关于合同形式的特别规范属于强制性规范，但是违反这一规范并不一定意味着合同不能成立生效。这是因为，法律和行政法规对合同形式作出要求的立法目的

通常在于：一是具有警示的作用，提示当事人审慎订立合同；二是具有保留证据的功能，以便在发生纠纷时，留存证据。上述功能和目的并不涉及他人合法权益和社会公共利益，因此，当事人如果对于法律规定为要式的合同采用实际履行的方式订约，出于尊重当事人的私法自治，同时按照有利于鼓励交易的原则，应当肯定这种合同可以成立。例如，房屋买卖合同应当依法采用书面形式，目的即在于督促当事人谨慎订约。因此，本条对于法律、行政法规规定的要式合同，也允许当事人通过实际履行的方式订约，并肯定合同能够有效成立。

《民法典》第 490 条第 2 款规定的是依据法律、行政法规的规定或当事人的约定，应当采用书面形式订立合同时，以实际履行的方式订立合同的合同成立时间问题。此处涉及本条第 2 款和第 1 款的关系问题。表面上看，本条第 2 款和第 1 款均涉及以书面形式订立合同和以实际履行方式订立合同的情形。这是否意味着本条第 2 款与第 1 款的规定是重复的呢？笔者认为，两款之间仍然有区别，其区别主要表现在：一方面，本条第 2 款所规定的书面形式的范围更广，当事人约定以书面形式订立合同，不一定仅仅采用合同书形式，还可以采取传真、邮件等书面形式。另一方面，《民法典》第 490 条第 1 款的规定是对一般情形下合同成立时间的规定，即以合同书形式订立的，为当事人均签字、盖章或者按指印时；《民法典》第 490 条第 2 款规定的是以实际履行方式订立合同的情形，此时合同的成立时间为对方接受履行时。第 1 款没有强调该合同必须约定采用合同书形式。而第 2 款则是针对双方当事人就合同的行使有特别约定或法律、行政法规对合同行使有特别规定的情形下，合同成立时间的规定。因此，在实践中，当事人无论是否约定了合同要采用书面形式，只要一方当事人已经履行主要义务，且对方当事人接受，合同就宣告成立。在合同是否成立的问题上，当事人无须就是否采用了合同书进行举证，而只需要证明其已经实际履行主要义务，而对方当事人接受即可。

第四百九十一条

当事人采用信件、数据电文等形式订立合同要求签订确认书的，签订确认书时合同成立。

当事人一方通过互联网等信息网络发布的商品或者服务信息符合要约条件的，对方选择该商品或者服务并提交订单成功时合同成立，但是当事人另有约定的除外。

本条主旨

本条是关于签订确认书时合同成立时间的确定。

相关条文

《合同法》第 33 条　当事人采用信件、数据电文等形式订立合同的，可以在合同成立之前要求签订确认书。签订确认书时合同成立。

理解与适用

一、当事人约定签订确认书时合同的成立时间

《民法典》第 491 条第 1 款规定："当事人采用信件、数据电文等形式订立合同要求签订确认书的，签订确认书时合同成立。"这就确认了签订确认书的订约方式。所谓确认书，是指合同正式成立前，一方要求最终确认的表示。确认书通常采用书面的形式，自签订确认书之日起，合同正式宣告成立。从实践来看，在当事人初步达成的合同文本中载明"以我方最后确认为准"，这就是要求签订确认书。

签订确认书实际上是与承诺联系在一起的。如果双方达成协议以后，一方要求以其最后的确认为准，这样其所发出的确认书实际上是其对要约所作出的最终的、明确的、肯定的承诺。在没有签订确认书之前，合同并没有成立。可见，在此种情形下，确认书实际上是承诺的重要组成部分，是判断是否作出承诺的重要标准。① 但如果当事人在合同中仅仅只是表明"交货时间以我方确认为准"，这意味着，当事人只是对合同的一个条款进行确认，而不是对合同成立时间的约定，即当事人只是未最终确定交货时间。

依据本条规定，确认书主要适用于当事人采用信件、数据电文等形式订立合同的情况。这是因为当事人采用信件、数据电文等形式订立合同时，其通常身处两地，没有在一个文件上共同签字，任何一方提出签订确认书，都是合理的。如果当事人是以口头形式订约，也就不存在签订确认书的问题。如果一方在通过信件、数据电文等方式订约时，提出要以最后的确认为准，那么，在其未发出确认书以前，双方达成的协议不过是一个初步协议，当事人之间的合同关系并未成立。在商业实践中，当事人也可能在长期谈判之后，签订一份非正式文件，冠以"初步协议""谅解备忘录""意向书"等名，并明确表示，经过一方或双方最终

① 张玉卿．国际商事合同通则 2004. 北京：中国商务出版社，2005：175.

确认合同才成立。在此情况下，在最终确认以前的任何阶段，订约人当事人虽然均可提出要求签订确认书，但当事人之间并未成立合同关系。[①] 也就是说，在订约当事人采用信件、数据电文等形式订立合同时，任何一方都有权提出确认。一方提出签订确认书，而另一方接受的，签订确认书本身是双方约定的结果，应当以签订确认书的时间作为合同成立的时间。

以签订确认书的时间作为合同成立时间，是因为双方达成协议以后，一方要求以其最后的确认为准，这样确认书实际上是对要约所作出的最终的、明确的、肯定的承诺。可见，确认书是承诺的重要组成部分，是判断当事人是否已经作出承诺的要素。如果一方正式确认后，另一方在合理的期限内没有表示异议，则可以认为对方已经接受了确认的条件，双方已经形成了合意，都应当受到合同的拘束，任何一方不得事后再提出重新确认，否则应当构成违约。

确认书通常适用于对双方达成的初步协议的确认，而不适用于以合同书形式订立合同的情况。因为在以合同书形式订立合同后，双方已经在合同书上签字盖章，除非当事人事先在合同中明确授权一方可在某个时期内再次确认，否则不可能再重新确认。如果双方先前已经达成了协议，但合同允许一方事后确认，后来当事人又签署了确认书，而且确认书对原先的协议进行了修改和补充，该确认书确认的内容是否有效？笔者认为，如果当事人在合同中约定，在合同成立后一方仍然有权最后作出确认，这实际上并不是赋予其确认权，而是赋予其单方面变更、修改、补充合同的权利。一旦一方作出重新的确认，另一方对此未表示异议，则双方实际上已达成变更合同的协议。当事人应当按照变更后的协议履行。当然，原先的协议中未修改和补充的部分仍然有效。

二、当事人一方通过互联网等信息网络发布的商品或者服务信息符合要约条件时，合同成立时间的确定

《民法典》第 491 条第 2 款规定："当事人一方通过互联网等信息网络发布的商品或者服务信息符合要约条件的，对方选择该商品或者服务并提交订单成功时合同成立，但是当事人另有约定的除外。"该条来自《电子商务法》第 49 条第 1 款的规定，合同编增加这一条款的目的主要在于适应电子商务发展的需要，有效应对电子商务合同成立时间的纠纷，同时扩大了适用的范围。依据本款的规定，如果一方通过互联网等信息网络发布的商品或服务信息符合要约条件，即由特定人作出、具有受拘束的意思、有相对人且内容确定，那么，相对方只要选择了该

① 张玉卿．国际商事合同通则 2004. 北京：中国商务出版社，2005：173.

商品或服务，且提交订单成功，合同就宣告成立。相对方选择商品或服务并提交订单成功即意味着承诺已经到达要约人。具体而言，本条适用的条件如下。

第一，当事人一方通过互联网等信息网络发布的商品或者服务信息符合要约条件。在网上交易的情形下，当事人通常会通过网络发布相关的交易信息，但网上发布信息的形式多样，有的构成要约，有的只是构成要约邀请。如果当事人一方通过互联网等信息网络发布的广告等信息符合要约的条件，即该信息包含合同的主要条款，内容具体确定，且表明经受要约人承诺，要约人即受该意思表示约束，则构成要约，对方提交订单应为承诺，此时合同成立。

第二，对方选择该商品或者服务并提交订单成功。在网上购物，都需要在平台上提交订单，如果没有特别约定，用户选择该商品或者服务并提交订单成功，合同成立。也就是说，在此种情形下，合同的成立需要具备如下两个条件：一是买受人选择了特定的商品或者服务。买受人一旦选择特定的商品或者服务，就确定了合同的标的物。二是买受人提交订单成功。如果买受人只是选择了特定的商品或者服务，则只是表明其有购买该商品或者服务的意向，还不能认定买受人有受该选择拘束的意思，不能据此认定合同已经成立。只有买受人提交订单后，才能认定买受人已经作出了承诺，合同关系才能成立。买受人提交订单的时间就是合同成立的时间。

第三，当事人另有约定的除外。本款但书规定“当事人另有约定的除外”，这主要是指当事人约定买受人提交订单为要约，出卖方确定有货并且发货时视为承诺。在实践中，有的网购平台会在格式条款中与消费者约定提交订单成功并不意味着合同成立，而是在发货后合同才成立。因此，当事人可能约定，需要卖方确定有货并且实际发货，合同才能成立。在这种情况下，买受人提交订单在性质上应当属于要约。对于这一问题，《电子商务法》第 49 条第 2 款规定：“电子商务经营者不得以格式条款等方式约定消费者支付价款后合同不成立；格式条款等含有该内容的，其内容无效。”但是合同编并未直接采纳这一规定，这主要是考虑到《电子商务法》主要是从消费者保护的角度进行立法，而在合同编中，由于民商合一的体例，无论是经营者之间的合同，还是经营者与消费者之间的合同，均适用合同编的规则。对于非消费者合同而言，这一特别保护并无必要；在商主体之间的交易中，可能因为电商存货有限，所以允许采用发货成立的约定。因此，合同编并未对这种情形一概予以否定。此外，从实践来看，在某些网络交易中，即便当事人已经提交订单，合同关系也并不当然成立。例如，网上买机票，提交订单不一定合同成立，需要付款时合同才成立。再如，出卖人电商一方明确在商品宣传中声明，产品宣传不论多详细，都是要约邀请，这时买受人提交订单只是要约，要付款或者发货才能成立合同。上述情形均属于本款但书所规定的例外情形。

第四百九十二条

承诺生效的地点为合同成立的地点。

采用数据电文形式订立合同的，收件人的主营业地为合同成立的地点；没有主营业地的，其住所地为合同成立的地点。当事人另有约定的，按照其约定。

本条主旨

本条是关于合同成立地点的规定。

相关条文

《合同法》第 34 条　承诺生效的地点为合同成立的地点。

采用数据电文形式订立合同的，收件人的主营业地为合同成立的地点；没有主营业地的，其经常居住地为合同成立的地点。当事人另有约定的，按照其约定。

理解与适用

一、承诺生效的地点为合同成立的地点

在合同法上，合同成立地点具有如下方面的意义：一是选择法律的适用。我国《涉外民事关系法律适用法》第 6 条规定："涉外民事关系适用外国法律，该国不同区域实施不同法律的，适用与该涉外民事关系有最密切联系区域的法律。"合同签订地也可能被解释为与合同关系有最密切联系区域，因此，可能会对涉外合同关系中法律的选择产生影响。二是确定诉讼管辖。根据《民事诉讼法》第 34 条的规定："合同或者其他财产权益纠纷的当事人可以书面协议选择被告住所地、合同履行地、合同签订地、原告住所地、标的物所在地等与争议有实际联系的地点的人民法院管辖，但不得违反本法对级别管辖和专属管辖的规定。"据此，合同签订地是选择地域管辖的依据。由于合同的成立地有可能成为确定法院管辖权及选择法律的适用等问题的重要因素，因此明确合同成立的地点十分重要。

那么，如何确定合同成立地点？应当看到，合同成立的地点是合同成立时所处的地点，因此，合同成立的地点和时间常常是密切联系在一起的。依据《民法

典》第483条的规定，一般情况下，承诺生效的时间为合同成立的时间。与此相适，合同成立的地点一般也应为承诺生效的地点。《民法典》第492条第1款规定："承诺生效的地点为合同成立的地点。"可见，承诺生效地就是合同成立地，该条是关于合同成立地点的一般规定。依据《民法典》第484条的规定，承诺可以以通知的方式作出，也可以以作出一定行为的方式作出，据此，可以区分以下几种情形分别确定合同的成立地点。

第一，承诺以通知方式作出，且为对话方式的。这种情形下，承诺的生效适用《民法典》第137条的规定，在以对话方式作出承诺时，承诺生效的时间为要约人知道承诺的内容时。此时，如果双方以面对面的方式作出了要约与承诺，则当事人对话的所在地应当成为合同成立地。如果该对话并非以面对面的方式作出，如以拨打电话等方式订立合同，则要约人知晓承诺内容的地点即要约人的所在地为合同的成立地。

第二，承诺以通知方式作出，且为以数据电文外的非对话方式的。例如，通过实际履行来订立合同的，则合同承诺到达相对人时发生效力，相应地，合同成立的地点也应当为默示承诺到达的要约人所在地为合同的成立地点。

第三，承诺无须通知而以其他方式作出的。依据《民法典》第484条的规定，在有交易习惯或要约要求的情况下，可以不以通知的方式作出承诺，而是以作出一定行为的方式承诺。例如，要约人以现物要约，承诺人将标的物拆开包装并进行使用，则依据《民法典》第484条，承诺的行为作出时承诺生效，相应地，承诺行为作出的地点则为合同成立的地点。

第四，当事人采用合同书形式订立合同的。《民法典》第493条对当事人采用合同书的形式订立合同时合同的成立地点作出了特别规定，不再遵循承诺生效地的规则，而以最后签字、盖章或者按指印的地点为合同成立的地点，但是当事人另有约定的除外。

需要指出的是，合同成立的地点也可以由当事人另行约定。但承诺生效的地点是一个事实，真正有法律意义的是承诺生效的地点决定合同成立的地点。当然，按照合同自由原则，当事人可以约定承诺生效的地点，也就是可以约定合同成立的地点。

二、采用数据电文形式订立合同时合同成立的地点的确定

从原则上说，承诺生效的地点就是合同成立的地点，但以数据电文方式进行的意思表示如果遵循非对话方式的一般原则，将会导致在数据电文进入的特定系统所在地为合同成立地。由于数据电文形式的存储系统所在地往往与当事人订立

合同没有紧密关系（如提供电子邮件等服务的企业的数据存储地和邮件收发地也并非准确对应），因此，《民法典》第 492 条第 2 款吸收了联合国贸法会的《电子商业示范法》第 5 条第 4 款的规则，规定了采用数据电文形式订立合同时合同成立的地点的确定规则。具体如下。

第一，采用数据电文形式订立合同的，收件人的主营业地为合同成立的地点。主营业务是指营利法人或者非法人组织为完成其经营目标而从事的主要经营活动，可以根据企业营业执照上规定的主要业务范围确定。营利法人在某个地方从事其主要经营活动，该地方就是其主营业地，收件人的主营业地为合同成立的地点。

第二，没有主营业地的，收件人住所地为合同成立的地点。一些营利法人或者非法人组织从事多种经营活动，并没有主营业地的，在此情形下，就应当以其住所地为合同成立的地点。对于自然人而言，《民法典》第 25 条规定："自然人以户籍登记或者其他有效身份登记记载的居所为住所；经常居所与住所不一致的，经常居所视为住所。"对于法人和非法人组织而言，《民法典》第 63 条规定："法人以其主要办事机构所在地为住所。依法需要办理法人登记的，应当将主要办事机构所在地登记为住所。"

第三，当事人另有约定的，按照其约定。需要注意的是，依据体系解释，本款中的但书应当针对的是第 2 款所规定的以数据电文的行使订立合同的情形，即在此种情形下，当事人可以约定收件人主营业地和住所地以外的地点作为合同成立的地点。当然，笔者认为，这一但书在解释上应当被作为独立的第 3 款，其不仅仅是第 2 款所作出的但书，而应当是针对《民法典》第 492 条的合同成立地点一般规则所设置的但书。即无论当事人采取何种方式订立合同，承诺以何种方式作出，当事人均可以约定合同的成立地点，法律也应当肯定此种约定的效力。

第四百九十三条

当事人采用合同书形式订立合同的，最后签名、盖章或者按指印的地点为合同成立的地点，但是当事人另有约定的除外。

本条主旨

本条是关于采用合同书形式订立合同时如何确定合同成立地点的规定。

相关条文

《合同法》第 35 条 当事人采用合同书形式订立合同的，双方当事人签字或者盖章的地点为合同成立的地点。

理解与适用

依据这一规定，当事人采用合同书形式订立合同的，如果当事人没有就合同成立地点作出约定，则最后签字、盖章或者按指印的地点为合同成立的地点。早在 1986 年，最高人民法院作出的《关于如何确定合同签订地问题的批复》就采纳了这一规则。《合同法司法解释二》第 4 条规定："采用书面形式订立合同，合同约定的签订地与实际签字或者盖章地点不符的，人民法院应当认定约定的签订地为合同签订地；合同没有约定签订地，双方当事人签字或者盖章不在同一地点的，人民法院应当认定最后签字或者盖章的地点为合同签订地。"《民法典》第 493 条采纳了这一规定。而采纳这一规则的主要原因在于，既然当事人没有约定，就无法从其意思中确定合同签订地，而后一个当事人签字时合同才成立，所以，后一个当事人签字的地点应当是判断合同成立的地点的依据。

以最后签字、盖章或者按指印的地点为合同成立的地点，必须符合如下条件。

第一，必须是当事人采用合同书形式订立合同。因为只有以合同书形式订立合同的，才有必要在合同书上签字、盖章或者按指印。例如，当事人分处北京、上海两地，虽然合同是由北京一方签字后邮寄给上海一方签字，但是当事人可以在合同中明确约定本合同在北京订立，如果当事人作出了这一约定，则应当认可此中约定的效力。如果当事人采用口头形式订立合同，就没有必要签字、盖章或者按指印，也就没有必要以最后签字、盖章或者按指印的地点为合同成立的地点。

第二，当事人对于合同成立地点有约定的，依据当事人的约定。如果合同约定的签订地与实际签字或盖章地点不符，应当认定约定的签订地为合同签订地。采用这一规则的原因，是按照合同自由原则，合同法主要是任意法，应采取约定优先原则。就合同签订地点的判断，优先适用当事人的约定。①

第三，合同没有约定合同成立地点，双方当事人签字或者盖章不在同一地点

① 沈德咏，奚晓明．最高人民法院关于合同法司法解释（二）理解与适用．北京：人民法院出版社，2009：48.

的，则以最后签字或者盖章的地点为合同成立地。如果当事人在同一时间，同一地点签约，不存在最后签字、盖章、按指印的地点。但是在当事人处于异地的情况下，如一方当事人签署后，邮寄给对方签署，则出现了多个签字、盖章地点。因此，本条明确了当事人处于异地情况下，以最后签字、盖章或按指印的地点为合同成立地点。

第四百九十四条

国家根据抢险救灾、疫情防控或者其他需要下达国家订货任务、指令性任务的，有关民事主体之间应当依照有关法律、行政法规规定的权利和义务订立合同。

依照法律、行政法规的规定负有发出要约义务的当事人，应当及时发出合理的要约。

依照法律、行政法规的规定负有作出承诺义务的当事人，不得拒绝对方合理的订立合同要求。

本条主旨

本条是关于特殊情形下强制缔约规则的规定。

相关条文

《合同法》第38条　国家根据需要下达指令性任务或者国家订货任务的，有关法人、其他组织之间应当依照有关法律、行政法规规定的权利和义务订立合同。

理解与适用

一、强制缔约的概念和特征

所谓强制缔约，是指只要一方当事人提出缔结合同的请求，另一方当事人就依法负有法定的、与之缔结合同的义务。强制缔约制度是对意思自治原则下当事人的缔约自由的限制。当代合同法在保障自由价值的同时，也注重伸张社会正义和公平，以实现当事人之间及当事人与社会利益之间的平衡。[①] 强制缔约即为对

① 王晨．日本契约法的现状与课题．外国法评译，1995（2）．

合同自由的限制，通过此种限制可以有效地保护弱势群体的利益，实现合同的实质正义。与一般的合同缔结相比，强制缔约具有如下特点。

第一，强制缔约属于法定义务。这就是说，在法律规定强制缔约的情形下，一方当事人依据法律规定而负有义务与对方订约，义务人违反该义务应当承担相应的民事责任，甚至是行政责任。因此，无论当事人是否将强制缔约义务纳入合同，当事人均负有此种义务，且当事人不能在合同中规避这一法定要求。

第二，强制缔约是对合同自由的限制。强制缔约是对合同自由的限制，一方面，它对当事人强加了必须缔约的义务。缔约自由包括当事人有权决定是否缔约，以及选择缔约伙伴的自由，它是实现当事人利益的重要工具。① 然而，强制缔约构成对缔约自由的限制，因为缔约当事人负有必须发出订立合同之意思表示的法定义务。② 另一方面，它也对缔约的内容加以了限制。针对要适用强制缔约的情形，当事人不仅负有缔约的义务，而且应当按照法律规定的内容来缔约。因为处于弱势地位的一方，其往往不具有谈判能力，如果仅仅对强势一方强加了缔约义务，而没有对缔约内容加以限制，仍然无法实现对弱势群体的保护。从实践来看，缔约内容的限制往往要通过特别法的形式加以明确。③ 需要指出的是，在强制缔约关系中，由于合同的缔结仍然需要经过要约和承诺环节，其在形式上仍然是当事人双方进行磋商、意思表达一致的产物，因此，强制缔约并没有从根本上否定合同意思自治的基本规则。“契约关系的发生，仍然有赖当事人互相意思表示一致而成立契约，准此，缔约强制尚未脱离契约原则的范畴”④。

第三，强制缔约的功能在于维护公共利益。强制缔约往往与特定企业具有相当市场支配力或者垄断地位有关。法律设置强制缔约制度，就是为了防止某些公共服务提供者选择性地提供公共服务、损害广大消费者利益，进而损及大众的公共利益。⑤ 因为在特定情况下（如一方当事人处于垄断地位），缔约自由这一工具也可能失去其实现双方当事人利益的功能，从而损害一方当事人利益，这关系到社会公共利益的实现。

第四，强制缔约仍然要经过要约和承诺的程序，只不过一方当事人必须发出要约或者必须作出承诺而已。强制缔约并非意味着合同的成立不需经过要约和承

---

① Münch Komm/Busche，vor § 145，Rn. 12，2012.

② Staudinger/Bork，vor § 145，Rn. 29 f.；Busche，Privatautonomie und Kontrahierungszwang，1999，S. 243.

③ Münch Komm/Busche，vor § 145，Rn. 14.

④ 陈自强．契约之成立与生效．台北：学林文化事业出版有限公司，2002：158.

⑤ Münch Komm/Busche，vor § 145，Rn. 12，2012.

诺两个阶段，而仅仅是指当事人负有强制承诺的义务。在法律规定了强制缔约义务的情况下，如果当事人没有作出承诺，该合同也并非当然不成立。在例外情况下，法院可以判决该合同成立，依据具体情形要求一方当事人必须依据法律规定作出承诺。①

从比较法上来看，各国立法大多规定了强制缔约制度。该制度对保护民生、强化弱势群体保护、维护消费者权益等都具有重要意义。我国《民法典》和有关的法律法规也确认了强制缔约制度。例如，《民法典》第 810 条规定："从事公共运输的承运人不得拒绝旅客、托运人通常、合理的运输要求。"因此，只要旅客、托运人提出了通常合理的运输要求（即要约），从事公共运输的承运人就负有强制承诺的义务。公共承运人承担着公共运输的功能，要求其负有强制缔约的义务，是为了满足社会公众运输方面的一般需求。从今后的发展趋势来看，随着法律上合同正义要求的强化，以及对弱者保护的加强，强制缔约制度的适用范围将会不断扩展。

在强制缔约的情形中，负有缔约义务的一方当事人必须受到约束，不能拒绝社会上不特定相对人的缔约请求。② 从原则上说，即使是在强制缔约的情况下，合同的成立也需要经过要约、承诺的阶段，在相对人发出要约后，负有强制缔约义务的一方应当及时作出承诺的意思表示，否则，合同不能成立。只不过，依据特殊情形，如果受要约人不承诺，要约人可以起诉追究其法律责任，法院考虑法律设置强制缔约的目的等因素，也可以强制受要约人为承诺的意思表示，从而使合同成立。③

二、根据指令性任务或者国家订货任务的签订合同

强制缔约应当包括对缔约的限制和对内容的限制两方面的内容，因为合同一方当事人不仅负有与相对人订立合同的义务，而且负有以相对人可接受的合理的、相同的内容订立合同的义务。④

在我国原有高度集中的经济管理体制下，对企业的生产经营活动实行指令性计划管理，国家有关部门向企业下达指令性计划以后，企业必须严格依据计划订立合同。合同的内容必须与指令性计划的要求相一致，合同在订立后也不得以违约金和损害赔偿代替合同的履行。履行合同不仅是对合同当事人的义务，也是对

① 崔建远．合同法总论：上卷．北京：中国人民大学出版社，2008：127.
② Münch Komm/Busche，vor § 145，Rn. 23.
③ 易军，宁红丽．强制缔约制度研究——兼论近代民法的嬗变与革新．法学家，2003（3）.
④ Staudinger/Bork，vor § 145，Rn. 15.

国家所应尽的完成指令性计划任务的义务。然而，自我国实施经济体制改革以来，为了搞活企业，扩大企业自主权，指令性计划的管理范围逐渐缩小，目前指令性计划的作用已经十分微弱。不过我国自 1992 年起开始试行国家订货制度，旨在维护全国经济和市场的稳定，保证国防军工、重点建设、防疫防灾以及国家战略储备的需要，对于国家还必须掌握的一些重要物资，将以国家订货方式逐步取代重要物资分配的指令性计划管理。① 因此，在法律上有必要对根据指令性任务或者国家订货任务订约的规则作出规定。

《民法典》第 494 条第 1 款规定："国家根据抢险救灾、疫情防控或者其他需要下达国家订货任务、指令性任务的，有关民事主体之间应当依照有关法律、行政法规规定的权利和义务订立合同。"依据这一规定，一旦国家根据抢险救灾、疫情防控或者其他需要下达国家订货任务、指令性任务，民事主体就负有订约的义务。例如，在防疫期间，国家需要紧急运送医疗物资，就要给运输企业下达指令性任务。可见，根据国家根据抢险救灾、疫情防控或者其他需要下达国家订货任务、指令性任务签订的合同属于典型的强制缔约形态，因为一方面，在此类合同中，当事人负有根据国家下达的指令性任务或者国家订货任务的需要，依照有关法律、行政法规规定的权利与义务订立合同②，也就是说，一方当事人负有与相对人订立合同的义务。另一方面，在合同内容上必须根据指令性任务或者国家订货任务的具体要求签订合同，有关企业不能够以合同自由原则加以拒绝。

三、强制要约

所谓强制要约，是指依据法律或行政法规的规定，一方当事人必须向他方当事人作出要约的意思表示。通常情形下，强制缔约主要体现为强制承诺，但在法律规定的特殊情形下，其才体现为强制要约。《民法典》第 494 条第 2 款规定："依照法律、行政法规的规定负有发出要约义务的当事人，应当及时发出合理的要约。"可见，强制缔约不仅包括对承诺的强制，还包括对要约的强制，即根据法律的规定，某一权利主体有义务及时向他人发出要约以订立合同。③ 例如，《证券法》第 65 条第 1 款规定："通过证券交易所的证券交易，投资者持有或者通过协议、其他安排与他人共同持有一个上市公司已发行的有表决权股份达到百分之三十时，继续进行收购的，应当依法向该上市公司所有股东发出收购上市公

---

① 胡康生．中华人民共和国合同法实用问答．北京：中国商业出版社，1999：133.

② 朱广新．合同法总则．北京：中国人民大学出版社，2008：81.

③ 同②.

司全部或者部分股份的要约。”该规定主要是为了保护中小股东的利益，强制要求持有表决权股份达到30%的投资者向所有股东发出出售股份的要约。当然，在强制要约的情形下，要约的内容应当符合法律的要求。如果法律法规对要约的内容作出了规定，要约人不能在法律法规的规定之外另行提出要求，否则，相对人有权拒绝。

四、强制承诺

所谓强制承诺的义务，是指依据法律或行政法规的规定，一方当事人必须针对他人的要约作出承诺的意思表示，即对接受要约义务的强制。[1]《民法典》第494条第3款规定：“依照法律、行政法规的规定负有作出承诺义务的当事人，不得拒绝对方合理的订立合同要求。”在强制承诺的情形下，虽然承诺人依法负有必须订立合同的义务，但这并不意味着该合同可以依据法律的规定直接成立，而应当依据要约一承诺的一般程序订立合同。这就要求要约人必须作出明确的要约，强制缔约义务人负有必须作出承诺、订立合同的义务。

从我国现行立法规定来看，强制承诺包括如下情形。

第一，医疗机构在紧急抢救情形下的强制缔约义务。从比较法上来看，各国和各地区的法律大多规定了医疗机构的强制缔约义务，如《日本医师法》第19条规定：“从事诊疗之医师，在诊察治疗之请求存在的场合，若无正当事由，不得拒绝该请求。”由于医疗服务关系到公民的生命、健康权，法律对医疗服务行为进行了特别的规制，以保护患者的生命、健康权。因此，在特殊情形下，法律也规定了医疗机构负有强制缔约义务。例如，我国《执业医师法》第24条规定：“对急危患者，医师应当采取紧急措施进行诊治；不得拒绝急救处置。”《医疗机构管理条例》第31条也规定，“医疗机构对危重病人应当立即抢救”。在紧急情况下的救助义务也是一种强制缔约义务的体现，在患者需要紧急抢救的情况下，有患者家属或者第三人将患者送往医疗机构救治时，可以视为向医疗机构发出了订立医疗服务合同的要约，在此情况下，医疗机构负有强制缔约的义务。在医疗领域规定强制缔约，从根本上是为了保障患者的生命健康权，充分实现医疗机构的公益目的。

第二，供应电、水、气、热力等社会必需品的企业所负有的强制缔约义务。从比较法上看，在需要采用强制缔约制度的社会关系中，负有强制缔约义务的主体通常是提供水、电、气、热力等公共服务的大型企业。这类合同关系中的双方

---

① Staudinger/Bork, vor § 145, Rn. 29.

当事人在经济实力、谈判能力上存在较大的差异，如果仍然采用传统的绝对合同自由原则，则大型企业可能会不当利用合同订立的主动权，单方面决定交易对象、交易价格等合同内容，从而使合同相对方处于被动接受的不利地位。因此，双方当事人通过此种合同形成的利益关系就可能严重失衡，最终导致合同内容违背公平正义的基本民法原则，甚至有可能使合同另一方当事人不能获得必要的公共服务而影响其基本的生存。[①] 另外，在现代社会中，供用电、水、气、热力涉及千家万户，其事关社会的基本运行秩序和稳定，属于民生必需品，具有很强的公益色彩。正是因为其关系到基本民生，所以，供用电、水、气、热力合同不仅关系到当事人的利益，而且关系到社会公共利益。[②] 因此，强制缔约制度通常发生在向社会提供公共产品或者服务的一方与广大消费者之间的关系，以及基于维护社会公共利益的需要而必须缔结的合同关系之中。[③] 我国《合同法》虽然对供用电、水、气、热力合同的订立没有规定强制缔约，但在有关特别法之中，对此作出了规定。例如，《电力法》第 26 条第 1 款规定："供电营业区内的供电营业机构，对本营业区内的用户有按照国家规定供电的义务；不得违反国家规定对其营业区内申请用电的单位和个人拒绝供电。"这就确认了强制缔约义务。

第三，责任保险中的强制缔约。从比较法上来看，采用强制责任保险的方式来救济受害人，是比较普遍的做法。在欧美国家，强制责任保险被广泛采用，伴随着责任保险的发展，严格责任不断类型化。[④] 而且，从承保对象来看，强制责任险有从人身安全向财产安全扩张的趋势。例如，在英国，机动车强制责任保险最初仅保障人身，到 2003 年以后，其保障范围就扩大到财产。[⑤] 从在损害补救方面来看，强制责任保险发挥的作用也日益突出，这种作用表现在：一方面，通过责任保险来提供救济，避免责任人清偿能力的不足，并实现责任的社会化分担。[⑥] 绝大多数机动车致害的赔偿通过责任保险得以解决。据 1970 年的统计，在美国，机动车责任保险的保费收入在 1970 年达到 100 亿美元，在法国高达 90

---

① 韩世远．合同法总论．北京：法律出版社，2008：86.

② 崔建远．合同法．北京：法律出版社，2003：395.

③ ［德］海因·克茨．欧洲合同法：上卷．周忠海，等译．北京：法律出版社，2001：14.

④ Gerhard Wagner（ed.），Tort Law and Liability Insurance，Springer Wien New York 2005，p. 311.

⑤ Markesinis & Deakin. s，Tort Law，6th edition，Clarendon Press • Oxford，2008，p. 69.

⑥ 例如，英国在 1897 年制定了《工伤赔偿法》，首先在工伤领域实行严格责任，并逐步推行责任保险，1946 年制定了《全民保险（工伤）法》。See Andre Tuné，International Encyclopedia of Comparative Law Vol. 4，Torts，Introduction. J. C. B. Mohr (Paul Siebeck) Tübingen，1974，p. 45.

亿法郎，可以涵盖绝大多数交通事故责任。[①] 欧洲许多国家的责任保险几乎可以解决所有与交通事故相关的赔偿责任问题，从而极大地减缓了侵权法在事故责任领域所遇到的压力，为受害人提供了充分的救济。另一方面，责任保险除了能够提供有效赔偿，还以其简单、便捷的获赔程序而广受青睐，大量的责任保险的赔付都是由保险公司直接支付给受害人，从而免除了受害人烦琐的诉讼程序的负担。责任保险最大限度地节省了社会成本，有助于广泛地分散损失，使个人所受到的灾祸损害减到最小限度。[②]

我国《保险法》第65条规定了责任保险制度，但我国实践中的责任保险可以分为强制性责任保险和商业性责任保险。在商业性责任保险中，投保人可以自由决定是否投保，而只有在强制责任保险中，保险人才负有强制缔约义务。例如，《机动车交通事故责任强制保险条例》第10条规定，在机动车交通事故责任强制保险中，保险公司负有强制缔约义务。[③]

第四，从事公共运输的承运人应满足旅客、托运人通常、合理的运输要求。《民法典》第810条规定："从事公共运输的承运人不得拒绝旅客、托运人通常、合理的运输要求。"该条对从事公共运输的承运人施加了一种强制缔约的义务。所谓公共运输，是指面向社会公众的，由取得营运资格的营运人所从事的商业运输行为。强制缔约的内容是从事公共运输的承运人不得拒绝旅客、托运人通常、合理的运输要求。如何理解"通常、合理的运输要求"？首先，此处所说的"通常、合理的运输要求"，主要是就缔结合同而言的。也就是说，双方在订立合同时，托运人和旅客提出了与承运人缔约的要求，只要其要约的内容是通常的、合理的，承运人就应当接受该要约。通常的、合理的要求，包括运输线路的确定、运输工具的要求、票价的确定等。但如果该要求是不合理的，则承运人有权拒绝。例如，托运人选择的线路非常危险，或者愿意支付的运输费用过低，承运人也可以拒绝。其次，对"通常、合理的运输要求"也可以作扩大解释，即可以包括在运输过程中的要求。在运输过程中，承运人对旅客所提出的通常、合理的要求应该予以满足。例如，航空运输中应该提供基本的服务保障旅客正常的饮食，如提供饮料、矿泉水等。值得注意的是，"通常、合理的运输要求"不能根据个

① See Andre Tuné, International Encyclopedia of Comparative Law Vol. 4, Torts, Introduction, J. C. B. Mohr (Paul Siebeck) Tübingen, 1974, p. 51.

② See John Fleming, Is there a Future for Tort? 44 La. L. Rev. 1193, 1198.

③ 《机动车交通事故责任强制保险条例》第10条第1款规定："投保人在投保时应当选择具备从事机动车交通事故责任强制保险业务资格的保险公司，被选择的保险公司不得拒绝或者拖延承保。"

别旅客来进行确定，而应该根据交易习惯来进行认定。①

在强制承诺的情形下，必须于相对方提出合理缔约的请求后，受要约人才依法应当表示承诺。《民法典》第 810 条规定：“从事公共运输的承运人不得拒绝旅客、托运人通常、合理的运输要求。”此处明确提到了相对人必须提出要求，表明强制缔约义务的履行前提是相对人对其发出了订立合同的要约，否则合同无法成立。如果相对方没有提出请求，合同就不能成立。而且提出的要约必须是合理的，而不能是受要约人所无法接受的条件。一旦要约人提出了这种合理要约，受要约人就应当依法作出承诺。有学者认为，由于强制缔约义务的存在，即便义务人并没有做出明确的表示，仅仅是保持沉默，通常认为此时义务人属于“默示承诺”，合同也能够宣告成立。② 笔者认为，此种观点值得商榷。即使一方当事人负有强制承诺的义务，合同的成立也需要经过要约、承诺的阶段，在相对人发出要约后，负有强制缔约义务的一方应当及时作出承诺的意思表示，否则合同不能成立。只不过，依据特殊情形，如果受要约人不承诺，要约人可以起诉追究其法律责任，法院考虑法律设置强制缔约的目的等因素，也可以强制受要约人为承诺的意思表示，从而使合同成立。③ 例如，就强制责任保险来说，根据《机动车交通事故责任强制保险条例》第 10 条，保险公司具有强制缔约的义务。如果投保人选择某一保险公司投保，保险公司无故拒绝或拖延承保的，投保人可以向法院起诉要求保险公司与其订立保险合同，法院可以直接判决合同已经成立。如果因为保险公司无故拒绝或拖延承保给投保人造成损失的，保险公司应当负缔约过失责任。

第四百九十五条

当事人约定在将来一定期限内订立合同的认购书、订购书、预订书等，构成预约合同。

当事人一方不履行预约合同约定的订立合同义务的，对方可以请求其承担预约合同的违约责任。

本条主旨

本条是关于预约合同的规定。

---

① 胡康生．中华人民共和国合同法释义．北京：法律出版社，2009：448.

② 王泽鉴．债法原理．北京：北京大学出版社，2010：62.

③ 易军，宁红丽．强制缔约制度研究——兼论近代民法的嬗变与革新．法学家，2003（3）.

相关条文

《买卖合同司法解释》第 2 条　当事人签订认购书、订购书、预订书、意向书、备忘录等预约合同，约定在将来一定期限内订立买卖合同，一方不履行订立买卖合同的义务，对方请求其承担预约合同违约责任或者要求解除预约合同并主张损害赔偿的，人民法院应予支持。

理解与适用

一、预约合同的概念和特征

本条第 1 款规定："当事人约定在将来一定期限内订立合同的认购书、订购书、预订书等，构成预约合同。"预约合同也称为预备性契约，是指当事人所达成的、约定在将来一定期限内订立合同的允诺或协议。[①] 当事人在将来所订立的合同称为本约合同，而当事人约定在将来订立本约的合同即为预约合同。例如，当事人所订立的购买车票的合同为本约合同，而当事人事先达成的约定在将来购买车票的合同即为预约合同。从名称上看，究竟使用"预约"还是"预约合同"，在立法时曾经存在一定的争议。考虑到在实践中"预约"经常作为动词使用，如预约购房、预约租房、预约买货等，为避免歧义，《民法典》合同编借鉴有关司法解释的规定，采用了"预约合同"的提法。

预约合同在实践中已经广泛采用，并时常发生纠纷，而我国《合同法》并没有对预约合同作出规定，这就不利于明晰当事人之间的权利义务关系。例如，甲向乙购买房屋，双方签订了购房意向书，甲向乙支付了 5 万元定金，后因房屋价格上涨，乙又将房屋转让给丙，甲请求乙承担继续履行的责任。在该案中，由于甲乙之间仅订立了预约合同，而没有订立房屋买卖合同，如果法律不承认预约合同，则购房人甲无权请求乙承担违约责任，而只能主张缔约过失责任，这对购房人甲而言显然是极其不利的。可见，在法律上承认预约合同，对消费者权益保护也是十分重要的。因此，《买卖合同司法解释》第 2 条规定："当事人签订认购书、订购书、预订书、意向书、备忘录等预约合同，约定在将来一定期限内订立买卖合同，一方不履行订立买卖合同的义务，对方请求其承担预约合同违约责任或者要求解除预约合同并主张损害赔偿的，人民法院应予支持。"这就弥补了《合同法》的漏洞。正是在总结上述司法实践经验的基础上，《民法典》合同编对

---

① Werk, in Münchener Kommentar zum BGB, Vor § 145, Rn. 60.

预约合同作出了规定。

预约合同具有如下法律特征。

第一，预约合同以订立本约合同为目的，因此，只有当事人具有在将来订立本约的意思，当事人的合意才能被称为预约合同。① 由于本约合同的缔约目的是形成特定的法律关系，如买卖、租赁、承揽等关系，因此预约合同只是向本约合同的过渡阶段。当事人订立预约合同的主要目的是保证有足够的时间磋商，或者避免对方当事人反悔，以为本约合同的订立做准备。通常，要认定是否存在订立本约合同的意图，应当结合当事人在意向书中的约定、当事人的磋商过程、交易习惯等因素综合认定。因此，在预约合同中，当事人必须明确表达要订立本约合同的意思表示，且表达受该合意拘束的意思。②

第二，预约合同本质上是一种合意。也就是说，虽然预约合同是为了将来订立本约合同而签订的，但其本身具有独立性，是当事人以未来订立合同为内容的合意，该合同旨在保障本约合同的订立。③ 既然当事人已就此内容达成合意，并且符合法律规定的合同成立和生效要件，其就应当受到该合意的拘束。例如，预约租赁某个房屋，就使当事人负有订立房屋租赁合同的义务。又如，订购某件商品的预约合同，使当事人负有订立买卖该商品的合同的义务。正是因为预约合同是一种独立的合同，所以必须由双方完成要约、承诺的过程并达成合意；而且在一方违反预约合同约定时，其应当承担违约责任。

第三，预约合同是与本约合同相区别的合同。从性质上看，预约合同和本约合同是相互独立且相互关联的两个合同。④ 尽管预约合同是为了订立本约合同而订立的，而且是在订立本约合同的过程中订立的，但当事人已经就订立预约合同形成合意并且该合意具有相对独立性，因此预约合同可以与本约合同分离，成为独立的合同类型。⑤ 例如，当事人在实践中预订房间，虽然是为了将来订立租赁合同，但是该预约合同本身也属于独立的合同。从合同产生的请求权来看，预约合同仅产生缔约请求权，而本约合同则产生本约合同履行请求权。⑥

---

① Werk, in Münchener Kommentar zum BGB, Vor § 145, Rn. 62.

② 陈进．意向书的法律效力探析．法学论坛，2013 (1).

③ Werk, in Münchener Kommentar zum BGB, Vor § 145, Rn. 60.

④ 宋晓明，张勇健，王闯．《关于审理买卖合同纠纷案件适用法律问题的解释》的理解与适用．人民司法，2012 (15).

⑤ S. auch BGH DB 1961, 469=LM § 313 Nr. 19; LG Gießen NJW-RR 1995, 524; Henrich, Vorvertrag, Optionsvertrag, Vorrechtsvertrag, 1965, S. 116 f.

⑥ 刘俊臣．合同成立基本问题研究．北京：中国工商出版社，2003：156，162，166.

二、预约合同不同于本约合同

法律上之所以承认预约合同，是因为虽然预约合同是为了订立本约合同，但其又不同于本约合同，因此有必要将两者分开。在实践中，有的法院在判决有关预约合同的纠纷中，要求违反预约合同的一方当事人承担违约金等违约责任，这显然是因为没有明确区分预约合同与本约合同。笔者认为，应当依据如下标准区分预约与本约：一是当事人约定的内容。预约的内容是将来订立本约合同，而本约合同则是关于合同具体内容的约定。① 例如，在房屋租赁合同中，预约合同是将来订立租赁合同的约定，而关于价金、具体房屋的约定则属于本约合同的内容。二是违反合同的责任后果不同。在预约合同中，当事人一般不会约定违反本约合同的责任。而对本约合同而言，当事人通常都会约定违约责任条款，如违约金等。这也是当事人愿意受其意思表示拘束的具体体现。此外，当事人违反预约合同时，非违约方可以主张违约方订立合同；而当事人违反本约合同时，并不产生请求对方当事人订立合同的违约责任，而只是产生继续履行、赔偿损失等违约责任。

预约合同也不同于纯粹的订约意向书。笔者认为，在法律上应当严格区分预约合同与意向书，两者的区别主要表现在：一是当事人是否具有订立本约合同的意图不同。意向书本身是一种订约的意向，对于当事人而言一般不具有法律上的拘束力②；而预约合同的成立要求当事人必须明确表达在将来订立本约的意思表示，而且当事人应当有受该意思表示拘束的意思。③ 在当事人达成意向书、备忘录等情形下，如果难以认定当事人有在将来一定期限内订立本约的义务，则不应当认定在当事人之间成立预约合同，其对当事人不具有拘束力。④ 二是是否包含了订立本约合同的内容不同。意向书本身并未确定任何合同的条款，但是预约合同中往往确定了部分合同条款。也就是说，与意向书相比较，预约合同的内容应当具有一定的确定性。⑤ 三是是否包括了违约责任的约定不同。有一些预约合同实际上也约定了违约责任，而在意向书中，由于其内容通常并不十分明确，往往没有关于违约责任的约定。应当看到，在实践中，当事人在订立合同时往往将预

---

① 刘承韪．预约合同层次论．法学论坛，2013（6）．

② 同①．

③ 陈进．意向书的法律效力探析．法学论坛，2013（1）．

④ Werk，in Münchener Kommentar zum BGB，Vor § 145，Rn. 63. BGH NJW 2006，2843 Rn. 11；NJW-RR 1992，977，978；1993，139，140；RGZ 73，116，119.

⑤ BGHZ 97，147，154＝NJW 1986，1983，1985；BGH BB 1953，97＝LM § 705 Nr. 3；NJW 2001，1285，1286.

约合同写作意向书，但是法律应当引导当事人尽量避免使用“意向书”这一表述。

三、当事人一方不履行预约合同约定的订立合同义务的，对方可以请求其承担预约合同的违约责任

本条第 2 款规定：“当事人一方不履行预约合同约定的订立合同义务的，对方可以请求其承担预约合同的违约责任。”这就明确了违反预约合同的责任。区分预约合同和本约在很大程度上是为了区分二者的违约责任。如果双方当事人在预约合同中约定了违约责任，则应当根据当事人的约定确定其违约责任。但如果预约合同中没有约定违约的后果，则违反预约合同的一方究竟应当承担何种责任，应当依据具体情况予以判断，例如，要求当事人进行磋商或对不能订立合同的损失进行损害赔偿。①

在一方违反预约合同的情况下，另一方也可以要求解除该预约合同。在德国法上，在预约合同一方当事人不按照约定订立本约合同或者不按照约定进行磋商时，另一方当事人可以依据《德国民法典》第 323 条的规定解除预约合同。② 但是，在违反预约合同的情况下，非违约方并没有遭受实际损失，因此很难适用根本违约制度来衡量其违约的程度。毕竟当事人之间只是订立了预约合同，因此违反预约合同对于非违约方造成的损失是有限的。依据《买卖合同司法解释》第 2 条的规定，预约合同的当事人“要求解除预约合同并主张损害赔偿的，人民法院应予支持”。这实际上明确承认了预约合同的解除与损害赔偿可以并用，这与《合同法》第 97 条确立的合同解除与损害赔偿可以并用的规则是一致的。而且，从实际来看，当事人一方违反预约合同后，即便对方解除了预约合同，也会遭受一定的损失。当事人通过请求赔偿损失，可以实现对其的充分救济。

在违反预约合同的情况下，如果当事人有特别约定的，应当尊重其约定。例如，预订宾馆的客房，并交付了 1 000 元的订金，双方在预定时就约定，如果到期不租，就丧失订金。此时对于订金的约定，就是当事人约定的特殊责任，因此在违反预约合同时就依据该约定承担责任。如果当事人没有特别约定，则依据《民法典》第 495 条，违约方应当承担如下责任。

（一）定金责任

预约合同是一个独立的合同，因此对其可以适用《民法典》合同编通则中关

① 韩强．论预约的效力与形态．华东政法学院学报，2003（1）．

② BGH NJW 2001，1285，1287.

于定金责任的一般规定。这就是说，如果当事人在预约合同中约定了定金责任，那么给付定金的一方不履行义务，无权请求返还定金；收受定金的一方不履行义务，应当双倍返还定金。

（二）损害赔偿

在违反预约合同的情形下，非违约方不仅享有请求违约方订立本约合同的请求权，而且可产生损害赔偿请求权。① 但关键在于，如何确立损害赔偿的依据和范围。笔者认为，在一方违反预约合同的情形下，应当采完全赔偿原则，即应赔偿当事人订立合同时违约方可以合理预见到的损失。② 例如，甲要在“十一”黄金周期间预订某个宾馆的房间，甲应当预见到，在黄金周期间宾馆房间会爆满，临时退房会给宾馆造成一定的损失。如果在“十一”的前几天退房，宾馆也可以采取某种减轻损害的方式。但是，如果在“十一”当天退房，宾馆将无法采取补救措施。所以，甲要承担宾馆的一定的租金损失。由此可见，损害赔偿应当根据个案按照可预见性规则进行判断，法律上很难确定统一的标准。无论如何，此处所说的损害赔偿不能完全等同于违反本约合同的赔偿。由于本约合同还没有成立，未产生可得利益，因此违反预约合同不应当赔偿可得利益的损失。例如，一方预订房屋后，因各种原因而退房，此种损失的计算与违反租赁合同的责任是有区别的。即使当天退房，也不能完全按照租金赔偿，否则就混淆了违反预约合同和违反本约合同的责任。

还应注意的是，违反预约合同与缔约过失责任的损害赔偿范围存在一定区别。在缔约过失情况下，由于损害赔偿范围主要局限于信赖利益，因此有过错一方的赔偿数额一般不可能达到合同有效或者合同成立时的履行利益的范围。而在违反预约合同的情况下，则应采取完全赔偿原则，赔偿范围不受信赖利益范围的限制。

（三）依具体情形作出实际履行

对于实际履行是否可以成为预约合同的违约责任的承担方式，在各国立法中规定是不同的。除了极个别国家民法允许强制违约方实际履行以外，其他国家一般都允许由法官依据具体情形确定违约责任。例如，在房屋买卖的预约合同中，如果开发商已经将房屋出售，就无法适用实际履行的责任。但如果在违反预约合同的情形下，由于当事人并未达成本约，因而不能要求本约中履行利益的赔偿，非违约方只能请求为准备订约而支付的各项合理费用的损害赔偿。可见，违约责任的规则不能完全适用于预约合同。在违反预约合同的情形下，是否可以实际履

① BGH NJW 1990，1233.

② 陆青．《买卖合同司法解释》第2条评析．法学家，2013（3）.

行，应当根据案件具体情况予以认定。

第四百九十六条

格式条款是当事人为了重复使用而预先拟定，并在订立合同时未与对方协商的条款。

采用格式条款订立合同的，提供格式条款的一方应当遵循公平原则确定当事人之间的权利和义务，并采取合理的方式提示对方注意免除或者减轻其责任等与对方有重大利害关系的条款，按照对方的要求，对该条款予以说明。提供格式条款的一方未履行提示或者说明义务，致使对方没有注意或者理解与其有重大利害关系的条款的，对方可以主张该条款不成为合同的内容。

本条主旨

本条是关于格式条款的规定。

相关条文

《合同法》第 39 条　采用格式条款订立合同的，提供格式条款的一方应当遵循公平原则确定当事人之间的权利和义务，并采取合理的方式提请对方注意免除或者限制其责任的条款，按照对方的要求，对该条款予以说明。

格式条款是当事人为了重复使用而预先拟定，并在订立合同时未与对方协商的条款。

《民事诉讼法司法解释》第 31 条　经营者使用格式条款与消费者订立管辖协议，未采取合理方式提请消费者注意，消费者主张管辖协议无效的，人民法院应予支持。

《合同法司法解释二》第 6 条　提供格式条款的一方对格式条款中免除或者限制其责任的内容，在合同订立时采用足以引起对方注意的文字、符号、字体等特别标识，并按照对方的要求对该格式条款予以说明的，人民法院应当认定符合合同法第三十九条所称“采取合理的方式”。

提供格式条款一方对已尽合理提示及说明义务承担举证责任。

第 9 条　提供格式条款的一方当事人违反合同法第三十九条第一款关于提示和说明义务的规定，导致对方没有注意免除或者限制其责任的条款，对方当事人申请撤销该格式条款的，人民法院应当支持。

第 10 条　提供格式条款的一方当事人违反合同法第三十九条第一款的规定，

并具有合同法第四十条规定的情形之一的，人民法院应当认定该格式条款无效。

《消费者权益保护法》第26条 经营者在经营活动中使用格式条款的，应当以显著方式提请消费者注意商品或者服务的数量和质量、价款或者费用、履行期限和方式、安全注意事项和风险警示、售后服务、民事责任等与消费者有重大利害关系的内容，并按照消费者的要求予以说明。

经营者不得以格式条款、通知、声明、店堂告示等方式，作出排除或者限制消费者权利、减轻或者免除经营者责任、加重消费者责任等对消费者不公平、不合理的规定，不得利用格式条款并借助技术手段强制交易。

格式条款、通知、声明、店堂告示等含有前款所列内容的，其内容无效。

理解与适用

一、格式条款的概念

《民法典》第496条第1款规定："格式条款是当事人为了重复使用而预先拟定，并在订立合同时未与对方协商的条款。"可见，所谓格式条款，是指由一方当事人为了反复使用而预先制订的、并由不特定的第三人所接受的，在订立合同时不与对方协商的条款。格式条款的产生和发展是20世纪合同法发展的重要标志之一。格式条款的出现，不仅改变了传统的订约方式，而且对合同自由原则形成了挑战。因此，各国纷纷通过修改和制定单行法律等方式对格式条款进行规范。格式条款具有如下特点。

第一，格式条款是由一方为了重复使用而预先制订的。格式条款必须是在订约以前就已经预先制订出来，而不是在双方当事人反复协商的基础上制订出来的。制订格式条款的一方多为固定提供某种商品和服务的公用事业部门、企业和有关的社会团体等，当然也有些格式条款文件是由有关政府部门为企业制订的，如常见的电报稿上的发报须知、飞机票上的说明等。格式条款一般都是为了重复使用而不是为一次性使用制订的，因此从经济上看其有助于降低交易费用，尤其是许多交易活动是不断重复进行的，许多公用事业服务具有既定的要求，通过格式条款的方式可以使订约基础明确、节省费用、节约时间，这也符合现代市场经济高度发展的要求。

第二，格式条款一方通常是不特定的。格式条款是为与不特定的人订约而制订的，因而格式条款在订立以前，要约方总是特定的，而承诺方都是不特定的，这就与一般合同当事人双方都是特定主体有所不同。如果一方根据另一方的要求而起草供对方承诺的合同文件，则仍然是一般合同文件而不是格式条款文件。当然，在不特定的相对人实际进入订约过程以后，其事实上已由不特定人变成了特定的承诺人。正是因为格式条款常常将要适用于广大的消费者，所以对格式条款加以规范，对保护广大消费者的利益具有十分重要的作用。

第三，格式条款的内容具有定型化的特点。所谓定型化，是指格式条款具有稳定性和不变性，它将普遍适用于一切要与起草人订立合同的不特定的相对人，而不因相对人的不同有所区别。一方面，格式条款文件普遍适用于一切要与条款的制订者订立合同的相对人，相对人对合同的内容只能表示完全的同意或拒绝，而不能修改、变更合同的内容。因此，格式条款也就是指在订立合同时不能与对方协商的条款。另一方面，格式条款的定型化是指在格式条款的适用过程中，要约人和承诺人双方的地位是固定的，而不像一般合同在订立过程中，要约方和承诺方的地位可以随时改变。

值得注意的是，根据《民法典》第 496 条第 1 款的规定，“格式条款是当事人为了重复使用而预先拟定，并在订立合同时未与对方协商的条款”，可见，格式条款的主要特点在于未与对方协商。笔者认为，对《民法典》第 496 条第 1 款的规定，应理解为格式条款是指在订立合同时不能与对方协商的条款。因为未与对方协商的条款并不意味着条款不能与对方协商，某些条款是有可能协商确定的，但条款的制订人并没有与对方协商，而相对人也没有要求就这些条款进行协商，但这并不意味着这些条款便属于格式条款。格式条款只能是不能协商的条款，如果当事人一方在能够协商的情况下不与对方协商，或放弃协商的权利，则不能将这些未协商的条款直接确定为格式条款。

第四，相对人在订约中居于附从地位。相对人并不参与协商过程，只能对一方制订的格式条款概括地予以接受，而不能就合同条款讨价还价，因而相对人在合同关系中处于附从地位。格式条款的这一特点使得它与某些双方共同协商参与制订的“格式条款”不同，后一种合同虽然外观形式上属于“格式条款”，但因其内容是由双方协商确定的，所以，仍然是一般合同而不是格式条款。① 正是因为相对人不能与条款的制订人就格式条款的具体内容进行协商，所以格式条款的适用将限制合同自由，而且极易造成对消费者的损害。因为消费者通常都是弱者，条款的制订人通常都是大公司、大企业，后者有可能垄断一些经营与服务事业，消费者在与其进行交易时通常别无选择，只能接受其提出的不合理的格式条款。因此，格式条款的制订对制订的一方来说是自由的，而对相对人来说则是不

① 如 1919 年的“德国海上保险约款”就是由德国海上保险公司、海上贸易关系团体及保险契约者保护所协商制订的格式条款。

自由的。这就造成了格式条款的弊端，从而有必要对格式条款在法律上进行控制。当然，对于相对人来说，虽然其不具有充分表达自己意志的自由，但从法律上看，其仍然应当享有选择是否接受格式条款的权利，因此仍享有一定程度的合同自由。所以，格式条款的适用，并没有完全否定合同自由原则。

合同法采用格式条款而不是格式合同的概念，意味着在一个合同中可以将所有的条款分为两类，即格式条款与非格式条款，即使不存在书面合同，那么对于已经纳入合同中的格式条款，也可以适用《民法典》合同编的相关规定。

格式条款常常与示范合同相混淆。所谓示范合同，是指根据法规和惯例而确定的具有示范使用作用的文件。在我国，房屋的买卖、租赁、建筑等许多行业正在逐渐推行各类示范合同。示范合同的推广对于完善合同条款、明确当事人的权利义务、减少因当事人欠缺合同法律知识而产生的各类纠纷具有一定的作用。但由于示范合同只是当事人双方签约时的参考文件，对当事人无强制约束力，双方可以修改其条款形式和格式，也可以增减条款，因而其不是格式条款。格式条款是固定的、不能修改的；而示范合同只是订约的参考，因此是可以协商修改的。

二、提供格式条款的一方负有遵循公平原则、提请注意或说明的义务

本条第 2 款规定："采用格式条款订立合同的，提供格式条款的一方应当遵循公平原则确定当事人之间的权利和义务，并采取合理的方式提示对方注意免除或者减轻其责任等与对方有重大利害关系的条款，按照对方的要求，对该条款予以说明。提供格式条款的一方未履行提示或者说明义务，致使对方没有注意或者理解与其有重大利害关系的条款的，对方可以主张该条款不成为合同的内容。"该款包含了如下几个方面的内容。

(一) 提供格式条款的一方应当遵循公平原则确定当事人之间的权利和义务

所谓公平原则，是指民事主体应本着公平、正义的观念实施民事行为，司法机关应根据公平的观念处理民事纠纷，民事立法也应该充分体现公平的理念。在罗马法中，就有一项重要规则，即"无论任何人均不得基于他人的损害而受有利益"(nam hoc natura aequum est neminem cum alterius derimento et iniuria fieri locupletiorem)①，这实际上体现的也是公平原则。从比较法上看，有的国家对公平原则作出了规定，例如，《瑞士民法典》第 4 条规定："依本法所作的裁判，或判断具体状况，或认定重要原因是否存在时，法官应根据法理公平裁判。"我国民法历来将公平原则作为基本原则。我国《民法典》总则在总结这些立法经验的

---

① D. 50，17，206.

基础上，于第 6 条规定："民事主体从事民事活动，应当遵循公平原则，合理确定各方的权利和义务。"这就在法律上明确确认了公平原则。

公平原则是民事活动的目的性的评价标准。这就是说，任何一项民事活动，是否违背了公平原则，常常难以从行为本身和行为过程作出评价，而需要从结果上按照是否符合公平的要求来进行评价。如果交易造成了当事人之间的极大的利益失衡，除非当事人自愿接受，依法应当对其作出适当的调整。例如，依据过错原则所作出的裁判结果违背了公平原则，则可以依据公平原则进行调整。由于公平是一种目的性的评价标准，因此公平原则更多地体现了实质正义的要求。在合同法领域，这一原则常常体现为等价有偿原则，它是指民事主体在从事民事活动时要按照价值规律的要求进行等价交换，实现各自的经济利益。按照这一原则，除了法律另有规定或者当事人另有约定之外，取得他人财产利益或者获得他人提供的劳务者，都应提供相应的对价。

由于提供格式条款的一方常常居于优势地位，而相对人在订约中居于附从地位，为了保障交易的公平，法律要求提供格式条款的一方应当遵循公平原则确定当事人之间的权利和义务，在格式条款的制定中，不得利用其优势地位损害另一方的权益，更不得利用对方的无经验或者是利用自己的优势地位导致民事主体之间利益关系失衡。

（二）提供格式条款的一方应当采取合理的方式提示对方注意免除或者减轻其责任等与对方有重大利害关系的条款

提供格式条款的一方应当采取合理的方式提示对方注意一些重要条款，也就是说，提供格式条款的一方应当在合同订立过程中告知对方注意一些重要条款，并应当理解这些条款的内容。因为各种原因，一方提供的格式条款中，对一些相关的重要条款表述得似是而非，非专业人士难以理解其中隐藏的含义，特别是隐藏设定的免责条款，更难以被相对人理解，对方可能并没有注意到一些条款的重要性，等到条款生效后已经来不及，这样不仅会使条款显失公平、损害相对人的利益，也会徒增纠纷。因此法律要求提供格式条款的一方应当采取合理的方式提示对方注意一些重要条款。哪些条款应当提请注意？依据本条第 2 款，此类条款主要包括：一是免除或者减轻责任条款。免责条款是当事人双方在合同中事先约定的，旨在限制或免除其未来的责任的条款，因此其与当事人利益攸关。二是与对方有重大利害关系的条款，如仲裁条款、选择鉴定单位的条款等。《国际商事合同通则》第 2.1.20 条第 1 款规定："如果标准条款中含有的条款，依其性质，另一方当事人不能合理预见，则除非该另一方当事人明示地表示接受，否则该条款无效。"这实际上是提出了格式条款中异常条款的效力问题，所谓异常条款，就是指相对人不能合理预见到的条款。例如，双方在旅游合同中约定，旅行社仅仅作为游客住宿时旅馆经营者的代理人，不对该旅馆的食宿供应负责，该条款对游客来说是难以预见的。[①] 为了防止格式条款的制定者利用其优势地位拟订过分不利于相对人的条款，提供格式条款的一方应当采取合理的方式提示对方注意。

依据本条第 2 款，提示注意的方式应该合理。这就是说，提供格式条款的一方在订约时，有义务以明示或者其他合理、适当的方式提示相对人注意，且提示注意应当达到合理的程度。所谓合理方式，主要是指能引起注意、提请强调和吸引对方注意的方式。判断其是否达到合理的程度时，应当依据以下五个方面的标准。

第一，文件的外形。从文件的外在表现形式来看，应当使相对人产生它是规定当事人权利义务关系的合同条款的印象。

第二，提示注意的方法。根据特定交易的具体环境，提供格式条款的一方可以向相对人明示其条款或以其他显著方式如广播、张贴公告等形式提请相对人注意。在这些提请方式中，应当尽可能采用个别提醒的方式，不可能采用个别提醒方式的，应采用公告方式。[②]

第三，清晰明白的程度，即提示相对人注意的文字或语言必须清楚明白。如果一个正常人都难以注意到格式条款的存在，则难谓尽到了以合理的方式提示注意的义务。例如，以公告明示方式来提示注意的，其公告的内容和方式必须以使相对人容易察觉、阅读和理解为原则。[③] 《合同法司法解释二》第 6 条第 1 款规定："提供格式条款的一方对格式条款中免除或者限制其责任的内容，在合同订立时采用足以引起对方注意的文字、符号、字体等特别标识，并按照对方的要求对该格式条款予以说明的，人民法院应当认定符合合同法第三十九条所称'采取合理的方式'。"

第四，提示注意的程度，即必须能够引起一般相对人的注意。合理注意在不同情况下所确定的标准是不同的，但总的来说，应通过合理的方式提示注意而使相对人对条款的内容有足够的了解，或使相对人能够有更多的时间认真考虑格式条款。对一般的格式条款和具有免除责任内容的格式条款，在处理上应当有所区别，对后者应当课以制订人更高程度的说明告知义务。

（三）提供格式条款的一方应当按照对方的要求，对该条款予以说明

本条增加了提供格式条款的一方对于与对方有重大利害关系的条款，需要按

---

① 张玉卿．国际商事合同通则 2004．北京：中国商务出版社，2005：201．

② 崔建远．合同法总论：上卷．北京：中国人民大学出版社，2010：148．

③ 余延满．合同法原论．武汉：武汉大学出版社，1999：127．

照对方的要求进行说明的规定。所谓按照对方的要求，就是说，此种说明义务并非主动的作为义务，而是按照对方的要求所应当履行的义务。对方要求说明的，提供格式条款的一方有义务按照对方的要求说明，对方没有要求的，则提供格式条款的一方没有义务说明。所谓对该条款予以说明，就是说应当向对方详细阐述该条款的含义，使对方清晰地理解该条款。在比较法上，《国际商事合同通则》第2.19条、《德国民法典》第305c条和《奥地利普通民法典》第864a条都有类似规定。《合同法》第39条只规定了对于免除或限制责任条款的说明义务，其规定的说明义务覆盖的条款范围显然较小，不利于保护接受格式条款的一方当事人。因为在实践中，诸如争议解决条款、管辖条款甚至是诉讼时效条款等均与当事人有重大利害关系。此次合同编将说明义务覆盖的条款范围扩大至所有与当事人具有重大利害关系的条款，是十分必要的。

（四）提供格式条款的一方未履行提示或者说明义务的后果

本条还明确了未尽说明义务的法律效果。根据对方当事人的要求对该格式条款予以说明。在某些情况下，尽管条款制订人已经告知对方哪些条款是格式条款，但对方并不一定清楚地理解格式条款的含义。如果对方要求以某种方式作出告知和说明，则条款制订人有义务按照对方的要求进行说明，当然，这种特殊的要求应当限定在合理的范围内。

在我国，对于提供格式条款的一方未履行提示或者说明义务的后果，存在三种不同的观点：一是未成立说。此说认为，提供格式条款的一方未履行提示或者说明义务，该条款不成立，不属于合同内容。二是无效说。此说认为提供格式条款的一方未履行提示或者说明义务，该条款虽然成立，但是应当宣告无效。三是撤销说。此说认为，提供格式条款的一方未履行提示或者说明义务，对方可以在法院主张撤销。我国《民法典》第496条采用了“对方可以主张该条款不成为合同的内容”的表述，可见，《民法典》采取了未成立说，这与比较法上的通行规则保持了一致。[①] 相较于绝对无效而言，未成立说具有如下优点：一是相对人可以作出选择，如果其认可以主张该条款纳入合同内容，应当认定该条款的效力。二是如果主张该条款不成为合同的内容，则该条款不成立，不必像无效那样，产生恢复原状的后果。可见这一方式可以更好地保护接受格式条款的一方当事人的利益。但是，需要注意的是，依据诚信原则，接受格式条款的一方当事人必须及时主张是否将该条款纳入合同内容。

---

① 例如，《德国民法典》第305c条和《奥地利普通民法典》第864a条均采用了不作为契约组成部分的表述，即采纳了不成立说的观点。

第四百九十七条

有下列情形之一的，该格式条款无效：

（一）具有本法第一编第六章第三节和本法第五百零六条规定的无效情形；

（二）提供格式条款一方不合理地免除或者减轻其责任、加重对方责任、限制对方主要权利；

（三）提供格式条款一方排除对方主要权利。

本条主旨

本条是关于格式条款的无效的规定。

相关条文

《合同法》第40条　格式条款具有本法第五十二条和第五十三条规定情形的，或者提供格式条款一方免除其责任、加重对方责任、排除对方主要权利的，该条款无效。

《合同法司法解释二》第9条　提供格式条款的一方当事人违反合同法第三十九条第一款关于提示和说明义务的规定，导致对方没有注意免除或者限制其责任的条款，对方当事人申请撤销该格式条款的，人民法院应当支持。

第10条　提供格式条款的一方当事人违反合同法第三十九条第一款的规定，并具有合同法第四十条规定的情形之一的，人民法院应当认定该格式条款无效。

第52条　有下列情形之一的，合同无效：

（一）一方以欺诈、胁迫的手段订立合同，损害国家利益；

（二）恶意串通，损害国家、集体或者第三人利益；

（三）以合法形式掩盖非法目的；

（四）损害社会公共利益；

（五）违反法律、行政法规的强制性规定。

第53条　合同中的下列免责条款无效：

（一）造成对方人身伤害的；

（二）因故意或者重大过失造成对方财产损失的。

《消费者权益保护法》第26条　经营者在经营活动中使用格式条款的，应当以显著方式提请消费者注意商品或者服务的数量和质量、价款或者费用、履行期限和方式、安全注意事项和风险警示、售后服务、民事责任等与消费者有重大利害关系的内容，并按照消费者的要求予以说明。

经营者不得以格式条款、通知、声明、店堂告示等方式，作出排除或者限制消费者权利、减轻或者免除经营者责任、加重消费者责任等对消费者不公平、不合理的规定，不得利用格式条款并借助技术手段强制交易。

格式条款、通知、声明、店堂告示等含有前款所列内容的，其内容无效。

《电子商务法》第 49 条　电子商务经营者发布的商品或者服务信息符合要约条件的，用户选择该商品或者服务并提交订单成功，合同成立。当事人另有约定的，从其约定。

电子商务经营者不得以格式条款等方式约定消费者支付价款后合同不成立；格式条款等含有该内容的，其内容无效。

理解与适用

一、格式条款的无效的概念和类型

本条是关于格式条款的无效的规定。所谓格式条款的无效，是指格式条款因为违反了法律、行政法规的规定以及公序良俗，应当被宣告无效。尽管格式条款与一般合同条款一样，都应当按照民事法律行为的一般生效标准来判断，但格式条款本身具有其特殊性，对于格式条款的生效，在法律上应当有更为严格的限制。因此，《民法典》第 497 条规定："有下列情形之一的，该格式条款无效：(一) 具有本法第一编第六章第三节和本法第五百零六条规定的无效情形；(二) 提供格式条款一方不合理地免除或者减轻其责任、加重对方责任、限制对方主要权利；(三) 提供格式条款一方排除对方主要权利。"可见，格式条款无效的情形，较之于一般合同条款更多，对格式条款的生效限制更为严格。具体而言，格式条款的无效包括如下情形。

(一) 具有《民法典》总则编第六章第三节和《民法典》第 506 条规定的无效情形

第一，具有《民法典》总则编第六章第三节规定的无效情形。《民法典》第 153 条规定："违反法律、行政法规的强制性规定的民事法律行为无效，但是该强制性规定不导致该民事法律行为无效的除外。"依据这一规定，违反法律、行政法规强制性规定的民事法律行为无效。该条规定不仅确立了一种无效民事法律行为的类型，而且确立了判断民事法律行为无效的标准，当然可以适用于格式条款的效力判断。此外，依据《民法典》总则编第六章第三节的规定，一方以欺诈、胁迫的手段实施的民事法律行为被撤销的，或者因恶意串通、以虚假的意思表示实施的民事法律行为等，都是无效的，这些规定都可以适用于格式条款的效力认定。

第二，具有《民法典》第506条规定的无效情形。在市场交易活动中，由于交易充满了风险，因此当事人需要通过免责条款合理分配双方的利益和风险，事先规避风险。免责条款的设定有助于控制未来风险、合理规避风险、降低交易成本，从而有利于鼓励各类交易、促进交易的发展，也有利于及时解决纠纷。当然，当事人在规定免责条款时，必须符合法律、行政法规的强制性规定。格式条款中也会包括格式的免责条款，对这些条款的效力也应当根据法律关于免责条款效力的认定标准予以判断。《民法典》第506条规定："合同中的下列免责条款无效：（一）造成对方人身损害的；（二）因故意或者重大过失造成对方财产损失的。"该规定当然可以适用于格式条款的效力认定。例如，一方在格式条款中规定"如果因本公司售出的设备造成损害，本公司只赔偿设备本身的损害，不赔偿其他的损失"。显然，该条款免除了条款提供者未来因为其售出的设备造成的其他财产损失以及人身伤害的责任，其也应当属于无效条款。

（二）提供格式条款一方不合理地免除或者减轻其责任、加重对方责任、限制对方主要权利

提供格式条款一方不合理地免除或者减轻其责任、加重对方责任、限制对方主要权利，意味着条款制作人违反公平原则，不合理地确定当事人之间的权利和义务，导致格式条款显失公平。需要指出的是，依据本条规定，并非在格式条款出现免除或者减轻其责任、加重对方责任、限制对方主要权利的情形后，该格式条款都无效，而是这些条款本身具有不合理性，即不合理地免除或者减轻其责任、加重对方责任、限制对方主要权利。关于合理和不合理，需要根据一个合理的交易当事人的观点来判断。如果一个合理的交易当事人认为，有关免除或者减轻其责任、加重对方责任、限制对方主要权利的格式条款是不合理的，则应当认为存在效力瑕疵。具体而言，包括如下三种情形：一是不合理地免除或者减轻责任。免除或者减轻责任条款本身是合法的，但格式条款的制作人不得不合理地免除或者减轻其责任，如规定在合同履行过程中发生的一切不利后果都由对方负责；再如，商店中标示的"本店商品一经售出概不退换"的告示，都属于不合理地免除或者减轻责任的条款。二是不合理地加重对方责任。所谓加重责任，是指格式条款中含有在通常情况下对方当事人不应当承担的义务。如合同中规定消费者对于不可抗力发生的后果也应承担责任，有的规定了异常高的违约金。三是限制对方主要权利。例如，条款制作人为了达到长期占有客户或者垄断市场的目的，在格式条款中规定对方不得与任何第三方交易，只能与条款制作人交易，从而限制对方自由交易的权利。

（三）提供格式条款一方排除对方主要权利

所谓排除主要权利，是指格式条款中含有排除对方当事人按照通常情形应当享有的主要权利。如果将《民法典》第 497 条第 3 项与第 2 项相比较，可以看出，两者规定的内容具有明显的区别：一是第 3 项不存在“不合理地”的限定，只要是排除对方主要权利，就可以宣告该格式条款无效。二是第 3 项是排除，而并不包括限制。所以，在格式条款不合理地限制对方主要权利时，适用第 2 项，完全排除对方主要权利时，则适用第 3 项。

对于何谓主要权利，《民法典》合同编并未作明文规定。笔者认为，“主要权利”需要根据合同的性质予以确定，因为合同千差万别，性质各不相同，当事人享有的“主要权利”不可能完全一样。认定“主要权利”不能仅仅看双方当事人签订的合同的内容是什么，而应就合同本身的性质来考察。如果依据合同的性质能够确定合同的主要内容，则应以此确定当事人所享有的主要权利。① 例如，经营者在格式条款中规定，消费者对有瑕疵的物只能请求修理或者更换，不能解除合同或者减少价金，亦不能请求损害赔偿。再如，经营者在合同中拟定发生纠纷只能与其协商解决而不能进行诉讼或仲裁，或者在合同中自主决定解决争议的方法而排斥消费者的选择权。② 当然，如果暂时限制起诉时间，不能认为是排除对方主要权利。例如，在“六盘水恒鼎实业有限公司、重庆千牛建设工程有限公司建设工程施工合同纠纷案”中③，最高人民法院认为，合同中约定在付款期限内不得提起诉讼的条款，并非排斥当事人的基本诉讼权利，该条款仅是限制其在一定期限内的起诉权，而不是否定和剥夺当事人的诉讼权利，只是推迟了提起诉讼的时间，故其主张在付款期限内不得提起诉讼的条款无效缺乏事实和法律依据。

二、格式条款无效的后果

《民法典》第 156 条规定：“民事法律行为部分无效，不影响其他部分效力的，其他部分仍然有效。”依据这一规定，应当考虑格式条款无效是否会影响整个合同的效力。如果合同的内容可以分为若干部分，即有效部分和无效部分可以

---

① 《上海市合同格式条款监督条例》第 8 条规定：“格式条款不得含有排除消费者下列主要权利的内容：（一）依法变更或者解除合同；（二）请求支付违约金或者请求损害赔偿；（三）行使合同解释权；（四）就合同争议提起诉讼的权利；（五）消费者依法享有的其他主要权利。”以上内容可资参照。

② 关于《上海市合同格式条款监督条例（草案）》的说明//上海市工商行政管理局．上海市合同格式条款监督条例释义与应用．上海：华东理工大学出版社，2001：60－61.

③ 参见（2016）最高法民终 415 号民事判决书。

独立存在，一部分无效并不影响另一部分的效力，那么格式条款的无效，并不等于含有格式条款的合同的无效。格式条款的无效可能只是指某些格式条款的无效，属于部分无效，但不影响合同其他条款的效力，也不影响合同的整体效力。① 当然，如果格式条款与整个合同条款不可分开，则有关格式条款被宣告无效，整个合同也应当被宣告无效。

如果有关格式条款违反法律、行政法规的规定而无效，当事人也可以采取补正的方式使其有效。这就是说，有关格式条款违法，当事人可以通过协商对于这些条款进行修正。例如，格式条款不合理地免除或者减轻其责任、加重对方责任的，可以对这些条款进行修改，消除其无效的原因，从而使无效的格式条款变为有效条款。

格式条款被宣告无效，则为自始无效。民事法律行为一旦被确认无效，就将产生溯及力，使该行为自实施之时起就不具有法律效力，以后也不能转化为有效法律行为。对已经履行的，应当通过返还财产、赔偿损失等方式使当事人的财产恢复到法律行为实施之前的状态。

《民法典》第157条规定："民事法律行为无效、被撤销或者确定不发生效力后，行为人因该行为取得的财产，应当予以返还；不能返还或者没有必要返还的，应当折价补偿。有过错的一方应当赔偿对方由此所受到的损失；各方都有过错的，应当各自承担相应的责任。法律另有规定的，依照其规定。"依据这一规定，格式条款被认定为无效后，应当产生返还财产、折价补偿、赔偿损失的法律后果。

第四百九十八条

对格式条款的理解发生争议的，应当按照通常理解予以解释。对格式条款有两种以上解释的，应当作出不利于提供格式条款一方的解释。格式条款和非格式条款不一致的，应当采用非格式条款。

本条主旨

本条是关于格式条款解释规则的规定。

① 苏号朋．论格式条款订入合同的规则//第二届"罗马法、中国法与民法法典化"国际研讨会论文集：272.

相关条文

《电子商务法》第 49 条第 2 款 电子商务经营者不得以格式条款等方式约定消费者支付价款后合同不成立；格式条款等含有该内容的，其内容无效。

《保险法》第 17 条第 1 款 订立保险合同，采用保险人提供的格式条款的，保险人向投保人提供的投保单应当附格式条款，保险人应当向投保人说明合同的内容。

第 30 条前段 采用保险人提供的格式条款订立的保险合同，保险人与投保人、被保险人或者受益人对合同条款有争议的，应当按照通常理解予以解释。

《邮政法》第 22 条 邮政企业采用其提供的格式条款确定与用户的权利义务的，该格式条款适用《中华人民共和国合同法》关于合同格式条款的规定。

《消费者权益保护法》第 26 条第 1 款 经营者在经营活动中使用格式条款的，应当以显著方式提请消费者注意商品或者服务的数量和质量、价款或者费用、履行期限和方式、安全注意事项和风险警示、售后服务、民事责任等与消费者有重大利害关系的内容，并按照消费者的要求予以说明。

《合同法》第 41 条 对格式条款的理解发生争议的，应当按照通常理解予以解释。对格式条款有两种以上解释的，应当作出不利于提供格式条款一方的解释。格式条款和非格式条款不一致的，应当采用非格式条款。

《旅行社条例》第 29 条 旅行社在与旅游者签订旅游合同时，应当对旅游合同的具体内容作出真实、准确、完整的说明。

旅行社和旅游者签订的旅游合同约定不明确或者对格式条款的理解发生争议的，应当按照通常理解予以解释；对格式条款有两种以上解释的，应当作出有利于旅游者的解释；格式条款和非格式条款不一致的，应当采用非格式条款。

《保险法司法解释二》第 14 条 保险合同中记载的内容不一致的，按照下列规则认定：

（一）投保单与保险单或者其他保险凭证不一致的，以投保单为准。但不一致的情形系经保险人说明并经投保人同意的，以投保人签收的保险单或者其他保险凭证载明的内容为准；

（二）非格式条款与格式条款不一致的，以非格式条款为准；

（三）保险凭证记载的时间不同的，以形成时间在后的为准；

（四）保险凭证存在手写和打印两种方式的，以双方签字、盖章的手写部分的内容为准。

第 17 条 保险人在其提供的保险合同格式条款中对非保险术语所作的解释

符合专业意义，或者虽不符合专业意义，但有利于投保人、被保险人或者受益人的，人民法院应予认可。

理解与适用

一、格式条款解释的概念

本条规定了格式条款的解释规则。所谓格式条款的解释，是指根据一定的事实，遵循有关的原则，对格式条款的含义作出说明。一般来说，如果格式条款的各项条款明确、具体、清楚，而当事人对条款的理解不完全一致，因而发生争执，便涉及合同的解释问题。例如，在我国温州等地，一些典当铺制订的格式条款中曾有“天灾人祸，皆不负责”的条款，当事人对天灾人祸含义的理解并不一致，容易产生纠纷。因此，对格式条款作出准确的解释，对于正确确定当事人之间的权利义务，保护各方当事人合法权益，并使格式条款保持合法性和公平性，是十分必要的。

由于格式条款与非格式条款之间存在诸多差异，因而格式条款的解释也具有一定的特殊性。从性质上看，由于格式条款仍然属于合同条款，而不属于法律规范，因而不能按照解释法律的方法来解释格式条款，而应当采纳一般合同解释所应遵循的原则。例如，解释合同应考虑合同的目的，应按照合同的全部条款解释而不能仅拘泥于个别文字，应公平合理并兼顾双方的利益，不得违反法律规定等。

二、格式条款解释的规则

需要指出的是，格式条款虽然是合同条款，但又与一般合同条款有所区别。因为格式条款是一方为了反复使用而预先制订的，格式条款不是为特定的相对人制订的，而是为不特定的相对人制订的，所以格式条款的解释所依据的规则又具有特殊性。根据本条规定，格式条款的解释应当采取以下三项特殊的解释规则。

（一）按照通常理解予以解释

按照通常理解予以解释，是指对于格式条款，应当以可能订约者平均的、合理的理解为标准进行解释。既然格式条款是为不特定的人制订的，那么格式条款就应考虑到多数人而不是个别消费者的意志和利益。因此，在就格式条款发生争议时，应以可能订约者平均的、合理的理解为标准进行解释。

第一，除当事人有特别约定以外，格式条款的解释应超脱于具体环境及特殊的意思表示，即不应把各个具体的订约环境或特别的意思表示作为解释合同的考虑因素，并据此探求个别当事人的真实意志。

第二，对某些特殊的术语应作出平常的、通常的、通俗的、日常的、一般意义的解释。如果某个条款所涉及的术语或知识不能为某个可能订约的相对人所理解，则应以可能订约者的平均的、合理的理解为基础进行解释。同时，如果某个条款涉及的术语或知识不能为相对人的平均理解能力所理解，则条款制订人不能主张该条文具有特殊含义。当然，如果条款所适用的对象本身是具有专门知识的人（如海上保险条款），并为其所理解，则应就条款所使用的特殊术语作出解释。

第三，若格式条款经过长期使用以后，消费者对其中某些用语的理解，与条款制订方的理解有所不同，则应以交易时消费者的一般理解为标准进行解释。

第四，应根据其适用的不同地域、不同职业团体的可能订约者的一般理解来解释合同。格式条款适用于不同地域和团体时，各个地域和团体内的相对人对格式条款内容的理解是不同的，因此应以不同地域和团体的消费者平均的、合理的理解为标准进行解释。在格式条款中，如果某些术语或文字具有特定的含义，对此种含义，虽然不能被可能订约者的平均、合理的理解能力所理解，但确为某个具有专门知识的订约人所理解，在此情况下，是应依个别有专门知识当事人的理解意思还是应适用统一解释原则进行解释，在理论上有不同看法。笔者认为，既然格式条款应实现条款制订人和不特定的相对人之间的利益的平衡，那么解释合同应考虑大多数可能订约者而不是个别订约者的意志。因此，即使个别当事人对条款的特殊含义能够理解，也仍应以格式条款可能订约者平均的、合理的理解为标准进行解释。

（二）作出对条款制订人不利的解释

法谚上有所谓“用语有疑义时，就对使用者为不利益的解释”，各国大多采纳了这一规则，我国《民法典》第498条也规定应当作出不利于格式条款提供者一方的解释。因为既然格式条款是由一方制订的而不是由双方商订的，那么各项条款可能是其制订人基于自己的意志所作的有利于自己的条款，尤其是条款制订人可能会故意使用或插入意义不明确的文字以损害消费者的利益，或者从维持甚至强化其经济上的优势地位出发，将不合理的解释强加于消费者，所以，为维护消费者的利益，在条款含义不清楚时，就应对条款制订人作不利的解释。

（三）格式条款和非格式条款不一致的，采用非格式条款

在一般的合同解释中，如果个别商议的条款与一般条款不一致，那么个别商议条款应当优先于一般条款。对格式条款而言，其是由一方预先制订的，当格式条款与非格式条款的含义不一致时，应当认定非格式条款优先于格式条款。这既尊重了双方当事人的真实意思，也有利于保护广大消费者的利益。

此外，在格式条款的解释中，还应当遵循严格解释原则。严格解释又称为限制解释，它包括两层含义：一方面，是指在格式条款的解释中，应从维护公平正义的目的出发，对合同没有规定或规定不完备的事项，不得采用类推或扩张适用某些条文的适用范围的方法进行解释。因为如果允许对格式条款未规定或规定不完备的事项根据合同的条文简单加以类推、扩张和补充，可能会产生对相对人不利的后果。另一方面，在某个条文的适用范围不明确时，应从"最狭义"的含义进行解释。例如，免责条款未指明是免除合同责任还是侵权责任时，因侵权责任具有一定的强制性，通常涉及公共秩序，故应尽可能地不使当事人通过协议而免责。此外，在格式条款中，有时将具体事项一一加以列举，最后用"其他"或"等等"字样加以概括规定，对于"其他""等等"文句所包含的内容，应解释为与先前所列举的具体事项属于同一种类。此种解释方法，也是严格解释原则的体现。应当指出，严格解释规则是为了保护经济上处于弱者地位的相对人，但如果该规则的适用与保护相对人的要求相悖，则应采用其他规则进行解释。

第四百九十九条

悬赏人以公开方式声明对完成特定行为的人支付报酬的，完成该行为的人可以请求其支付。

本条主旨

本条是关于悬赏广告的规定。

相关条文

《合同法司法解释二》第 3 条　悬赏人以公开方式声明对完成一定行为的人支付报酬，完成特定行为的人请求悬赏人支付报酬的，人民法院依法予以支持。但悬赏有合同法第五十二条规定情形的除外。

《物权法》第 112 条第 2 款　权利人悬赏寻找遗失物的，领取遗失物时应当按照承诺履行义务。

理解与适用

一、悬赏广告的概念和特征

所谓悬赏广告，是指悬赏人以广告的形式声明对完成悬赏广告中规定的特定行为的人，给付广告中约定报酬的行为。① 例如，刊登的各种寻人、寻物启事中提出如帮助寻找到某人或完成了某事，将支付若干报酬。《合同法》并未明确规定悬赏广告，《合同法司法解释二》第 3 条规定："悬赏人以公开方式声明对完成一定行为的人支付报酬，完成特定行为的人请求悬赏人支付报酬的，人民法院依法予以支持。但悬赏有合同法第五十二条规定情形的除外。"《民法典》合同编在总结司法实践经验的基础上，于第 499 条规定："悬赏人以公开方式声明对完成特定行为的人支付报酬的，完成该行为的人可以请求其支付。"这就从法律层面上第一次承认了悬赏广告。悬赏广告具有如下特征。

第一，悬赏广告是以公开的方式所作出的意思表示。所谓广告，即广而告之。悬赏广告既可以以招贴画张贴，也可在橱窗、路牌、霓虹灯等刊登，还也可以通过报纸、网络等媒体刊载，甚至通过电台、广播等发布信息，总之都是以公开的方式发出意思表示。悬赏广告作为意思表示的一种，是悬赏人向不特定的多数人所作出的意思表示。但悬赏广告与一般的意思表示不同，它是采取"广而告之"的方式。② 也就是说，悬赏广告是面向不特定的相对人作出的意思表示。

第二，它是以对完成特定行为的人给予报酬为内容的意思表示。悬赏是悬赏人以公开方式声明对完成特定行为的人支付报酬的行为，一方面，给付报酬乃悬赏广告的题中之意，悬赏人可以在悬赏广告中声明报酬的种类、数额以及支付方式等。具体而言，各种报酬支付方式如金钱、名誉、财物等，只要不违反法律规定，均可作为悬赏报酬。另一方面，其是针对完成特定的行为作出的，其在内容上并没有限制，凡是合法的行为，无论是事实行为，还是法律行为，都可以作为悬赏广告的对象。③ 当然，该行为的内容和类型不得违反法律规定和社会公共利益。④

第三，悬赏广告是一种单方法律行为。虽然关于悬赏广告的性质存在争议，但依据《民法典》合同编第 499 条，悬赏广告在性质上属于一项单方法律行为，其成立并不需要悬赏人与相对人就悬赏广告的内容达成合意。

第四，悬赏广告是独立的债的发生原因。悬赏人一般会在悬赏广告中对实施一定行为的人允诺支付一定的报酬，这也使其负担了一定的债务。⑤《合同法司法解释二》第 3 条规定："悬赏人以公开方式声明对完成一定行为的人支付报酬，

---

① 王家福．中国民法典·民法债权．北京：法律出版社，1991：285.

② 孙森焱．民法债编总论：上册．北京：法律出版社，2006：66.

③ 同②.

④ 同②.

⑤ 郑玉波．民法债编总论．北京：中国政法大学出版社，2004：54.

完成特定行为的人请求悬赏人支付报酬的，人民法院依法予以支持。但悬赏有合同法第五十二条规定情形的除外。”这就在法律上确认了悬赏广告可以作为独立的债的发生原因。

我国《民法典》合同编虽然不认可悬赏广告为合同关系，但仍然在合同订立规则部分规定悬赏广告，主要是基于如下原因：一方面，在我国《民法典》颁行前，虽然悬赏广告的性质存在一定的争议，但在我国司法实践中，悬赏广告纠纷是合同纠纷项下的案由，法院也一直将悬赏广告纠纷视为合同纠纷。另一方面，悬赏广告的发布与合同订立行为具有相似性，发布悬赏广告的行为在一定程度上具有向不特定人发出的要约的特点。即便按照《民法典》的规定，悬赏广告属于单方行为，发布悬赏广告的行为也与发出要约的行为具有相似性。更何况，我国《民法典》合同编发挥了债法总则的功能，因此，将其规定在合同订立规则部分具有一定的合理性。

二、悬赏广告的性质

关于悬赏广告的性质，历来存在以下两种观点。

一是单方行为说。此种观点认为，悬赏广告在性质上属于单方行为，因为“悬赏广告人以单独之意思表示对完成一定行为的人负给与酬报之义务，在行为人方面无须有承诺，惟以其一定行为之完成为停止条件”①。悬赏广告人对完成一定行为的人单方面负有支付报酬的义务，而不需要完成行为人作出承诺。②《德国民法典》第 675 条将悬赏广告定义为单方行为，并为日本等国的判例学说所采纳。在德国法上，悬赏广告在性质上属于单方法律行为，而且属于没有相对人的单方意思表示。③

二是要约说。此种观点认为，悬赏广告为一种要约，在性质上属于对不特定多数人发出的要约，只要行为人完成悬赏广告所声明的行为，即构成对该要约的承诺，在当事人之间形成悬赏合同，完成行为人享有报酬请求权。④ 我国台湾地区 1983 年颁布的“民法债编”通则部分条文修正草案则将单方行为说改为要约说。《欧洲合同法原则》（PECL）也有类似的规定。⑤

我国《合同法司法解释二》第 3 条规定：“悬赏人以公开方式声明对完成一

① 王伯琦．民法债编总论．台北：自版，1962：30－31.

② 张晓军．悬赏广告问题研究//梁慧星．民商法论丛：第 6 卷．北京：法律出版社，1997.

③ Beck's cher Online-Kommentar BGB/Kotzian-Marggraf，§ 657，Rn. 2.

④ 郑玉波．民法债编总论．台北：三民书局，1988：61.

⑤ PECL Article 2：107.

定行为的人支付报酬，完成特定行为的人请求悬赏人支付报酬的，人民法院依法予以支持。但悬赏有合同法第五十二条规定情形的除外。”但是该条规定并没有明确指明悬赏广告是双方当事人的合同，还是悬赏人的单方允诺，所以还不能够简单地认为该条就已经将悬赏广告纳入合同的范畴。根据《物权法》第112条第1款的规定，“权利人领取遗失物时，应当向拾得人或者有关部门支付保管遗失物等支出的必要费用”。但是《物权法》主要是明确物的归属，不涉及当事人之间的债权请求权问题，当事人之间因遗失物返还而产生的请求权关系应当依据《合同法》等债的关系予以确定。

关于悬赏广告的性质，《民法典》合同编第499条规定：“悬赏人以公开方式声明对完成特定行为的人支付报酬的，完成该行为的人可以请求其支付。”本条实际上明确了悬赏广告的单方行为性质，采纳了单方行为说，因为一方面，悬赏广告作出后，完成特定行为的人，无论是否具有完全民事行为能力，在其完成了悬赏广告指定的行为时，就可以请求悬赏人支付报酬。另一方面，完成特定行为的人无论是否知晓悬赏广告的存在，都可以因完成悬赏行为而要求悬赏人履行义务。例如，某人张贴了自家宠物狗走失、如有寻获给付报酬的广告。那么即使是儿童寻获该宠物狗，也不因其不具有完全民事行为能力而不得请求报酬。本条之所以将悬赏广告界定为单方行为而非合同，其原因如下。

第一，采单方法律行为说，有利于有效约束悬赏人的行为，符合诚实信用原则。在单方行为说下，只要悬赏人发出了悬赏广告，不需要他人作出同意即能发生法律效力，悬赏人就应当受到广告的拘束。如果某人不知道悬赏人发出了悬赏广告，而完成了广告中所指定的行为，该人仍能取得对悬赏人的报酬请求权，而悬赏人不得以该人不知广告内容为由拒绝支付报酬。①

第二，采单方法律行为说，使限制行为能力人、无行为能力人在完成广告所指定的行为以后，也可以对悬赏人享有报酬请求权。但若采用合同说，那么限制行为能力人和无行为能力人即使完成了广告所指定的行为，也将因为其无订约能力而无承诺的资格，无法基于合同享有对悬赏人的报酬请求权，这显然就不利于保护限制行为能力人和无行为能力人的利益。②

第三，采单方法律行为说，则任何人完成广告中所指定的行为都将是一种事实行为，而非具有法律意义的承诺行为，因此，只要相对人完成了广告指定的行为即享有报酬请求权，而不必准确地判定在什么情况下存在有效的承诺以及承诺

---

① 王泽鉴．债法原理．2版．北京：北京大学出版社，2013：257.

② 同①.

的时间等问题，这就可以减轻相对人在请求悬赏人支付报酬时的举证负担。

三、悬赏人负有按照其允诺支付报酬的义务

悬赏广告一旦生效，悬赏人就负有对任何完成悬赏广告所声明的行为的人给付报酬的义务。与此相应，完成特定行为的相对人即享有报酬请求权。此处所说的特定行为是指广告所指定的行为。如果广告中确定了完成特定行为的时间，则这一时间要求也构成对相对人完成特定行为的限制。由于悬赏广告在性质上是单方行为，因此，即便完成悬赏广告指定行为的人在行为时不知道广告的存在，其也仍应有权请求悬赏人支付报酬。[①] 例如，在“鲁瑞庚诉东港市公安局悬赏广告纠纷案”中，法院认为，“公安局以鲁瑞庚所提供的线索不符合悬赏通告所规定的条件为由，拒绝将被害人家属用于奖励的50万元全部给付鲁瑞庚，并将其予以占有，超出了被害人家属的委托权限，也不符合其在悬赏通告中的承诺，没有任何的法律依据。鲁瑞庚对其主张权利，应予支持”[②]。

如果数人都完成了特定行为，则应当按照先来后到的原则，认定谁最先完成了该行为。例如，某人发出广告，如果有人游过某港湾，就奖励现金若干；如果数人完成，则先完成者获得报酬；但如果数人同时完成，广告中又没有明确先后顺序的，则应当由悬赏人向数人支付。而数人同时完成，原则上应当有数人平均分配报酬。[③] 此外，完成指定行为的人开始实施行为时，没有必要通知悬赏人。不知道广告的存在而完成了指定行为的人，也享有债权。

如果悬赏人在悬赏广告中声明对完成特定行为的相对人支付报酬，但没有明确具体的报酬数额，则在行为人完成悬赏广告声明的行为时，仍有权请求悬赏人支付相应的报酬，当事人可以就报酬的具体数额进行协商，协商不一致的，可以由法院进行判定。法院在判定数额时，可以参考行为人完成特定行为的时间、成本、所完成工作成果的归属等因素，确定悬赏人应当支付的报酬数额。

值得探讨的是，完成悬赏广告声明行为后所获得的利益的归属问题。相对人完成悬赏广告所声明的行为时，可能产生一定的利益。例如，悬赏人在悬赏广告中声明，对于在一定期间内完成某项工作成果的人，将给予一定的报酬。此时，该工作成果应归属于悬赏人抑或完成该工作成果的行为人？笔者认为，如果悬赏人在悬赏广告中声明，行为人应当将完成悬赏广告中特定行为的工作成果移转给

---

① 梁慧星，等．中国民法典草案建议稿附理由·债权总则编．北京：法律出版社，2013：67.

② 最高人民法院公报，2003（1）.

③ ［日］我妻荣．债权各论：上卷．徐慧，译．北京：中国法制出版社，2008：71.

悬赏人，则行为人要获得悬赏广告中声明的报酬，就应当将该工作成果移转给悬赏人；如果悬赏人在悬赏广告中并未约定该工作成果的归属，原则上应当作不利于悬赏人的解释①，即悬赏广告中没有约定该利益归属的，其原则上应当归属于完成悬赏广告的行为人，此时，完成悬赏广告的行为人无须移转该工作成果，但其仍应有权请求悬赏人支付相应的报酬。

第五百条

当事人在订立合同过程中有下列情形之一，造成对方损失的，应当承担赔偿责任：

（一）假借订立合同，恶意进行磋商；

（二）故意隐瞒与订立合同有关的重要事实或者提供虚假情况；

（三）有其他违背诚信原则的行为。

本条主旨

本条是关于缔约过失责任的规定。

相关条文

《合同法》第 42 条　当事人在订立合同过程中有下列情形之一，给对方造成损失的，应当承担损害赔偿责任：

（一）假借订立合同，恶意进行磋商；

（二）故意隐瞒与订立合同有关的重要事实或者提供虚假情况；

（三）有其他违背诚实信用原则的行为。

《合同法司法解释二》第 8 条　依照法律、行政法规的规定经批准或者登记才能生效的合同成立后，有义务办理申请批准或者申请登记等手续的一方当事人未按照法律规定或者合同约定办理申请批准或者未申请登记的，属于合同法第四十二条第（三）项规定的“其他违背诚实信用原则的行为”，人民法院可以根据案件的具体情况和相对人的请求，判决相对人自己办理有关手续；对方当事人对由此产生的费用和给相对人造成的实际损失，应当承担损害赔偿责任。

① 黄茂荣．债法总论．北京：中国政法大学出版社，2003：248.

理解与适用

一、缔约过失责任的概念

缔约过失责任是指在合同订立过程中，一方因违背其依据诚实信用原则和法律规定的义务致另一方信赖利益的损失，应承担损害赔偿责任。依据《民法典》第500条规定，当事人在订立合同过程中，实施了假借订立合同、恶意进行磋商等违背诚信原则的行为，造成对方损失的，应当承担赔偿责任。这就确立了缔约过失责任制度，该条不仅完善了我国债和合同制度体系，完善了交易的规则，而且有助于维护诚实信用原则。

在缔约阶段，当事人因社会接触而进入可以彼此影响的范围，依诚实信用原则，应尽交易上的必要注意，以维护他人的财产和人身利益，因此，缔约阶段也应受到法律的调整。当事人应当遵循诚实信用原则，认真履行其所负有的义务，不得因无合同约束，滥用订约自由或实施其他致人损害的不正当行为。否则，不仅将严重妨碍合同的依法成立和生效，影响交易安全，也将影响人与人之间正常关系的建立。根据本条的规定，缔约过失责任的成立须具备如下条件。

（一）缔约过失责任发生在合同订立过程中

缔约过失责任与违约责任的基本区别在于，此种责任发生在缔约过程中而不是发生在合同成立以后。只有在合同尚未成立，或者虽然成立，但因为不符合法定的生效要件而被确认为无效或被撤销时，缔约人才承担缔约过失责任。若合同已经成立，则因一方当事人的过失而致他方损害，就不应适用缔约过失责任。即使是在附条件的合同中，在条件尚未成就以前，一方因恶意阻碍或延续条件的成就，视为条件已经成就，也因为合同已经成立且生效，则应按违约责任而不应按缔约过失责任处理。所以，确定合同成立的时间，是衡量是否应承担缔约过失责任的关键。

一般来说，合同成立的时间取决于缔约一方当事人对另一方当事人的要约作出承诺的时间。若一方发出了要约，而另一方尚未作出承诺，则合同尚未成立。在双方合意形成以前的阶段就是合同订立阶段。从我国立法和司法实践来看，依法必须以书面形式缔结的合同，双方虽然就合同主要条款达成口头协议，但尚未以书面形式记载下来并在合同上签字，应视为合同未成立，当事人仍处于缔约阶段。依据法律、行政法规的规定，应当由国家批准的合同，如果当事人已经就合同内容达成协议，但未获批准时，则应认定当事人仍处于缔约阶段。

缔约过失责任虽发生在合同缔结阶段，但如果当事人之间没有任何缔约上的联系，无从表明双方之间具有缔约关系，则因一方的过失而致他方损害，不能适用缔约过失责任。例如，某人并无购货之意思到百货店随便逛逛，不料在百货店内摔倒并遭受损害，由于双方并无订约上的联系，故对受害人的损害只能按侵权责任而不能按缔约过失责任处理。

（二）一方违背其依诚实信用原则所应负的义务

诚实信用原则是合同法的一项基本原则，民事主体在从事民事活动时，应讲诚实、守信用，以善意的方式行使权利并履行义务。根据诚实信用原则的要求，合同在订立时或成立后，当事人负有一定的附随义务。依诚实信用原则而产生的忠实、协助、保密等义务，相对于给付义务而言只是附随义务，但它们也是依法产生的，因而也是法定义务，随着双方当事人的联系的密切而逐渐产生。当事人一方如不履行这种义务，不仅会给他方造成损害，而且会妨害社会经济秩序。因此，法律要求当事人必须履行上述依诚实信用原则产生的义务，否则将要负缔约过失责任。

应当指出，在缔约阶段，一方当事人负缔约过失责任的原因可能并不仅限于其违反了与合同义务相伴的附随义务，而且在于要约人违反了其发出的有效要约。所以，缔约过失责任可能因当事人对缔约关系的破坏而产生。在缔约阶段当事人均负有某种法定义务（附随义务和其他义务），这表明缔约关系并不是事实关系，也不是法律作用不到的领域。事实上，当事人为缔结合同而接触与协商之际，已由原来的普通关系进入特殊的联系阶段，双方均应依诚实信用原则负互相协助、照顾、保护等义务。违反了该义务而致他人损害的，将构成缔约过失。

（三）造成他人信赖利益的损失

依据本条规定，缔约过失责任的承担必须以造成对方损失为前提。缔约过失行为直接破坏了缔约关系，因此所引起的损害是指他人因信赖合同的成立和有效，但由于合同不成立和无效的结果所蒙受的不利益，此种不利益即为信赖利益或消极利益的损失。例如，信赖表意人的意思表示有效的相对人，因表意人滥用订约自由、随意撤销意思表示所受的损害。信赖利益与债权人就合同履行时所可获得的履行利益或积极利益是不同的，信赖利益赔偿的结果，是使当事人达到合同未曾发生时的状态；而履行利益赔偿的结果，是使当事人达到合同完全履行时的状态。信赖利益的损失主要是指因他方的缔约过失行为而致信赖人的直接财产的减少，如支付各种费用等。当然，当事人的信赖必须是合理的，即一方的行为已使另一方足以相信合同能够成立或生效，由于另一方的缔约过失破坏了缔约关系，使信赖人的利益丧失，而且此种损失与缔约过失行为有因果关系。例如，如果按照交易习惯，当事人不应对合同的成立或者生效产生合理信赖，则即便其为合同的订立支付的一定的费用，也不应当属于信赖利益的损失。

二、缔约过失责任的类型

根据本条规定，缔约过失责任主要有如下几种类型。

（一）假借订立合同，恶意进行磋商

假借订立合同，恶意进行磋商，将构成缔约过失。所谓“假借”，就是根本没有与对方订立合同的目的，与对方进行谈判只是个借口，目的是损害对方或者他人利益。[①] 换句话说，一方本不想和对方谈判，而是为了拖延时间或为了使对方丧失商业机会而与对方谈判。如甲就某项合同的订立与乙进行谈判，目的在于阻止乙与丙订立合同，或者使乙丧失其他商业机会。所谓“恶意”，是指假借磋商、谈判，而故意给对方造成损害。恶意包括两方面内容：一是行为人主观上并没有谈判意图，二是行为人主观上具有给对方造成损害的目的和动机。恶意是恶意谈判构成的最核心的要件，然而，受害人一方必须证明另一方具有假借磋商、谈判而使其遭受损害的恶意，才能使另一方承担缔约过失责任。

应当指出的是，在谈判过程中根据合同自由原则，双方都享有订立和不订立合同的自由，从这个意义上说双方都有权在达成协议以前中断谈判，一方中断谈判也不需要给另一方合理的理由，除非其进行谈判和中断谈判出于恶意，且另一方有足够的证据证明其假借订立合同，恶意进行磋商，才可能构成缔约过失。

（二）故意隐瞒与订立合同有关的重要事实或者提供虚假情况

故意隐瞒与订立合同有关的重要事实或者提供虚假情况，属于缔约过程中的欺诈行为。所谓欺诈，是指一方当事人故意实施某种欺骗他人的行为，并使他人陷入错误而订立合同。构成欺诈，必须符合如下要件。

第一，欺诈方具有故意。这就是说，欺诈方明知自己告知对方的情况是虚假的且会使被欺诈人陷入错误认识，而希望或放任这种结果的发生。故欺诈方告知虚假情况，不论是否使自己或第三人牟利，均不妨碍故意的构成。

第二，欺诈方客观上实施了陈述虚假事实或隐瞒真实情况的行为。所谓欺诈行为，是指欺诈方将其欺诈故意表示于外部的行为，在实践中大都表现为故意陈述虚假事实或故意隐瞒真实情况使他人陷入错误的行为。一是故意告知虚假情况，也就是指虚伪陈述。例如，将赝品说成是真迹，将质量低劣的产品说成是优质产品。二是故意隐瞒真实情况，是指行为人有义务向他方如实告知某种真实的情况而故意不告知。例如，当事人在订立合同过程中，故意隐瞒其财产状况、履

① 胡康生．中华人民共和国合同法实用问答．北京：中国商业出版社，1999：137.

约能力，或者没有告知对方当事人标的物属于易燃、易爆或有毒物品等重要情况。在订约过程中，一方当事人故意隐瞒上述与订立合同有关的重要情况，或提供虚假情况，实际上已构成欺诈，如因此给对方造成财产损失，应负赔偿责任。

第三，相对人的认识错误与行为人的欺诈行为之间有因果联系，即相对人因行为人陈述虚假事实或隐瞒真实情况的行为而陷于认识错误。在欺诈的情况下，受欺诈方须因欺诈陷入了错误的认识，受害人基于虚假的情况而对合同内容发生了错误认识，如因误信对方的假药宣传而将假药当成了真药。受欺诈方未陷入错误或者所发生的错误内容并不是欺诈造成的，则不构成欺诈。

（三）其他违背诚实信用原则的行为

其他违背诚实信用原则的行为较多。例如，在合同无效和被撤销、违反强制缔约义务、无权代理等情况下，也能产生缔约过失责任。

三、缔约过失责任的赔偿范围

依据本条规定，当事人在订立合同过程中，实施了假借订立合同、恶意进行磋商等违背诚信原则的行为，造成对方损失的，应当承担赔偿责任。需要指出的是，此处所说的赔偿责任并非违约责任，因为在缔约阶段，合同还没有成立，即使实施了假借订立合同、恶意进行磋商等违背诚信原则的行为，另一方也不得请求其承担违约责任。

在缔约过失责任中，应当以信赖利益作为赔偿的基本范围，这与违约责任应救济非违约方的履行利益是不同的。信赖利益的损失限于直接损失，这里所说的直接损失是指因为信赖合同的成立和生效所支出的各种费用，具体包括：第一，因信赖对方要约邀请和有效的要约而与对方联系、实地考察以及检查标的物等所支出的各种合理费用。第二，因信赖对方将要缔约，为缔约做各种准备工作并为此所支出的各种合理费用，如因信赖对方将要出售家具，而四处筹款借钱而为此支出的各种费用。第三，为支出上述各种费用所失去的利息。应当指出，各种费用的支出必须是合理的，而不是受害人所任意支出的。只有合理的费用才和缔约过失行为有因果联系，并且应当由行为人承担赔偿责任。

一般认为，信赖利益赔偿以不超过履行利益为限，即在合同不成立、无效或者被撤销的情况下，有过错的一方所赔偿的信赖利益不应该超过合同有效或者合同成立时的履行利益。① 笔者认为，在一般情况下，基于信赖利益的赔偿，不可

① 《德国民法典》第 307 条第 1 款中明确规定：“在订立以不能给付为标的的合同时，明知或可知其给付为不能的一方当事人，对因相信合同有效而受损害的另一方当事人负损害赔偿义务，但赔偿额不得超过另一方当事人在合同有效时享有的利益的金额。”该条已被废止。但《德国民法典》第 179 条有类似的规定。

能达到合同有效或者合同成立时的履行利益的范围，但以此来限定信赖利益的赔偿范围，仍然是必要的。因为信赖利益不得超过履行利益乃是一项基本原则。例如，因一方的过错导致合同不能有效成立，另一方可以要求赔偿因信赖合同成立而支付的各种费用，而不能要求赔偿合同成立本应获得的利润。确立这一原则对实践中准确认定信赖利益的赔偿范围是十分必要的。

第五百零一条

当事人在订立合同过程中知悉的商业秘密或者其他应当保密的信息，无论合同是否成立，不得泄露或者不正当地使用；泄露、不正当地使用该商业秘密或者信息，造成对方损失的，应当承担赔偿责任。

本条主旨

本条是关于当事人在订立合同过程中的保密义务的规定。

相关条文

《合同法》第 43 条　当事人在订立合同过程中知悉的商业秘密，无论合同是否成立，不得泄露或者不正当地使用。泄露或者不正当地使用该商业秘密给对方造成损失的，应当承担损害赔偿责任。

《商业特许经营信息披露管理办法》第 7 条　特许人向被特许人披露信息前，有权要求被特许人签署保密协议。

被特许人在订立合同过程中知悉的商业秘密，无论特许经营合同是否成立，不得泄露或者不正当使用。

特许经营合同终止后，被特许人因合同关系知悉特许人商业秘密的，即使未订立合同终止后的保密协议，也应当承担保密义务。

被特许人违反本条前两款规定，泄露或者不正当使用商业秘密给特许人或者其他人造成损失的，应当承担相应的损害赔偿责任。

理解与适用

一、当事人在订立合同过程中，应当负有对于其知悉的商业秘密或者其他应当保密的信息的保密义务

本条规定了当事人在订立合同过程中，对于其知悉的商业秘密或者其他应当

保密的信息的保密义务。传统的合同法理论认为，当事人在谈判过程中对于彼此所交换的信息没有为对方保密的义务，“由于一方当事人通常可以自由地决定是否披露那些与所谈交易相关的问题，这类信息原则上将被认为是非秘密的信息，即使合同没有达成，另一方当事人既可以公开给第三方，又可以纯粹用于其自己的目的”①。然而，现代合同法认为，在谈判过程中，一方对另一方负有依据诚信原则产生的义务，不管一方在谈判中是否明确告诉对方其披露的信息属于商业秘密或者另一方知道或应当知道该信息属于商业秘密，另一方都应当对了解的秘密负有保密的义务，这不仅有利于维护诚实信用原则，而且维护双方当事人的合法权益。有关的示范法也采纳这一规定。例如，《国际商事合同通则》第 2.1.16 条规定：“一方当事人在谈判过程中提供的保密性质的信息，无论此后是否达成合同，另一方当事人均不得泄露，也不得为自己的目的不适当地使用。在适当的情况下，违反该义务的救济可以包括根据另一方当事人所获得之利益，予以赔偿。”

我国《民法典》第 501 条要求当事人在缔约阶段承担保密义务，进一步维护商业道德，强化了诚实信用原则，彰显了社会主义核心价值观，同时通过加强对商业秘密的保护，激励发明创造与提高经济效率。我国反不正当竞争法和侵权责任法都对侵害商业秘密的行为予以制裁，而《民法典》第 501 条又通过缔约过失责任来保护商业秘密，从而使商业秘密的保护机制得到了进一步的完善。

二、当事人违反其对于其知悉的商业秘密或者其他应当保密的信息的保密义务，应当承担损害赔偿责任

依据本条规定，当事人违反其对于其知悉的商业秘密或者其他应当保密的信息的保密义务的，应当承担损害赔偿责任，此种责任的成立应当具备如下条件。

（一）当事人在订立合同过程中已知悉商业秘密或者其他应当保密的信息

根据《反不正当竞争法》第 9 条规定，商业秘密是指不为公众所知悉、具有商业价值并经权利人采取相应保密措施的技术信息、经营信息等商业信息。目前，关于商业秘密是否为一种权利，以及属于何种性质的权利，仍然存在争议。但毫无疑问，商业秘密作为一种民事主体享有的合法利益，应当受法律保护。在许多情况下，谈判的一方向另一方透露了某些商业秘密以后，可能明确要求对方不予泄露，或者明确声明某项信息属于商业秘密，但也可能并没有明确地禁止对方泄露。只要一方接触、了解另一方的信息后，知道或者应当知道该信息属于商

① 张玉卿．国际商事合同通则 2004．北京：中国商务出版社，2005：187.

业秘密，此种秘密包括秘密配方、技术诀窍和在劳动生产、技术操作方面的经验、知识和技巧以及产品的性能、销售对象、市场营销情况等各种商业秘密，就应依据诚实信用原则负保密义务，不得向外泄露或做不正当使用。

商业秘密具有如下特点：第一，不为公众所知悉性。这就是说，商业秘密具有一定程度的秘密性，只是为少数人所知道和使用，它也具有一定的新颖性，已经达成了一定的技术水平。① 第二，能为持有人带来经济利益。国家工商行政管理局《关于禁止侵犯商业秘密行为的若干规定》第 2 条第 3 款规定："本规定所称能为权利人带来经济利益、具有实用性，是指该信息具有确定的可应用性，能为权利人带来现实的或者潜在的经济利益或者竞争优势。"商业秘密不同于隐私，它都具有一定的经济价值，能够转化为商业上的利益。当然，此种价值应具有客观性，即除持有人认为有实用价值外，还必须在客观上确实具有实用价值。仅仅由持有人认为有价值而客观上没有价值的信息，不能构成商业秘密。② 第三，具有实用性。这就是说，商业秘密具有客观有用性，能够实际运用于生产经营活动，并通过运用可以为商业秘密的持有人创造出经济上的价值。实用性并不是说每一种商业秘密都能够投入利用并直接转化为实际的商业利益，各种不同的商业秘密在商业活动中的实用性存在差异，但既然商业秘密能为持有人带来一定的经济利益，当然应当也具有实用性，因此应当受法律保护。③ 第四，具有保密性。这就是说，商业秘密的持有人主观上将其持有的某种商业信息作为秘密对待，并在客观上采取了保密措施。④ 商业秘密既然是不为公众所知悉的信息，持有人在主观上会采取保密措施；同时，持有人客观上通过保密措施将其商业信息控制起来，如果其本身对该信息未予保密，表明其并没有将该信息作为商业秘密看待，因而就没有必要对该秘密进行保护。一般认为，保密措施只要能够达到防止第三人知悉的程度即可。⑤

《民法典》第 501 条规定了当事人订约中的保密义务。这一规定中需要保密的信息在《合同法》第 43 条规定的商业秘密基础上，增加了"其他应当保密的信息"。其他应当保密的信息主要是指除商业秘密外的在订立过程中知悉的一经泄露可能带来损失的秘密信息。增加此种信息的主要原因在于，本编所规定的合

① 戴建志，陈旭．知识产权损害赔偿研究．北京：法律出版社，1997：132.

② 孔祥俊．合同法教程．北京：中国人民公安大学出版社，1999：145.

③ 同②41.

④ 国家工商行政管理局《关于禁止侵犯商业秘密行为的若干规定》第 2 条第 4 款规定："本规定所称权利人采取保密措施，包括订立保密协议、建立保密制度及采取其他合理的保密措施。"

⑤ 吴汉东，胡开忠．无形财产权制度研究．北京：法律出版社，2005：332.

同，不仅包括企业等商事主体之间所订立的合同，也包括一些机关、事业单位等相互之间订立的合同，这些主体在订立合同时所了解的应当保密的信息，虽然不属于商业秘密的范畴，但仍然值得保护。例如，在与学校订立合同中了解了学生的数据信息，在与自然人订立合同中了解了其疾病状况等，对于这些信息也应当负有保密义务。

（二）泄露、不正当地使用该商业秘密或者信息

第一，泄露商业秘密或者其他信息。所谓泄露，是指将商业秘密透露给他人，包括在对方要求保密的条件下向特定人、少部分人透露商业秘密，以及以不正当的手段获取的，其泄露行为违背权利人的意思。① 当事人在谈判过程中，谈判的一方可能向另一方透露了某些商业秘密，并可能明确要求对方不予泄露，或者明确声明某项信息属于商业秘密。但在某些情况下，也可能没有明确要求对方不得泄露，只要一方接触、了解另一方的信息后，知道或者应当知道该信息属于商业秘密或者其他不应当泄露的信息，不管另一方是否告诉其披露的信息属于商业秘密，对此应依据诚实信用原则负保密义务，不得向外泄露或作不正当使用。

第二，不正当使用商业秘密或者其他信息。② 所谓不正当使用，是指未经授权而使用该秘密或将该秘密转让给他人。如将商业秘密用于自己的生产经营，由自己直接利用商业秘密的使用价值的行为或状态，或非法允许他人使用，都构成侵权。无论行为人是否因此而获取一定的利益，都有可能构成缔约过失责任。

（三）泄露、不正当地使用该商业秘密或者信息造成对方损失

因泄露和不正当使用商业秘密而给商业秘密的所有人造成了损失。由于违反保密义务的责任主要是损害赔偿责任，因此，一方要求另一方承担损害赔偿责任，必须要证明其遭受了实际的损害，至于行为人主观上出于故意或过失则不必考虑。

三、违反保密义务应当承担损害赔偿责任

在缔约中泄露和不正当使用商业秘密是构成侵权还是缔约上的过失，《民法典》第501条并没有规定，该条只是提到“应当承担赔偿责任”，但并没有说明行为人是根据缔约过失还是侵权行为承担责任。对此许多学者认为：“合同没有成立或者合同没有约定商业秘密问题，构成侵权行为。”③ 也有一些学者认为构

① 孔祥俊．合同法教程．北京：中国人民公安大学出版社，1999：150.

② 同①.

③ 同①.

成缔约过失。① 笔者认为，在缔约中泄露和不正当使用商业秘密无疑构成侵权，受害人可以提起侵权之诉，对此，我国《反不正当竞争法》已经做出了规定。尤其是商业秘密的不正当使用或泄露可能发生在合同订立以后，也会给对方造成损失，此种损失，极有可能远远超越信赖利益的范围，甚至高于履行利益。此时适用侵权责任法对于受害人予以救济，可能对其更为有利。

问题在于，受害人是否可以提起缔约过失责任之诉。从《民法典》第 501 条立法的本意来看，其并不是为了重复《反不正当竞争法》的规定，而应当指的是缔约过失责任。在缔约中泄露和不正当使用商业秘密构成缔约过失责任的理由是：一方面，此种行为发生在缔约阶段；另一方面，此种行为违反了依据诚实信用原则所产生的义务。还要看到，此种行为也可能造成他人信赖利益损失。因为双方进入实际的谈判过程中以后，已经不是陌生的关系，一方对另一方会产生信赖关系。一方在缔约中会信赖另一方不会泄露和不正当使用其商业秘密，而另一方在缔约中泄露和不正当使用商业秘密，会对其造成损害。所以，笔者认为，受害人可以在侵权责任和缔约过失责任中进行选择。当然，从总体上说，侵权责任较之于缔约过失责任对受害人更为有利。

① 最高人民法院经济审判庭．合同法释解与适用：上册．北京：新华出版社，1999：185.

第三章

合同的效力

第五百零二条

依法成立的合同，自成立时生效，但是法律另有规定或者当事人另有约定的除外。

依照法律、行政法规的规定，合同应当办理批准等手续的，依照其规定。未办理批准等手续影响合同生效的，不影响合同中履行报批等义务条款以及相关条款的效力。应当办理申请批准等手续的当事人未履行义务的，对方可以请求其承担违反该义务的责任。

依照法律、行政法规的规定，合同的变更、转让、解除等情形应当办理批准等手续的，适用前款规定。

本条主旨

本条是关于合同的生效时间和未生效合同的规定。

相关条文

《合同法》第 8 条　依法成立的合同，对当事人具有法律约束力。当事人应当按照约定履行自己的义务，不得擅自变更或者解除合同。

依法成立的合同，受法律保护。

第 44 条　依法成立的合同，自成立时生效。

法律、行政法规规定应当办理批准、登记等手续生效的，依照其规定。

《民法总则》第119条　依法成立的合同，对当事人具有法律约束力。

《矿产资源法》第6条第1款第2项　已取得采矿权的矿山企业，因企业合并、分立，与他人合资、合作经营，或者因企业资产出售以及有其他变更企业资产产权的情形而需要变更采矿权主体的，经依法批准可以将采矿权转让他人采矿。

《探矿权采矿权转让管理办法》第3条第2项　已经取得采矿权的矿山企业，因企业合并、分立，与他人合资、合作经营，或者因企业资产出售以及有其他变更企业资产产权的情形，需要变更采矿权主体的，经依法批准，可以将采矿权转让他人采矿。

《矿业权出让转让管理暂行规定》第10条第1款、第2款、第3款　申请转让探矿权、采矿权的，审批管理机关应当自收到转让申请之日起40日内，作出准予转让或者不准转让的决定，并通知转让人和受让人。

准予转让的，转让人和受让人应当自收到批准转让通知之日起60日内，到原发证机关办理变更登记手续；受让人按照国家规定缴纳有关费用后，领取勘查许可证或者采矿许可证，成为探矿权人或者采矿权人。

批准转让的，转让合同自批准之日起生效。

《减持国有股筹集社会保障资金管理暂行办法》（已失效）第15条第1款　本办法实施后，上市公司国有股协议转让，包括非发起人国有股协议转让，由财政部审核。协议转让时国有股权发生减持变化的，国有股东授权代表单位应按转让收入的一定比例上缴全国社会保障基金，具体比例以及操作办法由部际联席会议制定，并在报国务院批准后实施。证券登记公司依据财政部的批复文件办理股权过户手续。

《中外合资经营企业法》（已失效）第3条　合营各方签订的合营协议、合同、章程，应报国家对外经济贸易主管部门（以下称审查批准机关）审查批准。审查批准机关应在三个月内决定批准或不批准。合营企业经批准后，向国家工商行政管理主管部门登记，领取营业执照，开始营业。

《城镇国有土地使用权出让和转让暂行条例》第45条　符合下列条件的，经市、县人民政府土地管理部门和房产管理部门批准，其划拨土地使用权和地上建筑物，其他附着物所有权可以转让、出租、抵押：

（一）土地使用者为公司、企业、其他经济组织和个人；

（二）领有国有土地使用证；

（三）具有地上建筑物、其他附着物合法的产权证明；

（四）依照本条例第二章的规定签订土地使用权出让合同，向当地市、县人民政府补交土地使用权出让金或者以转让、出租、抵押所获收益抵交土地使用权出让金。

转让、出租、抵押前款划拨土地使用权的，分别依照本条例第三章、第四章和第五章的规定办理。

《企业国有资产法》第34条第1款 重要的国有独资企业、国有独资公司、国有资本控股公司的合并、分立、解散、申请破产以及法律、行政法规和本级人民政府规定应当由履行出资人职责的机构报经本级人民政府批准的重大事项，履行出资人职责的机构在作出决定或者向其委派参加国有资本控股公司股东会会议、股东大会会议的股东代表作出指示前，应当报请本级人民政府批准。

《合同法司法解释一》第9条第1款 依照合同法第四十四条第二款的规定，法律、行政法规规定合同应当办理批准手续，或者办理批准、登记等手续才生效，在一审法庭辩论终结前当事人仍未办理批准手续的，或者仍未办理批准、登记等手续的，人民法院应当认定该合同未生效；法律、行政法规规定合同应当办理登记手续，但未规定登记后生效的，当事人未办理登记手续不影响合同的效力，合同标的物所有权及其他物权不能转移。

《全国法院民商事审判工作会议纪要》第8条 当事人之间转让有限责任公司股权，受让人以其姓名或者名称已记载于股东名册为由主张其已经取得股权的，人民法院依法予以支持，但法律、行政法规规定应当办理批准手续生效的股权转让除外。未向公司登记机关办理股权变更登记的，不得对抗善意相对人。

理解与适用

一、除法律另有规定或者当事人另有约定外，依法成立的合同，自成立时生效

《民法典》第502条第1款对合同的生效时间进行了规定。依据该条规定，依法成立的合同，自成立时生效。这就是说，一般情况下，只要当事人依法就合同的主要条款达成和合意，该合意就在双方当事人之间产生法律拘束力。所谓合同的成立，是指订约当事人就合同的主要条款达成合意。所谓合同的生效，是指已经成立的合同在当事人之间产生了一定的法律拘束力，也就是通常所说的法律效力。此处所说的法律效力，并不是指合同能够像法律那样产生约束力。合同本身并不是法律，而只是当事人之间的合意，因此不能具有法律一样的效力。而所谓合同的法律效力，只不过是强调合同对当事人的拘束性。[①]

---

① 苏惠祥．中国当代合同法论．长春：吉林大学出版社，1992：98.

应当看到，合同的成立与合同的生效常常是密切联系在一起的。因为当事人订立合同旨在实现合同所产生的权利和利益，也就是使合同对当事人产生拘束力（当事人一方或双方故意订立无效合同的情况除外）。换言之，如果合同不能生效，则订约当事人所订立的合同不过是一纸空文，不能达到其订约目的。正是由于当事人合意的目的就是要使合同生效，罗马法曾规定了“同时成立之原则”（prinzip der simultanitot oder Simultan Erreichung），认为法律行为的成立与其效力同时发生。[①] 不过，在德国或法国继受罗马法时，已根本改变了这一原则。根据我国台湾地区学者王伯琦先生的解释，作出这种改变的原因在于，罗马法十分强调法律行为的方式，而忽视了当事人的意思。在罗马法上，一旦法律行为的方式得到遵守，行为自然有效，因此不必要区分法律行为的成立与生效问题。而自文艺复兴以后，个人主义思潮在欧洲勃兴，意思主义在民法中占据主要地位，法律行为的方式逐渐退居次要地位，这就必须区分法律行为的成立与生效、不成立与无效问题。[②] 当然，尽管如此，仍有许多国家和地区的民法并没有严格区分合同的成立与生效问题。[③]

根据《民法典》第502条第1款，依法成立的合同，自成立时生效。可见在一般情况下，合法的合同一经成立便生效，合同成立的时间也就是合同生效的时间，因此合同成立的时间可以成为判断合同生效时间的标准。[④] 但也有一些合同的成立和生效时间是不同的。如效力待定的合同虽已成立，但效力处于待定状态。合同的成立旨在解决合同是否存在的问题。同时合同的成立也是认定合同效力的前提条件，如果合同根本没有成立，那么确认合同的有效和无效问题就无从谈起，也就谈不上合同的履行、合同的终止、变更、解释的问题。尽管如此，但合同的成立和生效是两个不同的概念，二者的区别主要表现如下。

第一，两者可能处于不同的阶段。合同成立是指当事人就合同的主要条款达成合意，在一般情况下，合同成立以后，只要内容和形式合法，合同成立同时即为有效。但在特殊情况下，合同成立以后可能因为内容不合法而导致合同无效，因此，已经成立的合同并不产生效力。合同成立是指合同订立过程的完成，即当事人经过平等协商对合同的基本内容达成一致意见，订约过程宣告结束。[⑤] 从法

---

① 郑玉波．民法债编论文选辑：中册．台北：自版，1984：892.

② 王伯琦．法律行为之无效与成立//郑玉波．民法债编论文选辑：中册．台北：自版，1984：727-729.

③ 同①726.

④ 赵德铭．合同成立与合同效力辨．法律科学，1994（3）.

⑤ 苏惠祥．略论合同成立与生效．法律科学，1990（2）.

律评价标准来看，合同的生效实际上是在已经成立的基础上所作的价值判断，因此，合同生效的时间可能要晚于合同成立的时间，典型的情形如需要政府部门审批的合同等。

第二，两者的构成要件不同。合同的成立需要当事人就合同主要条款达成合意，而合同的生效要件至少应当包括合同成立的全部要件，但除此之外，还可能因为法律的规定或者当事人的特别约定而需要其他要件。根据《民法典》第 143 条的规定，“具备下列条件的民事法律行为有效：（一）行为人具有相应的民事行为能力；（二）意思表示真实；（三）不违反法律、行政法规的强制性规定，不违背公序良俗”。此即为合同生效的一般要件，如果合同内容违法或者违背公序良俗，则虽然合同成立，但因不具备成立要件之外的“合法性要件”而归于无效。此外，当事人也可以特别约定合同的生效要件。例如，当事人在合同中约定合同必须经过公证才能生效的，则“合同公证”成为合同的生效要件，非经公证，已经成立的合同也不发生法律效力。

第三，两者体现的国家干预的程度不同。合同的成立是当事人就合同的主要条款达成一致意见。[①] 因此，它主要表现了当事人的意思，而且强调合同成立过程中的合意。至于合同的内容中是否存在着欺诈、胁迫和其他违法的因素，则不是合同的成立制度而是合同的生效制度调整的范围。[②] 而合同的生效是指国家对已经成立的合同予以认可，如果当事人的合意符合国家的意志，将被赋予法律拘束力；如果当事人的合意违背了国家意志，不仅不能产生法律约束力，而且将要承担合同被宣告无效以后的责任。由此可见，合同生效制度体现了国家对合同关系的肯定或否定的评价，反映了国家对合同关系的干预。[③]

由此可见，合同成立与生效并非完全相同的概念，已经成立的合同需要满足法律所规定的要件，才能发生法律效力。在法律另有规定或当事人另有约定的情形下，合同即使依法成立，也并不一定生效，即在法律另有规定或当事人另有约定的情形下，合同成立后并非当然生效，具体而言：一是法律另有规定，这主要是指合同成立与生效相分离的情形。例如，应当依法办理批准等手续的合同，即使合同成立也不发生效力。二是当事人另有约定的，则主要是指附条件和附期限的合同。所谓附条件的合同，是指当事人在合同中特别规定一定的条件，以条件的是否成就来决定合同的效力的发生或消灭的合同。附生效条件的合同，自条件

① 王家福．中国民法学・民法债权．北京：法律出版社，1991：314.

② 陈安．涉外经济合同的理论与实务．北京：中国政法大学出版社，1994：102.

③ 同②103.

成就时生效。所谓附期限合同，是指当事人在合同中设定一定的期限，并把期限的到来作为合同效力的发生或消灭根据的合同。例如，当事人双方在合同中约定自 2012 年 10 月 1 日起，甲方将租赁乙方的房屋，为期两年，此合同便属于附期限的合同。可见，在附有法律行为附款的合同中，均可能发生生效期间的变化。本款的规则与《民法典》第 136 条第 1 款的规定保持了一致性。

二、未生效合同

所谓未生效合同，是指法律规定了合同生效应当满足特别的要件，在这些要件未被满足时合同的状态。① 未生效合同的典型形态是依据法律、行政法规的规定应当办理批准才能生效，而当事人并未办理批准手续的合同。不生效的合同是与法律法规明确规定的审批义务联系在一起的。在实践中，有一些合同如采矿权、探矿权的转让，从事证券经纪、期货经纪业务、国有企业转让国有资产等合同，依据法律法规必须经过有关部门的批准方能生效。在当事人并未办理批准手续时，合同并未生效。此类合同在实践中发生了不少纠纷，但现行《合同法》对该类合同的效力、违反该合同所应承担的责任等并未作出明确规定，因此，《民法典》第 502 条第 2 款规定："依照法律、行政法规的规定，合同应当办理批准等手续的，依照其规定。未办理批准等手续影响合同生效的，不影响合同中履行报批等义务条款以及相关条款的效力。应当办理申请批准等手续的当事人未履行义务的，对方可以请求其承担违反该义务的责任。"该款对未生效合同的效力作出了规定，弥补了《合同法》规定的不足。对于本款规定，应当从如下方面理解。

（一）法律、行政法规规定合同应当办理批准等手续的，依照其规定

法律、行政法规规定合同应当办理批准等手续的，依照其规定。应当注意的是，这里所说的批准所针对的是合同本身，而非市场主体的准入资格等。具体而言，未办理批准等手续影响合同生效的，主要有如下情形。

一是探矿权、采矿权责任合同必须经过批准才能生效。《矿产资源法》第 6 条第 1 款第 2 项规定："已取得采矿权的矿山企业，因企业合并、分立，与他人合资、合作经营，或者因企业资产出售以及有其他变更企业资产产权的情形而需要变更采矿权主体的，经依法批准可以将采矿权转让他人采矿。"国土资源部《探矿权采矿权转让管理办法》第 10 条规定："申请转让探矿权、采矿权的，审批管理机关应当自收到转让申请之日起 40 日内，作出准予转让或者不准转让的

① 谢鸿飞．合同法学的新发展．北京：中国社会科学出版社，2014：179.

决定，并通知转让人和受让人。”“准予转让的，转让人和受让人应当自收到批准转让通知之日起 60 日内，到原发证机关办理变更登记手续；受让人按照国家规定缴纳有关费用后，领取勘查许可证或者采矿许可证，成为探矿权人或者采矿权人。”该条第 3 款明确规定：“批准转让的，转让合同自批准之日起生效。”依据上述规定，探矿权、采矿权责任合同必须经过批准才能生效。

二是上市公司国有股的转让需要经财政部进行批准，对此，《减持国有股筹集社会保障资金管理暂行办法》（已失效）第 15 条规定：“本办法实施后，上市公司国有股协议转让，包括非发起人国有股协议转让，由财政部审核。协议转让时国有股权发生减持变化的，国有股东授权代表单位应按转让收入的一定比例上缴全国社会保障基金，具体比例以及操作办法由部际联席会议制定，并在报国务院批准后实施。证券登记公司依据财政部的批复文件办理股权过户手续。”

三是中外合资经营的合营协议和合同需要经对外经济贸易主管部门批准，对此，《中外合资经营企业法》（已失效）第 3 条规定：“合营各方签订的合营协议、合同、章程，应报国家对外经济贸易主管部门（以下称审查批准机关）审查批准。审查批准机关应在三个月内决定批准或不批准。合营企业经批准后，向国家工商行政管理主管部门登记，领取营业执照，开始营业。”

四是国有土地使用权转让、出租、抵押合同的生效需要经市、县人民政府土地管理部门和房产管理部门批准，对此，《城镇国有土地使用权出让和转让暂行条例》第 45 条规定：“符合下列条件的，经市、县人民政府土地管理部门和房产管理部门批准，其划拨土地使用权和地上建筑物，其他附着物所有权可以转让、出租、抵押：（一）土地使用者为公司、企业、其他经济组织和个人；（二）领有国有土地使用证；（三）具有地上建筑物、其他附着物合法的产权证明；（四）依照本条例第二章的规定签订土地使用权出让合同，向当地市、县人民政府补交土地使用权出让金或者以转让、出租、抵押所获收益抵交土地使用权出让金。转让、出租、抵押前款划拨土地使用权的，分别依照本条例第三章、第四章和第五章的规定办理。”

五是国有企业的合并需要经本级人民政府批准。《企业国有资产法》第 34 条第 1 款规定：“重要的国有独资企业、国有独资公司、国有资本控股公司的合并、分立、解散、申请破产以及法律、行政法规和本级人民政府规定应当由履行出资人职责的机构报经本级人民政府批准的重大事项，履行出资人职责的机构在作出决定或者向其委派参加国有资本控股公司股东会会议、股东大会会议的股东代表作出指示前，应当报请本级人民政府批准。”

《合同法司法解释一》第 9 条第 1 款前段规定，“依照合同法第四十四条第二款的规定，法律、行政法规规定合同应当办理批准手续，或者办理批准、登记等手续才生效，在一审法庭辩论终结前当事人仍未办理批准手续的，或者仍未办理批准、登记等手续的，人民法院应当认定该合同未生效”。这就是说，法律、行政法规规定应当办理批准等手续生效的，可以补办，补办的时间可以延长至一审法庭辩论终结前，如果在此之前，当事人仍未办理批准手续的，则合同不生效。

（二）未办理批准等手续的，该合同不生效

对于依照法律、行政法规规定，合同应当办理批准等手续的，如果当事人没有依法办理批准手续，该合同虽然已经成立，但并不产生效力，也就是说，在此情形下，合同的成立和生效是相互分离的。

需要指出的是，未生效合同不同于无效合同。未生效合同是一个特定的概念，此处所说的未生效合同特指因未履行法定或者约定的审批义务，从而使得合同尚未发生效力。其与无效合同的区别主要表现在：一方面，无效合同主要是因为合同内容违反了法律、行政法规的强制性规定或违背了公序良俗，而未生效合同的内容并不具有违法性，而只是未经过审批，其只是程序上存在瑕疵。另一方面，无效是指自始无效、确定无效、当然无效，但是对于未生效合同而言，则并非如此，即使在发生争议后，如果当事人补办报批手续，则该合同也可能被确认为生效，而并非确定无效、当然无效。[①] 对未生效合同而言，在未报审批的情况下，尽管合同存在形式上的缺陷，但这种缺陷并非不能弥补，法院可以责令负有报批义务的一方履行该义务，从而使合同满足生效要件，一旦弥补了程序上的瑕疵，就可以认定该合同生效。还应当看到，对需要审批的合同而言，从合同签订之日到合同履行之日大都存在一定的时间差，如果采用无效说或者不成立说，则合同当事人在这一期间内可能随时主张合同无效或者不成立，这可能导致对方当事人的信赖落空，从而打破正常市场交易秩序，不利于诚信的维护。[②] 因此，采纳未生效合同的概念，有利于尽量促成合同的生效，符合合同法鼓励交易的精神。

（三）合同不生效不影响报批义务条款的效力

《民法典》第502条第2款规定：“依照法律、行政法规的规定，合同应当办理批准等手续的，依照其规定。未办理批准等手续影响合同生效的，不影响合同中履行报批等义务条款以及相关条款的效力。应当办理申请批准等手续的当事人未履行义务的，对方可以请求其承担违反该义务的责任。”该款具有两层含义。

---

① 胡康生．中华人民共和国合同法释义．北京：法律出版社，1999：76.

② 蔡立东．行政审批与权利转让合同的效力．中国法学，2013（1）.

一是报批义务条款具有独立性，即报批条款在性质上类似于合同中的清算条款和仲裁条款，也就是说，尽管合同因未报批而未生效，但是该条款仍应被认定为有效。报批义务条款具有相对独立性，即便合同尚未经批准，报批义务条款也应当已经生效，理由主要在于：一方面，报批义务条款因批准而生效不符合政府管理经济生活的目的。当前，较之于计划经济时期，我国需要审批的合同的范围和数量已经大幅度缩减，但在现阶段，对合同进行行政审批仍然是政府管理特定经济领域的重要方式，其目的在于对特定行业与领域加强管理，而非禁止，否认报批义务条款的独立性与这一立法目的并不符合。另一方面，报批义务条款因批准而生效也会影响诚实信用的市场秩序。如果认定合同中的报批义务在合同未经批准前未生效，则无异于否认报批义务的存在。如果报批义务条款不具有独立性，一旦负有报批义务的一方当事人不报批导致合同未生效，进而认为报批义务不复存在，这就会使得负有报批义务的一方规避其义务和责任。① 还应当看到，报批义务条款因合同被批准而生效也不符合当事人的订约目的，因为当事人订立合同的目的是使该合同有效并得以履行，只有使报批义务条款生效，法院才可以要求负有报批义务的当事人继续履行合同义务，以实现合同订立的目的。

二是违反报批义务条款，应当承担违约责任。在未报审批的情况下，尽管该合同整体上未生效，但由于报批义务条款具有独立性，该条款仍然有效，因此，依法当事人有权请求应当办理申请批准等手续的当事人履行义务，如果负有履行报批义务的人不履行义务，则应当承担违反该义务的责任。

（四）应当区分违反整个未生效合同与违反报批义务条款的责任

首先，应当区分为违反整个未生效合同与违反报批义务条款，二者存在一定的区别。如前所述，报批义务条款本身具有一定的独立性，因此，当事人违反报批义务条款，应当与违反整个未生效合同的责任存在一定的区别。如何理解《民法典》第502条第2款规定的“应当办理申请批准等手续的当事人未履行义务的，对方可以请求其承担违反该义务的责任”？笔者认为，此处所说的责任应当是违约责任，这就是说，当事人一方违反了报批义务条款，应当承担继续履行等违约责任。由于报批义务条款具有一定的独立性，即使整个合同并未生效，其中独立的报批义务条款也已经发生效力，违反这一已经生效的条款，所应承担的责任，在性质上应当是违约责任。此种违约责任的责任形式最主要的就是继续履行的责任，即当事人可以请求负有报批义务的一方继续履行报批义务。负有报批义务的一方拒绝报批的，则可能产生赔偿对方所遭受的损失的责任或违约金责任。

① 杨永清．批准生效合同若干问题探讨．中国法学，2013（6）．

但需要注意的是，此处的违约金责任，仅限于当事人专门就报批义务设定了违约金条款的情形，这一条款不因其他部分未生效而不发生效力。但是如果当事人仅就整个合同约定了违约金，则当事人仍然不能主张对方承担该违约金责任。

其次，违反未生效合同的责任应属于缔约过失责任。对于违反未生效合同而言，合同未经报批，并未生效，不履行合同内容无法要求当事人承担违约责任，而仅在违反先合同义务的情况下承担缔约过失责任，即使合同中约定有违约金条款，也不应适用。

三、合同的变更、转让、解除等情形依法应当办理批准等手续生效的情形

本条第 3 款规定："依照法律、行政法规的规定，合同的变更、转让、解除等情形应当办理批准等手续的，适用前款规定。"本条第 3 款为新增条款，立法者新增第 3 款，主要是考虑到《合同法》中分别对合同的变更、转让、解除中的批准进行规定。例如，《合同法》第 77 条第 2 款规定："法律、行政法规规定变更合同应当办理批准、登记等手续的，依照其规定。"第 87 条规定："法律、行政法规规定转让权利或者转移义务应当办理批准、登记等手续的，依照其规定。"第 96 条第 2 款规定："法律、行政法规规定解除合同应当办理批准、登记等手续的，依照其规定。"在民法典合同编起草中，为简化合同法的上述规定，合同编用本款对变更、转让和解除三种情形集中进行规定，以避免法律条文的冗杂。

本款所规定的变更、转让和解除的批准与本条第 1 款性质相同，对于法律规定需要办理批准等手续才能生效的，不办理批准就不具有合法性，在未办理批准手续前就不应发生效力。例如，《矿产资源法》第 6 条第 1 款第 2 项规定："已取得采矿权的矿山企业，因企业合并、分立，与他人合资、合作经营，或者因企业资产出售以及有其他变更企业资产产权的情形而需要变更采矿权主体的，经依法批准可以将采矿权转让他人采矿。"依此规定，采矿权的转让在批准前并不发生转让的效力。

第五百零三条

无权代理人以被代理人的名义订立合同，被代理人已经开始履行合同义务或者接受相对人履行的，视为对合同的追认。

本条主旨

本条是关于狭义无权代理中被代理人默示追认的规定。

相关条文

《合同法》第 48 条　行为人没有代理权、超越代理权或者代理权终止后以被代理人名义订立的合同，未经被代理人追认，对被代理人不发生效力，由行为人承担责任。

相对人可以催告被代理人在一个月内予以追认。被代理人未作表示的，视为拒绝追认。合同被追认之前，善意相对人有撤销的权利。撤销应当以通知的方式作出。

《合同法司法解释二》第 12 条　无权代理人以被代理人的名义订立合同，被代理人已经开始履行合同义务的，视为对合同的追认。

第 13 条　被代理人依照合同法第四十九条的规定承担有效代理行为所产生的责任后，可以向无权代理人追偿因代理行为而遭受的损失。

理解与适用

一、狭义无权代理的概念

所谓狭义无权代理，是指行为人既没有被代理人的实际授权，也没有足以使第三人善意误信其有代理权外观的代理。简单地讲，是指表见代理以外的欠缺代理权的代理。[①] 由于在行为人实施了狭义的无权代理行为以后，该行为将可能损害被代理人或第三人的利益，因此法律有必要设立无权代理制度，确定在狭义无权代理的情况下的行为的效力及无权代理人的责任等问题。狭义的无权代理具有如下特点。

1. 它是指表见代理以外的无权代理。在民法上通常将无权代理区分为两类，即狭义的无权代理和表见代理。在这两种情况下，代理人都不具有代理权，但就法律效果而言，表见代理和有权代理是不同的。在狭义无权代理情况下，代理人完全不具有代理权，而在其实施代理行为时第三人又不可能相信其具有代理权，因此不能强制本人承担责任，只能由本人基于自身利益的考虑决定是否承认该行为的效果。可见，表见代理与狭义的无权代理在性质上是根本不同的。

2. 它是指代理人未获得相应的代理权而实施的代理行为。狭义的无权代理与滥用代理权不同，在代理权滥用的情形下，代理人仍然享有代理权。而狭义无权代理仅指欠缺代理权，并不包括无权代理人与相对人所实施的行为违反法律、

① 江帆．代理法律制度研究．北京：中国法制出版社，2004：163.

法规的强行性规定以及公序良俗，也不包括代理人与相对人的行为涉及欺诈、胁迫等意思表示不真实的因素，否则只涉及合同的无效和可撤销问题，而不涉及狭义无权代理的效果问题。在无权代理的情况下，代理人通常具有完全的民事行为能力。

3. 狭义的无权代理是一种效力待定的行为。所谓效力待定，是指这种行为成立以后，并不能发生符合当事人意思表示的效力，其效力能否发生，尚未确定，一般须经有权人表示承认才能生效。我国法律认为狭义的无权代理是一种效力待定的行为。《民法典》第 171 条第 1 款规定："行为人没有代理权、超越代理权或者代理权终止后，仍然实施代理行为，未经被代理人追认的，对被代理人不发生效力。"该条对狭义无权代理作出了规定，依据这一规定，基于狭义无权代理所实施的民事法律行为属于效力待定的民事法律行为。该条之所以作出此种规定，一方面是因为无权代理行为具有代理的某些特征。由于无权代理行为并不是当然都对被代理人不利，因此法律应当给予本人一种追认权，由本人根据自己的利益和意志考虑来决定是否承认这种行为的效力，经过追认可以消除民事法律行为存在的瑕疵。这也充分表明了我国法律对当事人利益和意志的尊重。另一方面，因本人的追认而使无权代理行为有效，并不违反法律和社会公共利益，相反，经过追认而有效，既有利于促成更多的交易，也有利于维护本人和相对人的利益。通过本人的追认使效力待定的民事法律行为有效，而不是简单地宣告其为无效民事法律行为，是符合当事人的意志和利益的。

二、被代理人的默示行为，视为对合同的追认

如前所述，狭义无权代理在性质上属于效力待定的行为。无权代理行为未经被代理人追认，对被代理人不发生效力。所谓追认，是指被代理人对无权代理行为在事后予以承认的一种单方意思表示，其特点在于：第一，追认的意思表示应当以明示或者默示的方式向相对人作出。如果仅向无权代理人作出此种表示，则必须使相对人知晓才能产生承认的效果。第二，追认是一种单方意思表示，无须相对人的同意即可发生法律效力。第三，一旦作出追认，在性质上视为补授代理权，从而使无权代理具有与有权代理一样的法律效果，因此，追认具有溯及既往的效力。如果本人明确表示拒绝承认，则无权代理行为自始无效，因无权代理所订立的合同不能对本人产生法律效力。

依据《民法典》第 171 条第 1 款规定，在狭义无权代理的情形下，被代理人享有追认权。被代理人的追认可以采取两种方式作出，即明示的追认和默示的追认。所谓明示的追认，是指明确向相对人表示其愿意以被代理人的身份同相对人

订立合同。所谓默示的追认，即被代理人以一定行为的方式进行追认。本条就是对被代理人默示追认的规定。这种默示的追认体现为两种方式：一是被代理人履行合同义务。虽然被代理人没有明示追认，但如果被代理人已经开始履行合同，这一行为足以表明其愿意接受合同的约束。二是接受相对人的履行。如果被代理人已经接受了相对人的履行行为，同样可以构成默示的追认。这主要是因为，被代理人接受履行的行为已经向相对人传达了其愿意接受合同对自己发生效力。

第五百零四条

法人的法定代表人或者非法人组织的负责人超越权限订立的合同，除相对人知道或者应当知道其超越权限外，该代表行为有效，订立的合同对法人或者非法人组织发生效力。

本条主旨

本条是关于法人的法定代表人或者非法人组织的负责人超越权限订立的合同的效力规定。

相关条文

《合同法》第 50 条　法人或者其他组织的法定代表人、负责人超越权限订立的合同，除相对人知道或者应当知道其超越权限的以外，该代表行为有效。

《票据法》第 5 条　票据当事人可以委托其代理人在票据上签章，并应当在票据上表明其代理关系。

没有代理权而以代理人名义在票据上签章的，应当由签章人承担票据责任；代理人超越代理权限的，应当就其超越权限的部分承担票据责任。

《担保法司法解释》第 11 条　法人或者其他组织的法定代表人、负责人超越权限订立的担保合同，除相对人知道或者应当知道其超越权限的以外，该代表行为有效。

《民法总则》第 61 条　依照法律或者法人章程的规定，代表法人从事民事活动的负责人，为法人的法定代表人。

法定代表人以法人名义从事的民事活动，其法律后果由法人承受。

法人章程或者法人权力机构对法定代表人代表权的限制，不得对抗善意相对人。

第 65 条　法人的实际情况与登记的事项不一致的，不得对抗善意相对人。

第 85 条　营利法人的权力机构、执行机构作出决议的会议召集程序、表决方式违反法律、行政法规、法人章程，或者决议内容违反法人章程的，营利法人的出资人可以请求人民法院撤销该决议，但是营利法人依据该决议与善意相对人形成的民事法律关系不受影响。

《公司法》第 16 条　公司向其他企业投资或者为他人提供担保，依照公司章程的规定，由董事会或者股东会、股东大会决议；公司章程对投资或者担保的总额及单项投资或者担保的数额有限额规定的，不得超过规定的限额。

公司为公司股东或者实际控制人提供担保的，必须经股东会或者股东大会决议。

前款规定的股东或者受前款规定的实际控制人支配的股东，不得参加前款规定事项的表决。该项表决由出席会议的其他股东所持表决权的过半数通过。

第 32 条第 3 款　公司应当将股东的姓名或者名称向公司登记机关登记；登记事项发生变更的，应当办理变更登记。未经登记或者变更登记的，不得对抗第三人。

《全国法院民商事审判工作会议纪要》第 19 条　存在下列情形的，即便债权人知道或者应当知道没有公司机关决议，也应当认定担保合同符合公司的真实意思表示，合同有效：

（1）公司是以为他人提供担保为主营业务的担保公司，或者是开展保函业务的银行或者非银行金融机构；

（2）公司为其直接或者间接控制的公司开展经营活动向债权人提供担保；

（3）公司与主债务人之间存在相互担保等商业合作关系；

（4）担保合同系由单独或者共同持有公司三分之二以上有表决权的股东签字同意。

第 20 条　依据前述 3 条规定，担保合同有效，债权人请求公司承担担保责任的，人民法院依法予以支持；担保合同无效，债权人请求公司承担担保责任的，人民法院不予支持，但可以按照担保法及有关司法解释关于担保无效的规定处理。公司举证证明债权人明知法定代表人超越权限或者机关决议系伪造或者变造，债权人请求公司承担合同无效后的民事责任的，人民法院不予支持。

第 41 条　司法实践中，有些公司有意刻制两套甚至多套公章，有的法定代表人或者代理人甚至私刻公章，订立合同时恶意加盖非备案的公章或者假公章，发生纠纷后法人以加盖的是假公章为由否定合同效力的情形并不鲜见。人民法院在审理案件时，应当主要审查签约人于盖章之时有无代表权或者代理权，从而根据代表或者代理的相关规则来确定合同的效力。

法定代表人或者其授权之人在合同上加盖法人公章的行为，表明其是以法人名义签订合同，除《公司法》第 16 条等法律对其职权有特别规定的情形外，应当由法人承担相应的法律后果。法人以法定代表人事后已无代表权、加盖的是假章、所盖之章与备案公章不一致等为由否定合同效力的，人民法院不予支持。

代理人以被代理人名义签订合同，要取得合法授权。代理人取得合法授权后，以被代理人名义签订的合同，应当由被代理人承担责任。被代理人以代理人事后已无代理权、加盖的是假章、所盖之章与备案公章不一致等为由否定合同效力的，人民法院不予支持。

理解与适用

本条规定的是表见代表制度。所谓表见代表，是指法人的法定代表人或者非法人组织的负责人代表法人或者非法人组织对外订立合同，如果第三人不知道或者不应当知道该法定代表人、负责人超越权限，该合同对法人或者非法人组织发生效力。表见代表的主要特点如下。

第一，必须是法人的法定代表人或者非法人组织的负责人代表法人或者非法人组织对外订立合同。法定代表人应当明确登记，并在登记簿以及营业执照上披露。一般来说，负责人是除法定代表人以外的、有权代表法人或其他组织行为的人。《民法典》第 61 条第 2 款规定："法定代表人以法人名义从事的民事活动，其法律后果由法人承受。"因为法定代表人、负责人依法代表法人或其他组织行为时，他本身是法人或其他组织的一个组成部分，其在代表法人、非法人组织从事职务行为时无须专门的授权，其行为在法律上就视为是法人或其他组织的行为。因此，法定代表人、负责人执行职务行为所产生的一切法律后果都应由法人或其他组织承担。

法定代表人、负责人都是自然人，他们本身具有双重身份，其既是一般自然人，又是能够代表法人或其他组织行为的人。尽管他们是有权代表法人、其他组织行为的人，但只有在其对外代表法人行为的时候，其行为才能对法人、其他组织产生法律效果。如果仅仅是以个人的名义从事某种行为，则只能视为其个人的行为，不属于代表法人的行为，如果是以自然人的身份从事经营活动，则将由其个人承担该行为的后果。

第二，必须是法定代表人或者非法人组织的负责人代表法人或者非法人组织与第三人订立的合同时超越代表权限。一方面，法定代表人或者非法人组织的负责人可以代表法人或者非法人组织从事广泛的行为，例如，代表法人或其他组织缴纳税收、制定管理制度等。但在民法上，要构成表见代表，必须是法定代表人或者非法人组织的负责人代表法人或者非法人组织与第三人订立合同，至于其代表法人或其他组织从事合同以外的行为，则不可能构成表见代表。另一方面，构成表见代表必须是法定代表人或者非法人组织的负责人代表法人或者非法人组织订立合同时超越代表权限，换言之，如果其仍然在职权范围内行为，也不会涉及表见代表的问题。

第三，第三人不知道或者不应当知道该法定代表人、负责人超越权限。立法之所以规定在法定代表人或者非法人组织的负责人代表法人或者非法人组织超越代表权限订立合同时，要保护第三人的利益，是因为第三人不知道或者不应当知道该法定代表人、负责人超越权限，也就是说，第三人是善意的、无过失的。因为法定代表人、负责人不需要获得法人或其他组织的授权，第三人在与法定代表人、负责人订立合同时不必去核实其是否获得授权，这种核实也是十分困难的。如果因为第三人没有调查、核实该法定代表人、负责人是否有权行为，就可能导致交易无效，则将会造成交易的不安全，而且不利于鼓励交易。尤其是法定代表人、负责人的越权行为常常会形成一种权利的外观，即第三人在与法定代表人、负责人缔约时，有合理的理由相信其有代表权。这种信赖利益本身是交易安全的组成部分，保护交易安全就应当保护这种信赖利益。因此，只要第三人不知道或者不应当知道该法定代表人、负责人超越权限，该合同就对法人或者非法人组织发生效力。

第四，该合同对法人或者非法人组织发生效力。法人或者其他组织的法定代表人、负责人超越权限订立的合同，应当视为法人或者其他组织的行为。《民法典》第504条是在《合同法》第50条基础上修改而来的，后者规定："法人或者其他组织的法定代表人、负责人超越权限订立的合同，除相对人知道或者应当知道其超越权限的以外，该代表行为有效。"此处所说的"该代表行为有效"的含义应当理解为法定代表人、负责人超越权限订立的合同应当视为法人的行为，法人仍然应当承担责任，合同不因此而无效。[①] 法人或其他组织不得以其法定代表人、负责人超越权限为由否定合同的效力。《合同法》第50条规定表见代表行为的效力为有效，而《民法典》第504条将该效力规范变更为效果归属规范。即只规定法定代表人或负责人越权时，除相对人知道或应当知道的，可以对法人或非法人组织发生效力。依据本条规定，除了相对人知道或者应当知道的，即使法定

① 孔祥俊．合同法教程．北京：中国人民公安大学出版社，1999：204.

代表人或负责人超越权限也对法人发生效力。《民法典》总则编第 61 条第 3 款规定:“法人章程或者法人权力机构对法定代表人代表权的限制，不得对抗善意相对人。”据此，善意相对人可以主张该合同有效，也可以主张该合同无效。与《合同法》的规则相比，本条规定与《民法典》第 61 条的规则更为协调。

尽管表见代表制度有利于保护交易的安全，促进市场经济的发展，但并不是说表见代表规则的适用没有任何的例外，也不是说法定代表人、负责人超越权限的行为在任何情况下都能视为法人或其他组织的行为。依据本条规定，“法人的法定代表人或者非法人组织的负责人超越权限订立的合同，除相对人知道或者应当知道其超越权限外，该代表行为有效，订立的合同对法人或者非法人组织发生效力”。相对人知道或者应当知道其超越权限包括两种情况。

一是在订立合同时相对人对法定代表人、负责人超越权限的情况是明知的。例如，甲代表法人对外订立担保合同时，未获得董事会的授权，债权人明知这一情况，多次要求甲利用职权私盖公章，后甲按照乙的要求在担保合同上加盖法人印章。

二是在订立合同时相对人应当知道法定代表人、负责人超越权限的情况。例如，法律明确规定企业的分离、合并必须要经过董事会的同意，仅由法定代表人一人同意不能决定企业的分离合并问题。而相对人在法定代表人未取得董事会同意的情况下，就与法定代表人订立合同，该法定代表人超越职权的行为不构成表见代表。相对人知道或者应当知道法定代表人、负责人超越权限对外订立合同的，不构成表见代表，其原因在于，在此情况下相对人是恶意的、有过错的。在恶意的情况下，相对人不产生合理的信赖，即使存在信赖，这种信赖利益也不应得到保护。

问题在于，相对人知道或者应当知道的证明责任应当由谁来举证证明。应由该法人或非法人组织承担。由于相对人通常无法知晓法人对其法定代表人或非法人组织对其负责人的权限限制，因此将证明责任交由相对人承担并不妥当。为促进交易，维护交易安全，降低交易成本，相对人也并不需要负担进行调查法人或非法人组织内部对其法定代表人或负责人的权限限制。本条明确了举证责任的承担问题。对于本条中“除相对人知道或者应当知道其超越权限外”，实际上明确了应当由该法人或非法人组织进行举证。如果其能够证明相对人知道或应当知道该法定代表人或负责人越权，则对该法人或非法人组织不发生效力。

第五百零五条

当事人超越经营范围订立的合同的效力，应当依照本法第一编第六章第三节和本编的有关规定确定，不得仅以超越经营范围确认合同无效。

本条主旨

本条是关于当事人超越经营范围订立的合同的效力的规定。

相关条文

《合同法司法解释一》第10条　当事人超越经营范围订立合同，人民法院不因此认定合同无效。但违反国家限制经营、特许经营以及法律、行政法规禁止经营规定的除外。

《最高人民法院经济审判庭关于如何认定企业是否超越经营范围问题的复函》企业的经营范围，必须是以工商行政管理机关核准登记的经营范围为准。企业超越经营范围所从事的经营活动，其行为应当认定无效。

按国家有关规定无须经工商行政管理机关核准登记的部门、行业或经济组织，则应经其主管机关批准，并在批准的范围内从事生产经营活动。本院《关于在审理经济合同纠纷案件中具体适用经济合同法的若干问题的解答》中“应当在……主管机关批准的经营范围内从事正当的经营活动”，指的就是这种情况。并不是指按规定必须经工商行政管理机关核准登记的工商企业可以其主管机关批准的经营范围确定其是否超越经营范围。

理解与适用

本条规定包含了如下几层含义。

一、不能仅以超越经营范围宣告合同无效

经营范围是指企业从事经营活动的业务范围，其应当依法经企业登记机关登记。如果企业超出登记的经营范围从事经营活动，与他人订立合同，此类合同是否有效？《合同法》并未对这一问题进行规定。但是近年来，由于“放管服”改革的不断深入，企业的市场经营自主权不断扩大，政府对企业经营范围的管控不断放开，限制逐渐减少。基于这一实践需要，企业仅仅超越经营范围并不当然导致合同无效，因为超越经营范围的行为，并没有违反法律、行政法规的强制性规

定，也没有损害第三人的利益，从鼓励交易出发，不宜认定超越经营范围的行为无效，我国司法实践中也已经就此达成了共识。《合同法司法解释一》第 10 条规定："当事人超越经营范围订立合同，人民法院不因此认定合同无效。但违反国家限制经营、特许经营以及法律、行政法规禁止经营规定的除外。"《民法典》第 505 条吸纳了《合同法司法解释一》的这一规定，所谓"不得仅以超越经营范围确认合同无效"，即指如果合同仅仅只是涉及超越经营范围的问题，不能因此而认定合同无效。

二、应当依据民事法律效力规则判断超越经营范围合同的效力

当然，对于当事人超越经营范围订立的合同，《民法典》第 505 条规定的"不得仅以超越经营范围确认合同无效"并不能从反面解释，即认为超越经营范围的合同都是有效的，毕竟对于一些特殊行业，如银行业、保险业等国家限制经营、特许经营的行业，经营范围的确定十分重要，未经批准，不得擅自从事这些经营业务。当事人不得超越经营范围行为，否则，将构成对法律、行政法规的强制性规定的违反。对于违反国家限制经营、特许经营以及法律、行政法规禁止经营的规定而超越经营范围的，因为不仅仅是保护第三人利益和维护交易安全的问题，还涉及国家对经济的法律规制和社会公共秩序的维护问题，所以作为例外，这种超越特殊行业的经营范围的合同应当认定为无效。

依据本条规定，在判断超越经营范围的合同是否有效时，"应当依照本法第一编第六章第三节和本编的有关规定确定"。这是因为一方面，总则编第六章第三节是关于法律行为效力的一般规则，超越经营范围订立的合同作为民事法律行为，也应当依据总则编第六章第三节的规定来确定效力。另有一些法律中关于特定行业经营范围限制的规则可能属于《民法典》第 153 条中的"法律、行政法规的强制性规定"。一旦违反这些规定，超越经营范围所订立的合同应当宣告无效。例如，《商业银行法》第 11 条规定："设立商业银行，应当经国务院银行业监督管理机构审查批准。未经国务院银行业监督管理机构批准，任何单位和个人不得从事吸收公众存款等商业银行业务，任何单位不得在名称中使用'银行'字样。"《保险法》第 80 条规定："外国保险机构在中华人民共和国境内设立代表机构，应当经国务院保险监督管理机构批准。代表机构不得从事保险经营活动。"这些在性质上属于强制性规范的条文，均可能导致超越经营范围订立的合同无效。此外，除违反关于经营范围的强制性规范外，有一些超越经营范围的合同还可能具有其他效力瑕疵，例如，欺诈、胁迫、恶意串通损害第三人等，此时均应当适用总则编第六章第三节的规定。另一方面，判断该合同的效力还需要依据民法典合

同编的规定。超越经营范围订立的合同可能涉及合同编第二章、第三章等有关合同效力的规定。例如，如果超越经营范围订立的合同涉及格式条款，则应当适用合同编第二章第496、497条关于格式合同的效力规范。如果属于应当经过批准才能生效的合同，则应当适用合同编第三章第502条关于批准生效的规则。

第五百零六条

合同中的下列免责条款无效：

（一）造成对方人身损害的；

（二）因故意或者重大过失造成对方财产损失的。

本条主旨

本条是关于免责条款无效的规定。

相关条文

《合同法》第53条　合同中的下列免责条款无效：

（一）造成对方人身伤害的；

（二）因故意或者重大过失造成对方财产损失的。

《保险法司法解释二》第10条　保险人将法律、行政法规中的禁止性规定情形作为保险合同免责条款的免责事由，保险人对该条款作出提示后，投保人、被保险人或者受益人以保险人未履行明确说明义务为由主张该条款不生效的，人民法院不予支持。

理解与适用

一、免责条款的概念

免责条款是当事人双方在合同中事先约定的，旨在限制或免除其未来的责任的条款。按照合同自由原则，当事人可以在法律规定的范围内，自由约定合同条款，因此当事人既可以在合同中约定合同义务和违约责任，也可以在合同中约定免责条款。从《民法典》第506条的规定来看，法律承认当事人可以在不违反该规定的情况下约定免责条款。依法成立的免责条款是有效的。在合同法中，免责条款具有如下特点。

第一，免责条款是一种合同条款，它是合同的组成部分。许多国家的法律规定，任何企图援引免责条款免责的当事人必须首先证明该条款已经构成合同的一部分，否则他无权援引该免责条款。① 采用格式条款订立合同的，提供格式条款的一方应当按照对方的要求，对该条款予以说明。提供格式条款的一方未履行提示或者说明义务，致使对方没有注意或者理解与其有重大利害关系的条款（如免除或限制其责任的条款）的，对方可以主张该条款不成为合同的内容。

第二，免责条款是当事人事先约定的。当事人约定免责条款是为了减轻或免除其未来发生的责任，因此只有在责任发生以前由当事人约定且生效的免责条款，才能导致当事人责任的减轻或免除。若在责任产生以后，当事人之间通过达成和解协议而减轻责任，则不属于免责条款。

第三，免责条款旨在免除或限制当事人未来所应负的责任。根据免责条款所免除或限制责任的性质不同，可将免责条款分为完全免责的条款和限制责任的条款。完全免责的条款是指完全免除一方责任的条款。例如，某些商店在其柜台上标明“货物出门，恕不退换”，就属于免除责任条款。限制责任的条款是指将当事人的法律责任限制在某种范围内的条款，如当事人在合同中约定，卖方的赔偿责任不超过货款的总额。此种分类在法律上的意义在于，对于完全免责条款应当从严审查，特别是在涉及消费者利益时，更应考虑该条款的合理性和公正性，而限制责任条款因只是免除部分责任，所以审查标准应相对宽松一些。

按照私法自治原则，既然民事主体可以在不损害国家和社会公共利益以及第三人利益的情况下，自由处分其财产权益，那么，其当然可以通过达成协议设定免责条款，以免除其未来的责任。只要免责条款不损害国家、社会公共利益和第三人利益，则国家不应当对其进行干预。在市场交易活动中，由于交易充满了风险，因此当事人需要通过免责条款合理分配双方的利益和风险，事先规避风险。免责条款的设定有助于控制未来风险、合理规避风险、降低交易成本，从而有利于鼓励各类交易、促进交易的发展，也有利于及时解决纠纷。当然，当事人在规定免责条款时，必须符合法律、行政法规的强制性规定。我国《民法典》第 143 条规定，民事法律行为有效必须“不违反法律、行政法规的强制性规定，不违背公序良俗”。这一规定同样适用于免责条款。因此，当事人订立的免责条款必须符合法律和社会公共利益的要求，而不得通过其自行约定的条款排除法律的强制性规范的适用，此亦为我国司法实践所确认。例如，在招工登记表注明“工伤概不负责”，违反了宪法和有关劳动法规，也严重违反了社会主义公德，属于无效民事行为。同时，免责条款不得违反公共秩序和公序良俗。公共秩序和公序良俗

① 董安生，等．英国商法．北京：法律出版社，1991：62.

体现的是全体人民的共同利益，对此种利益的维护直接关系到社会的安定与秩序的建立，所以当事人不得设立违反公共秩序和公序良俗的免责条款。

二、免责条款的无效

免责条款一旦订入合同，就意味着当事人已经就免责条款达成了合意，但当事人达成的免责条款并不是当然有效的。我国法律从合同自由原则及经济效率考虑，允许当事人达成免责条款，但这并不意味着当事人可以对免责条款任意作出约定。虽然违约责任具有一定程度的任意性，但其又具有一定的强制性。当事人在不违反法律和公共道德的情况下，可以自由设定免责条款，但免责条款必须符合法律规定，才能合法有效。依据本条规定，合同中的免责条款在以下两种情形下是无效的。

第一，造成对方人身伤害的。免责条款不得免除人身伤害的责任。生命重于泰山，对个人而言，最宝贵和最重要的利益就是人身的安全利益，公民的生命权、健康权是人权的最核心的内容，保护公民的人身安全是法律的最重要的任务。如果允许当事人通过免责条款免除造成对方人身伤害的责任，不仅将使侵权责任法关于不得侵害他人财产和人身权利的强制性义务形同虚设，使法律对人身权利的保护难以实现，而且将会严重危及法律秩序和社会公共道德。因此，各国合同法大都规定禁止当事人通过免责条款免除故意和重大过失造成的人身伤亡的责任。我国法律明确规定合同中的免责条款免除造成对方人身伤害责任的无效，体现了我国法律充分以人为终极目的和终极关怀这一价值取向，表明法律将对人们的生命权、健康权保护置于最优先保护的地位。

第二，因故意或者重大过失造成对方财产损失的。“故意或重大过失责任的不得免除”的规则来源于罗马法，并为大陆法国家的民法典所广泛接受。我国合同编采纳这一规则的依据在于：因故意或者重大过失致人财产损失的，不仅表明行为人的过错程度是重大的，而且表明行为人的行为具有不法性，此种行为应受法律的谴责。例如，双方当事人在合同中特别约定，“卖方交付的货物所造成的全部损失一概由买方负责”，该免责条款显然违反了上述规定。在免责条款设立以后，若一方可以随意毁损他人的财物、砸坏他人的物件，这显然是危害法律秩序的。还要看到，允许当事人通过免责条款免除因故意或者重大过失造成对方财产损失的责任，也可能违反公序良俗。

第五百零七条

合同不生效、无效、被撤销或者终止的，不影响合同中有关解决争议方法的

条款的效力。

本条主旨

本条是关于合同中有关解决争议方法的条款的独立性的规定。

相关条文

《仲裁法》第 19 条第 1 款 仲裁协议独立存在，合同的变更、解除、终止或者无效，不影响仲裁协议的效力。

理解与适用

《民法典》第 507 条确立了合同中有关解决争议方法的条款的独立性规则。有关解决争议的方法的条款，是对将来一旦发生合同纠纷，应当通过何种方式来解决纠纷的约定。按照合同自由原则，选择解决争议的方法也是当事人所应当享有的合同自由的内容。具体来说，当事人可以在合同中约定一旦发生争议以后，是采取诉讼还是仲裁的方式，如何选择适用的法律，如何选择管辖的法院等。当然，有关解决争议的方法的条款并不是合同的必要条款。如果当事人没有约定解决争议的方法，则在发生争议以后，可以通过诉讼解决。

解决争议方法的条款主要包括以下几种类型：一是仲裁条款，即双方当事人对争议解决方式以及仲裁机构的选择等；二是选择鉴定机构的条款，这一条款主要是在建设工程合同中，双方约定一旦就建设工程质量发生争议，如何选择鉴定机构；三是管辖权的约定，即约定争议是否交由法院进行裁判以及由何地法院管辖。这些条款虽然包括在合同中，但又具有一定的独立性。法律承认这些条款的独立性的目的在于，避免因为合同不成立、无效、被撤销或终止时，纠纷无法按照当事人的意思加以解决。

依据本条规定，合同不生效、无效、被撤销或者终止的，不影响合同中有关解决争议方法的条款的效力。这包括了四种原因行为：一是合同不生效。所谓不生效的合同，是指法律规定了合同生效应当满足特别的要件，在这些要件未被满足时合同的状态。[①] 未生效合同的典型形态是依据法律、行政法规的规定应当办理批准才能生效，而当事人并未办理批准手续的合同。二是合同无效。是指合同虽然已经成立，但因其在内容上违反了法律、行政法规的强制性规定和社会公共利益而无法律效力的合同。三是合同被撤销，是指当事人在订立合同时，因意思表示不真实，法律允许撤销权人通过行使撤销权而使已经生效的合同归于无效。

① 谢鸿飞．合同法学的新发展．北京：中国社会科学出版社，2014：179.

四是合同终止。它是指因为债务人、合同解除（包括法定解除、约定解除、解除条件成就）、债务相互抵销、提存、免除债务、混同等原因而使合同权利义务消灭。其中，最典型的形态是合同解除。

本条确立了有关解决争议方法的条款的独立性原则，这就是说，尽管有关解决争议方法的条款依附于主合同，但应当把这些条款与合同中的其他条款看做是两个不同的单独的协议，有关解决争议方法的条款独立于合同的其他条款而存在。因此，有关解决争议方法的条款不因主合同的不生效、无效、被撤销或终止而失效。当主合同发生不生效、无效、被撤销、终止等情形时，合同的当事人依然可以依据合同中的有关解决争议方法的条款解决其争议。例如，依据仲裁协议向仲裁机构申请仲裁，由仲裁机构对他们之间的争议作出裁决。

为什么合同不生效、无效、被撤销或者终止的，不影响合同中有关解决争议方法的条款的效力？其原因如下。

第一，尊重当事人的合同自由。因为当事人约定了有关解决争议方法的条款，就意味着当事人希望通过适用该条款来解决其发生的争议。如果合同因为不生效、无效、被撤销或者终止而使有关解决争议方法的条款失效，则与当事人作出约定的目的不符。

第二，充分发挥其作为救济手段和解决纠纷的程序作用。解决争议条款的独立性原则可以防止当事人拖延纠纷解决程序，从而使纠纷得到及时、高效的解决。由于解决争议条款被看做是与主合同或基础合同完全不同的两个单独的协议，具有独立的性质，因此，即便合同被确认不生效、无效、被撤销、终止等，当事人仍然可以依据解决争议条款及时解决其纠纷。反之，如果该解决争议条款失效，则纠纷将难以及时解决。

第三，该规则也是比较法上公认的规则。[①] 例如，《联合国国际货物销售合同公约》第 81 条规定，“（1）宣告合同无效解除了双方在合同中的义务，但应负责的任何损害赔偿仍应负责。宣告合同无效不影响合同关于解决争端的任何规定，也不影响合同中关于双方在宣告合同无效后权利和义务的任何其他规定”。例如，从世界各国仲裁立法例、有关国际公约以及司法实践来看，仲裁条款独立于合同，与合同应被看作是两个不同的单独的协议，仲裁条款独立于合同的其他条款而存在。

需要指出的是，《民法典》第 507 条规定的合同中解决争议方法的条款与《民法典》第 567 条所规定的合同权利义务关系终止后的“结算和清理条款”并

① 全国人大常委会法工委民法室．《中华人民共和国合同法》与国内外有关合同规定条文对照．北京：法律出版社，1999：47-48.

不相同。在实践中，上述两种条款经常被混淆。结算和清理条款主要是指违约金、损害赔偿的计算等条款。上述两种条款的区别在于：一方面，争议解决方式条款主要是程序性的条款，而结算和清理条款是关系到实体性的权利义务关系的条款；另一方面，争议解决条款通常不涉及违约的问题，而结算和清理条款主要是违约后的清算问题。合同权利义务关系终止的原因很多，仅仅是因为诸如基于违约而解除合同的情形才会涉及违约金和损害赔偿等问题。

第五百零八条

本编对合同的效力没有规定的，适用本法第一编第六章的有关规定。

本条主旨

本条是关于合同的效力规定适用民法总则相关规定的规则。

相关条文

《合同法》第 57 条　合同无效、被撤销或者终止的，不影响合同中独立存在的有关解决争议方法的条款的效力。

《最高人民法院对关于无证售房问题的答复》　其二，在商品房预售合同被认定无效之后，根据《中华人民共和国合同法》第五十七条的规定，合同无效的，不影响合同中独立存在的有关解决争议方法的条款的效力。因此，如果该预售商品房合同有关于解决争议的约定，则人民法院应尊重该当事人约定的效力，将该约定作为处理当事人之间争议的依据。在合同无效且合同中并无有关解决争议方法的情况下，应进一步根据《中华人民共和国合同法》第五十八条的规定，因该合同取得的财产，应当予以返还，不能返还或者没有必要返还的，应当折价补偿。与此同时，有过错的一方应当赔偿对方因此所受到的损失，双方都有过错的，应当各自承担相应的责任。

《工程建设项目货物招标投标办法》第 60 条　中标无效的，发出的中标通知书和签订的合同自始没有法律约束力，但不影响合同中独立存在的有关解决争议方法的条款的效力。

理解与适用

（一）合同编中对合同效力有规定的，则应当适用合同编的规定

在合同编中，有多个条款是总则编中没有规定的，例如，关于无权代理人订

立合同的法律后果，关于未生效合同、超出经营范围订立合同的效力，免责条款的无效情形等。但凡是合同编已经作出规定的，则应当适用合同编的规定。

（二）如果合同编没有规定，则适用民法典总则编的规定

《民法典》第508条在性质上属于指示适用性的规范。合同作为一种法律行为，应当适用总则编有关法律行为的规范。民法总则已经就法律行为的生效、可撤销、无效等进行了规定，合同编之所以在第三章中对合同效力进行简略规定，正是因为总则编对于这些问题已经进行了详细的规定。如果在合同编再就这些内容进行规定，就会导致条文重复。例如，有关合同无效中，强制性规范的认定标准，由于民法总则已经进行了规定，就应当直接适用总则的规定。合同编为了与总则编保持一致，凡是合同编没有特别规定的，均需要适用总则编的一般规定。因此，本编对合同的效力没有规定的，适用本法总则编第六章第三节的有关规定。

需要指出的是，除了总则编第六章第三节的有关规定，总则编第六章第四节关于民事法律行为附条件和附期限的规定，也可以适用于合同关系。

第四章

合同的履行

一、履行的内涵

履行是指债务人自愿依照当事人的约定或者法律规定为其确定的债务进行行为，以实现债权。债的关系主要基于合同而发生，合同是交易的法律形式。正如谢怀栻先生所言，“债的发生就是为了消灭的”，双方当事人订立合同原则上是为了发生债权债务关系，但是，发生债的关系的根本目的并非设定债权债务本身，而是为了通过当事人履行合同义务，最终实现财产和劳务的流转，从而完成交易。只有通过合同的全面、适当履行，才能够使合同当事人的债权或者说合同目的得到正常实现。对于因其他原因发生的债的关系来说，也是如此。因此，履行是合同效力的核心，也是合同目的实现、合同关系或者说债的关系消灭从而实现债权的基本途径。

合同履行的概念是对当事人依照合同义务进行行为的高度抽象。就合同履行的形态而言，既有积极的作为，也有消极的不作为，例如，邻居之间约定不在某个时间段演奏钢琴。在作为中，又包括标的物所有权的移转、标的物使用权的移转、完成约定的工作并交付工作成果、劳务的提供等。

我国《民法典》在合同编中单列“合同的履行”一章（第四章），对履行进行了全面规定。从本章条文的结构和内容来看，其适用于履行合同义务的整个过程。因此，合同的履行是一个动态的过程：在履行期到来之前，当事人应当做好履行的准备工作；履行期届至，当事人应当全面履行其义务。对于即时清结的合同，通过简单的一次性履行即可实现合同目的。但是，对于大多数合同来说，其履行需要通过多次甚至长期的履行行为方能完成。例如，分期付款买卖合同中买受人付款义务的履行，雇佣合同中雇员提供劳务义务的履行。

合同的履行是债务人自愿的、在不具有外部的强制的情况下作出的履行。在违约责任中，规定了继续履行这一责任形态。履行和继续履行是不同的，继续履行也称为强制履行，是债务人不履行或迟延其合同义务的后果，即在不履行情况下法院强制其履行债务。虽然同样是由债务人履行其合同义务，但继续履行是由国家强制进行的，因此，我国《民法典》第577条将继续履行作为违约责任的一种承担方式。而且，对于有些债务，债务人不履行时，基于法律的规定、当事人的约定以及债务的性质，债权人不能要求继续履行，而只能适用损害赔偿。

合同履行是一个中性的概念，它只是指债务人按照合同去从事一定的行为，至于这种行为能否全面、适当，履行完毕后能否实现债权人的债权，则并不在履行的概念所能包括的范围之内。因此，《民法典》第509条在"合同的履行"一章中开宗明义地确立了全面履行、诚信履行和绿色履行的原则，强调当事人应当全面履行、诚信履行合同义务，并在履行合同过程中遵循绿色原则，避免浪费资源、污染环境和破坏生态。

值得讨论的是，《合同法》第91条将传统民法中的清偿表述为"债务已经按照约定履行"。这一表述显然体现了履行概念的中性，即单纯的履行债务的行为，并不对其后果进行评价。如果要达到清偿的效果，则不仅需要完成履行行为，而且该履行行为要"按照约定"，即达到全面、适当履行的程度。但《民法典》第557条第1款第1项则将该项表述为"债务已经履行"。这是否意味着《民法典》赋予了履行更为丰富的内涵？笔者认为，从第509条第1款来看，其仍然保留了《合同法》第60条"当事人应当按照约定全面履行自己的义务"的表述，仍然使用了"按照约定""全面"的修饰，故而履行的内涵并未改变。之所以《民法典》第557条第1款第1项去掉了"按照约定"，主要是因为原先的描述并没有体现"全面"二字，其将合同义务或者说债务仅限于约定义务，无法涵盖法定附随义务的内容。既然无法全面描述，不如索性去掉并不完整的修饰语，以免出现"明示其一即排斥其他"的误解，也为未来的解释预留空间。当然，对于《民法典》第557条第1款第1项仍应理解为：在债务人全面、适当履行其债务的情况下，方可构成清偿从而实现债权、消灭债的关系。

二、履行、给付与清偿

民法理论和审判实践中，在履行这一概念之外，还经常使用给付和清偿的概念。由于其内涵有较多一致之处，就这三者的区别，有必要加以介绍以便辨别使用。

（一）履行与给付

给付一词在民法中有两种含义：一是给付行为，即债务人依照法律规定或合同约定履行其义务的行为，或者说债的关系中债务人所负的给付义务。包括交付物并移转其所有权或使用权、提供劳务、完成工作或提交工作成果、移转其他财产权利等。此行为不以有财产价值为限，包括作为和不作为。二是给付效果，即“完成、取得，即履行的结果”。在不同的债的关系类型中，其可能是单纯的实施某种行为的义务，也可能包括提供某种结果的义务。无论是给付行为还是给付结果，作为债权人所能请求而债务人所应当承担的行为①，给付是债的标的或者说债的关系的客体。此外，我国民法理论中的给付也可作为动词使用，此时其含义即履行给付义务。

而履行只能作为动词使用，即债务人自愿对其基于债的关系所负行为义务来进行行为，以实现债权。② 履行常使用于债的效力方面，一般认为履行是债的效力的核心。当然，现代民法中债务已经不限于给付义务，还包括附随义务等，因此，使用履行债务或者说合同义务的表述更为贴切。

（二）履行与清偿

传统民法中，清偿是债的消灭原因之一。我国民事立法中未使用清偿的概念，《合同法》第 91 条将传统民法中的清偿表述为“债务已经按照约定履行”，《民法典》第 557 条第 1 款第 1 项则表述为“债务已经履行”。但司法解释中使用了清偿的概念，《合同法司法解释一》第 20 条规定：“债权人向次债务人提起的代位权诉讼经人民法院审理后认定代位权成立的，由次债务人向债权人履行清偿义务，债权人与债务人、债务人与次债务人之间相应的债权债务关系即予消灭。”即司法实践中认为履行清偿义务构成了债的消灭原因。由此可见，我国学理和司法实践中认为，清偿表述的是债的双方当事人全面、适当履行其债务之后的客观状态，是一个静态的概念，而且清偿本身就包含着对债务履行的全面性、适当性方面的价值评判。《民法典》第 560 条等条文也使用了“清偿”这一概念。具体而言，清偿的概念包括下列几方面的含义：第一，清偿是债务人全面履行其债务。债务人应当按照合同约定以及法律的规定所确定的履行地点、履行时间、履行方式等全面履行其各项合同义务。对于已经有效成立的合同，在当事人对其非主要条款没有约定或约定不明的情况下，应当根据合同漏洞补充规则确定当事人的权利义务并加以履行。履行主体与受领主体应当适格。第二，清偿还要求债务

① 史尚宽．债法总论．北京：中国政法大学出版社，2000：231.

② 黄立．民法债编总论．北京：中国政法大学出版社，2002：427.

人适当履行其债务。当事人应当遵循诚实信用原则，根据合同的性质、目的和交易习惯履行合同中的各项附随义务。在合同约定或法律规定的范围内具体履行给付义务时，也应当遵循诚实信用原则。在一方违反附随义务造成对方损害的情况下，合同目的并未完全实现，受害人有权请求对方承担损害赔偿责任，因此也很难认为构成清偿。第三，清偿是债的双方当事人全面适当履行其合同债务。这就是说，清偿是给付行为与给付结果的统一。清偿不仅需要债务人全面适当履行其给付义务，还需要债权人全面适当履行其受领义务。债务人将标的物送交到履行地，其给付行为已经完成，但需要债权人受领，方能发生给付效果，因此不能发生清偿之效果。在双务合同中，双方当事人互负合同义务，其互为债权债务人。所以只有双方当事人都全面适当履行各自的义务，且对方都受领的，才能使合同目的实现，从而消灭债的关系。如果仅仅是一方全面适当履行，而另一方没有作出履行或者履行不符合约定或者拒绝受领，则不能导致合同权利义务终止，更不能导致债的关系的消灭。在单务合同中，债权人负有受领的义务，即便债务人一方全面适当履行其合同义务，债权人拒绝受领的，也不能构成清偿，无法发生合同权利义务终止的效果。在债权人没有正当理由拒绝受领的情况下，债务人应当通过提存来消灭债的关系。

履行则是一个动态的过程，而且只是一个中性的概念，只有履行完债务，且全面、适当地履行了这些义务，才能够使债的关系消灭，即实现清偿。两者强调的重点不同，前者所看重的是给付结果的发生，而履行所侧重的是债务内容的实现过程和行为。①

三、本章规范的适用

本章虽然名为“合同的履行”，但其适用范围并非仅适用于合同之债。债是因法律行为或法律的直接规定，在特定当事人之间产生的请求为特定给付的权利义务关系。《民法典》第118条对债权进行了界定，依据该条：“民事主体依法享有债权。债权是因合同、侵权行为、无因管理、不当得利以及法律的其他规定，权利人请求特定义务人为或者不为一定行为的权利。”从这一规定来看，债权具有以下几个方面的特征：第一，债的主体上具有特定性，尤其是债的义务主体是特定的，以此与物权等绝对权相区分；第二，债的内容本质上为请求权；第三，债的客体为债务人为或者不为一定行为，即给付；第四，对于债的发生原因，明确列举了合同、侵权行为、无因管理、不当得利以及法律的其他规定，在合同编

---

① 韩世远．合同法总论．北京：法律出版社，2004：266.

和侵权责任编独立成编、债法总则编尚付阙如的情况下，力图保持了实质上的债法体系。

《民法典》第 118 条袭自《民法通则》第 84 条对债的规定，后者规定："债是按照合同的约定或者依照法律的规定，在当事人之间产生的特定的权利和义务关系。享有权利的人是债权人，负有义务的人是债务人。债权人有权要求债务人按照合同的约定或者依照法律的规定履行义务。"但较之于《民法通则》第 84 条，《民法典》第 118 条扩张了债的发生原因，突出了债务人的特定性，从而凸显了债权作为对人权的特征，从而表达出了债权的相对性。尤其是其明确强调债权内容为"请求特定义务人为或者不为一定行为"，这一表述与《德国民法典》第 241 条或者我国台湾地区"民法"第 199 条"债权人基于债之关系，得向债务人请求给付"的表述近似，较为全面地描述了债的客体或者说给付的内涵。

作为一种具体的民事法律关系，债的关系就其内容而言，亦包括权利义务两方面。就权利角度而言，称为债权关系；就义务方面而言，称为债务关系。对于民法典中集中规定的调整债的关系的法律规则，各国民法中基于立法者对债的关系的不同侧重，有不同的名称。《日本民法典》为强调债的关系的权利属性，将其第三编称为"债权"。瑞士则将相关制度称为"债务法"。旧中国"民法典"从社会本位着眼，将其第二编称为"债"，以兼顾债权债务两方面，蕴涵有保护债权人与债务人双方的立法目的。我国《民法通则》则将之纳入"民事权利"一章，称为债权。但纵观《民法通则》第 84 条，其规范的着力点首先是在债的关系上，在此基础上对债权进行了规定。而《民法典》第 118 条就其体系地位而言，居于总则编"民事权利"一章，故更为突出权利本位的特点，着重就债权加以描述。

债的概念"在大陆法系，尤其是在素重体系化及抽象化之德国法，历经长期的发展，终于获致此项私法上之基本概念，实为法学之高度成就"①。所谓债法，是指调整特定当事人之间请求为特定行为的财产关系的法律规范的总称。② 在德国法系各国民法典中，一般将普遍适用于各类债的关系的一般规则抽出，在债法总则中予以统一规定，称为"通则"或"总则"。债法总则所规定的，是普遍适用于各种债的形式的一般规则。各种债的形式，其规范目的、制度功能等千差万别，之所以能够归纳出债这一高度抽象的概念，根本原因在于其法律效果的相同性，即产生当事人之间得请求为特定给付的关系。根据学者的通说以及各国立法

① 王泽鉴．民法学说与判例研究：第四册．北京：中国政法大学出版社，1998：92.

② 王家福，等．合同法．北京：中国社会科学出版社，1986：1.

的经验，普遍适用于各种之债的规则，即实质意义上的债法总则的内容，一般包括：债的概念、债的发生、债的标的、债的效力（给付、保全等）、多数人之债、债的移转、债的消灭。①

在我国民法典的体系上，在合同法、侵权法从传统债法中分离出来独立成编后，是否仍应保留债（权）的概念和债法总则，学界存有争议。但多数学者都认为，债法总则比合同总则更抽象，能概括各种债，能够为各种以行使请求权和受领给付为内容的法律关系提供一般性规定。但是最终，立法者并未采纳这一认识。从民法典文本上看，在民法典中保留债的概念的同时，其并没有单独规定债法总则一编，而是在分别规定合同编、侵权责任编的同时，在合同编中规定准合同，对无因管理和不当得利规则予以规范，并在《民法典》第 468 条明示："非因合同产生的债权债务关系，适用有关该债权债务关系的法律规定；没有规定的，适用本编通则的有关规定，但是根据其性质不能适用的除外"，从而通过准用合同编通则的方式实现对各类债的关系的共通内容加以法律调整。

对于《民法典》第 468 条所言的"本编通则的有关规定"，其具体范围如何，存在争论。《民法典合同编草案》（一审稿）第 259 条曾表述为"非因合同产生的债权债务关系，适用有关该债权债务关系的法律规定；没有规定的，适用本编第四章至第七章的有关规定，但是根据其性质不能适用的除外"。但这一规定显然过于宽泛，因为合同编第四章至第七章的规定并非都是债法总则的规定，此外，合同编通则其他章的规定也未必都不能适用于各类债的关系，因此在此后的草案中均改为现在的表述。就本章规范而言，关于双务合同履行中的抗辩权以及关于情势变更、合同管理的规定，显然仅适用于合同，而其他规定则可以普遍适用于各类债的关系。

第五百零九条

当事人应当按照约定全面履行自己的义务。

当事人应当遵循诚信原则，根据合同的性质、目的和交易习惯履行通知、协助、保密等义务。

当事人在履行合同过程中，应当避免浪费资源、污染环境和破坏生态。

本条主旨

本条是对合同履行原则的规定。

---

① 邱聪智．民法研究（一）．北京：中国人民大学出版社，2002：22.

相关条文

《经济合同法》（已失效）第 6 条　经济合同依法成立，即具有法律约束力，当事人必须全面履行合同规定的义务，任何一方不得擅自变更或解除合同。

《合同法》第 8 条　依法成立的合同，对当事人具有法律约束力。当事人应当按照约定履行自己的义务，不得擅自变更或者解除合同。依法成立的合同，受法律保护。

第 60 条　当事人应当按照约定全面履行自己的义务。

当事人应当遵循诚实信用原则，根据合同的性质、目的和交易习惯履行通知、协助、保密等义务。

《民法典》第 7 条　民事主体从事民事活动，应当遵循诚信原则，秉持诚实，恪守承诺。

第 9 条　民事主体从事民事活动，应当有利于节约资源、保护生态环境。

《电子商务法》第 52 条第 3 款　快递物流服务提供者应当按照规定使用环保包装材料，实现包装材料的减量化和再利用。

理解与适用

合同履行的原则，是当事人在履行合同义务时所应遵循的基本准则。只有遵循这些准则，当事人的履行才能够真正实现债权人的债权和合同订立目的。从本条来看，我国《民法典》确立了下列合同履行的原则。

一、全面履行原则

（一）全面履行原则的内涵

全面履行一直是我国法律对于合同履行的基本要求。1981 年 12 月通过、1982 年 7 月 1 日起施行的《经济合同法》（已失效）第 6 条即规定："经济合同依法成立，即具有法律约束力，当事人必须全面履行合同规定的义务，任何一方不得擅自变更或解除合同。"《涉外经济合同法》（已失效）第 16 条、《技术合同法》（已失效）第 16 条也有类似的规定。《合同法》则将《经济合同法》第 6 条的内容分拆规定在第 8 条和第 60 条。《合同法》第 60 条在"合同的履行"一章中开宗明义规定"当事人应当按照约定全面履行自己的义务"，从而确立了合同履行中的全面履行原则。《民法典》第 509 条第 1 款沿袭了这一规定。

全面履行原则又称为契约必守原则，也被有些学者称为正确履行原则、全面适当履行原则。这一原则是合同效力的集中体现。当事人之间通过自由、真实的意思表示达成的合意，经过法律的效力性评价后即可发生法律效力，此种效力主要是债的效力，其主要内容就是给付请求力。故而，合同一经生效，当事人即负有信守诺言、履行合同的义务，除非遇到不可抗力或者合同明确约定的免责情形，债务人都应当按照约定全面履行债务。严格地讲，全面履行原则是一项商事合同中的基本要求。我国合同立法史上，《经济合同法》是对企业之间商事合同的规定，《涉外经济合同法》《技术合同法》也主要是用于商事主体之间。《合同法》虽然旨在统一既有的合同法律制度，其一般的主体并不仅限于商人，但是其起草势必受到既有的三部合同法律的影响，尤其是其具体规范内容较多地借鉴了《国际商事合同通则》的规定，由此沿袭下来的全面履行原则本身就体现了深刻的商事合同的烙印。商事合同预设合同双方当事人都是商人，作为商人，合同双方当事人对于自身的利益都有着比较清晰的认知和计算，对于合同履行中的风险都有着较高的预见能力，其在订立合同的过程中，就双方当事人之间的权利义务安排尤其是履行中可能的风险或者说免责情形都应当做出比较清晰、全面的安排。因此在合同有效成立之后，双方当事人都应当全面履行各自的合同义务。建构在当事人都是商人预设的基础上而确立的全面履行原则，也就意味着违约责任上采严格责任原则。一旦出现了不履行或者不完全履行的情形，而这种情形又不是合同预先约定的免责条款所规定的情形，那就意味着一方当事人违背了契约必守的要求，即便其能够证明该违约行为并非其过错造成的，也应当承担相应的违约责任。《民法典》延续了《合同法》的这一基本考虑。

根据全面履行原则，合同当事人应当按照约定来全面履行其合同义务。这就是说，合同当事人必须按照合同约定的标的、质量、数量、履行方法、时间、地点以及方式等全面、完整地实际履行其合同义务。除非有法律的特别规定，如发生了情势变更的情形，或者当事人之间另行协议变更，否则当事人只能按照既有的约定履行债务，不得对债务内容进行变更。合同有效成立后，合同对非主要条款，如质量、价款或者报酬、履行地点等内容没有约定或约定不明时，应当依据法律规定的合同补充规则和法律的补充性规定来对之加以确定，并按照确定后的义务进行履行。

全面履行原则在表述上只是要求当事人按照约定履行合同义务，之所以如此，是因为其规定在合同法律中，也是为了凸显契约必守的内涵。但这一原则的适用并非仅限于合同之债。全面履行是实现债权的根本手段，在各种法定之债中，虽然债务内容来自法律的直接规定，但债务人同样要全面履行自己的债务。

（二）合同义务群

全面履行原则不仅要求对给付义务包括主给付义务和从给付义务的全面履行，还要求对依据诚实信用原则产生的附随义务以及其他义务的全面履行。

债务的全面履行意味着债权的实现、合同目的的达到。从这一意义上讲，合同法的各项规则实际上是围绕着合同义务的履行而构建的，因此合同义务具有重要意义。近代民法合同制度强调“契约即公正”，“当事人之间签订的合同具有法律的效力”。因此，合同义务原则上限于当事人在合同中明确约定的义务。但随着现代合同法的发展，尤其是诚实信用原则在民法尤其合同法中基本原则地位的日渐重要，合同义务摆脱了单纯的当事人约定义务的范围，其来源渐趋多元化，从而形成了合同上的义务群的概念。我国《合同法》在强调合同内容由当事人约定的同时，明确规定当事人行使权利、履行义务应当遵循诚实信用原则，并规定了合同补充和解释规则；同时，《合同法》对合同履行中的附随义务的产生依据、判断标准以及具体的义务内容进行了列举规定。这些义务连同《合同法》分则中的各项具体规定，共同构成了我国法律中的合同义务群。《民法典》合同编亦沿用了《合同法》的这一做法，本条第 2 款即明确规定了附随义务。给付义务、附随义务以及下文所言的不真正义务、先合同义务、后合同义务等，共同构成了我国法上的合同义务群。对于这些义务，依据全面履行原则，债务人均应当履行。

（三）给付义务

1. 给付义务的内涵

《民法典》第 118 条将债权界定为“权利人请求特定义务人为或者不为一定行为的权利”。这就明确把债的客体界定为给付，即债务人的特定行为，包括作为和不作为。可见，债务最主要的内容是给付义务。当事人一方不履行给付义务或者履行给付义务不符合约定的，应当承担继续履行、采取补救措施或者赔偿损失等违约责任。

根据给付的不同性质和合同的不同目的，当事人承担的给付义务是不同的。有些合同中，债务人承担的是行为性义务，只要完成一定的行为并尽到合理的注意，不论是否实现债权人的预期利益，即可认为完成了其给付。例如，医疗服务合同中，只要医疗机构在医疗活动中尽到了勤勉尽责的义务，即便患者病情并未好转甚至死亡，也不能认为医疗机构没有履行或没有完全履行给付义务，患者仍然要支付其医疗费用。再如，根据《民法典》第 881、882 条的规定，在技术咨询合同中，受托人应当按照约定的期限完成咨询报告或者解答问题；提出的咨询报告应当达到约定的要求。这里约定的要求主要是对受托人注意义务方面的要求，通常不应是对依照该咨询报告作出的决策的正确性的要求。对于委托人按照受托人符合约定要求的咨询报告和意见作出决策所造成的损失，如无相反约定，应当由委托人承担。可见，此种合同中之给付是指给付行为。当然，双方也可以就依照该咨询报告作出的决策的正确性进行约定，此时该合同中之给付是指给付结果。有些合同中，债务人承担的是结果性义务，例如承揽合同中，承揽人必须按照定作人的要求完成工作并交付工作成果，才完成其给付。因此此种合同中之给付是指实现一定的给付结果。买卖、赠与、租赁等合同中的给付也是如此。

2. 主给付义务与从给付义务

根据给付义务对债的关系的影响，可以将之分为主给付义务与从给付义务。所谓主给付义务，是指债的关系（尤其是合同关系）所固有、必备，并用以决定债的关系（合同）类型的基本义务。《民法典》第 490 条第 2 款规定："法律、行政法规规定或者当事人约定合同应当采用书面形式订立，当事人未采用书面形式但是一方已经履行主要义务，对方接受时，该合同成立。"第 563 条第 1 款第 3 项中规定："当事人一方迟延履行主要债务，经催告后在合理期限内仍未履行"的，当事人可以解除合同。这些规定中都提及了"主要义务""主要债务"的概念。从我国法律规定来看，这些义务都是合同性质所决定的，实际上就是主给付义务。

主给付义务是依据合同类型来具体判断的。在法律没有作出规定且当事人没有特别约定的情况下，应当依据合同的性质来确定该合同的主给付义务。《民法典》合同编第二分编对各类典型合同或者说有名合同直接规定了其定义，这种定义实际上是依赖于对合同当事人的主给付义务的规定来作出的。换言之，法律对于有名合同的界定实际上就意味着对当事人主给付义务的规定。具体来说，《民法典》合同编第二分编之所以名为"典型合同"，就是因为要对社会生活中各类典型的交易类型，将其一方当事人的主给付义务按照交付标的物转移所有权、交付标的物转移使用权、提交工作成果、提供劳务等典型的给付义务加以具体化，从而确定为各类有名合同中一方当事人的主给付义务，而对于其相对人的主给付义务（除赠与合同这一无偿合同之外）则统一规定为给付金钱，从而实现了对于各类有名合同的定义性规范。因此对于各类有名合同的主给付义务可以直接依据法律的规定而确定。

例如，《民法典》第 961 条规定，中介合同是中介人向委托人报告订立合同的机会或者提供订立合同的媒介服务，委托人支付报酬的合同。这里中介人向委托人报告订立合同的机会或者提供订立合同的媒介服务的给付义务，直接决定了该合同的类型为中介合同，因此，其为主给付义务。当然，此类合同中，作为委托人一方给付金钱的主给付义务被具体化为支付报酬的给付义务。再如，《民法典》第 595 条规定，买卖合同是出卖人转移标的物的所有权于买受人，买受人支付价款的合同。显然，出卖人转移标的物的所有权于买受人、买受人支付价款即分别为买卖合同双方当事人的主给付义务。有学者认为，出卖人转移标的物的所有权与买受人，显然表明买卖合同并非仅仅是负担行为，当然包括处分行为。但这一认识显然忽略了法律对于典型合同的定义中所述的义务，本质上是主给付义务。还如，出租人将租赁物交付承租人使用、收益，承租人支付租金则分别为租赁合同双方当事人的主给付义务（《民法典》第 703 条）；承揽人按照定作人的要求完成工作并交付工作成果，定作人给付报酬为承揽合同双方当事人的主给付义务（《民法典》第 770 条），等等。

此外，在当事人特别约定或者依照交易习惯某义务为主给付义务时，应当从其约定。例如，双方买卖一只小狗，特别约定出卖人交付小狗的血统证明为主给付义务。但如果双方买卖的是一匹赛马，即便没有当事人的特别约定，按照交易习惯给付血统证明也应当是主给付义务。

欠缺主给付义务，则合同类型不能确定，合同不能成立。换言之，《民法典》第 472 条第 1 项对要约“内容具体确定”的要求，实际上就是要求要约中应当明确未来合同中的主给付义务。这里所说的具体，就是说主给付义务应当是具体的某一给付类型，这里所言的确定，就是说给付的内容应当是确定或者可得确定的。在此情况下，才可能构成要约从而成立合同。如果某一协议文本中无法确定当事人双方的主给付义务，则合同不能成立。

此外，主给付义务的意义还表现在：在双务合同中，双方当事人各自所负的主给付义务构成对待给付义务。在没有先后履行顺序的情况下，当事人可以行使同时履行抗辩权，在对方履行之前有权拒绝其履行要求，在对方履行债务不符合约定时，有权拒绝其相应的履行要求（《民法典》第 525 条）；有先后履行顺序时，后履行一方可以行使后履行抗辩权，先履行一方未履行的，其有权拒绝对方的履行要求；先履行一方履行债务不符合约定的，后履行一方有权拒绝其相应的履行要求（《民法典》第 526 条）。因不可归责于当事人的原因（除非法律另有规定或当事人另有约定，原则上为不可抗力）不能或不能完全履行合同的，部分或者全部免除其责任，对方当事人也免为对待给付义务（《民法典》第 590 条）。在判断合同解除时，也有主给付义务的适用，如预期违约和默示拒绝的情况下的合同解除权。按照《民法典》第 563 条，在履行期限届满之前，当事人一方明确表示或者以自己的行为表明不履行主要债务的；当事人一方迟延履行主要债务或者说主给付义务，经催告后在合理期限内仍未履行的，对方当事人有权解除合同。此外，第 563 条第 1 款第 4 项所言的“当事人一方迟延履行债务或者有其他违约行为致使不能实现合同目的”的情形，也主要是指对主给付义务的迟延履行或者其他履行不完全。

所谓从给付义务，是指主给付义务之外的给付义务。从给付义务不能决定合同的类型，其效用在于用来补充主给付义务，以确保债权人利益获得最大满足。因此，从给付义务的欠缺并不影响合同的成立。

从给付义务一般也不影响当事人订约目的的实现，因此，从给付义务原则上与相对人的给付不构成对待给付，不履行或不完全履行从给付义务也不会构成根本违约，非违约方也不能借此解除合同，而只能要求继续履行或损害赔偿。但特殊情况下，从给付义务也可能直接影响当事人订约目的的实现，则此时应当认为从给付义务与相对人的给付构成对待给付。例如，买卖小狗时，交付血统证明如无当事人特别约定，则只是从给付义务（《民法典》第599条）。但如无血统证明的交付，相对人的订约目的可能无法实现。此时，相对人可因该从给付义务的不履行或不完全履行主张同时履行抗辩权或者后履行抗辩权，在因该从给付义务的不履行导致缔约目的不能实现时，可以主张解除合同。

从给付义务可以基于下列渊源而发生。

第一，当事人的约定。例如，在买卖合同中，当事人之间可以约定交付标的物时应当一并交付提取标的物单证以外的有关单证和资料，出卖人应当按照约定进行交付（《民法典》第599条）。此种约定也可以是不作为的义务，例如，甲将其套房中的一间租给小提琴手乙，并约定每日22:00以后乙不得在房间中练琴。

第二，合同漏洞补充规则。《民法典》第510条和第511条对合同补充规则进行了规定。在合同没有约定或约定不明且不能达成补充协议的情况下，应当按照合同有关条款或者交易习惯确定合同权利义务。例如，根据《不动产登记暂行条例实施细则》，在商品房买卖时，特定情况下不动产登记可以由买受人单方申请，但其必须提交房屋权属证书以及相关的证明等文件。而这些文件往往在出卖人手中。因此，即便当事人没有在买卖合同中约定，但从合同条款所确定的合同目的以及交易习惯出发，出卖人也负有交付这些文件的义务。

第三，法律的任意性规定。我国《民法典》合同编在典型合同分编中规定了大量补充性规定。在当事人未作相反约定的情况下，这些规定直接订入合同，成为合同内容的一部分。其中不少义务不能直接决定合同性质，应当认为是从给付义务。例如，货运合同中托运人对货物的包装义务（《民法典》第827条），委托合同中受托人对委托事务的报告义务（《民法典》第924条）等。

从给付义务不同于从义务。从给付义务与主给付义务同属于一个合同中，共同构成同一合同的给付义务。而所谓从义务，是与主义务相对而言的，是根据义务之间的从属关系来确定的。主义务是能够独立存在的义务；从义务只能从属于主义务而存在。从义务与主义务分属不同的合同关系。例如，保证责任相对于主债务而言，属于从义务。但其系基于保证合同而产生，主债务是基于主合同而产生，二者并非同一合同关系中给付义务的不同组成部分。

二、诚信履行原则

（一）诚信原则与诚信履行原则

《民法典》第 7 条规定："民事主体从事民事活动，应当遵循诚信原则，秉持诚实，恪守承诺。"这里所说的民事活动，当然包括履行债务的行为。本条第 2 款对于债的履行明确要求："当事人应当遵循诚信原则，根据合同的性质、目的和交易习惯履行通知、协助、保密等义务。"由此确定了债务履行中的诚信履行原则。

需要指出的是，虽然我们把本条第 2 款的内涵直接表述为诚信履行原则，但并不是说，只有诚信履行原则才体现了诚信原则的要求。全面履行原则也叫契约必守原则，它本身就是民法中诚实信用原则的直接体现。在我国法律语境下，秉持诚实、恪守承诺其本意就是契约必守。现代交易往往要求合意的完成（合同的成立）与其实际的履行在时空上相分离，在现代法中合同作为交易的主要法律形式，主要是由于其作为一种可期待的信用，能够把未来的财富引入现实的交易之中，这就需要法律对当事人之间脱离了现实交付的合意赋予法律的拘束力和效力，从而以法律的强制力赋予其履行合同的信用或者说保障合同目的实现的功能。这就使当事人能够对未来合理预期，从而能够进行无须即时交付甚至交易时标的并不存在的交易，这也将期待利益引入了现实的社会财富和交易之中，增加了社会财富的总量。因此，现代的合同主要是指双方对于未来进行给付的合意。[①] 这也就意味着，依照合同约定和法律规定全面履行合同义务，本身就是对信用的维护。所以，严格地讲，全面履行原则也是诚实信用原则在合同履行制度中的表现。

在合同履行制度中，所谓的诚信履行原则，主要是指当事人对依据诚信原则确定的法定附随义务的履行。附随义务虽不影响合同目的的实现，但起着辅助实现主给付义务的作用。在根据合同的性质、目的和交易习惯负有附随义务的情况下，合同当事人也应遵循诚信原则加以履行。诚信履行原则，则是现代民法依据诚信原则对全面履行原则所作的进一步补充和完善。在传统民法中，全面履行强

① 尹飞．合同成立与生效区分的再探讨．法学家，2003（3）：115.

调的是对合同约定的义务进行全面、适当的履行。而诚信履行原则尤其是依据诚信履行原则所发展出的附随义务，则进一步补充和完善了合同义务，从而形成了合同义务群的概念。

诚信履行原则首先要求债务人在履行债务过程中，不仅要按照全面履行的要求，履行合同约定的义务或者说给付义务，还要全面履行依据诚实信用原则所发生的附随义务。

在合同必须严守的同时，基于诚实信用原则，《民法典》本章对当事人的履行也有一些特别规定。这主要表现为特定情况下合同义务可以提前履行或部分履行，以及履行过程中债权人自身发生重大事项时的通知义务。对于这些义务，债务人也要依据诚信履行的原则加以履行，债权人也要依据诚信履行原则的要求，负有一定的容忍义务。

此外，既然诚实信用原则是民法的基本原则，按照通常的理解，当事人在合同约定或法律规定的范围内具体履行给付义务时，也应当遵循诚实信用原则。正如《德国民法典》第 242 条所言，“债务人有义务依诚实和信用，并参照交易习惯，履行给付”。例如，在履行期限之内，债务人选择具体履行时间时不能要求半夜履行或者在债权人营业时间之外履行。在给付种类物的合同中，债务人不得在合同约定的质量范围内故意选择较差的标的物交付。① 再如，借款合同中，债权人与债务人约定在任何地点皆可履行还款义务，借款人选择在共同遭遇强盗时要求向贷款人还款，解释上即违反诚信原则。② 还如在交付地点的选择上，不能在厕所等不洁之处交付食品。

（二）附随义务

1. 附随义务的概念

传统民法中，债务主要是给付义务。《德国民法典》第 242 条规定：“债务人有义务依诚实和信用，并参照交易习惯，履行给付。”这只是对给付义务提出了应当遵循诚信原则的要求，但并未对附随义务直接作出规定。后来德国法通过判例发展出了附随义务。我国《合同法》总结了国外先进经验，直接在立法中对附随义务进行了规定。《合同法》第 60 条第 2 款规定：“当事人应当遵循诚实信用原则，根据合同的性质、目的和交易习惯履行通知、协助、保密等义务。”本条第 2 款沿用了这一规定。从该款规定来看，附随义务是指合同当事人依据诚实信用原则所产生的，根据合同的性质、目的和交易习惯所应当承担的通知、协助、

---

① 王家福．中国民法学·民法债权．北京：法律出版社，1991：393.

② 林诚二．民法债编总论：下．台北：瑞兴图书股份有限公司，2001：12.

保密等义务。

2. 附随义务的特点

附随义务具有下列特点。

第一，附随义务是附随于主给付义务的义务。附随义务不影响合同类型的确定，也不影响合同成立，其意义在于辅助实现主给付义务，使债权人的利益得到最大满足。根据《合同法》的规定，附随义务是诚实信用原则在合同履行过程中的具体体现，但其内容应当依据合同的性质、目的和交易习惯而确定。由于合同的性质和目的体现在主给付义务之中，因此附随义务必须以主给付义务的存在为前提，依赖于主给付义务而存在。这与合同成立前即已依据诚实信用原则而发生的先合同义务以及合同终止后依据诚实信用原则而发生的后合同义务，显然是不同的。

此外，在不同类型的合同中，其主给付义务是不同的。如租赁合同中就不像买卖合同那样以移转所有权为主给付义务，而附随义务则广泛存在于各类合同中，只是在不同合同以及合同的不同阶段其具体类型和内容有所不同。

第二，附随义务并非由当事人约定而产生，而是基于诚实信用原则而发生的。因此在合同成立时，主给付义务当然已经确定，但附随义务则可能未必发生。国外多是按照诚实信用原则的要求，通过司法判例来确定不同合同中的附随义务。《民法典》本条第 2 款直接规定了当事人应当遵循诚实信用原则履行附随义务，并列举了部分附随义务类型，并在分则中根据不同的合同类型对一些不同履行阶段中特定情况下的附随义务进行了具体规定。例如：租赁合同中，第三人主张权利时承租人的通知义务（《民法典》第 723 条），承租人对租赁物的妥善保管义务（《民法典》第 751 条）；承揽合同中，承揽人应当妥善保管定作人提供的材料以及完成的工作成果（《民法典》第 784 条）等。但这并不是说附随义务以法律的具体规定为限。由于本条第 2 款的规定十分抽象、概括，实践中法官和当事人应当根据合同的性质、目的和交易习惯来具体确定不同的附随义务。

如果当事人对一些本属于附随义务的内容事先在合同中进行了约定，则该义务不再属于附随义务，而应当根据其意义确定其属于主给付义务或者从给付义务。

附随义务的内容并非在任何合同中都是相同的。在不同合同中，附随义务的内容应当依据合同的性质、目的和交易习惯来具体确定。而且，附随义务随着主给付义务的履行而不断变化其内容。

第三，附随义务不能与对方当事人的给付义务构成对待给付。因此，不能以对方不履行附随义务为由主张同时履行抗辩权和后履行抗辩权。附随义务不能决定合同的类型，其履行与否一般也不会导致合同目的的不能实现，因此，违反附随义务不构成解除合同的法定事由，相对人只能请求继续履行或赔偿损失。

第四，附随义务与从给付义务在很多情况下，其内容是相似的。按照德国通说，二者的主要区别在于：不履行从给付义务，相对人可以请求继续履行，而附随义务的不履行只能导致损害赔偿的效果。例如，承揽合同中，承揽人按照定作人的要求完成工作并交付工作成果为主给付义务；完成承揽工作后，承揽人交付必要的技术资料和有关质量证明的义务为从给付义务，其不履行的，定做人有权要求其继续履行；而依诚实信用原则，承揽人应当对工作成果的使用方法等问题负有告知义务，此义务为附随义务。因其未尽说明义务导致损害的，定做人有权请求赔偿。

3. 附随义务的类型

根据我国《民法典》以及相关法律的规定，附随义务一般包括下列情形。

(1) 通知义务。合同履行过程中，对于可能损害相对人利益的事项，当事人负有及时通知的义务，以便相对人及时准备、避免损失。例如，供用电合同中，供电人因供电设施计划检修、临时检修、依法限电或者用电人违法用电等原因，需要中断供电时的通知义务（《民法典》第652条）。

(2) 告知义务。严格地讲，告知与通知并无不同，都是一方将某一信息或者意思传达给另一方。但就一般语言习惯而言，告知是指当面告知，更多强调双方面对面的情形。而通知则通常是指双方需要借助一定的媒介来完成信息的传递。告知义务一般是在合同订立过程中所负有的先合同义务，不履行此义务可能构成欺诈。但在合同成立后，依照诚实信用原则，为辅助实现主给付义务，当事人也负有告知义务，此时该义务为合同义务中的附随义务。例如，客运合同中，承运人迟延运输的，应当履行告知和提醒义务，并根据旅客的要求安排改乘其他班次或者退票（《民法典》第820条）。这里的告知和提醒，显然是指告知义务；而安排改乘班次，则属于协助义务。

(3) 协助义务。合同有效成立后，当事人处于一种密切的关系之中，其相互之间负有协助义务。例如，在债务人交付买卖合同标的物时，债权人应当及时受领。融资租赁合同中，承租人按照约定享有索赔的权利时，出租人负有协助义务（《民法典》第741条）。当然，给付标的为不作为的债务，则不存在协助的问题。

(4) 保密义务。这里所指的秘密主要是履行过程中知悉的商业秘密以及其他重要秘密。例如，在医疗服务合同中，医疗机构及其医务人员应当对患者的隐私和个人信息负有保密义务（《民法典》第1226条）。承揽合同中，承揽人对加工过程中知悉的秘密应定做人的要求负有保密义务（《民法典》第785条）。技术合同中，当事人对于履行合同过程中知悉的技术秘密负有保密义务（《民法典》第845条）。

（5）保管义务。在保管合同、仓储合同中，保管义务是主给付义务。但在其他相关合同中，往往存在一方当事人依据合同的约定合法占有对方财产的情形。此种情况下，占有人依据诚实信用原则，也应当负有妥善保管的义务。如果违反这一义务，造成标的物的毁损、灭失，占有人应当承担赔偿责任。例如，《民法典》第610条规定："因标的物不符合质量要求，致使不能实现合同目的的，买受人可以拒绝接受标的物或者解除合同。买受人拒绝接受标的物或者解除合同的，标的物毁损、灭失的风险由出卖人承担。"这里所言的拒绝接受标的物，是指送货上门或者自提这种出卖人和买受人直接见面的情形。在此情况下，买受人发现标的物质量不合格导致根本违约的，其有权拒绝接受该标的物。但是，如果标的物需要运输，货到之后买受人发现标的物质量不合格导致根本违约，这种情况下其有权解除合同，但其同时应当对收到的标的物妥善保管。在保管期间，如果因不可归责于双方当事人的原因导致标的物毁损、灭失，则应当依据风险负担规则处理。但是如果因为买受人保管不善导致标的物毁损灭失，买受人应当负有赔偿责任，而不能再按照风险负担规则来处理。

（6）保护义务。即合同当事人应当防止因自己的给付造成对方的人身和财产损害的义务。例如，对可能危及人身、财产安全的商品和服务，应当向相对人作出真实的说明和明确的警示，并说明和标明正确使用商品或者接受服务的方法以及防止危害发生的方法。此种义务通常为侵权行为法上的义务，但在合同关系中，因当事人的给付也可能造成相对人维持利益的损害，因此，基于诚实信用原则，应承认此项合同法中的附随义务。

应当指出，将保护义务纳入合同中的附随义务，其主要原因在于：在一方违反保护义务造成相对人人身和财产损害时，构成加害给付（因合同履行造成标的物之外的人身和财产损失），产生违约责任和侵权责任的竞合，受害人可以选择是基于违约责任还是侵权责任请求损害赔偿。违约责任的归责原则较之于一般侵权责任的更为严格，受害人依据违约责任请求赔偿所负担的举证责任比基于侵权责任的要轻得多。因此，保护义务纳入合同义务中，更加便于受害人获得赔偿。尤其是《民法典》第996条规定："因当事人一方的违约行为，损害对方人格权并造成严重精神损害，受损害方选择请求其承担违约责任的，不影响受损害方请求精神损害赔偿。"这就将精神损害赔偿纳入了违约责任的范围，受害人可以通过违约责任就履行利益以及作为维持利益的精神损害一并请求赔偿。

还应注意的是，附随义务之意义只在于辅助实现主给付义务，即便不履行也不直接影响合同目的的实现，而且，诚实信用原则本身是一个很不确定的概念，因此，对附随义务的判断应当十分谨慎。在法律没有直接规定，且依合同性质、目的和交易习惯无法直接确定的情况下，原则上法院不宜确定附随义务并以之作为承担违约损害赔偿责任的依据。

(三) 其他义务类型

1. 不真正义务

合同中的义务，除前述主给付义务、从给付义务、附随义务之外，还有所谓的不真正义务。民法上的义务一般以责任为其不履行之后果。但在有些情况下，虽然某人依法应当进行某种行为（包括作为和不作为），但相对人不能请求其履行，其不履行时相对人也不能请求其承担损害赔偿等民事责任，而只是使其遭受权利丧失或减损的不利益。此即学理上所言的不真正义务。对于不真正义务，当时也应当予以全面履行，否则将自己承担相应的不利后果。

我国《民法典》合同编也规定了一些不真正义务，主要包括：第一，一方当事人违约后非违约方的避免损失扩大的义务（《民法典》第591条）。如果非违约方违反此义务，只是发生非违约方不得就扩大的损失要求赔偿的法律后果，而没有损害赔偿责任的发生。第二，履行过程中债权人自身发生分立、合并或者变更住所等重大事项致使履行债务发生困难时的通知义务（《民法典》第529条）。债权人怠于履行此义务时，债务人不能请求其承担违约责任，但可以中止履行或者将标的物提存。对于由此造成的损失，债权人应当自行负担。

2. 先合同义务与后合同义务

依据诚实信用原则，在合同法中还会发生先合同义务及后合同义务，在此一并介绍。

在合同订立过程中，尽管合同尚未成立，但缔约双方已经从单纯的负有不得侵害他人义务的一般人进入了一种比较密切的社会关系，其相互之间已经存在一定的信赖关系，因此合同法依据诚实信用原则对缔约双方规定了一定的先合同义务。违反这些义务并造成对方信赖利益损失的，应当承担缔约过失责任。《民法典》第500条对缔约过失责任进行了规定，并明确缔约过失责任的承担以违反诚信原则为前提，从而依诚信原则确立了先合同义务。

在合同权利义务关系终止后，原合同当事人仍然负有一定义务，以维护给付效果，或协助相对人处理合同终止后的善后事务。此即学理上所言的后合同义务。此义务在其他国家至今还只是法院在裁判中所创设的规则，立法上还没有哪一个法典直接规定。我国《合同法》则第一次将其直接规定为立法上的规则。《合同法》第92条规定，合同的权利义务终止后，当事人应当遵循诚实信用原则，根据交易习惯履行通知、协助、保密等义务。《民法典》第558条进一步明确为：“债权债务终止后，当事人应当遵循诚信等原则，根据交易习惯履行通知、协助、保密、旧物回收等义务。”例如，甲与乙公司之间的劳动合同解除后，对于寄到乙公司的甲的私人信函，乙公司仍然负有合理的保管并通知甲来领取的义务；对于前来查询其去向的人员，除非甲有明确交代，否则乙公司应当告知；而甲对于其在乙公司工作期间因工作而知悉的技术秘密等也应当负有保密义务。

在违反后合同义务造成他人损害的情况下，有学者认为应当承担违约责任。但我们认为，一方面，后合同义务发生于合同终止之后，原合同当事人之间已经不再存在合同这一紧密的关系，因此其不属于合同义务，对之的违反不宜认为构成违约行为；另一方面，违反后合同义务所造成的损失，只能是维持利益的损失而非预期利益的损失，因此即便适用违约责任也不能加以补救。我国法律仅对原合同当事人赋予了后合同义务并就该义务的内容进行了规定，但未规定其责任后果。此种情况下应当按照《民法通则》第106条第2款关于侵权责任的一般条款的规定，来判断责任是否构成。由于原合同当事人负有后合同义务这种法定义务，在其违反法定义务的情况下自然能够推定其存在过错，此时应当承担侵权责任。

先合同义务和后合同义务的存在，不以合同主给付义务的存在为前提，因此它们不属于附随义务。这些义务发生时，合同或者尚未成立，或者已经终止，因此不能认为这些义务属于合同义务的一部分。但是，考虑到这些义务与合同之间的密切关系，《民法典》合同编也对之进行了规定，因此，这些义务可以称为合同法上的义务。

三、绿色履行原则

本条第3款系《民法典》立法中较之于《合同法》第60条新增的内容。《民法总则》第9条将绿色原则纳入民法基本原则，强调“民事主体从事民事活动，应当有利于节约资源、保护生态环境”。在起草过程中，绿色原则在《民法总则》中的位置几经变化，在《民法总则（草案）》（三审稿）中本条曾经被移出基本原则一章，而被置于“民事权利”章作为权利行使的一般规则来规定。但最终，绿色原则还是被作为民法的基本原则规定下来。之所以做这一规定，既是贯彻宪法关于保护环境的要求，也是为了落实党中央关于建设生态文明实现可持续发展理念的要求。将环境资源保护上升至民法基本原则的地位，具有鲜明的时代特征，也为环境资源保护开启了民法上的通道，有利于构建生态时代下人与自然的新型关系，顺应绿色立法潮流。绿色原则被确定为民法的基本原则，其意义在于：一是确立国家立法规范民事活动的基本导向，即要以节约资源、保护生态环境作为重要的考量因素；二是要求民事主体本着有利于节约资源、保护生态环境的理念从事民事活动，树立可持续发展的观念；三是司法机关在审判民事案件，适用民事法律规定时，要加强对节约资源、保护生态环境的民事法律行为的保护。①

为了落实这一民法基本原则，在相关立法中，针对实践中快递行业过度包装、资源浪费的问题，《电子商务法》第 52 条第 3 款对于快递物流提供者提出了“按照规定使用环保包装材料，实现包装材料的减量化和再利用”的要求。

在民法典分则编纂中，更应当体现《民法总则》作为基本原则的绿色原则的要求，仅就合同编而言，在本条第 3 款，对于合同履行则提出了“当事人在履行合同过程中，应当避免浪费资源、污染环境和破坏生态”的要求。在后合同义务中，《民法典》第 558 条较之于《合同法》也增加了“旧物回收”的义务类型。在买卖合同中，《民法典》第 625 条也明确规定：“依照法律、行政法规的规定或者按照当事人的约定，标的物在有效使用年限届满后应予回收的，出卖人负有自行或者委托第三人对标的物予以回收的义务。”这就突破了传统民法中出卖人按照约定交付标的物、转移所有权后就完全消灭了债务的做法，科加了出卖人法律、行政法规特别规定或者当事人特别约定的情况下的旧物回收义务。

既然本条第 3 款将绿色履行规定为合同履行的基本原则，那就意味着，在合同履行过程中，在当事人没有特别约定而且法律没有明确的补充性规定的情况下，在具体权利义务的安排上，当事人应当遵循绿色履行的要求，避免浪费资源、污染环境和破坏生态。尤其是在涉及包装方式、包装材料等内容时，当事人应当尽量顾及环保要求和资源回收利用的要求。在成本差别不大的情况下，在包装材料的选择上，应当尽量使用可再生产品；在包装方式上，要避免过度包装；对于履行合同过程中产生的垃圾、废料，即便没有特别约定或者法律特别规定，当事人也应当予以回收或者清理，由此产生的费用，在没有特别约定的情况下，应当由履行债务的一方承担。

需要注意的是，与《民法总则》对绿色原则“应当有利于”的表述一样，本款对绿色履行原则的表述使用了“应当避免”的表述，在具体义务内容上“浪费资源、污染环境和破坏生态”也与绿色原则“节约资源、保护生态环境”基本上形成了对应关系。这种表述与本条前两款“应当”的强硬要求显然存在一定区别，在解释上具有一定空间。换言之，在避免浪费资源、污染环境和破坏生态与

① 石宏．中华人民共和国民法总则条文说明、立法理由及相关规定．北京：北京大学出版社，2017：22.

由此增加的成本上应当作出合理的平衡。法官在适用绿色履行原则确定当事人相关义务时，应当合理考虑经济社会发展水平，避免因此显著增加当事人的成本或者造成当事人权利义务明显失衡。

第五百一十条

合同生效后，当事人就质量、价款或者报酬、履行地点等内容没有约定或者约定不明确的，可以协议补充；不能达成补充协议的，按照合同相关条款或者交易习惯确定。

本条主旨

本条是对按照当事人的意思补充合同漏洞规则的规定。

相关条文

《合同法》第 61 条　合同生效后，当事人就质量、价款或者报酬、履行地点等内容没有约定或者约定不明确的，可以协议补充；不能达成补充协议的，按照合同有关条款或者交易习惯确定。

《合同法司法解释二》第 7 条　下列情形，不违反法律、行政法规强制性规定的，人民法院可以认定为合同法所称“交易习惯”：

（一）在交易行为当地或者某一领域、某一行业通常采用并为交易对方订立合同时所知道或者应当知道的做法；

（二）当事人双方经常使用的习惯做法。

对于交易习惯，由提出主张的一方当事人承担举证责任。

理解与适用

一、合同漏洞的内涵

全面履行原则要求当事人按照合同约定全面履行自己的债务。但问题在于，在订立合同的过程中，由于社会生活的变动不居，加之受制于当事人的经验、预见能力乃至法律知识的限制，当事人很难对未来合同履行过程中可能遇到的问题进行详尽无遗漏的判断，从而在约定权利义务时，难免存在一定的欠缺。从交易便捷、节约交易成本的角度出发，也没有必要要求当事人对于将来合同中可能出现的情形以及各种情形下的权利义务事无巨细地作出约定。这就需要通过合同漏洞补充规则对合同约定中的不足加以补充和完善。

依据本条，所谓合同漏洞是指对于已经生效的合同，当事人对其非主要条款没有约定或约定不明的情形。申言之：首先，合同漏洞以合同生效为前提。所谓合同生效，自然以合同的成立和有效为前提。进行合同漏洞补充，目的是全面履行合同。如果合同并未成立，所谓“皮之不存，毛将焉附”，显然没有进行合同漏洞补充的必要。如果合同无效、被撤销或者不生效，则并不发生履行的效力，也没有必要填补合同漏洞、确定合同权利义务。

其次，所谓合同漏洞应当是合同中非主要条款的欠缺或者约定不明。合同漏洞补充以合同的成立为前提。合同条款依其对合同成立的意义，有主要条款和非主要条款之分。所谓主要条款，也称必要条款、必备条款，是指合同必须具备的条款，缺少这些条款，合同不能成立。此外的条款即非主要条款。不同的合同其类型不同、当事人的缔约目的不同，合同成立所需要的主要条款是不同的。根据合同自由原则，当事人可以自由订立合同，除订立各种法定类型的合同（即有名合同）以外，还可以订立各种无名合同。因此，在法律所列举的各有名合同以外，还存在大量的无名合同。这样，法律就不可能一一列举所有各类合同并规定其主要条款，只能根据当事人的缔约目的以及合同的性质来具体判断合同成立所需要的主要条款。如果欠缺主要条款，则合同不能成立。即便事后当事人对欠缺的主要条款达成了补充协议，也应当以补充协议达成的时间为合同成立时间。在补充协议达成前，合同因欠缺主要条款而不成立，自然谈不上漏洞补充的问题。本条明确将漏洞限于“质量、价款或者报酬、履行地点等内容”，其目的就在于指明这些内容系合同的非主要条款。当然，这些条款只是通常情况下属于非主要条款，在特定情况下也可能成为主要条款，但可以用作漏洞补充的条款必须是非主要条款。

最后，合同漏洞包括了非主要条款的欠缺以及非主要条款的约定不明。所谓欠缺，即合同中对于某些非主要条款没有约定，换言之当事人在缔约时完全忽略了该事项，或者寄望于相关漏洞补充规则而未予约定。所谓约定不明，是指对于非主要条款虽然有约定但含糊其辞、无法通过合同解释来确定其意旨，或者虽然有约定但前后矛盾。需要注意的是，如果当事人在合同中，对某一条款具体内容虽然没有确定，但是约定了将来可以确定的方法，这种情况下，不能认为构成合同漏洞。例如，当时虽然没有约定标的物的价格，但是明确约定以履行期前10个工作日郑州期货交易所该类商品平均价格来确定，这一价格条款显然是确定的，不能说合同价格上存在漏洞。

二、协议补充

依据本条，在当事人没有约定或约定不明的情况下，首先应当由当事人通过补充协议来对之加以明确。这是因为，合同本质上是当事人的合意，是当事人依据其自由意志来设定、变更或终止彼此之间的权利义务关系。尽管法律也设定了相应的补充性规定，但基于私法自治原则，合同中当事人的约定应当优先适用，在合同存在漏洞的情况下，应当首先由当事人自行通过合意补充。

如前面所指出的，合同漏洞的填补以合同的成立和有效为前提。因此，在进行合同漏洞填补之前，首先要确定的是合同的成立。这就是说，当事人是否已经对合同的主要条款达成了合意。如果对合同的主要条款尚未达成合意，这种情况下即便当事人对合同主要条款又进行了补充协议，这一补充协议也并不是本条所称的协议补充，而仍然是合同的订立。在判断当事人对合同主要条款是否达成合意时，不仅要看合同书、信件、数据电文等书面形式的记载，也要考虑合同在法律、行政法规没有特别规定且当事人没有特别约定的情况下，也可以以口头的形式订立，尤其需要注意的是，意思表示还可以以行为方式作出。

强调合同漏洞填补以合同成立为前提，并不是说只要当事人就合同主要条款达成合意就必然意味着合同成立。《合同法司法解释二》第 1 条规定："当事人对合同是否成立存在争议，人民法院能够确定当事人名称或者姓名、标的和数量的，一般应当认定合同成立。但法律另有规定或者当事人另有约定的除外。对合同欠缺的前款规定以外的其他内容，当事人达不成协议的，人民法院依照合同法第六十一条、第六十二条、第一百二十五条等有关规定予以确定。"这就是说，只要当事人对合同的主要条款达成合意，就应当认定合同成立。但问题在于：一方面，该条将合同主要条款限于当事人名称或者姓名、标的和数量，这一做法可能过于狭窄。以价格条款为例，虽然《民法典》第 511 条规定了价格条款的漏洞补充规则，从理论上讲，在欠缺价格条款的情况下，可以据此补充合同漏洞。但问题在于，在双方当事人都是商人的情况下，如此处理并无不妥；而在一方当事人是普通自然人，尤其是双方是经营者与消费者的情况下，很难想象在双方当事人没有对价格达成合意的情况下，能够成立合同。换言之，某一条款是否是合同主要条款，还是应当根据合同的具体类型、缔约目的等来确定。另一方面，即便双方对于合同主要条款达成一致，也要考虑双方当事人具体的缔约意图来判断，当事人对某一非主要条款尚未达成合意是否就必然意味着合同成立。《瑞士债务法》第 2 条规定：当事人对于主要条款意思表示一致，但对于非主要条款，未经表示意思者，应推定契约具有拘束力。这就允许一方当事人通过举证证明该没有约定的非主要条款十分重要，足以影响合同的拘束力，从而否定合同的成立。[①]这种做法是值得借鉴的。

在确认合同已经成立之后，就需要进一步确认合同是否存在漏洞，换言之，当事人在合同中是否对某些非主要条款存在没有约定或者约定不明的情形。在这一过程中，主要是依据合同解释规则对当事人之间的约定的内容加以确认和厘清，从而判断当时是否对某一条款没有约定，或者某一条款的约定是否不明。例如，合同中的个别条款看似约定不明，但完全可以结合合同整体、当事人的缔约目的等内容确定其内涵，这种情况下就不能认为存在很多漏洞。

由当事人达成的补充协议，可以是书面的，也可以是口头的，但补充协议对于合同漏洞的填补应当是全面的、明确的，否则，仍然不能解决合同条款的争议。补充协议也可能是通过双方当事人的行为来成立的。在合同书中虽然没有对某一条款进行约定，但是一方进行了履行，对方进行了受领并且没有提出异议的情况下，通常可以考虑当事人以行为就相关条款达成了合意。例如，在租赁合同到期后，承租人向出租人交付了 3 个月的租金，出租人受领了该租金，这种情况下应当认为双方当事人就续租期限为 3 个月达成了合意。

三、根据合同相关条款补充

依据本条后句，在不能达成补充协议的情况下，应当按照合同相关条款来确定合同中遗漏或者不明确的非必要条款。

所谓按照合同相关条款确定，也就是指要将合同视为一个整体，依据合同目的和合同性质，对合同进行整体解释从而探求当事人的意思。可见，与本条前句规定的当事人直接进行协议补充不同，通过探求当事人意思进行合同漏洞补充，实际上是在当事人无法达成补充协议的情况下，由法官或者仲裁员根据合同的相关条款来推断当事人的意思。既然是对当事人意思的探求，这就需要适用意思表示的解释规则来探求当事人的真实意思。

通过探求当事人的意思来进行合同漏洞补充，在《合同法》第 61 条中，只是泛泛地强调按照合同有关条款来补充合同。但是对于相关条款具体含义的确定，尤其是在此基础上对于当事人真实意图的判断，还是要综合运用各种合同的解释方法来进行，而不能仅仅局限于相关条款的字面含义。《合同法》第 125 条对合同解释的规则进行了规定。《民法典》则把合同解释的规则纳入总则中，在第 142 条规定了意思表示的解释规则。该条第 1 款对有相对人的意思表示解释规

---

① 王洪亮．论合同的必要之点．清华法学，2019（6）：130.

则进行了规定，这一规定基本上沿用了《合同法》第 125 条的表述，要求“按照所使用的词句，结合相关条款、行为的性质和目的、习惯以及诚信原则，确定意思表示的含义”。这就是说对于意思表示的解释首先要按照所使用的词句进行文义解释。在文义解释的过程中，语句的使用应当按照通常的理解来进行。考虑到语言字句本身的不精确性，对于合同的解释不能仅仅依据词句本身，还要结合合同的相关条款对合同进行总体解释，尤其是要依据行为的性质和目的来确定当事人的真实意思所在。

在《民法典·合同编》（草案）征求意见过程中，有学者主张将本条表述为“不能达成补充协议，且按照《民法总则》第 142 条不能确定的”，这就是说，通过引致性规范援引《民法典》第 142 条来推断当事人的意思，这一意见得到了立法者的重视，在 2019 年 12 月公开征求意见的版本中，本条后句被调整为“不能达成补充协议的，按照合同有关条款、合同性质、合同目的或者交易习惯确定”。这一表述较之于《合同法》第 61 条显然更为全面，但其问题在于，这一规定与《民法典》第 142 条的内容之间存在一定的重复，该规定与第 142 条在适用范围、解释方法上究竟如何适用、如何衔接，反而容易在适用中发生不必要的困惑。并且与《民法典》第 511 条中所规定的一些解释因素存在重复，无法确定规范适用的先后顺序。最终的文本中改为了目前的表述。这就是说，在出现合同漏洞，按照相关条款进行补充时，对于相关条款的理解，应当按照法律行为解释的方法来进行。

四、根据交易习惯补充

所谓习惯，是指在一定地域、行业范围内，长期为一般人所确信并普遍遵守的民间习惯或者商业惯例。交易习惯则是指在某时某地某一行业或者某一类交易关系中，为人们所普遍采纳的惯常做法，或者特定当事人之间既往交易中的惯常做法。我国《合同法》中大量规定了交易习惯可以作为填补合同漏洞、解释合同的依据。从我国《合同法》的规定来看，交易习惯的适用是比较广泛的，主要包括以下几个方面：第一，承诺方式可以根据交易习惯确定。原则上承诺应当以通知的方式作出，但根据交易习惯或者要约的要求也可以通过行为作出承诺。此种情况下，承诺生效时间为根据交易习惯或者要约的要求作出承诺的行为时。第二，合同成立时间可以通过交易习惯确定。例如，客运合同自承运人向旅客交付客票时成立，但当事人另有约定或者另有交易习惯的除外。实践中，依据交易习惯，乘坐公交车、地铁、出租车等，都不适用交付客票成立合同的一般规则。第三，交易习惯是合同漏洞补充的重要手段。合同生效后，当事人就质量、价款或者报酬、履行地点等内容没有约定或者约定不明确的，可以协议补充；不能达成补充协议的，按照合同有关条款或者交易习惯确定。第四，从给付义务可以通过交易习惯确定。例如，买卖合同中，出卖人应当按照约定或者交易习惯向买受人交付提取标的物单证以外的有关单证和资料。保管合同中，寄存人向保管人交付保管物的，保管人应当给付保管凭证，但另有交易习惯的除外。第五，附随义务可以根据交易习惯确定。在合同履行中，当事人应当遵循诚实信用原则，根据合同的性质、目的和交易习惯履行通知、协助、保密等附随义务。第六，交易习惯解释是合同解释的重要方式。当事人对合同条款的理解有争议的，应当按照合同所使用的词句、合同的有关条款、合同的目的、交易习惯以及诚实信用原则，确定该条款的真实意思。第七，交易习惯是后合同义务的重要来源。合同的权利义务终止后，当事人应当遵循诚实信用原则，根据交易习惯履行通知、协助、保密等后合同义务。《物权法》对习惯的适用也有规定。《民法典》基本沿用了《合同法》《物权法》的上述规定，尤其是《民法典》总则编第 10 条明确规定："处理民事纠纷，应当依据法律；法律没有规定的，可以适用习惯，但是不得违背公序良俗。"这就将习惯上升到了法源的地位。在法律没有规定的情况下，可以适用不违背公序良俗的习惯作为依据来处理民事纠纷。

在商事领域和民间生活中，不少行业、领域在交易中往往会形成一定的交易习惯。在双方当事人都知悉某种交易习惯而对该习惯所确定的权利义务没有另行明确约定的情况下，一般可以推断当事人愿意将之纳入合同之中。因此，应当按照该习惯来补充当事人的约定。本条沿用了《合同法》第 61 条的规定，允许适用交易习惯填补合同漏洞。

《合同法司法解释二》第 7 条对交易习惯的适用作出了规定："下列情形，不违反法律、行政法规强制性规定的，人民法院可以认定为合同法所称'交易习惯'：（一）在交易行为当地或者某一领域、某一行业通常采用并为交易对方订立合同时所知道或者应当知道的做法；（二）当事人双方经常使用的习惯做法。对于交易习惯，由提出主张的一方当事人承担举证责任。"申言之，使用交易习惯进行合同漏洞补充应当注意以下问题。

1. 关于交易习惯的识别

从司法解释该条规定来看，交易习惯的内涵包括了两个方面：一是通常意义上或者说一般的交易习惯，即在交易行为当地或者某一领域、某一行业通常采用并为交易对方订立合同时所知道或者应当知道的做法。申言之，其一是地域习惯，即交易行为发生当地的交易习惯，在一些地方的社会生活中，对于某一类交易，可能存在对特定的习惯。在双方均处于该地域时，有地域习惯适用的空间。

其二是行业习惯。我国过去长期对各种行业实行分行业管理。尽管随着政府管理体制改革的深入，各行业管理部门已经不再列入政府机关序列，但由其转化而成的行业协会仍然在发挥一定作用。这些行业协会主持制订的一些交易规则虽然大多不再具有法律的强制力，但仍然被该行业从业者广泛采纳。这些规则的内容实际上是以行业交易习惯的形式在社会生活中存在着。尤其在双方均为该行业经营者的情况下，往往会适用这些习惯。其三是领域习惯，这类习惯超越了既有国民经济行业管理的范畴，而是在社会生活或者交易实践的某一领域中由相关经营者发起形成了一些惯常做法。与行业习惯不同，这类习惯民间色彩更为明显，多发生在近年来互联网、快递等一些新兴产业的交易实践当中。

需要注意的是，我国奉行多层次的立法体制。《立法法》规定了法律、行政法规、地方性法规、自治条例和单行条例、规章等法的渊源。实践中，各级政府及其主管部门在此之外还有大量的规范性文件。对于法律、行政法规以及最高人民法院的司法解释可以作为民法的渊源并无争议。但是对于地方性法规、自治条例和单行条例、规章乃至其他规范性文件，虽然都是国家机关依据宪法和法律的授权而制定的规范性文件，属于我国法的重要渊源，但其是否属于合同法的渊源，值得讨论。一方面，从立法权限上讲，合同制度属于民事基本制度的范畴，只能由法律规定。行政法规也可以在授权范围内对相关事项进行规定。而地方性法规、规章则无此权限。另一方面，合同是交易的法律形式，合同法是交易的基本规则。我国奉行社会主义市场经济体制，市场经济要求规则的统一，这就客观上要求在全国乃至世界范围内统一交易规则。从这一角度上讲，也不能允许地方人大或者政府制定合同法规范。因此，笔者认为，这些规范性文件并不属于合同法的渊源，人民法院也不能直接以之为依据作出裁判，但是这并不意味着这些规范性文件在合同法中就没有意义。部委规章以及部委制定的其他规范性文件在本部门主管领域内被广泛适用，故而其可能构成行业习惯，地方性法规和地方政府规章在本行政区域内被广泛适用，故而其可能构成地域习惯，在合同漏洞填补或者合同解释中有其适用的空间。例如，为了规范商品房销售行为，保障商品房交易双方当事人的合法权益，原建设部制定了部委规章《商品房销售管理办法》。由于商品房开发企业的商品房销售行为依法由建设部主管，因此，全国范围内的商品房销售行为必然要依据该办法来进行，从而使得一些涉及当事人合同权利义务的内容构成了行业习惯。事实上，最高人民法院相关司法解释中也大量借鉴了该办法的相关规定。再如，《建筑施工企业项目经理资质管理办法》虽然只是建设部相关司局下发的规范性文件，但是其对项目经理的代理权限的规定，也为建设施工合同交易普遍奉行，从而形成交易习惯。司法实践中也多承认项目经理在工程项目施工管理过程中对外进行的行为构成职务代理。

二是当事人双方经常使用的习惯做法。这类习惯即英美法中被称为系列交易(course of dealing)。严格地讲，这一类习惯被纳入交易习惯，是司法解释所进行的扩张解释。与通常所言的交易习惯不同，此类习惯实际上是特定当事人之间的惯常做法。但在没有明确约定的情况下，通常应当理解为当事人还会继续沿用过去的做法。故而在合同漏洞补充上与交易习惯一样，系列交易能够为法官提供探求当事人合意的依据。故而司法解释的这种做法有其法理上的基础。但显然，这一类交易习惯是不能作为法源来对待的。

2. 关于相对人的主观状态

适用交易习惯补充合同漏洞，本质上是对当事人真实意思的推断。就合同当事人而言，如果双方都知道某一交易习惯的存在，这就意味着当事人对该交易习惯将适用于本次交易是有心理预期的。如果一方不愿意适用该交易习惯，其应当主张在合同中作出另行的约定，从而排除交易习惯的适用。在没有作出相反约定的情况下，就可以合理推断当事人意欲将该交易习惯适用于本合同。因此，对于一般的交易习惯，虽然其存在于交易行为当地或者某一领域、某一行业，但是只有双方当事人都知悉该交易习惯的存在，在没有相反约定的情况下，才可以推断当事人在该交易中愿意适用该习惯确定双方在该合同中的权利义务，从而才能够适用该交易习惯来填补合同漏洞。

问题在于，司法解释将相对人应当知道该交易习惯的情形也纳入进可以适用一般的交易习惯补充合同漏洞的情形，这种做法是否妥当，值得讨论。我国法律在概念运用上严格区分了“知道”和“应当知道”①，所谓知道，就是当事人客观上知道某一事实。所谓应当知道，就是指当事人对于某一事实并不知晓，但对其不知，当事人存在过错。笔者认为，双方当事人对于交易习惯的明知，构成了交易习惯用来填补合同漏洞的正当性基础。如果该习惯仅由一方当事人所知悉，而另外一方当事人对此并不知道，无论其有无过错，显然其不可能设想在订立和履行合同过程中去适用该习惯。这种情况下即便当事人对其不知存在过错，如果以该习惯来填补合同漏洞，这种做法也缺乏正当性基础，侵害了一方当事人的契约自由。尤其是在一方当事人是经营者，另一方当事人消费者的情况下，更是很难想象消费者负有如此高的注意义务。当然在实践中，对于对方当事人的明知的

① 以《合同法》为例，从《合同法》行文来看，其对于“知道”“应当知道”做了十分细致的区分，如第50、55、75、151条等都使用了“知道或者应当知道”，而第141、309条等则使用了“知道”。《民法典》基本上继受了这些规定。

举证也可能是通过证明对方应当知道来实现的，但是这种举证的证明难度显然是远远高于单纯地举证证明对方应当知道的。在实体法上明确规定为明知，显然更有利于保护契约自由，也更符合规定合同漏洞补充规则的初衷。

当事人双方经常使用的习惯做法存在于特定的合同当事人双方之间。存在长期合作的特定合同当事人之间，存在在交易中适用既往习惯做法的心理预期。在其没有另行约定加以排除的情况下，可以合理推断当事人存在继续适用该习惯的意图，从而可以适用该习惯填补合同漏洞。对于当事人双方经常适用的习惯做法，不言而喻当事人是明知的，故而司法解释对此时当事人的主观状态未予提及。

此外，对于当事人主观状态的要求也契合了交易习惯的时间性，显然交易习惯用于补充合同漏洞，只能以合同发生纠纷时存在的习惯为依据，而不能以过去的或者已经过时的习惯为依据。

3. 关于交易习惯的举证责任

对于交易习惯，司法解释规定由提出主张的一方当事人承担举证责任。这一规定符合“谁主张，谁举证”的证明责任分配原理。这一举证的内容，就一般的交易习惯而言，其不仅要证明在该债法在交易行为当地或者某一领域、某一行业通常采用，更要就交易对方订立合同时明知该习惯进行举证；就当事人双方经常适用的习惯做法而言，其应当对此前双方曾在类似的交易或者类似的事项上的经常适用该做法加以举证。

4. 交易习惯的合法性

交易习惯的适用，以其不违反法律行政法规的强制性规定、不违背公序良俗为前提。适用交易习惯进行合同漏洞补充，其目的是填补合同漏洞，弥补当事人之间约定的不足。我国民法奉行私法自治的原则，允许当事人对其权利义务关系进行自由约定，但这种自由并不是没有限制的。对于具有违法性的合同，如果任其履行，则将侵害法律体系所建构和保护的整体法秩序，因此法律唯有将之宣告无效。这种限制，直接表现为法律、行政法规的强制性规定，当然这种强制性规定是指效力性规范。法律、行政法规作出这种规定，其目的就在于维护社会公共利益和社会公共道德。

鉴于对合同无效事由的规定将限制当事人私法自治的范围，并产生相应的法律责任，我国法律对合同无效事由进行了严格限制，以充分尊重当事人的合同自由，维护合同的效力，鼓励交易。法律、行政法规对合同内容和形式的强制性规定未必能够囊括所有的侵害社会公共利益的合同类型，因此法律将公序良俗这一抽象概念引入合同无效的判断事由之中。对于合同内容违背公序良俗的，即使其内容并未违反法律行政法规的强制性规定，也应认定无效。《民法典》第153条规定无效民事法律行为的情形时，有意调整了《合同法》第52条对合同无效事由规定的顺序，将违背公序良俗置于违反法律行政法规的强制性规定之后，其目的就是要突出违背公序良俗对于民事法律行为无效判断的基础性意义，以及违背公序良俗的情形作为合同无效事由的兜底条款性质。

即便当事人明确作出了约定，该约定也会因为违反法律行政法规的强制性规定或者违背公序良俗而无效。在适用交易习惯推断当事人的意思、对合同漏洞进行补充时，自然更应当如此。所以，在交易习惯违反法律行政法规的强制性规定或者违背公序良俗的情况下，当然不能适用该交易习惯填补合同漏洞。实践中，在一些新兴领域例如电子商务领域，在市场秩序尚不规范的情况下，往往可能形成一些严重损害消费者权益的交易习惯，此外对于个别行业主管部门以及一些过去的行业主管部门转换而成的行业协会主导之下形成的一些交易习惯，受传统过分注重行业发展、轻视消费者权益保护的旧思维的影响，也可能形成一些不合理的免除或者限制经营者一方责任、加重消费者责任、限制消费者主要权利的交易习惯。在进行合同漏洞补充时，应当注意对这类交易习惯的合法性审查。

五、关于第510条后句适用的顺序

第510条后句在表述时，虽然将按照合同相关条款和适用交易习惯填补合同以并列的方式加以规定，但在行文先后上是将适用合同相关条款置于前面，在适用交易习惯之前使用了“或者”一词。这一表述并非无意之举。在进行合同漏洞补充时，也应当先对合同进行解释以确定当事人的意思；仍然无法确定的情况下，才有交易习惯的适用。因为合同相关条款是当事人的合意，如果能结合合同性质、合同目的从中推导出合同中欠缺或者不明的条款，其结果可以说就是当事人的合意，只是没有直接表述清楚而已。而适用交易习惯填补合同，本质上是对当事人意思的推断，虽然有其正当性，但毕竟与当事人的合意隔了一层。从尊重私法自治的角度来看，也应当先按照合同相关条款、合同性质、合同目的填补合同，而后才能以交易习惯填补合同。

第五百一十一条

当事人就有关合同内容约定不明确，依据前条规定仍不能确定的，适用下列规定：

（一）质量要求不明确的，按照强制性国家标准履行；没有强制性国家标准

的，按照推荐性国家标准履行；没有推荐性国家标准的，按照行业标准履行；没有国家标准、行业标准的，按照通常标准或者符合合同目的的特定标准履行。

（二）价款或者报酬不明确的，按照订立合同时履行地的市场价格履行；依法应当执行政府定价或者政府指导价的，依照规定履行。

（三）履行地点不明确，给付货币的，在接受货币一方所在地履行；交付不动产的，在不动产所在地履行；其他标的，在履行义务一方所在地履行。

（四）履行期限不明确的，债务人可以随时履行，债权人也可以随时请求履行，但是应当给对方必要的准备时间。

（五）履行方式不明确的，按照有利于实现合同目的的方式履行。

（六）履行费用的负担不明确的，由履行义务一方负担；因债权人原因增加的履行费用，由债权人负担。

本条主旨

本条是法定合同漏洞补充规则的一般性规定。

相关条文

《合同法》第 62 条　当事人就有关合同内容约定不明确，依照本法第六十一条的规定仍不能确定的，适用下列规定：

（一）质量要求不明确的，按照国家标准、行业标准履行；没有国家标准、行业标准的，按照通常标准或者符合合同目的的特定标准履行。

（二）价款或者报酬不明确的，按照订立合同时履行地的市场价格履行；依法应当执行政府定价或者政府指导价的，按照规定履行。

（三）履行地点不明确，给付货币的，在接受货币一方所在地履行；交付不动产的，在不动产所在地履行；其他标的，在履行义务一方所在地履行。

（四）履行期限不明确的，债务人可以随时履行，债权人也可以随时要求履行，但应当给对方必要的准备时间。

（五）履行方式不明确的，按照有利于实现合同目的的方式履行。

（六）履行费用的负担不明确的，由履行义务一方负担。

理解与适用

一、填补合同漏洞时的顺序

本条第 1 款强调，当事人就有关合同内容约定不明确，依据第 510 条的规定仍不能确定的，方可适用本条对于法定合同漏洞补充规则的规定。这就明确界定了本条规定的任意性规范性质。对于第510条三种漏洞填补方式的适用顺序，在前条的释义中已有介绍。关于本条第1款，其含义十分明晰。在此需要讨论的是交易习惯与包括本条规范在内的各任意性规范的适用先后顺序问题。

《民法典》第10条规定："处理民事纠纷，应当依据法律；法律没有规定的，可以适用习惯，但是不得违背公序良俗。"显然在规范适用的先后顺序上，应当首先依据法律的规定来处理。这里所言的法律是广义的法，即各种具有法的拘束力的规范性文件，包括了法律解释、行政法规、地方性法规、自治条例和单行条例、规章等。在法律没有规定的情况下，才可以适用习惯。而第511条则规定，当事人就有关合同内容约定不明确，依据第510条规定仍不能确定的，方可适用法律的相关补充性规定。在《民法典》合同编对于各类典型合同的规定中，也屡屡提及在出现合同漏洞时，首先应当依据第510条的规定进行漏洞补充，依据第510条规定仍不能确定的，才能依据各类有名合同中的任意性规范来填补合同漏洞。这就是说，在出现合同漏洞的情况下，应当首先依据第510条的规定，对合同进行漏洞补充，包括适用交易习惯来填补合同漏洞；实在不行的情况下，才能使用法律的任意性规范。

应当指出的是，《民法典》第10条和第511条看似矛盾，但实际上并不存在规范冲突。在《民法总则》立法过程中，《民法典》第10条"处理民事纠纷"的表述一度曾表述为"处理民事关系"，但最终采用了目前的表述。之所以如此，就是因为《民法典》第10条的规定"旨在为人民法院、仲裁机构等在处理民事纠纷时提供法律适用规则。至于民事主体之间处理民事法律关系，基于意思自治的原则，当时有很大的自主权，且民法规定很多为任意性规定，法律并未强制要求当事人适用"①。换言之，法律规定任意性规范的目的在于填补当事人的意思，因此，第510条作为确定或者推断当事人意思的规则，其当然优先于任意性规范而适用。在进行合同漏洞补充时，虽然也是人民法院、仲裁机构来进行，但是其本质上是对当事人意思的判断，自然应当适用第510条。

二、关于质量的法定补充规则

（一）质量条款法定补充规则的内容

质量通常是对合同标的物的要求，但也可以适用于标的为劳务的合同。在标的物为种类物或一般性的服务的情况下，约定质量条款才可以将合同标的具体化

① 石宏．中华人民共和国民法总则条文说明、立法理由及相关规定．北京：北京大学出版社，2017：25.

和特定化。在有偿合同中，标的质量的高低也是决定合同对价大小的重要因素。在给付内容确定后，无论是物的交付，还是劳务的提供，都涉及质量要求的问题。合同对于质量条款约定不明、在依据第 510 条仍然不能确定的，应当适用下列规则加以补充。

1. 优先适用强制性国家标准

标准（含标准样品），是指农业、工业、服务业以及社会事业等领域需要统一的技术要求；是根据当前科学技术成果和实践经验，通过权威形式规定的衡量某种技术规范的标志和准则。[①] 我国《标准化法》于 1988 年 12 月制定通过。2017 年进行了一次较大修改。我国法律要求对工业产品、重要农产品的品种、规格、质量、等级，生产、检验、包装、储存、运输、使用的方法及其生产、储存、运输过程中的安全、卫生等内容；有关环境保护的各项技术要求和检验方法，建设工程的勘察、设计、施工、验收的技术要求和方法等方面需要统一的技术要求都要求制订标准。

按照现行《标准化法》的规定，标准包括国家标准、行业标准、地方标准和团体标准、企业标准。国家标准分为强制性标准、推荐性标准，行业标准、地方标准是推荐性标准。强制性标准必须执行。国家鼓励采用推荐性标准。

按照现行《标准化法》的要求，对保障人身健康和生命财产安全、国家安全、生态环境安全以及满足经济社会管理基本需要的技术要求，应当制定强制性国家标准。强制性国家标准由国务院有关行政主管部门依据职责负责其项目提出、组织起草、征求意见和技术审查。国务院标准化行政主管部门负责强制性国家标准的立项、编号和对外通报。省、自治区、直辖市人民政府标准化行政主管部门可以向国务院标准化行政主管部门提出强制性国家标准的立项建议，由国务院标准化行政主管部门会同国务院有关行政主管部门决定。社会团体、企业事业组织以及公民可以向国务院标准化行政主管部门提出强制性国家标准的立项建议，国务院标准化行政主管部门认为需要立项的，会同国务院有关行政主管部门决定。强制性国家标准由国务院批准发布或者授权批准发布。

强制性标准是为了保障人身健康和生命财产安全、国家安全、生态环境安全以及满足经济社会管理基本需要的技术要求，确立的是相关领域各类商品和服务的最低标准，任何产品或者服务，其质量都应当不能低于强制性标准。因此《标准化法》第 25 条规定：“不符合强制性标准的产品、服务，不得生产、销售、进口或者提供。”第 36 条要求：“生产、销售、进口产品或者提供服务不符合强制

① 杨立新．合同法总则：上．北京：法律出版社，1999：203.

性标准，或者企业生产的产品、提供的服务不符合其公开标准的技术要求的，依法承担民事责任。”

因为强制性国家标准具有强制性，必须执行，所以本条规定，在当事人对于质量要求不明确的情况下，当时应当首先按照强制性国家标准来履行。

2. 推荐性国家标准的适用

国家标准包括强制性国家标准和推荐性国家标准。对满足基础通用、与强制性国家标准配套、对各有关行业起引领作用等需要的技术要求，可以制定推荐性国家标准。推荐性国家标准由国务院标准化行政主管部门制定。推荐性国家标准的技术要求不得低于强制性国家标准的相关技术要求。在没有强制性国家标准的情况下，本条要求按照推荐性国家标准履行。

3. 行业标准的适用

行业标准是对没有推荐性国家标准而又需要在全国某个行业范围内统一的技术要求，由国务院有关行政主管部门制定，并报国务院标准化行政主管部门备案的标准。同样，行业标准的技术要求不得低于强制性国家标准的相关技术要求。在没有推荐性国家标准的情况下，应当依据行业标准来确定合同的质量要求。

4. 通常标准或者符合合同目的的特定标准的适用

对于没有国家标准、行业标准的，本条要求按照通常标准或者符合合同目的的特定标准履行。所谓通常标准，是指在没有国家标准和行业标准的情况下，某一特定行业、领域、地域或者某一类合同通常适用的标准。在考虑通常标准的适用时，应当考虑价格与质量之间的关联关系，通常标准应当是同一价格的中等质量标准。在合同对于相关的商品或者服务有特殊要求的情况下，应当按照符合合同目的的特定标准来履行，例如为制作糕点而采购面粉，就应当考虑到这一合同目的对于面粉质量的特殊要求。

需要注意的是，现行《标准化法》在国家标准、行业标准之外，还规定了地方标准和团体标准、企业标准。所谓地方标准，是指为满足地方自然条件、风俗习惯等特殊技术要求，由省级人民政府的标准化行政主管部门，或者设区的市人民政府的标准化行政主管部门经省级政府标准化行政主管部门批准制定的标准。所谓团体标准，是指学会、协会、商会、联合会、产业技术联盟等社会团体协调相关市场主体共同制定的满足市场和创新需要，由本团体成员约定采用或者按照本团体的规定供社会自愿采用的标准。企业标准则是指企业根据需要自行或者联合其他企业共同制定的标准。无论是地方标准、团体标准还是企业标准，技术要求不能低于强制性国家标准的相关技术要求。国家鼓励社会团体、企业制定高于推荐性标准相关技术要求的团体标准、企业标准。在适用通常标准或者符合合同目的的特定标准时，应当根据给付内容或者合同目的、履行地等因素，考虑前述标准的适用。

（二）关于前述标准适用的探讨

对于质量标准如何确定，虽然在《民法典》合同编起草中存在争议，但历次草案文本都是基本上沿用了《合同法》第 62 条第 1 项的规定。只是结合《标准化法》的修订，将原先的“质量要求不明确的，按照国家标准、行业标准履行；没有国家标准、行业标准的，按照通常标准或者符合合同目的的特定标准履行”进行了进一步的细化，具体确定为强制性国家标准、推荐性国家标准、行业标准以及通常标准或者符合合同目的的特定标准四个层次，且明确了按照四个层次逐一适用的次序。

一方面，任意性规范的内容应当尽量符合当事人的意思。法律规定任意性规范，目的在于当事人就相关合同的权利义务没有相反约定的情况下，自动订入合同，以填补当事人合意的不足，便利当事人订立合同。因此在设计任意性规范时，必须充分考虑具体的合同类型、合同目的，合理平衡当事人之间的利益关系，在此基础上才能合理地设定当事人之间的权利义务。就质量条款而言，质量是对一方当事人提供的商品或者服务品质的要求，也是据以决定对方当事人所支付对价或者说合同价款的重要因素。因此，在当事人对于合同的质量要求约定不明，且依据第 510 条的规定仍然不能确定的情况下，首先应当是依据合同性质以及合同目的来确定相应的质量标准。

故而，笔者认为，在设计关于质量的漏洞补充规范时，应当遵循特定标准优先于一般标准的原则，将符合合同目的的特定标准置于优先位置。在没有符合合同目的的特定标准的情况下，才应当依次适用通用标准、行业标准和国家推荐性标准。当然，无论是适用前述哪一标准，该标准对于质量的要求都不能低于强制性国家标准的相关技术要求。如果该标准技术要求低于强制性国家标准的相关技术要求，则不能再适用该标准，而应当适用强制性国家标准。

另一方面，任意性规范的设置应当契合我国市场经济发展的要求。作为工业化尚未完成的发展中国家，我国虽然近年来的发展有目共睹，但是毋庸讳言，在大多数领域，产品、服务质量仍然有待进一步提升。努力推动企业提升产品和服务质量，从而切实满足人民日益增长的美好生活需要，就需要在法律上努力引导乃至督促企业在强制性国家标准基础上主动提高采用更高的标准。

因此，如本条强调的，本条各项的适用以适用第 510 条仍然不能确定合同内容为前提。在标准的问题上，需要注意的是，《标准化法》第 27 条规定：“国家实行团体标准、企业标准自我声明公开和监督制度。企业应当公开其执行的强制性标准、推荐性标准、团体标准或者企业标准的编号和名称；企业执行自行制定的企业标准的，还应当公开产品、服务的功能指标和产品的性能指标。国家鼓励团体标准、企业标准通过标准信息公共服务平台向社会公开。企业应当按照标准组织生产经营活动，其生产的产品、提供的服务应当符合企业公开标准的技术要求。”依据该条，企业应当对其实际执行的各类标准予以公开，在其执行企业标准的情况下，还应当对其产品、服务的功能指标和产品的性能指标予以公开。换言之，这种公开实际上构成了合同中提供商品或者服务的一方就其执行的标准的单方允诺，其应当按照自己公开的标准的要求提供商品或服务。如果当事人在合同中对于质量有高于前述企业公开的标准的约定的，当然应当按照约定办理。但如果当事人对于质量的约定低于企业公开的标准，笔者认为除非提供商品或者服务的一方当事人向对方明确作出了提示或者从价格优惠等方面能够合理判断系当事人之间就此作出了特别约定，否则应当按照提供商品或者服务的一方单方允诺的标准来履行合同。当然，如果当事人没有对质量作出约定或者该约定不明确，则当然要依据第510条的规定，适用用一方关于质量标准的单方允诺来补充合同漏洞，而不是直接轻率地适用本条第1项。

三、关于价款和报酬的法定补充规则

我国法律针对不同的合同义务的对价规定了不同的名称。价款是移转财产的合同中受领标的物一方应当支付的金钱，而报酬则是提供劳务的合同中受领劳务一方应当支付的金钱。价款和报酬条款适用于有偿合同中，无偿合同则没有这类条款。通常情况下，价款或者报酬条款并非合同的主要条款，不影响合同的成立。合同是交易的法律形式，故以有偿为原则，除赠与、借用等个别无偿合同之外，都涉及价款的问题。在价款不明确且依据第510条无法确定的情况下，本条第2项区分了市场定价以及执行政府指导价或者政府定价两种情况进行了规定。

（一）市场定价的情形

市场定价在《价格法》中也称为市场调节价。我国实行社会主义市场经济体制，强调要让市场在资源配置中发挥决定性作用，因此对于交易价格的确定，原则上应当通过市场来形成，即由经营者自主制定，通过市场竞争形成价格。

对于此种情形，价款或者报酬不明确的，应当按照订立合同时履行地的市场价格履行。这一规定主要是基于当事人缔约目的和公平原则的考虑，对价款或者报酬规定的客观判断标准。需要注意的是：首先，确定该价款或者报酬的时间点是合同订立时，而非合同履行时或者争议发生时。这是因为，合同订立时的价格是缔约时交易环境的一部分，一定程度上更能体现当事人缔约时的真实意思。其次，确定该价款或者报酬的空间点是合同的履行地。市场经济条件下，各地价格并不相同，以履行地来确定合同价款或者报酬，更能体现当事人缔约时的真实意图，保障当事人的利益均衡。最后，应当以市场价格为依据来确定。这就确立了一个客观标准，体现了双方的利益平衡。至于在种类物买卖中是以批发价格为准还是零售价格为准，应当视合同的标的是单个转让还是批量买卖等具体情况而定，不宜一概论之。

（二）应当执行政府定价或者政府指导价的情形

对于依法应当执行政府定价或者政府指导价的，依照规定履行。应当按照相应的规定来履行。这就是说，对于此类合同，即便当事人对价款进行了约定，但该约定应当遵从政府的定价或者在政府指导价所允许浮动的范围之内约定。即便当事人对之没有约定或者约定不明，在执行政府定价的情况下，当事人应当直接按照政府定价确定合同价格；在执行政府指导价时，当事人的补充约定或者根据交易习惯等确定的价格也不能超出指导价的浮动范围。关于依据政府定价以及政府指导价的具体问题，本书在第 513 条的相关介绍中一并讨论。

四、关于履行地点的法定补充规则

（一）履行地点的意义

履行地点也称清偿地，是指债务人履行其债务以及债权人接受履行的场所。履行地点的确定具有重要的法律意义，例如，补充合同价款或报酬时应当按照订立合同时履行地的市场价格确定，在买卖合同中确定风险转移的时间，确定合同纠纷的诉讼管辖等。而且，在何地履行往往涉及履行费用的问题，这对当事人的权利义务关系也有一定的影响。

履行地点的确定在法律上具有重要意义，具体体现在：第一，履行地点涉及运输等相关费用的负担问题，如本条第 6 项所言，在没有特别约定的情况下，履行费用应当由履行义务的一方负担。此外还可能涉及当事人前往履行地的时间、费用以及诸多不便等。因此，履行地点的确定对于当事人在合同中的权利义务安排有重要意义。第二，如本条第 2 项所言，补充合同价款或报酬时应当按照订立合同时履行地的市场价格确定。第三，既然履行地点的约定是合同的重要内容，债务人未在约定的履行地点进行履行行为，则将构成违约。债权人未到约定的履行地点进行受领，也会构成受领迟延，不仅要承担相应的违约责任，在买卖合同等合同中还可能承担因受领迟延导致的风险负担提前转移的后果。第四，在买卖合同等以转移标的物所有权为目的的合同中，原则上以交付作为所有权以及风险负担转移的时点。交付地点也就是履行地点。债务人将标的物按照约定或者法律规定置于交付地点，债权人违反约定没有收取的，标的物毁损灭失的风险自违反约定时由债权人承担（《民法典》第608条）。第五，依据我国《民事诉讼法》，在民事诉讼中，因合同纠纷提起的诉讼，由被告住所地或者合同履行地人民法院管辖（第23条）；在不违反《民事诉讼法》对级别管辖和专属管辖的规定的前提下，合同或者其他财产权益纠纷的当事人可以书面协议选择合同履行地等与争议有实际联系的地点的人民法院管辖（第34条）；因合同纠纷或者其他财产权益纠纷，对在中华人民共和国领域内没有住所的被告提起的诉讼，如果合同在中华人民共和国领域内履行，可以由合同履行地人民法院管辖（第265条）。

（二）履行地点的漏洞补充规则

履行地点约定不明确，依据第510条的规定仍然不能确定的，则要依据本条第3项确定。本条第3项规定，“履行地点不明确，给付货币的，在接受货币一方所在地履行；交付不动产的，在不动产所在地履行；其他标的，在履行义务一方所在地履行”，可见在履行地点的确定上，我国法律以往取债务为原则，即原则上在履行义务一方所在地履行。之所以如此，是因为考虑到尽量减轻债务人的负担。

在往取债务原则之外，对于金钱债务的履行或者说给付货币，则以接受货币的一方所在地为履行地。之所以如此，一方面，在通常情况下，履行交付标的物或者提供劳务的义务的一方，往往也是受领金钱的一方。如此规定，实际上可以使双务合同双方在同一履行地履行，从而在双务合同的履行中“一手交钱、一手交货”。另一方面，也是考虑到金钱传送过程中可能存在一定的风险，如此规定则将该风险交由债务人负担，债务人可以选择更为妥善的给付方式以规避风险。当然，对于特定金钱债务的履行方式，例如通过汇票的方式付款时，则要遵守法律的特别规定。例如，根据《票据法》第23条的规定，汇票上未记载付款地的，付款人的营业场所、住所或者经常居住地为付款地。

往取债务原则的另一个例外是不动产的交付。不动产的特点是不能移动，故而其交付只能在不动产所在地进行，故本条第3项特别规定，交付标的物是不动产的情况下，合同的履行地点是不动产的所在地。与动产物权按照交付变动物权不同，不动产的物权变动，原则上以登记为条件，仅凭交付并不足以变动不动产物权。依据《民法典》第210条，不动产登记，由不动产所在地的登记机构办理。因此，在合同履行中涉及物权变动的，除交付不动产外，当事人还要到不动产所在地的登记机构申请办理登记。

五、关于履行期限的法定补充规则

履行期限是当事人履行其合同义务的时间。在有确定的履行期限的情况下，合同生效后履行期限届至前，债务人可以以履行期限尚未届至为由对债权人的履行请求进行抗辩。在双务合同中，除非法律另有规定或当事人另有约定，当事人双方应当同时履行。

履行期限约定不明确，依据第 510 条的规定仍然不能确定的，依据本条第 4 项，债务人可以随时履行，但其提出履行时，应当给债权人必要的进行受领准备的时间；债权人也可以随时要求履行，其履行请求中确定履行期限时也应当给对方必要的履行准备时间。必要的准备时间的确定，应当根据交易习惯、给付类型、标的额等因素判断。

六、关于履行方式的法定补充规则

履行方式是指债务人履行其债务以及与此相对应的债权人受领给付的方法。履行方式一般由合同的性质和内容来决定，因此履行方式是多种多样的。例如在买卖合同中，出卖人是一次性完成交付还是分批交付标的物；是现实交付还是拟制交付；是债务人直接向债权人交付标的物还是通过邮寄、托运等方式；买受人的付款方式是现金还是支票、银行结算等等。履行方式的不同对于履行费用、债权人实现债权的时间等有一定影响，有必要在合同中加以明确规定。

履行期限约定不明确，依据第 510 条的规定仍然不能确定的，依据本条第 5 项，当事人应当按照有利于实现合同目的的方式履行。例如，某钢铁厂向某汽车制造厂出售钢板，标的数量很大，如果采取采取一次交付的方式，则对钢铁厂的生产造成困难，也造成了汽车制造厂的保管之累。因此，宜分期支付。① 再如，对于存放在买受人所在地某仓库的大宗的物品买卖，买受人受领后需要保管且自己又没有仓库保管的，则宜由出卖人在仓单上背书并经保管人签字或者盖章后，将仓单交付给买受人，以履行其合同义务。如果采取现实交付，由出卖人将标的物提出交付买受人，买受人再将之交给仓库保管，则徒增交易成本。

七、关于履行费用负担的法定补充规则

履行费用的负担约定不明确，依据第 510 条的规定仍然不能确定的，依据本条第 6 项，应当由履行义务一方负担。这是因为，履行费用本系履行合同义务时

---

① 吴合振．合同法理论与实践应用．北京：人民法院出版社，1999：137.

所应支出的成本，原则上自应由履行义务一方承担。而且，这种做法也从经济上制约了履行义务一方在确定履行方式等方面违反诚信滥用履行费用的可能，从而自觉节约交易成本。

需要指出的是，本条第 6 项在《合同法》第 62 条第 6 项的基础上增加了“因债权人原因增加的履行费用，由债权人负担”的规定。这里所说的债权人原因，可能是债权人的违约行为，例如，由于债权人受领迟延，导致债务人多支付了保管费用。对于这种情况，即便没有本条的规定，也可以通过违约责任来解决。但导致履行费用增加的情形，也可能是债权人违约行为之外的原因。例如，当事人特别约定履行地为债权人所在地的情况下，债权人在合同订立后，又变更了住所，导致运输费用增加。这种情况下，恐怕不能适用违约责任来解决问题。此时，实际上就意味着当事人在订立合同时对于由此增加的运输费用没有约定，依据第 510 条的规定仍然不能确定的情况下，应当依据本条第 6 项由债权人承担该费用。这一规定是有道理的。因为本项规定旨在约束债务人自觉节约履行费用，但在因债权人原因增加履行费用的情况下，该支出并非债务人自愿选择的结果，自然应当由债权人承担。

八、一般规则与特别规则的适用顺序

本条是对法定合同漏洞补充规则的一般性规定。在法律对于某一类合同另行规定合同漏洞补充规则的情况下，依据特别法优于一般法的规则，应当适用特别规定。这些特别规定主要体现在《民法典》合同编对各类典型合同的规定上。

基于不同类型的合同中其权利义务关系的特殊性，《民法典》合同编对各类典型合同中的合同义务也做了补充性规定，对有些条款的确定规定了一些特殊的规则。这种特别规则可能规定在《民法典》合同编通则当中，例如，根据《民法典》第 525 条，在双务合同中，双方当事人履行合同义务的先后顺序不明确的，应当同时履行。

但多数情况下，这些规则由于仅适用于特定的合同中，所以法律将其规定在某一类典型合同当中。例如，在买卖合同中，通常涉及标的物的包装问题，出卖人应当按照约定的包装方式交付标的物。对包装方式没有约定或者约定不明确，当事人不能达成补充协议且无法按照合同有关条款或者交易习惯确定的，应当按照通用的方式包装，没有通用方式的，应当采取足以保护标的物的包装方式（《民法典》第 619 条）。再如，凭样品买卖的合同，出卖人交付的标的物应当与样品及其说明的质量相同；买受人不知道样品有隐蔽瑕疵的，即使交付的标的物与样品相同，出卖人交付的标的物的质量仍然应当符合同种物的通常标准（《民法典》第 635、636 条)。有些则是基于某一类典型合同的特殊情况，故而法律在本条的一般性规定之外专门进行了更为具体的规定。例如，关于买卖合同中标的物的交付地点，《民法典》第 603 条第 2 款规定：“当事人没有约定交付地点或者约定不明确，依据本法第五百一十条的规定仍不能确定的，适用下列规定：（一）标的物需要运输的，出卖人应当将标的物交付给第一承运人以运交给买受人；（二）标的物不需要运输，出卖人和买受人订立合同时知道标的物在某一地点的，出卖人应当在该地点交付标的物；不知道标的物在某一地点的，应当在出卖人订立合同时的营业地交付标的物。”这一规则仍然坚持了本条的往取债务原则，但根据买卖合同的具体情况，进行了更加具体的类型化处理。在这种情况下，应当优先适用特别规则填补合同漏洞。

对于已经有效成立的各种无名合同的漏洞补充，按照《民法典》第 467 条的规定，应当适用《民法典》合同编通则的规定，并可以参照适用合同编典型合同或者其他法律最相类似合同的规定。这一表述沿用了《合同法》第 124 条的做法。但需要指出的是，对这一规定不能机械适用。在合同漏洞补充的问题上，首先应当检索合同编典型合同或者其他法律最相类似合同的规定中是否有合同漏洞补充的特别规则，如果存在此种特别规则，首先还是应当考虑适用特别规则填补合同漏洞。例如双方当事人约定，一方提供某种劳务以获得对方的一批货物。在交付地点不明的情况下，就应当按照买卖合同中相关的规定来确定交货地点。

第五百一十二条

通过互联网等信息网络订立的电子合同的标的为交付商品并采用快递物流方式交付的，收货人的签收时间为交付时间。电子合同的标的为提供服务的，生成的电子凭证或者实物凭证中载明的时间为提供服务时间；前述凭证没有载明时间或者载明时间与实际提供服务时间不一致的，以实际提供服务的时间为准。

电子合同的标的物为采用在线传输方式交付的，合同标的物进入对方当事人指定的特定系统且能够检索识别的时间为交付时间。

电子合同当事人对交付商品或者提供服务的方式、时间另有约定的，按照其约定。

本条主旨

本条是对电子合同交付时间的补充性规定。

相关条文

《电子商务法》第 51 条　合同标的为交付商品并采用快递物流方式交付的，收货人签收时间为交付时间。合同标的为提供服务的，生成的电子凭证或者实物凭证中载明的时间为交付时间；前述凭证没有载明时间或者载明时间与实际提供服务时间不一致的，实际提供服务的时间为交付时间。

合同标的为采用在线传输方式交付的，合同标的进入对方当事人指定的特定系统并且能够检索识别的时间为交付时间。

合同当事人对交付方式、交付时间另有约定的，从其约定。

理解与适用

一、《民法典》对电子合同的规定

所谓电子合同，是指通过互联网等信息网络订立的合同。随着互联网产业的快速发展，人类已经进入了信息时代。互联网的出现，尤其是近年来移动互联网终端的普及，使得人们的生产生活发生了根本性的变化。通过互联网进行交易，从事商品买卖、提供和接受各类服务已成为社会生活尤其是金融服务、日常消费等领域的交易常态。因应这一时代变化，制定于 1999 年的《合同法》在合同订立中，就借鉴了联合国国际贸易法委员会于 1996 年 6 月通过的《电子商业示范法》的有关规定，对通过数据电文主要是电子数据交换和电子信箱订立合同进行了规范。其中明确了数据电文作为书面形式的法律定位。对于数据电文作为意思表示载体的到达生效规则也进行了特别规定。

《民法典》起草过程中，考虑到我国电子商务的快速发展尤其是移动互联网终端的普及带来的商业业态变化，很多学者呼吁应当对电子合同进行全面的规定。考虑到互联网本质上只是合同订立和履行中意思表示的传达工具，其基本制度并未超越现有合同规则的框架，仍然应当适用合同法的一般规则，故立法者并未如学者所建议的，专章对电子合同进行特别规定。但是对电子合同成立和履行中的特殊情形，考虑到其与一般规则存在较大差异，尤其是在实践中对于电子合同成立、履行时间等存在较大争议，如何在保护消费者、避免经营者利用电子合同主要以格式条款形式呈现的特点过分侵害消费者权益和充分发挥电子合同海量交易、节约交易成本并进而推动数字经济发展的优势之间做出合理平衡，颇值考量，故而确有必要对实践中比较突出的问题予以特别规定。在《民法典》中，分别在合同订立和履行中对电子合同进行了特别规定，除既有的关于数据电文的规定之外，还体现在，一方面，在合同成立上，《民法典》第491条第2款对电子合同成立进行了特别规定，明确“当事人一方通过互联网等信息网络发布的商品或者服务信息符合要约条件的，对方选择该商品或者服务并提交订单成功时合同成立，但是当事人另有约定的除外”。另一方面，于本条对电子合同结合标的的不同，对其履行方式和履行时间进行了规定。

二、本条规定的内涵

本条依据区分给付类型的不同，对于电子合同完成给付的时间区分三种情形进行了规定。

第一，对于标的为交付商品并采用快递物流方式交付的电子合同，收货人的签收时间为交付时间。此种情形实际上就是通过互联网订立买卖合同的情形。此处所言的商品显然是指动产。在当事人约定通过快递物流方式交付的情况下，以收货人的签收时间为交付时间。依据《民法典》物权编的规定，在没有特别约定的情况下，动产的交付时间就是所有权的转移时间；而依据合同编买卖合同的规定，标的物风险负担的转移也以交付为准。在通常的买卖合同中，标的物需要运输的，在当事人没有特别约定的情况下，出卖人将标的物交付给第一承运人就意味着完成了交付，风险负担随之发生转移。而本条规定则将风险负担的时间大大推后，由出卖人承担标的物的在途风险，其目的显然在于保护网购买受人的利益。

需要指出的是，本条强调的签收主体是收货人，这里的收货人包括了快递的收件人以及收件人指定的代收人。《电子商务法》第52条强调，在电子商务当事人约定采用快递物流方式交付商品的情况下，快递物流服务提供者为电子商务提供快递物流服务，在交付商品时，应当提示收货人当面查验；交由他人代收的，应当经收货人同意。《快递暂行条例》第25条也要求，“经营快递业务的企业应当将快件投递到约定的收件地址、收件人或者收件人指定的代收人，并告知收件人或者代收人当面验收。收件人或者代收人有权当面验收”。实践中，存在快递员未经收件人同意直接将快件交给邻居或者物业服务企业代收的情形。此种情况下，不能认为已经完成签收，换言之，不能认为出卖人履行了交付义务。近年来还出现了快递员将快件置于“近邻宝”“蜂巢”等收件柜，然后通知收件人取件的情形。这种做法有其合理性。但是，单纯的置于收件柜并不能认为已经签收，具体签收时间应当以收件人或者代收人实际领取货物为准。

第二，对于标的为提供服务的电子合同，生成的电子凭证或者实物凭证中载明的时间为提供服务时间；前述凭证没有载明时间或者载明时间与实际提供服务时间不一致的，以实际提供服务的时间为准。

关于本句中“提供服务时间”的表述，《电子商务法》第51条表述为“交付时间”。《民法典》草案中一度采用了《电子商务法》第51条的这一表述，但最终正式发布的版本中调整成了提供服务的时间。这个调整是十分必要的。交付是对物而言的，即对物的转移占有。与物的交付不同，劳务或者说服务的提供具有无形性，严格地讲，服务的提供并不涉及交付的问题。在电子合同中，按照通常的交易惯例，一方按照约定完成提供服务的义务后，应当向对方出具电子凭证或者实物凭证，其上应当载明服务完成的时间。依据本条，凭证上载明的时间原则上就应当被认定为提供服务一方提供服务或者说履行完毕服务义务的时间。

但是，考虑到这些凭证是由提供服务的一方单方出具的，尤其是这些服务往往是一方当事人在线提供的，由于技术、网络、计算机系统等原因，提供服务一方的履行时间未必与接受服务一方实际享受到服务的时间一致，故本条强调，在这些凭证上未载明时间或者载明时间与实际提供服务时间不一致的情况下，以实际提供服务的时间或者说实际完成服务的时间作为提供服务的时间。

需要注意的是，在本条对电子凭证或者实物凭证载明时间的效力做如是规定的情况下，就意味着电子凭证或者实物凭证对于服务完成时间具有较强的证明力。作为提供服务的一方，应当主动提供电子凭证或者实物凭证并在上面载明完成服务的时间。此种情况下，即便相对人对此有异议，其也应当就实际完成服务的时间与载明时间不一致承担举证责任。相应地，相对人一方在收到凭证时，也应当及时检查其载明时间是否准确并及时提出异议。

第三，电子合同的标的物为采用在线传输方式交付的，合同标的物进入对方当事人指定的特定系统并且能够检索识别的时间为交付时间。这里所说的合同标的物是通过网络传输的数据，如在线影视、音乐、网游道具、各类软件等。此类合同的特殊性在于，其交付的标的物并非有形物，而是数据，能够通过网络传输。对于此类标的物，本条明确以合同标的物进入对方当事人指定的特定系统并且能够检索识别的时间为交付时间。

值得一提的是本句中“标的物”的表述。在《电子商务法》第51条中其被表述为“标的”。《民法典》草案中也一度采用了“标的”的表述，但最终正式发布的版本中调整成了“标的物”。这个调整是十分必要的。因为通过在线传输的这些标的物，性质上属于无形物，仍然属于物的范围。而通常民法中所言的标的，是与债的概念相联系的，用来指代债的客体，也就是债务人的特定给付。而所谓标的物，则是指给付为物的交付的情况下，被用作交付的物。因此，本条的修改维护了民法概念体系的严整，诚值赞许。

对此需要强调的是，其一，这里所说的特定系统，是指买受人单方指定的特定信息系统，至于该系统是否归收件人所有则在所不论。其二，该特定系统应当由买受人指定。这里的指定，可以是买受人以其意思表示中明确确定的；依据交易习惯，也可以是买受人没有特别指出时，在订立合同过程中发出意思表示的系统。这与《民法典》第 137 条以数据电文作出意思表示的规则是不同的。以数据电文作出意思表示时，在未指定特定系统的情况下，发往相对人任一系统都是可以的，但只是在相对人知道或者应当知道该数据电文进入其系统时该意思表示才生效。其三，作为合同标的物的数据不仅应当进入该特定系统，而且应当能够检索识别。单纯的向该特定系统发出数据，或者虽然进入该系统，但无法检索识别，都不能认为完成了交付。换言之，由于网络等原因导致发出的数据没有进入特定系统，或者无法识别的，应当由出卖人承担相应的后果。这与前述标的为交付商品并采用快递物流方式交付时，由出卖人承担在途风险的规则是一致的。

第四，电子合同当事人对交付方式、交付时间另有约定的，按照其约定。这就是说，前述三项规则性质上属于任意性规范，当事人可以另行作出约定。但需要指出的是，电子合同的一个重要特点在于，其内容通常是商品或者服务的提供者单方提供的格式条款。因此，在存在另行约定的情况下，通常应当依据《民法典》第 496 条和第 497 条的规定，确定该条款是否属于格式条款，以及属于格式条款的情况下其订入合同以及其是否无效；在当事人对其内容有争议时，应当依据第 498 条作出解释。

三、本条的适用范围

《民法典》起草中，对于是否应当规定本条，存在争议。一种观点认为，本条与《电子商务法》第 51 条并无二致，没有必要再行规定，或者直接规定引致性规范，明确本条的情形适用特别法的规定即可。笔者认为，虽然在具体内容上本条与《电子商务法》第 51 条是相同的，但是一方面，《民法典》应当具有时代气息，应当对时代的发展尤其是数字时代带来的法律问题作出应对；另一方面，较之于作为市场经济的基本法的《民法典》，《电子商务法》的适用有其局限性。在《民法典》中作出本条规定，就大大扩张了相关规则的适用范围，为电子商务合同之外的电子合同的履行提供了依据，从而更能适应数字时代对法治的需求。

电子合同的范围远远超出了电子商务的范畴。一方面，就给付标的而言，电子合同较之于电子商务合同更为广泛。《电子商务法》第 2 条对其适用范围进行了限制："金融类产品和服务，利用信息网络提供新闻信息、音视频节目、出版以及文化产品等内容方面的服务，不适用本法。"显然，对于通过互联网等信息网络订立的以金融类产品或者服务为给付标的的电子合同，以及以提供新闻信息、音视频节目、出版以及文化产品等内容方面的服务为给付标的的电子合同，并不适用《电子商务法》。之所以如此规定，主要是因为考虑到相关业态是否属于商务的范畴、通过互联网提供相关服务是否如一般的电子商务那样值得鼓励以及其监管和监管部门的特殊性。但这两类合同显然属于电子合同，应当适用电子合同的订立和履行规则。另一方面，就其主体而言，电子合同也并未如电子商务合同那样仅限于经营者和消费者。《电子商务法》第 2 条将电子商务界定为“通过互联网等信息网络销售商品或者提供服务的经营活动”。相应地，其第 9 条对电子商务经营者进行了界定：“本法所称电子商务经营者，是指通过互联网等信息网络从事销售商品或者提供服务的经营活动的自然人、法人和非法人组织，包括电子商务平台经营者、平台内经营者以及通过自建网站、其他网络服务销售商品或者提供服务的电子商务经营者。本法所称电子商务平台经营者，是指在电子商务中为交易双方或者多方提供网络经营场所、交易撮合、信息发布等服务，供交易双方或者多方独立开展交易活动的法人或者非法人组织。本法所称平台内经营者，是指通过电子商务平台销售商品或者提供服务的电子商务经营者。”该法第 20 条规定，“电子商务经营者应当按照承诺或者与消费者约定的方式、时限向消费者交付商品或者服务，并承担商品运输中的风险和责任。但是，消费者另行选择快递物流服务提供者的除外”，这就明确将电子商务合同的双方当事人限于经营者和消费者。而电子合同的当事人还包括其他民事主体。事实上，《电子商务法》第 2 条排除的情形中，以提供新闻信息、音视频节目、出版以及文化产品等内容方面的服务为给付标的的电子合同中，很多情况下提供服务的一方并非经营者。

因此，虽然在具体规范内容上有所重合，但本条规定与《电子商务法》第 51 条在调整范围上有着较大差异，本条的规定极大地克服了《电子商务法》第 51 条在适用上的局限性，应当作为一般规则在《民法典》中予以规定。

此外，如前文所指出的，本条对涉及交付、标的等字句的调整，对于维护民法概念体系的科学性，也有着重要意义。

第五百一十三条

执行政府定价或者政府指导价的，在合同约定的交付期限内政府价格调整时，按照交付时的价格计价。逾期交付标的物的，遇价格上涨时，按照原价格执行；价格下降时，按照新价格执行。逾期提取标的物或者逾期付款的，遇价格上涨时，按照新价格执行；价格下降时，按照原价格执行。

本条主旨

本条是对执行政府定价或者政府指导价的合同价格漏洞补充规则的规定。

相关条文

《合同法》第63条 执行政府定价或者政府指导价的，在合同约定的交付期限内政府价格调整时，按照交付时的价格计价。逾期交付标的物的，遇价格上涨时，按照原价格执行；价格下降时，按照新价格执行。逾期提取标的物或者逾期付款的，遇价格上涨时，按照新价格执行；价格下降时，按照原价格执行。

理解与适用

市场经济条件下，合同的价款或报酬原则上应当由市场来决定。但在强调市场对资源配置起决定性作用的同时，也同样要求政府基于社会公共利益对价格进行必要的干预。这就涉及政府定价和政府指导价的问题。

所谓政府指导价，是指依照《价格法》规定，由政府价格主管部门或者其他有关部门，按照定价权限和范围规定基准价及其浮动幅度，指导经营者制定的价格。政府定价，是指依照《价格法》规定，由政府价格主管部门或者其他有关部门，按照定价权限和范围制定的价格。《价格法》第18条规定："下列商品和服务价格，政府在必要时可以实行政府指导价或者政府定价：（一）与国民经济发展和人民生活关系重大的极少数商品价格；（二）资源稀缺的少数商品价格；（三）自然垄断经营的商品价格；（四）重要的公用事业价格；（五）重要的公益性服务价格。"政府指导价、政府定价的定价权限和具体适用范围，以中央的和地方的定价目录为依据。中央定价目录由国务院价格主管部门制定、修订，报国务院批准后公布。地方定价目录由省、自治区、直辖市人民政府价格主管部门按照中央定价目录规定的定价权限和具体适用范围制定，经本级人民政府审核同意，报国务院价格主管部门审定后公布。省、自治区、直辖市人民政府以下各级地方人民政府不得制定定价目录。政府指导价、政府定价的具体适用范围、价格水平，应当根据经济运行情况，按照规定的定价权限和程序适时调整。消费者、经营者可以对政府指导价、政府定价提出调整建议。

依法应当执行政府定价或者政府指导价的，应当按照相应的规定来履行。这就是说，对于此类合同，即便当事人对价款进行了约定，但该约定应当遵从政府的定价或者在政府指导价所允许浮动的范围之内约定，合同中约定的价格条款如果未按照政府定价或者超出了政府指导价允许浮动的范围，则应当按照政府定价确定价格，或者参照该价格条款的约定按照政府指导价的上限或者下限确定合同价格。如果当事人对价款或者报酬没有约定或者约定不明，在执行政府定价的情况下，当事人应当直接按照政府定价确定合同价格；在执行政府指导价时，当事人的补充约定或者根据交易习惯等确定的价格也不能超出指导价的浮动范围。

此外，根据本条的规定，对于执行政府定价或者政府指导价的合同，在合同约定的交付期限内政府价格调整时，按照交付时的价格计价。逾期交付标的物的，遇价格上涨时，按照原价格执行；价格下降时，按照新价格执行。逾期提取标的物或者逾期付款的，遇价格上涨时，按照新价格执行；价格下降时，按照原价格执行。这一规定就把因为逾期造成的损失加诸违约的一方，其目的在于对违反全面履行原则迟延履行合同的一方当事人加以制裁，维护诚信守约的一方当事人的利益。

关于本条的适用，对于执行政府定价的合同，毋庸多言。对于实行政府指导价的合同，在具体适用时，仍然要尽量尊重意思自治。这就是说，如果合同约定的价格并未超出政府指导价调整后的浮动范围，则并无本条适用的空间。但如果合同约定的价格超出了政府指导价调整后的浮动范围，也要尽力减少价格调整对合同的影响，申言之：一方逾期交付标的物，遇价格下降时，应当按照政府指导价调整后的浮动上限确定合同价格；一方逾期提取标的物或者逾期付款的，遇价格上涨时，按照政府指导价调整后的浮动下限确定合同价格。

国家对于市场价格的干预还体现在价格干预措施和紧急措施方面。《价格法》第 30 条规定："当重要商品和服务价格显著上涨或者有可能显著上涨，国务院和省、自治区、直辖市人民政府可以对部分价格采取限定差价率或者利润率、规定限价、实行提价申报制度和调价备案制度等干预措施。省、自治区、直辖市人民政府采取前款规定的干预措施，应当报国务院备案。"第 31 条规定："当市场价格总水平出现剧烈波动等异常状态时，国务院可以在全国范围内或者部分区域内采取临时集中定价权限、部分或者全面冻结价格的紧急措施。"对于在国家依法实施价格干预措施或者紧急措施期间订立或者履行的合同，应当遵守相关措施的要求。在进行合同漏洞补充时，也要按照相关措施的要求来进行。在前述措施执行之前订立，按照合同约定本应当在前述措施执行之前履行完毕的合同，因一方当事人迟延给付或者迟延受领，导致价格受到影响的情况下，也应当参照本条规定的精神，由违约的一方承担因采取国家采取价格干预措施或者紧急措施带来的不利后果。

第五百一十四条

以支付金钱为内容的债，除法律另有规定或者当事人另有约定外，债权人可以请求债务人以实际履行地的法定货币履行。

本条主旨

本条是对金钱债务中实际履行地法定货币效力的规定。

相关条文

《经济合同法》（已失效）第 13 条第 1 款　经济合同用货币履行义务时，除法律另有规定的以外，必须用人民币计算和支付。

《人民币管理条例》第 3 条　中华人民共和国的法定货币是人民币。以人民币支付中华人民共和国境内的一切公共的和私人的债务，任何单位和个人不得拒收。

《外汇管理条例》第 8 条　中华人民共和国境内禁止外币流通，并不得以外币计价结算，但国家另有规定的除外。

理解与适用

一、金钱与金钱债务

金钱债务是指债务人必须以给付一定货币履行债务的债。金钱债务的给付是物的交付，即交付标的物转移所有权，但其标的物是货币或者说金钱。货币作为特殊的物，其特点在于其是一般等价物，据此，为了保障交易安全，在物权制度中，虽然没有明文规定，但通说均认可，无论占有合法与否，对货币的占有即所有。故而，对于货币不适用善意取得规则，亦不能以货币为质物设立质权，但以特户、封金、保证金将货币特定化的除外。

以金钱为给付标的物的情形在我国合同制度中普遍存在。作为一般等价物，无论是商品还是劳务，其在市场上交易的对价均应当体现为一定数量的金钱，即所谓价款或者报酬。我国《民法典》合同编的一大特色在于其直接规定了各类典型合同的定义。在这些定义中，对于一方当事人的主给付义务按照交付标的物转移所有权、交付标的物转移使用权、提交工作成果、提供劳务等典型的给付义务加以具体化，从而确定为各类有名合同中一方当事人的主给付义务，而对于除作为无偿合同的赠与合同之外的各类典型合同中相对人的主给付义务则统一规定为给付金钱。换言之，各典型合同中受领标的物或工作成果、接受劳务的一方，其所负债务均被典型化为金钱债务。这种立法技术，对于清晰识别不同类型的给付义务、从而确定各类合同的性质，具有重要意义。

货币不仅是对商品或者服务对价的体现，作为一般等价物，货币或者说金钱是计量价格的标尺。各类财产损失可以而且最终也只能以金钱来计算。在一方当事人违约的情况下，无论是损害赔偿还是承担违约金或者定金，其给付的标的物也均系金钱。至于侵权责任、无因管理以及不当得利引发的债的关系，其给付标的物原则上也应当是金钱。

二、金钱之债的特点

金钱作为一般等价物，决定了货币之债只会发生履行迟延，不会发生履行不能。故而债权人可以径行要求继续履行，而非如非金钱债务那样受到法律的种种限制。

《民法典》第579条规定："当事人一方未支付价款、报酬、租金、利息，或者不履行其他金钱债务的，对方可以请求其支付。"较之于《合同法》第109条"当事人一方未支付价款或者报酬的，对方可以要求其支付价款或者报酬"的规定，从该条来看，一方面，其直接于本条使用了"金钱债务"的概念，并对金钱债务的具体类型进行了比较全面的规定；另一方面，结合《民法典》第580条对违反非金钱债务时继续履行的适用限制，对于金钱债务的继续履行，法律未作限制。

之所以如此，就是因为，金钱作为一般等价物，货币之债履行中，也无须对作为标的物的金钱予以特定化，故不会发生履行不能的问题。即便在某一债权所确定的标的货币在履行时已经不再流通的情况下，也并不发生履行不能的问题，而是应当由债务人以其他通行货币加以履行。故而，金钱之债不会发生履行不能，而只会出现履行迟延。在履行迟延的情况下，金钱债务也不可能出现《民法典》第580条所言的履行不能、标的不适于强制履行或者履行费用过高、债权人在合理期限内未请求履行等不能继续履行的情况，故其债权人可以要求继续履行。

金钱之债的另一特点在于，其不发生因不可抗力免责的问题。金钱之债是以支付一定数额的货币为标的的债，而货币作为一般等价物，既不存在特定之债的标的物灭失问题，也不会发生种类之债的标的物全部灭失问题，故而金钱之债不会因不可抗力不能履行，自然谈不上相应的免责。但是实践中并不排除因不可抗力导致金钱债务履行迟延，就此种迟延债务人可以援用不可抗力来获得免责。

三、关于本条的适用

金钱债务的标的为货币或者金钱。从货币流通效力来看，货币有本国法定货币和外国货币之分。法定货币，比较法上也称为通用货币，是依特定国家法律规定，在其法域内具有强制流通效力的货币。发行货币为国家主权的重要体现，现代意义上的法定货币早已脱离了最早金银的范畴，而是依赖发行国政府的信用为其背书，也依赖发行国的法律而在其境内强制流通。故合同中对不同货币的选择对当事人的利益影响甚巨。

依据《人民币管理条例》第 3 条，我国的法定货币是人民币。以人民币支付中华人民共和国境内的一切公共的和私人的债务，任何单位和个人不得拒收。《外汇管理条例》第 8 条则明确宣示“中华人民共和国境内禁止外币流通，并不得以外币计价结算，但国家另有规定的除外”。据此，就我国而言，外国货币、特种货币属于限制流通物。在我国国内交易，货币之债应当以人民币交付，如果是涉外交易，当事人可以约定以外币交付。但需要指出的是，随着我国金融管制尤其是外汇管制的放开，对于外币计价结算的开放程度与日俱增。

从本条规定来看，其允许在法律另有规定或者当事人另有约定外，推定以实际履行地的法定货币来履行金钱债务。对此需要注意把握：第一，这里的法律另有规定，解释上不仅包括我国的法律和行政法规，也包括了可能涉及的外国法律，尤其是债务实际履行地的法律。如果法律明确规定在实际履行地必须使用法定货币之外的某种货币，则只能按照该规定执行。例如我国外汇短缺时期，曾要求对于某些交易必须使用外汇或者外汇兑换券。这种情况下，自然不能按照本条执行。第二，此处所言的当事人另有约定，是指对实际给付货币的特别规定。按照本条的立法意旨，仅仅在合同中约定以某一货币计价，并不等于可以排除本条的规定。当事人必须在合同中明确约定，在实际给付金钱时必须支付某一货币。当然，这一特别约定以不违反前述法律强制性规定及公序良俗为前提。如果该约定因违法而无效，则该特别约定自然不能适用。第三，本条所强调的是具体履行时使用货币的类型。依据本条，只要当事人没有特别约定应当使用某一货币履行债务，法律也没有对某一类金钱债务的履行作出特别的强制性规定，在具体履行金钱债务、给付货币时，都可以给付实际履行地的法定货币来履行债务，而无论合同中约定的计价货币是何种货币。例如，当事人在合同中约定价款以美元计价，在当事人没有对实际交付的货币作出特别约定的情况下，如果该合同在我国境内履行，债务人完全可以给付人民币以清偿债务。

本条的表述方式，强调的是以给付实际履行地法定货币为原则，这就在基本民事法律中充分展示了我国金融开放的态度，有利于与外汇制度的将来变革保持衔接可能性。值得注意的是，本条着重强调，在按照其他货币计价的情况下，金钱之债的债务人原则上也有权给付履行地法定货币。但是，在具体金额的确定上，本条并未作出规定。从比较法来看，《德国民法典》第244条规定："以外国通用货币确定金钱债务在国内给付的，可以帝国通用货币履行给付，但订明以外国通用货币履行给付的除外。换算以支付时支付地的兑换时价为准。"该条前句意旨与本条相同，其后句规则值得借鉴。《日本民法典》第403条、我国台湾地区"民法"第202条也有类似规定。换言之，在依据本条支付履行地法定货币时，应当依据合同约定计价货币和金额的约定，按照履行当日履行地的市场汇率来加以换算。这主要是考虑到，不能因货币类型的转换损害债权人的利益。

关于金钱之债的履行，还值得注意的是货币流通效力变化的情况下如何履行。例如，当事人在合同中明确约定采取某一货币清偿，但履行时由于法律规定的变化，该货币已经失去强制通用的效力，换言之，已经失去了法定货币的地位。此种情况下，《德国民法典》第245条、《日本民法典》第402条的规定可资参照，债务人应当使用其他法定货币进行清偿。

第五百一十五条

标的有多项而债务人只需履行其中一项的，债务人享有选择权；但是，法律另有规定、当事人另有约定或者另有交易习惯的除外。

享有选择权的当事人在约定期限内或者履行期限届满未作选择，经催告后在合理期限内仍未选择的，选择权转移至对方。

本条主旨

本条是对选择之债选择权归属的规定。

相关条文

无

理解与适用

一、简单之债与选择之债

根据债的标的有无选择性，学理上把债分为简单之债与选择之债。这种划分的意义，主要在于明确两者的标的的确定是否须经选择以及能否发生履行不能等。简单之债系债的关系的常态，债法总则中的各种规定均可适用于之，故无须特别规定，比较法上也没有对简单之债的规定。但在本条对选择之债明文规定的情况下，有必要对简单之债的概念和一般效力加以说明。

（一）简单之债

简单之债又称单纯之债，是指债的标的只有一种，当事人只能按照该种标的履行的债。债的客体为给付，即债务人的特定行为。按照具体内容不同，给付可以分为若干不同类型。债的关系成立以给付具体、确定为要件。简单之债中，由于给付只有一种，且必须是具体、确定的，故债权人只能请求债务人履行该给付义务，债务人也只能就该给付履行从而实现清偿。在简单之债中，当事人只能按约定的标的履行，不能以其他标的代替。同时，当事人在履行时间、方式、地点等方面也都无可选择的余地。由于简单之债的当事人在债的履行上没有可选择性，所以简单之债又称为不可选择之债。①

简单之债为债的一种常态，现实生活中所发生的债多为简单之债。简单之债的当事人对债的履行没有选择的余地，债务人应当按照法律规定和当事人的约定的标的履行债务。当事人之间在债的履行方面的关系比较简单，直接适用债法总则的规则或者说《民法典》合同编通则的相关规定即可，故各国民法均不对简单之债作出特别规定。由于简单之债的标的只有一个，如果该给付法律上或者事实上不能履行，就发生债的履行不能。债权人只能请求违约赔偿或者违约金、定金，而不能要求继续履行原给付，也不能请求为其他给付。

（二）选择之债

实践中，各种债的关系其标的一般为单一给付。基于其标的的单一性，债务人并无选择的空间。但考虑到履行过程中的各种商业风险，当事人也可能约定多个给付，允许债务人履行其中之一即可构成清偿。此种情形，在债的关系成立时，标的并未确定。但在履行之前，则必须通过一定的规则对之加以确定，使选择之债成为简单之债，从而使之能够得以履行。故而，各国民法普遍对选择之债加以规定，明确其特定的方法。

我国既有立法对选择之债并未规定，但学理上对选择之债的概念、特点及特定化方法并无太大争议。尤其是近年来，在商业实践中出现了同时订立商品房买卖合同和借款合同，约定允许借款人在偿还借款和履行商品房买卖合同之间作出选择的案件，法院裁判上对此认定不一，司法解释直接按照借款关系处理的规定

① 张广兴．债法总论．北京：法律出版社，1997：129－130.

则略显简单化①，学界也对此莫衷一是。本条和第517条借鉴了比较法上的做法，对选择之债进行了规定，相信对于实践中此类问题的解决具有重要意义。

所谓选择之债，是指债的标的为两个以上，债务人全面履行其中之一即可构成清偿的债的关系。按照通常的理解，选择之债是指在债的成立之始就有两个以上的标的可供选择。可供选择的数个标的，必须在内容上有所不同，方有选择的必要。其可以是数个不同类型的给付，如在给付金钱或提供劳务中作出选择，抑或前述实例中在偿还借款和交付商品房、转移商品房的所有权（履行商品房买卖合同之间作出选择）；也可以在同类给付中，允许在数种标的物的交付中作出选择，例如交付10吨大米抑或15吨小麦；还可以是同一给付，但当事人在合同中确定数个标的物，允许当事人在履行时选择其中一个标的物作出履行，例如，合同规定甲方将房屋借给乙方使用，在实际交付房屋时，甲既可以交付A房，也可以交付B房给乙方使用。标的的不同，还可以是履行时间上的不同、履行方式的不同、履行地点的不同。凡在债的标的种类、特征、履行时间、履行方式、履行地点等诸方面可供选择的债，都为选择之债。关于选择之债的性质，学说上有不同的认识，主要有复数之债说、单一之债权说与折中说。② 笔者认为，选择之债中虽然标的有数个，但债务人只要履行其一即可完成清偿，故其本质上是一个债而不是数个债，故为单一之债。

需要强调的是，选择之债强调的是标的可供选择，如果因为条件成就、某一标的履行不能等行使选择权之外的原因导致标的特定，则选择之债已经转化为简单之债，自然不能再认为其系选择之债，自然也不再有选择权的问题。

二、选择之债的确定方式

选择之债的确定，可以通过当事人的特别约定或者说变更协议而为之；也可能由于可供选择的标的均履行不能而仅余一种标的而确定，还可能是由于本条所言的选择权的行使而确定。

需要注意的是，选择之债的确定不同于种类之债的特定。选择之债的确定，只是多个可能的给付被确定为某一给付，从而使选择之债确定为简单之债。而所

① 《最高人民法院关于审理民间借贷案件适用法律若干问题的规定》第24条第1款规定："当事人以签订买卖合同作为民间借贷合同的担保，借款到期后借款人不能还款，出借人请求履行买卖合同的，人民法院应当按照民间借贷法律关系审理，并向当事人释明变更诉讼请求。当事人拒绝变更的，人民法院裁定驳回起诉。"这一做法显然忽视了此种行为中当事人达成选择之债的合意的可能性，有悖私法自治。故而该解释施行后，实践中亦不乏按照选择之债处理的案例。

② 孙森焱．民法债编总论：上．北京：法律出版社，2006：417.

谓种类之债，是指以交付种类物为标的的债。法学上所谓“种类”与自然科学上的定义有所不同，植物、动物等因为不能由数量加以确定，由此不属于法律上所说的“种类”。种类是指按照一般交易观念，具有共同特征的物品。物品共同特征的越多，则越具有种类物的特点。① 种类之债于债成立之时，当事人仅以一定的数量和质量特定标的物，质量条款虽为非必要条款，可以通过漏洞补充规则补充，但数量条款是必要条款，于债的关系成立之时，当事人需要明确标的物的数量。如标的物的数量不确定或者不能确定，则可能导致债的关系不能成立。种类之债的标的物只有在特定之后才能履行。尽管当事人在合同中约定交付种类物，但在其履行时，必须将种类物中作为履行标的物的部分从该种类物中分离出来，加以具体确定，否则将无法实际履行。种类之债确定的方式，通常认为应当应依债的履行地决定标的物特定的时间，债务人完成自己一方为履行所必要的行为时，标的物才为特定。② 此外，种类之债也可以按照当事人约定的方法来特定化。按照合同自由的原则，当事人之间可以通过合同规定的方法来使种类之债特定化，即当事人根据合同选定具体的标的物，将种类物的一部分与其他部分加以区别和分离，从而使标的物特定。依合同规定的方法而特定又可以分为两种情况：一是当事人双方约定赋予某人以指定的权利。此种指定，可以由一方指定，或者由第三方来指定。指定权人行使指定权即将种类物中的一定数量的部分与其他部分相分离，标的物就特定化了。二是由双方当事人共同指定，或者由一方当事人指定并经过对方当事人的同意。当然，无论采取哪一种方式都需要通过合同明确规定。

给付的标的仅以种类确定，而未对具体品质作出指定的，为种类之债。如果被确定的标的为种类物的给付，则仍需进一步特定，而不能仅由选择权的行使而直接使其成为特定之债。

三、选择权的归属

本条第 1 款是对选择之债中选择权归属的规定。在选择之债中，如果法律没有另外规定或者当事人没有另外约定，选择权属于债务人。

选择之债的数个标的的不同或者表现为给付的形态不同，或者表现为交付的标的物不同，或者表现为给付手段不同，或者表现为履行期不同等。正是因为选择之债的数个给付具有不同的特点，选择之债的标的，在债成立时确定为数个，

---

① ［日］於保不二雄．日本民法债权总论．庄胜荣，校订．台北：五南图书出版公司，1998：31.

② 同①35.

数个标的具有不同的内容，因此有选择的必要。

选择之债在没有选择之前，给付的标的是不确定的，债务人根本无法履行，须于债的履行标的确定后才能履行。选择之债的履行标的虽有数种，但当事人只能从中确定一种履行，也只有在履行标的确定后当事人才能履行债。如无须确定债的履行标的就可以履行，则该债不为选择之债。选择之债因选择权的行使，而最终确定一个给付为债的标的。一般来说，选择分为如下情况：一是提供劳务与物的交付之间的选择。例如，甲乙双方当事人约定，甲支付给乙人民币 3 万元，而乙可以向甲作一次演讲或者向甲交付一幅画。二是对标的物的选择。对物的选择又可以分为种类物与种类物之间的选择（例如，双方约定允许出卖人可以在交付光盘与录音带之间进行选择）；特定物与特定物之间的选择（例如，约定出卖人可以在交付 A 房与 B 房之间进行选择）；特定物与种类物之间的选择（例如，双方约定交付大米 100 斤或 A 马）。三是不同劳务的提供之间作出选择。例如，约定一方可以保管某物若干时间以待另一方往取；或者将该物直接送交另一方；换言之，其可以在保管和运输之间作出选择。四是权利的选择。例如，甲乙约定买卖货物，并在契约中约定，如果甲违约，则返还定金，并负损害赔偿责任，或者解除契约并加倍返还定金。

选择之债中的选择权的归属既可以由法律直接规定，也可以由当事人特别约定。选择权原则上由当事人一方享有，选择权不得由选择之债分离而独立让与第三人，但法律并未禁止当事人特别约定由债的关系之外的第三人享有选择权。在法律特别规定或者当事人特别约定选择权归属于第三人的情况下，则第三人享有选择权。

如果法律规定或合同约定一方有选择权，则应当由有选择权的一方享有并行使选择权。但如果法律没有规定且合同没有特别规定，选择权应当归属于何人？我国既有立法对此没有规定。从比较法的经验来看，《德国民法典》第 262 条明确指出："于数项给付中仅能选定履行其中一项的，在发生疑问时，选择权属于债务人。"《日本民法典》第 406 条亦强调："债权的标的可于数个给付中选择而定时，其选择权属于债务人。"这就把选择权赋予了债务人。我国台湾地区"民法"第 208 条则更为清晰地表达了该规则的任意法性质，"于数宗给付中得选定其一者，其选择权属于债务人。但法律另有规定或契约另有订定者，不在此限"。本条第 1 款借鉴了相关经验，将选择权归属于债务人。这主要是因为，债务毕竟是由债务人实际履行的，债务人在履行债务之前如果选择之债规定的数种选择不能确定，债务人不能做履行的准备，从而也就不能很好地履行债务。将选择权归属于债务人既有利于保护债务人的利益，也有利于债务的履行。尤其是基于"经济人”的假定，债务人在作出选择时，应当会作出对其最为有利的选择。既然为选择之债，就意味着无论债务人选择何种标的，对债权人的效用都是相同的；而某一选择对债务人最有利，显然意味着双方福利的最大化，也是社会效用的最大化。

四、选择权的移转

选择权性质上是形成权，仅凭选择权人单方的意思表示就可以使选择之债成为简单之债，其长期存在将威胁社会关系的稳定性。故而选择权的存续应当受到一定期间的限制。尤其是选择权人迟迟不行使权利，将令债务人无法履行债务，或是使债权人无法追究对方的违约责任。故而，法律不仅要规定选择权应当在一定期限行使、逾期不行使选择权人的选择权将消灭，应当规定选择权人逾期不行使权利时该选择权应当由谁行使。

依据本条第 2 款，享有选择权的当事人在约定期限内或者履行期限届满未作选择，经催告后在合理期限内仍未选择的，选择权转移至对方。具体如下。

第一，选择权的存续时间可以由当事人约定，在约定的选择权行使期限内未行使的，比较法上有两种做法：日本民法认为，相对人有权催告选择权人在合理期限内行使选择权。该期限届满而选择权人未行使选择权的，其选择权改由对方当事人享有。[①] 而我国台湾地区“民法”第 210 条则认为无须催告，该期间届满而选择权人未行使选择权，选择权当然转移给对方当事人。[②] 从本条第 2 款来看，其要求约定期限届满后仍然需要相对人的催告，经催告后在合理期限内仍未选择的，方可发生选择权转移至对方当事人的效果。当然，这种做法是否有悖当事人特别约定行使期限之本意，不无疑问。但在法律明文规定的情况下，唯有在实务操作中，对催告的“合理期限”结合已经存在行使期限的约定予以考虑，尽力压缩该期限的时间为宜。

第二，当事人没有约定选择权行使期限的，考虑到选择权的行使旨在使选择之债得以确定，以便债务人履行，因此在履行期限届满之前，尚有选择权人权衡的时间。但履行期限届满时，如果仍然不作出选择，则作为相对人的债务人无从履行，作为相对人的债权人无从受领。因此，履行期限届满时，相对人有权催告选择权人在合理期限内行使选择权。该期限届满而选择权人未行使选择权的，其选择权改由对方当事人享有。该期限的合理性，应当根据标的金额等因素合理

---

① ［日］於保不二雄．日本民法债权总论．庄胜荣，校订．台北：五南图书出版公司，1998：61.

② ［日］我妻荣．中国民法债编总则论．洪锡恒，译．北京：中国政法大学出版社，2003：99.

确定。

值得讨论的是，第三人享有选择权时应当如何处理。从本条第 2 款的规定来看，其规定的选择权转移规则仅在债的关系的当事人之间适用。当选择权归属债务人时，如债务人怠于选择或多数债务人之间不能达成选择的协议，则债权人可以催告债务人；债务人在合理期限内仍未选择，则其选择权丧失而由债权人享有选择权。当选择权归属债权人时，如债权人怠于选择或多数债权人之间不能达成选择的协议，则债务人可以催告债权人；债权人在合理期限内仍未选择，则其选择权丧失而由债务人享有选择权。问题在于，当选择权归属第三人时，应当如何处理?《日本民法典》第 409 条第 2 款规定："第三人不能或不想选择时，选择权属于债务人"；我国台湾地区"民法"第 210 条第 3 款亦采同说："由第三人为选择者，如第三人不能或不欲选择时，选择权属于债务人"。这里所言的"不能选择"，是指该第三人死亡、丧失行为能力等客观上不能行使选择权的情形。这里所说的"不欲选择"，是指该第三人虽然能够进行选择，但主观上不愿进行选择的情形。在享有选择权的第三人不能或者不愿选择的情况下，无须履行期限届满，都发生选择权转移的效果。① 我国民法对此未予规定，笔者认为，这一做法值得借鉴。因为考虑到债务的履行须以债的标的确定为前提，标的不能确定将直接影响债务人的利益，故而，选择权应当由债务人行使。这种做法也是符合本条第 1 款意旨的。

当选择权归第三人，而在其于约定期限内或者履行期限届满未作选择的情况下，笔者认为，应当参照本条第 2 款，由债务人或者债权人催告其在合理期限内行使选择权；如果第三人经催告后在合理期限内仍未选择的，则应当参照本条第 1 款之意旨，由债务人享有选择权，以便及时确定债的关系。

五、选择之债与种类之债、任意之债

种类之债与选择之债有一定近似之处，但二者的区别仍然是比较明显的，具体来说：第一，选择之债的标的为数种，须标的确定后才能得以履行。而种类之债的标的是确定的，只是给付的标的物是种类物而已。基于对物权支配性的要求，最终履行当然需要种类物的特定化，但这种特定化通常恰恰是通过给付这一履行行为来完成的。第二，选择之债的标的，包括各类给付；在给付为物的交付时，其标的物可以是特定物，也可能是种类物。而种类之债的标的则为物的交付，只是其标的物为种类物。第三，选择之债的选择具有重要意义，经由选择方

① 邱聪智．新订民法债编通则．北京：中国人民大学出版社，2003：212.

可变更为简单之债并得以履行。种类之债本身就是简单之债，其给付本身就是确定的，只是作为标的物的种类物需要通过履行等进一步特定，不涉及选择问题。第四，选择之债的选择具有溯及效力，种类之债的特定则不发生溯及力。第五，选择之债可因履行不能而确定。种类之债不会因履行不能而导致标的物特定。

任意之债是指债的标的虽然仅为一种，但当事人可以以其他标的来代替履行的债。看似任意之债的标的也同样具有可选择性，但二者并不相同，其区别在于：第一，在选择之债中，履行标的在债的关系成立时并未确定，尚待选择等加以确定；而任意之债的标的在债的关系成立时即已确定。第二，选择之债中，债的标的为数种，行使选择权时，并无优先顺序，各标的都处于平等地位。而任意之债的标的只有一种，只是当事人可以以其他标的代替履行，这种用来代替的标的实处于补充的地位。第三，选择之债中，如因可归责于当事人一方的事由致使某种标的发生履行不能时，当事人须选择其他标的履行，不发生损害赔偿之债。只有在数种标的都发生履行不能时，才可能发生损害赔偿之债。而在任意之债中，如当事人约定的标的因可归责于当事人一方的事由而发生履行不能时，则可以发生损害赔偿之债。

第五百一十六条

当事人行使选择权应当及时通知对方，通知到达对方时，标的确定。标的确定后不得变更，但是经对方同意的除外。

可选择的标的发生不能履行情形的，享有选择权的当事人不得选择不能履行的标的，但是该不能履行的情形是由对方造成的除外。

本条主旨

本条是对选择权人行使选择权方式的规定。

相关条文

无

理解与适用

一、选择权的行使

选择权一经行使，则意味着选定的标的就成了应当履行的标的，选择之债转化为简单之债；此时其他标的已不再构成可能的选项，换言之即便被履行也是非债清偿。换言之，选择权的行使系以一方当事人的意思变更债的关系，因此，选择权属于形成权。但在选择权确定以后，如何行使选择权？由于选择权行使将使选择之债变成简单之债，选择直接关系到如何履行合同义务的问题，因此对双方当事人关系重大，在法律上有必要确定选择的方式。

依据本条，选择权的行使，应当由选择权人以意思表示为之，或者说以通知方式为之。这是因为，行使选择权需要选择权人将其确定了选择之债标的的意思表达于外，方可发生选择的效力。虽然该意思表示无须对方当事人的同意，但是选择权的行使毕竟导致了债的变更，直接影响债的关系当事人的利益，因此，选择权的行使属于有相对人的意思表示，本条第1款强调，"通知到达对方时，标的确定"，换言之，行使选择权的通知到达相对人，发生选择的效力。这与《民法典》第137条的规定是一致的。申言之，如果债的关系一方当事人享有选择权，则无论是债权人还是债务人享有选择权，该当事人行使选择权时，都应当向相对人作出意思表示。该意思表示到达对方当事人，发生选择的效力。

值得讨论的是，如果选择权由第三人享有，则第三人应当如何行使选择权？对此比较法上有两种做法：一种做法是向债权人债务人任何一方通知即可。例如，《日本民法典》第409条第1款规定"第三人可进行选择时，其选择，以对债权人或债务人的意思表示进行"，故选择权人只需向当事人一方作出选择的意思表示即可。另一种做法则要求须向双方作出选择的意思表示。如我国台湾地区"民法"第209条规定，"债权人或债务人有选择权者，应向他方当事人以意思表示为之。由第三人为选择者，应向债权人及债务人以意思表示为之"，显然，这就要求选择权人必须向双方当事人为之方可，仅向债权人或债务人一方作出选择的意思表示，均不发生选择的效力。

笔者认为，第三人行使选择权应当向债权人和债务人作出选择的意思表示；如果仅向债的关系的一方当事人为意思表示，不发生选择的效力。这主要是考虑到，选择权一经行使，就导致选择之债确定地成为简单之债，不仅需要债务人提前进行履行债务的准备，也应当给债权人予以受领的必要准备时间。

对于行使选择权的形式，法律并没有提出特别要求。故其形式上以明示、默示、口头、书面均可。

二、选择权行使的效力

行使选择权的意思表示作为有相对人的意思表示，于到达时生效，从而使该选择之债即自始成为简单之债。基于该意思表示的此种效力，该意思表示非经相对人同意，不得撤销。因为如果允许选择权人撤销其行使选择权的意思表示，则将使已经确定的债的关系又重新回到选择之债的状态，使相对人无所适从。《日本民法典》第 407 条规定："前条的选择权，以对相对人的意思表示而行使。前款意思表示，除非经相对人承诺，不得撤销。"本条借鉴了这一做法并做了进一步完善。这就是说，一方面，选择权人行使选择权后，其行使选择权的意思表示不得撤销；另一方面，选择权人行使选择权后，也不能另行地作出选择。但是，基于私法自治的原则，债的关系的当事人之间当然可以另行协议对已经确定的债务标的加以变更，故本条但书规定，"经对方同意的除外"。这里所说的对方，笔者认为是指行使选择权的相对人。在一方当事人享有选择权的情况下，是指对方当事人。在第三人享有选择权的情况下，是指债的关系的双方当事人。

三、选择权行使的溯及力

选择之债只是法律或当事人所作的一种特殊安排，在其履行前，标的仍然需要通过选择权的行使或法定的事由的发生而确定。但一经确定，就应当发生溯及的效力，这就是说，选择之债确定后，自该债的关系发生时，就应当视为该债的关系即简单之债，该债的关系自始只有被选定的一个标的；未被选择的其他标的视为自始不存在，当事人不能再以曾经存在的其他给付来加以抗辩。

我国《民法典》对此未予规定。《德国民法典》第 263 条第 2 款规定，"选定的给付视为自始为单一债务"。我国台湾地区"民法"第 212 条亦明定，"选择之效力，溯及于债之发生时"。笔者认为，选择之债性质上系单一之债，只是在履行前在给付标的上存在选择的空间。在因行使选择权导致债的关系确定的情况下，自然不应再行考虑其他选择项，否则在实务上徒增困扰。此外，从本条第 2 款对于履行不能原则上导致债的关系确定的规定中，也可以推导出这一结论。故比较法上的这种认识是值得借鉴的。换言之，享有选择权的人一经作出选择，选择不仅确定将来的履行，而且选择的效力溯及于债权债务发生时。

四、履行不能导致的确定

在选择之债的数个可选择的标的中，如果有履行不能，包括法律上不能履行以及事实上不能履行的情形的，债的关系仅在剩余的标的中存在。故而本条第 2 款规定，可选择的标的发生不能履行情形的，享有选择权的当事人不得选择不能履行的标的。

这是因为，选择之债的特殊之处在于其标的为数个，选择权人可以通过选择权的行使使之成为简单之债，并由债务人加以履行。但是，如果选择之债的数种给付中，其中一个或数个因不可抗力等原因而不能履行时，则选择权人只能就剩余的给付加以选择。如果只有一种可以履行而其他均发生履行不能时，则当事人并无选择的余地，只能按可以履行的标的履行。此时，选择之债也就自然成为简单之债，而无须另行选择。

但是，此种不能履行应当以不可归责于无选择权的当事人为限，否则，将令无选择权的当事人逃脱其本应承担的责任。① 因此，如果该履行不能因无选择权的当事人的行为所致，则选择权人仍然有权就该不能履行的给付加以选择。申言之，如果选择权人为债务人，则其可以通过选择不能履行的给付而免于承担自己的合同义务；如果选择权人为债权人，则其可以通过选择不能履行的给付而解除合同，追究对方的违约责任。

如果各标的均不能履行，则选择权人无法再选择这些标的进行履行作出要求对方履行，而应当依据本条第2款的精神，以债务人对各标的履行不能的发生是否有可归责事由为依据，来判断是否能够要求其承担违约金、违约损害赔偿等继续履行之外的违约责任。如果各标的的履行不能均系不可抗力导致，则只能解除合同而不能要求债务人承担违约责任。

与选择权的行使发生溯及效力不同，学理上通常认为，给付不能导致选择之债特定时，并不发生溯及效力。②

第五百一十七条

债权人为二人以上，标的可分，按照份额各自享有债权的，为按份债权；债务人为二人以上，标的可分，按照份额各自负担债务的，为按份债务。

按份债权人或者按份债务人的份额难以确定的，视为份额相同。

本条主旨

本条是对按份之债的规定。

相关条文

《民法通则》第86条　债权人为二人以上的，按照确定的份额分享权利。债

---

① 《德国民法典》第265条规定："数项给付中的一项自始不能或者事后不能给付的，债的关系仅存在于剩余的给付之中。但是如果不能的事由应由无选择权的一方当事人负责时，不发生上述限制。"《日本民法典》第410条、我国台湾地区"民法"第211条亦同。

② 郑玉波．民法债编总论．北京：中国政法大学出版社，2004：219.

务人为二人以上的，按照确定的份额分担义务。

理解与适用

债法总则的相关规范，原则上是以债权人和债务人都是单一主体为预设前提。而对于同一给付为标的，但是债权人或者债务人甚至债权人和债务人都是两个或者两个以上的债的关系，学理上则称为复数主体之债。其特殊性在于，复数主体中的一个，其给付或者受领的行为，在债权人与债务人之间债的关系上发生何种效力以及因此在复数主体之间的法律关系上发生何种效力，都需要法律予以特别规范。《民法典》第 517 条至第 521 条对此进行了规范。从上述条文来看，其直接规定了连带之债、按份之债两种复数主体之债，同时隐含了不可分之债这一复数主体之债的类型。

一、可分之债与不可分之债

与《民法通则》不同，本条第 1 款在界定按份之债和连带之债时，明文强调该区分以“标的可分”为前提，从而将可分之债与不可分之债的区分纳入我国法律规范当中。故有必要对可分之债先行予以介绍。还应当指出的是，与比较法上对不可分之债予以特别规定不同，《民法典》并未提及不可分之债的概念，更未对不可分之债直接予以特别规定，故亦有必要对不可分之债的内涵及其规则予以讨论。

学理上，根据债的标的是否可分，把债区分为可分之债与不可分之债。此种区分对债务的设定和履行的意义在于：第一，就部分履行而言，不可分给付不得进行部分履行，而可分给付依据法律规定或合同约定可以分割履行。因此，如果法律和合同没有特别的规定，对于可分义务也可以分别履行。第二，对于可分义务来说，可以形成为按份之债，债务人可以依其份额向债权人分别作出履行。但对不可分义务来说，通常不能成立按份之债。例如，不作为债务应当为不可分债务，不能成立按份之债。第三，对于可分义务来说，可以实行部分的免除、抵销等，但对不可分债务不能实行部分的免除、抵销。如下文所述，我国《民法典》虽然把不可分之债纳入连带之债一并予以调整，但是不可分之债与作为可分之债的连带之债，在履行上的上述区别不可不察。

（一）可分之债

可分之债又称分割之债或者联合之债，是指数人负担同一债务或者享有同一债权而其标的为可分的债。其中，数人享有同一债权且标的为可分的，为可分债权；债务人数人负担同一债务且标的为可分的，为可分债务。

可分之债的构成，首先要求债权人或者债务人一方须为数人。其次，债的关系须有同一标的。所谓同一标的是指基于同一发生原因而导致给付的同一，如甲乙丙三人共同购买1吨柑橘，其标的就是基于同一合同关系所产生的。基于同一原因发生的同一给付，不以同时发生为限。例如，甲乙共同购买1吨柑橘，后丙参与、由三人共同购买，亦属于基于同一原因所生的标的。最后，同一标的须可分。所谓可分，是指同一标的分为数个标的时，无损于其性质或价值。就是说，可分标的的各部分与原标的仅是数量有所不同而已，而其性质或价值并没有改变。当然，标的在性质上虽可分，但如当事人约定或法律规定为不可分之债的，亦为非可分之债。申言之，在判断给付是否可以分割时，主要应当考虑如下因素：第一，要从当事人的合同目的来考虑是否可以分割。例如，买受人购买出卖人的一台车床，是为了运用整个车床来制造产品，所以出卖人就不能仅交付各个车床的零部件而不交付整个车床。如果义务的分割不损害其债的目的，为可分给付，否则为不可分给付。第二，要考虑当事人是否在合同中特别约定禁止对合同义务进行分割。甲乙丙三人向A借贷10万元，三人约定均对A负给付10万元之义务，此种约定实际上是禁止对义务进行分割，在民法上称为连带给付。第三，要按照交易习惯和用途等考虑标的物本身是否可以分割。比如钥匙与锁的关系，不能仅交付其一。关于判断同一标的是否可分的时点，通说认为，应以履行时作为判断，即只要标的在履行时是可分的，即可构成可分之债。

从比较法来看，可分之债系连带之债和按份之债的上位概念，在标的可分的前提下，才根据多数债的关系当事人之间的关系将之分为按份之债和连带之债。本条在界定按份之债时，明确将“标的可分”作为要件，重申了这一意旨。但在对连带之债的界定中又将不可分之债纳入了连带之债规则调整的范围。但笔者认为，此种做法只是立法者为了条文简约而为之，解释上以及逻辑上仍然应当依据标的可分与否区分可分之债和不可分之债，再将可分之债分为按份之债和连带之债。关于可分之债的效力，自然也应当依据其究竟系按份之债抑或连带之债分别加以讨论。

唯须注意的是，可分之债只是因为基于同一发生原因而导致给付的同一，但从债的关系来看，当然就各个主体而各自独立存在，相互之间并没有主从之分。因此，可分之债性质上属于复数之债。故而，就其本质而言，多数债权人或债务人之间并无连带关系，各债权或债务均各自独立。申言之，在可分之债中，就其内部关系而言，多数债权人或多数债务人之间，除法律另有规定或合同另有约定外，各债权人或各债务人之间应平均分享债权或分担债务。就其外部关系而言，在面对债的关系另一方当事人时，多数的债权人或者债务人也应当按照各自的份额享有债权或者承担债务。因此，债权人为多数时，各债权人仅得就其分享部分请求履行，债务人亦只能向各债权人依其分享部分为履行，对于超过部分则无履行的义务；债务人为多数时，债权人对各债务人只能请求履行其分担部分，对于超过部分则无权受领。对于当事人一人所生效力的事项，如履行迟延、受领迟延、履行不能、免除、混同、时效完成等，对其他人不产生效力。同时，如当事人中存在无效或撤销的原因，亦仅于该当事人分享部分或分担部分因无效或撤销而归于消灭，对其他人分享部分或分担部分并没有影响。而连带关系的成立，则以法律的特别规定或者当事人的特别约定为前提，《民法典》第 518 条明示“连带债权或者连带债务，由法律规定或者当事人约定”即缘于此因。连带关系的范围，或者说外部关系中某一多数债权人或者债务人能够对其他债权人、债务人发生绝对效力的事项，应当以法律对连带之债效力的特别规定为依据。

可分之债虽然因为给付的可分，导致复数的债权人或者债务人之间并没有牵连关系，但是其发生原因毕竟是同一的，因此一般认为，其解除权、同时履行抗辩权的行使，仍然是不可分的。也就是说，行使解除权时，应当由复数的当事人一方共同进行，或者向复数的当事人一方共同主张。在复数的当事人一方没有进行全部对待给付之前，有权拒绝自己的给付。①

（二）我国《民法典》对不可分之债的规范

作为与可分之债相对应的概念，存在可分之债，自然存在不可分之债。从本条对于按份之债的规定来看，其明确强调按份之债以标的可分为前提，并在本条及后续条文详细规定了按份之债和连带之债多数当事人的内外部关系，但是《民法典》并未提及不可分之债的概念，更未如比较法那样对不可分之债直接予以特别规定。值得注意的是，与本条对于按份之债规定时强调标的可分不同，《民法典》在规定连带债权和连带债务时，并没有提及标的是否可分的问题，而是仅依据债权人向债务人请求履行债务的范围对连带债权和连带债务的内涵或者说《民法典》第 518 条至第 521 条关于连带债权和连带债务规范的适用范围进行了界定。换言之，无论标的可分与否，只要是债权人为二人以上，部分或者全部债权人均可以请求债务人履行债务的，都应当认定为连带债权；只要是债务人为二人以上，债权人可以请求部分或者全部债务人履行全部债务的，则都应当认定为连带债务，从而适用前述《民法典》对于连带债权和连带债务的规定。

笔者认为，这种做法并不是立法者无意而为之，就其文义理解，应当认为立法者实际上采用了广义的连带之债的概念，将比较法上的不可分之债、不真正连

① 邱聪智．新订民法债编通则．北京：中国人民大学出版社，2003：391.

带之债，都纳入了连带之债的范围，统一适用《民法典》对于连带债权和连带债务的规则。这种做法，虽然乍看上去，在概念的体系上、形式逻辑的严谨性上略有不足，但符合我国司法实践中混同连带之债、不真正连带之债、不可分之债的对于连带之债的一般认识，相关规则也并无太大不妥，足以满足法律适用的需要。至于相关概念的进一步细分，完全可以交由学理加以建构。就不可分之债来说，也是如此：一方面，《民法典》第517条已经提及了标的可分，在逻辑上自然存在标的不可分的情形。因此，学理上承认不可分之债在法典上有其规范基础。另一方面，通过对第518条的理解，尤其是对照第517条，完全可以得出不可分之债应当适用《民法典》对于连带债权和连带债务规则的结论，从而在《民法典》没有直接对不可分之债予以特别规定甚至完全没有提及不可分之债的概念的情况下，在学理上构建不可分之债的理论体系。对于学理上普遍认可的不真正连带之债，也可以做如此处理。

二、不可分之债

（一）不可分之债的概念

不可分之债是指数人负担同一债务或者享有同一债权，而其标的为不可分的债。其中，数人享有同一债权且标的不可分的，为不可分债权；数人负有同一债务且标的不可分的，为不可分债务。

不可分之债与可分之债相比，其基本特点在于其标的为不可分。所谓标的不可分，是指一个标的客观上如分为数个，则有损于其性质或价值。标的之所以不可分，主要取决于标的的客观性质。例如，债务人甲、乙应向债权人给付奔驰汽车一辆，该汽车即属不可分。标的虽客观上可分，但在法律解释上不适宜分为数个标的的，或者依当事人特别约定为不可分的，亦属于不可分。

不可分之债不同于连带之债。连带之债与不可分之债同为多数人之债，但不可分之债是从债的标的上的特征对多数人之债的分类，强调的是债的标的的不可分性。连带之债以标的可分为前提，只是基于法律的特别规定或者当事人的特别约定而发生，其强调的是多数人的一方当事人之间的连带权利义务关系。就可分之债的效力尤其是外部关系上的连带关系或者说发生绝对效力的事项而言，取决于法律的特别规定。比较法上在连带之债中，债务人可以向全体债权人或部分债权人清偿全部或部分债务，债权人也有权请求全部债务人或部分债务人履行全部或部分债务；而在不可分之债中，债务人不能为部分清偿，债权人亦无权请求为部分清偿。但我国法律上，二者的履行规则是一致的。

不可分之债亦不同于协同之债。所谓协同之债，是指标的不可分，由数人负同一债务或有同一债权，多数债务人应协同履行，多数债权人应协同受领的债。在协同之债中，债务应由全体债务人履行，债权应由全体债权人受领。例如，木匠、泥瓦匠等负协同建筑同一房屋之债务，就属于协同之债。协同之债的标的亦是不可分的，此与不可分之债相同，但协同之债须由各债务人协同履行或各债权人协同受领；而在不可分之债中，按照我国法律，部分或者全部债权人均可以请求债务人履行债务，债务人也可以向部分或者全部债权人履行。

（二）不可分债权

不可分之债包括不可分债权和不可分债务。以可分给付为标的之债权，谓之可分债权。以不可分给付为标的之债权，谓之不可分债权。① 因此，数人享有同一债权，其给付不可分的，为不可分债权。

关于不可分债权的效力，《德国民法典》第 432 条、《日本民法典》第 428、429 条、我国台湾地区“民法”第 293 条均有规定。其关于不可分债权的外部效力，也就是债权人与债务人之间的关系，主要包括以下几个方面：第一，就给付的请求和作出而言，在不可分债权中，各债权人只能为全体债权人请求履行，债务人亦只能向债权人全体履行。这主要是考虑到，既然给付不可分，故各债权人只能享有同一的给付标的，其自然也只能为全体债权人请求履行，而债务人也应当向债权人全体来作出履行。第二，德国法允许就债权人要求债务人为全体债权人而提存。我国台湾地区通说也认同这一观点。② 这是与前面所言的不可分债权的债务人须向全体债权人履行相配套的，因为如果其中一个债权人没有正当理由拒绝受领，则无法构成清偿，从而使全体债权人都陷入受领迟延。此种情况下，债务人有权进行提存，但此种提存应当是为全体债权人而进行的提存。第三，其他仅对债权人中一人发生的事项，其利益或者不利益对其他债权人不产生效力。例如，债权人中一人受领清偿、代物清偿、请求权时效完成、发生混同、对债务人为免除或抵销、债务人为债权人中一人提存等，仅限对该债权人发生效力，对其他债权人不产生效力。这主要是考虑到不可分之债性质上为复数之债，且只是因为标的的同一而联系在一起，各债权并无共同目的，故而，各债权人发生的事项，原则上不对其他债权人产生效力。这与连带债权是不同的。基于这一性质，比较法上一般仅允许就清偿方可发生对其他债权人的效力。关于不可分债权人相互之间的关系，即其内部关系，我国台湾地区“民法”第 293 条规定准用第 291 条的规定，即参照适用连带债权人之间内部关系的规定。

---

① 史尚宽．债法总论．北京：中国政法大学出版社，2000：235.

② 同①667.

我国《民法典》在对连带债权和连带债务的界定中，实际上将不可分之债纳入了连带之债的范围，因此，不可分债权应当适用连带债权的相关规则。这就是说：一方面，在内部关系上，不可分之债的债权人之间的份额能够按照法律规定或者合同约定确定的，从其规定或约定；难以确定的，视为份额相同。实际受领超过自己份额的不可分之债的债权人，应当按比例向其他债权人返还。当然，基于不可分之债标的不可分的特点，如果该给付并非全部债权人共同受领，则通常只能由一个债权人受领全部给付。实际受领的债权人只能将所受领的超出自己份额的给付变价向其他债权人返还。

另一方面，在外部关系上，不可分之债的债权人有权请求债务人向其履行全部义务。部分债权人受领债务人的履行、对债务人进行抵销、债务人为债权人中一人提存的，由此消灭的债权，对其他债权人发生效力。但部分债权人免除债务人债务的，仅在该债权人的份额内发生债的消灭的效力；在扣除该债权人的份额后，不影响其他债权人的债权。显然在外部关系的处理上，我国《民法典》的做法与前述德国、日本和我国台湾地区的做法大相径庭，对此不可不察。

（三）不可分债务

关于不可分债务的效力，比较法上有不同认识：《德国民法典》第 431 条明定“数人负同一不可分给付时，应作为连带债务人负责”，从而直接将其作为连带债务来处理。我国台湾地区“民法”第 292 条则表述为“数人负同一债务，而其给付不可分者，准用关于连带债务之规定”，“准用”之意乃参照适用，即参照适用关于连带债务的规定，学理上解释为就债务人之一发生的清偿、代物清偿、抵销、混同、提存均应对其他债务人发生效力，而免除和消灭时效完成则因不可分之债的性质而无法准用连带债务的规定。《日本民法典》第 430 条则要求：“数人负担不可分债务时，准用前条的规定及关于连带债务的规定。但是，第四百三十四条至第四百四十条的规定，不在此限。”这就是说，日本法上对于不可分之债，仅在债务人内部关系上适用连带债务的规定，而就其外部关系则准用连带债权的规定。大致言之，均认可不可分债务在规则适用上与连带债务并无区别。查其究竟，系因不可分债务本质上乃复数债务，但其给付不可分，故而在其履行上应当准用连带债务的规定，各债务人均应当承担全部给付义务。而各债务人的事项除履行、提存、抵销、混同等债的消灭或效力减弱的情形外，不对其他债务人发生影响。对此，《日本民法典》第 430 条但书有明确规定，旧中国民法典虽未规定，但学说上亦采此见解。① 我国《民法典》则直接将不可分债务作为连带债

① 史尚宽．债法总论．北京：中国政法大学出版社，2000：689.

务处理。

从我国《民法典》来看，不可分之债应当适用连带之债的规则。故而，关于不可分债务的效力有如下两个方面。

一方面，在内部关系上，即就不可分债务多数债务人之间的关系而言，不可分之债的债务人之间的份额能够按照法律规定或者合同约定确定的，从其规定或约定；难以确定的，视为份额相同。承担债务超过自己份额的不可分之债的债务人，有权就超出部分在其他债务人未履行的份额范围内向其追偿，并相应地享有债权人的权利，但是不得损害债权人的利益。其他债务人对债权人的抗辩，可以向该债务人主张。基于所为给付的不可分，在不可分之债中通常是由某一债务人清偿了全部债务。其可以分别向其他各债务人就其份额内的债务予以追偿。此种追偿的请求标的显然不能为债务人所为给付同一性质的给付，而应当是金钱的给付。

另一方面，在外部关系上，即就债务人与债权人之间的关系而言，部分债务人履行、抵销债务或者提存标的物的，其他债务人对债权人的债务在相应范围内消灭；该债务人可以就超出自己份额的部分向其他债务人追偿。部分债务人的债务被债权人免除的，在该债务人应当承担的份额范围内，其他债务人对债权人的债务消灭。部分债务人的债务与债权人的债权同归于一人的，在扣除该债务人应当承担的份额后，债权人对其他债务人的债权继续存在。债权人对部分连带债务人的给付受领迟延的，对其他连带债务人发生效力。

值得注意的是：如果不可分之债因某种法律事实变更为可分之债的情况下应当如何处理？比较法上，《日本民法典》第431条规定："不可分债务变为可分债务后，各债权人只能就自己的部分请求履行，各债务人亦只就其负担部分负履行责任。"我们认为，不可分债务虽准用连带债务的规定，但其只是形式上与连带债务相同，只是因为客观上无法将给付进行分割才不得不负担全部的给付。因此，一旦该给付可分，则各债务人承担全部债务的客观基础已经不复存在，故各债权人只能就自己的部分请求履行，各债务人亦只就其负担部分履行债务。尤其是我国《民法典》在连带债务的规定上借鉴了日本法的规定，就体系完整而言，在不可分之债变更为可分之债的情况下，亦应当参考日本法的这一做法。

三、按份之债

对于可分之债，根据复数的一方当事人享有权利和承担义务的情况，又可分为按份之债与连带之债。按份之债是指债的一方当事人为多数，各自按照一定的份额享有债权或者负担债务的可分之债。《民法通则》第86条规定："债权人为二人以上的，按照确定的份额分享权利。债务人为二人以上的，按照确定的份额分担义务。”《民法典》本条则规定：“债权人为二人以上，标的可分，按照份额各自享有债权的，为按份债权；债务人为二人以上，标的可分，按照份额各自负担债务的，为按份债务。”就文义观之，基本上继受了《民法通则》第86条的意旨，唯强调按份之债系可分之债的下位概念；就份额虽未再强调“确定”二字，但第2款对份额的确定规则进行了补充性规定。据此，按份之债又可视复数一方当事人究为债权人抑或债务人分为按份债权和按份债务。债权人为二人以上，各自按照一定的份额享有债权的，为按份债权；债务人为二人以上，各自按照一定的份额负担债务的，为按份债务。

如前述，可分之债性质上属于复数之债，债的关系分别各自独立存在于多数当事人，只是基于同一发生原因而导致给付的同一。故而，可分之债的多数当事人之间的债权债务原则上各自独立存在的。因此，可分之债原则上乃按份之债，连带之债的成立，须以法律的特别规定如侵权法对共同侵权的规定或者当事人的特别约定为前提。

本条对按份之债的规定，明确体现了可分之债的本质特点。依据本条，就按份债权而言，各债权人只是按照其份额享有债权。换言之，任一债权人只能请求债务人就其份额内的债权予以清偿；对于超出其份额的请求，债务人并无清偿的义务，当然有权拒绝履行。就按份债务而言，各债务人也是按照其份额分别负担债务。换言之，债权人只能分别请求各债务人履行各自份额内的债务；对于超出自己份额的债务，债权人并无权请求，债务人也同样可以拒绝履行。

在按份之债中，各债权人的债权或各债务人的债务各自独立，相互之间没有连带关系，对某一债权人或某一债务人发生效力的事项，包括清偿、提存、抵销、混同、免除等债的消灭事由，对其他债权人或债务人不发生影响。例如，某一债权人接受债务人的履行超过自己分享的权利份额的，除可认定为第三人接受履行的外，构成不当得利，其他债权人的权利并不消灭；某一债务人履行义务超过自己分担的份额的，除可认定为第三人履行外，只能向接受其履行的债权人请求返还不当得利，其他债务人的债务并不消灭。

虽然法条并未规定，但基于按份之债作为可分之债的本质，解释上认为，鉴于其给付的同一性，其解除权、同时履行抗辩权的行使，仍然是不可分的，应当由复数的当事人一方共同进行，或者向复数的当事人一方共同主张。[①]

对于多数债权人或者债务人之间的份额，应当依据法律的规定或者多数当事

---

① 邱聪智．新订民法债编通则．北京：中国人民大学出版社，2003：391.

人之间的约定来确定；如果不能确定，则应当依据本条第 2 款的规定，推定为份额相同。换言之，按份债务的，由各债务人平均负担债务；按份债权的，由各债权人平均分享债权。这也是比较法上的通常做法。①

第五百一十八条

债权人为二人以上，部分或者全部债权人均可以请求债务人履行债务的，为连带债权；债务人为二人以上，债权人可以请求部分或者全部债务人履行全部债务的，为连带债务。

连带债权或者连带债务，由法律规定或者当事人约定。

本条主旨

本条是对连带之债的规定。

相关条文

《民法通则》第 87 条　债权人或者债务人一方人数为二人以上的，依照法律的规定或者当事人的约定，享有连带权利的每个债权人，都有权要求债务人履行义务；负有连带义务的每个债务人，都负有清偿全部债务的义务，履行了义务的人，有权要求其他负有连带义务的人偿付他应当承担的份额。

理解与适用

可分之债，因其多数债权人或债务人是否具有牵连关系，从而就债权的享有或债务的履行是否各自独立，而可以区分为按份之债和连带之债。按份之债和连带之债在债权享有或债务履行的范围、多数当事人之一的行为能否对他人发生效力等方面都有很大区别，实务中按份之债和连带之债的适用也颇为广泛。鉴于按份之债和连带之债普遍适用于各种债的关系，德国法系诸民法普遍在债法总则中对之予以规定。我国《民法通则》在“民事权利”一章对债权的概括规定中，于第 86 条和第 87 条分别对按份之债和连带之债进行了规定。《民法典》总则的

① 《德国民法典》第 420 条规定：“数人负担同一可分的给付，或者数人有权要求同一可分的给付的，在发生疑问时，各债务人平均负担一部分义务，或者债权人平均享有一部分权利。”《日本民法典》第 427 条规定：“债权人或债务人有数人时，如无另外意思表示，则各债权人或债务人，以均等的比例，享有权利或负担义务。”我国台湾地区“民法”第 271 条规定：“数人负同一债务或有同一债权，而其给付可分者，除法律另有规定或契约另有订定外，应各平均分担或分受之；其给付本不可分而变为可分者亦同。”

“民事权利”一章则仅就债的概念以及债的发生原因进行了列举，包括按份之债、连带之债在内的传统民法中的多数人之债规则，则被作为债的履行的特殊规则，被纳入合同编通则部分予以规定。虽然其体系上居于合同编通则当中，但多数人之债的各项规则系各类债的关系的一般性规则，依据《民法典》第468条，其普遍适用于合同之债以及非因合同产生的各类债权债务关系。

一、连带之债的概念

《民法通则》第87条对连带之债的界定为，“债权人或者债务人一方人数为二人以上……享有连带权利的每个债权人，都有权要求债务人履行义务；负有连带义务的每个债务人，都负有清偿全部债务的义务”。对照《民法典》本条与《民法通则》第87条，在连带之债的规范上，二者的共同点在于：均强调连带之债系多数人之债，即债权人或者债务人一方人数为二人以上；在连带债权的表述上均未突出债权人有权要求债务人履行全部义务；在连带债务的表述上，都强调了债务人应当履行全部债务。二者的差异在于：在连带关系的表述上，就连带债权而言，《民法典》本条突出强调“部分或者全部债权人”均可以请求债务人履行债务；就连带债务而言，《民法典》本条则从债权人的请求权的内容角度加以界定，且请求权指向的债务人亦突出“部分或者全部债务人”。

笔者认为，所谓连带之债是指债的一方当事人为多数，多数债权人中的任何一人都有权请求债务人履行全部债务，或者多数债务人中的任何一人都有义务向债权人履行全部债务的债。连带之债包括连带债权和连带债务。连带债权，是指债权人为二人以上，各债权人均可以请求债务人为全部给付的债权。连带债务，是指债务人为二人以上，各债务人均对债权人负全部给付义务的债务。

第一，连带之债须为多数人之债。必须有多数债权人或多数债务人，才能形成连带债务关系，这也是连带之债成立的先决条件。

第二，连带之债中，连带债权的行使或者连带债务的承担，存在连带关系。这就是说，法律直接规定了发生绝对效力的事项。就这些涉及债的关系消灭的事由等法律规定发生绝对效力的事项而言，其就多数债权人或者多数债务人中一人发生效力，对于其他债权人或者债务人也发生同样的效力。故而，就连带债权而言，任一债权人均有权请求债务人向其为全部给付；就连带债务而言，任一债务人均对债权人负有全部清偿义务。

本条中，“部分”与“全部”同时出现，理解上应当解释为任一债权人均可提出请求。同时，《民法典》本条对连带债权的界定，着力于强调任一债权人“均可以”请求债务人履行债务，并且任一连带债权人可以请求的范围为全部债务。

第三，如前文所指出的，本条对于连带债权和连带债务的界定，并没有强调以标的可分为前提，而是仅依据债权人向债务人请求履行债务的范围对连带债权和连带债务的内涵作出了规定。这就意味着，不可分之债、不真正连带之债，都被纳入了连带之债的范围，统一适用《民法典》关于连带债权和连带债务的规则。这是因为，就不可分之债而言，由于标的的不可分性，多数债务人中的任何一个均负有履行全部给付的义务，多数债权人中的任何一个也都有权要求债务人进行履行。其在履行规则或者说债权人和债务人之间的关系上，完全符合本条的界定。不真正连带之债也是如此。

二、连带之债的发生

连带之债属于可分之债，性质上属于复数之债，就其本质而言，债的关系分别各自独立存在于多数当事人，只是基于同一发生原因而导致给付的同一。因此，就其本质而言，多数当事人之间的债权债务应当是各自独立存在的。民法奉行私法自治原则，每个人都应当对自己的行为负责，而连带之债各多数当事人之间一人的行为能够对其他当事人的行为发生效力，这显然突破了自己责任的内涵。发生绝对效力事项的存在，也就意味着任一多数当事人的行为的效果及于其他人，故而，这种多数当事人之间的连带关系或者说发生绝对效力的事项的具体范围，应当以法律的特别规定为前提。尽管对于发生绝对效力事项存在严格限制，但毫无疑问，连带之债对责任自负的突破，尤其是在奠基于反对封建株连的近代民法上，各国民法严格限制连带之债：一方面，就连带之债多数当事人之间发生绝对效力的事项，委诸法律予以特别规定；另一方面，则要求连带之债的发生以当事人的特别约定或者法律的特别规定为前提。

《民法通则》第 87 条对连带之债的界定中，虽然提及“依照法律的规定或者当事人的约定”，但结合其上下文来看，更像在强调连带之债的效力来自法律的规定或者当事人的约定，很难直接体现出连带之债在发生上的特别要求。本条则将此项要求单独作为第 2 款，明确规定：“连带债权或者连带债务，由法律规定或者当事人约定。”对于此项规定，尚有如下值得注意。

第一，依据本款，连带之债的发生，无论是连带债权还是连带债务，都需要以法律的特别规定或者当事人的特别约定为前提。连带债务的情况下，任一债务人均负有清偿全部给付的义务，隐隐与近代民法努力突破封建株连、实现责任自负的努力不符。即便是连带债权，连带债权人之一导致债的关系消灭的事项，将导致其他债权人无法再行向债权人请求，亦是对责任自负的违背。因此，其正当性要么依据当事人的意思来证成，要么需要国家意志的背书。

第二，本款是对连带之债发生原因的规定，依据本款，连带之债的发生必须以法律的特别规定或者当事人的特别约定为前提。

第三，关于当事人的特别约定，基于契约自由，多数债的关系当事人之间当然可以就相互之间是否构成连带债权或者连带债务进行约定。所谓当事人的特别约定，就连带债权而言，是指多个债权人共同对连带债权作出约定。连带债权的存在，意味着债务人向任何一个债权人进行给付都能够对所有债权人发生债务关系消灭的效果，对于债务人清偿更为便利，故笔者认为，只需要多数债权人全体一致同意就可以创设连带债权，而无须债务人的同意。就连带债务而言，是指多个债务人之间共同就其债务的连带性作出约定。同样，连带债务对于债权人更为有利，因为债权人可以要求任何一个债务人对其作出履行，故其成立也无须债权人的同意，而只需要全体债务人一致同意即可。这种全体债务人的一致同意，可以是在发生债权债务时各个债务人共同作出约定，也可以是债权债务关系发生后，新的债务人加入进来，成为共同的债务人。此外，多数债的关系当事人也可以一并约定连带债权和连带债务。①

鉴于连带债务的发生，将使各债务人均需负有清偿全部给付的义务，对于债务人的利益影响巨大，笔者认为，一方面，虽然条文并未明确规定，但在解释上，债务人关于连带债务的约定必须是明确的，各债务人必须就承担连带债务作出明确的意思表示；另一方面，就该约定的形式而言，《民法典》并未对此作出特别规定，但我认为，法律应当规定该约定应当采用书面形式，从而与《民法典》对于保证合同应当采用书面形式的要求保持一致。

第四，关于法律对连带责任的特别规定，笔者认为，一方面，本款所言的法律，应当是指狭义的法律，即由全国人民代表大会及其常委会制定并由国家主席签署主席令予以公布的规范性文件。依据《立法法》第 8 条，民事基本制度只能制定法律。连带之债尤其是连带债务极大加重了当事人的负担，且突破了现代民法私法自治尤其是责任自负的基本原则，故其发生情形的规定应当属于基本民事制度，由法律规定。另一方面，本款所言的法律规定，即法律对于事实行为的规定，换言之，法律不仅要直接规定构成要件，法律还要直接规定行为的法律后果尤其是承担连带责任的效果。从我国现行法律观之，法律直接规定连带债务或者

① 例如，《招标投标法》第 31 条允许两个以上法人或者其他组织可以组成一个联合体，以一个投标人的身份共同投标。联合体中标的，联合体各方应当共同与招标人签订合同，就中标项目向招标人承担连带责任。这里所言的连带责任，笔者认为，既应当包括连带债务，也包括连带债权。

说连带责任的情形，主要是侵权法中对于共同侵权的规定。其相关规定的正当性来自行为人共同加害的意思联络。此外，对于学理上所谓不真正连带责任，我国法律也往往直接规定为连带责任。① 如前文所指出的，《民法典》对于连带之债的规定，不仅包括了通常所言或者说狭义的连带之债，还实际上纳入了学理上的不真正连带债务以及不可分之债，这种扩张连带之债范围的做法，与我国其他法律中将不真正连带债务直接规定为连带责任的做法是一脉相承的。

法律对连带债权的直接规定比较少见，《合同法》第 400 条规定，“经委托人同意，受托人可以转委托。转委托经同意的，委托人可以就委托事务直接指示转委托的第三人，受托人仅就第三人的选任及其对第三人的指示承担责任”。《民法典》第 923 条亦有类似规定。此处所言的“就委托事务直接指示转委托的第三人”，就包括了委托人对该第三人关于委托事务履行的直接请求权；而受托人基于委托，对该第三人亦有直接请求权，从该条委托人仅就“其对第三人的指示”也可以推断出这一意旨。此种情况下，委托人、受托人对该第三人均有同一债权，且均得请求为全部给付，故构成连带债权。当然，此种情况下，该给付的利益存在最终的归属者即委托人。此种情形与不真正连带债务有近似之处。②

三、不真正连带之债

所谓不真正连带之债是指多个债务人基于不同的发生原因而对债权人负同一内容的给付义务，各债务人均须负履行全部债务的义务，但任一债务人的清偿均使债务全部消灭的债。

第一，多数债务人分别基于不同的原因而对债权人负有不同的债务。这些债权债务关系是各自独立的，是基于不同的发生原因而分别发生的。这与通常的连带之债不同，通常的连带之债产生的原因是同一的，如基于合同约定或某种共同侵权行为而产生连带债务。

第二，不真正连带之债的数个债务偶然联系在一起，也就是说，各个债务人之间并未共同实施某种行为，或者共同作出某种约定（如约定承担连带责任），

---

① 例如，《食品安全法》第 130 条规定：“违反本法规定，集中交易市场的开办者、柜台出租者、展销会的举办者允许未依法取得许可的食品经营者进入市场销售食品，或者未履行检查、报告等义务的……使消费者的合法权益受到损害的，应当与食品经营者承担连带责任。”这里所言的集中交易市场的开办者、柜台出租者、展销会的举办者的责任，严格地讲是未尽法定保护义务的侵权责任；而经营者的责任可以是违约责任或者侵权责任。法律明确规定的所谓连带责任，严格地讲是一种不真正连带责任。类似地，该法第 131 条规定的网络食品交易第三方平台提供者因未对入网食品经营者进行实名登记、审查许可证，或者未履行报告、停止提供网络交易平台服务等义务而与食品经营者承担的连带责任，也是如此。

② 邱聪智．新订民法债编通则．北京：中国人民大学出版社，2003：406.

数个债务发生密切联系是一种偶然的巧合。

第三，数个债务的给付内容是相同的。一方面，数个债务的给付类型应当是同一的。只有在给付类型相同的情况下，才可能出现任一债务人都负有全部清偿义务的可能。另一方面，就相同类型的给付，其量上可能存在差异，此种情况下，数个债务人仅就最低数量内的部分债务承担不真正连带债务。例如，质量不符合约定造成损害，销售者因质量瑕疵承担合同责任，标的物的生产者则因缺陷承担产品责任。由于我国法律把产品责任的赔偿范围限于人身、缺陷产品以外的其他财产损失[①]，而违约责任所赔偿的则是缺陷产品以及利润损失，二者虽然给付类型相同，均为金钱债务，但范围上不能重合，故不能发生不真正连带责任。当然，此种情况下，受害人可以基于《民法典》第 1203 条对产品责任的特别规定，就产品责任向生产者或者销售者主张不真正连带责任。再如，一方实施直接加害行为，另一方未尽安全保障义务，法律明确规定安全保障义务人承担的是补充责任，自然也没有不真正连带债务的发生。

第四，债权人分别对各个债务人享有数项请求权，如果债权人实现了某一项请求权，就不能再向债务人提出请求。也就是说，在不真正连带债务中，尽管债权人对各个债务人享有分别的请求权，但因为数个债务人的给付内容是相同的，债权人的一项债权实现后，其利益基本已得到实现，因而不应再向其他债务人提出请求。只有在债权人向某一个债务人提出请求但不能得到清偿的情况下，方可向其他债务人提出请求。可见，就其履行或者说债权人与债务人之间的关系而言，不真正连带债务亦完全符合本条对连带债务的界定。我国法律在规定不真正连带之债时，也往往直接规定为各债务人负连带责任。

不真正连带之债概念的出现，按照学者的考察，系基于《德国民法典》对连带之债过于宽泛的规定。该法第 421 条规定："二人以上以其中每一人都有义务履行全部给付、但债权人只有权请求给付一次的方式，欠一项给付的（连带债务人），债权人可以随意向其中任何一个债务人请求全部给付或者部分给付。到全部给付被履行时为止，全体债务人仍负有义务。"而学说与司法实践则通过创设该概念来限制该条规定的适用，"试图在连带债务的一般成立要件上附加特别成立要件，仅满足一般成立要件、未满足特别成立要件的情形，不可以构成连带债务"[②]。《民法典》本条对连带之债的规定与《德国民法典》第 421 条并无本质性

---

① 《产品质量法》第 41 条第 1 款规定："因产品存在缺陷造成人身、缺陷产品以外的其他财产（以下简称他人财产）损害的，生产者应当承担赔偿责任。"

② 税兵．不真正连带之债的实定法塑造．清华法学，2015（5）：133.

区别，学理上的不真正连带之债也被纳入了连带债务的范围，适用连带债务的规则。唯在各连带债务人内部份额的划定上，由于相关法律往往规定有最终责任人，故而其并不适用《民法典》第 519 条第 1 款的推定规范，而应当按照相关法律的规定来确定连带债务人各自的份额。

第五百一十九条

连带债务人之间的份额难以确定的，视为份额相同。

实际承担债务超过自己份额的连带债务人，有权就超出部分在其他连带债务人未履行的份额范围内向其追偿，并相应地享有债权人的权利，但是不得损害债权人的利益。其他连带债务人对债权人的抗辩，可以向该债务人主张。

被追偿的连带债务人不能履行其应分担份额的，其他连带债务人应当在相应范围内按比例分担。

本条主旨

本条是对连带债务人之间内部关系的规定。

相关条文

无

理解与适用

一、连带债务人的内部份额及其确定

连带之债作为复数之债，多数当事人之间的债权债务是各自独立存在的，只是由于法律的特别规定或者当事人的特别约定，狭义的连带之债基于同一发生原因而导致给付的同一，广义的连带之债如不真正连带债务，更是基于不同的发生原因，只是在结果上发生相同的给付。故而连带之债只是在债权人与债务人之间的关系上存在发生绝对效力事项，某一连带债务人或者连带债权人发生的此类事项能够对其他多数债的关系当事人发生效力。换言之，在对外关系上即连带债权人与债务人或者连带债务人与债权人之间，连带之债因法律的特别规定或者当事人的特别约定而有连带关系的问题，但就其内部而言，多数当事人仍然各自享有债权或者负担债务，多数当事人之间仍然按照各自的份额享有债权或者承担债务。

就连带债务而言，连带债务中每一连带债务人均负有清偿全部债务的义务，但这只是连带债务人与债权人之间的效力，在其清偿或通过其他方式消灭债务的情况下，如果特定债务人承受全部责任而不能从其他债务人处获得补偿，显然对其是十分不公平的。因此，尽管连带债权债务在外部关系上是连带的，但从连带之债的内部关系上说，连带债权人和债务人之间又是按份的，从内部关系而言应当按确定的份额来分配权利和义务，各债务人之间仍然应当按照各自的份额确定相互关系。

本条第1款是对连带债务人之间份额的推定性规范。本款所谓确定，是指按照法律的规定来确认或者由全体债务人加以约定连带债务人之间的份额。我国法律对连带责任的规定中，也可能涉及其内部追偿或者分摊的问题。这其实就是对份额确定规则的规定。需要强调的是，就各类不真正连带债务而言，虽然《民法典》将其纳入连带债务中，对其外部效力或者说债权人与连带债务人之间的关系，尤其是发生绝对效力事项进行了一并规定，但是在各连带债务人内部份额的分担上，严格地讲，并不适用本条第1款。因为对于绝大多数不真正连带债务而言，基于法律的规定（例如前述各类承担相应保护义务的一方就实际加害人的侵权行为承担的责任）或者合同的约定（如保证人、保险人），都存在终局债务人或者说最终责任人。终局债务人之外的其他不真正连带债务人实际承担债务后，有权就其承担的全部债务向终局债务人追偿。而终局债务人自行实际承担债务之后，则并无追偿权。此外，基于私法自治原则，全体债务人也可以就其内部份额的承担作出约定；鉴于法律、行政法规并未对其提出书面形式的要求，故该约定不以书面为必要。

我国既往立法对法律没有特别规定以及当事人没有特别约定的情况下，各债务人内部份额如何确定没有进行规定。但问题在于，连带债务的发生情况多种多样，法律不可能对其内部份额的确定规则一一加以规定，连带债务人之间对其内部份额如何分担也可能未予约定或者不能达成协议。因此，法律有必要规定推定规则。比较法上，各国普遍规定连带债务人原则上应当平均分担债务。这一规则强调在法律没有特别规定以及当事人没有特别约定的情况下，在债务人内部应当按照债务人的人数来均分债务，合乎公平原则。《民法典》本条第1款借鉴比较法上的做法对此进行了规定。

二、连带债务人的追偿权

本条第2款是对连带债务人之一的事项导致其他债务人债务消灭时追偿权和代位权的规定。

(一) 连带债务人追偿权的发生条件

连带债务对外是连带的，但在连带债务人内部则有各债务人应当承担的份额的问题。就连带债务而言，因为各债务人都有清偿全部债务的义务，但在各债务人内部关系中，应当按照一定份额分担债务，所以，清偿债务超过自己应分担的份额的，债务人有权向其他债务人追偿。履行了义务的债务人享有的请求其他债务人偿还其应承担份额的权利，即为债务人的追偿权。比较法上，对此种求偿权一般均加以规定，《民法通则》也明确规定履行了义务的人，有权要求其他负有连带义务的人偿付他应当承担的份额。本条第 2 款则作了更为清晰完整的表述。

依据本条第 2 款，追偿权的发生应当具备以下条件：(1) 债务人实际承担了债务。这里所言的实际承担债务，应当结合《民法典》第 520 条对连带债务中发生绝对效力事项的规定来理解，包括清偿、提存、抵销、混同等各种发生绝对效力的事项。(2) 其他债务人因该债务人的实际承担而全部或者部分消灭了债务。(3) 债务人实际承担的债务超出了其应当承担的份额。即便只是实际承担部分债务，但只要超过自己应承担的份额的，其超过部分也属于为其他债务人履行债务，因而也有权要求向其他债务人追偿。

需要指出的是，既然连带债务内部是按份的，那么，一方面，就承担债务超出自己份额的部分，债务人有权向其他债务人追偿。追偿的范围为债务人实际承担债务超出其应承担的份额的部分，包括自因清偿等事由导致债的关系消灭之日起的利息，以及履行债务时所支出的运输费、包装费等应由债务人共同承担的费用和诉讼费、执行费等因实际承担债务而遭受的损害。就费用和损害而言，应当以不可归责于实际承担债务的债务人为限。①

另一方面，在其他债务人有多个的情况下，追偿权所对应的债务是按份债务，追偿权人应当分别向各债务人主张其应当承担的份额。申言之，追偿权人承担债务导致全部债务消灭的，其有权分别请求其他债务人承担各自应当承担的份额，某一债务人超出自己份额清偿的，不能对其他债务人发生绝对效力。追偿权人承担债务导致部分债务消灭的，其应当就超出自己份额的范围的部分，向其他债务人在其应当承担的份额内进行追偿。

(二) 不能偿还部分的分担

值得讨论的是：如果某一债务人失去偿付能力而不能偿还，应当如何处理？对此，从比较法来看，连带债务人中一人或数人无偿还能力的，其不能偿还部

① 《日本民法典》第 442 条第 2 款规定，“前款的求偿，包含清偿或其他免责日以后的法定利息、不可免的费用及其他损害赔偿”。我国台湾地区“民法”第 281 条亦有类似规定。

分，由追偿权人与其他债务人按照各自分担部分的比例分担，但追偿权人对其不能偿还存在过失的除外。① 《民法典》此前各草案并未作出规定，但在最终的版本上，于本条增加了第 3 款，规定“被追偿的连带债务人不能履行其应分担份额的，其他连带债务人应当在相应范围内按比例分担”。本条第 3 款的规定诚值赞许，因为追偿权的实现以其他各连带债务人能够履行为前提，如果其没有偿还能力，就需要由各连带债务人按照各自份额来分担此种损失。这种做法避免了履行债务的连带债务人因其他债务人的原因而无从追偿，有利于鼓励连带债务人积极履行债务。否则，该损失不能由其他债务人分担，则将完全由追偿权人也就是消灭债务的连带债务人承担，这将不利于连带债务人积极履行全部清偿义务，从而不利于债权的实现。而且，按照份额比例分担，也体现了公平原则的要求。这里所言的不能偿还，不仅包括其没有资力偿还，也包括债务人行踪不明，追偿存在困难的情形。② 值得注意的是，本条第 3 款如比较法上那样将追偿权人存在过失的例外情形予以规定，但解释上，如果追偿权人对不能偿还存在过失，则其应当就其过错承担相应的法律后果，自然不能再主张追偿。

（三）关于连带债务人实际承担债务时通知义务的探讨

基于连带债务人之间的连带关系，法律允许连带债务人之一的法定或约定事由发生绝对效力，《日本民法典》第 443 条规定：“因连带债务人之一人，怠将因清偿或其他形式个人出捐而使得共同免责事通知其他债务人，其他债务人善意对债权人进行清偿或得其他有偿免责时，可以将自己的清偿或其他免责行为，视为有效。”换言之，连带债务人在实际承担债务从而消灭债务之前应当通知其他债务人，否则，其他债务人在不知债务已经消灭的情况下而实际承担债务的，其履行等行为不构成非债清偿；其有权以此对抗追偿权人的追偿。

此外，各连带债务人也可能因情事的发展而对债权人享有各自的抗辩事由，享有抗辩事由的债务人完全可以通过抗辩事由的行使而对抗债权人的请求，甚至减轻乃至免除自己的债务。这就需要各连带债务人在实际承担债务之前通知其他债务人，知悉其可能享有的抗辩事由。如果其没有进行此种通知而径行消灭了债务，此时如果仍然允许消灭债务的债务人向其求偿全部的份额，则将使享有抗辩

① 《德国民法典》第 426 条规定，“除另有其他规定外，连带债务人在相互关系中负相等的义务。连带债务人中一人不能偿还其所分担的款项时，其不能偿还部分由其他负有分担义务的债务人负担”。《日本民法典》第 444 条进一步规定，“连带债务人中，有无偿还资力者时，其不能偿还部分，由求偿人及其他有资力者，按其各自负担部分分割。但是，求偿人有过失时，不得请求其他债务人分担”。我国台湾地区“民法”第 282 条第 1 款基本借鉴了日本法的做法。

② 邱聪智．新订民法债编通则．北京：中国人民大学出版社，2003：402.

事由的债务人实际上失去了其抗辩事由而带来的利益。故而，就该利益，相关债务人亦不妨以此对抗追偿权人的追偿。

三、连带债务人的代位权

比较法上一般允许追偿权人不仅有权向其他连带债务人求偿，还可以在求偿范围内承受债权人的权利，以维护自己的追偿权。[①] 例如，代位债权人要求担保人承担担保责任。但此种承受损害了债权人的利益的除外。我国既有的法律对此并未明确规定。为保障追偿权的实现，合理平衡各连带债务人之间的利益，维护追偿权人的追偿权，本条第 2 款明确规定“并相应地享有债权人的权利”，这就把连带债务人的代位权引入了我国法律的规定。换言之，在某一连带债务人以其实际承担债务的行为导致债的关系全部或部分消灭而就超出自己份额的部分向其他债务人追偿时，其就自动取得了债权人的相应权利，包括担保物权、保证债权等。

关于代位权的构成与行使，需要注意如下几点。

第一，代位权的行使，以追偿的范围为限。代位的目的在于保障追偿权的实现，故而只能在追偿的范围内来代位行使债权人的权利，本款所谓“相应的权利”中的“相应”就是这一意思。这就意味着，一方面，追偿权人只能就其实际承担的债务超出了其应当承担份额的部分行使代位权。另一方面，针对特定的其他债务人，由于追偿权所对应的都是按份债务，追偿权人也只能在向各债务人主张的份额内分别行使代位权，而不能以“相应地享有债权人的权利”为由主张各债务人就其追偿权承担连带债务。在第三人对某一债务人的债务承担担保责任的情况下，追偿权人只能就该债务人承担的份额主张担保责任。

第二，既然该权利已经由实际承担债务超过自己份额的连带债务人“享有”，那么不妨在理解上认为其系法定的权利转移。在行使相关权利时，应当以其自己的名义而非债权人的名义行使。

第三，代位权只是“债权人的权利”转由追偿权人享有，故该权利并非如追偿权一样是一项新发生的权利，而是债权人的既有权利。因此，其他连带债务人对债权人的抗辩，可以向该债务人主张。例如，某一其他连带债务人对债权人享有适于抵销的债权，其自然可以向追偿权人来主张抵销；债权人对连带债务人负

---

① 《德国民法典》第 426 条第 2 款规定：“如果连带债务人中一人对债权人清偿，并且可以从其他债务人处要求分担时，债权人对其他债务人的债权即移转于该债权人。上述转让不利于债权人的，不得主张。”《瑞士债务法》第 149 条、我国台湾地区“民法”第 281 条也有类似规定。

有对待给付义务的，其他债务人也不妨向追偿权人主张同时履行抗辩权。相应地，作为新发生的权利，追偿权的诉讼时效应当自权利成立时起算，而代位权的诉讼时效则应当依据债权人的权利发生及履行情况来判断。

第五百二十条

部分连带债务人履行、抵销债务或者提存标的物的，其他债务人对债权人的债务在相应范围内消灭；该债务人可以依据前条规定向其他债务人追偿。

部分连带债务人的债务被债权人免除的，在该连带债务人应当承担的份额范围内，其他债务人对债权人的债务消灭。

部分连带债务人的债务与债权人的债权同归于一人的，在扣除该债务人应当承担的份额后，债权人对其他债务人的债权继续存在。

债权人对部分连带债务人的给付受领迟延的，对其他连带债务人发生效力。

本条主旨

本条是对连带债务绝对效力事项的规定。

相关条文

无

理解与适用

一、连带债务的相对效力原则

连带债务本质上是复数之债，故而就连带债务人中之一人所发生的事项，原则上对其他债务人不应发生效力，此即连带债务的相对效力原则。但连带之债之所以被冠以“连带”，就是因为所谓绝对效力事项的存在。在某一债务人发生绝对效力事项的情况下，会影响到其他债务人。这种互相影响的情况，比较法上多规定为债的消灭方面或效力减弱的相关事项。根据本条，绝对效力事项限于清偿、抵销、提存、免除、混同等债的消灭的情形以及债权人的受领迟延。这是因为，连带债务的债务人承担着十分沉重的义务，基于公平考量，法律在减轻其负担方面允许各债务人的事项相互发生效力。而且，如果不允许发生绝对效力，可能使得法律关系过于复杂。

值得注意的是，除了法律特别规定的事项之外，绝对效力事项也不妨由当事人特别约定。此处所言的特别约定，应当是指债权人与全体债务人共同进行的约定。在当事人特别约定法定事项之外的某事项发生绝对效力的情况下，基于合同自由原则，自然应当尊重当事人的约定，允许发生绝对效力。

比较法上多对相对效力原则加以明文规定，例如《德国民法典》第 425 条在第 422 条至第 424 条对绝对效力事项加以列举式规定之后，明确强调，除债的关系另有其他约定外，第 422 条至第 424 条所列举的事实之外的事由，其利益或不利益仅对其特定的连带债务人本人有效；并特意强调，“上述规定特别适用于对连带债务人中一人的告知、迟延、过失、本人的给付不能、时效、时效的中断或者中止、债权与债务的混同以及确定判决等”。我国台湾地区“民法”第 279 条也规定：“就连带债务人中之一人所生之事项，除前五条规定或契约另有订定者外，其利益或不利益，对他债务人不生效力。”《日本民法典》第 440 条亦规定了效力的相对性原则：“除前六条所载事项外，就连带债务人之一人发生的事项，对其他债务人不发生效力。”虽然该条未提及当事人约定的问题，但解释上认为该条当然可以通过合同排除之，当事人可以通过合同对绝对效力事项作出约定。①

《民法典》本条只是对各类绝对效力事项进行了列举，但未对相对效力原则作出规定，但衡诸其立法意旨，尤其是该条对发生绝对效力事项的详尽列举，应当认为，《民法典》亦应当认可此项原则。

二、清偿、抵销、提存的绝对效力

（一）清偿

《民法典》本条第 1 款开宗明义将债务人的履行作为绝对效力事项之首加以列举。

如前文所指出的，结合《民法典》第 509 条第 1 款、第 557 条第 1 款第 1 项等条款的规定来看，合同履行的概念是对当事人依照合同义务进行行为的高度抽象。履行概念是中性的，即单纯的履行债务的行为，并不对其后果进行评价。而作为债的消灭原因，虽然《民法典》第 557 条第 1 款第 1 项表述为“债务已经履行”，但在解释上，应当理解为在债务人全面、适当履行其债务的情况下，方可构成清偿，从而实现债权、消灭债的关系。

我国学理和司法实践中通常认为，清偿表述的是债的双方当事人全面、适当履行其债务之后的客观状态，是一个静态的概念，而且清偿本身就包含着对债务

① ［日］我妻荣．中国民法债编总则论．洪锡恒，译．北京：中国政法大学出版社，2003：218.

履行的全面性、适当性方面的价值评判，故而构成债的消灭原因的是“清偿”。虽然《民法典》第557条在债的消灭事由的列举中并未使用清偿的概念，但紧随该条的第560条和第561条规定了清偿抵充规则，且明确使用了清偿的表述，其内涵显然也应当解释为通过债务人全面适当履行而消灭债权债务。此外《民法典》第768、793、798条，尤其是第985条对提前清偿、恶意非债清偿的规定，都是在这一内涵上使用的。从《民法典》物权编对抵押人的处分权（第406条）、抵押权保全权能（第408条）、抵押物孳息收取规则（第412条）、抵押权的实现规则（第413、414条）、抵押权和质权的效力冲突解决规则（第415条）的规定来看，其虽然是对抵押权这一担保物权的规定，但结合担保物权从属于主债权的本质特点，也相应地对清偿进行了规定，从其文本上看，明确使用了“清偿”的表述；就其文义而言，显然明确将清偿作为债的消灭事由来对待。其他担保物权的相关条款中也是如此（动产质权第432、433、435条，权利质权第442－445条，留置权第455条）。此外，在婚姻编对个人财产制（第1065条）和共同债务的规定（第1089条），继承编对遗产范围的界定或者说被继承人税款和债务的承担的规定上（第1159、1161－1161条），也都提及了清偿的概念。唯须注意的是，《民法典》前述条文在提及清偿时，更多突出的是债务人对债务全面适当地履行，在表述上多以“债务人”“清偿”而体现出来，似乎较少涉及债权人适当受领的问题。但考虑到提存规则的存在且被明定为债的消灭原因，笔者倾向于仍然按照既有通说，强调清偿是双方当事人全面适当履行，既包括债务人的适当履行，也包括债权人的适当受领。

本条第1款与《民法典》第557条第1款第1项在表述上是一致的，都使用了“履行”，但考虑到作为构成绝对效力事项的核心标准是消灭或者减弱债权，加之本条也将提存、抵销等债的消灭事由都进行了明确列举，尤其是本条将债权人受领迟延也明确作为绝对效力事项单独予以规定，故而这里所言的履行也与《民法典》第557条第1款第1项一样，应当解释为清偿。否则，一方面，在债务人履行不符合约定，并未消灭或者部分消灭债权的情况下，对其自己尚不能发生消灭债务的效力，更何谈对其他债务人的效力。另一方面，在债权人受领迟延乃至无正当理由拒绝受领的情况下，就要以履行而非受领迟延或者提存来确定绝对效力，有架空这两项事项之嫌。

在连带债务人之一发生清偿的情况下，债权人的债权已经实现，自然没有理由继续存在，自然各连带债务人对债权人的债务也一并消灭。即便只是部分清偿，在清偿的范围内，各连带债务人的对债权人的债务也一并消灭。比较法上对此有一致认识，《民法典》亦作如此规定。

（二）抵销

抵销是双方当事人互负同种类债务时，使各自债务在相等数额内一并归于消灭的法律制度。抵销的情况下，互付债务的双方当事人的债权同时得到满足，因此，其与清偿具有相同的意义。故而，各国民法普遍允许抵销发生绝对效力。因此，我国《合同法》第 91 条规定抵销为合同权利义务终止的原因之一，《民法典》第 557 条第 1 款第 2 项进一步明确“债务相互抵销”为“债权债务终止”或者说债的消灭的原因。本条第 1 款亦明确规定抵销为连带债务中发生绝对效力的事项。

（三）提存

提存是指因债权人的原因致使债务人难以履行其到期债务的，债务人依法将合同标的物交付给提存部门保管，从而消灭其债务的制度。《民法典》第 557 条明确将“债务人依法将标的物提存”明确规定为债权债务终止或者说债的消灭的原因。

就其性质而言，提存是债务人清偿的替代方式。清偿应当以受领权人的受领为前提。债务人的适当履行和债权人的适格受领方可导致清偿的效果。《民法典》第 509 条强调当事人应当按照约定全面履行其义务，这不仅是对债务人的要求，也同样要求债权人应当按照合同约定和诚实信用原则的要求履行其受领给付的义务。相应地，如果因受领权人的原因致使债务人难以履行其债务，则债务人无法完成清偿，从而消灭债的关系。这种久拖不决的状态对于债务人是十分不利的，而且这种状况的发生不能归责于债务人。因此，需要法律为债务人提供一种途径，以使其及时消灭其债务。《合同法》规定债务人在债权人无正当理由拒绝受领、债权人下落不明、债权人死亡未确定继承人或者丧失民事行为能力未确定监护人等情形下，有权通过提存消灭其债务，在标的物不适合提存的情况下，允许债务人自助出卖标的物，而就所得的价款进行提存。《民法典》沿用了《合同法》将提存作为债的消灭事由的规定，并于第 571 条进一步明确：“债务人将标的物或者将标的物依法拍卖、变卖所得价款交付提存部门时，提存成立。提存成立的，视为债务人在其提存范围内已经交付标的物。”这就更加明确了提存作为清偿替代方式发生与清偿相同的效力以及该效力于提存成立时发生。

就提存而言，其只是在因债权人不受领而无法清偿时的一种变通处理，就债务人方面而言，其与清偿实无二致，因此发生与清偿相同的效力。故而，在连带债务人之一进行提存的情况下，也应当发生绝对效力。比较法上也均认可提存的绝对效力。《民法典》本条第 1 款亦明定提存为发生绝对效力事项。

三、免除和混同的限制性绝对效力

（一）免除

1. 免除的绝对效力

免除，是指债权人向其债务人表示其免除对方部分或全部债务的意思，而使合同权利义务关系部分或全部消灭。作为一种民事权利、财产权利，权利人自然可以对债权加以处分。免除实际上是债权人对其债权的抛弃，抛弃权利是债权人对自己的权利进行处分的题中应有之义。我国《合同法》规定免除为合同权利义务终止的原因之一。《合同法》第 105 条规定："债权人免除债务人部分或者全部债务的，合同的权利义务部分或者全部终止。"《民法典》第 575 条则规定："债权人免除债务人部分或者全部债务的，债权债务部分或者全部终止，但是债务人在合理期限内拒绝的除外。"两相对比，《民法典》强调免除的效力不仅是合同权利义务的终止，更是债的消灭；同时允许债务人在合理期限内拒绝，从而进一步明确免除性质上系单方法律行为。因为如果如德国法那样认为免除须以合同为之，则债务人完全可以拒绝承诺，从而避免发生免除的效果。而作为有相对人的单方法律行为，免除的意思表示到达债务人即已生效，如果债务人执意不接受此种恩惠，须由法律赋予其拒绝权。《民法典》第 575 条但书就体现了这一意蕴。

作为单方法律行为，债权人免除的意思一经到达债务人，就发生债权债务消灭的效果。既然免除系债的消灭的原因，其即应发生绝对效力。如果免除不能够发生绝对效力，则在债权人免除之后，承担全部清偿责任的债务人仍然有权按照内部关系请求被免除的债务人分担其应当承担的份额。这就使得免除失去了其应有的意义。因此，免除应当能够发生绝对效力。比较法上对此持一致认识，《民法典》本条也明确规定了免除的绝对效力。

2. 免除绝对效力的范围

问题在于：免除的范围究竟应当是全部债务，还是仅限于被免除的债务人应当分担的部分？就债权人免除绝对效力的范围，比较法上有不同的做法。《法国民法典》第 1285 条规定："债权人为连带债务人中一人的利益而以契约免除或解除其债务时，其他连带债务人的债务亦归消灭，但债权人明示保留其对于其他连带债务人的权利者，不在此限。前项的后一情形，债权人所能请求清偿的债权，仅为减去其已免除债务之人原应负担的部分后的债权。"这就是说，在债权人免除某一连带债务人全部债务的情况下，原则上就债务的全部发生绝对效力；但债权人明示保留其对于其他连带债务人权利的情况下，免除的绝对效力的范围仅限于被免除的债务人应当分担的部分。

德国法系诸民法则采取了相反的推定。《德国民法典》第 423 条规定："债权人与连带债务人中一人协议免除的，如果合同双方当事人有使全部债的关系消灭的意思，对其他债务人发生同样效力。"这就是说，德国法上，如果免除协议的当事人对消灭全部债的关系有特别约定的，则免除的债务为全部债务，且发生绝对效力。但如果没有这一特别约定，解释上该免除只能就被免除债务的债务人应当分担的部分发生绝对效力。《日本民法典》第 437 条更为清晰地表明了这一意旨："对连带债务人之一人所进行的债务免除，只就该债务人负担部分，为其他债务人的利益亦发生效力。"在解释上，也认可债权人对连带债务人之一表示消灭全部债务意思时，发生全体债务人免除债务的效果。① 我国台湾地区"民法"第 276 条则比较全面地表达了这两方面的内涵，其规定："债权人向连带债务人中之一人免除债务，而无消灭全部债务之意思表示者，除该债务人应分担之部分外，他债务人仍不免其责任。"这就是说，在债权人免除连带债务人之一全部债务的情况下，原则上仅就被免除债务的债务人应当分担的部分发生绝对效力。但债权人向连带债务人之一作出免除的意思表示时，特别表明其意欲消灭全部债的关系的，则全体债务人均免予承担债务。

我们认为，免除为债权人对其权利的抛弃，因此，应当尊重债权人的意思，在债权人明示免除范围的情况下，应当以债权人的意思为准。在债权人未予明示的情况下，有必要通过法律的推定性规范，明确免除的范围，尤其是发生绝对效力的范围。依据本条第 2 款，债权人对部分债务人债务的免除，就被免除的债务人应当承担的份额，对其他连带债务人发生绝对效力。笔者认为，之所以如此规定，一方面是因为连带债务系复数债务，各债务人均有其份额。故而，在债权人向某一债务人作出免除的意思表示的情况下，发生绝对效力的范围应当限于其份额。另一方面是因为基于市场经济的基本要求，法律行为以有偿为原则，免除作为无偿、单务行为，故而对于免除的范围，原则上应当对其进行从严解释，限制其放弃的利益范围，以维护债权人的利益。尤其是，免除往往是针对特定人而进行的行为，如果轻率将其及于全体债务人，可能有悖债权人的初衷。本条将免除发生绝对效力的范围原则上限于被免除的债务人应当分担的部分，这就意味着在债务人被免除债务的情况下，就被免除的债务人应当分担的部分对于其他债务人一并发生效力，换言之，就该部分被免除的债务人已经实际承担了债务，其他债务人即便履行了余下的全部给付，也不能依内部关系向被免除债务的债务人求偿，这显然是符合债权人免除的本意的。

---

① ［日］我妻荣．中国民法债编总则论．洪锡恒，译．北京：中国政法大学出版社，2003：216.

3. 对本条第 2 款的理解

关于本条第 2 款的内涵，还应当注意把握如下几点。

第一，本条第 2 款是对免除绝对效力范围的规定，既然免除发生绝对效力的范围限于被免除的债务人应当承担的份额，故而就其余部分，债权人仍然可以继续向连带债务人主张。鉴于免除的绝对效力，债权人有权向债务人请求的，也仅限于该份额以外的部分。

第二，虽然发生绝对效力的仅为该债务人应当承担的份额，但基于禁反言原则，债权人自然不能再向被免除的债务人提出主张。故而就其余未被免除的部分，债权人只能向其他债务人主张。

第三，就该债务人应当承担份额发生绝对效力，则意味着该债务人已经就其份额实际承担了债务。故而在内部关系上，其他实际承担债务的债务人也不能再向其追偿。即便出现某一债务人不能履行、追偿权无法实现的情形，如前文所讨论的，该部分的份额也应当由债权人承担。

需要指出的是，虽然本条没有如我国台湾地区“民法”第 276 条那样规定例外情形，但考虑到免除系债权人对其债权的处分，在其明确表示消灭全部债务的情况下，基于私法自治原则，自然应予尊重。解释上，在债权人向某一连带债务人作出免除的意思表示，且明示免除全部债务的情况下，则该免除发生绝对效力的范围自然及于全部债务，而非仅限于该债务人应当承担的份额。因此，本条第 2 款在性质上只是一项补充性规范，而非强制性规范。

如果债权人明确免除了债务人的全部债务，各连带债务人与债权人之间的债权债务关系消灭。值得讨论的是，在该意思表示仅向某一债务人作出的情况下，该债务人能否以其实际承担债务超出自己份额为由而主张对其他债务人的追偿权和代位权。笔者认为，此种情况下应当探求债权人的意思而定。如果其只是基于对某一特定债务人的特别考量而免除全部债务，换言之，其免除的是该特定债务人的债务，则该债务人实际承担了全部债务，可以援用《民法典》第 519 条第 2 款，就超出自己份额的部分，向其他债务人追偿并相应享有债权人的权利。如果债权人的目的在于免除全体债务人的债务，则实际承担全部债务的是全体债务人，作为免除意思表示受领人的某一债务人不能主张其实际承担全部债务并据此行使追偿权和代位权。

（二）混同

混同，是指债权和债务同归于一人的客观情况。债是特定的相对人之间得请求为特定给付的关系，债法中双方当事人的利益通常是对立的，在这种情况下，才有法律规则调整双方当事人利益关系的必要。如果债权和债务同归于一人，则某人对自己享有债权或者承担债务，并不存在利益的对立，其已无法律调整的必要，允许其继续存在通常在法律上是没有意义的。因此，法律规定其为债的消灭原因。混同的成立，只需要债权、债务客观上同时归属于同一个人即可，无须任何意思表示。《合同法》第106条规定："债权和债务同归于一人的，合同的权利义务终止，但涉及第三人利益的除外。"《民法典》第576条则规定，"债权和债务同归于一人的，债权债务终止，但是损害第三人利益的除外"，这就进一步明确了混同作为债的消灭事由的效力。

混同是否应当发生绝对效力，在比较法上存在分歧。德国法认为混同仅能发生相对效力，其第425条明确强调混同不得发生绝对效力。而《日本民法典》第438条则规定："连带债务人之一人与债权人间有混同时，视为该债务人已行清偿。"这就承认了混同发生绝对效力。我国台湾地区"民法"虽然并未将混同视为清偿，但考虑到如果认为混同仅发生相对效力，则发生混同的债务人有权以债权人的资格要求其他债务人对自己承担全部清偿责任，再由清偿人基于连带债务人的内部关系向其追偿其应当承担的部分，显然过于复杂。为避免这种复杂关系，其仍然允许混同发生绝对效力。

笔者认为，混同与清偿差别较大，将之视为清偿显然不妥。但在连带债务中，为简化法律关系，规定其发生绝对效力更为方便。《民法典》本条第3款规定了混同的绝对效力，但值得注意的是，在发生绝对效力的范围上，本条第3款将混同与免除同等对待，将混同的情况下发生绝对效力的范围限于该债务人应当承担的份额。

在免除和混同的情况下，虽然发生绝对效力，但其效力范围仅及于相关债务人所应当承担的份额，这与清偿、抵销、提存显然不同，故而这两项事项也不妨称为限制绝对效力事项。

四、受领迟延的绝对效力

本条第4款是对债权人受领迟延绝对效力的规定。依据该款，某一连带债务人向债权人提出履行，该债权人受领迟延时，对其他债务人也发生迟延受领的效力。

债权人受领迟延作为普通连带债务的绝对效力事项，为多数立法例承认，例如《德国民法典》第424条明确规定，"债权人对连带债务人中一人有迟延时，对其他债务人亦生效力"。我国台湾地区"民法"第278条也规定："债权人对于连带债务人中之一人有迟延时，为他债务人之利益，亦生效力。"之所以如此，是因为连带债务中，各债务人均负有履行全部债务的义务，既然一个连带债务人的给付能够使其他债务人免责，那么债权人不受领给付，自然也应当使其他债务人享受利益。[①] 换言之，在债权人对其中一个债务人的履行迟延受领的情况下，其他债务人不能因该债务人的清偿而消灭自己的债务。自然其他债务人也可以就债权人受领迟延主张相应的法律效果，例如因债权人无正当理由拒绝受领而提存、因不可归责于双方当事人的原因导致标的物毁损灭失时的风险负担、因受领迟延而发生的费用承担等，故而，承认迟延受领的绝对效力是有必要的。

五、其他发生绝对效力事项的探讨

（一）确定判决

比较法上，对确定判决是否发生绝对效力有不同的规定，《德国民法典》第425条明确强调对连带债务人之一的确定判决仅发生相对效力，而我国台湾地区"民法"第275条规定："连带债务人中之一人受确定判决，而其判决非基于该债务人之个人关系者，为他债务人之利益，亦生效力。"这就是说，应当区别该判决是否基于该债务人的个人关系来判断是发生绝对效力还是相对效力。《民法典》并未将确定判决作为绝对效力事项加以规定，笔者认可此种做法，在我国法律中对此无须规定，因为根据我国《民事诉讼法》的规定，此种情况下构成必要的共同诉讼，连带债务人应当共同参加诉讼。为避免讼累，实践中，法院不仅对是否承担连带债务加以确认，而且一并对各债务人的份额作出判决，因此，没有必要对确定判决对其他连带债务人的效力加以规定。

（二）诉讼时效期间届满的绝对效力

债权人对连带债务人中之一人的诉讼时效期间已经届满的情况下，就该债务人的分担部分，是否对其他债务人发生效力，在比较法上有不同做法。《德国民法典》第425条明确强调其只能发生相对效力。冯·巴尔教授主持起草的《欧洲民法一般框架草案》（DCFR）亦采这一认识，其第3－4：110条明确规定："债权人对某一债务人行使债权的诉讼时效并不影响：（a）其他连带债务人对债权人所承担的责任；（b）连带债务人之间的追偿权。"这种做法的理由在于，既然连带债务系复数之债，那么某一债务人诉讼时效期间的届满不应影响到其他债务人。其优势在于，在某一债务人因诉讼时效期间届满有权主张时效抗辩的情况下，债权人仍然有权要求其他债务人承担全部给付义务。这就能够充分避免因债权人没有及时对特定债务人主张权利而导致就其应当承担的部分时效抗辩的发生，从而切实保护债权人的利益。

① 杜景林，卢谌．德国民法典评注：总则·债法·物权．北京：法律出版社，2011：210.

而日本和我国台湾地区则认可诉讼时效期间届满为绝对效力事项。《日本民法典》第 439 条明确规定："时效为连带债务人之一人完成时，就该债务人负担部分，其他债务人亦免除义务。"我国台湾地区"民法"第 276 条第 2 款亦明示"于连带债务人中之一人消灭时效已完成者准用之"免除绝对效力的规定。这就是说，日本和我国台湾地区制度上允许在该债务人的份额内发生绝对效力。其理由在于：连带债务的发生原因可能不同，债务存续期间各债务人中止、中断事由也仅发生相对效力，因此各债务人的诉讼时效期间未必同时届满。在此情况下，承认一个连带债务人的诉讼时效期间届满、就其应当分担的部分应当发生绝对效力，则意味着其他债务人均可提出诉讼时效经过的抗辩。相反，如果不承认诉讼时效期间届满发生绝对效力，则债权人仍然可以请求其他连带债务人承担全部清偿责任，该债务人承担清偿责任之后，则仍然有权向诉讼时效期间已经届满的债务人追偿，这显然将使该债务人实际上没有享受到时效利益。

显然，是否承认诉讼时效期间届满的绝对效力，根本上取决于立法者更倾向于对债权人的保护抑或对债务人（时效利益）的保护。《民法典》未将此纳入发生绝对效力事项的范围，显然意在保护债权人的利益。申言之，一方面，债权人的实体利益较之于债务人的时效利益，在我国民众法感情上更得到推崇，尤其是在我国加强诚信建设的当下，似更受到立法者的重视。《民法总则》将诉讼时效一般期间延长为 3 年就是明证。另一方面，考虑到《民法典》将不真正连带之债等纳入连带债务规定，从而存在大量有最终承担人的连带债务。如果允许诉讼时效期间届满发生绝对效力，甚至可能导致债权人忽略最终承担债务的债务人的存在而使全体债务人免责的效果。

（三）关于债务发生原因的瑕疵的相对效力

比较法上一致认为，连带债务人中之一人存在有债务发生原因的无效或者被撤销等瑕疵时，不妨碍其他债务人的债务效力。这是因为，连带债务本质上是复数之债，除非法律另有规定，否则各债务人之间互不影响。而这种互相影响的情况，比较法上仅存在于债的消灭或效力减弱方面。故而，债的发生原因方面的瑕疵不应发生绝对效力。我国台湾地区"民法"虽然没有明确指出此点，但其强调绝对效力仅在法定的情形下方可发生，其中也没有包括债的发生原因的瑕疵，可见其间接承认了此点。《民法典》并未将债务发生原因的瑕疵纳入发生绝对效力事项的范围，理解上其也只能发生相对效力。

第五百二十一条

连带债权人之间的份额难以确定的，视为份额相同。

实际受领债权的连带债权人，应当按比例向其他连带债权人返还。

连带债权参照适用本章连带债务的有关规定。

本条主旨

本条是对连带之债多数当事人内部外部关系的规定。

相关条文

无

理解与适用

一、连带债权人的内部份额及其确定

连带债权本质上是复数之债，多数债权人之间的债权仍然是各自独立的。虽然在对外关系上即连带债权人与债务人之间，任何一个债权人都有权要求债务人向自己为全部给付，而且如本条第 3 款规定的，连带债权因法律的特别规定存在发生绝对效力事项。但就其内部而言，多数债权人仍然应当按照各自的份额享有债权。相应地，部分连带债权人向法院起诉要求债务人承担全部债务，法院也无须通知其他连带债权人必须参加诉讼。

本条第 1 款是对连带债权人之间份额的推定性规范。依据本款，连带债权人之间的份额难以确定的，视为份额相同。这里所言的确定，在方法上与《民法典》第 519 条第 1 款相同，是指按照法律的直接规定来确认份额或者由全体债权人共同约定相互之间的份额。例如，前述《合同法》第 400 条所规定的在转委托情况下，委托人与受托人对次受托人就委托事务的履行享有连带债权，但结合第 404 条“受托人处理委托事务取得的财产，应当转交给委托人”的规定来看，其内部份额划分上显然委托人应当为全部而受托人则为零，对于此种情形，自然应当依据法律规定来确定份额。基于私法自治原则，全体债权人也可以就其内部份额作出约定；鉴于法律行政法规并未对其提出书面形式的要求，故该约定不以书面为必要。

我国既往立法对各债权人内部份额无法确定的情况下如何确定没有作出规定。比较法上，《德国民法典》第 430 条明确规定：“除另有其他规定外，连带债权人在相互关系中有权平均分受其利益。”我国台湾地区“民法”第 291 条进一步明确：“连带债权人相互间，除法律另有规定或契约另有订定外，应平均分受其利益。”这种做法是符合公平原则的。参考比较法上的做法，本条第 1 款对连

带债权人内部债权份额进行了推定性规范。依据本款，在法律没有另外规定或当事人没有特别约定情况下，连带债权人内部应当平均分享债权。

二、债权人之间的返还请求权

任何一个连带债权人都有权要求债务人向自己为全部给付，在债务人对其以清偿或者其他方式消灭债权债务的情况下，债的消灭的效力及于其他债权人。其他债权人自然不能就已经消灭的部分再行向债务人请求，而只能向实际受领超出自己份额的债权人请求返还。而在各连带债权人之间，仍然要按照一定的份额享有权利或者保有利益，故而，对于因清偿或者其他事由而获得超出自己份额的利益，实际受领的债权人应当按比例返还给其他债权人。本条第 2 款对此进行了规定："实际受领债权的连带债权人，应当按比例向其他连带债权人返还。"对于此句的理解，需要注意以下几点。

第一，此处所言的"实际受领"，应当理解为例示性规定。除了实际受领债务人的清偿，其他消灭债权债务关系的事由，如抵销、领取提存物等，也应当属于实际受领的范畴。

第二，此处所言的"按比例"，强调的是就连带债权人的内部关系而言，其他债权人对实际受领的债权人享有的是按份债权。其只能在自己的份额内，向实际受领的债权人提出请求；而不能就超出实际受领人份额的剩余全部债权一并提出请求。各其他债权人之间既然是按份债权，则任一债权人的任何行为均不能对其他债权人发生效力。

第三，就实际受领的部分，实际受领人只能就其份额保有。对于超出实际受领人份额的部分，其他债权人应当按照各自份额的比例向实际受领人请求返还。申言之，实际受领人受领了全部给付的情况下，其他债权人自然可以向其主张各自的全部份额；如果实际受领人受领的只是部分给付，其他债权人只能就该部分给付超出实际受领人份额的部分，按照自己份额占各其他债权人总份额的比例提出请求。例如，甲乙丙丁戊对己享有总额为 500 万元的连带债权，且其相互之间的份额相同。如果甲受领了全部 500 万元的给付，则乙丙丁戊各自有权按照其份额就其份额内的债权也就是各 100 万元的债权向甲提出请求。但是，如果甲只受领了 400 万元的给付，那么就甲超出其份额受领的 320 万元，乙丙丁戊有权提出请求，但其只能按各自份额占各其他债权人总份额的比例各自就自己 80 万元的债权向甲提出请求。

值得注意的是，本条第 2 款在草案中的表述为"实际受领超过自己份额的连带债权人，应当按比例向其他连带债权人返还"，而最终版本的表述则为"实际受领债权的连带债权人，应当按比例向其他连带债权人返还”。笔者认为，这一变动所强调的是，实际受领的债权人也只能就其份额保有其受领的利益。换言之，在前例中，甲所受领的是400万元的给付，那么甲只能按照其份额保有该给付的1/5，即80万元。而如果按照原先的表述，实际上就意味着甲有权保有其按照全部债权所享有的份额，即100万元。换言之，最终版本的表述，实际上在连带债权和连带债务内部求偿关系上采取了不同的处理。因为依据第519条，实际承担债务超过自己份额的连带债务人，其求偿的范围是“超出部分”，其计算标准是按照全部债务所确定的份额。而在连带债权上，其他连带债权人有权求偿的是超出实际受领份额的部分。

笔者认为，这种分别规定是有道理的。就连带债务而言，各债务人均负有清偿全部债务的义务，故而其应当以全部债务为依据来确定份额，就超出份额消灭债务的部分向其他债务人求偿。但对连带债权而言，虽然任一债权人均有权受领全部债权，但其债权未必能够全部实现。故在内部关系上，以实际受领的部分为基础计算份额显然更为公平。

第四，在某一连带债权人将其债权让与第三人的情况下，如果受让人实际受领了债务人的给付且超出了其份额，则应当由受让人和转让人共同承担此项返还义务。其他连带债权人就各自份额内应当返还的部分，有权要求受让人和转让人中的任何一个承担全部返还义务。

受领给付的债权人依据本条第2款所负有的返还义务所对应的其他连带债权人的给付请求权，其性质应当如何界定？有学者认为，如果各连带债权人之间存在委托关系，则应当按照委托合同的相关规定处理。如果是当事人之间不存在委托合同，则应当认为是法定事务处理之债，类推适用无因管理规定来确定利益返还以及费用承担等问题。[①] 笔者认为这一见解是值得借鉴的。依据本条第2款，实际受领的债权人的返还义务系因法律的直接规定而发生，换言之，其他债权人对实际受领的债权人所享有的返还请求权属于依据法律的直接规定而发生的债权。该债权自实际受领的债权人超出自己份额而实际受领之时发生。而该债权人主张债权、受领给付的行为颇为类似无因管理，唯基于各债权人之间的连带关系，又不宜认为构成无因管理，但在相关权利义务处理上，则不妨参照无因管理的规则：如果各连带债权人之间没有特别约定，实际受领的债权人有权请求扣除其因实现债权而支出的必要费用，并就因此受到的损失予以适当扣除。

① 邱聪智．新订民法债编通则．北京：中国人民大学出版社，2003：409.

三、连带债权中的绝对效力事项

连带债权人之一所发生的事项，对其他连带债权人发生影响的，即绝对效力事项。连带债权作为复数债权，本质上其中之一发生的事项，不影响其他债权人。但在特定情形下，法律仍然允许其发生绝对效力。鉴于法律确定绝对效力事项时考量因素的一致性，从比较法来看，连带债权中的绝对效力事项与连带债务中发生绝对效力的事项基本上是一致的，只不过从债权受领、债务清偿的角度分别来看，具体表述或者角度有所不同。本条第 3 款也是如此，其明确强调，“连带债权参照适用本章连带债务的有关规定”。这就是说，要参照连带债务中发生绝对效力事项的规定来合理确定连带债权中的发生绝对效力的事项。结合《民法典》第 520 条来看，连带债权发生绝对效力的事项主要包括如下情形。

（一）清偿、抵销、提存

在连带债权中，各债权人均有权请求债务人履行全部债务，各债权人也都有权受领债务人的清偿。只要构成清偿，不论是连带债权人中的一人或数人受领，还是全体债权人共同受领，在清偿的范围内债权债务即已消灭。故而清偿系发生绝对效力的事项，任意连带债权人的受领均对其他债权人发生效力。任何一个债权人受领债务人的全部清偿，其他债权人的债权也就同时消灭。

抵销系清偿的替代方式，与清偿同为债的消灭原因。在某一债权人对债务人负有债务且符合抵销条件时，双方均可向对方主张抵销，在抵销范围内，债权债务消灭。债的消灭意味着债的共同目的已经实现，自然该消灭的效力与清偿一样，及于其他债权人。故而，抵销系连带债权中发生绝对效力事项。值得讨论的是，抵销的范围究竟仅限于某一债权人应当享有的份额，还是及于全部债权？笔者认为，既然任一连带债权人均有权要求债务人向其履行全部债务，故其自然有权就全部债权向债务人主张抵销；债务人也同样向对其负有债务的任一债权人就连带债权的全部行使抵销权。

债务人依法进行提存，也是《民法典》明文规定的债的消灭事由。在债务人依法提存标的物的情况下，债权债务消灭，该消灭的效力及于全体债权人，故而其也应当是发生绝对效力的事由自不待言。唯须注意的是：其一，提存以因受领权人的原因致使债务人难以履行其到期债务为前提。在连带债权的情况下，任一债权人均有就全部给付的受领权，故而在提存条件上，也要求《民法典》第 570 条所列债权人无正当理由拒绝受领，债权人下落不明，债权人死亡未确定继承人、遗产管理人或者丧失民事行为能力未确定监护人等情形所言的“债权人”，必须是全体债权人均有上述事由之一，方可提存。其二，完成提存后，债务人与债权人之间的债权债务消灭，但标的物的所有权已转移给债权人，债权人与提存部门之间实际上形成了保管合同关系，债权人对提存部门享有提存物领取权，依据《民法典》第574条，可以随时向提存部门主张领取提存物。债权人对提存部门的此种债权系由原先的连带债权转化而成，故各连带债权人的此项权利也系连带债权。任一债权人都可以向提存部门主张领取全部提存物；实际领取提存物，则其他债权人对提存部门的领取请求权均消灭。实际领取提存物超出自己份额的债权人，应当依本条第2款对其他债权人承担返还义务。

（二）免除

免除系债的消灭事由，任一债权人免除债务人的债务，均对其他债权人发生绝对效力。在此前的草案中，本条第3款后句曾特别强调“部分连带债权人免除债务人债务的，在扣除该连带债权人的份额后，不影响其他连带债权人的债权”。但最终的版本删去了这一规定。依据本条第3款“连带债权参照适用本章连带债务的有关规定”的规定，这就意味着就免除而言，也同样要参照适用第520条的有关规定来处理。

第520条第2款规定：“部分连带债务人的债务被债权人免除的，在该连带债务人应当承担的份额范围内，其他债务人对债权人的债务消灭。”这就将连带债务中免除的绝对效力限于该连带债务人应当承担的份额。据此，就连带债权而言，免除发生绝对效力的范围也应当限于该连带债权人的份额。这主要是因为，一方面，免除系单方的无偿行为，基于连带债权作为复数债权的本质，各债权人原则上仅能就自己的份额予以处分，故而法律作出这一推定，符合免除他人债务的债权人的本意，也有利于保护各债权人的利益。另一方面，如此处理，就意味着免除他人债务的债权人实际受领了该份额的给付，其既不能向其他债权人再行主张返还，也无须对其他债权人承担返还义务，从而简化了法律关系。

换言之，最终版本中删去本条第3款后句的规定，就免除在连带债权中的绝对效力而言，在规则适用上并没有影响。而且删去这一表述，反而避免了可能的误读。对于免除在连带债权中的绝对效力，宜从如下方面加以把握。

第一，第520条第2款在性质上是一项补充性规范而非强制性规范，在参照适用时也应当如此理解。免除系债权人对其债权的处分，在其特别明确表示免除全部债务的情况下，基于私法自治原则，自然也应予尊重。虽然就其内部关系而言，存在相应的份额，但既然任一连带债权人都有权请求债务人为全部给付，自然其也有权就全部债权予以免除。只是此种情况下，应当视同该债权人实际受领了全部债权，其他债权人有权依据本条第2款就其各自份额向该债权人请求返还。

第二，既然免除发生绝对效力的范围限于免除债务的债权人应当享有的份额，那么就其余部分，债权人仍然可以向债务人主张。鉴于免除的绝对效力，债权人有权向债务人请求的，也仅限于该份额以外的部分。

第三，虽然发生绝对效力的仅为该债权人应当享有的份额，但基于禁反言原则，该债权人自然不能再向债务人提出主张。故而就其余未被免除的部分，只能由其他债权人向债务人主张。

第四，就该债权人应当享有份额发生绝对效力，就意味着该债权人已经就其份额实际受领。故而在内部关系上，其也不可能再向其他债权人主张返还。

（三）混同

混同在连带债务中发生绝对效力，已为《民法典》第 520 条第 3 款明确规定。依据本条第 3 款的引致性规范，在连带债权中，混同自然也应当发生绝对效力。这就意味着某一连带债权人的债权与债务发生混同时，如债务人取得某一连带债权人的债权，或者某一连带债权人承受债务人的债务的情况下，也对其他连带债权人发生效力。比较法上也是如此，尤其值得注意的是，《德国民法典》第 425 条虽然明确强调对于连带债务混同不得发生绝对效力，但是第 429 条却特别规定“连带债权人中一人的债权与债务发生混同时，其他债权人对债务人的权利消灭”，从而明确认可混同在连带债权中的绝对效力。

唯须注意的是，在发生绝对效力的范围上，《民法典》第 520 条第 3 款将混同发生绝对效力的范围限于该债务人应当承担的份额。既然连带债权的绝对效力事项应当参照连带债务，故而在连带债权上混同发生绝对效力的范围，也应当限于发生混同的债权人应当享有的份额。例如，乙丙丁对某甲享有 300 万元的连带债权，现某乙受让某甲债权，则参照《民法典》第 520 条第 3 款，混同消灭的应当仅是某甲应当享有的份额而非全部债权，丙丁仍然可以就余下 200 万元向某乙主张连带债权。这就意味着，丙丁中任一人都有权向乙就 200 万元而非自己份额的 100 万元请求给付；丙丁中任一实际受领乙的 200 万元给付之后，仍然要向另一人负有返还义务，不无讼累之忧。但这种做法之利在于充分保护了各连带债权人的利益，使混同对于连带债权人的影响降到了最低。

（四）受领迟延

《民法典》第 520 条第 4 款对债权人受领迟延的绝对效力作了规定。依据该款，某一连带债务人向债权人提出履行，该债权人受领迟延时，对其他债务人也发生迟延受领的效力。参照而论，债务人向债权人提出履行，该连带债权人受领迟延时，对其他连带债权人也发生迟延受领的效力。换言之，全体债权人应当就该债权人的受领迟延，承担相应的法律效果。

债权人受领迟延作为连带债权的绝对效力事项，为多数立法例承认，例如《德国民法典》第 429 条第 1 款明确规定："连带债权人中一人有迟延时，对其他债权人亦发生效力。"我国台湾地区"民法"第 289 条也规定："连带债权人中之一人有迟延者，他债权人亦负其责任。"之所以如此，是因为连带债权各债权人均有请求并受领债务人所为的全部给付的权利，债务人也可以向任一债权人提出给付并通过清偿消灭全部债务。为了保护债权人的利益，如果某一债权人受领迟延，则应当认为全体迟延。

唯须指出的是，这里所言的受领迟延的效力，主要是指由此发生的费用承担、风险负担等效果。但与连带债务中债权人受领迟延符合无正当理由拒绝受领的情况下，其他债务人可以提存不同，考虑到连带债权中受领权人并不仅限于某一债权人，即便其受领迟延构成无正当理由拒绝受领迟延，债务人也不能径直提存，而应当向其他债权人提出给付。

(五) 债务人的提出给付

我国台湾地区"民法"第 285 条规定："连带债权人中之一人为给付之请求者，为他债权人之利益，亦生效力。"这就将债务人的提出给付明确规定为绝对效力事项。《民法典》对连带债权绝对效力事项并未如比较法上作详细列举，本条第 3 款只是泛泛规定"连带债权参照适用本章连带债务的有关规定"，其性质只是引致性规范，而《民法典》第 520 条也并未提及债务人提出给付的问题，故而单纯从文义来看，应当认为提出给付并非绝对效力事项。

但问题在于，从《民法典》第 518 条对连带债权的规定来看，连带债权的本质特点在于任一债权人均有权请求债务人履行全部债务。通常认为，既然其有权请求，当然对债务人的给付有权受领；只有基于特定事由受领权受限制的情况下，方影响其受领权能。既然任一债权人都有受领权，相应地，在没有债权人向债务人提出给付请求的情况下，债务人自然也有权向任一债权人提出给付。如果该债权人受领迟延，依据《民法典》第 520 条会对其他债权人发生绝对效力。故而，笔者认为，依当然解释，在《民法典》第 520 条明确承认受领迟延的绝对效力的情况下，作为受领迟延前提条件的债务人提出给付，亦应当发生绝对效力。此外，从清偿等各类债的消灭事由也均能发生绝对效力来看，尤其是提存可以发生绝对效力来看，也应当认为债务人向任一债权人提出给付请求，应当发生绝对效力。

第五百二十二条

当事人约定由债务人向第三人履行债务，债务人未向第三人履行债务或者履

行债务不符合约定的，应当向债权人承担违约责任。

法律规定或者当事人约定第三人可以直接请求债务人向其履行债务，第三人未在合理期限内明确拒绝，债务人未向第三人履行债务或者履行债务不符合约定的，第三人可以请求债务人承担违约责任；债务人对债权人的抗辩，可以向第三人主张。

本条主旨

本条是对向第三人履行债务规则的规定。

相关条文

《合同法》第 64 条　当事人约定由债务人向第三人履行债务的，债务人未向第三人履行债务或者履行债务不符合约定，应当向债权人承担违约责任。

理解与适用

一、债的相对性

债的相对性规则最早起源于罗马法。在罗马法中，债（obligatio）被称为“法锁”（juris vinelum），意指“当事人之间之羁束（Gebundenheit）状态而言”①。换言之，它是指债能够且也只能对债权人和债务人产生拘束力。物权的绝对性决定了维护物权的诉讼是绝对的，它可针对一切人提起诉讼，且是对物的诉讼（actio in rem）；而债权的相对性决定了债权乃对人权（jux in personem），并且维护债权的诉讼只能针对特定的并在原告请求中提到的人，这种诉讼叫作对人的诉讼（actio in persone）。②

罗马法确立的债的相对性规则对现代大陆法系的债法产生了重大影响。《德国民法典》第 241 条规定：“债权人因债的关系得向债务人请求给付”。第 278 条规定：“债务人的法定代理人的过错和债务人为履行其债务而使用的人的过错，必须由债务人在与其自己的过错相同的范围内负责。”王泽鉴先生曾评价道：“此系划时代之立法，是欧陆法制史上的创举”③。《法国民法典》第 1134 条规定，“依法订立的契约，对于缔约当事人双方具有相当于法律的效力”。债的相对性，概括了债的本质特征，并且与物权关系的绝对性形成了明显的区别。正如王泽鉴

① 李宜琛．日耳曼法概说．上海：商务印书馆，1944：72.

② 彼德罗·彭梵得．罗马法教科书．黄风，译．北京：中国政法大学出版社，1992：285.

③ 王泽鉴．民法学说与判例研究：第六册．北京：北京大学出版社，2009：70.

先生所指出的："债权人得向债务人请求给付，债务人之给付义务及债权人之权利，乃同一法律上给付关系之两面。此种仅特定债权人得向特定义务人请求给付之法律关系，学说上称之为债权之相对性（Relativitat des Forderungsrechts），与物权所具有得对抗一切不特定人之绝对性（Absolutheit）不同"①。由于债权是相对权，因此债权人只能请求特定的债务人为一定行为或不为一定行为，这种请求不能对债务人以外的第三人主张，即使第三人的行为使债务人无法履行债务，债权人也仅得依侵权行为请求损害赔偿。② 而由于物权乃由特定主体所享有的、排斥一切不特定人侵害的绝对权，因此除权利人以外，任何不特定人都负有不得侵犯权利人对某项财产所享有的物权之义务，即不特定人都是义务主体。任何人侵害物权人享有的物权，权利人可以向侵权人提出请求和提起诉讼。

在英美法中，因为法律上并不存在债的概念及体系，所以大陆法中的"债的相对性"规则在英美法被称为"合同的相对性"。其基本内容是：合同项下的权利义务只能赋予当事人或加在当事人身上，合同只能对合同当事人产生拘束力，而非合同当事人不能诉请强制执行合同。③

1981 年的《经济合同法》第 33 条曾规定，"由于上级领导机关或业务主管机关的过错，造成经济合同不能履行或者不能完全履行的，上级领导机关或业务主管机关应承担违约责任"。之后的一些法律和司法解释也在一定程度上实际上承认了债对第三人的拘束力。尽管《民法通则》关于债的定义中，关于债的相对性规则较为含糊，但《民法通则》第 116 条规定："当事人一方由于上级机关的原因，不能履行合同义务的，应当按照合同约定向另一方赔偿损失或者采取其他补救措施，再由上级机关对它因此受到的损失负责处理。"这就体现了债的相对性的要求，修正了前述《经济合同法》的不当规定。

《合同法》则认可了债的相对性规则，对于合同的履行，《合同法》第 64 条规定："当事人约定由债务人向第三人履行债务的，债务人未向第三人履行债务或者履行债务不符合约定，应当向债权人承担违约责任。"第 65 条规定："当事人约定由第三人向债权人履行债务，第三人不履行债务或者履行债务不符合约定，债务人应当向债权人承担违约责任。"对于违约责任的承担，《合同法》第 121 条则明确宣称："当事人一方因第三人的原因造成违约的，应当向对方承担违约责任。当事人一方和第三人之间的纠纷，依照法律规定或者按照约定解决。"

---

① 王泽鉴．民法学说与判例研究：第四册．北京：北京大学出版社，2009：103.

② 王家福．中国民法学·民法债权．北京：法律出版社，1991：5.

③ 沈达明．英美合同法引论．北京：对外贸易教育出版社，1993：205.

这些规则显然体现了债的相对性的要求。《民法典》第 522 条、第 523 条以及第 593 条虽然在具体表述上对《合同法》前述三个条文略有调整，但在债的相对性问题上与《合同法》的态度完全一致。

二、债的受领以及向第三人履行的一般规则

《民法典》第 118 条第 2 款规定：“债权是因合同、侵权行为、无因管理、不当得利以及法律的其他规定，权利人请求特定义务人为或者不为一定行为的权利。”据此，债权人享有请求给付的权利，当然也应当由其自行受领给付。故而，给付请求权与给付受领权都是债权给付效力的重要内容。既然受领为债权人的权利，债权人债务的履行原则上应当由债权人受领。在连带债权中，各债权人都有受领权。债权人死亡后其继承人，债权人发生分立、合并等事项后的权利义务承受人以及债权让与后的受让人，作为新的债权人也当然享有受领权。债务人按照约定履行，债权人及时受领，则构成清偿，债的关系消灭。但依法有权受领的未必仅限于债权人，这主要包括债权人受领权依法受到限制而由他人依法享有受领权的情形以及依据债权人意思由第三人代为受领的情形。

（一）债权人受领权的限制

在特殊情况下，法律对债权人的受领权进行了限制，此种情况下，债权人一般不得为受领主体，而应当由当事人之外的第三人进行受领。

债权人受领权受到法律限制的主要情况如下。

第一，人民法院裁定受理破产申请的，应当同时指定管理人。被申请破产的债权人同时丧失了受领权，不能亲自受领其债权。其债务人应当向管理人清偿债务。如果债务人故意向债权人清偿债务，则不能发生清偿的效果（《企业破产法》第 17 条）。

第二，被执行人未按执行通知履行法律文书确定的义务，法院有权扣押、冻结、划拨、变价被执行人的财产，扣留、提取被执行人应当履行义务部分的收入。一方面，在收到扣押、冻结、扣留的协助执行通知书后，债权人的受领权已经受到了限制，其债务人（被执行人所在单位、银行、信用合作社和其他有储蓄业务的单位等）不得再向其作出给付。另一方面，在收到划拨、变价、提取的协助执行通知书后，债务人必须依法协助执行，将该款项交付给法院（《民事诉讼法》第 242、243 条）。否则，作为协助执行义务人的债务人不仅仍然要履行协助义务，且可能受到罚款乃至拘留的处罚（《民事诉讼法》第 114 条）。换言之，债务人对债权人的履行不能构成清偿。

第三，对于以汇票、支票、本票、债券、存款单、仓单、提单等表征的债权

设定的权利质权，汇票、本票、支票、债券、存款单、仓单、提单的兑现日期或者提货日期先于债务履行期的，质权人可以在债务履行期届满前兑现或者提货，并与出质人协议将兑现的价款或者提取的货物用于提前清偿所担保的债权或者向与出质人约定的第三人提存（《民法典》第442条）；其兑现日期或者提货日期后于债务履行期的，质权人只能在兑现或者提货日期届满时兑现款项或者提货（《担保法司法解释》第102条）。可见，对于此种债权，因其受到质权的限制，应当由质权人受领。

第四，因债务人怠于行使其债权以及与该债权有关的从权利，影响债权人的到期债权实现的，债权人可以向人民法院请求以自己的名义代位行使债务人对相对人的权利。人民法院认定代位权成立的，由债务人的相对人向债权人履行义务（《民法典》第535、537条）。故而，在债权人代位权成立的情况下，债务人对次债务人的债权的受领权已转移给债权人。

(二) 其他有受领权的人

从《民法典》相关规定来看，债权人之外的如下人员依法享有受领权：其一，债权人丧失民事行为能力的情况下，基于监护人"代理被监护人实施民事法律行为，保护被监护人的人身权利、财产权利以及其他合法权益等"的职责，其债务人的给付应当由其监护人受领（《民法典》第34、570条）；其二，债权人死亡的情况下，确定遗产管理人的，其债务人的给付应当由遗产管理人受领（《民法典》第1147条第4项、第570条）；其三，债权人失踪的，应当由其财产代管人受领给付（《民法典》第43、570条）。

此外，根据合同自由原则，当事人也可以自由约定由合同外的第三人代债权人受领给付，该第三人当然也具有受领的权利。如下文所讨论的，第三人也可以仅凭债权人的意思而代为受领。

(三) 法律后果

债务履行人向受领权人全面、适当履行债务，并经受领的，则发生清偿的效力，合同关系终止。如果受领人没有受领权，原则上债务人的履行不能构成清偿，债务人仍然应当履行其合同义务，债务人可基于物权请求权或以不当得利为由请求受领人返还。

没有受领权而受领的，在下列情况下，也可以构成清偿：第一，受领人的受领经过债权人的追认或其后取得受领权的。债权人的追认，溯及于受领时发生效力，此时，受领权的欠缺已被补正，该受领为有权受领。受领人事后取得受领权的，其受领也溯及地成为有权受领。第二，受领人为债权的准占有人，债务人履行时为善意的。所谓准占有人是指虽非债权人，但以自己的意思事实上行使债权，依照一般交易观念，足以使人相信其为债权人的人。例如，持有他人银行存折和预留的印鉴，到银行取款的人。债务人向债权准占有人履行时，如果其不知对方没有受领权，则基于对债务人善意的保护，该履行可以构成清偿。但如果第三人持有的权利凭证是伪造的，则该受领不应受到保护。第三，受领人并无受领权，但债权人从中得到了其受领给付的部分或全部，则无论债务人履行时主观上是否善意，在债权人所受利益的限度内，债务人的履行可以发生清偿的效力。债权人的受有利益，既可以是直接由受领人将所受领的给付交付给债权人；也可以是其他形式，只要其受有利益与债务人的履行之间存在因果关系即可。①

向不具有受领权的人进行的清偿，学理上称为非债清偿。非债清偿主要是因为债务人的认识错误造成的，其实际上是向受领人履行了根本不存在的债务。由于受领人缺乏受领权从而对所受领的给付没有给付保持力，因此，债务人可以基于不当得利要求受领人返还其接受的履行。当然，在物的给付的情况下，其也有权行使物权请求权要求对方返还原物。但如果在债务人非债清偿的情况下，受领人在受领时是善意的，且能够证明对方明知无履行义务而仍然作出履行，则可以依据具体情况认为债务人具有赠与的意思。如果债务人请求返还，必须首先依该非债清偿系因受欺诈、胁迫等原因而作出，从而请求撤销该赠与合同，或者以实际履行人无权处分等原因，请求宣告该赠与合同无效。

在依不当得利进行返还的情况下，返还的范围因受领人的受领为善意或恶意而不同。善意受领的，受领人只需返还其所受领的现存的不正当利益。如为恶意，应将受领时所得之利益，或知无法律上之原因时所现存的利益，以及自受领之日或自构成恶意之日起该利益所生的利息，一并偿还；如有损害，还应予以赔偿。

(四) 向第三人履行的一般规则

本条第 1 款就是对此种情形的规定。在当事人特别约定由第三人代为受领的情况下，债务人的义务与向债权人给付并无不同，其应当根据合同的约定或者法律的规定向第三人全面、适当履行其债务。但当事人对第三人受领的约定并非债权让与，其并未改变债的关系的当事人，第三人并未因此而受让债权而成为债的关系的当事人，债权人也仍然是债权人。基于债的相对性，在债务人未向第三人履行债务或者履行债务不符合约定时，仍然应当由债务人向债权人承担违约责任。

唯须指出的是，本条第 1 款沿用了《合同法》第 64 条的规定，在表述上似

---

① 黄立．民法债编总论．北京：中国政法大学出版社，2002：654.

乎将第三人代为受领的情形限制于以第三人约定为前提。但这种认识恐怕不妥，受领系债权人的权利，故委托第三人代为受领并不以当事人的特别约定为必要。故而，本条第1款解释上应当理解为提示性规范，在当事人没有相反约定只能亲自受领且代为受领不违反合同性质的情况下，仅凭债权人的意思即可使第三人享有受领权。债务人原则上不能仅以没有双方约定为由，拒绝向债权人指定的第三人作出给付。

代为受领的第三人依照当事人的意思享有受领权，债务人对其的给付不会构成非债清偿，第三人的受领可以发生清偿的效力。但第三人只是依据当事人的约定或者债权人的意思而代为受领，其并非合同当事人，故而，在债务人没有履行或者履行不符合约定的情况下，基于债的关系的相对性，只能由债权人对其追究违约责任。

三、利他合同

根据订约人订立合同的目的是否为自己谋取利益，学理上将合同分为为自己利益合同和利他合同或者说为第三人利益合同。

基于私法自治的原则，当事人订立合同，其目的通常都是为自己设定权利或者义务，使自己直接取得和享有某种利益或者承受某种不利益。因此，为自己订立合同系合同之常态。而当事人在合同中为第三人设定义务，显然有悖私法自治，不能对第三人发生拘束力。但私法自治并不拒绝当事人为第三人设定权利。为第三人的利益订立合同的情况下，合同将对第三人发生效力，第三人据此享有给付请求权。由于此类合同中的第三人仅享受权利而不承担义务，因此此类合同又被称为“第三人利益合同”“利他合同”。

《合同法》第64条规定：“当事人约定由债务人向第三人履行债务的，债务人未向第三人履行债务或者履行债务不符合约定，应当向债权人承担违约责任。”这就是说，无论当事人如何约定，也只是由第三人获得了受领权，第三人并没有取得直接向债务人请求履行的权利。债务人不履行的，也不对第三人承担违约责任，而是对债权人承担违约责任。故而，我国《合同法》对债的相对性的强调近乎绝对，并未承认为第三人利益订立的合同。

但利他合同的承认，有利于充分实现合同当事人，尤其是债权人的意志和利益。债权人直接通过其与债务人之间的合同，向第三人提供某种利益，直接由债务人向第三人作出履行，而不是与债务人和第三人分别订立合同或分别作出履行的方式来完成。这就可以缩短给付过程、简化给付关系、减少交易费用，更好地实现债权人的意志和利益。与此功能相关，第三人利益合同具有防止多余的诉讼的功能。[①] 因为如果不允许第三人对债务人起诉，第三人就只能对债权人起诉，再由债权人对债务人起诉，由此造成了多余的诉讼。[②] 此外，利他合同也有利于债权人通过该合同的安排而扶养、照顾第三人。债权人为照顾第三人而使其债务人向第三人为履行义务，从而使该第三人取得给付。如以第三人为受益人的死亡保险合同，即具有扶助第三人的功能。故而，在法律上有肯认之必要。比较法上，利他合同也被普遍承认。

《民法典》第 522 条特别增设第 2 款，对第 1 款作出了例外性规定，明确承认了为第三人利益合同。此种合同中，当事人双方约定使债务人向第三人履行义务，第三人由此取得直接请求债务人履行义务的权利。例如，甲向乙订购蛋糕并由乙送给甲的朋友丙，在该合同中，丙并未参加订约过程，但依据该合同可享受权利，并可在乙未按期交付、不符合约定时，请求乙交付蛋糕和承担违约责任。依据本条，利他合同具有如下特点。

（一）第三人取得给付请求权以法律的特别规定或者当事人的特别约定为前提

1. 关于法律的特别规定和当事人的特别约定

第三人的给付请求权的取得，以法律的特别规定或者当事人的特别约定为前提。为自己利益合同是合同的常态，利他合同需要法律的特别规定或者当事人的特别约定方可成立。基于契约自由，当事人将债权人的给付请求权通过特别约定赋予第三人自不待言。从比较法来看，德国、日本、我国台湾地区均明文规定了利他合同，但其均未提及法律特别规定第三人享有直接给付请求权的情形。《民法典》本条则明确规定，第三人对债务人的给付请求权，可以依据合同约定以及法律的特别规定而取得。

所谓法律对第三人享有给付请求权的特别规定，是指法律明确规定某一类债的关系当事人之外的第三人有权直接向债务人请求给付。例如，《保险法》第 10 条规定："保险合同是投保人与保险人约定保险权利义务关系的协议。投保人是指与保险人订立保险合同，并按照合同约定负有支付保险费义务的人。保险人是指与投保人订立保险合同，并按照合同约定承担赔偿或者给付保险金责任的保险公司。"显然，投保人和保险人是保险合同的双方当事人。而该法第 12 条第 5 款则规定了被保险人："被保险人是指其财产或者人身受保险合同保障，享有保险金请求权的人。投保人可以为被保险人。"换言之，当投保人本身并非被保险人的情况下，被保险人显然是保险合同当事人之外的第三人，但其依据《保险法》

---

① 王军．美国合同法．北京：中国政法大学出版社，1996：383.
② 房绍坤．中国民事立法专论．青岛：中国海洋大学出版社，1995：166.

第 12 条可以直接向保险人主张保险金请求权。

2. 当事人的特别约定只能给第三人设定权利，而不得为其设定义务

正是因为这一点，此类合同被称为“第三人利益合同”“利他合同”，第三人也常常被称为“受益人”“利益第三人”。根据私法自治的原理，任何人未经他人同意，不应为他人设定义务，擅自为第三人设定义务的合同，相关内容都不能对第三人发生拘束力。当然，这并非意味着利他合同中第三人不承担任何义务，第三人在取得一定利益时，可能还需要履行一定的义务，例如在运输合同中，托运人为了收货人的利益而与承运人订立运输合同，但收货人在受领货物时也需要履行一定的义务，不过这种义务通常是与权利或利益的取得相关联的。

3. 第三人在利他合同中的身份

第三人不是利他合同的当事人，其不必在合同上签字，也不需要通过其代理人参与缔约。其给付请求权是依据利他合同双方当事人的意思而取得的。虽然第三人不是利他合同当事人，也可能并未参与合同的磋商和订立，却可以依据合同获得对债务人的给付请求权和给付受领权。

(二) 第三人给付请求权的内涵

1. “直接请求”的内涵

本条第 2 款强调利他合同的本质特点在于“第三人可以直接请求债务人向其履行债务”，这里所言的“直接请求”，就意味着第三人无须如行纪合同那样，先由债权人请求并受领之后，间接给付给自己；第三人在行使请求权时，也无须使用债权人的名义而是以自己的名义独立请求。但第三人毕竟不是合同当事人，其虽然享有给付请求权和受领权，可以独立行使权利，但其并不享有变更合同的权利，即使合同存在可撤销的原因，第三人也不得主张撤销合同。

2. 诉讼上的请求

既然第三人依据法律规定或者合同约定享有给付请求权，在第三人接受权利以后，其即享有独立的请求权，有权以自己的名义请求债务人向自己进行给付。而在债务人未向第三人履行或者对第三人的履行不符合约定的情况下，享有给付请求权的第三人自然可以以自己的名义通过诉讼方式来行使给付请求权，换言之，由给付请求权转化而成的违约责任请求权自然也应当由第三人享有。故本条第 2 款明定，第三人可以请求债务人承担违约责任。

3. 第三人不仅有权请求给付，还享有给付受领权

第三人既然享有给付请求权，也当然享有给付受领权。换言之，在第三人代为受领的情况下，第三人仅依据债权人的意思获得给付受领权，并没有给付请求权；而利他合同中，第三人依据法律的特别规定或者当事人的特别约定，获得的

不仅是给付受领权，更获得了对债务人的给付请求权。

4. 关于债权人的给付请求权

值得讨论的是：为第三人利益合同中，债权人对债务人是否还有给付请求权？对此存在不同认识。一种观点认为，债权人也同时享有给付请求权，可以请求债务人向其作出履行。如果债务人不履行义务，第三人和债权人均可以请求其承担责任。笔者认为，一方面，利他合同系旨在赋予第三人给付请求权的合同而非设立连带债权的合同，且利他合同一并赋予了第三人给付受领权，故利他合同在使第三人获得对债务人给付请求权的同时，债权人自然不应再有权要求债务人对自己作出给付。另一方面，利他合同也不是债权让与协议，债权人并没有退出原有债的关系，仍然是利他合同当事人，如果完全否认其给付请求权，也并不妥当。故而笔者认为，债权人仍然应当对债务人享有请求权，该项请求权与第三人的给付请求权在内容上不同，债权人只是有权请求债务人向第三人为给付，而无权请求债务人向自己为给付。① 相应地，当债务人不履行向第三人给付时，债权人也不能请求债务人向自己继续履行，但其可以就因债务人违约而给自己造成的损失主张违约损害赔偿责任；至于因债务人违约而给第三人造成的损失，只能由第三人向债务人主张。

（三）第三人的拒绝权

1. 第三人接受与拒绝的权利

利他合同的订立，事先无须通知或征得第三人的同意，合同一经成立，该第三人如不拒绝，便可获得给付请求权和给付受领权。合同当事人虽可以为第三人设定权利，但不应强迫该第三人接受此权利；为第三人设定的权利，该第三人可以接受，也可以拒绝。

2. 接受与拒绝的意思表示

第三人接受或者拒绝应当通过意思表示的方式为之。一般而言，意思表示的方式，可以是明示的，也可以是默示的。但鉴于利他合同系为第三人设定权利，法律推定当事人对此是乐于接受的，故而本条第 2 款强调，只要“第三人未在合理期限内明确拒绝”，就意味着其对该合同的接受。这是法律对于沉默视为意思表示的规定，换言之，第三人在合理期限内的沉默被法律推定为接受的意思表示。而如果第三人拒绝接受，则依据本条第 2 款，则需要第三人的“明确拒绝”，理解上，拒绝的意思表示应当是明示的，其拒绝的意思应当是明确的。

① 我国台湾地区“民法”第 269 条第 1 款明确规定：“以契约订定向第三人为给付者，要约人得请求债务人向第三人为给付，其第三人对于债务人，亦有直接请求给付之权。”这里的要约人，是指利他合同中的债权人。

3. 接受或者拒绝意思表示的相对人

接受或者拒绝的意思表示应当对谁作出，本条未予规定。日本民法上，要求应当向债务人为之，《德国民法典》第333条以及我国台湾地区“民法”第269条第3款则明确规定，第三人拒绝的意思表示可以向债的关系当事人的任一方作出，解释上接受的意思表示自然也应当如此。[①] 笔者认为，债的关系的债权人，实际上是意欲将自己的债权请求权允许第三人行使的当事人，第三人无论是愿意接受还是不愿意接受，其向作为施惠人的债权人作出此种意思表示都是合乎情理的；而债务人则是将向第三人作出给付的一方，第三人直接对其作出接受或者拒绝的意思表示，有利于其履行，也是符合诚实信用原则的。尤其是我国《民法典》直接将第三人的沉默视为接受，这一推定对于债的关系双方当事人都是成立的。笔者认为，这就意味着债的关系任何一方都能够成为接受或者拒绝的意思表示的相对人。

4. 拒绝的效力

如果第三人拒绝接受权利，其法律后果如何，本条第2款并未明言。比较法上，《德国民法典》第333条规定：“第三人向立约人表示拒绝享有因合同而取得的权利时，视为自始未取得该权利。”我国台湾地区“民法”第269条第3款也有类似规定。笔者认为，一方面，既然第三人拒绝享有因利他合同而取得的权利，而且这种拒绝，按照《民法典》本条第2款的规定，是明确作出的，自然应当尊重其意思，不能强迫其享受该权利。考虑到《民法典》本条第2款的态度是认为第三人通常会接受合同中的这种安排，推定第三人只要不明确反对，就意味着接受。因此，在第三人明确拒绝的情况下，第三人应当是自始没有取得该权利。另一方面，鉴于给付请求权本身系债权人所享有，故解释上应当认为合同为第三人所设定的权利应当继续由为第三人利益订约的债权人自己享有。

（四）债务人对第三人的抗辩

既然第三人的给付请求权来自债权人，债务人基于该利他合同对债权人的抗辩，均可向第三人主张，故本条第2款明确规定，“债务人对债权人的抗辩，可以向第三人主张”。

值得注意的是：债务人此种抗辩的具体范围如何？债务人对于债权人的抗辩，内涵比较丰富，包括债的关系不成立（合同不成立、无效、被撤销、不生效）、履行期尚未届满的抗辩、双务合同履行中的抗辩权、诉讼时效届满的抗辩等。就这些抗辩是否债务人均可向第三人主张？就比较法观之，《德国民法典》第334条规定了债务人对第三人的抗辩，“立约人可以合同所产生的一切抗辩对

① ［日］我妻荣．中国民法债编总则论．洪锡恒，译．北京：中国政法大学出版社，2003：206.

抗第三人”。这里所言的立约人显然是指债务人。我国台湾地区“民法”第270条亦明确规定：“前条债务人，得以由契约所生之一切抗辩，对抗受益之第三人。”显然，其均将债务人所能向第三人主张的抗辩限于由该利他合同所生的抗辩。

笔者认为，这种认识是有道理的。第三人虽然享有给付请求权和受领权，但其毕竟不是合同当事人，因此，债务人对第三人的抗辩，应当限于利他合同本身所发生的抗辩，例如履行期尚未届满的抗辩、同时履行等双务合同履行中的抗辩权、时效抗辩等。面对第三人的请求，如果债务人认为债的关系不成立，其可以单纯以债的关系不存在或者单纯地否认债的关系来对抗第三人，但如果其主张撤销权，或者要求确认合同不成立、无效、不生效，债务人应当向债权人而非第三人主张。

就债的关系已经消灭的抗辩，由于第三人享有给付受领权，而在第三人接受的情况下债权人不再享有受领权，故而债务人不能以已向债权人清偿或者提存为由来主张。混同的情况下，虽然债务人取得了债权，但其不享有给付请求权和受领权，故亦不宜向第三人就此提出抗辩。同样，债务人也不得以自己对债权人的债权与第三人依据该合同而享有的权利进行抵销。

第五百二十三条

当事人约定由第三人向债权人履行债务，第三人不履行债务或者履行债务不符合约定的，债务人应当向债权人承担违约责任。

本条主旨

本条是对第三人代为履行债务规则的规定。

相关条文

《合同法》第65条　当事人约定由第三人向债权人履行债务，第三人不履行债务或者履行债务不符合约定，债务人应当向债权人承担违约责任。

理解与适用

一、履行主体与债务人

一般情况下，债务是由债务人履行的，即通常情况下，债务人为履行主体。在连带之债和不可分之债中，各债务人均有义务履行全部合同债务，均可成为履行主体。但在特殊情况下，如合同当事人约定由第三人向债权人履行债务时，则按照合同约定，第三人为合同义务的履行主体。《合同法》第65条规定，在当事人有特别约定时，可以由第三人向债权人进行履行。这也明确了对于第三人代为履行的认可态度。换言之，债务的履行主体与债的关系的当事人未必一致。《民法典》本条沿用了《合同法》第 65 条的规定。

二、本条规范重心

应当注意的是，《合同法》第 65 条与第 64 条相同，其规定旨在强调债的关系的相对性，其落脚点在于第三人不履行债务或者履行债务不符合约定的，应当由作为债的关系当事人的债务人而非第三人向债权人承担违约责任，显然规范的重点在债务人对债权人承担责任上。从这一角度来看，本条与《德国民法典》第 278 条在体系地位上更为近似。

三、第三人代为清偿

但是，《合同法》第 65 条实际上忽略了对于第三人代为清偿的规定。就其字面来看，似乎第三人代为履行仅以合同当事人特别约定由债务人向第三人履行债务的为限，其他债务一律不得由第三人代为履行。这种表述显然存在问题，因为代为履行系第三人主动承担义务，一般情况下并不会损及债权人的权益。因为就债权人而言，合同履行之目的在于实现当事人的缔约目的。无论是由债务人本人还是第三人履行，只要能够实现其合同债权，原则上对其并无损害。而特定情况下，由第三人履行可能对于债务人更为有利。因此，通常情况下，债务人将其合同义务交由第三人代为履行也未尝不可。

就比较法观之，允许第三人代为履行为一般原则。《法国民法典》第 1236 条就明确规定："债务的清偿得由有利害关系的任何人为之，例如共同债务人或保证人。债务亦得由无利害关系的第三人清偿之，但以该第三人以债务人的名义并以消灭债务人的债务为目的而为之者为限，或者，如该第三人以自己的名义为清偿时，以其非为代位行使债权人的权利者为限。"第 1237 条规定："以债务人的一定行为为内容的债务，如债权人认为以由债务人亲自履行为宜时，不得违反债权人的意思而由第三人履行之。"《德国民法典》第 267、268 条做了更为全面的规定。[①]《日本民法典》第 474 条继受了这一规定，但其表述更为简明："债务的

① 《德国民法典》第 267 条规定："债务人无须亲自履行给付的，第三人也可以履行给付。债务人提出异议的，债权人可以拒绝该项给付。"对于第三人所为的给付，债权人必须受领该项给付，否则，债权人将陷于迟延。第 268 条规定："债权人对属于债务人的标的实施强制执行的，因强制执行而有失去该标的上的权利的危险的任何人，都有权向债权人清偿。物的占有人因强制执行而有失去占有的危险的，享有同样的权利。也可以以提存或者抵销进行清偿。第三人向债权人清偿的，债权即转移给第三人。不得使债权人蒙受损害而主张转移。"

清偿，可由第三人进行。但是，其债务性质不容许或当事人表示了反对意思时，不在此限。无利害关系的第三人，不得违反债务人的意思进行清偿。”我国台湾地区“民法”第 311 条亦同。

为了避免可能的误解，《民法典》本条虽然沿用了《合同法》第 65 条的表述，但在本条之后又增加了一条（第 524 条），以弥补《合同法》立法之不足。

四、债的相对性

合同主体为债的当事人，债的关系具有相对性，原则上仅在当事人之间发生效力。由于第三人并非合同主体，因此其并不受合同的拘束，其履行与否完全听其自愿。债务人将其合同义务交由第三人代为履行的情况下，就第三人履行行为的后果，也应当由债务人负责。因此，在第三人不履行、不完全履行或迟延履行的情况下，应当由债务人向债权人承担违约责任。

第五百二十四条

债务人不履行债务，第三人对履行该债务具有合法利益的，第三人有权向债权人代为履行；但是，根据债务性质、按照当事人约定或者依照法律规定只能由债务人履行的除外。

债权人接受第三人履行后，其对债务人的债权转让给第三人，但是债务人和第三人另有约定的除外。

本条主旨

本条是对清偿代位的规定。

相关条文

无

理解与适用

本条为《民法典》新增条文，旨在明确第三人代为清偿及相应法律后果。实践中可能存在第三人并非受债务人委托，但是其基于某种考虑，自己主动代债务人进行履行的情形。我国既往法律对这种情况下是否允许第三人的履行未作规定。而《民法典》特设本条，对此种情况加以规范。但需要注意的是，本条是在《民法典》第 523 条规定的基础上新增加的内容。其规范的目的主要在于调整第三人主动代为清偿债务以及清偿之后所享有的代位权。因此在规范的重心上，与比较法上清偿代位的规定有所区别。

一、代为清偿的条件

依据本条，第三人在未经当事人约定的情况下，主动代债务人履行，能够构成清偿的，需要具备如下条件。

（一）债务人不履行债务

本条第1款在字面上将“债务人不履行债务”作为第三人代为清偿的前提条件，这种做法在比较法上尚未见到。但考虑到本条在代位清偿的后果上，直接规定为法定的债权转移，且仅以债务人与第三人的特别约定为例外，并没有比较法上第三人代位不得损害债务人利益的表述。故本条第1款在清偿代位条件上限制得更为严格，也是可以理解的。换言之，依据本条第1款，清偿代位必须以债务人不履行为前提，解释上，这里的不履行，包括拒绝履行、默示拒绝履行（经催告合理期限后仍然不履行）以及虽然履行但根本违约的情形。换言之，依据本条，清偿代位本质上是债务人违约的情况下，对债务履行具有合法利益的第三人为简化法律关系而享有的一种救济手段。

（二）第三人对债务履行具有合法利益

对债务履行具有合法利益，也被比较法表述为就债务履行有利害关系。对债务履行具有合法利益的第三人，是指对合同因履行而消灭当然受有法律上的利益的人，主要包括：债务人的保证人、物上保证人（债务人之外为债务设立担保物权的人）、共有人、合伙人以及对该债务担保财产享有后顺序担保物权的第三人。在这些人主动代为履行时，即便债务人对此表示异议，债权人也不得拒绝。

（三）不属于不得代为清偿的情形

下列情况下，第三人不得代为履行债务。

1. 根据债务性质只能由债务人履行的债务

按照债务性质不能由第三人代为履行的债务，这主要是指一些基于债务人的特殊技能、经验、声望、当事人之间特定的人身信赖关系等而订立的合同所发生的债务[①]，《民法典》合同编所规定的各类以提供劳务为给付的典型合同，基本上属于此类情形。例如委托开发合同中的研究开发人，技术咨询合同中的受托人，授课、演出等提供劳务的合同中的劳务提供人，不能将其合同义务交由第三人代为履行。当然，第三人可以在这些合同中，在债务人领导和负责下从事一些

① 黄立．民法债编总论．北京：中国政法大学出版社，2002：654.

辅助性的工作。[①] 例如，承揽合同中，承揽人可以将其承揽的辅助工作交由第三人完成，但承揽人应就第三人的工作向债权人负责（《民法典》第 773 条）。

2. 按照当事人约定只能由债务人亲自履行的债务

如果当事人在合同中明确约定履行主体为债务人本人时，则按照全面履行原则，合同必须严守，自然不得由他人代为履行。

3. 依照法律规定只能由债务人亲自履行的债务

法律基于一些合同特定的人身性质，明确规定其在没有当事人特别约定的情况下，不得由第三人代为履行。例如，承揽合同中承揽人应当以自己的设备、技术和劳力，完成主要工作，当然，当事人另有约定的除外。如果承揽人未经定作人同意擅自将其承揽的主要工作交由第三人完成，定作人也可以解除合同并追究承揽人的违约责任（《民法典》第 772 条）。委托合同中受托人应当亲自处理委托事务，转委托必须经委托人同意或者追认，或者紧急情况下受托人为维护委托人的利益而进行转委托（《民法典》第 923 条）。当然，正如前述条文中所规定的，由于其并不涉及第三人利益或者公共利益，此类规定可以由当事人通过相反的约定来加以排除。

在以上情形下，除非当事人特别约定或者债权人同意，否则第三人代为履行不能构成清偿，债权人也有权以履行主体不适格为由拒绝第三人的代为履行。

对于法律对债务人亲自履行作出强制性规定的情形，即便当事人特别约定或者债权人同意，第三人也不能代为履行。例如建设工程承包合同中，由于涉及人身财产安全，法律对债务人亲自履行有强制性规定。虽然总承包人或者勘察、设计、施工承包人经发包人同意，可以将自己承包的部分工作交由第三人完成，第三人就其完成的工作成果与总承包人或者勘察、设计、施工承包人向发包人承担连带责任；但建设工程主体结构的施工必须由承包人自行完成，承包人不得将工程支解后分包或者转包。禁止承包人将工程分包给不具备相应资质条件的单位。禁止分包单位将其承包的工程再分包。这些内容系法律的强制性规定，当事人不能以特别约定加以排除（《民法典》第 791 条）。

二、第三人的代位权

（一）法定的债权转移

依据本条第 2 款，债权人接受第三人的履行，就意味着第三人全面、适当地代为履行了债务，债权人也进行了受领。故成立第三人的代为清偿，债权消灭，

① 黄立．民法债编总论．北京：中国政法大学出版社，2002：654．

债权人不得再向债务人提出请求。

在第三人代为清偿之后，依据本条第 2 款，第三人直接取得债权人对债务人享有的债权。本条第 2 款并未对债权转移的通知加以规定，解释上应当认为此系法律对债权转移的直接规定。除非债务人和第三人另有约定，否则债权人接受第三人履行，换言之，第三人代为清偿之后，依据本条第 2 款法律的直接规定，第三人就取得了债权人对债务人的债权，而无须依据《民法典》第 546 条进行债权让与通知。相应地，从属于该债权的权利，如保证债权、担保物权等，也一并转移。

既然该权利已经由第三人所取得，第三人就应当以自己的名义行使权利。此外，第三人所取得的是债权人对债务人所需要的债权，而非追偿权。因此，该权利的诉讼时效仍然应当按照债权人原有的权利来判断，而不能从取得权利之日重新起算。

（二）关于债务人与第三人的约定

本条第 2 款对清偿代位效果的规定上，以债务人与第三人的约定为例外。所谓的债务人与第三人的约定，是指债务人与第三人之间是否存在赠与的约定。从常理来看，第三人代为履行债务，是因为其对债务的履行有合法利益。如果债务迟迟不能得到清偿，将严重影响到第三人的利益。例如，第三人作为抵押人，如果债权一直存在，那就意味着其抵押物上的抵押权无法得到涤除，虽然《民法典》允许抵押人转让抵押物，但由于抵押权的存在，势必形成风险折价，影响抵押物的转让价格，从而不利于抵押物交换价值的实现。但是第三人清偿债务之后，按照常理，自然应当将由于第三人清偿而使债务人获得的利益转移给第三人，因此法律特别规定了清偿代位制度，由第三人直接取得债权人对债务人的债权。但是，法律也不禁止第三人以赠与的意思进行履行，第三人可能基于其他动机而代债务人履行债务同时拒绝取得债权人对债务人的债权。在第三人与债务人之间存在赠与的约定的情况下，基于私法自治的原则，这种约定并不为法律所禁止。自然，第三人不能依据本条第 2 款取得债权人的债权，其也不能再向债务人提出请求。

需要注意的是，赠与的意思并非市场经济条件下交易的常态，因此债务人与第三人之间的约定中，应当明确地表示出赠与的意思。

（三）关于债权人接受第三人的履行

比较法上，通常规定只要第三人对债权人进行了清偿，就自动取得债权人对债务人的债权，但其承受债权人的权利不得损害债权人的利益。而本条第 2 款对第三人代位权的取得，明确规定以债权人接受第三人的履行为前提，同时，其并未明言第三人承受的权利是否须以不损害债权人利益为限。

笔者认为，法律规定代位清偿，其目的在于，一方面，是简化法律关系，通过第三人代债务人清偿债务从而消灭债权，避免债权长期存在影响到第三人的利益。另一方面，是基于公平的考量，使第三人就其清偿而使债务人获得的利益归属于第三人。[①] 因此，第三人通过清偿代位取得债权人对债务人的权利，不得损害债权人的利益。否则，如果因此使债权人陷入较债务人清偿更为不利的境地，显然有失代位制度的设立目的。

本条第 2 款的这种做法，实际上就是以债权人的接受或者说债权人的主观认定来判断第三人清偿代位是否损害债权人的利益。这就是说，法律把清偿代位的判断权交给了债权人。债权人应当综合考量如果接受第三人的清偿是否会损害自己的利益，再决定是否接受第三人的履行。

需要指出的是，原则上，债权人不得拒绝第三人的履行。这是因为，本条第 1 款明确规定，在符合法定条件的情况下第三人有权向债权人代为履行，这就意味着法律明确此种情况下的第三人是清偿的适格主体。那么何种情况下债权人可以拒绝第三人的代为履行？笔者认为，债权人所能够拒绝的，只能是第三人的履行不符合约定的情形，以及第三人清偿代位可能损害其利益的情形。

第三人的履行不符合约定，则其不能构成清偿，债权人当然有权拒绝。第三人的部分履行，依契约必守原则，债权人可以拒绝，但是部分履行不损害债权人利益的除外（《民法典》第 531 条）。但一般而言，部分履行不会造成债权人利益的损害，因为在第三人仅对部分债务完成清偿的情况下，只是该已清偿的部分债权消灭，相应地，也只能是该部分债权转移给第三人，从而形成了债权人与第三人对债务人享有按份债权的情形。而此种情况通常不会损害债权人的利益。但在部分履行增加了债权人的保管费用等履行费用的情况下，债权人可以拒绝。

关于第三人清偿代位可能损害其利益的情形，我国台湾地区“民法”第 312 条规定：“就债之履行有利害关系之第三人为清偿者，于其清偿之限度内承受债权人之权利，但不得有害于债权人之利益。”所谓“于其清偿之限度内”，实际上就承认了第三人可以部分清偿，并就清偿的部分取得债权人的权利。但其同时，又以“不得有害于债权人之利益”对部分清偿加以限制。笔者认为，这种做法的精神是值得借鉴的，清偿代位可能损害债权人利益的情形主要是指债权附有物的担保的情形。基于法定的债权转移，担保物权的一部也随之转移给第三人。基于担保物权的不可分性，债权人和第三人均享有担保物权，反而可能不利于债权

① ［日］我妻荣．中国民法债编总则论．洪锡恒，译．北京：中国政法大学出版社，2003：292.

人。这种情况下，债权人有权拒绝第三人的代为履行。

第五百二十五条

当事人互负债务，没有先后履行顺序的，应当同时履行。一方在对方履行之前有权拒绝其履行请求。一方在对方履行债务不符合约定时，有权拒绝其相应的履行请求。

本条主旨

本条是对双务合同履行中同时履行抗辩权的规定。

相关条文

《合同法》第66条　当事人互负债务，没有先后履行顺序的，应当同时履行。一方在对方履行之前有权拒绝其履行要求。一方在对方履行债务不符合约定时，有权拒绝其相应的履行要求。

理解与适用

一、抗辩与抗辩权

所谓抗辩是指一切用以对抗对方请求的防御手段。在债的关系中，针对债权人的给付请求，债务人可以主张合同不成立、无效、被撤销或者不生效来否认对方权利的存在，也可依据合同的约定或者法律的规定主张免责，还可依据法律的规定行使抗辩权来对抗对方的请求权。这些主张都能够对抗对方的请求，都属于抗辩的范畴。

民法中的抗辩权是债务人依法享有的对抗债权人请求权的权利。抗辩权以债权人请求权的有效存在为前提，否认对方权利存在的抗辩不属于抗辩权。① 例如，在合同中，债权人请求债务人履行其合同义务，债务人则主张该合同内容违反法律的强制性规定，因此合同无效。此时债务人提出的抗辩实际上就是否认对方债权存在的抗辩。此种抗辩并不是在主张抗辩权，而是在主张自己根本没有给付义务。因此，抗辩权不同于抗辩，只是抗辩的下位概念。

抗辩权是民事实体法所规定的权利。申言之，一方面，抗辩权必须基于法律

① 史尚宽．民法总论．北京：中国政法大学出版社，2000：28.

的规定而产生。基于合同自由，在合同中双方当事人有权约定一定的抗辩事由，当事人依据此种约定产生的权利仍然属于合同权利，而不能认为是抗辩权。[①] 例如，双方当事人在买卖合同中约定，因出卖人所在地区限制用电而导致无法完成标的物生产的，出卖人有权延期履行。则履行期限届至买受人请求交付的，出卖人有权主张延期交付。此时出卖人固然行使对抗买受人债权请求权的权利，但该权利并非抗辩权。

抗辩权因其效力可以分为消灭的抗辩权和延期的抗辩权。前者能够消灭对方的请求权，例如抵销[②]；后者则不能消灭对方的请求权，而只能使其效力延缓行使，如我国《合同法》规定的双务合同履行中的同时履行抗辩权、后履行抗辩权和不安抗辩权。由于这三种抗辩权的行使能够依法对抗相对人的请求权，因此在行使抗辩权的情况下，未按照合同约定履行给付义务，不能认为构成违约。

基于私法自治的原理，无论是抗辩还是抗辩权，都应当由当事人自行主张，而不能因构成要件的成就而自动发生对抗请求权的效力。法院或仲裁庭不得依职权主动适用抗辩权，并以之作为判断一方当事人免责的事由。例如，即便当事人有权行使某种抗辩权，但并未对该权利加以主张，则其客观上陷入履行迟延时，仍应就该迟延承担责任。

还应当注意的是，抗辩不同于否认。主张某种抗辩的当事人，应当就其抗辩承担举证责任；而其对诉讼请求依据的事实单纯的否认，并不承担举证责任。在民事诉讼中举证责任的分配上，《民事诉讼法》第 64 条第 1 款重申了“谁主张，谁举证”的原则，明确规定“当事人对自己提出的主张，有责任提供证据”。《民事诉讼法司法解释》第 90 条则对此进行了进一步细化，依据该条第 1 款，“当事人对自己提出的诉讼请求所依据的事实或者反驳对方诉讼请求所依据的事实，应当提供证据加以证明，但法律另有规定的除外”。第 91 条则规定：“人民法院应当依照下列原则确定举证证明责任的承担，但法律另有规定的除外：（一）主张法律关系存在的当事人，应当对产生该法律关系的基本事实承担举证证明责任；（二）主张法律关系变更、消灭或者权利受到妨害的当事人，应当对该法律关系变更、消灭或者权利受到妨害的基本事实承担举证证明责任。”显然，第 90 条所说的“自己提出的诉讼请求”，就给付之诉而言，自然应当以实体法上的请求权为基础，其主要涉及的是债权是否成立以及物权请求权能否发生等情形。形成之诉则以实体法规定的形成权的存在且其行使必须通过法院或者仲裁机构为前提，

① 王利明．合同法研究：第二卷．北京：中国人民大学出版社，2015：70.

② 但也有不少学者认为抵销是形成权。

因为如果该形成权能够通过意思表示来行使，则意思表示到达就已经发生了法律关系变动的效果，即便对方当事人不认可，也只能发生确认之诉而非形成之诉。确认之诉，则是围绕法律关系或者说权利是否存在或者不存在来展开的。无论是哪一类诉讼请求，主张该诉讼请求的当事人都应当围绕相关法律关系以及相应的法律事实进行举证，并承担未能提供证据或者证据不足以证明其事实主张所带来的不利后果。相应地，所谓“反驳对方诉讼请求”就是诉讼法意义上的抗辩，其范围较之于民法中的抗辩更为宽泛，既包括在各类诉讼中基于实体法而发生的抗辩，也包括基于程序法而提出的各类抗辩。基于实体法的各类抗辩中，包括了在给付之诉、形成之诉和确认之诉中对对方诉讼请求的抗辩；而在给付之诉中的抗辩，其范围大略等同于民法中的抗辩。

《民事诉讼法司法解释》第 90 条第 1 款的规定，在明确当事人对自己的诉讼请求和抗辩应当承担举证责任的同时，实际上明确了被告对其对诉讼请求及其依据的事实单纯的否认并不负举证责任。例如，甲公司起诉乙公司，要求其按照合同约定继续履行债务。如果乙公司主张该合同上加盖的公章并非公司印章，其与甲公司之间根本没有该合同关系，则乙公司此时只是否认，其无须对该合同关系不存在承担举证责任，而要由甲公司就该合同上印章的真实性等事实承担举证责任，但如果乙公司主张其已经完成了清偿义务，则意味着其主张了债的关系消灭的抗辩，其需要就此承担举证责任。

二、双务合同的特殊效力

（一）双务合同的判断

所谓双务合同是指当事人双方互负对待给付义务的合同，即一方当事人愿意负担履行义务，旨在使他方当事人因此负有对待给付的义务。换言之，双务合同中双方当事人既是债权人也是债务人，一方当事人所享有的权利，即为他方当事人所负有的义务，双方当事人负有的债务互为对价，构成对待给付。双务合同是典型的交易形式，市场经济条件下，合同以双务为原则。

关于一方当事人的给付与对方当事人的对待给付是否需要等值的问题，学界主要有两种观点：一为客观说，即要求以市场标准或者理性人标准判断，认为给付与对待给付之间应该等值；二为主观说，即只要当事人之间的合同是基于真实、自由的意思，主观上愿意以自己的给付换取对方的给付，即为公平合理，至于客观上是否等值，在所不问。我国合同法律中长期奉行等价有偿的原则，但从私法自治角度观之，对于给付是否公平、价格如何形成，应当尊重当事人的意思，故《合同法》删去了《民法通则》《经济合同法》等明确规定的等价有偿原则，《民法典》亦未再提及等价有偿。故而其实质上采纳了主观说，即所谓“契约即公正”，给付与对待给付在价值上不需要等值，如果当事人自由意志受到侵害导致不真实或者缔约人无法作出自由选择时，则由当事人通过撤销权来获得救济。一般认为，买卖、租赁、互易、承揽、雇佣、和解等合同属于双务合同。合伙合同虽为双务合同，在合伙人只有二人时，各合伙人的出资义务构成对待给付，可以行使同时履行抗辩权，但合伙人为二人以上，则不得行使同时履行抗辩权。①

（二）双务合同的牵连性

双务合同中，双方当事人互负的对待给付，互为因果，互为对价，缺少任何一方，都导致合同权利义务关系的失衡。这就导致双务合同的牵连性以及由此发生的特殊效力。双务合同的牵连性是指在双务合同中，一方的权利与另一方的义务之间具有相互依存、互为因果的关系。

通常认为，双务合同的牵连性主要表现在：一是发生上的牵连性或者说是在合同成立与效力评价上的牵连性。双方当事人的给付义务互为条件、同时产生，一方的给付义务不成立、无效或被撤销，另一方的给付义务也发生同样的效果。如果一方当事人例如买卖合同中的出卖人，其所承担的债务由于标的物的违法而无效，则买受人的给付价款的义务也当然随着无效。二是履行上的牵连性。在双务合同有效成立后，原则上双方当事人应当同时履行各自的给付义务，一方所负的给付义务以他方负担给付义务为前提。因此，如果一方不履行自己的义务，将使对方的权利不能实现，对方对自己所负的给付义务的履行也受到影响。这就发生了双务合同履行中的抗辩权，包括《民法典》本章规定的同时履行抗辩权、后履行抗辩权以及不安抗辩权。根据对方的履行情况以及将来的可能给付的情况、双方的先后履行顺序，在对方未为对待履行或可能丧失履行能力的情况下，自然可以将自己的履行暂时中止，而拒绝对方的履行请求②，甚至在构成预期违约的情况下进而解除合同。这也是双务合同基于其牵连性而发生的特殊效力。法律规定这些抗辩权，其目的在于维持双务合同当事人之间在利益关系上的平衡。三是存续上的牵连性。非因双方的过错导致合同一方当事人不能履行其义务时，即便另一方当事人尚能履行，其也可基于对方的履行不能而拒绝对方的履行请求。这是因为，双务合同中当事人互负对待给付义务。在对方不能履行的情况下，合同

---

① 王泽鉴．民法学说与判例研究：第六册．北京：北京大学出版社，2009：142.

② 王利明．论双务合同中的同时履行抗辩权//民商法论丛：第3卷．北京：法律出版社，1995：16－17.

目的不能实现，自然可以解除合同。当然，此种情况下涉及风险负担，尤其是价金风险如何承担的问题。风险负担规则也是双务合同存续上牵连性的重要体现，是双务合同的特殊效力之一。①

《民法典》在承担债编总则职能的合同编通则分编“合同的履行”一章中对双务合同履行中的抗辩权加以规定，固然是吸收《合同法》立法经验之举，也是双务合同履行中抗辩权规则普遍适用于各类双务合同这一体系地位所决定的。

（三）对待给付的判断

双务合同中，双方当事人的主给付义务之间构成对待给付；主给付义务与从给付义务之间原则上不构成对待给付，但从给付义务直接影响当事人订约目的的实现时，应当认为从给付义务与相对人的给付构成对待给付。附随义务不能与对方当事人的给付义务构成对待给付。在有些合同中，双方当事人可能也各负债务，但其可能不构成对待给付，此即所谓不完全双务合同。② 例如，无偿委托合同中，受托人的主给付义务是处理委托人事务（《民法典》第 919 条），而委托人则负有预付必要费用的义务（《民法典》第 921 条），但此义务之间并非对待给付，因此此类合同为不完全双务合同。当事人被要求履行所负债务时不能援引同时履行抗辩权。

对于利他合同，第三人可以按照法律的规定或者合同的约定直接请求债务人向其履行债务。按照《民法典》第 522 条，债务人对债权人的抗辩，可以向第三人主张，故如果债权人与债务人之间互负对待给付义务，则债务人可以向第三人主张相关抗辩权。但这一抗辩的特点在于，债务人可以债权人没有进行对待给付为由拒绝向第三人进行给付，但其不能要求该第三人向自己进行对待给付。

双务合同履行中的抗辩权基于合同而产生，也应随着合同终止而消灭。如果合同并未消灭，而只是合同主体或内容发生变更，如债权让与或债务承担、债权因继承而移转导致的合同主体变更，原债务转化为违约损害赔偿导致的内容变更，此种情况下，债的关系并未失去同一性，双务合同履行中的抗辩权仍然存在。③

三、同时履行抗辩权的概念与构成

（一）同时履行抗辩权的概念

同时履行抗辩权，是指没有先后履行顺序的双务合同中，当事人一方在他方

① 邱聪智．新订民法债编通则．北京：中国人民大学出版社，2003：367－368.

② 王泽鉴．债法原理：第一册．北京：中国政法大学出版社，2001：145.

③ 黄立．民法债编总论．北京：中国政法大学出版社，2002：546.

未对待给付以前，可以拒绝自己为给付的权利。我国《合同法》第 66 条规定了同时履行抗辩权，依据该条："当事人互负债务，没有先后履行顺序的，应当同时履行。一方在对方履行之前有权拒绝其履行要求。一方在对方履行债务不符合约定时，有权拒绝其相应的履行要求。"《民法典》本条沿用了该规定。

（二）同时履行抗辩权的构成

依据本条，同时履行抗辩权的产生，应当具备下列条件。

第一，双方当事人基于同一合同互负对待给付义务。这就是说，同时履行抗辩权的行使，以基于同一双务合同为前提。如果双方当事人所负债务并非基于同一合同发生，即便这些债务之间具有很密切的关系，也不能行使同时履行抗辩权。

第二，产生双方给付义务的合同已生效。同时履行抗辩的机能在于一方拒绝履行可迫使他方履行合同，从而促使对方同时履行其债务。因此，抗辩权以相对人请求权的有效存在为前提，如果合同不成立、无效、被撤销或者不生效，则应主张权利不存在的抗辩，而不发生同时履行抗辩权的问题。

如果被请求履行的一方对合同享有撤销权，则其行使撤销权时，自然不能也无须行使同时履行抗辩权；如其主张同时履行抗辩权，则意味着以其行为抛弃了撤销权。如果因不可抗力致一方当事人不能履行，则另一方可以依合同目的不能实现而解除合同，而不宜行使同时履行抗辩权。如果因可归责于一方当事人的事由致其不能履行，则另一方有权解除合同，并追究对方的违约责任，而不必主张同时履行抗辩权。

第三，合同中双方当事人的义务没有先后履行顺序。如果合同中约定了先后履行顺序，或者从合同对履行期限的约定中能够确定其先后履行顺序的，则不能适用同时履行抗辩权的规定。如果合同中没有约定履行顺序，则应当依据《民法典》第 510 条的规定，由当事人协议补充，不能达成补充协议的，按照合同有关条款、合同性质、合同目的或者交易习惯确定。在依照《民法典》第 510 条的规定仍然不能确定履行顺序的情况下，则应当按照本条第一句，由当事人同时履行。正是由于没有先后履行顺序，基于双务合同中双方义务的牵连性以及维持当事人之间利益均衡的考量，法律才规定双方应当同时履行。

第四，须双方给付义务的履行期限已经届至。债权请求权虽然在债的关系成立之时即已发生，但只有履行期限届至，方有债务人履行义务的实际承担。如果履行期限尚未届至，则双方当事人均可针对对方的履行请求，提出履行期限尚未届至的抗辩。此种情况下，没有必要主张同时履行抗辩权。

第五，须对方未履行债务或者履行债务不符合约定。如果提出请求的一方不履行其全部对待给付义务，相对人得就自己之给付义务的全部拒绝履行。如果其仅是部分履行，则只能就相应的部分拒绝履行。

四、同时履行抗辩权的效力

关于同时履行抗辩权的效力，本条明定为“有权拒绝其相应的履行请求”。同时履行抗辩权的行使，并非使对方当事人的请求权归于消灭，而仅在阻碍其效力的发生，因此属于延期的抗辩权，抗辩权人可以拒绝对方相应的履行请求。当事人因行使同时履行抗辩权而逾期履行的，不承担违约责任。但是，对方的请求权并没有因为抗辩权的行使而消灭，其仍然存在。对方可以先行给付或者提出同时给付，或者提供担保要求抗辩权人先行给付，从而打破可能的履行中的僵局。

同时履行抗辩权的效力需当事人主张方可发生。因此，当事人行使同时履行抗辩权时，只要证明双方没有履行先后顺序且对方没有履行或履行不符合约定，就可以拒绝自己进行相应的给付。一方当事人在请求对方进行给付时，也无须证明自己没有先为给付的义务或者已经履行其给付义务。

值得注意的是，关于同时履行抗辩权的效力，本条强调“拒绝其相应的履行请求”。这里的“相应”，具体来说，在一方尚未履行的情况下，自然对方有权拒绝自己的履行。但在一方作出了一定的给付，但是构成不完全履行的情况下，则要结合债的标的，依据诚实信用原则对此加以具体分析。申言之，如果其不完全履行，包括部分履行、瑕疵履行导致合同目的不能实现，则效果上相当于没有履行，相对人可以拒绝自己的履行；如果并没有导致合同目的不能实现，则相对人还是应当作出对应的给付。但是，如果对方虽然只是部分给付，而相对人拒绝履行或者拒绝全部债务的履行有悖诚实信用原则，例如在相对人未为履行的部分对权利人的影响微乎其微时，则权利人不应拒绝履行。①

在不符合同时履行抗辩权构成要件的情况下，以行使所谓同时履行抗辩权为由拒绝自己相应的给付，则可能构成双方违约，应当按照《民法典》第592条第1款的规定各自承担相应的责任。例如，以对方没有履行通知义务为由，拒绝履行自己的主给付义务，造成履行迟延，则此时因主给付义务与通知义务这一附随义务之间并不构成对待给付，不能认为是行使同时履行抗辩权，应由其就其迟延履行承担违约责任，而对方亦应就其怠于履行通知义务所造成的损失承担违约损

① 《德国民法典》第320条第2款规定：“另一方当事人已履行部分给付的，根据情况，特别是因迟延部分无足轻重时，当事人一方如果拒绝履行对待给付有违诚实信用原则的，即不得拒绝给付。”我国台湾地区“民法”第264条第2款也规定：“他方当事人已为部分之给付时，依其情形，如拒绝自己之给付有违背诚实及信用方法者，不得拒绝自己之给付。”可资参照。

害赔偿责任。

五、与相关概念的区别

（一）同时履行抗辩权与留置权

二者的行使都可以导致一方拒绝履行一定给付的结果且均无须对此承担责任。但二者区别十分明显：第一，权利目的和性质不同。留置权为担保物权，目的是担保主债务履行，留置权人得直接支配物的交换价值，能够依法直接拍卖、变卖留置物并以其价款优先受偿。而同时履行抗辩权的发生和行使的主要目的不在于担保债务履行，而在于谋求双方同时履行，以维护利益的公平。[①] 同时履行抗辩权为双务合同的效力，其依附于债权而存在。其仅能对抗合同另一方当事人的请求权。第二，权利的构成要件不同。留置权的产生以依法占有对方的财产为前提，且除企业之间留置之外，留置的动产应当与被担保的债权属于同一法律关系，仅对方不履行或不按照约定履行义务不能发生留置权。同时履行抗辩权产生的基础则在于双方互负债务的牵连性。第三，所涉标的物不同。同时履行抗辩权适用于各类双务合同，其合同标的既可以是物的给付，也可以是劳务的给付、无形财产的移转。留置权仅限于对动产的留置。第四，权利的行使后果不同。留置权发生后，在当事人约定或留置权人依法指定的履行期限内债务人仍然不履行债务的，留置权人可以通过对留置物协议折价或者拍卖、变卖留置物，依法实现其留置权。同时履行抗辩权的行使，仅在对抗对方履行债务的请求。

（二）同时履行抗辩权与合同解除

二者在外观上虽然都表现为一方当事人拒绝履行其义务，但二者存在较大差异：第一，发生条件不同。合同解除的条件由法律规定或当事人约定，同时履行抗辩权作为双务合同的效力，其发生条件由法律规定。在具体构成上二者也是不同的。第二，同时履行抗辩权的行使并未使合同关系消灭，也并未免除自己的给付义务，只是促使对方与自己同时履行给付义务。而合同解除则是合同权利义务关系终止的原因。第三，同时履行抗辩权以合同债权的有效存在为前提，如果当事人已经解除合同，则不能再享有此项权利。因此，在因一方不履行或不按照约定履行已导致根本违约时，另一方有权解除合同，也不必主张同时履行抗辩权。但对于因解除而导致的相互返还的义务，解释上认为可以行使同时履行抗辩权。

---

① 王家福．中国民法学·民法债权．北京：法律出版社，1991：401.

第五百二十六条

当事人互负债务，有先后履行顺序，应当先履行债务一方未履行的，后履行一方有权拒绝其履行请求。先履行一方履行债务不符合约定的，后履行一方有权拒绝其相应的履行请求。

本条主旨

本条是对后履行抗辩权的规定。

相关条文

《合同法》第 67 条　当事人互负债务，有先后履行顺序，先履行一方未履行的，后履行一方有权拒绝其履行要求。先履行一方履行债务不符合约定的，后履行一方有权拒绝其相应的履行要求。

理解与适用

一、后履行抗辩权的概念

在双务合同履行过程中，负有先履行义务的一方在履行期限届至后不履行或履行其给付义务不符合约定时，基于双务合同的牵连性，后履行一方自然有权拒绝履行相应的对待给付义务。此种抗辩权为后履行一方所享有的抗辩权，故称为后履行抗辩权，也有人称为顺序抗辩权。《合同法》第 67 条对后履行抗辩权进行了规定，《民法典》本条沿用了这一做法。

双务合同中，既然在双方应当同时履行时尚能拒绝对待给付，在负有先履行义务的一方不履行义务时，后履行一方自然更有理由拒绝对待给付。因此，在规定同时履行抗辩权的情况下，后履行一方有权提出类似的抗辩自无异议。

从比较法来看，大陆法系民法一般只规定同时履行抗辩权，而不直接规定后履行抗辩权。但其对同时履行抗辩权的规定，实际上包含了后履行抗辩权。例如《德国民法典》第 320 条第 1 款规定："因双务合同而负有义务的人，在另一方当事人履行对待给付之前，可以拒绝履行自己的给付，但自己负有先行给付义务的除外。"我国台湾地区"民法"第 264 条也规定："因契约互负债务者，于他方当事人未为对待给付前，得拒绝自己之给付。但自己有先为给付之义务者，不在此限。"按照学者的解释，"被请求之一方，如于法律规定、契约约定或交易习惯，而有先为给付义务者，即无同时履行抗辩权之可言”①。显然，其只是排除了主张抗辩权的一方负有先行给付义务的情形，就履行顺序而言，互负同时履行义务的情形以及在后履行一方主张抗辩权的情形，均属于同时履行抗辩权的构成范围。在《合同法》起草过程中，考虑到我国过去司法实践中常常将后履行一方行使此种抗辩权的行为认为构成双方违约，事实上鼓励了负有先履行义务一方的违约行为，从而严重损害了合同必须严守的基本准则。因此，我国《合同法》借鉴了《国际商事合同通则》的做法②，在第 67 条明确规定了后履行抗辩权。

在《民法典》起草过程中，有学者对单独规定后履行抗辩权这一做法提出了异议。其主要观点在于，法律将这一存在先后履行关系的双务合同中，应该后履行的一方在对方没有履行的情况下可以中止履行，改造成了先履行一方的请求权与后履行一方的抗辩权之间进攻和防御的关系，在实践中会造成后履行一方拒绝出庭、缺席审判时，法官不能主动援用该抗辩权的问题。③ 但问题在于，一方面，民事诉讼中奉行处分原则，一方当事人拒绝行使权利，其应当自行接受相应的法律后果。事实上，正如我国前述《民事诉讼法》及其相关解释对举证责任的相关规定所强调的，当事人对自己的诉讼请求和抗辩应当承担举证责任。当事人对自己的权利不主张、不举证而交由法官自行主张并调取证据，过分强调法官的职权主义，在民事诉讼中未必妥当。另一方面，其也无法解释法律即便不规定后履行抗辩权，而是将其如德国或者我国台湾地区那样将其纳入同时履行抗辩权，也会带来同样的问题。

二、后履行抗辩权的构成要件

根据《民法典》第 526 条的规定，构成后履行抗辩权应当具备下列条件。

（1）双方当事人基于同一合同互负对待给付义务。

（2）产生双方给付义务的合同已生效。

（3）主张抗辩权的一方给付义务的履行期限已经届至。

（4）一方当事人有先为履行的义务。双方当事人义务的先后履行顺序，可以基于当事人的约定，也可以依据法律的规定、合同性质以及交易习惯来确定。

（5）须先履行一方未履行债务或者履行债务不符合约定。如果先履行一方不履行其全部对待给付义务，相对人得就自己之给付义务的全部拒绝履行。如果其

---

① 邱聪智．新订民法债编通则．北京：中国人民大学出版社，2003：370.

② 《国际商事合同通则》第 7.1.3 条第 2 款规定：“当事人各方应相继履行合同义务的，后履行的一方当事人可在应先履行的一方当事人完成履行之前暂停履行。”

③ 张谷．民法典合同编若干问题漫谈之先履行抗辩权应予删除．“浙大民商法”公众号．

仅是部分履行，则只能就相应的部分拒绝履行，但依诚信原则，在相对人未为履行的部分对权利人的影响微乎其微时，则权利人不应拒绝履行。在瑕疵履行时，只能在该瑕疵导致根本违约的情况下，才可以拒绝相应的给付。

三、后履行抗辩权的效力

后履行抗辩权属于延期的抗辩权，其效力在于阻碍先履行一方请求权效力的发生。因此本条规定，后履行的一方有权拒绝其相应的履行请求。因行使后履行抗辩权而造成后履行一方逾期履行的，不承担违约责任。

后履行抗辩权不得由法院或仲裁庭主动援用，其效力需当事人主张方可发生。当事人行使后履行抗辩权时，只要证明对方没有履行或履行不符合约定，就可以拒绝自己进行相应的给付。

在不具备行使条件的情况下，以行使“后履行抗辩权”为由拒绝自己相应的给付，则可能构成双方违约，应当按照《民法典》第 592 条第 1 款的规定各自承担相应的责任。

第五百二十七条

应当先履行债务的当事人，有确切证据证明对方有下列情形之一的，可以中止履行：

（一）经营状况严重恶化；

（二）转移财产、抽逃资金，以逃避债务；

（三）丧失商业信誉；

（四）有丧失或者可能丧失履行债务能力的其他情形。

当事人没有确切证据中止履行的，应当承担违约责任。

本条主旨

本条是对不安抗辩权构成要件的规定。

相关条文

《合同法》第 68 条　应当先履行债务的当事人，有确切证据证明对方有下列情形之一的，可以中止履行：

（一）经营状况严重恶化；

（二）转移财产、抽逃资金，以逃避债务；

（三）丧失商业信誉；

（四）有丧失或者可能丧失履行债务能力的其他情形。

当事人没有确切证据中止履行的，应当承担违约责任。

理解与适用

一、不安抗辩权的概念

所谓不安抗辩权是指负有先为给付义务的一方当事人，在有确切证据证明对方当事人已经丧失或可能丧失履行债务能力，或者到期后将不履行合同的情况下，有中止履行并在法定条件下依法定程序解除合同的权利。我国《合同法》第68、69条分别对不安抗辩权的构成要件和法律效果进行了规定。

不安抗辩权是大陆法系独有的制度。基于双务合同的牵连性，在一方当事人应当先履行的情况下，如果后履行一方有难为对待给付之虞或可能不愿为对待给付，此时法律仍然要求先履行一方继续进行履行，则有悖公平。《合同法》制定之时，在我国合同履约率极低、信用状况堪忧、法院执行工作不够得力的大环境下，负有先履行义务的一方当事人，因先为给付而索债无门，企业因此陷入困境乃至破产的屡见不鲜。如果不能以法律手段对之加以充分保护，将使当事人不敢先为履行，或者要求以提供担保为订立自己负有先履行义务合同的前提。这样，必将大大增加交易成本，不利于鼓励交易。我国原《涉外经济合同法》对不安抗辩权作了规定，《合同法》在大陆法系不安抗辩权制度的基础上，借鉴了英美法系预期违约的先进经验，进一步完善了不安抗辩权的规定，允许先履行的一方在法定事由发生时可以中止履行甚至解除合同。这就为先履行一方提供了一种积极的避免风险的手段，从而能够避免单方给付后得不到对待给付的后果，维护了双务合同当事人之间利益的均衡。

近年来，随着人民法院执行力度的大幅提升、社会信用体系日渐完善，“老赖”已无处存身，但在合同履行过程中，如果应为给付的一方不能获得此项抗辩权，在后履行一方因其资信状况难以对待给付的情况下，仍然强令前者履行给付义务，显然不利于当事人之间利益的平衡，也与双务合同履行上的牵连性不符。故而，《民法典》继续规定了不安履行抗辩权，本条沿用了《合同法》第68条的做法。

二、不安抗辩权的构成要件

根据《民法典》的规定，不安抗辩权的行使，应当具备下列条件。

1. 双方当事人基于同一合同互负对待给付义务。

2. 产生双方给付义务的合同已生效。

3. 主张不安抗辩权的一方负有先履行给付义务。如果并无履行顺序，则只能主张同时履行抗辩权而非不安抗辩权；如果存在先后履行顺序，后履行的一方应当主张后履行抗辩权。这也是不安抗辩权与另外两种双务合同履行过程中抗辩权的区别之处。当事人先为给付的义务因当事人的约定、法律的规定以及交易习惯而发生，例如，在饭馆用餐，通常的交易习惯是先吃饭后交钱；旅店住宿，先住宿后结账；乘出租车，待运输过程完成再交费。

4. 先履行一方的履行期限已经届至。如果履行期限尚未届至，则其可以主张履行期限尚未届至的抗辩，而不必主张不安抗辩权。

5. 先履行一方有确切证据证明对方当事人已经丧失或可能丧失履行债务能力，或者到期后可能将不履行合同。由于对方当事人的此种状况，使先履行一方在履行其给付义务后，可能无法获得对待给付，因此法律特设不安抗辩权以维持当事人的利益均衡。

本条对于丧失或可能丧失履行债务能力的情形进行了具体列举，包括：(1) 经营状况严重恶化。例如，后履行的一方大量应收账款已成无法收回的坏账，其已陷入资不抵债；对后履行方的破产申请已经被法院受理等。(2) 转移财产、抽逃资金，以逃避债务。这表明后履行一方在其履行期限到来后，将很可能不会履行其对待给付义务。(3) 丧失商业信誉。如已经发现后履行一方对他人进行合同欺诈，或赖账不还已被纳入"失信被执行人名单"等，这也表明后履行一方已经丧失商业信誉，到期后很可能不履行合同。(4) 有丧失或者可能丧失履行债务能力的其他情形。传统大陆法系民法一般认为可能丧失履行债务能力是指后履行一方财产状况严重恶化。例如，《德国民法典》第 321 条明确规定："根据双务合同负有先行给付义务的人，如果另一方当事人的财产于订立合同之后明显减少，致有妨碍对待给付请求权的行使之虞时，在另一方当事人未履行对待给付或者提出担保之前，可以拒绝履行自己的给付。"我国台湾地区"民法"第 265 条也规定，"当事人之一方，应向他方先为给付者，如他方之财产，于订约后显形减少，有难为对待给付之虞时，如他方未为对待给付或提出担保前，得拒绝自己之给付"。但这一规定并不全面。本条第 1 款第 1 项和第 2 项所列举的也是发生在当事人负有财产给付义务的情况下，有丧失或者可能丧失履行债务能力的表现，其也只能适用于对方当事人负有财产给付义务的情形。但当事人所负的给付义务并不以财产给付为限。例如，对于承揽、演出等提供劳务的合同，劳务提供人因为患病、受伤等而可能丧失提供劳务的能力，这就需要通过本条第 1 款第 4 项这一兜底条款来解决。

不安抗辩权的行使，不以后履行一方对上述情事的发生有过错为前提，只要客观上发生上述情事即可。此外，如果后履行一方已经为其债务提供了物的担保，则即便发生上述情事，也不能认为其已经或可能丧失偿债能力。但在该担保形式为保证时，如果先履行一方有确切证据证明保证人也有上述情事的发生，则应当允许当事人行使不安抗辩权。

还要注意的是，这些情事的发生应当在合同订立以后。在当事人明知对方已经丧失或可能丧失履行债务能力的情况下，仍然与之订立自己先为履行的合同且未要求对方予以担保，这就意味着其自愿承担此种风险，或者是对自己利益的不谨慎。法律自然不宜对其再予以特别保护。当然，如果其系因欺诈或胁迫而订立该合同，当事人也可以请求撤销合同，从而免去其给付义务。

三、中止履行与举证责任

在符合本条构成要件的情况下，负有在先履行义务的一方有权中止履行。换言之，其可以主张延期的抗辩，暂时不履行自己的在先给付义务。因行使不安抗辩权而造成在先履行一方逾期履行的，不承担违约责任。

为避免当事人滥用不安抗辩权借以逃避履行给付义务，本条强调，主张不安抗辩权的一方应当就对方当事人已经丧失或可能丧失履行债务能力，或者到期后可能将不履行合同的情事有确切证据加以证明。如果当事人没有确切证据就行使“不安抗辩权”，中止履行的，则应当承担相应的违约责任。

第五百二十八条

当事人依据前条规定中止履行的，应当及时通知对方。对方提供适当担保的，应当恢复履行。中止履行后，对方在合理期限内未恢复履行能力且未提供适当担保的，视为以自己的行为表明不履行主要债务，中止履行的一方可以解除合同并可以请求对方承担违约责任。

本条主旨

本条是对不安抗辩权行使的规定。

相关条文

《合同法》第 69 条　当事人依照本法第六十八条的规定中止履行的，应当及时通知对方。对方提供适当担保时，应当恢复履行。中止履行后，对方在合理期限内未恢复履行能力并且未提供适当担保的，中止履行的一方可以解除合同。

理解与适用

一、不安抗辩权的行使

在符合《民法典》第527条规定的构成要件的情况下，先履行一方可以行使不安抗辩权，中止其本应当先进行的履行。

不安抗辩权不得由法院或仲裁庭主动援用，其效力需当事人主张方可发生。不安抗辩权人在行使不安抗辩权、依法中止履行的情况下，应当就其行使不安抗辩权的原因以及中止履行的事实向相对人作出通知，并要求对方当事人提供适当的担保。这是因为，虽然不安抗辩权的行使不以对方的同意为必要，但行使此项权利将导致先履行一方中止履行的后果，如果不及时通知对方，可能因此造成对方的损失，如丧失进行履行准备的费用等。及时通知也使后履行一方有可能及时提供担保或恢复履行能力，以使先履行一方恢复履行，避免合同解除的效果。此外，由于不安抗辩权人负有在先给付的义务，在履行期限届满的情况下，其不履行合同义务很容易被误认为构成履行迟延，造成不必要的纠纷。因此，基于诚实信用原则，本条要求先履行一方行使不安抗辩权时，应当及时通知对方。如果未作出通知或没有及时作出通知，而在先履行一方又没有按照约定的期限履行，则应当认为构成违约。

二、不安抗辩权的效力

不安抗辩权的效力表现为：先履行一方中止自己的履行。中止履行的情况下，先履行一方的给付义务并未消灭，合同权利义务关系也未中止，只是先履行一方暂停履行其给付义务。一旦另一方提供了适当的担保或恢复履行能力，先履行一方应当恢复履行。这里的适当担保，既包括物的担保，也包括保证。其是否适当，应当根据合同的标的以及担保物的价格等综合考虑，只要主合同不履行时能够承担相应的担保责任即可。

三、不安抗辩权与预期违约的衔接

大陆法系传统民法中，将不安抗辩权的法律后果规定为延期的抗辩，即在对方未为对待给付或提出担保前，抗辩权人有权拒绝自己的给付。英美法上，则规定了预期违约制度，允许在合同履行期限到来前，一方当事人无正当理由明确表示或者以自己的行为表明其在合同履行期限到来后将不履行合同义务的情况下，非违约方有权解除合同并提前追究违约责任。我国《合同法》则同时继受了这两项制度，在合同履行一章规定了不安抗辩权，而在违约责任一章规定了预期违约制度。

但问题在于，根据《合同法》第 69 条的规定，先履行一方中止履行后，对方在合理期限内未恢复履行能力并且未提供适当担保的，中止履行的一方可以解除合同。这就将不安抗辩权的效力扩张到了解除合同。其问题在于，一方面，这种做法混淆了两项制度之间的关系，也使得基于双务合同履行中的牵连性而产生的不安抗辩权，其制度基础以及效力内容发生了混乱，扰乱了双务合同的抗辩权体系。另一方面，这种做法也混淆了解除合同的规范基础。对于当事人解除合同，究系在依据《合同法》第 69 条行使抗辩权还是在依据《合同法》第 94 条主张解除，或者说，解除依据的是《合同法》第 69 条还是《合同法》第 94 条，存在不同看法。在依据《合同法》第 69 条解除合同的情况下，其是否还能依据《合同法》第 108 条主张预期违约的违约责任，也不无存疑之处。这也导致相关构成要件上如何确定、如何安排举证责任以及解除合同时相关责任性质如何，在实务上也存在不同的处理。

为了解决前述理论上的困惑以及实践中的难题，《民法典》本条在基本沿用《合同法》第 69 条规定的基础上，对不安抗辩权与预期违约制度进行了合理的衔接，将“中止履行后，对方在合理期限内未恢复履行能力且未提供适当担保”的后果，规定为“视为以自己的行为表明不履行主要债务”。这就意味着，在行使不安抗辩权中止履行之后，对方当事人在接到通知的情况下，其应当及时地恢复履行能力或者提供适当的担保。如果其没有作出前述行为，其这种不作为将被法律推定为“以自己的行为表明不履行主要债务”，从而构成预期违约。《民法典》第 578 条则规定了预期违约：“当事人一方明确表示或者以自己的行为表明不履行合同义务的，对方可以在履行期限届满前请求其承担违约责任。”第 563 条第 1 款第 2 项规定，“在履行期限届满前，当事人一方明确表示或者以自己的行为表明不履行主要债务”，从而将预期违约作为法定的合同解除事由。因此《民法典》本条新增的规定，实现了不安抗辩权与预期违约的有效衔接。因为本条所推定的，实际上就是《民法典》第 578 条所规定的默示毁约的情形。不安抗辩权人可以据此依据《民法典》第 578 条以及第 563 条第 1 款第 2 项的规定，在对方当事人的履行期尚未届满的情况下，解除合同并请求其承担违约责任。值得注意的是，虽然我国《民法典》规定了继续履行、采取补救措施、违约损害赔偿、违约金以及违约定金等违约责任方式，但是，在按照预期违约主张违约责任的情况下，由于非违约方仍然享有履行期限尚未届满的抗辩，非违约方应当解除合同并要求对方承担违约责任。这也就意味着，在具体违约责任方式的选择上，非违约方只能主张违约损害赔偿、违约金以及违约定金，而不能请求继续履行或者采取补救措施。因为后二者本身仍然是对原有合同权利义务的履行，在合同已经因为解除而权利义务终止的情况下，自然不能再行适用。如果非违约方希望对方承担继续履行的责任，则其只能行使不安抗辩权中止履行，等待履行期限届满后再行主张继续履行。

值得注意的是，在最终版本中，本条原先“视为以自己的行为表明不履行合同主要义务”的表述被调整为“视为以自己的行为表明不履行主要债务”，从而实现了与第563条第1款第2项规定的一致。从预期违约解除制度的完善而言，《民法典》第563条第1款第2项并未对默示毁约，即当事人一方“以自己的行为表明不履行主要债务”的具体构成作出规定。但从本条的规定来看，相应地，在解释该规定时，也应当参照《民法典》第527条和本条的规定，将一方当事人有确切证据证明存在《民法典》第527条规定的丧失或者可能丧失履行能力的情形、催告对方提供适当的担保以及对方在合理期限内没有恢复履行能力也没有提供适当的担保，理解为《民法典》第563条第1款第2项规定的默示毁约解除的情形。

当然，当事人也可以仅行使不安抗辩权或其他双务合同履行中的抗辩权来暂不进行自己的对待给付，等待对方履行期限到来后视对方的履行情况而依据实际违约的规则请求其承担相应的违约责任。但是，此种做法的风险将是很大的。因为默示毁约往往意味着债务人已经丧失了履行能力，即便债权人的违约请求得到法院支持，也可能难以得到执行。

第五百二十九条

债权人分立、合并或者变更住所没有通知债务人，致使履行债务发生困难的，债务人可以中止履行或者将标的物提存。

本条主旨

本条是对履行过程中债权人自身发生重大事项时的通知义务的规定。

相关条文

《合同法》第70条　债权人分立、合并或者变更住所没有通知债务人，致使履行债务发生困难的，债务人可以中止履行或者将标的物提存。

理解与适用

通常情况下，债权人的自身发生变动时，并不影响合同的履行，债务人不得以此为由拒绝或迟延履行债务。因此，《合同法》第76条规定："合同生效后，当事人不得因姓名、名称的变更或者法定代表人、负责人、承办人的变动而不履行合同义务。"否则，债务人应当承担违约责任。但在债权人自身发生的某些事项直接影响到合同履行时，则债权人就此负有通知债务人的义务。这一义务也是诚信履行原则的具体体现。

一、债权人分立、合并时的通知义务

所谓债权人的分立、合并，是指作为法人或者非法人组织的债权人，所发生的分立或者合并的情形。法人分立，是指一个法人分成两个或两个以上的法人。分立包括新设分立与派生分立。新设分立，是指原法人分立为两个或者两个以上新的法人，原法人不复存在；所谓派生分立，是指原法人仍然存在，但从原法人中分立出来一个新的法人。

法人合并是指两个或两个以上的法人，合并为一个法人或合并为一个新的法人。合并包括新设合并与吸收合并。新设合并是指几个法人合为一个法人，原法人均不存在。吸收合并是指，一个或多个法人归并到一个现存的法人中去，被合并的法人资格消灭。

法人合并分立的情况下，对于其债务人造成的影响，值得讨论。《民法典》合同编专章规定了合同权利的转让。值得注意的是，在合同权利和义务的概括转移的问题上，《民法典》删去了《合同法》第90条的规定①，从其第555条的规定来看，似乎把债权债务的概括转移仅限于通过法律行为的方式来进行，也就是说，债的关系的一方当事人与第三人之间订立合同，并经另一方当事人同意，从而将其债权债务一并移转给第三人，由第三人概括地继受这些债权债务。但需要注意的是，《合同法》第90条的内容已在《民法典》总则编中有所规定。依据《民法典》第67条，法人合并的，其权利和义务由合并后的法人享有和承担。法人分立的，其权利和义务由分立后的法人享有连带债权，承担连带债务，但是债

① 该条规定："当事人订立合同后合并的，由合并后的法人或者其他组织行使合同权利，履行合同义务。当事人订立合同后分立的，除债权人和债务人另有约定的以外，由分立的法人或者其他组织对合同的权利和义务享有连带债权，承担连带债务。"

权人和债务人另有约定的除外。这实际上是对法定的债权债务概括转移的规定。债的关系一方当事人为非法人组织而发生合并分立，按照《民法典》第108条“非法人组织除适用本章规定外，参照适用本编第三章第一节的有关规定”的规定，也应当做此理解。从《民法典》第67条的规定来看，只要发生了法人合并或者分立的事实，就直接发生债权债务概括转移的后果，而无须征得债的关系另一方当事人的同意。

由于法定的债权债务概括转移无须征得另一方当事人的同意，这就意味着，作为相对人的债务人完全可能不知道自己的债权人已经发生了变化。这就可能对其债务的履行造成一定的不利影响甚至是障碍。基于诚实信用原则的要求，发生分立、合并的债权人应当负有就其分立合并的事实以及新的债权人的姓名、名称、住所等及时通知债务人的义务。《合同法》第70条对此义务及怠于履行此义务的法律后果进行了规定，本条沿用了该规定。

二、债权人变更住所时的通知义务

债权人变更住所的情况下，可能会造成当事人之间通讯联络的不便，尤其是在当事人采用书面信函的方式相互传递意思表示的情况下，往往可能导致相关信息的迟延，从而影响债务人的履行。例如在债务人询问具体的交付地点等安排时，由于债权人变更住所没有及时收到询问的信函，从而没有及时回复，影响债务人的履行。尤其是，在合同没有对履行地点作出明确约定，而按照标的性质又系赴偿债务的情形。这就意味着，合同的履行地是债权人的所在地或者说债权人的住所。债权人变更住所没有通知债务人的话，可能导致债务人送达原先的债权人住所后无人受领的情况，从而导致债务人履行困难。基于诚实信用原则的要求，《合同法》第70条就债权人变更住所时的通知义务进行了规定，本条沿用了该规定。

三、怠于履行通知义务的后果

从本条规定来看，在债权人未尽此通知义务时，债务人有权作出选择：一方面，债务人可以中止履行，等待阻碍履行的事由消灭后，如已经确知债权人的住所之所在，或确认债权人的权利义务承受人等，再继续履行。由此造成的迟延，债务人不负相应的违约责任。另一方面，债务人也可以将标的物向提存部门提存，从而消灭债权债务关系。

债务人的中止履行或提存应当以债务已届履行期为前提，否则无法判断是否因债权人的怠于通知而致使履行债务发生困难。对于债务人进行提存，还应注意的是：在双务合同中，债务人的提存通常应当以债务人应当先履行，或者债权人已经按照约定履行完其合同义务为前提，否则，债务人可以直接行使同时履行抗辩权或后履行抗辩权，而无须将标的物先行提存。

本条所规定的通知义务，虽然是依据诚实信用原则由法律直接规定的义务，但从本条所规定的法律后果来看，债权人怠于履行此项义务时，债务人不能请求其承担相应的违约责任，而只是使债权人遭受了一定的不利益，因此此项义务在性质上属于不真正义务而非附随义务。

第五百三十条

债权人可以拒绝债务人提前履行债务，但是提前履行不损害债权人利益的除外。

债务人提前履行债务给债权人增加的费用，由债务人负担。

本条主旨

本条是对提前履行的规定。

相关条文

《合同法》第71条　债权人可以拒绝债务人提前履行债务，但提前履行不损害债权人利益的除外。

债务人提前履行债务给债权人增加的费用，由债务人负担。

理解与适用

契约必守原则或者说全面履行原则是《民法典》本章开宗明义确定的履行的基本原则。这一原则是合同效力的集中体现，也是诚信原则的必然要求。民法对债尤其是合同制度进行浓墨重彩的规定，其根本都是为了督促当事人履行合同、实现债权。我国《合同法》是在既往《经济合同法》《涉外经济合同法》《技术合同法》基础上制定的，而这三部法律主要适用于商事主体之间，《合同法》起草中也较多地借鉴了《国际商事合同通则》的规定，因此《合同法》相关规范上有着深刻的商事合同的烙印，尤其强调契约必守原则。《合同法》对提前履行的规定，就是契约必守原则在我国合同法律中的突出体现。

按照通常的理解，债务人对履行期限享有一定的期限利益，例如，甲向乙出售一栋房屋，如果提前两个月履行债务，则意味着其将失去对该房屋占有、使用两个月的利益。如果提前履行，则将对债务人的期限利益造成损害。因此，在履行期限到来前，债务人可以对债权人的履行请求提出履行期限尚未届至的抗辩。换言之，提前履行应当认为是债务人对其期限利益的放弃。当事人设立债权，其目的不在于债权本身，而在于债权的实现。债务人提前履行债务，将使债权提前得到实现，通常情况下，这显然是有利于债权人的。因此，就法理而言，对于债务人提前履行的请求，原则上应当允许。只是在提前履行可能损害债权人利益时，债权人方能拒绝。

这就是说，对于债权人来说，固然债务的提前履行可能使其获得一定的利益，但有些情况下，债权人受领给付需要一定的准备时间，也可能为此增加一定的交易费用，例如对受领的标的物并无立即使用的必要时，可能将增加其保管费用。在此情况下，债权人当然有权拒绝。

从比较法来看，《德国民法典》第 813 条、《日本民法典》第 706 条和我国台湾地区“民法”第 180 条在对不当得利请求权的规定中，规定提前清偿所带来的利益不构成不当得利，债务人不得请求返还。这实际上就承认了债权人原则上不得拒绝债务人提前履行债务，只是债务人不得就其放弃的期限利益要求返还而已。

但我国《合同法》强调契约必守的原则，其第 71 条规定：“债权人可以拒绝债务人提前履行债务，但提前履行不损害债权人利益的除外。”这就是说，提前履行本身也是违反合同约定期限的行为，故基于契约必守，债权人原则上可以拒绝，只是在不损害其利益的情况下，方可依据诚实信用原则，债权人不能拒绝债务人提前履行的请求。当然，此时如果因债务人提前履行债务给债权人增加了费用，则该费用应当由债务人负担。此种做法，虽然就结果而言与比较法上的做法并无二致，但行文表述上却突出了契约必守的要求。《民法典》在契约必守的坚持上与《合同法》并无不同，故本条完全沿袭了《合同法》第 71 条的表述。

值得注意的是，在提前履行的情况下期限利益能否构成不当得利。笔者认为，债务人虽然享有期限利益，但履行期限的法律意义仅在于，债务人可以提出履行期限尚未届满的抗辩，从而对抗债权人提前履行的请求。在债务人要求履行债务的情况下，债权人基于债权，其获得利益并非没有合法根据；再者，期限利益系债务人自行放弃；尤其是本条强调债权人原则上可以拒绝提前履行，更突显了本条规范系对债权人利益保护的规定，故而债务人不能以其丧失期限利益为由请求返还相应的不当得利。

但在债务人因错误而为提前清偿的情况下，债权人是否应当返还债务人丧失的期限利益，比较法上存在不同做法。

期前债权人不得要求债务人履行债务，对债权人的此项要求，债务人得为抗辩。所以债务人虽为期前清偿，债权人就此给付仍有受领的权利，换言之，债权人受有利益并非没有法律根据，《日本民法典》第706条但书规定，“债务人因错误而为给付者，债权人应返还因此所得之利益”；而《德国民法典》第813条和我国台湾地区“民法”第180条均没有类似的规定，应当理解为不能请求返还此项利益。笔者认为，日本法的此项规定徒增纷扰，从《民法典》第985条的规定来看，也没有类似的规定，故而无论提前清偿是否出于错误，均不得请求返还。

值得注意的是，《民法典》二审稿中，本条一度删去了第2款“债务人提前履行债务给债权人增加的费用，由债务人负担”的规定。这主要是考虑到，《民法典》第511条第6项已经规定了“履行费用的负担不明确的，由履行义务一方负担”，故而提前履行给债权人增加的费用自然应当由债务人负担；尤其是第511条第6项在《合同法》第62条第6项的基础上增加了“因债权人原因增加的履行费用，由债权人负担”的规定，做反对解释，因债务人自己原因增加的费用，自然应当由债务人自行负担。但前项结论，须经解释方可得出，此外，《民法典》二审稿第531条仍然保留了“债务人部分履行债务给债权人增加的费用，由债务人负担”的规定。为了避免适用上的不便，《民法典》本条恢复了第2款的规定。

第五百三十一条

债权人可以拒绝债务人部分履行债务，但是部分履行不损害债权人利益的除外。

债务人部分履行债务给债权人增加的费用，由债务人负担。

本条主旨

本条是对部分履行的规定。

相关条文

《合同法》第72条　债权人可以拒绝债务人部分履行债务，但部分履行不损害债权人利益的除外。

债务人部分履行债务给债权人增加的费用，由债务人负担。

理解与适用

在法律、交易习惯没有另行规定、双方没有另行约定且合同性质允许的情况下，原则上债务人应当一次履行其给付义务。在当事人没有约定分期给付时，债务人不得分多次履行其义务，债权人有权拒绝债务人分期给付的请求。

但比较法上考虑到诚实信用原则的要求，对于分期清偿在例外情况下也予允许。例如，我国台湾地区“民法”第 318 条规定：“债务人无为一部清偿之权利。但法院得斟酌债务人之境况，许其于无甚害于债权人利益之相当期限内，分期给付，或缓期清偿。法院许为分期给付者，债务人一期迟延给付时，债权人得请求全部清偿。给付不可分者，法院得比照第一项但书之规定，许其缓期清偿。”可见，对分期清偿或缓期清偿的禁止为原则，只是在不损害债权人利益的例外情况下，才对之允许。《合同法》奉行契约必守原则，故其第 72 条原则上禁止部分履行，但基于诚实信用原则的要求，如果债务人的部分履行并不损害债权人的利益，则债权人不能拒绝债务人的部分履行。债务人部分履行债务给债权人增加的费用，也应当由债务人负担。《民法典》本条沿用了该规定。

值得注意的是，在分期清偿的情况下，如果债务人就任何一部分的履行发生迟延，比较法上认为，债权人有权请求清偿剩余的全部给付，这种做法是值得借鉴的。因为依据本条，原则上债权人有权拒绝部分履行，只是基于诚实信用原则，法律才特别规定在不损害债权人利益的情况下，债权人不得拒绝。而且，在契约必守的大原则下，债权人接受部分履行本身就意味着给予了债务人一定的恩惠。如果债务人仍然迟延履行，无论是从诚信原则的角度，还是从保护债权人利益的角度，都不应当再容许部分履行。债权人有权要求债务人履行剩余的全部债务。

第五百三十二条

合同生效后，当事人不得因姓名、名称的变更或者法定代表人、负责人、承办人的变动而不履行合同义务。

本条主旨

本条是对契约必守原则的进一步强调。

相关条文

《合同法》第 76 条　合同生效后，当事人不得因姓名、名称的变更或者法定代表人、负责人、承办人的变动而不履行合同义务。

《农村土地承包法》第 25 条 承包合同生效后，发包方不得因承办人或者负责人的变动而变更或者解除，也不得因集体经济组织的分立或者合并而变更或者解除。

理解与适用

债权具有相对性，债权人有权请求特定的债务人进行特定的给付。而债务也是特定的债务人所负有的给付义务。债是“法锁”，债的关系一经发生，就在特定的债权人和债务人之间发生了法律上的拘束力。因此，除非债的关系消灭，或者债务依法转由第三人承担，债务人都应当受到债的关系的拘束。

姓名和名称只是识别特定民事主体身份的标志。姓名和名称的变化并不影响债的关系当事人人格的同一性。法定代表人、负责人只是依法有权代表法人或者非法人组织对外进行民事活动的自然人。法定代表人或者负责人代表法人或者非法人组织所订立的合同，当然应当由法人或者非法人组织负责履行。法定代表人和负责人的变化，并不影响其所代表的法人或者非法人组织的人格；同样也不会导致此前已经发生的债的关系的消灭。具体的承办人通常只是代理人或者履行辅助人，其行为的后果应当依法由被代理人或者债的关系的当事人承担。因此，承办人的变动更不会影响到债的关系的存续。

实践中，受传统的“新官不理旧债”观念的影响，经常发生一方当事人姓名、名称变更或者法定代表人、负责人、承办人变动后，新的法定代表人、负责人或者具体承办人以自己不了解情况等为借口拒绝履行债务的情形。因此，《合同法》第 76 条针对实践中的此种情形，明确宣示当事人不能以此为借口拒绝履行债务。本条沿用了《合同法》第 76 条的做法。

第五百三十三条

合同成立后，合同的基础条件发生了当事人在订立合同时无法预见的、不属于商业风险的重大变化，继续履行合同对于当事人一方明显不公平的，受不利影响的当事人可以与对方重新协商；在合理期限内协商不成的，当事人可以请求人民法院或者仲裁机构变更或者解除合同。

人民法院或者仲裁机构应当结合案件的实际情况，根据公平原则变更或者解除合同。

本条主旨

本条是对情势变更规则的规定。

相关条文

《合同法司法解释二》第 26 条　合同成立以后客观情况发生了当事人在订立合同时无法预见的、非不可抗力造成的不属于商业风险的重大变化，继续履行合同对于一方当事人明显不公平或者不能实现合同目的，当事人请求人民法院变更或者解除合同的，人民法院应当根据公平原则，并结合案件的实际情况确定是否变更或者解除。

理解与适用

本条是对情势变更规则的规定。情势是指构成合同赖以成立的基础或环境的客观情况，而变更则是指合同成立后情势发生的重大变化。依据本条，所谓情势变更原则就是指合同依法成立后，作为合同赖以成立的客观基础或者环境发生了当事人在订立合同时无法预见的、不属于商业风险的重大变化，继续履行合同对于当事人一方明显不公平，而双方又不能协议变更的情况下，当事人请求法院或者仲裁机构变更或者解除合同的制度。

依据契约必守原则，在合同依法成立后，当事人就应当按照约定履行债务。尤其是我国合同法律浸润着商事合同法的深刻烙印，历来强调契约必守，在违约责任上更是以严格责任为原则，对于履行中的风险，当事人应当在合同中通过免责条款予以事先约定。一旦发生违约又没有不可抗力或者约定免责事由，违约责任不可避免。但基于公平和诚实信用的考虑，本条还是例外地允许在情势变更的情况下，当事人如不能合意变更合同内容，则可以请求法院或者仲裁机构变更或者解除合同。

一、情势变更原则的发展历程

按照通常的认识，早期罗马法在合同制度上坚持近乎绝对的形式主义，奉行“契约必须严守”的原则。通过法定形式表现出的意思即被法律认定为真实意思，从而发生相应的法律效果。至于合意基于何种情势、意思表示是否有瑕疵、内容是否公平，在所不问。合意达成以后，纵使发生订约时无法预料的重大情势变化，导致合同的权利义务关系已经显失公平，当事人仍然要恪守合同约定。通说认为，情势变更原则起源于 12—13 世纪注释法学派著作《优帝法学阶梯注释》

确立的“情势不变条款”，其意旨为“任何契约关系之存续依其意旨系于缔约时存在且其存在经当事人认为在将来不会改变之关系或情况的存续”①。申言之，合同有一个默示条款作为当事人履约的前提，此默示条款即合同订立时的客观情况，它是合同当事人默认的成立合同的必要条件，而且当事人默认在履约时，这个条件必须继续存在。故而，一旦此情况不存在或改变导致当事人无法履行合同，则其债务可因情势变更而准予变更或解除。中世纪教会法受到罗马法和日耳曼法的影响，并基于人道的正义衡平之立场，学界开始认为情势变更对合同效力发生影响。16、17 世纪，自然法思想处于支配地位，认为凡以意思表示为要件的法律行为，都以行为成立时的客观情况继续存在为有效条件，故情势不变条款得到广泛适用。18 世纪后期，由于情势不变条款被滥用，有损于法律秩序的安定，故受到学者严厉批评并逐渐受到冷落。19 世纪初兴起的历史法学派，极力贬低自然法思想的价值，后续的分析法学派强调实证法，主张形式正义，重视契约严守原则以及法秩序的安定，故“情势不变条款”学说在德国的法学理论上偃旗息鼓，甚至在萨维尼的巨著《现代罗马法体系》中，以及在 19 世纪的大多数潘德克吞教科书中根本未提及这一理论，情势不变条款愈发丧失其重要性。② 20 世纪以前，其虽曾为一些法典规定，但并未给各国民事立法造成重大影响。20 世纪以降，两次世界大战、1929—1933 年大萧条等一系列动荡，以及随之而来的战争破坏、经济凋敝、物价飞涨，市场情况变动剧烈，如果仍然固守契约必须严守的原则，则有悖于公平正义的观念。在此背景下，学者们借鉴了历史上情势不变条款理论，提出了关于情势变更原则的诸种学说，法院遂采纳之作为裁判的依据，该原则逐渐在各国普遍确立。③ 英美合同法早期也是恪守契约必守，坚持绝对合同责任理论，但后来逐步放弃绝对合同责任理论，提出了与大陆法系情势变更表现形式不同，但内容相近的、特有的合同挫折或合同落空。1863 年泰勒诉考德威尔案判决，被认为是合同落空原则的开端。1951 年英国新闻制片公司诉伦敦地区影业公司案，则进一步拓宽了合同落空学说的大门。④《美国合同法重述》《美国统一商法典》对合同落空进行了规定。

就我国民事立法而言，1981 年《经济合同法》（已失效）第 27 条第 1 款规

① 黄茂荣．情势变更：契约基础之丧失或欠缺．植根杂志，2010，17（9）：2.

② 彭凤至．情事变更原则之研究——中、德立法、判例、学说之比较．台北：五南图书出版公司，1986：2.

③ 史尚宽．债法总论．北京：中国政法大学出版社，2000：444；梁慧星．合同法的情事变更问题．法学研究，1988（6）：35－40；王江雨．论情事变更原则．现代法学，1997（1）：48.

④ 施米托夫．国际贸易法文选．赵秀文，译．北京：中国大百科全书出版社，1993：293.

定："凡发生下列情况之一者，允许变更或解除经济合同：……二、订立经济合同所依据的国家计划被修改或取消；三、当事人一方由于关闭、停产、转产而确实无法履行经济合同；四、由于不可抗力或由于一方当事人虽无过失但无法防止的外因，致使经济合同无法履行……"就其性质尤其是第3项的性质是否为情势变更，学者之间存在不同认识。笔者认为，该法制定于计划经济时期，前述制度设计更多的是对能否落实国家计划的考虑，很难用现在的合同法观念和理论来予以评价。这几项规定的事实应当属于情势变更的范围，但在实践中实际上是通过行政手段来解决的，因此此项制度并非真正意义上的情势变更制度。1993年对《经济合同法》的修改中，该条被移作第26条，前述第2项、第3项被删去，第4项被调整为"由于不可抗力致使经济合同的全部义务不能履行"，显然其更近似于《合同法》第94条第1项"因不可抗力致使不能实现合同目的"这一法定解除事由的规定；只是在效果上在解除之外多了变更这一选择。

随着经济体制改革的深入、传统价格体制的放开，20世纪80年代后期出现了价格快速上涨情况，由此引发了合同履行中的争议。1992年3月6日，最高人民法院发出《关于武汉市煤气公司诉重庆检测仪表厂煤气表装配线技术转让合同购销煤气表散件合同纠纷一案适用法律问题的函》（法函［1992］27号）①，明确在司法政策上引入了情势变更制度。查其要旨略谓，情势变更的构成为：须在合同履行过程中发生；订立时当事人无法预见和防止；仍按原合同约定履行显失公平。就其后果，应当"按照《经济合同法》第27条第1款第4项之规定，根据本案实际情况，酌情予以公平合理地解决"，即遵循公平原则对合同相应条款予以变更。此后，1993年5月最高人民法院在《全国经济审判工作座谈会纪要》（已失效）第二部分第6点对前述函件内容进行了归纳："由于不可归责于当事人双方的原因，作为合同基础的客观情况发生了非当事人所能预见的根本性变化，以致按原合同履行显失公平的，可以根据当事人申请，按情势变更的原则变更或解除合同。"

《合同法》起草过程中，是否规定情势变更成为争议最大的问题之一。1998年12月的《合同法（草案）》"三次审议稿"、1999年1月的"四次审议稿"均对

① 就情势变更，该函指出："就本案购销煤气表散件合同而言，在合同履行过程中，由于发生了当事人无法预见和防止的情事变更，即生产煤气表散件的主要原材料铝锭的价格，由签订合同时国家定价为每吨4 400元至4 600元，上调到每吨16 000元，铝外壳的售价也相应由每套23.085元上调到41元，如要求重庆检测仪表厂仍按原合同约定的价格供给煤气表散件，显失公平，对于双方由此而产生的纠纷，你院可依照《中华人民共和国经济合同法》第二十七条第一款第四项之规定，根据本案实际情况，酌情予以公平合理地解决。"

之作出了规定："由于国家经济政策、社会经济形势等客观情势发生巨大变化，致使履行合同将对一方当事人没有意义或者造成重大损害，而这种变化是当事人在订立合同时不能预见并且不能克服的，该当事人可以要求对方就合同内容重新协商；协商不成的，可以请求人民法院或者仲裁机构变更或者解除合同。"但是鉴于情势变更和正常商业风险的界限在实务操作上不易划分，该规定授予法院权力过大，故最终没有规定在《合同法》当中。①

但此后，2008 年通过的《劳动合同法》引入了情势变更制度，该法第 40 条第 3 项规定，"劳动合同订立时所依据的客观情况发生重大变化，致使劳动合同无法履行，经用人单位与劳动者协商，未能就变更劳动合同内容达成协议的"，用人单位可以解除劳动合同。

就一般的合同规则而言，迫于当时司法实践中面临的次贷危机引发合同原有的利益平衡被打破而导致不公正结果的问题，根据《合同法》关于公平原则的规定，参考《劳动合同法》第 40 条的规定，《合同法司法解释二》第 26 条对情势变更进行了规定。② 依据该条："合同成立以后客观情况发生了当事人在订立合同时无法预见的、非不可抗力造成的不属于商业风险的重大变化，继续履行合同对于一方当事人明显不公平或者不能实现合同目的，当事人请求人民法院变更或者解除合同的，人民法院应当根据公平原则，并结合案件的实际情况确定是否变更或者解除。"需要注意的是，最高法院对情势变更规则的适用持高度审慎的态度，《最高人民法院关于正确适用〈中华人民共和国合同法〉若干问题的解释（二）服务党和国家的工作大局的通知》（法［2009］165 号）强调，要重视发挥诉讼调解的作用，多做调解工作；同时在程序适用上，要求："对于上述解释条文，各级人民法院务必正确理解、慎重适用。如果根据案件的特殊情况，确需在个案中适用的，应当由高级人民法院审核。必要时应报请最高人民法院审核。"

《民法典》编纂工作启动后，鉴于经济社会发展中的动荡给合同履行带来的影响，吸收司法实践中的经验、在合同编增加情势变更的规定，成为共识。故历次审议稿均有情势变更的规定，最终形成本条。

二、情势变更的构成

依据本条，构成情势变更需要具备以下要件。

---

① 梁慧星．合同法的成功与不足．中外法学，1999（1）：17－20.

② 曹守晔．《关于适用合同法若干问题的解释（二）》的理解与适用．人民司法（应用），2009（13）：40－45.

(一) 合同的基础条件发生了重大变化

关于合同的基础条件的表述，在《民法典》历次审议稿中曾经有“订立合同的基础”“订立合同的基础条件”的用法，但最终采用了“合同的基础条件”这一表述。所谓合同的基础条件，也就是学理上所谓的情势，是指构成合同赖以成立的客观基础或环境。作为合同赖以成立基础条件的客观情况，既可以是交易或经济环境，包括土地、原材料、劳动力等各类生产成本价格，利息等融资成本，作为结算标准的货币的币值，最终商品或服务的市场需求等，也可以是非经济事实，包括市场主体正常生产、经营所依赖的社会经济环境、法律政策环境等，例如国家法律变化，经济、环保政策进行重大调整，技术跃升、产业升级换代等。

基础条件既然称为“基础”，就意味着相关情势应当构成订立合同、确定合同价格的重要考量因素或者前提。虽然合同当事人在订立合同时并未对其有清楚的预见或者并未直接加以特别考量或者特别关注，但是正是基于该条件的存在，当事人才完成了合同的磋商并确定了合同中双方的权利义务关系。而这种条件的变化，会导致合同权利义务的显著失衡。

合同基础条件必须是客观的。就合同基础条件，学理上存在契约基础主观说和客观说之分。前者认为，合同基础是指法效意思所立基的某种情况，对其存在或将来发生或继续存在，虽然没有提升为合同内容，但在缔约时已被表达出来的双方共同的认识或者一方于缔约时已表达出来并为他方认识且不持异议的认识。后者则认为，合同基础是指缔约时作为合同内容、目的及经济上意义的前提要件的各种情况或者关系。无论当事人缔约时是否认识到这一点，均不影响其作为合同基础条件的性质。① 笔者认为，基础条件必须是客观的环境。如果只是当事人主观上认定存在但实际不存在、认定为真实实际上不真实、认为将来应该发生但并没有发生的所谓主观情势，即便当事人以之作为订立合同的基础，也不能构成本条所言的情势，相关的纠纷应当按照意思表示瑕疵的相关规则来处理。而只有作为当事人确定合同权利义务或者直接影响到合同目的的客观情势，方可构成合同基础条件。《德国民法典》第313条第2款规定，“已成为合同基础的重要观念表明为错误的，与情况的变更相同”。这实际上是在法律中直接对主观基础进行了规定，而本条之所以删去审议稿中“订立”一词，似有担心如此表述可能有涵盖订立合同主观基础之嫌。从这一规定来看，显然我国法律强调的是客观条件。

① 持主观说者以温德夏特（Windscheid）、约尔特曼（Oertmann）为代表，并为德国联邦法院采用；持客观说者以Kaufmann、Krueckmann及Locher为代表。黄茂荣．情势变更：契约基础之丧失或欠缺．植根杂志，2010，17（9）：5.

（二）情势变更发生在合同成立之后、履行完毕之前

所谓变更，是指合同成立后情势发生的重大变化。合同基础条件的重大变化应当发生在合同成立后。关于合同成立时点的判断，应当以《民法典》合同编第二章关于合同订立的规则来确定。在合同成立之前，合同尚不具有法律拘束力，如果发生基础条件的变化，当事人在订约时应当认识到这一事实的存在，当事人仍然可以通过发出反要约重新调整合同条款。如果当事人基于已变更的情势而订约，显然成立的合同是以变化后的事实为基础的，当事人已经充分考虑了该情势变化可能带来的风险并自愿承受相应的不利后果，自然不能再主张情势变更。如果当事人对于合同成立之前基础条件的重大变化没有知悉，则其仍然应当履行合同义务，即便存在不公平，也只能通过显失公平制度来解决，而没有情势变更的适用。合同成立时间原则上也是合同生效时间，但在法律特别规定需经批准等合同生效要件或者当事人约定了生效时间或者生效条件的情况下，合同生效时间是迟于成立时间的。但此种情况下，即便合同成立后、生效之前发生了情势变更，但由于合同已经成立，当事人已经不能再行随意调整合同，故而也有情势变更规则的适用。

此外，虽然本条没有提及，但是通常认为，情势变更必须发生在合同履行完毕以前，如果在履行完毕以后发生情势变更，因债的关系已经因清偿而消灭，合同基础条件的变化对双方的利益不产生任何影响，显然没有必要再适用情势变更原则。即便该履行不符合约定，由于债务人已经完成了履行行为，不存在再因情势变更调整当事人权利义务关系的必要；此时违约责任已经发生，故而应当按照违约责任处理，债务人不能借口情势变更再来主张变更或者解除合同。如果情势变更发生在履行过程中，尤其是对于继续性合同而言这种情况可能更为突出，则不应当影响情势变更的构成，但是在考虑相关后果时，对于情势变更之前的履行及对价，应当承认其效力，而只是对尚未履行部分考虑相应的变更或解除。

值得讨论的是，如果一方当事人延迟履行后发生情势变更，是否可以适用情势变更规则。笔者认为，虽然本条并未明言情势变更是否以当事人对情势变更的发生没有过错为前提，但从“无法预见”“不属于商业风险”的要求来看，显然是以当事人对情势变更的发生没有过错为前提的。尤其是情势变更系基于诚信原则而发生，在一方迟延履行的情况下，将本可以规避但可归责于己的风险以所谓情势变更为由转嫁给对方分担，显然有悖诚信原则。尤其是《民法典》第513条规定，执行政府定价或者政府指导价的合同，“逾期交付标的物的，遇价格上涨时，按照原价格执行；价格下降时，按照新价格执行。逾期提取标的物或者逾期付款的，遇价格上涨时，按照新价格执行；价格下降时，按照原价格执行”，第

590条第2款特别强调“当事人迟延履行后发生不可抗力的，不免除其违约责任”。事实上，不可抗力本身就属于情势变更的情形；而政府定价或者政府指导价的变化，也存在构成情势变更的可能。从这两条的规范意旨来看，其作为特别规定，也反映了立法者对于在迟延履行之后发生情势变更的情况下，能否适用情势变更规则的态度。当然，如果是一方迟延履行后发生情势变更而导致另一方受到损害，基于前述分析，其当然有权主张情势变更。

(三) 该重大变化是当事人在订立合同时无法预见的

这里所言的订立合同时，是指合同订立的过程中，也就是成立之前。故而本条要求该变化须发生在合同成立之后。如果在合同订立过程中发生，就不存在无法预见的问题。如果当事人在订约时已经预见而仍然订立合同，则表明当事人自愿承担情势变更所发生的风险或者说其认为合同对价已经能够涵盖此种风险，因而不能适用情势变更原则。当事人应当预见而没有预见，则可以考虑通过意思表示瑕疵规则处理，而非适用情势变更原则。

所谓无法预见，不是当事人没有预见，而是订立合同时不能预见。申言之，如果订约时当事人预见将来要发生情势变更，而当事人仍以现在的客观情况为基础订约的，表明当事人愿意承担风险，应使当事人自负后果，不应适用情势变更原则。如果当事人应当预见将要发生情势变更而未预见，说明其主观上具有过错，也不能适用情势变更原则。

关于能否预见的判断，本条同时从反面进行了强调，即“不属于商业风险”。换言之，商业风险与能否预见，是一个问题的两个方面。笔者认为，商业风险的判断，实际上划定了当事人预见能力的客观标准，当事人的预见能力原则上应当依据客观标准判断。申言之，对于某一合同，应当按照其合同内容，结合交易发生的领域、行业以及合同性质、标的额等因素，判断相关变化是否属于正常的商业风险，或者说该变化是否在该领域、行业通常从业者合理的预见范围之内。不同的行业，不同的产业发展阶段，其价格波动范围等基础条件变化幅度是不同的，必须充分考虑这些因素以判断相关情事变化是否属于商业风险的范围。如果变化属于正常的商业风险，也就意味着该变化在当事人预见能力之内。

但对可预见性的判断，仅凭客观标准或者说商业风险是不够的，还应当结合主观标准来判断当事人的预见能力。当事人举证证明因情势变更受到损害的一方应当具有更强预见能力的，则要考虑其经营范围、既往交易状况，甚至一方既往从事其他行业、领域经营的情况等因素予以具体判断。这一点在一方是经营者、另一方是消费者，尤其是经营者主张情势变更时，尤为重要。

本条虽未明言，但从“无法预见”的表述来看，本条所言的合同基础条件的变化应当以不可归因于双方当事人为前提。也就是说，由于不可归责于当事人的事由发生情势变更。不可归责于当事人表明当事人主观上没有过错，对情势变更的发生无法预见也无法克服。如果由于可归责于当事人的事由发生情势变更，当事人应自负其责。

（四）继续履行合同对于当事人一方明显不公平

情势变更发生以后，经常造成当事人之间严重的利益失衡，如果继续按原合同规定履行义务，将会对当事人明显有失公平，从而违背诚实信用原则。当事人之间的权利义务是建立在对于合同基础条件认识的基础上的，对于原材料等各类生产成本价格、融资成本、币值以及最终商品或服务市场价格等市场涨跌变化之类的合同基础条件，当事人应当有着合理的预期，并在此基础上结合自身履约能力等议定合同权利义务。所谓契约即公正，也就是这个意思。对于当事人基于真实意思而形成的合意，法律应当予以保护，契约必须严守。但是随着基础条件的重大变化，订立之初的当事人的此种预期被打破，则当事人之间的权利义务就会发生一定的失衡。这种失衡达到明显不公平的地步，基于诚实信用原则，就需要通过当事人的协商或者公权力的介入重新调整当事人的权利义务关系或者解除合同，以实现实质上的公平。对于是否构成明显不公平的判断，应当依据该合同的具体内容和继续履行的结果，结合合同目的、具体行业、交易类型、合同类型等因素来判断，实践中表现为履行过于艰难或必须付出高昂的代价以及不能履行等情形，如果情势变更对双方当事人之间的利益关系影响轻微，则不应适用情势变更原则。

就文义来看“继续履行合同对于当事人一方明显不公平”似乎意味着情势变更应当以合同能够继续履行为前提，只是继续履行将导致对一方显失公平，即履行过于艰难或必须付出高昂的代价。而在合同不能履行的情况下，则只能通过不可抗力来主张合同解除从而获得救济。尤其是本条较之于司法解释的规定，删去了“不能实现合同目的”这一情形，似乎更是如此。

三、情势变更的效果

（一）重新协商

在发生情势变更的情况下，本条要求当事人负有再协商的义务。这就是说，受到不利影响的一方当事人可以请求与对方重新协商，根据变化了的情势对原有合同权利义务协议变更。这一规定与《合同法司法解释二》明显不同。按照司法解释，在发生情势变更之后，受到不利影响的一方当事人有权请求法院变更合同；但本条则将重新协商作为一项法定的前置条件。在完成这一条件之前，当事人不能直接向法院或者仲裁机构请求变更或者解除合同。

之所以规定再协商义务，主要还是因为考虑到情势变更规则本身就是诚实信用的原则的体现，合同关系一经成立，双方即处于“法锁”之中，应当对对方负有更高的协力义务。在情势变更的情况下，通过当事人的再协商，排除合同履行中的非根本性障碍、重新实现新的合同基础条件下的利益均衡，对于双方继续推进合同履行，从而保障交易的顺利进行、最终实现合同目的，具有积极意义。此外，再协商的情况下，毕竟意味着当事人可以通过协商达成变更协议，从而实现鼓励交易的目的。

本条只是基于诚信原则科加了当事人再协商的义务。在一方认为已经发生情势变更、自己履行合同可能受到严重损害的情况下，其应当及时向对方提出变更的请求，提出调整合同权利义务的具体方案，并说明提出请求的合理理由。对方当事人也要基于诚信、善意，根据自己对于合同基础条件变化及其对合同权利义务的影响的认识，对是否构成情势变更予以及时回应；在认可情势变更的情况下，应当认真研判对方提出的方案，并及时就相关内容与对方进行磋商。

本条在司法解释基础上特别规定再协商，就是要结合情势变更的制度目的，突出强调当事人基于诚信原则而负有此种协力义务。违反本义务的一方应当承担相应的不利后果，申言之：受到损害一方当事人未向对方及时提出再协商的请求，或者径行起诉被驳回，则应当自行承担因延误而受到的损失；接到对方再协商的请求后，没有正当理由径行拒绝协商或者不予回复、恶意拖延的，应当认为协商破裂、再协商已经完成，受到损害一方当事人可以请求法院或者仲裁机构变更或者解除；一方在再协商过程中漫天要价、有悖诚信的，法院或仲裁机构在变更合同、确定具体权利义务时应当予以考虑。

（二）请求变更或者解除合同

1. 诉讼或者仲裁方式提出

再协商不能久拖不决，在合理期限内协商不成的，就应当由第三方介入实现利益平衡。故本条规定，在合理期限内协商不成的，当事人可以请求人民法院或者仲裁机构变更或者解除合同。这就是说，情势变更的情况下，变更或者解除应当通过诉讼或者仲裁方式进行，当事人不能直接以意思表示来解除合同。较之于司法解释，本条在依据情势变更而变更或者解除合同的方式上，不仅规定了通过诉讼方式，还规定了仲裁方式，即在合同约定了仲裁条款的情况下，当事人在重新协商不成的情况下，可以通过仲裁方式请求仲裁机构处理。

2. 法院及仲裁机构的处理

依据本条第 2 款，人民法院或者仲裁机构应当结合案件的实际情况，根据公平原则变更或者解除合同。对此应当作如下理解。

其一，合同能否变更或解除，取决于法院或仲裁机构的裁决。如果法院或仲裁机构驳回了当事人的请求，则该当事人仍应继续履行义务，不能发生合同变更或解除的后果；如果法院或仲裁机关裁判变更或解除，则发生原合同变更或解除的后果。

其二，究竟是变更还是解除，需要由法院或仲裁机构结合案件的实际情况，根据公平原则判断。笔者认为，基于鼓励交易的考虑，法院或仲裁机构原则上应当通过变更合同来解决问题，即增减履行标的物的数量、同种类给付的变更、调整价款金额、将履行期延期或将一次履行变为分批履行、将先履行变为后履行等方式变更原合同的内容，使原合同能够在公平的基础上得到履行。①

值得注意的是，《民法典》删除了可撤销合同中可变更的规定，这主要是考虑到这种做法容易形成公权力对私人权利领域的不当干扰，甚至导致自由裁量权滥用。② 但在本条，则明确赋予了法院或者仲裁机构以变更权。这显然表明立法者对于情势变更的情形下对于诚信原则和公平原则的坚守，但法院和仲裁机构在行使此权力时，应当切实遵循立法意旨，结合案件实际情况，公平调整合同权利义务关系。

其三，在合同履行已经事实上不能或者法律上不能的情况下，或者合同履行经济上显著不合理，或者其他通过变更合同的方式不能消除显失公平的后果或变更有悖于缔约目的的情况下，则已经无法通过变更来解决问题，法院或仲裁机构应判决或裁决解除合同。

（三）关于解除的溯及力

唯须注意的是，《德国民法典》第313条第2款规定："合同的改订为不可能或者对一方来说是不能合理地期待的，遭受损害的一方可以解除合同。继续的债务关系而言，以通知终止权代替解除权。"这与德国法区分合同解除和终止有关。解除的情况下，发生溯及既往的效力，终止则仅向未来发生效力，已经履行的内容继续有效。既然解除是指合同效力溯及地消灭，则只能适用于非继续性的合同中。在合同解除后，没有履行的不再履行，已经履行的要恢复原状。而在继续性的合同中，合同的性质决定了其无法溯及既往地消灭，对此只能适用合同终止，使合同效力向未来消灭。已经履行的，继续有效，而尚未履行的则不能再履行。

---

① 史尚宽．债法总论．北京：中国政法大学出版社，2000：456.

② 石宏．中华人民共和国民法总则条文说明、立法理由及相关规定．北京：北京大学出版社，2017：352.

故而第 313 条第 2 款才作出如是规定。

但我国《合同法》并未区分合同的解除和合同的终止，将其一并规定在合同解除之中，但在解除的溯及力问题上，仍然区分是否发生溯及效力。《民法典》亦沿用了《合同法》的这一做法。故而，在判决解除的情况下，根据《民法典》第 566 条的规定，应当根据合同性质是否是继续性合同、已经完成的给付能否返还等因素，来具体确定其效力是单纯地向将来消灭还是溯及既往地消灭。如果当事人对此存在约定，则应当根据当事人的约定来决定向将来消灭还是溯及既往地消灭。对于诸如租赁合同等继续性合同，即便判决或者裁决合同解除，也应当只向将来发生效力，因为就情势变更发生之前已经履行完毕的部分，债的目的已经实现，而且没有受到情势变更的影响，没有理由再行干涉其效力。

需要注意的是，因情势变更的解除，即便发生溯及效力，其也应当有所限制。按照德国学者奥特曼的认识，“解除权的溯及效力应有限制，既非完全溯及，亦非完全不溯及，而是溯及自法律交易基础欠缺或丧失时起，双方当事人互负回复原状的义务”[①]。这一观点是值得借鉴的。换言之，即便能够恢复原状，解除的效力也只能溯及情势变更发生之时，而不能溯及合同成立时。因为在情势变更发生之前，合同的约定及其履行都应当是有效的。

(四) 关于解除后的损害赔偿

依据《民法典》第 566 条，“合同解除后，尚未履行的，终止履行；已经履行的，根据履行情况和合同性质，当事人可以请求恢复原状或者采取其他补救措施，并有权请求赔偿损失”。情势变更的情况下，是否有损害赔偿请求权的发生，值得探讨。从本条规定来看，并未提及赔偿损失的问题。

在变更的情况下，法院或者仲裁机构变更判决或者裁决中，已经充分体现了依据公平原则对当事人权利义务的调整，故而没有赔偿损失的问题。

但是在解除的情况下，一方当事人因此而免于合同的拘束，或者说因此而免于因情势变更而受到的损失。但另一方的合同利益原则上应当受到保护，这就是说，因情势变更而不能履行合同的一方，应当赔偿对方因此受到的损失，该赔偿应当使对方的财产状态达到若未发生情势变更、合同得到圆满履行的状态。换言之，在计算对方的履行利益时，应当依据情势变化达到区分商业风险与情势变更“临界状态”时的市场状况来确定。当然，如果该情势变更系因不可抗力所致，其可就因不可抗力导致不能履行的部分来主张免责。

---

① 彭凤至．情事变更原则之研究——中、德立法、判例、学说之比较．台北：五南图书出版公司，1986：40.

四、情势变更与不可抗力

不可抗力是指不能预见、不能避免、不能克服的客观情况。它包括自然现象与社会现象，前者如洪水、地震、台风等自然灾害，后者如国家政策调整等政府行为以及战争、罢工、骚乱等社会异常事件。《民法典》在总则编中对不可抗力进行了规定，依据第 180 条，“因不可抗力不能履行民事义务的，不承担民事责任。法律另有规定的，依照其规定”。显然，在没有法律特别规定其不能免责的情况下，不可抗力为各类民事责任的法定免责事由。就违约责任而言，《民法典》第 590 条明确：“当事人一方因不可抗力不能履行合同的，根据不可抗力的影响，部分或者全部免除责任，但是法律另有规定的除外。因不可抗力不能履行合同的，应当及时通知对方，以减轻可能给对方造成的损失，并应当在合理期限内提供证明。”此外，依据第 563 条第 1 款第 1 项，“因不可抗力致使不能实现合同目的”的，当事人可以解除合同。

据此，我们可以看到，情势变更与不可抗力都是合同法律中的重要制度。二者的主要区别体现在：第一，制度功能上，不可抗力属于法定免责事由，可适用于违约责任与侵权责任。在社会生活中，一方当事人致对方损害或违约，如果是由于不可抗力造成的，该当事人将免于承担民事责任。而情势变更原则属于合同履行的原则，其功能在于指导合同的履行。根据该原则，在合同履行的过程中若发生了情势变更，仍然使当事人履行义务将显失公平，有悖于诚实信用原则，从而应允许合同变更或解除。第二，适用情形上，不可抗力发生后，并不必然导致情势变更，如未引起当事人利益严重失衡，就不能适用情势变更原则。引起情势变更的事由也并非仅限于不可抗力，如意外事件也可能引起情势变更。第三，在解除效果的发生上，不可抗力的效力本质上体现在免除责任问题上。不可抗力的免责，以不可抗力与不能履行之间的因果关系为前提，根据不可抗力的影响来免除相应的责任。在不可抗力导致合同目的不能实现的情况下，方有法定解除权的发生。而情势变更的后果，则是重新协商变更合同，或者通过诉讼或者仲裁变更或者解除合同。第四，法律效果上，不可抗力是法定免责事由，因不可抗力不履行合同不承担任何责任，而情势变更原则的目的在于恢复当事人之间的利益平衡，对情势变更的后果，合同双方当事人应当风险共担。第五，主张方式上，发生了不可抗力以后，当事人只要依法取得确切的证据，履行诸如通知、防止损失扩大等有关义务，即可免于承担违约责任。而发生了情势变更的事由以后，当事人需要先进行重新协商，协商不成方可向法院或仲裁机关提出请求，只有在法院或仲裁机关作出变更或解除的裁判以后，才发生变更或解除的效果。

从以上分析可以看到，不可抗力与情势变更是两个不同的制度。在不可抗力构成情势变更的情况下，当事人完全可以根据自己的利益，来选择主张不可抗力免责以及满足根本违约条件时的解除；也可以按照情势变更规则来主张再协商、诉讼或者仲裁，来变更或者解除合同。甚至在依据情势变更解除合同的情况下，就相关赔偿通过不可抗力来寻求豁免。

《合同法司法解释二》第 26 条对情势变更的构成，曾特别规定“非不可抗力造成”这一要件，从而将不可抗力导致的合同基础条件变化排除出情势变更规则的适用范围。但这一规定导致了不可抗力与情势变更事由应当如何辨析这一重大问题，实践中和学理上就此发生了一系列争论。《民法典》起草过程中，合同编对于情势变更的规定一度借鉴了司法解释的这一规定，但最终本条删去了“非不可抗力造成”这一要件。这是因为民事诉讼尊重当事人的处分，究竟是按照不当得利还是情势变更处理，有赖于当事人的主张。即便在不可抗力的情况下，当事人也完全可以根据自己实体法上的利益以及举证便利进行主张，而法院或者仲裁机构按照当事人的主张分别依照不当得利和情势变更的规范进行审理和裁判即可，没有必要人为地划定二者之间的楚河汉界。

第五百三十四条

对当事人利用合同实施危害国家利益、社会公共利益行为的，市场监督管理和其他有关行政主管部门依照法律、行政法规的规定负责监督处理。

本条主旨

本条是对利用合同的违法行为监督处理的规定。

相关条文

《经济合同法》（已失效）第 51 条　各级业务主管部门和工商行政管理部门应对有关的经济合同进行监督检查，建立必要的管理制度。各级业务主管部门还应把企业经济合同的履行情况，作为一项经济指标进行考核。

《合同法》第 127 条　工商行政管理部门和其他有关行政主管部门在各自的职权范围内，依照法律、行政法规的规定，对利用合同危害国家利益、社会公共利益的违法行为，负责监督处理；构成犯罪的，依法追究刑事责任。

《民法典》第 132 条　民事主体不得滥用民事权利损害国家利益、社会公共利益或者他人合法权益。

理解与适用

一、立法沿革

《合同法》第127条规定："工商行政管理部门和其他有关行政主管部门在各自的职权范围内，依照法律、行政法规的规定，对利用合同危害国家利益、社会公共利益的违法行为，负责监督处理；构成犯罪的，依法追究刑事责任。"本条基本上继续沿用了既有规定，只是在相关主管部门的表述上结合机构改革略作调整，并删去了既有"在各自的职权范围内""构成犯罪的，依法追究刑事责任"的表述。但既然合同的监督管理要依法进行，基于依法行政的原则，相关职权权限已在法律行政法规中有所规定，故而没有必要再行强调；而对于犯罪行为应当依法追究刑事责任，也是不言自明的相关国家机关职责。故而本条只是表述上的简化，在内容上与《合同法》第127条并无二致。

二、合同监督处理的概念与特点

根据本条，所谓利用合同违法行为的监督处理，是市场监督管理和其他有关行政主管部门按照法律、行政法规规定的权限和程序，对当事人利用合同实施的危害国家利益、社会公共利益的行为加以监督，并依法进行处理的活动。

（一）被监督处理的行为是合同当事人利用合同危害国家利益、社会公共利益的行为

合同是交易的法律形式。合同的订立和履行，主要是对当事人之间权利义务关系的安排或者说是私人之间的权利义务安排，不涉及国家利益和社会公共利益。故而当事人就合同订立和履行发生纠纷的，也应当由当事人通过和解或者调解解决合同争议。当事人不愿和解、调解或者和解、调解不成的，可以根据仲裁协议向仲裁机构申请仲裁。涉外合同的当事人可以根据仲裁协议向中国仲裁机构或者其他仲裁机构申请仲裁。当事人没有订立仲裁协议或者仲裁协议无效的，可以向人民法院提起民事诉讼。对于这些涉及合同双方当事人利益的合同行为，公权力不宜主动介入，自然不属于本条所言监督处理的对象。但私法自治、契约自由只是对私人之间权利义务安排的规则，任何自由都有其边界。《民法典》第132条规定："民事主体不得滥用民事权利损害国家利益、社会公共利益或者他人合法权益。"这就为民事权利和个人自由划定了边界。所谓国家利益，并非国有企业的利益，而主要是指国家在涉及国家主权、国家安全、国家宏观经济等方面的利益。损害社会公共利益主要是指扰乱社会基本政治、经济、财政、税收、

治安等公共秩序，损害人格尊严、人身自由，限制公民基本政治权利、宗教信仰自由，侵害基本家庭、亲属关系，限制竞争、限制经济自由，损害消费者权益、劳动者权益等情形。①

需要强调的是，被监督处理的行为，是合同当事人利用合同危害国家利益、社会公共利益的行为，而非合同行为本身。有学者将《合同法》第 127 条所规定的内容称为合同的管理。② 这种认识显然是受到了过去《经济合同法》相关规定的影响，并不符合《合同法》的立法意旨。对于单纯的当事人之间的合同行为，无论是合同的订立还是合同的履行，公权力原则上是不能直接介入的。只有这些行为损害了国家利益或者社会公共利益，且违反了相关市场监管、金融监管、土地管理等法律行政法规的情况下，才需要并要求公权力的介入。正如学者所指出的："有关主管部门对合同的监督不是一般意义上的监督，因为合同行为是双方当事人意思自治的体现，只有在发生法律明确禁止的行为时，其意思自治的效力才消失。有关主管部门仅在有人利用合同实施对国家利益、社会利益造成危害的违法、犯罪行为时，依其职责进行监督以及责任的追究。"③

（二）监督处理应当依据法律、行政法规的规定进行

我国采统一的多层次立法体系。依据《立法法》第 8 条，民事基本制度只能制定法律。合同是交易的法律形式，合同制度属于民事基本制度的范畴。故而法律是我国民法合同制度的主要表现形式。为了执行法律的规定或者基于全国人大及其常委会授权，行政法规也可以就相关事项作出规定。至于地方性法规，鉴于我国社会主义市场经济体制对规则统一的要求，显然不能对合同以及对合同的干预作出规定。规章更是被严禁在没有上位法依据的情况下减损权利。因此，我国《合同法》在涉及合同法渊源的问题上，明确将之限于法律和行政法规。而公权力对合同的干预，直接关涉契约自由，故而《合同法》亦明确相关行政机关的监督处理只限于法律、行政法规的规定。《民法典》本条也继续沿用了这一立场。

有观点认为，《合同法》第 127 条是授权性规范，并没有对行政机关管理合同的权限进行限制。④ 这种认识并不妥当。笔者认为《合同法》第 127 条以及本条并非授权性规范，而是引致性规范。在全面推进依法治国的今天，依法行政、权力法定、罪刑法定、行政处罚法定等原则已被纳入我国法律并深入人心。无论

① 石宏．中华人民共和国民法总则条文说明、立法理由及相关规定．北京：北京大学出版社，2017：365.

② 隋彭生．合同法要义．北京：中国政法大学出版社，2003：468.

③ 江平．中华人民共和国合同法精解．北京：中国政法大学出版社，1999：104.

④ 同②.

是行政机关还是司法机关，在行使公权力时都必须按照法定的权限和程序进行。无论是具体行为类型、构成要件，还是监督、处理的方式、程序、救济途径等，都要依据具体的法律或者行政法规的规范来进行。因此，本条作出了引致性规定。这就是说，“利用合同实施危害国家利益、社会公共利益”只是对此类行为本质的高度概括，但这并未赋予相关主管部门据此判定并进行监督管理的权限。相关主管机关必须另行寻找法律行政法规上的依据，在没有对具体违法行为规范的情况下，不得径行依据本条作出监督或者处理的行为。

（三）负责监督处理的部门是相关行政主管部门

《合同法》第 127 条强调工商行政管理部门和其他有关行政主管部门“在各自的职权范围内”进行监督处理。之所以如此，是因为在当时的条件下，行政主管部门的职权范围不仅包括了法律、行政法规规定的职权范围，还包括国务院“三定”方案对有关部门职权范围的规定。此外，国务院根据需要授命有关行政机关对某项事务进行管理的，按国务院的命令或决定行使职权。[①] 随着全面依法治国向纵深发展，法无授权不可为、法定职责必须为的观念深入人心，权力法定化已经实现，法律和行政法规在对各类违法行为规范时，都是一并明确规定相关行为的监督和处理主体的。故而，各行政主体应在法律行政法规规定的各自的职权范围内或者说依据法律行政法规的授权负责对相关合同违法行为的监督处理。正是由于职权法定化的完成，本条在相关主管部门的表述上删去了既有“在各自的职权范围内”这一不言而喻的表述。

在“大部制”改革之后，我国涉及利用合同实施危害国家利益、社会公共利益行为的部门并非仅市场监督管理部门一家。自然资源主管部门、住房与城乡建设主管部门、“一行两会”等各金融监管部门等，都应当在各自法定职权范围内监督、处理利用合同危害国家利益、社会公共利益的行为。这里所言的监督，包括法律、行政法规规定的要求备案、审批等方式；这里所说的处理，包括法律、行政法规规定的进行行政调查，中止审批或者登记程序，采取行政强制措施，甚至作出行政处理或者行政处罚等；情节严重构成犯罪的，应当依法移交司法机关追究相关刑事责任。

社会主义市场经济体制是我国的基本经济制度之一。合同是交易的法律形式，契约自由是通过市场实现资源配置的根本要求，对契约自由的尊重是让市场

① 胡康生．中华人民共和国合同法释义．第 127 条释义．中国人大网 http：//www.npc.gov.cn/npc/c2196/200011/f2e0aa474d624801b0c3e54d90a75a69.shtml；谢怀栻．合同法原理．北京：法律出版社，2000：311.

在资源配置中发挥决定性作用的根本体现。但在市场配置资源的过程中，市场主体的逐利性决定了其不可避免地会采取一些损及国家利益或者社会公共利益的手段，这就要求政府出手，依法及时纠正制裁处理相关违法行为，维护正常的市场秩序，保障国家利益以及社会公共利益不受侵犯。所以，本条虽然规定在《民法典》当中，但它实际上划定了合同自由与国家干预的楚河汉界。依据本条，政府对于合同的干预必须以损害国家利益或者社会公共利益为前提，以法律、行政法规的特别规定为依据。鉴于《民法典》在社会主义市场经济法律体系中的基础性地位，相关特别法在设计相关规范时，应当遵循《民法典》的这一要求。

三、合同监督处理与资源配置方式

本条规定源自《经济合同法》对经济合同管理的规定。制定于 1981 年的《经济合同法》，高度重视对合同的管理。《经济合同法》第六章专章规定了“经济合同的管理”，该法第 51 条明确宣示：“各级业务主管部门和工商行政管理部门应对有关的经济合同进行监督检查，建立必要的管理制度。各级业务主管部门还应把企业经济合同的履行情况，作为一项经济指标进行考核。”

可见，《经济合同法》规定的合同管理实际上包括两个方面：一是工商行政管理部门依其市场管理的职权对合同的监督管理。该法第 53 条规定：“对于订立假经济合同，或倒卖经济合同，或利用经济合同买空卖空、转包渔利、非法转让、行贿受贿，以及其他危害国家利益和社会公共利益的违法行为，由工商行政管理部门负责处理，需要追究刑事责任的移送司法机关处理。”这就明确了工商行政管理部门的合同管理，指向的是各类利用合同危害国家利益和社会公共利益的违法行为。换言之，这种管理更近于《民法典》本条所规范的情形。但在管理手段上，依据该法第 7 条“无效经济合同的确认权，归合同管理机关和人民法院”的规定，工商行政管理部门可以直接确认经济合同无效并追究相关行政责任以及移送司法机关追究刑事责任。

二是业务主管部门对企业合同的管理。这实际上是企业的开办机关对其开办企业的管理，很难说是真正行政法意义上的管理。这种管理职责的行使妥当与否，不仅涉及可能的行政责任，还可能给业务主管部门带来违约责任，依据该法第 33 条，“由于上级领导机关或业务主管机关的过错，造成经济合同不能履行或者不能完全履行的，上级领导机关或业务主管机关应承担违约责任。应先由违约方按规定向对方偿付违约金或赔偿金，再由应负责任的上级领导机关或业务主管机关负责处理”。在政企不分的体制下，企业的上级领导机关或者业务主管部门的所谓监督检查、合同管理，实际上就是主管部门对企业的交易活动的直接干预。这也解释了在违约的情况下，上级领导机关或业务主管机关为何要就其过错而对企业违约行为承担兜底责任。其在管理活动中出现过错的情况下，是要承担违约责任的。

之所以如此，一方面是因为当时奉行计划经济体制。计划经济条件下整个国家都是一个大工厂，各个企业法人只是工厂的一个车间，缺乏经营自主权，从而不真正具备法律意义上的独立人格。资源配置是通过各业务主管部门的行政指令而非作为市场主体的企业之间的平等交易来实现的。加强合同管理、为政府直接管理企业经营提供法律支撑，也就成了必然的选择。另一方面，这种制度也和构建在计划经济基础上的《经济合同法》的立法意旨有关。该法明确强调，“订立经济合同，必须遵守国家的法律，必须符合国家政策和计划的要求。任何单位和个人不得利用合同进行违法活动，扰乱经济秩序，破坏国家计划，损害国家利益和社会公共利益，牟取非法收入”（第 4 条），而丝毫没有提及合同自由或者如《民法通则》中所言的“自愿”。因此，经济合同并非当事人平等基础上的合意，并非交易的法律形式，更不是市场配置资源的法律表达，而只是执行计划，尤其是指令性计划的工具。契约自由等现代观念在经济合同中没有容身之地。

随着建立社会主义市场经济体制被明确为经济体制改革的目标，1993 年《经济合同法》进行了重大修改。确认合同无效的权力限于法院和仲裁机构行使，但需要注意的是，当时所言的仲裁机构并非《仲裁法》施行后的仲裁机构，而是工商行政管理部门依据《经济合同仲裁条例》设立的经济合同仲裁机构。该法第六章关于经济合同的管理中，前述第 53 条对于业务管理部门的合同管理权限的规定以及与此相关的第 33 条违约责任的规定被删去。剩余的两条中，第 44 条规定：“县级以上各级人民政府工商行政管理部门和其他有关主管部门，依据法律、行政法规规定的职责，负责对经济合同的监督。”第 45 条则规定：“对利用经济合同危害国家利益、社会公共利益的违法行为，由县级以上各级人民政府工商行政管理部门和其他有关主管部门依据法律、行政法规规定的职责负责处理；构成犯罪的，依法追究刑事责任。”这就将合同管理进一步明确为对合同的监督以及对利用合同的违法行为处理。这些调整，与经济体制改革的深入是分不开的。

随着市场经济体制改革的进一步深入，《合同法》第 4 条规定，当事人依法享有自愿订立合同的权利，任何单位和个人不得非法干预。这就确立了我国合同法中的合同自由原则。合同本质上就是当事人通过自由协商，决定其相互间权利义务关系，并根据其意志调整他们相互间的关系。合同具有法律上的拘束力，不仅表现在当事人的合意能够严格地拘束当事人，当事人违约时应承担违约责任，而且表现在当事人的合意具有优先于《合同法》的任意性规范而适用的效力，即约定优先的原则。这一原则根本上是由于党的十四大后奉行的社会主义市场经济体制这一基本经济制度所决定的。市场经济要求市场在资源配置中发挥决定性作用，市场由无数的交易构成，市场经济条件下，只有通过交易，才能实现财产价值的最大化，从而实现资源的合理配置。这就需要合同这一交易的法律形式真正充分体现当事人的意思、尊重当事人的意思，避免行政主管部门对交易活动的不正当干预。在《合同法》制定过程中，合同管理各相关主管部门都提出了各自的意见，最终《合同法》不再专章规定合同管理，仅存的第127条实际上整合了1993年修订后的《经济合同法》第44条和第45条的规定，将对合同的监督和利用合同的违法行为的处理转换为对利用合同的违法行为监督处理。这就完全排除了政府对合同行为本身的监督或者说干预的权力。加之随着《仲裁法》的施行，确认合同无效的权力完全从行政机关剥离开来，政府与市场的关系得到了更进一步的厘清。《民法典》本条则结合全面深化改革和全面依法治国的时代背景，对政府主管部门对利用合同的违法行为的监督处理做了进一步的规范。这一表述，是对“使市场在资源配置中起决定性作用和更好发挥政府作用”的经济体制改革目标更进一步的法律保障。

第五章

合同的保全

第五百三十五条

因债务人怠于行使其债权或者与该债权有关的从权利，影响债权人的到期债权实现的，债权人可以向人民法院请求以自己的名义代位行使债务人对相对人的权利，但是该权利专属于债务人自身的除外。

代位权的行使范围以债权人的到期债权为限。债权人行使代位权的必要费用，由债务人负担。

相对人对债务人的抗辩，可以向债权人主张。

本条主旨

本条是关于债权人代位权的规定。

相关条文

《合同法》第73条　因债务人怠于行使其到期债权，对债权人造成损害的，债权人可以向人民法院请求以自己的名义代位行使债务人的债权，但该债权专属于债务人自身的除外。

代位权的行使范围以债权人的债权为限。债权人行使代位权的必要费用，由债务人负担。

《合同法司法解释一》第11条　债权人依照合同法第七十三条的规定提起代位权诉讼，应当符合下列条件：

（一）债权人对债务人的债权合法；

（二）债务人怠于行使其到期债权，对债权人造成损害；

（三）债务人的债权已到期；

（四）债务人的债权不是专属于债务人自身的债权。

第12条 合同法第七十三条第一款规定的专属于债务人自身的债权，是指基于扶养关系、抚养关系、赡养关系、继承关系产生的给付请求权和劳动报酬、退休金、养老金、抚恤金、安置费、人寿保险、人身伤害赔偿请求权等权利。

第13条 合同法第七十三条规定的“债务人怠于行使其到期债权、对债权人造成损害的”，是指债务人不履行其对债权人的到期债务，又不以诉讼方式或者仲裁方式向其债务人主张其享有的具有金钱给付内容的到期债权，致使债权人的到期债权未能实现。

次债务人（即债务人的债务人）不认为债务人有怠于行使其到期债权情况的，应当承担举证责任。

第14条 债权人依照合同法第七十三条的规定提起代位权诉讼的，由被告住所地人民法院管辖。

第15条 债权人向人民法院起诉债务人以后，又向同一人民法院对次债务人提起代位权诉讼，符合本解释第十四条的规定和《中华人民共和国民事诉讼法》第一百零八条规定的起诉条件的，应当立案受理；不符合本解释第十四条规定的，告知债权人向次债务人住所地人民法院另行起诉。

受理代位权诉讼的人民法院在债权人起诉债务人的诉讼裁决发生法律效力以前，应当依照《中华人民共和国民事诉讼法》第一百三十六条第（五）项的规定中止代位权诉讼。

第16条 债权人以次债务人为被告向人民法院提起代位权诉讼，未将债务人列为第三人的，人民法院可以追加债务人为第三人。

两个或者两个以上债权人以同一次债务人为被告提起代位权诉讼的，人民法院可以合并审理。

第17条 在代位权诉讼中，债权人请求人民法院对次债务人的财产采取保全措施的，应当提供相应的财产担保。

第18条 在代位权诉讼中，次债务人对债务人的抗辩，可以向债权人主张。

债务人在代位权诉讼中对债权人的债权提出异议，经审查异议成立的，人民法院应当裁定驳回债权人的起诉。

第19条 在代位权诉讼中，债权人胜诉的，诉讼费由次债务人负担，从实现的债权中优先支付。

第 21 条　在代位权诉讼中，债权人行使代位权的请求数额超过债务人所负债务额或者超过次债务人对债务人所负债务额的，对超出部分人民法院不予支持。

第 22 条　债务人在代位权诉讼中，对超过债权人代位请求数额的债权部分起诉次债务人的，人民法院应当告知其向有管辖权的人民法院另行起诉。

债务人的起诉符合法定条件的，人民法院应当受理；受理债务人起诉的人民法院在代位权诉讼裁决发生法律效力以前，应当依法中止。

理解与适用

一、债权人代位权的概念

所谓债权人代位权，是指因债务人怠于行使其债权或者与该债权有关的从权利，影响债权人到期债权实现的，债权人可以通过向法院提起诉讼的方式行使代位权，请求以自己的名义代位行使债务人对相对人的权利，从而保持债务人的责任财产，以保障其债权的实现。一般来说，在债的关系生效后，债务人应当以其所有财产为其债权的实现提供担保，即债务人的所有个人财产原则上都应当属于其责任财产。当然，债务人的责任财产不仅为某一债权人的担保，而且也是全体债权人的共同担保，因此，其责任财产的增减对债权人权利的实现关系重大。[①]民法典合同编对债权人代位权作出规定，将其作为债权保全的一种重要方式，其主要功能在于维持债务人的责任财产，并督促债务人及时履行债务。

债权人代位权具有法定性。从该条规定来看，只要符合该条所规定的债权人代位权的行使条件，债权人即可行使该权利，因此，债权人代位权是债权的一项法定权能，并不需要当事人对此作出约定。同时，债权人代位权是债权的一项权能，而不是一项独立的权利，其实际上是债权人以行使他人权利为内容以保全自己债权的一项权能。[②]

二、债权人代位权行使的条件

从该条规定来看，债权人代位权的行使应当具备如下条件。

(一) 债权人对债务人的债权必须合法

所谓债权人对债务人的债权合法，是指债权人与债务人之间的债权债务关系

---

① 郑玉波．民法债编总论．台北：三民书局，1986：312.

② 崔建远．合同法：修订本．北京：法律出版社，1998：126.

必须合法，这是代位权行使的首要条件。如果债权人与债务人之间的债权关系不合法，如因赌博而产生的“债”的关系，或者因买卖婚姻而产生的“债”的关系，则债权人代位权就失去了合法的基础，此时，即便具备债权人代位权行使的其他条件，债权人也无法主张债权人代位权。同时，如果当事人之间债的关系并不存在，如债的关系不成立，或者被宣告无效，或者被撤销，则债权人也不享有债权人代位权。当然，即便当事人之间的合同关系被宣告无效，或者被撤销，但如果债权人对债务人享有返还请求权、赔偿请求权等债权请求权，在具备债权人代位权行使的其他条件时，其也应当有权行使债权人代位权。[①] 此外，从该条规定来看，其并没有对债权人债权发生的原因作出限定，这也意味着，不论是基于合同而产生的意定之债，还是基于侵权、无因管理、不当得利等产生的法定之债，债权人均可依法享有债权人代位权。

同时，债权人对债务人的债权也应当确定，债务人对于债权本身没有异议，或者该债权是经过了法院或仲裁机构裁判所确定的债权。[②] 从《民法典》第535条的规定来看，其虽然没有明确规定债权人的债权应当确定，但如果债权人与债务人就债权的内容、效力等存在异议，则债权人应当无权主张代位权。需要指出的是，此处的债权确定，指的是债权人与债务人之间的债权确定，而不要求债务人与次债务人等主体之间的权利义务关系确定。如果债务人与次债务人等主体之间的权利义务关系不确定，则在债权人向债务人的相对人提出请求时，相对人可以提出抗辩。同时，由于债权人只是对其与债务人之间债的关系较为了解，对债务人与相对人之间的权利义务关系可能并不十分了解，将债务人与相对人之间的权利义务关系确定作为债权人代位权的行使条件，可能会不当限制债权人代位权的行使，甚至使债权人客观上难以行使代位权。[③]

（二）债权人对债务人的债权已经到期

从该条规定来看，债权人对债务人的债权已经到期也是债权人代位权行使的条件之一。也就是说，只有在债权人的债权到期之后，债务人未按期履行债务时，债权人才能行使债权人代位权，其不同于《民法典》第536条所规定的保存行为，在债权人出于保存债务人财产的目的而行使代位权时，其可以在债权到期前行使代位权。依据《民法典》第535条规定，债权人代位权应该在债权到期后行使，因为代位权针对的是债务人消极损害债权的行为，债权人只有在自己的债

---

① 庞景玉，何志．最高人民法院合同法司法解释精释精解．北京：中国法制出版社，2016：302.

② 王闯．对最高人民法院《关于适用〈中华人民共和国合同法〉若干问题的解释（一）》的若干理解//判解研究：第一辑．北京：人民法院出版社，2000：102.

③ 王利明．合同法研究：第二卷．北京：中国人民大学出版社，2015：99.

权到期以后，才能确定债务人怠于主张权利的行为是否有害于其债权，在此之前，债权人的债权能否实现是难以预料的。若债权人的债权尚未到期，仅债务人对相对人的权利可以行使，则债权人无权行使代位权要求债务人的相对人对其清偿债务，否则会导致债权人和债务人之间的债务被强制性提前履行，这将过分干涉债务人的经济活动自由。

（三）债务人怠于行使其债权以及与该债权有关的从权利，影响债权人到期债权的实现

1. 债务人怠于行使其债权及与该债权有关的从权利

债务人怠于行使其权利是导致债权人利益受损的原因，但何为“怠于行使”？学理上存在不同观点。一种观点认为，“怠于行使”是指应当行使而且能够行使权利却不行使①，如债务人不主张权利或者迟延主张权利。② 另一种观点认为，“怠于行使”是指债务人能够通过诉讼或仲裁的方式主张权利，但一直未主张权利。这两种观点的主要区别在于，“怠于行使”的认定是否仅限于债务人在其债权期限届满后，未通过诉讼或仲裁的方式主张权利。换言之，如果债务人在诉讼和仲裁之外，以私力救济等方式主张过权利，是否不构成“怠于行使”权利？对此，依据《合同法司法解释一》第 13 条的规定，债务人“怠于行使”其到期债权是指债务人不履行其对债权人的到期债务，又不以诉讼方式或者仲裁方式向其债务人主张其享有的具有金钱给付内容的到期债权，致使债权人的到期债权未能实现。关于债务人“怠于行使”其权利的判断标准，《民法典》第 535 条并没有作出规定，但该条规定来源于《合同法》第 73 条，在解释上应当作相同解释，这也有利于防止债务人与次债务人之间达成通谋，即双方通过证明债务人已经向次债务人主张过权利来对抗债权人的代位权，这可能导致债权人代位权形同虚设。因此，“怠于行使”应当仅限于债务人在其权利到期后，能够通过诉讼或仲裁的方式主张权利，但一直未通过诉讼或仲裁的方式主张权利的行为。

同时，从该条规定来看，债务人怠于行使的权利为其债权以及与该债权有关的从权利，“与该债权有关的从权利”指债务人债权的抵押权、质权、保证以及违约金债权、损害赔偿请求权、利息债权等，但如果该从权利专属于债务人自身，债权人无权向债务人的相对人主张。债权人之所以能够在代位权诉讼中就债务人债权的从权利主张权利，是因为从权利对主债权有依附性，其目的是保障主债权的实现，因此，当债权人向次债务人主张权利时，其也应当有权主张附属于

---

① 史尚宽．债法总论．北京：中国政法大学出版社，2000：465.

② 江平．中华人民共和国合同法精解．北京：中国政法大学出版社，1999：61.

该债权的相关从权利。

2. 债务人怠于行使权利影响债权人到期债权的实现

只有债务人怠于行使其债权或者与该债权有关的从权利影响债权人到期债权的实现时，债权人才能行使债权人代位权，这也意味着，在债务人怠于行使权利并不影响债权人债权的实现时，例如，债务人的责任财产足以清偿其债务，此时，债务人有选择是否主张权利的自由，债权人不得行使债权人代位权。所谓影响债权人债权的实现，是指债务人的责任财产不足以保障债权人债权的完全实现。也就是说，即便债务人有一定的责任财产，但如果该责任财产无法完全清偿债权人的全部债权，例如，债务人虽然有一定的责任财产，但其有多个债权人，其责任财产无法完全清偿全部债权，此时，债务人怠于行使权利即会影响债权人到期债权的实现。

(四) 债务人对相对人所享有的权利不是专属于债务人的权利

如果债务人对相对人所享有的权利是专属于债务人自身的权利，则不得成为债权人代位权行使的对象。关于哪些权利是专属于债务人的权利《民法典》第535条并没有作出明确规定。依据《合同法司法解释（一）》第12条的规定，此类权利主要是指基于抚养关系、扶养关系、继承关系产生的给付请求权，以及劳动报酬、退休金、养老金、抚恤金、安置费、人寿保险、人身伤害赔偿请求权等权利。笔者认为，《民法典》第535条所规定的专属于债务人自身的权利可以作类似解释。

此外，在一些情况下，债务人债权的从权利专属于债务人自身，与债务人有不可分离的关系，此类从权利可基于法律的直接规定或者债务人与次债务人之间合同的约定而存在。① 在代位权法律关系中，此类专属于债务人自身的债权从权利也不得成为代位权的客体。

三、债权人代位权行使的方式

依据该条规定，债权人应当以自己的名义通过向法院提起诉讼的方式行使代位权。该条要求债权人以自己的名义行使代位权，即债权人在行使代位权时，应当以自己的名义作为原告向相对人主张，而不需要以债务人的名义向相对人主张权利。如果债务人有多个债权人，各个债权人在符合代位权构成要件的情况下，均得以向法院申请对相对人行使代位权。②

---

① 中华人民共和国合同法配套解读与案例注释．北京：中国法制出版社，2015：137.

② 王利明．合同法研究：第二卷．北京：中国人民大学出版社，2015：114.

同时，债权人应当通过向法院提起诉讼的方式行使代位权。从《民法典》第535条的规定来看，债权人行使代位权必须要向法院提起诉讼，请求法院保全其债权。因此，代位权的行使必须通过诉讼的方式进行，而不能通过仲裁等诉讼外的其他方式来行使代位权。值得注意的是，这一规定并不意味着代位权是一种诉权。代位权是由《民法典》所规定的由债权人所享有的一种债权的特殊权能，依附于债权人的债权并且与债权不可分割，是一种实体法上的权利。

四、债权人代位权行使的范围和费用负担

（一）债权人代位权的行使范围以债权人的到期债权为限

所谓债权人代位权的行使范围，是指债权人可以在多大范围内行使代位权。从该条规定来看，“代位权的行使范围以债权人的到期债权为限”，这也意味着，一方面，债权人仅能在其到期债权的范围内行使代位权，如果债权人对债务人享有多项债权，未到期的债权不属于代位权的行使范围。另一方面，债权人在对债务人的相对人主张权利时，其权利主张的范围也限于到期债权的范围，如果债权人向债务人的相对人主张一项权利，即可保障其债权实现，则其不得再代位行使其他权利。

（二）债权人代位权行使的必要费用由债务人承担

债权人行使代位权可能会产生律师代理费、差旅费、诉讼费等必要费用，这些必要费用应当由债务人承担。要求债务人承担债权人行使代位权的必要费用具有一定的合理性，正如学者所言，既然行使代位权只是债的保全的一种措施，因此产生的费用可视为债务人清偿债务的必要费用，由债务人负担该费用是合理的。①

五、债务人的相对人的抗辩权

依据该条规定，“相对人对债务人的抗辩，可以向债权人主张”，这也意味着，债权人在行使代位权时，相对人不仅可以向债权人主张其自身所享有的抗辩，也可以对债权人主张其对债务人的抗辩。相对人之所以可以向债权人主张其对债务人的抗辩，是因为债权人行使代位权，并没有改变相对人与债务人之间债的内容，因此，相对人可以对债务人主张的抗辩，也可以向债权人主张。一般而言，相对人对债务人所享有的抗辩包括：权利不发生或消灭之抗辩、债权未到期或抵销的抗辩以及权利瑕疵的抗辩等。在代位权诉讼中，允许相对人向债权人主

① 王利明．合同法研究：第二卷．北京：中国人民大学出版社，2015：110.

张其对债务人的抗辩的同时，应当注意债务人对债权人依然享有抗辩权。

需要指出的是，相对人不能以其与债权人之间无债的关系为由提出抗辩，因为代位权制度作为债的保全制度之一，已经在一定程度上突破了债的关系的相对性，相对人不得以其与债权人之间无债的关系为由提出抗辩。

第五百三十六条

债权人的债权到期前，债务人的债权或者与该债权有关的从权利存在诉讼时效期间即将届满或者未及时申报破产债权等情形，影响债权人的债权实现的，债权人可以代位向债务人的相对人请求其向债务人履行、向破产管理人申报或者作出其他必要的行为。

本条主旨

本条是关于债权人出于保存目的而行使代位权的规则。

相关条文

无

理解与适用

一、债权人可以在债权到期前出于保存目的行使代位权

传统民法认为，在特殊情况下，债权人出于保存债务人权利之目的，也可以在其债权未到期时行使代位权。债权人专为保存债务人权利的行为称为保存行为。在《民法典》颁行之前，我国《合同法》及《合同法司法解释一》仅规定了债权人债权到期后的代位权制度，未对保存行为进行规定。有学者主张，确立债权到期前的债权人代位权是十分必要的，专为保存债务人权利的行为，如中断时效、申请登记、申报破产债权等，都可以代位行使，无须要求债务人陷于迟延。①

我国《民法典》第 536 条对债权人出于保存目的行使代位权的规则作出了规定，该条之所以允许债权人实施保存行为，主要是因为：一方面，在一些特殊情况下，如果要求债权人必须等到履行期届满以后才能主张代位权，可能难以实现

---

① 史尚宽．债法总论．北京：中国政法大学出版社，2000：467.

债权保全的目的。例如，在债权人的债权到期后，债务人债权的诉讼时效可能已经届满，在债权人行使代位权时，次债务人可能会提出时效抗辩，此时，债权保全的目的将难以实现。另一方面，保存行为是有利于债务人的行为，不构成对债务人行为的干涉，债权人从事保存债务人权利的行为，目的在于防止债务人的权利消灭，而非代位请求第三人向债务人履行清偿义务，故可不受债权期限届满条件的限制。[①] 因此，在例外情况下，应允许债权人在履行期届满前基于保存的需要而行使代位权。

二、出于保存目的行使代位权的情形

从《民法典》第536条的规定来看，允许债权人在债权到期前主张代位权主要有两种情形。

一是债务人的债权或者与该债权有关的从权利因诉讼时效期间即将届满而使债务人难以主张权利，影响债权人债权实现的，在此情况下，债权人为了中断诉讼时效，不需要等到其债权到期就可以行使代位权。从本条规定来看，不仅债务人的债权存在诉讼时效期间即将届满的情形，债权人可以出于保存目的行使代位权，在与债务人债权有关的从权利存在诉讼时效期间即将届满的情形，债权人同样可以出于保存目的行使代位权。需要指出的是，债权人在出于保存目的行使代位权时，要求债务人未及时主张权利必须影响到债权人债权的实现，债权人才能行使代位权。同时，债权人在此种情形下行使代位权只需要向次债务人提出请求，主张债务人的债权，即可达到中断诉讼时效的效果，而不要求债权人必须通过人民法院以诉讼的方式行使代位权。

二是在相对人破产时，债务人应当在人民法院确定的债权申报期限内及时申报债权，因为破产程序作为一种概括性的集体清偿程序，在破产程序终结后，未受清偿的债权不再清偿。如果债务人在人民法院确定的债权申报期限内未能及时申报债权，则可能影响债权人债权的实现。此时，债权人应当有权代位向破产管理人申报债权，而不需要等到其债权到期后债务人构成迟延履行时再行使权利。从《民法典》第536条规定来看，其在规定债权人出于保存目的行使代位权的情形时使用了“等情形”这一表述，这表明债权人出于保存目的行使代位权的情形并不限于上述两种情形。因此，债务人的权利存在其他与上述两种情形相类似的情形，在可能影响债权人债权实现的情形下，债权人均可以在债权期限届满前代位行使债务人相对人的权利。

---

① 最高人民法院经济庭．合同法解释与适用．北京：新华出版社，1999：314.

三、债权人出于保存目的而行使代位权的特殊性

债权人行使代位权，无论是在债权到期前行使的代位权，还是保存行为的代位权，实质上都突破了债务人与其相对人之间的合同相对性。但相较于《民法典》第 535 条关于债权人在其债权到期后行使代位权的规定，债权人出于保存的目的在债权到期前行使代位权有一定的特殊性，主要体现如下。

第一，债权人在债权到期前行使代位权，不要求以诉讼的方式向人民法院提出请求。从《民法典》第 535 条规定来看，债权人在其债权到期后行使代位权时，需要通过诉讼的方式行使，而《民法典》第 536 条在规定债权人在出于保存目的行使代位权时，并未要求债权人以诉讼的方式行使，债权人可以直接代位向债务人的相对人请求其向债务人履行、向破产管理人申报或作出其他必要行为。本条作出此种规定的原因在于，债权人向债务人的相对人主张权利可直接产生诉讼时效中断的效果，而不需要其必须以诉讼的方式主张权利；同时，债权人向破产管理人申报债权也不需要以诉讼的方式申报，因此，《民法典》第 536 条并没有要求债权人必须通过诉讼的方式行使代位权。

第二，债务人的债权或者与该债权有关的从权利诉讼时效期间即将届满，影响债权人的债权实现的，债权人可以在债权到期前代位向债务人的相对人主张权利，既导致债权人与债务人之间债权诉讼时效中断，也会导致债务人与次债务人之间债权诉讼时效中断。当然，从《民法典》第 536 条规定来看，债权人在债权到期前向相对人主张权利时，其只能请求债务人的相对人向债务人履行清偿义务，而不能请求债务人的相对人向自己履行债务。

第三，债务人的相对人破产时，债务人未及时申报破产债权、影响债权人的债权实现的，债权人可以在债权到期前代位向破产管理人申报，产生债务人向破产管理人申报破产债权的效果。债务人未及时申报债权的情形不要求债务人对相对人的权利已经到期，因为在次债务人破产场合，根据《企业破产法》第 46 条的规定，“未到期的债权，在破产申请受理时视为到期”。因此，债权人当然可以代位申报加入破产债权。

第五百三十七条

人民法院认定代位权成立的，由债务人的相对人向债权人履行义务，债权人接受履行后，债权人与债务人、债务人与相对人之间相应的权利义务终止。债务人对相对人的债权或者与该债权有关的从权利被采取保全、执行措施，或

者债务人破产的，依照相关法律的规定处理。

本条主旨

本条是关于债权人代位权行使效果的规定。

相关条文

《合同法司法解释一》第20条 债权人向次债务人提起的代位权诉讼经人民法院审理后认定代位权成立的，由次债务人向债权人履行清偿义务，债权人与债务人、债务人与次债务人之间相应的债权债务关系即予消灭。

理解与适用

一、代位权行使的效果原则上直接归于债权人

《民法典》颁行前，关于债权人代位权的行使效果，理论上存在不同主张，具体而言，有如下观点。

一是“入库原则”说。此种观点认为，在债权人行使代位权的情形下，相对人应当向债务人作出清偿，相对人所作出的给付直接归入债务人的责任财产，然后再按照债的清偿规则清偿债权人的债权。①

二是债权人平均分配说。此种观点认为，在债权人行使代位权的情形下，相对人所作出的给付应当由法院保管，然后在债务人的债权人之间平均分配。

三是行使代位权的债权人优先受偿说。此种观点认为，在债权人行使代位权的情形下，对债务人的相对人所作出的给付，行使代位权的债权人享有优先受偿的权利。

从《民法典》第537条的规定来看，在债务人的相对人向债权人履行义务后，债权人与债务人以及债务人与相对人之间的权利义务终止，其显然是采纳了上述“行使代位权的债权人优先受偿说”，采纳此种立场的合理性主要在于：一方面，此种方案较为公平。在债权人行使代位权的情形下，在债务人的相对人作出给付后，如果将该给付在各个债权人之间平均分配，则无异于允许其他债权人免费共享债权人行使代位权的成果，显然有失公平，而行使代位权的债权人优先受偿，显然更为公平。另一方面，此种方案也有利于鼓励债权人积极通过代位权保全其债权，从而更好地实现债权人代位权的制度目的。

---

① 孔祥俊．合同法教程．北京：中国人民公安大学出版社，1999：319.

二、债务人的相对人向债权人履行义务后，债权人与债务人、债务人与相对人之间相应的权利义务终止

依据该条规定，在债务人的相对人向债权人履行义务后，将产生债权人与债务人以及债务人与相对人之间权利义务终止的效力。如前所述，所谓产生债权人与债务人之间权利义务关系终止的效力，实际上是赋予主张债权人代位权的债权人享有优先受偿的权利。当然，在债务人的相对人向债权人履行义务后，也只是使债权人与债务人之间“相应的”权利义务终止，这也意味着，如果债务人的相对人向债权人履行义务使债权人的债权获得了全部清偿，则债权人与债务人之间的债权债务关系将因此消灭；如果债务人的相对人向债权人履行义务只是使债权人的债权获得部分清偿，则就未获得清偿的部分债权，债权人仍有权向债务人主张。

所谓债务人与相对人之间相应的权利义务终止，是指在债务人的相对人向债权人履行义务后，将使得债务人与相对人之间的权利义务关系在该履行义务的范围内消灭。也就是说，在债务人的相对人向债权人履行义务后，不仅导致债权人与债务人的权利义务关系相应地终止，债务人的相对人在履行义务后，在该履行义务的范围内，其与债务人的权利义务关系也随之终止，即债务人的相对人向债权人履行义务的行为将产生与向债务人履行义务相同的法律效果。

三、债务人对相对人的权利被采取保全、执行措施，或者债务人破产的，依照相关法律的规定处理

依据该条规定，如果债务人对相对人的权利已经被采取保全执行措施的，则应当依据保全、执行的相关规定处理。从该条规定来看，在出现上述情形时，即便债权人主张债权人代位权，也并不当然享有优先受偿的权利，法律作出此种规定的主要原因在于：在债权人主张代位权的情形下，之所以赋予其优先受偿的权利，主要是为了防止其他没有采取任何措施的债权人“搭便车”，借助主张代位权的债权人的行为而获得受偿。在其他债权人没有采取任何主张债权的措施时，赋予主张代位权的债权人优先受偿的权利具有一定的合理性。而在其他债权人已经对财产采取了保全措施，甚至已经进入执行阶段，债务人的其他债权人并不是消极地不主张权利，此时，即便债权人主张代位权，也不应当享有优先于其他已经采取保全等措施的债权人受偿的权利。

同时，从该条规定来看，如果债务人破产的，则应当依据破产的法律规则处理。例如，根据《企业破产法》第 113 条，在企业破产清算程序中，破产费用、公益债务、职工工资、税款等以及对特定财产享有担保权的权利人都应优先于普

通债权人受偿。依据这一规定，即使债权人行使代位权，上述权利也应当优先于债权人的债权而受偿。因此，《民法典》第 537 条规定，在债务人破产的情形下，应当依据破产法的相关规则解决债务人财产的分配问题，而不能当然认定主张代位权的债权人享有优先受偿权。

第五百三十八条

债务人以放弃其债权、放弃债权担保、无偿转让财产等方式无偿处分财产权益，或者恶意延长其到期债权的履行期限，影响债权人的债权实现的，债权人可以请求人民法院撤销债务人的行为。

本条主旨

本条是关于债务人无偿处分财产、恶意延长其债权履行期限时债权人撤销权的规定。

相关条文

《合同法》第 74 条第 1 款　因债务人放弃其到期债权或者无偿转让财产，对债权人造成损害的，债权人可以请求人民法院撤销债务人的行为。债务人以明显不合理的低价转让财产，对债权人造成损害，并且受让人知道该情形的，债权人也可以请求人民法院撤销债务人的行为。

《合同法司法解释一》第 23 条　债权人依照合同法第七十四条的规定提起撤销权诉讼的，由被告住所地人民法院管辖。

《合同法司法解释（一）》第 24 条　债权人依照合同法第七十四条的规定提起撤销权诉讼时只以债务人为被告，未将受益人或者受让人列为第三人的，人民法院可以追加该受益人或者受让人为第三人。

《合同法司法解释二》第 18 条　债务人放弃其未到期的债权或者放弃债权担保，或者恶意延长到期债权的履行期，对债权人造成损害，债权人依照合同法第七十四条的规定提起撤销权诉讼的，人民法院应当支持。

理解与适用

一、债权人撤销权的概念

所谓债权人撤销权，是指在债务人放弃债权、放弃债权担保、无偿转让财产等无偿处分财产的行为，或者实施低价处分财产的行为影响债权人债权实现时，债权人有权依法请求法院撤销债务人实施的行为。债权人撤销权针对的是债务人不当处分财产的积极行为，其旨在撤销债务人与第三人之间的民事行为，从而恢复债务人的责任财产，以保障债权人的债权得以实现。① 在债务人不当处分财产的情形下，只有有害于债权人债权的实现时，债权人才能行使撤销权。也就是说，只有债务人不当处分财产，不当减少其责任财产，从而无法满足向债权人履行债务的要求，影响债权人债权的实现时，债权人才能依法撤销债务人的行为。② 债务人的行为可以分为无偿行为和有偿行为，我国《民法典》第 538 条和第 539 条分别对其作出了规定。债权人撤销权作为债权的一项权能，它是由法律规定所产生的，但其性质上并非独立的民事权利，而只是债权的一项权能。③

作为债权保全制度，债权人撤销权是保障债务的履行、保护债权人利益的重要措施，防止债务人实施各种不正当的行为逃避债务。我国《民法典》在《合同法》及相关司法解释的基础上，完善并强化了债的保全制度，对于充分保护债权人的利益具有重要意义。

二、债务人无偿处分财产时债权人撤销权的行使条件

（一）债权人对债务人享有有效的债权

债权人对债务人享有合法有效的债权是债权人撤销权成立的基本前提。如果债权人与债务人之间的债的关系不成立，或者被宣告无效，则无法成立债权人撤销权。例如，在当事人之间的合同关系被宣告无效后，合同债权也随之消灭，也就不存在为保全该合同债权的债权人撤销权。当然，从《民法典》第 538 条规定来看，债权人撤销权所要保全的债权不限于合同债权，其他债的关系中的债权人也可以依法行使撤销权。

从该条规定来看，在债务人无偿处分财产的情形下，债权人在行使撤销权时，并不要求其债权已经到期。因为债务人无偿处分其财产的行为将直接导致其债务履行能力降低，一概要求债权人的债权必须到期才能行使撤销权，不利于及时制止债务人无偿处分财产的行为，以恢复债务人的责任承担能力。因此，只要债务人实施了该条所规定的无偿处分财产的行为，影响债权人债权实现的，债权人即可主张债权人撤销权，而不以债权人的债权已届清偿期为必要。

---

① 史尚宽．债法总论．北京：中国政法大学出版社，2000：154.

② 崔建远．合同法学．北京：法律出版社，2012：220.

③ 王利明．合同法研究：第二卷．北京：中国人民大学出版社，2015：121.

(二)债务人实施了无偿处分财产的行为

从该条规定来看，债务人所实施的无偿处分财产的行为主要有如下几种。

1. 债务人放弃债权。债务人放弃债权将直接导致其责任财产减少，因此，如果该行为影响债权人债权的实现，则债权人有权行使债权人撤销权，以恢复债务人的责任财产。同时，从该条规定来看，只要债务人放弃其债权，不论是放弃到期债权还是未到期债权，债权人都有权请求撤销，因为不论债务人放弃到期债权还是未到期债权，都会导致其责任财产减少。此时，允许债权人行使撤销权，能够更好地保护债权人的利益，防止债务人为了逃避债务而作出有损债权人利益的行为。

2. 债务人放弃债权担保。如果债务人与第三人的债权附有担保，则在次债务人无法履行债务时，债务人可以从担保人处获得清偿。在债务人放弃债权担保的情形下，债务人虽然没有放弃其债权，但债务人放弃债权担保可能使债务人对次债务人的债权失去保障，在次债务人无法履行债务时，债务人放弃债权担保的行为也会在客观上减少其责任财产，影响债权人债权的实现。依据《合同法司法解释二》第 18 条的规定，债务人放弃债权担保，债权人可以行使撤销权。《民法典》第 538 条延续了这一规定，同样赋予了债权人撤销权。

3. 债务人无偿转让财产。债务人无偿转让财产主要是指将财产赠与他人。在债务人无偿转让财产的情形下，债务人向第三人转让财产，但并没有获得对价，该行为将直接导致债务人责任财产的减少，如果该行为影响债权人债权的实现，债权人即有权行使撤销权，以恢复债务人的责任承担能力。

4. 债务人以其他方式无偿处分财产权益。除上述几种情形外，《民法典》第 538 条还使用了“等方式无偿处分财产权益”这一兜底性的表述，这表明，债务人无偿处分其财产的行为并不限于放弃其债权、放弃债权担保、无偿转让财产这三种方式，这也意味着，只要债务人无偿处分其财产，影响债权人债权实现的，债权人均可以行使撤销权。关于如何划定债务人无偿处分财产行为的范围，我国《合同法》第 74 条和《合同法司法解释二》第 18 条在列举了债权人撤销权的情形后均未使用“等”字作为兜底，《民法典》为顺应社会经济的发展和交易行为的多样化的趋势，并未在条文中穷尽债务人无偿处分财产的情形，给法律解释留下了空间。所谓债务人以其他方式无偿处分财产权益，是指债务人以放弃权利或与无偿转让相类似的其他方式减少其责任财产，使第三人纯获利益。例如，债务人通过假离婚或签订离婚协议等方式，不分配财产或者分得少量财产，影响债权人债权实现的，即应当属于该条所规定的以其他方式无偿处分财产权益。① 不论债务人采取何种方式，只要其行为构成无偿处分财产权益，影响债权人债权实现的，债权人均可以行使撤销权。

5. 债务人恶意延长其到期债权的履行期限。所谓债务人恶意延长其到期债权的履行期，是指在债务人对次债务人的债权到期后，债务人恶意延长该债务的履行期限。债务人恶意延长其到期债权的履行期限，虽然在形式上并未减少债务人的责任财产，但该行为会使债务人无法按时获得其本应获得的清偿利益，这也会影响其责任承担能力，构成积极诈害债权②，在影响债权人债权实现时，债权人也有权行使撤销权。从该条规定来看，债务人恶意延长其到期债权的履行期限的成立需要具备如下条件。

一是债务人的债权已经到期。依据该条规定，只有债务人恶意延长其到期债权的履行期限时，债权人才能行使撤销权，这也意味着，如果债务人对次债务人债权尚未届清偿期，则债权人原则上无权请求撤销债务人延长其债权履行期限的行为。当然，从债权人权利实现的角度而言，即便债务人的债权未届清偿期，但如果债务人恶意延长其债权履行期，也可能影响债权人债权的实现。例如，在债务人对次债务人的债权即将到期时，债务人恶意延长该债权的履行期，也可能使债务人无法取得相关的利益，从而导致债权人的债权难以实现。该行为与债务人恶意延长到期债权履行期限的效果并无区别，应当同等对待。因此，应当从广义上理解债务人延长其到期债权履行期限的行为，即债务人恶意延长其到期债权的行为并不限于其债权到期后实施延长债权履行期限的行为，也应当包括债务人在其债权履行期限届满前恶意延长债权履行期限，并影响债权人权利实现的行为。

二是债务人恶意延长其到期债权的履行期限。从该条规定来看，只有债务人对延长其到期债权的履行期限具有恶意时，债权人才能行使撤销权，如果债务人延长其未到期债权的履行期限并不构成恶意延长履行期限，则债权人无权行使债权人撤销权。例如，债务人考虑到次债务人客观上存在履行困难，或者债务人与次债务人之间存在一定的身份关联，此种情形下，债务人延长其债权履行期限并不当然构成恶意延长债权履行期限的行为。从该条规定来看，在债务人无偿处分财产时，债权人行使撤销权并不要求债务人具有恶意，而在债务人延长其债权履行期限时，则要求债务人必须具有“恶意”，该条作出此种区分的主要原因在于，

① 陆青．离婚协议中的“赠与子女财产”条款研究．法学研究，2018（1）：87.

② 沈德咏，奚晓明．最高人民法院关于合同法司法解释（二）理解与适用．北京：人民法院出版社，2009：144.

在债务人无偿处分其财产时，将直接导致其责任财产减少，而在债务人延长其债权履行期限时，并不会导致其债权消灭，该行为在形式上并没有减少债务人的责任财产，因此，在认定该行为构成积极诈害债权时，应当遵循更为严格的标准，即要求债务人主观上必须具有恶意逃避债务的故意。

在债务人延长其债权履行期限的情形下，债务人主观上是否具有逃避债务的“恶意”，往往难以判断，可以通过债务人的客观行为予以判断。即在债务人延长其到期债权的履行期限，影响债权人债权的实现时，如果债务人延长其债权履行期没有正当理由，则应当认定债务人的行为属于恶意延长债权履行期的行为。

（三）债务人无偿处分财产或恶意延长债权履行期限的行为影响债权人债权的实现

从该条规定来看，不论是债务人无偿处分财产的行为，还是恶意延长其到期债权履行期限的行为，只有影响债权人债权的实现时，债权人才能行使撤销权。如果债务人实施上述行为并不影响债权人债权的实现，则应当尊重债务人处分其财产的自由，债权人不得行使撤销权。所谓影响债权人债权的实现，是指债务人无偿处分财产的行为或者恶意延长其到期债权履行期限的行为，将在实质上降低债务人履行债务的能力，从而影响债权人债权的实现。当然，债权人行使撤销权时，并不要求其债权已经到期，这也意味着，如果债务人实施上述行为，将使债权人的债权到期后无法获得完全清偿，即应当认定债务人的行为将影响债权人债权的实现。

三、债务人无偿处分财产、恶意延长其债权履行期限时债权人撤销权的行使方式

从该条规定来看，在债务人实施无偿处分财产或者恶意延长其到期债权履行期限的行为时，“债权人可以请求人民法院撤销债务人的行为”，这也意味着，债权人只能通过向人民法院提起诉讼的方式行使债权人撤销权。该条要求债权人以诉讼的方式行使债权人撤销权具有一定的合理性，因为一方面，不论是债务人无偿处分财产，还是恶意延长其债权履行期限，该行为是否当然会影响债权人债权的实现，往往难以确定，需要人民法院予以判断。另一方面，债权人撤销权一旦生效，将导致债务人所实施的处分财产的行为以及延长债权履行期限的行为归于无效，涉及此类民事法律行为效力的认定，应当由人民法院予以认定，而不能由债权人单方予以判断。

第五百三十九条

债务人以明显不合理的低价转让财产、以明显不合理的高价受让他人财产或者为他人的债务提供担保，影响债权人的债权实现，债务人的相对人知道或者应当知道该情形的，债权人可以请求人民法院撤销债务人的行为。

本条主旨

本条是关于债务人有偿不当处分财产时债权人撤销权的规定。

相关条文

《合同法》第 74 条第 1 款　因债务人放弃其到期债权或者无偿转让财产，对债权人造成损害的，债权人可以请求人民法院撤销债务人的行为。债务人以明显不合理的低价转让财产，对债权人造成损害，并且受让人知道该情形的，债权人也可以请求人民法院撤销债务人的行为。

《合同法司法解释一》第 23 条　债权人依照合同法第七十四条的规定提起撤销权诉讼的，由被告住所地人民法院管辖。

《合同法司法解释一》第 24 条　债权人依照合同法第七十四条的规定提起撤销权诉讼时只以债务人为被告，未将受益人或者受让人列为第三人的，人民法院可以追加该受益人或者受让人为第三人。

《合同法司法解释二》第 19 条　对于合同法第七十四条规定的“明显不合理的低价”，人民法院应当以交易当地一般经营者的判断，并参考交易当时交易地的物价部门指导价或者市场交易价，结合其他相关因素综合考虑予以确认。

转让价格达不到交易时交易地的指导价或者市场交易价百分之七十的，一般可以视为明显不合理的低价；对转让价格高于当地指导价或者市场交易价百分之三十的，一般可以视为明显不合理的高价。

债务人以明显不合理的高价收购他人财产，人民法院可以根据债权人的申请，参照合同法第七十四条的规定予以撤销。

理解与适用

一、债务人有偿不当处分财产时，债权人享有撤销权

该条对债务人有偿不当处分财产时债权人的撤销权作出了规定，《民法典》第 538 条对债务人无偿处分财产以及恶意延长债权履行期限情形下债权人的撤销权作出了规定。事实上，除债务人无偿处分财产或者恶意延长债权履行期限外，

债务人实施有偿不当处分财产的行为，同样可能影响债权人债权的实现。例如，在债务人以不合理的低价转让财产时，债务人所获得的对价远低于其所转让的财产的价值，这在实质上将减少债务人责任财产的数额，如果因此影响债权人债权的实现的，债权人也应当有权行使撤销权，撤销债务人不当处分财产的行为，以恢复债务人的责任财产，从而实现保全债权的目的。该条与《民法典》与第538条一起，共同构成了债权人撤销权的完整体系。

二、债务人有偿不当处分财产行为时债权人撤销权的行使条件

（一）债权人对债务人享有合法的债权

在债务人不当处分财产的情形下，债权人行使撤销权的前提是其对债务人享有合法的债权，如果债权人对债务人所享有的债权不合法，如基于赌博行为而产生的“债权”，该“债权”不受法律保护，债权人无权请求债务人履行，此时，即便债务人处分财产的行为导致其责任财产减少，债权人也无权行使债权人撤销权。同时，如果债务人在实施处分财产的行为时，债权并未有效成立，则不能认为债务人处分财产的行为损害了债权人的债权，债权人也无权行使撤销权。

从该条规定来看，该条在规定债权人撤销权时，并没有对债权人债权发生的原因作出限制，这也意味着，不论是基于合同而产生的意定之债，还是基于不当得利、无因管理、侵权行为等原因而产生的法定之债，在符合法律规定的情形下，债权人均可以行使债权人撤销权。例如，在债权人与债务人之间的合同关系被宣告无效或者被撤销后，如果债务人对合同被宣告无效或者被撤销具有过错，需要对债权人承担缔约过失责任，此时，在债务人不当处分财产的行为影响债权人因债务人缔约过失而产生的债权的实现时，债权人也有权依法行使债权人撤销权。该条规定将债权人撤销权的适用范围扩张及于所有债权，而不限于合同债权，也是合同编通则发挥债法总则功能的体现。

此外，从该条规定来看，其在规定债权人撤销权时，并没有要求债权人的债权已经到期，即不论债权人的债权是否已经到期，只要符合该条所规定的债权人撤销权的行使条件，债权人均可以行使债权人撤销权。因为在债务人不当处分财产时，将导致其责任财产减少，影响其清偿能力，如果一概要求债权人必须在其债权到期时才能行使撤销权，将难以有效制止债务人不当处分财产的行为，也难以实现债权保全的目的。

（二）债务人实施了有偿不当处分财产的行为

从本条规定来看，必须债务人实施了有偿不当处分财产的行为时，债权人才

能行使撤销权。当然，此处债务人处分财产的行为限于对财产进行法律上的处分[①]，而不包括事实上的处分，因为事实上的处分，如债务人毁坏自己的房屋、机器设备等，在客观上无法撤销。依据本条规定，此处不当处分财产的行为包括如下几种。

一是债务人以明显不合理的低价转让财产。债务人以明显不合理的低价转让财产，客观上会减少其责任财产的数额，这可能影响债权人债权的实现，在符合其他条件的情形下，债权人应当有权撤销该行为。关于债务人转让财产的价格达到何种标准时，构成不合理的低价，本条并没有作出细化规定，根据《合同法司法解释二》第19条第1款的规定，“明显不合理的低价”应当由人民法院以当地一般经营者的判断，并参考交易当时交易地的物价部门指导价或者市场交易价，结合其他相关因素综合考虑予以确认。同时，根据该司法解释第19条第2款的规定，“转让价格达不到交易时交易地的指导价或者市场交易价百分之七十的，一般可以视为明显不合理的低价”。这一规定为认定不合理的低价提供了相对明确的判断标准，当然，该标准并非绝对性的标准，法官在具体个案裁判中还需要考虑当事人交易的具体情形，综合予以认定。

二是债务人以明显不合理的高价受让他人财产。与以明显不合理的低价转让财产类似，在债务人以明显不合理的高价受让他人财产时，也会导致债务人责任财产的减少，从而可能影响债权人债权的实现，在符合其他条件的情形下，债权人也有权行使债权人撤销权，请求人民法院撤销该行为。关于何为不合理的高价，本条并没有作出明确规定，依据前述《合同法司法解释二》第19条的规定，“对转让价格高于当地指导价或者市场交易价百分之三十的，一般可以视为明显不合理的高价”。该条对明显不合理的高价的认定标准作出了规定，即在当事人的交易价格高于当地指导价或者市场交易价30%时，可以推定其属于不合理的高价，当然，债务人或者受让人可以提出相反证据和事实的方式推翻该推定。[②]此外，该标准也只是为判断不合理的高价提供了一种参考标准，当事人的交易价格高于当地指导价或者市场交易价的30%是否当然属于不合理的高价，还需要法官结合案件具体情况予以认定。

三是债务人为他人的债务提供担保。提供担保的行为通常是一种无偿行为，在担保法律关系中，担保人在提供担保时通常不会从主债务人处获得收益，而且

① 王泽鉴．民法学说与判例研究：第4册．台北：自版，1979：129.

② 沈德咏，奚晓明．最高人民法院关于合同法司法解释（二）理解与适用．北京：人民法院出版社，2009：148.

在主债务人不履行到期债务或者发生当事人约定的情形时，担保人可能需要对债务人的债务承担责任。虽然担保人在承担担保责任后有权向主债务人追偿，但在主债务人并无财产或者财产不足以履行债务时，担保人的追偿权在客观上也难以实现。因此，债务人为他人的债务提供担保，可能导致其责任财产减少，从而影响债权人债权的实现，债权人有权依法行使债权人撤销权。例如，债务人在其财产上为其他债务人提供抵押担保，在主债务人无法履行到期债务时，债权人可以要求对该抵押财产进行变价，用于实现债权，该行为可能使得债务人的责任财产减少，并影响债务人的债权人债权的实现，故债权人可以行使撤销权。从本条规定来看，其只是规定债务人为他人的债务提供担保时，债权人有权依法行使债权人撤销权，而没有对债务人为他人债务提供担保的方式作出限定，这也意味着，不论债务人是为他人的债务提供人保（保证）、物保（担保物权），还是其他担保方式，只要符合债权人撤销权行使的其他条件，债权人均可请求人民法院撤销该行为。

需要指出的是，在债务人实施上述行为时，只有上述行为已经发生法律效力时，债权人才能行使撤销权，如果债务人的上述行为并未发生效力，则并不会导致其责任财产减少，债权人也无权行使撤销权。

（三）债务人有偿不当处分财产的行为影响债权人债权的实现

依据本条规定，只有债务人不当处分财产的行为影响债权人债权的实现时，债权人才有权请求人民法院撤销债务人的行为。所谓债务人不当处分财产的行为影响债权人债权的实现，是指在债务人不当处分其财产后，导致其责任财产减少，减少后的责任财产不足以保障债权人债权的完全实现。如果债务人处分财产后，其责任财产足以保障债权人债权的实现，则即便相关的交易行为客观上是显失公平的，也属于债务人的自由，债权人无权请求人民法院予以撤销。

（四）债务人的相对人主观上是恶意的

在债务人有偿不当处分财产的情况下，还要求债务人的相对人主观上是恶意的，债权人才能请求撤销该行为。从本条规定来看，此处的恶意是指债务人的相对人知道或者应当知道。关于债务人的相对人知道或者应当知道的内容，该条并没有作出细化规定。在债务人有偿不当处分财产的情形下，其可以有如下两种解释：一是债务人的相对人知道或者应当知道债务人处分财产的行为是不当的，即该行为属于以明显不合理的低价转让财产、以明显不合理的高价受让他人财产或者为他人的债务提供担保。二是债务人的相对人知道或者应当知道债务人有偿不当处分财产的行为，且该行为影响债权人债权的实现。从本条规定来看，应当采第二种解释，因为从本条规定的文义来看，债务人的相对人知道或者应当知道的“该情形”显然包括了“影响债权人的债权实现”这一内容。当然，债权人在主张债务人的相对人存在恶意时，其应当对此负担举证义务。

三、债务人不当处分财产时债权人撤销权的行使方式

从本条规定来看，在符合债权人撤销权的行使条件时，债权人可以请求人民法院撤销债务人的行为，这就限定了债权人行使撤销权的方式，即债权人通过诉讼的方式，请求人民法院撤销债务人的行为。此种规定具有合理性，因为一方面，在债务人有偿不当处分财产的情形下，其是否符合法律有关债权人撤销权行使条件的规定，需要由人民法院予以判断，而不能由债权人或者债务人、债务人的相对人予以判断；另一方面，债权人撤销权的行使涉及有关民事法律行为效力的认定，即债权人撤销权一旦成立，就导致债务人与相对人之间的民事法律行为无效，判断民事法律行为的效力应当由人民法院依据法律规定进行，而不能依据当事人单方面的主张予以认定。

第五百四十条

撤销权的行使范围以债权人的债权为限。债权人行使撤销权的必要费用，由债务人负担。

本条主旨

本条是关于债权人撤销权行使范围和行使撤销权费用负担的规定。

相关条文

《合同法》第 74 条第 2 款　撤销权的行使范围以债权人的债权为限。债权人行使撤销权的必要费用，由债务人负担。

《合同法司法解释一》第 26 条　债权人行使撤销权所支付的律师代理费、差旅费等必要费用，由债务人负担；第三人有过错的，应当适当分担。

理解与适用

一、债权人撤销权的行使范围

债权人撤销权制度赋予债权人请求撤销债务人处分财产行为的效力，构成对债务人行为的限制，但此种限制应当有一定的限度，不能完全剥夺债务人从事交易行为的自由。也就是说，债权人撤销权的制度功能在于保全债权人的债权，其

既不能放任债务人不当处分财产，影响债权人债权的实现，也不能不当妨碍债务人处分财产的自由。本条对债权人撤销权的行使范围作出规定，目的也在于妥当平衡债权人与债务人之间的关系。

依据本条规定，债权人撤销权的行使范围以债权人的债权为限。关于如何理解债权人撤销权中债权的范围，有观点认为，债权人撤销权的目的在于保障一般债权人的全体利益，而非各个债权人的个别利益。① 按照此种观点，债权人撤销权中的债权人泛指一切债权人，也就是说，债权人撤销权的范围不限于撤销权人享有的债权额，而应为全体债权人的债权。② 关于本条第1句所规定的"债权人的债权"的范围，本条并没有作出细化规定。笔者认为，应当将其解释为行使撤销权的债权人的债权，而不宜理解为全部债权人的债权，主要理由如下。

一方面，按照目的解释，债权人撤销权的立法目的在于保护特定债权人的债权。债权人撤销权并非独立的权利类型，而属于债权的保全权能，也就是说，债权人仅能基于自己债权保全的需要而行使撤销权，将债权人撤销权所保全的债权范围扩张至所有债权人的债权，并不符合债权保全制度的目的。

另一方面，债权是一项相对权，通常并不需要对外公示，他人也难以确定债权的存在及其真实性，因此，如果将债权人撤销权的范围界定为所有债权人的债权，则债权人在行使撤销权时，往往难以确定所有债权的范围，此时，交由特定债权人判断债务人处分财产的行为是否会影响所有债权的实现，在客观上也较为困难。也正是因为债权是一种相对权，除债的关系当事人以外，其他主体对债权债务的内容和数额并不了解，所以，债权人仅能根据自己债权受到损害的程度来确定能否行使撤销权，否则可能导致撤销权行使的范围过大，影响正常的市场交易秩序，也会过度干预债务人正常处分自己财产的自由。

此外，从债权人撤销权的行使方式来看，债权人在行使撤销权时，是以自己的名义提起诉讼，其行使的债权范围也应当限于其债权范围。也就是说，债权人行使撤销权是其行使债权权能的一种方式，如果将债权人撤销权中债权的范围界定为所有债权，则无异于允许债权人为他人保全债权，显然不当扩张了债权的效力，也不符合私法自治原则，因为其他债权人的债权是否有保全的必要（如有的债权已经有担保，能够保障债权的实现），以及债权人是否有意保全其债权，均难以确定。

将债权人撤销权的范围限于其债权范围也意味着，如果债务人实施了多个不

① ［日］我妻荣．新订债权总论．王燚，译．北京：中国法制出版社，2008：172－173.

② 王家福．中国民法学·民法债权．北京：法律出版社，1991：186.

当处分财产的行为，债权人仅能在其债权范围内行使撤销权，对于其债权范围之外的债权，债权人无权请求撤销。当然，如果债务人所实施的不当处分财产的行为具有不可分性，或者债务人仅实施了一个不当处分财产的行为，则即便该行为所涉及的财产数额大于债权人债权的数额，债权人也有权请求撤销该行为。①

当然，将债权人撤销权的范围仅限于该债权人债权的范围，也存在一定的问题，因为债权的效力具有平等性，而且依据《民法典》第 542 条规定，在债权人行使撤销权之后，债务人的行为自始没有约束力，相对人应当将相关财产返还债务人，而该条并没有规定行使撤销权的债权人享有优先受偿权，因此，债权人撤销权的法律效果采取的是“入库原则”，即在债权人行使撤销权后，相关的财产应当返还债务人，行使撤销权的债权人并不享有优先受偿的权利，将债权人撤销权的范围限于特定债权人的债权，可能导致该债权人行使撤销权后，仅能从债务人特定的财产中获得部分清偿，这显然无法实现债权保全的目的。例如，甲对乙、丙、丁三人分别负债 6 万元，甲仅有一辆价值 9 万元的汽车和价值 6 万元的复印机，并无其他责任财产，后甲将其汽车和复印机分别以 1 万元的价格卖给 A、B 两人，乙发现后，请求撤销甲的相关行为。此种情形下，如果将乙行使撤销权的范围限于其债权范围，则其仅能请求撤销复印机买卖合同，无权请求撤销汽车买卖合同，而在乙行使撤销权之后，仅能恢复甲 6 万元的责任财产，由于乙并无优先受偿权，在丙、丁二人对甲主张债权的情形下，乙仅能获得 2 万元的清偿，这显然无法实现债权保全的目的。因此，适当扩张债权人撤销权中债权人债权的范围，也具有合理性。

二、债权人行使撤销权的必要费用由债务人负担

依据本条第 2 句的规定，债权人行使撤销权的必要费用，应当由债务人负担。所谓债权人行使撤销权的必要费用，是指债权人为行使撤销权而负担的必要支出。依据《合同法司法解释一》第 26 条的规定，债权人行使撤销权的必要费用主要包括债权人行使撤销权所支付的律师代理费、差旅费等必要费用。从《民法典》第 540 条规定来看，债权人行使撤销权的必要费用并不限于律师代理费、差旅费，只要是其支出的合理费用，均有权请求债务人负担。

本条之所以规定由债务人负担债权人行使撤销权的必要费用，主要是基于如下原因：一方面，从该费用产生的原因来看，其虽然是因债权保全而产生，但债权保全的原因是债务人实施了积极诈害债权的行为，也就是说，从根源上看，此

① 黄薇．中华人民共和国民法典合同编解读：上册．北京：中国法制出版社，2020：271.

类费用是因债务人积极诈害债权的行为而产生的，由其负担该费用符合公平原则。另一方面，从债权人撤销权的法律后果来看，依据《民法典》第542条的规定，在债权人行使撤销权后，债务人的行为自始没有法律约束力，即第三人应当将相关财产返还给债务人，而债权人对该部分财产并不享有优先受偿权，而且在其债权到期前，其也无权请求债务人履行债务，其为行使撤销权所支出的必要费用也无法从债务人或者债务人的相对人处直接受偿，因此，法律规定由债务人负担债权人行使撤销权所支出的必要费用是合理的。

第五百四十一条

撤销权自债权人知道或者应当知道撤销事由之日起一年内行使。自债务人的行为发生之日起五年内没有行使撤销权的，该撤销权消灭。

本条主旨

本条是关于债权人撤销权行使期限的规定。

相关条文

《合同法》第75条　撤销权自债权人知道或者应当知道撤销事由之日起一年内行使。自债务人的行为发生之日起五年内没有行使撤销权的，该撤销权消灭。

理解与适用

一、债权人撤销权的行使受一定期限限制

依据《民法典》第542条规定，债务人影响债权人的债权实现的行为一旦被撤销，则自始没有法律约束力，也就是说，债务人与相对人之间的合同关系将自始无效，应当在当事人之间产生恢复原状的法律效果。因此，在符合债权人撤销权行使条件的情形下，如果不对债权人撤销权的行使期间进行限制，则可能使债务人与相对人之间的法律关系长期处于不确定状态，这既不利于保护当事人的合理信赖，也不利于维护交易安全和交易秩序，因此，有必要明确规定债权人行使撤销权的期间。

本条所规定的债权人撤销权的行使期限也是其存续期限，也就是说，本条所规定的撤销权的行使期间在性质上属于除斥期间，即在该期间内，债权人不行使撤销权的，该撤销权消灭。债权人撤销权的行使期间在性质上属于除斥期间，也

意味着该期间属于不变期间，不因任何事由而发生中断、中止或者延长。除斥期间是形成权的存续期间，但严格地说，债权人撤销权在性质上属于债权保全的权能，而不是独立的民事权利，因此，其并不属于形成权，但由于债权人撤销权行使的法律后果是使债务人与相对人的权利义务关系消灭，其法律效果与形成权的行使效果相同，因此，可以将本条所规定的债权人撤销权的行使期间界定为除斥期间。

二、债权人撤销权的行使期间

（一）撤销权自债权人知道或者应当知道撤销事由之日起 1 年内行使

本条第 1 句对债权人撤销权的行使期间作出了规定。依据该规定，债权人撤销权的行使期间为自债权人知道或者应当知道撤销事由之日起 1 年。所谓债权人知道或者应当知道撤销事由，是指债权人知道或者应当知道债务人实施积极诈害债权的行为。在债务人实施无偿处分财产的行为时，它是指债权人知道或者应当知道债务人实施无偿处分财产的行为。在债务人实施有偿不当处分财产的行为时，它是指债权人知道或者应当知道债务人实施该行为。债权人知道或者应当知道是指债权人明知债务人实施了上述行为，或者根据客观情况能够知道债务人实施上述行为，例如，根据当事人之间的交易关系、债务人所处分财产的特点等因素，债权人客观上能够知道债务人实施了上述行为。

债权人撤销权行使期间为债权人知道或者应当知道撤销事由之日起 1 年。如前所述，该期间在性质上属于除斥期间，属于不变期间，不因任何原因而发生中断、中止或者延长，而且一旦该期间经过，债权人撤销权即消灭。在债权人请求撤销债务人的行为时，如果债务人或者债务人的相对人主张债权人的撤销权行使期间已经经过，则其应当对债权人知道或者应当知道撤销事由满一年的情形负担举证义务。

（二）自债务人的行为发生之日起 5 年内没有行使撤销权的，该撤销权消灭

依据本条第 2 句规定，债权人自债务人行为发生之日起 5 年内没有行使撤销权的，该撤销权消灭。这就确立了债权人撤销权的最长期间，即自债务人的行为发生之日起 5 年。法律之所以就债权人撤销权设置最长期间，主要是为了维持法律关系的稳定，因为按照本条第 1 句的规定，债权人撤销权的行使期间为债权人知道或者应当知道撤销事由之日起 1 年，如果不设置最长期间，则可能使有关的法律关系长期处于不确定状态，因为债权人可能对债务人所实施的行为长期不知情，或者即便债权人知情，但其并不积极行使撤销权，而债务人和相对人可能无法证明债权人对此知道或者应当知道，这就可能使当事人之间的法律关系长期处

于不确定状态，因此，为维护财产秩序的稳定，保护当事人的合理信赖，法律有必要为债权人撤销权的行使设置最长期限。

从本条规定来看，债权人撤销权最长期限的起算点为债务人的行为发生之日，而非该行为完成之日，也就是说，只要债务人实施有关行为，不论该行为是否已经完成，均开始起算该最长期限。例如，债务人将其财产以不合理的低价转让给相对人时，当事人可能约定在合同订立后一段时间才交付财产，此种情形下，债权人撤销权最长期限应当自债务人与相对人之间买卖合同生效时，而不是实际交付财产、完成交易之时。

本条所规定的债权人撤销权的最长期限为不变期间，不因任何事由发生中断、中止或者延长。在此需要明确本条第 1 句与第 2 句之间的关系，本条第 1 句规定的是债权人撤销权行使期限的一般规则，而本条第 2 句规定的是债权人撤销权的最长期限，也就是说，只要该最长期限经过，不论债权人撤销权的行使期限按照第 1 句的规则是否经过，该权利均消灭。例如，债权人在债务人实施相关行为 4 年零 6 个月后才知道或者应当知道该行为，则其应当在 6 个月内行使撤销权，否则该撤销权消灭。

从本条第 2 句规定来看，在债权人撤销权的最长行使期限经过后，将产生“该撤销权消灭”的法律效果，因此，该最长期限不仅是债权人撤销权的行使期限，也是其存续期限，一旦该最长期限经过，债权人撤销权即消灭，此时，在债权人主张撤销债务人的相关行为时，不论债务人是否提出抗辩，法官均应当依据职权驳回债权人的主张。

第五百四十二条

债务人影响债权人的债权实现的行为被撤销的，自始没有法律约束力。

本条主旨

本条是关于债权人撤销权行使法律效果的规定。

相关条文

《合同法司法解释一》第 25 条　债权人依照合同法第七十四条的规定提起撤销权诉讼，请求人民法院撤销债务人放弃债权或转让财产的行为，人民法院应当就债权人主张的部分进行审理，依法撤销的，该行为自始无效。

两个或者两个以上债权人以同一债务人为被告，就同一标的提起撤销权诉讼的，人民法院可以合并审理。

理解与适用

从本条规定来看，在债权人行使撤销权后，则债务人所实施的影响债权人债权实现的行为自始没有法律约束力。所谓“自始没有法律约束力”，是指被撤销的债务人的行为自始无效。可见，虽然债权人撤销权不同于合同效力瑕疵中的撤销权，但两者法律效果具有相似之处。在债务人的行为被撤销后，将对债务人、债务人的相对人、行使撤销权的债权人以及其他债权人产生一定的效力。

一、对债务人的效力

在债务人所实施的影响债权人债权实现的行为被撤销后，该行为将自始无效，而且该行为应当是绝对无效。在债务人无偿处分财产的情形下，该行为被撤销后，将自始无效。例如，在债务人放弃债权，或者放弃债权担保的情形下，该行为被撤销后，债务人放弃债权或者放弃债权担保的行为无效，债务人的债务人或者债务人债权的担保人仍应当对债务人负担债务。在债务人有偿不当处分财产的情形下，该行为被撤销后，该处分财产的行为无效，债务人应当将其所受领的对价返还给相对人。在债务人与其相对人之间的合同关系被撤销后，如果符合缔约过失责任的构成要件，则相对人有权请求债务人承担缔约过失责任。

在债务人影响债权人债权实现的行为被撤销后，如果其对债权人所负担的债务尚未到期，则债务人并不负有提前清偿债务的义务，也就是说，债权人撤销权的目的在于保全债务人的责任财产，撤销其不当处分财产的行为，恢复其责任财产，但其并不具有加速债权到期的效力。

二、对债务人的相对人的效力

在债务人影响债权人债权实现的行为被撤销后，债务人与相对人之间的行为将自始无效、绝对无效，当事人负有恢复原状的义务。也就是说，债务人的相对人应当将其因债务人不当处分财产所受领的利益返还给债务人。如果债务人的相对人已经将所受领的财产再次转让，无法返还的，则应当向债务人返还该财产的价值。如果债务人将其不动产转让给相对人，且已经办理变更登记，则相对人负有办理变更登记的义务。当然，债务人的相对人如果在交易中向债务人支付了一定的价款，则其也有权请求债务人返还该价款。如果债务人的相对人因债务人的行为被撤销而遭受一定的信赖利益损失，符合缔约过失责任构成要件的，则其有权依法请求债务人承担缔约过失责任。

三、对行使撤销权的债权人的效力

依据本条规定，在债务人所实施的不当处分财产的行为被撤销后，该行为自始无效，也就是说，其将在债务人与相对人之间产生恢复原状的效力。债权人在行使撤销权之后，其对债务人的相对人所返还的财产并不享有优先受偿的效力。可见，债权人撤销权的法律效果不同于债权人代位权，其采纳的是“入库原则”，即债务人的相对人应当将相关财产返还债务人，成为债务人的责任财产，而债权人对此不享有优先受偿权。

问题在于，在债务人的相对人未向债务人返还相关财产时，债权人能否请求债务人的相对人向自己返还相关财产？从本条规定来看，在债权人行使撤销权后，产生的法律效果为债务人所实施的相关行为无效，其法律效果主要在债务人与相对人之间产生，而且在债务人与相对人之间的法律行为无效后，也只是在当事人之间产生恢复原状的义务。因此，对债权人而言，债权人撤销权所产生的效果主要是保全债务人的责任财产，以保障其债权的实现，债权人并不对相关财产享有优先受偿的权利；对债务人的相对人而言，其仅负有向债务人返还财产的义务，而不负有向债权人交付财产、清偿债务的义务。

四、对其他债权人的效力

在债权人行使撤销权之后，债务人的相关行为将自始无效，债务人的相对人也应当将因此取得的财产返还给债务人，成为债务人的责任财产，该责任财产应当是各个债权人债权实现的共同保障，在没有其他担保方式的情形下，各个债权人应当按照其债权在债务人债权总额中的比例分得债务人的责任财产。也就是说，在某一债权人行使撤销权、保全其债权的情形下，由于其并没有优先受偿的权利，在行为在客观上也会起到保全所有债权人债权的效果。

第六章

合同的变更和转让

本章共14条，是关于合同的变更和转让的规定。本章主要对合同变更、债权转让、债务转移、债务加入、合同权利和义务的一并转让等作出了规定。在原合同法规定的基础上，本章更为明确了债务加入的规则，完善了债权禁止转让特约、债务人在债权转让中的抵销权等规则。

第五百四十三条

当事人协商一致，可以变更合同。

本条主旨

本条是关于当事人意定变更合同的规定。

相关条文

《合同法》第77条　当事人协商一致，可以变更合同。

法律、行政法规规定变更合同应当办理批准、登记等手续的，依照其规定。

理解与适用

一、合同变更的含义

合同的变更是指合同成立后，当事人对合同的内容进行修改或者补充。本条规定的合同变更，不包括合同当事人或者合同主体的改变，债权人和债务人的改变，是通过本章债权转让、债务转移等制度调整的。

合同是当事人经协商一致达成的，合同成立后，就对当事人具有法律约束力，任何一方未经对方同意，都不得改变合同的内容。但是，当事人在订立合同时，有时无法对涉及合同的所有问题都作出明确的约定；合同订立后，也会出现一些新的情况变化，导致合同内容需要调整。因此，当事人可以本着协商的原则，依据合同成立的规定，确定是否就变更事项达成协议，本法第 5 条也明确规定，民事主体从事民事活动，应当遵循自愿原则，按照自己的意思设立、变更、终止民事法律关系。如果双方当事人就变更事项达成了一致意见，变更后的内容就取代了原合同的内容，当事人就应当按照变更后的内容履行合同。不仅合同可以变更，法定的债权债务关系也可以被变更，本条实际上构成债的变更的一般性规定。

合同的变更不仅可以通过当事人协商一致的民事法律行为实现，还可以通过人民法院的判决或者仲裁机构的仲裁裁决实现，例如本法第 533 条第 1 款规定，构成情势变更的情况下，当事人可以请求人民法院或者仲裁机构变更合同。另外，当事人单方也可以在符合法律规定的前提下变更合同，例如第 777 条规定的定作人单方变更、第 805 条的发包人变更、第 829 条规定的托运人变更①和第 922 条规定的受托人情况紧急情形下的单方变更委托人指示。判决、仲裁裁决变更和当事人单方变更必须以符合法律的规定为前提。

合同变更与合同更新不同。所谓合同更新，又被称为合同更改，是消灭旧的权利义务，设定新的权利义务。其与合同变更的区别在于，合同变更没有使得合

① 但是，在海上货物运输合同中，托运人变更合同难以实现或严重影响承运人正常营运的，承运人可拒绝托运人改港或退运请求。最高人民法院指导案例 108 号（2019）中，法院认为："合同法总则规定的基本原则是合同法立法的准则，是适用于合同法全部领域的准则，也是合同法具体制度及规范的依据。依据合同法第三百零八条的规定，在承运人将货物交付收货人之前，托运人享有要求变更运输合同的权利，但双方当事人仍要遵循合同法第五条规定的公平原则确定各方的权利和义务。海上货物运输具有运输量大、航程预先拟定、航线相对固定等特殊性，托运人要求改港或者退运的请求有时不仅不易操作，还会妨碍承运人的正常营运或者给其他货物的托运人或收货人带来较大损害。在此情况下，如果要求承运人无条件服从托运人变更运输合同的请求，显失公平。因此，在海上货物运输合同下，托运人并非可以无限制地行使请求变更的权利，承运人也并非在任何情况下都应无条件服从托运人请求变更的指示。为合理平衡海上货物运输合同中各方当事人利益之平衡，在托运人行使要求变更权利的同时，承运人也相应地享有一定的抗辩权利。如果变更运输合同难以实现或者将严重影响承运人正常营运，承运人可以拒绝托运人改港或者退运的要求，但应当及时通知托运人不能执行的原因。如果承运人关于不能执行原因等抗辩成立，承运人未按照托运人退运或改港的指示执行则并无不当。"

同丧失同一性，合同更新则使得合同丧失了同一性。[①] 故在合同变更中，合同债权所附着的担保、抗辩等利益和瑕疵继续存在，而合同更新中，这些利益和瑕疵归于消灭。学说上一般认为，区分变更和更新的关键是当事人的意思表示和订立合同的目的，以及客观上是债的要素变更还是非要素变更。在当事人意思表示不明的情形下，标的物的重大变化和合同性质的重大改变等原则上被推定为合同更新，而标的物数量的少量增减、履行地点的改变、履行期限的顺延等原则上被推定为合同变更。合同更新仍然以当事人之间的协议为基础，法律并不禁止。

二、合同意定变更的要件

合同变更，首先，要求存在已成立的合同关系，这是合同变更的前提，未成立、无效、被撤销、确定不发生效力的合同不能被变更。已经成立但尚未生效的合同，例如附生效条件和生效期限的合同，也可以被变更。本法第 586 条第 2 款中规定："实际交付的定金数额多于或者少于约定数额的，视为变更约定的定金数额。"按照第 586 条第 1 款的规定，定金合同自实际交付定金时才成立，因此实际交付的定金数额多于或者少于约定数额的，并非是对已经成立的定金合同的变更，而是对未成立的合同中原约定的数额的变更，故不属于合同变更，仅是在效果上与合同变更相同，因此并非"变更约定的定金数额"，而是"视为"变更约定的定金数额。

其次，要求对合同的内容进行了变更。合同变更可能是数量的增加或者减少；既可能是履行地点的变更，例如由北京改为上海，也可能是履行方式的改变，例如由出卖人送货改为买受人自己提货；既可能是合同履行期的提前或者延期，也可能是违约责任的重新约定；当事人给付价款或者报酬的调整更是常发生的合同变更事项；合同担保条款以及解决争议方式的变化也会导致合同的变更。以增加新的合同条款方式补充合同，尽管原合同内容没有发生变化，但增加了新的合同条款，所以合同也同样发生变更。

再次，要求当事人就变更事项协商一致。根据本法第 136 条第 2 款，一方当事人非依法律规定或者未经对方当事人同意不得擅自变更合同的内容，否则，变更后的内容不仅对另一方没有约束力，而且这种擅自改变合同的做法构成违约行

① 王利明．合同法研究：第二卷．北京：中国人民大学出版社，2015：165；韩世远．合同法总论．北京：法律出版社，2018：591.

为的，当事人应当承担违约责任。[1] 当事人的协商一致，可能是事先协商约定一定条件下的变更权，也可能是事后协商。[2] 但是，当事人对变更的协商一致，根据本法第133条，也属于通过意思表示变更民事法律关系的民事法律行为，因此应当符合本法总则编关于民事法律行为成立和效力的规定。

例如，依据本法第140条，当事人变更合同内容的意思表示可以是明示或者默示，但对合同变更的内容的意思表示必须是明确的。如果一方当事人要求变更合同，对方虽然未反对，但也没有明确表示同意，或者没有以其行为表示同意的，则不能认定对方当事人同意该变更。[3] 例如，房屋租赁合同到期后，承租人

---

① 最高人民法院（2013）民二终字第33号民事判决书中，法院认为："案涉股权回购条件成熟时，各方当事人可直接按双方达成的股权转让协议约定履行，至于双方在股权回购磋商中提出的种种条件，在未达成一致前，均为单方意思表示。该意思表示不构成对原股权转让协议变更，亦不影响各方依约履行各自义务。"最高人民法院（2011）民提字第239号民事判决书中，法院认为："机电公司在诉争仓储合同上签章后，贸易公司单方将合同履行起始期限更改，因该项更改直接影响到是否将仓储合同签订前已发生的风险及损失纳入该合同约定的责任范围内，此系对合同约定内容实质性变更，应视为构成一项新的要约，因该要约未向机电公司送达亦未得到机电公司认可，故仓储合同应认定为未成立。"最高人民法院（2005）民一终字第120号民事判决书中，法院认为："依《合同法》第22条规定，承诺应以通知的方式作出，但根据交易习惯或者要约表明可以通过行为作出承诺的除外。本案中，石业公司对实业公司发出要约未作出承诺的意思表示，实业公司亦未提供根据双方交易习惯可以默认方式表示承诺的证据。在石业公司否认对实业公司要约作出承诺情况下，应认定双方未就合同约定付款时间达成变更协议，实业公司付款义务仍应依约定时间履行。"重庆市第一中级人民法院（2013）渝一中法民终字第01205号民事判决书中，法院认为："谢某与开发公司签订合同时，对逾期交房违约金为日万分之零点五达成合意，双方均应依约履行义务，若双方欲变更合同有关内容，则需重新达成合意，否则不产生合同变更法律效果。开发公司在办理商品房预售合同备案登记时，在未与谢某协商一致情况下将违约金标准变更为日万分之零点三系单方行为，而谢某仅在起诉后复制该文本表示追认于法无据，故应认定该变更非双方真实意思表示，应为无效。……案涉合同由双方当事人分别持有，目的系为便于履行合同义务、行使合同权利，发生争议时将持有的合同作为证据，以供查清事实、分清是非。而备案登记合同文本，仅存于合同备案登记机关，不产生物权公示效力，故谢某与开发公司之间仍应按各自所持合同文本主张权利、履行义务。"深圳市中级人民法院（2008）深中法民二终字第249号民事判决书中，法院认为："本案银行将免费服务变为收费，符合市场经济原则与服务合同之本旨，且已依法获准，本无不妥，但银行作为服务提供者，在与服务接受者之间仍需遵循双方约定和法律规定，不能违背合同自由原则剥夺或限制对方的合同自主权。特别是涉及从免费到收费这样重大权利义务变更时，更要充分尊重原合同的另一方主体所享有的合同自由。由于本案电话银行服务项目为服务合同关系，双方可随时终止，劳务公司在知悉变更收费后，既明确反对，又未实际再使用该业务，意味着其不愿再接受该服务。银行在公告期届满后，不论劳务公司是否同意收费调整，亦不论劳务公司事实上是否再使用其电话银行服务，径行从劳务公司账户中收取电子年费行为，有违法律规定，侵害劳务公司财产权益，故判决银行返还。"

② 王利明．合同法研究：第二卷．北京：中国人民大学出版社，2015：171．

③ 浙江省金华市中级人民法院（1999）金中经终字第97号民事判决书中，法院认为："承包合同约定交承包款时间为提前一年在10月份交清，因王某迟交承包款已违约。虽然王某此前也曾迟交承包款，村委会未追究，但并不意味村委会已默认承包款交纳期限变更，村委会对合同中自己的权利可以行使也可不行使。根据承包合同约定，承包人不交承包款，村委会有权收回塘口，另作安排，故村委会将鱼塘收回，重新发包，并未违约。"

支付下个年度的租金，出租人予以接受，此时，房屋租赁合同的存续期限已经发生变更；如果承租人仅支付拖欠的租金，出租人予以接受，不宜认为房屋租赁合同的存续期限发生变更。又如，买受人明确表示变更交货时间，出卖人未作明示的同意变更的表示，但交货时间符合变更后的时间，该履行行为构成对变更交货时间的意思表示的同意。① 但是，在买卖合同中，债务人逾期交货，债权人要求继续交货，但对逾期交货的违约责任是否追究未作出明确的意思表示，这一般不宜被解释为具有变更合同履行期限的意思表示。② 如果对方当事人沉默，则依据本法第 140 条的规定，只有在法律规定、当事人约定或者符合当事人之间的交易习惯时，才可以被视为同意变更的意思表示。③ 例如，本法第 734 条第 1 款规定，租赁期限届满，承租人继续使用租赁物，出租人没有提出异议的，原租赁合同继续有效，但是租赁期限为不定期，这也可以认为是租赁合同的存续期限发生了变更。④

本条未对变更合同的形式作出限制，但是，对当事人来说，变更合同的，还是以书面形式为宜，这样有利于明确双方的权利和义务，保证在发生纠纷时找到解决争议的依据。如果当事人明确约定应以书面形式变更合同条款，则口头变更不发生变更的效力。⑤ 另外，有实务见解认为，合同中关于合同修改应以书面形

---

① 崔建远．合同法总论：中卷．北京：中国人民大学出版社，2016：569.

② 同①576.

③ “天津市元通房地产开发公司与天津市新华制衣总厂返还财产纠纷申请再审案”［最高人民法院（2001）民一监字第 140 号］中，法院认为：“虽然一方当事人有间接证据证明对方已经知道变更合同的情况，但对方当事人既未用语言或者文字明确表示同意的，又未用行为表示同意的，则不能直接认定对方已经同意变更合同的内容。”安徽省六安市中级人民法院（2014）六民一再终字第 1 号民事判决书中，法院认为：“合同变更是双方缔结合同重大事项，主动要求变更方应尽到基本谨慎与尊重，而许某非本案合同当事人，其签收科技公司变更通知未获李某明确授权。许某在工地从事一些履职行为或得到李某授权行为，并不当然导致其对李某享有代理权，且合同系以当事人意思表示为核心，对某种决定的单纯执行行为与作出某种决定的处分行为，对行为人权利要求应不同，故科技公司通知送达形式不符合合同变更要件，许某签收通知行为，对李某不具有效力。诉争变更通知中‘如不办理更改，计量以此通知为准’表述可认定为默示行为的效力，在无积极作为时，推定产生某种视为作为的法律效果。《合同法》第 3 条明确规定，双方当事人地位平等，一方不得将自己的意志强加给另一方。同时，默示行为具有何种效力，只能依法律明确规定，民事主体之间除非有特别约定外，不得单方设定对方的默示行为效力。依通知表述，则会出现此种情况，即不论对方当事人是否办理变更手续，合同均会依此通知进行变更。同时，双方合同中并未约定合同变更可采取此类默示推定方式，故该种变更方式，明显具有强制性，违反合同主体地位平等性，应认定不具有效力。”但值得注意的是，本案诉争变更通知的表述应属于“沉默”，而非“默示”。

④ 同①567.

⑤ 最高人民法院（2006）民二终字第 60 号民事判决书中，法院认为：“无论会谈纪要还是有关情况说明，仅体现出资产公司向其上级主管部门积极争取减免的意思表示，尽管数额差距已不是很大，但最终未达成一致意见，亦无证据表明资产公司同意了盐业公司请求。况且根据双方重组协议，任何对协议变更须通过书面形式完成，故无论双方是否存在口头协议，均不能改变原重组协议约定内容。对于盐业公司积极还款并被资产公司接受行为，只能理解为债务人提前偿还逾期债务，且符合债权人利益，该接受行为不能认为是对附有减免债务条件的履行认可。”另参见“天津市元通房地产开发公司与天津市新华制衣总厂返还财产纠纷申请再审案”［最高人民法院（2001）民一监字第 140 号］。

式进行的约定，应解释为限于合同内容变更，主体变更未采用书面形式不影响合同效力。[①] 法律对合同变更的形式有规定的，应依规定的形式变更。例如，《保险法》第 20 条规定："投保人和保险人可以协商变更合同内容。变更保险合同的，应当由保险人在保险单或者其他保险凭证上批注或者附贴批单，或者由投保人和保险人订立变更的书面协议。"

法律、行政法规规定合同的变更等情形需要办理批准等手续生效的，应当依照其规定。这在本法第 502 条第 3 款明确予以规定。同时，根据第 502 条第 2 款，如果未办理批准等手续导致当事人之间的改变原合同内容的合同的效力受到影响的，该合同不生效，但是不影响当事人履行报批等义务条款和相关条款的效力，应当办理申请批准等手续的当事人未履行该义务的，对方可以请求其承担违反该义务的责任。

《建设工程施工合同司法解释》第 21 条规定："当事人就同一建设工程另行订立的建设工程施工合同与经过备案的中标合同实质性内容不一致的，应当以备案的中标合同作为结算工程价款的根据。"依据本条规定，在中标的合同备案后，当事人不得对合同内容进行实质性变更，否则该变更无效，仍应当以备案的中标合同为依据确定当事人之间的权利义务关系。[②] 但如果补充协议关于结算方式予以变更，实质是对停工损失赔偿约定，属双方当事人在合同履行过程中经协商一致的合同变更，非属《建设工程施工合同司法解释》第 21 条规定的"黑白合同"[③]。

三、合同变更的法律后果

如果双方当事人就变更事项达成了一致意见，变更后的内容就取代了原合同的内容，当事人就应当按照变更后的内容履行合同，合同没有发生变更的部分对当事人仍具有法律约束力。但是，除非当事人另有约定，合同变更原则上仅对合同未履行的部分具有约束力，如果当事人在合同变更前已经作出了履行，则除当

---

① "陕西丹尼尔市场股份有限公司、陕西嘉和投资开发有限公司与陕西多彩实业有限公司租赁合同纠纷申请再审案". 最高人民法院（2006）民二监字第 5－2 号. 立案工作指导，2008（3）.

② 王利明. 合同法研究：第二卷. 北京：中国人民大学出版社，2015：174－175.

③ 最高人民法院（2015）民一终字第 309 号民事判决书中，法院认为："最高人民法院《关于审理建设工程施工合同纠纷案件适用法律问题的解释》第 21 条……针对的是当事人在中标合同之外另行签订建设工程施工合同，以架空中标合同、规避中标行为和行政部门监管情形，而补充协议是在双方履行施工合同过程中，为解决因工程多次停工给建筑公司造成的损失而签订，只是变更了结算方式，施工合同其他工程质量、工期、项目性质等内容并未涉及，双方签订补充协议后，依然以施工合同为主要合同依据继续履行，故从性质上判断，补充协议关于结算方式变更，实质系对停工损失赔偿约定，属双方当事人在合同履行过程中经协商一致的合同变更，不属前述司法解释第 21 条规定的'黑白合同'情形。"

事人另有明确约定外，合同的变更不具有溯及力，当事人所作出的履行仍然有效。[①] 当事人协商一致的合同变更原则上不影响当事人要求赔偿损失的权利，除非当事人有免除或者改变对方违约责任的明确意思。[②]

同时，当事人之间的合同变更，未经第三人同意，不得对该第三人产生不利影响，否则对第三人不发生效力。例如，《民法典》第422条规定："最高额抵押担保的债权确定前，抵押权人与抵押人可以通过协议变更债权确定的期间、债权范围以及最高债权额。但是，变更的内容不得对其他抵押权人产生不利影响。"第695条规定："债权人和债务人未经保证人书面同意，协商变更主债权债务合同内容，减轻债务的，保证人仍对变更后的债务承担保证责任；加重债务的，保证人对加重的部分不承担保证责任。""债权人和债务人变更主债权债务合同的履行期限，未经保证人书面同意的，保证期间不受影响。"第765条规定："应收账款债务人接到应收账款转让通知后，应收账款债权人与债务人无正当理由协商变更或者终止基础交易合同，对保理人产生不利影响的，对保理人不发生效力。"

第五百四十四条

当事人对合同变更的内容约定不明确的，推定为未变更。

本条主旨

本条是关于合同变更的内容约定不明确的规定。

相关条文

《合同法》第78条　当事人对合同变更的内容约定不明确的，推定为未变更。

理解与适用

合同变更的过程，就是当事人协商一致的过程。因此，合同中关于要约、承诺的规定也适用于合同变更的情况。当事人在变更合同的过程中，可能出现对需要变更的内容达不成统一意见的情况。例如，甲方向乙方订购100台空调，交货期为5月30日。由于当年暑期提前到来，甲方提出要求交货期改为5月15日。

---

① 王利明．合同法研究：第二卷．北京：中国人民大学出版社，2015：175-176；崔建远．合同法总论：中卷．北京：中国人民大学出版社，2016：584.

② 王利明．合同法研究：第二卷．北京：中国人民大学出版社，2015：176.

但是乙方货源很紧张，经过双方反复协商，乙方仅答应根据当时的货源情况，尽量提前交货。由于双方当事人对具体的交货期没有明确作出变更的约定，事后又无法达成补充协议，则在这种情况下推定为合同未变更。乙方未在 5 月 15 日交货，其行为不构成违约。

合同变更会改变当事人之间的权利义务，直接关系到当事人的利益，为了减少在合同变更时可能发生的纠纷，本条规定，当事人对于合同变更的内容约定不明确的，推定为未变更。即使当事人对变更形成合意，在对变更的内容约定不明确的情况下，也推定为未变更，除非当事人可以举证推翻该推定。[①] 此时，当事人只需按照原有合同的规定履行即可，任何一方不得要求对方履行变更中约定不明确的内容。当事人在约定合同变更时，对部分条款的变更的约定明确，但另一部分条款的变更约定不明确的，如果这两类条款在内容上可以分开，则约定明确的部分有效，而约定不明确的部分推定为未变更；但如果这两类条款在内容上是不可分割的，则应当认为，整个合同条款的变更约定不明确，应当推定为未变更。

第五百四十五条

债权人可以将债权的全部或者部分转让给第三人，但是有下列情形之一的除外：

（一）根据债权性质不得转让；

（二）按照当事人约定不得转让；

（三）依照法律规定不得转让。

当事人约定非金钱债权不得转让的，不得对抗善意第三人。当事人约定金钱债权不得转让的，不得对抗第三人。

本条主旨

本条是关于债权转让的规定。

---

① 崔建远．合同法总论：中卷．北京：中国人民大学出版社，2016：564－565. 在最高人民法院（2009）民一提字第 89 号民事判决书中，法院认为："从合同约定内容看，工程款计价依据应是按综合费率下浮 15.2%，虽然建设公司在工程施工过程中多次按工程总造价下浮 15.2%向电器公司报送工程预（决）算书和建筑工程进度报价书，但在最终提交和审核工程结算书时双方发生争议，并未形成一致的变更合同意思表示。《合同法》第 78 条规定：'当事人对合同变更的内容约定不明的，推定为未变更。'建设公司以合同当事人身份主张按照约定的费率下浮 15.2%计算工程造价，符合《合同法》规定与当事人约定，故应按综合费率下浮 15.2%确定工程造价。"

相关条文

《合同法》第 79 条　债权人可以将合同的权利全部或者部分转让给第三人，但有下列情形之一的除外：

（一）根据合同性质不得转让；

（二）按照当事人约定不得转让；

（三）依照法律规定不得转让。

理解与适用

一、债权转让的含义与功能

债权转让是指不改变债权的内容，由债权人通过合同将债权转让给第三人。从鼓励交易、促进市场经济发展的目的看，法律应当允许债权人的转让行为，承认债权的经济价值，使得债权具有流通性，实现担保融资、托收、贴现、保理、资产证券化等多种交易模式的构建可能。[①] 因此，债权原则上具有可转让性，债权人可以转让其债权，无论该债权是现有的还是将有的债权，只要债权可以被特定。此时，债权人作为让与人与第三人作为受让人之间必须经过协商一致达成债权转让合同，转让合同作为民事法律行为应当适用民事法律行为的一般性规定。同时依据第 502 条，如果法律、行政法规规定债权转让应当办理批准等手续的，依照其规定，未办理批准等手续影响合同生效的，不影响合同中履行报批等义务条款以及相关条款的效力。应当办理申请批准等手续的当事人未履行义务的，对方可以请求其承担违反该义务的责任。债权人既可以将债权全部转让，也可以将债权部分转让。债权全部转让的，第三人作为受让人取代原债权人即让与人的地位，成为新的债权人；债权部分转让的，第三人作为受让人，除双方另有约定外，受让人与让与人按份享有债权。

依据让与人与受让人之间的债权转让合同，除非让与人和受让人之间另有约定或者让与人在订立转让合同时知道或者应当知道，则让与人负有保证债权转让时确实存在、所有与该转让有关的文件或合同都是真实的并与其所声称的保持一

① 在罗马法中，最初不允许债权的转让，之后通过诉讼代理、扩用之诉实现，最后才承认了真正的债权转让。［德］卡泽尔，克努特尔．罗马私法．田士永，译．北京：法律出版社，2018：576－579. 关于债权转让的历史发展和经济考量，参见 Luig, Zur Geschichte der Zessionslehre, Böhlau, 1966；Kötz, Europäisches Vertragsrecht, Aufl. 2, Mohr Siebeck, 2015, SS. 495－497；［日］我妻荣．债权在近代法中的优越地位．王书江，等译．北京：中国大百科全书出版社，1999：20－23，48－49；申建平．债权让与制度研究．北京：法律出版社，2008：2－35.

致、其对该债权有处分权、其不会进行任何使得转让债权的价值落空或者减损的行为、债务人对转让债权没有抗辩权和抵销权、第三人不得向受让人主张任何权利等瑕疵担保义务，否则应当对受让人承担。但是，除非另有明确的约定，让与人并不对受让人承诺债务人具有或者将具有履行能力。同时，受让人取得债权后，为了使得受让人债权便于实现，受让人享有请求让与人告知主张转让债权的必要信息和交付转让债权证明文件的请求权。

二、禁止转让债权的范围和效力

但是，为了维护社会公共利益或者特定主体的私人利益，法律又对债权的可转让性进行了一定限制。为此，一些国家和地区的民法典都对不得转让的权利作出了规定。例如，《日本民法典》第 466 条第 1 款规定，债权得让与之，但其性质不容许让与者，不在此限。我国台湾地区“民法”第 294 条规定，债权人得将债权让与第三人。但下列债权不在此限：(1) 依债权之性质不得让与者；(2) 依当事人之特约不得转让者；(3) 债权禁止扣押者。在吸取有关国家和地区的立法经验和总结我国实践经验的基础上，本条明确有以下情形之一的，债权人不得转让其权利。

1. 根据债权性质不得转让的权利

根据债权性质不得转让的权利，主要包括以下类型：(1) 当事人基于信任关系订立的委托合同、赠与合同等产生的债权。例如，赠与合同的赠与人明确表示将赠与的钱用于某贫困地区希望小学的建设，受赠人如果将受赠的权利转移给他人，用来建造别的项目，显然违反了赠与人订立合同的目的，损害了赠与人的合法权益。(2) 债权人的变动必然导致债权内容的实质性变更，例如要求医院进行手术或者要求律师提供咨询的债权，不作为债权一般也不可被单独转让。(3) 债权人的变动会危害债务人基于基础关系所享有的利益，实质性地增加了债务人的负担或风险，或实质性地损害了债务人的利益。例如，承租人请求交付租赁物的债权；甲有权请求保安公司提供保安服务，防止保管木材的仓库失窃，但后来该仓库出售给了乙，乙计划以该仓库存放电子设备，由于存放电子设备的安全风险比存放木材高很多，这就导致债务人的风险实质性增加。

在债权的部分转让中，不可分的债权根据债权性质不得被部分转让。同时，债权部分转让如果实质性地增加了债务人的负担或风险，也不得被部分转让。因此，金钱债权的部分转让并不会实质性增加债务人的履行负担，故金钱债权可以部分转让。对于非金钱债权而言，只有对该债权的履行是可分的，并且部分转让不会实质性增加债务人的履行负担的，才可以被部分转让。

2. 按照当事人约定不得转让的权利

当事人可以对债权的转让作出特别约定，禁止债权人将权利转让给第三人，以使得债务人不面对可能更为苛刻的新债权人、交易清算明晰、回避会计财务等事务手续的繁杂、避免因忽略转让通知而向让与人错误履行的风险、确保抵销利益、避免受让人住所地不利的法律和税收制度等利益。这种约定只要是有效的，债权人就应当遵守该约定不得再将权利转让给他人，否则其行为构成违约，造成债务人利益损害的，债权人应当承担违约责任。

3. 依照法律规定不得转让的权利

我国一些法律中对某些权利的转让作出了禁止性规定。对于这些规定，当事人应当严格遵守，不得违反法律的规定，擅自转让法律禁止转让的权利。例如，我国文物购销一直实行国家统一管理、收购和经营的政策，禁止私自倒卖文物的行为。为了保护国家的历史文化遗产，严格控制文物的出境，禁止公民个人私自将文物卖给外国人，《文物保护法》第 25 条规定，私人收藏的文物，严禁倒卖牟利，严禁私自卖给外国人。私人收藏的文物其所有权受国家的法律保护，其所有权的转移必须严格遵守国家法律的规定，转移的渠道要受法律的限制。因此，公民不得违反该规定将文物买卖合同中取得文物的债权转让给外国人。[①]《信托法》第 11 条第 4 项规定，专以诉讼或者讨债为目的设立的信托无效，因此，不得专以诉讼或者讨债为目的设立信托而进行债权转让。

应当注意的是，债权不得转让的目的有可能是维护社会公共利益，也有可能是保护让与人、债务人或者特定第三人的私人利益，如果是后一种保护目的，则被保护主体的同意原则上可以使得债权具有可转让性。[②] 例如，《保险法》第 34 条第 2 款规定，按照以死亡为给付保险金条件的合同所签发的保险单，未经被保险人书面同意，不得转让或者质押。保险单债权的禁止转让是为了保护被保险人，避免发生道德风险，此时，被保险人的书面同意可以使得保险单债权能够被转让。同时，还需要注意的是，本法第 761 条规定，可以将现有的或者将有的应

---

① 胡康生．中华人民共和国合同法释义．北京：法律出版社，2013：149．限制特定受让人的例子还有：《意大利民法典》第 1261 条第 1 款规定，案件当事人的债权不得转让给司法人员和相关人员，否则转让无效，此时目的在于保障司法公正。

② 有观点认为，根据合同性质和依照法律规定不得转让的债权在目的上是不同的，后者是与基于公法的社会政策相衔接，因此保护特定主体的私利益的都应归入根据合同性质不得让与的债权，两者区分的实益在于特定主体能够放弃保护而同意转让，参见庄加园．《合同法》第 79 条（债权让与）评注．法学家，2017（3）：167．本书认为，教义学归类是判断的结果而非判断的依据，实质性的问题仍然在于禁止债权转让的规范目的是保护公共利益还是特定主体的私利益，如果是前者，则不能因为特定主体的同意而使得债权能够被转让。

收账款转让给保理人，这与第440条第6项所规定的将有的应收账款也可以被出质的精神是一致的，但是这些债权的转让不得违反法律、行政法规的强制性规定和违背公序良俗。

按照当事人约定不得转让的权利中，债权人违反约定未经债务人同意而转让债权的，应当依法对债务人承担违约责任。但是，受让人能否取得债权，对此存在不同观点和立法例。① 第一种观点认为，禁止转让约定具有绝对效力，此时债权转让合同绝对无效或者不生效，受让人根本未取得债权，但是债务人的同意可以补正（绝对效力或者物权效力）。② 第二种观点认为，债权转让合同相对无效，仅仅是债务人可以主张债权转让合同无效。③ 第三种观点认为，债权转让合同有效，受让人能够取得债权，债务人仅能向让与人主张违约责任（相对效力或者债权效力）。④ 第四种观点区分受让人的善恶意，善意受让人得到特别保护能够取得债权，对恶意受让人而言，债权转让合同可能是绝对无效、相对不生效或者债务人有抗辩权。其中，第四种观点是我国理论上的通说观点。⑤

---

① 对不同观点的梳理，请参见庄加园．《合同法》第79条（债权让与）评注．法学家，2017（3）：168－171；欧洲民法典研究组，欧盟现行私法研究组．欧洲私法的原则、定义与示范规则：第1—3卷．高圣平，等译．北京：法律出版社，2014：903－905；Kötz，Europäisches Vertragsrecht，Aufl. 2，Mohr Siebeck，2015，SS. 509－510.

② 这是德国法的通说观点，Staudinger/Busche，2012，§399，Rn. 65.；MüKoBGB/Roth/Kieninger，2019，§399，Rn. 41；［德］罗歇尔德斯．德国债法总论．沈小军，张金海，译．北京：中国人民大学出版社，2014：395. 同时，对债务人同意导致债权转让有效是否具有溯及力也有不同观点，Vgl. MüKoBGB/Roth/Kieninger，2019，§399，Rn. 42.

③ HKK/Hattenhauer，2007，§§ 398－413，Rn. 58-ff.；Wagner，Absolute Wirkung vertraglicher Abtretungsverbote gleich absolute Unwirksamkeit verbotswidriger Abtretung? JZ 1994，227；Armgardt，Die Wirkung vertraglicher Abtretungsverbote im deutschen und ausländischen Privatrecht，RabelsZ 73（2009），319-ff.；庄加园．禁止债权让与约定的效力模式解析//为民法而斗争：梁慧星先生七秩华诞祝寿文集．北京：法律出版社，2014：642.

④ 冯洁语．禁止债权让与特约：比较法的经验与启示．法商研究，2018（5）：188－191. 比较法上的立法例有PICC第9.1.9条第1款、《国际保理公约》第6条第1款、《应收账款转让公约》第9条、《瑞士债法总则改革学者建议草案（OR2020）》第164条、美国《合同法重述（第二次）》第322条等。

⑤ 申建平．债权让与制度研究．北京：法律出版社，2008：112；胡康生．中华人民共和国合同法释义．北京：法律出版社，2013：148；王利明．合同法研究：第二卷．北京：中国人民大学出版社，2015：204；崔建远．合同法．北京：法律出版社，2016：173；王洪亮．债法总论．北京：北京大学出版社，2016：454；韩世远．合同法总论．北京：法律出版社，2018：605。比较法采取此种观点的立法例有《意大利民法典》第1260条第2款、《葡萄牙民法典》第577条第2款、《日本民法典》第466条—第466条之五、PICC第9.1.9条第2款、我国台湾地区“民法”第294条第2项、PECL第11：301条、DCFR第3－5：108条等。司法实践中也多采取此种观点，例如针对保理中的应收账款债权转让，《最高人民法院关于当前商事审判工作中的若干具体问题》（2015年12月24日）明确，如果保理商明知基础合同约定应收账款债权不得转让，但仍然受让债权的，一方面，前述约定并不当然影响保理合同的效力；另一方面，保理商以保理合同为依据向基础合同债务人主张债权的，并不能以此约束债务人，债务人仍可以此抗辩。

考虑到债务人利益保护的债权流通性之间的平衡，在通过民事法律行为转让该类债权时，如果被转让的债权是非金钱债权，区分受让人的善恶意予以不同处理。在受让人为善意时，受让人取得债权，债务人不能对受让人主张债权禁止转让的抗辩，以保护善意的受让人并保障债权的流通价值；在受让人为恶意时，受让人仍然取得债权，但债务人有权向受让人主张债权禁止转让的抗辩。如果被转让的债权是金钱债权，金钱债权的转让对债务人所造成的影响较小，而金钱债权的流通性价值在实践中却非常重要，其与融资之间的关系更为密切，实践中的债权转让也主要是金钱债权的转让。此时，受让人无论善意还是恶意，都能取得债权，债务人不能对受让人主张债权禁止转让的抗辩，债务人因此所遭受的损失，有权请求让与人承担违约损害赔偿责任。本条对金钱债权作出的规定，与《国际商事合同通则》第 9.1.9 条、《欧洲合同法原则》第 11：301 条、《国际保理公约》第 6 条第 1 款、《应收账款转让公约》第 9 条、《联合国国际贸易法委员会担保交易示范法》第 13 条基本一致，体现了最新的立法趋势。

最后，需要注意的是，有关证券、债券、票据等权利的转让，存在证券法、票据法等特别法规定，应当依据这些特别规定。同时，在我国法律中，除了通过民事法律行为转让债权外，还存在一些法定的债权移转情形，债权转让的一些规则可以参照适用于这些情形；关于应收账款质押中，对应收账款债务人的内部效力也可以参照适用债权转让的规则。

第五百四十六条

债权人转让债权，未通知债务人的，该转让对债务人不发生效力。

债权转让的通知不得撤销，但是经受让人同意的除外。

本条主旨

本条是关于债权转让通知的规定。

相关条文

《合同法》第 80 条　债权人转让权利的，应当通知债务人。未经通知，该转让对债务人不发生效力。

债权人转让权利的通知不得撤销，但经受让人同意的除外。

理解与适用

一、债权转让中的债务人利益保护

债权人转让债权有利于债权的流通性，发挥债权的经济价值。但是，债权人转让债权的行为会给债务人的利益造成一定的影响，因此，为了保护债务人的利益，本条规定了债权转让的通知。

关于债权人转让权利，不同国家的法律规定有所区别。有的国家的法律规定，债权人转让债权不必经债务人的同意，也无须通知债务人。这种制度设立的目的在于鼓励交易，加速经济的流转，因而给债权人充分行使其权利的自由，但其也忽略了对债务人利益保护的程度，在债务人不知道债权人权利转让的情况下，债务人可能无法获知当前的债权人，此时债务人就会面临重复履行和向错误的债权人履行的风险，给债务人的履行增加负担，引起不必要的纠纷。还有的国家的法律规定，债权人转让其债权可以不经债务人同意，但是必须将债权转让的事实及时通知债务人。这种制度考虑到了对债务人利益的保护，保证债务人能及时了解到权利转让的情况，避免了债务人重复履行和向错误的债权人履行所可能造成的损失。同时，对债权人转让债权的行为没有实质性的制约，也不会影响交易的正常运转。除了以上两种规定外，还有一种规定是要求债权人转让权利应当取得债务人的同意，如果转让方未经债务人的同意转让权利的，其转让行为不发生法律效力。这种制度确立的出发点，侧重于保护债务人的利益，通过限制债权的转让，达到稳定交易秩序的目的。但将债权人转让权利的效力交由债务人来决定，限制了债权人转让债权的权利，达不到债权流通和发挥债权的经济价值的目的。考虑到债权流通性和债务人利益保护之间的平衡，本法在债权转让的问题上确立了债权转让只需通知债务人的原则。

二、债权转让通知的效力

如果将债权转让不同效力层面的关键点都系于债权转让通知，在内部层面上将使得诸多交易实践无法展开，在外部层面上则无法有效降低受让人事前调查和事中防范成本，显著降低了债权的流通性。因此，《民法典》第 546 条第 1 款规定的债权转让通知并不决定债权转让的时间，也不决定债权的最终归属，而仅仅是对债务人发生效力的条件。受让人取得债权后债务人接到转让通知前，债务人有权拒绝受让人的履行请求，向让与人履行债务以消灭债权，也有权选择向受让人履行债务以消灭债权；债务人接到转让通知后，债务人应当向受让人履行而拒绝让与人的履行请求。

《合同法》第80条规定，“债权人转让权利的，应当通知债务人。未经通知，该转让对债务人不发生效力”。对此，债权转让通知的效力并不清晰，债权转让通知是否是受让人取得债权的条件，应当予以明确。债权转让通知的目的是保护债务人，据此，是否通知债务人不影响受让人对转让债权的取得。因此，本条对《合同法》上述条文进行了修改，以更为明确，在让与人和受让人之间的关系上，受让人取得转让债权不以通知债务人作为条件，债权转让合同效力不因未通知债务人而受影响。如果转让债权已经存在，则除非让与人和受让人另有约定，受让人在债权转让合同生效时即取得债权；如果被转让的权利是将来债权或者尚不具备可转让性的债权，则在债权转让合同生效之后，转让债权成为现存权利或者具备可转让性时，受让人才取得债权。但是，为保护债务人，债权转让未通知债务人，该转让对债务人不发生效力，即使受让人取得了债权，债务人也有权拒绝受让人的履行请求；债务人向让与人履行债务的，债权消灭。如果债权转让通知了债务人，则债权转让对债务人发生效力，此时债务人即对受让人负有履行义务，并且有权以此拒绝让与人的履行请求；如果债务人仍然向让与人履行，则不发生债权消灭的效力。这样规定一方面尊重了债权人对其权利的行使，有利于保障债权的流通性，另一方面也防止债务人的利益受到损害，同时债权转让通知作为保护债务人的客观时点，避免了考察债务人主观因素所可能导致的不确定性进而过分增加债务人的审查成本和难度。

债权转让通知的生效、解释、撤回等，参照适用本法关于意思表示的规定①，除法律另有规定、让与人和债务人另有约定外，转让通知原则上为不要式。② 以下情形都可以被认为作出了有效的转让通知，包括：让与人在债权转让通知文件上签章并实际送达债务人的，例如，将转让通知以邮寄形式向债务人法定注册地址或约定通讯地址寄送且已实际送达的、将转让通知书向产生债权的基础合同中债务人指定的联系人邮寄且已实际送达的；让与人在所转让债权的对应

① 崔建远．合同法．北京：法律出版社，2016：177；韩世远．合同法总论．北京：法律出版社，2018：612；徐涤宇．《合同法》第80条（债权让与通知）评注．法学家，2019（1）：177。将转让通知解释为类似于动产物权变动中的“交付”的履行行为或者法律行为者，认为转让通知是事实行为或者单方法律行为，参见申建平．债权让与制度研究．北京：法律出版社，2008：145－147；尹飞．论债权让与中债权移转的依据．法学家，2015（4）：90，但该理解会产生诸多问题。

② 何荣兰诉海科公司等清偿债务纠纷案．最高人民法院公报，2004（4）．地方法院实践中也认为口头通知即足够，参见徐州市中级人民法院（2013）徐民初字第0230号民事判决书、邯郸市中级人民法院（2015）邯市民一初字第00031号民事判决书、恩施土家族苗族自治州中级人民法院（2015）鄂恩施中民终字第00350号民事判决书。

发票上对转让主体与内容等相关事项予以明确标记，且债务人收到该发票的；受让人与让与人、债务人共同签订债权转让合同的；经公证证明债权转让通知已经送达债务人，但有相反证据足以推翻公证的除外。转让通知的内容一般应当指明转让的事实，还要指明受让人的范围、被转让的权利，对于部分转让还要指明转让的范围。债务人对债权转让予以确认的，在大多数情形中，债务人的确认以让与人发出通知为前提，此时就可以认为已经存在让与人的通知，债务人确认就仅具有证据效力；如果让与人未发出转让通知而受让人发出，债务人对债权转让予以确认的，基于“禁反言”的价值考量，此时债务人的确认也发生与债权转让通知同等的效力。如果虽然没有向债务人发出转让通知，但受让人直接起诉或者申请仲裁后，法院或者仲裁机构经过审理确定了受让人已经取得债权，此时也可以判决或者裁决债务人应当向受让人履行。

债权转让通知债务人后，按照有效的债权转让合同，为保护受让人的利益，让与人对受让人负有不得撤销转让通知的义务。如果让与人在转让通知后有权随意单方撤销转让通知，则债务人即有权拒绝受让人的履行请求，在债务人向让与人做出履行后，债务人的债务消灭，此时受让人仅能向让与人请求，会因此而遭受讼累、承受让与人的破产风险等不利益，不利于受让人地位的保障和债权的流通。因此，原债权人无权撤销转让权利的通知，只有在受让人同意的情况下，债权人才能撤销其转让权利的通知。这也同样有助于保护债务人的利益，避免债权人单方撤销转让通知时债务人的审查困难。

第五百四十七条

债权人转让债权的，受让人取得与债权有关的从权利，但是该从权利专属于债权人自身的除外。

受让人取得从权利不因该从权利未办理转移登记手续或者未转移占有而受到影响。

本条主旨

本条是关于受让人取得转让债权和从权利的规定。

相关条文

《合同法》第81条　债权人转让权利的，受让人取得与债权有关的从权利，但该从权利专属于债权人自身的除外。

理解与适用

一、受让人取得权利的范围

从权利是指附随于主权利的权利。抵押权、质权、保证等担保权利以及附属于主债权的利息等孳息请求权，都属于主权利的从权利。[①] 由于从权利是从主权利派生出来的，从权利从属于主权利，这也包括转让上的从属性。基于以上原因，不少国家和地区的法律都确定了合同主权利转让从权利也一并转让的制度。比如，《德国民法典》第 401 条规定，让与债权时，该债权的抵押权、船舶抵押权或质权，以及由一项向上述权利提供担保所产生的权利，均随同移转于新债权人。《意大利民法典》第 1263 条规定，根据转让的效力，债权的转让要将先取特权、人的担保和物的担保以及其他从权利都转让给受让人。我国台湾地区“民法”第 295 条规定，让与债权时该债权之担保及其他从属之权利，随同移转于受让人。但与让与人有不可分离之关系者，不在此限。同样规定的还有《荷兰民法典》第 6：142 条、《应收账款转让公约》第 10 条第 1 款、《联合国国际贸易法委员会担保交易示范法》第 14 条、《国际商事合同通则》第 9.1.14 条等。

根据本条第 1 款规定，债权人转让主权利时应当将从权利一并转让，受让人在取得主权利的同时，也取得与债权有关的从权利。本法第 407 条也规定，债权转让的，担保该债权的抵押权一并转让，但是法律另有规定或者当事人另有约定的除外；第 696 条第 1 款也规定了债权人将全部或者部分债权转让给第三人，通知保证人后，保证人对受让人承担相应的保证责任。同时，主债权被分割或者部分转让的，各债权人可以就其享有的债权份额行使担保权。

考虑到有的从权利的设置是针对债权人自身的，与债权人有不可分离的关系，本条第 1 款在确立从权利随主权利转让原则的同时，规定专属于债权人自身的从权利不随主权利的转让而转让。在法律另有规定或者当事人另有约定时，受

---

① 转让后产生的利息债权、违约金债权和损害赔偿请求权无论在理论上是否是从权利，都应一并转让，除非当事人另有约定，参见 Unidroit Principles of International Commercial Contracts 2016，Article 9.1.14，Illustrations 1，2；陈自强．民法讲义 II. 北京：法律出版社，2004：254－256；王利明．合同法研究：第二卷．北京：中国人民大学出版社，2015：219；崔建远．合同法总论：中卷．北京：中国人民大学出版社，2016：492；王洪亮．债法总论．北京：北京大学出版社，2016：457；韩世远：合同法总论．北京：法律出版社，2018：609。同样观点的案例参见：“王春林与银川铝型材厂有奖储蓄存单纠纷再审案”．最高人民法院公报，1995（4）；“福州商贸大厦筹备处与福建佳盛投资发展有限公司借款合同纠纷案”，最高人民法院（2005）民二终字第 147 号民事判决书。关于已产生的孳息或者违约金请求权，不同的立法例参见《意大利民法典》第 1263 条第 3 款、《荷兰民法典》第 6：142 条第 2 款。

让人可能也会在取得主债权的同时未取得从权利。例如，本法第421条规定，最高额抵押担保的债权确定前，部分债权转让的，最高额抵押权不得转让，但是当事人另有约定的除外；第696条第2款也规定，保证人与债权人约定禁止债权转让，债权人未经保证人书面同意转让债权的，保证人对受让人不再承担保证责任。抵押权人在转让部分债权时，也可以与受让人约定，仅转让债权而不转让担保该部分债权的抵押权。

二、从权利的取得不以未履行转移登记手续或者未转移占有而受到影响

抵押权、质权等从权利随着主债权转让而转让，但受让人对这些从权利的取得是否以办理转移登记手续或者转移占有为前提呢？对此，存在不同观点。一种观点认为未办理转移登记手续或者转移占有，受让人就不能取得这些从权利，否则违反物权变动公示公信的原则；另一种观点认为无须办理转移登记手续或者转移占有，受让人即取得从权利。① 《合同法》对此未予明确规定。本条在《合同法》的基础上增设第2款，并采取了后一种观点，债权受让人取得这些从权利是基于法律的规定，并非是基于法律行为的物权变动，并且有利于保障主债权顺利实现。在债权转让前，这些从属性的担保权利已经进行了公示，公示公信的效果已经达成，因此没有进一步地保护第三人进而维护交易安全的必要。这也与前述其他国家和地区的立法例基本保持了一致。此时，在物和权利担保的顺位上，仍是以设定担保的公示时间为依据而确定顺位。

---

① 肯定观点，参见王泽鉴．民法物权．北京：北京大学出版社，2009：357；谢在全．民法物权论：中册．北京：中国政法大学出版社，2011：639；曹士兵．中国担保制度与担保方法．北京：中国法制出版社，2017：234-235；张谷．论债权让与契约与债务人保护原则．中外法学，2001（3）：26；袁辉根，王宝成．受让抵押权不以办理转移登记为必要．人民司法，2019（2）：54-55。持肯定观点的我国法律规范和案例，参见《最高人民法院关于审理涉及金融资产管理公司收购、管理、处置国有银行不良贷款形成的资产的案件适用法律若干问题的规定》第9条；《深圳前海合作区人民法院关于审理前海蛇口自贸区内保理合同纠纷案件的裁判指引（试行）》第16条第2款；最高人民法院（2015）民申字第2040号、（2014）民申字第1725号、（2015）民申字第2494号民事裁定书。否定观点，参见陈华彬．民法物权论．北京：中国法制出版社，2010：428；王洪亮．债法总论．北京：北京大学出版社，2016：457；程啸．主债权的转让与不动产抵押权转移登记．财经法学，2016（5）：105-115。持否定观点的案例，参见上海市金山区人民法院（2013）金民三（民）初字第3535号民事判决书；浙江省金华市婺城区人民法院（2014）金婺商特字第2号民事判决书。还有学者主张不办理移转登记不得对抗善意第三人，参见崔建远．合同法总论：中卷．北京：中国人民大学出版社，2016：488。罗马法对此持肯定观点，D. 18，4，23pr；比较法上也多持同样观点，参见《德国民法典》第401、1153、1250条；《奥地利民法典》第1393、1394条；《意大利民法典》第1263条、《荷兰民法典》第6：142条（欧洲国家立法的具体梳理，参见欧洲民法典研究组，欧盟现行私法研究组．欧洲私法的原则、定义与示范规则：第1—3卷．高圣平，等译．北京：法律出版社，2014：921-922）；《应收账款转让公约》第10条第1款、《联合国国际贸易法委员会担保交易示范法》（以下简称《担保交易示范法》）第14条、PICC第9.1.14条、DCFR第3—5：115条。

第五百四十八条

债务人接到债权转让通知后，债务人对让与人的抗辩，可以向受让人主张。

本条主旨

本条是关于债务人在债权转让时的抗辩的规定。

相关条文

《合同法》第82条 债务人接到债权转让通知后，债务人对让与人的抗辩，可以向受让人主张。

理解与适用

一、抗辩延续的根据和抗辩的产生时间

债权人转让债权，不需要经债务人同意，因此债务人的利益不应因债权人转让权利的行为而遭受损害，受让人所享有的权利也不应优于让与人曾经享有的权利，而是享有和让与人同样的权利；同时，受让人较之债务人也更有能力控制由此所产生的风险。为了保障债务人利益，德国、意大利、日本、我国台湾地区的法律以及很多国际性合同法文件都规定了债权人的变化不影响债务人所享有的抗辩和其他权利，以保证债务人不会因为债权转让致使其应当行使的抗辩和其他权利无法行使。

根据本条规定，债务人接到债权转让通知后，债务人对让与人的抗辩，可以向受让人主张。首先是债务人在接到债权转让通知后，可以向受让人主张债务人对让与人的抗辩。根据本法第546条第1款的规定，只有在债务人接到债权转让通知后，债权转让对债务人才发生效力；在债务人接到债权转让通知前，债权转让对债务人不发生效力，此时债务人只需向让与人提出抗辩即可。关于该抗辩产生的时间点，存在不同的立法例。第一种方式是，将债务人可以向受让人主张的抗辩限制在债务人接到转让通知时或者债务人知道债权转让时可以向让与人主张的抗辩[①]；第二种方式是，如果抗辩是由原始合同或由构成相同交易一部分的任

① 例如，《德国民法典》第404条、《瑞士债务法》第169条第1款、《日本民法典》第468条、我国台湾地区“民法”第299条第1项等。

何其他合同产生的，则无论该抗辩产生于债务人接到转让通知之前还是之后，债务人都可主张，但其他抗辩则限定在债务人接到转让通知时对让与人所享有的抗辩。[①]

如果采取前一种观点，则可能会产生不合理的结果，例如，甲作为卖方与乙签订买卖合同，约定先交货乙再付钱，在交货期限届满之前，甲将对乙的价金债权转让给丙并通知了乙，在丙向乙主张债权时，乙可否对丙主张因甲未交货所产生的抗辩。如果严格采取第一种方式，则因为此抗辩的产生时间是在乙接到转让通知之后，所以不能向丙主张，这显然是不合理的。因此，这些立法例通常认为，抗辩并非在债务人接到债权转让通知后才发生，但只要在此之前已经存在抗辩发生的法律基础或者依据即可。这与另一种立法例区别已经不大了，因此本条采取了第二种观点。但是，应当注意的是，在受让人取得债权后，在债务人接到转让通知后因债务人和让与人之间的民事法律行为所产生的债务人对让与人的抗辩，未经受让人同意，一般对受让人不能发生效力。

二、抗辩范围

债务人接到债权转让通知后，可以行使抗辩来保护自己的利益，债务人的抗辩并不随债权的转让而消灭，所以，在债权转让的情况下，债务人可以向作为新债权人的受让人行使该抗辩。这些抗辩包括阻止或者排斥债权的成立、存续或者行使的所有事由所产生的一切实体抗辩以及程序抗辩，包括：诉讼时效完成的抗辩，债权不发生的抗辩，债权因清偿、提存、免除、抵销等而消灭的抗辩，基于双务合同产生的同时履行抗辩权、不安抗辩权和先履行抗辩权，先诉抗辩权以及程序上的抗辩等。债务人可以行使这些抗辩对抗新债权人的请求。债权让与后，债务人还可能因某项事实产生新的抗辩，比如，附解除条件的合同权利转让后，合同规定的解除条件成就时，债务人可以向受让人提出终止合同的抗辩。

应当指出的是，本条规定是为了保护债务人利益，从鼓励交易的角度出发，应当允许债务人放弃相关的抗辩，而不向受让人主张该抗辩。只要债务人放弃的意思表示明确且有效，适用本法总则编关于意思表示的一般规定，放弃的形式可以是多样的，例如，可以是债务人与受让人的协议、债务人与让与人和受让人之间的三方协议或者债务人向受让人作出的单方放弃的意思表示等。尤其债务人放

① 例如，《应收账款转让公约》第 18 条第 1 款、UCC 第 9－404 条（a)。美国《合同法重述（第一次)》第 167 条采取了上述第二种方式，但美国《合同法重述（第二次)》第 336 条则采纳了类似于 UCC 的规则。

弃抗辩的意思对债务人利益存在不利影响，因此在有疑义时，应作出对债务人更为有利的限制性解释。

第五百四十九条

有下列情形之一的，债务人可以向受让人主张抵销：

（一）债务人接到债权转让通知时，债务人对让与人享有债权，且债务人的债权先于转让的债权到期或者同时到期；

（二）债务人的债权与转让的债权是基于同一合同产生。

本条主旨

本条是关于债务人在债权转让时行使抵销权的规定。

相关条文

《合同法》第 83 条　债务人接到债权转让通知时，债务人对让与人享有债权，并且债务人的债权先于转让的债权到期或者同时到期的，债务人可以向受让人主张抵销。

理解与适用

一、债务人的抵销延续

债权人转让权利不需要经债务人同意，因此债务人的利益不应因债权人转让权利的行为而遭受损害。如果债务人对债权人也享有债权，那么，在这种情况下，债务人可以依照法律的规定向受让人行使抵销权。

抵销是债权债务终止的情形之一，根据本法第 568 条第 1 款规定，当事人互负债务，该债务的标的物种类、品质相同的，任何一方可以将自己的债务与对方的到期债务抵销；但是，根据债务性质、按照当事人约定或者依照法律规定不得抵销的除外。一些国家和地区的法律对债务人行使的抵销权作出了规定，但构成的条件有所不同。《德国民法典》第 406 条规定，债务人也得对原债权人享有的债权向新债权人主张抵销。同时规定以下两种情况下债务人不得行使抵销权：一是债务人向原债权人取得债权的当时，已知债权让与的事由；二是债务人取得的债权在其知有让与后，而且取得的债权又在让与的债权之后才到期。《瑞士债务法》第 169 条第 2 款、我国台湾地区“民法”第 299 条第 2 项的规定与此类似。

也有的立法例区分规定，如果反对债权和转让债权是基于同一交易产生的，无论债权人取得反对债权的时点是在债务人接到转让通知之前抑或之后，债务人均可主张抵销；其他反对债权则必须是在债务人接到转让通知时债务人已经取得，或者是基于债务人接到转让通知前的法律原因取得。采取这种立法例的有《日本民法典》第469条、《荷兰民法典》第6：130条第1款、《应收账款转让公约》第18条、《欧洲合同法原则》第11：307条第2款、《美国统一商法典》第9－404条（a）、《担保交易示范法》第64条第1款等。本法在《合同法》规定的基础上采纳了第二种方式，即区分两种情形分别予以规定。

二、非独立抵销

根据本条第1项规定，债务人对受让人主张抵销权的条件如下。首先，债务人必须对让与人享有债权，且标的物种类、品质相同。其次，债务人对让与人享有债权的法律原因必须在债务人接到债权转让通知时已经存在。这是为了避免债务人在接到债权转让通知后才紧急从他人处低价取得对让与人的债权，进而损害受让人的利益，受让人此时也无法预防此种情形的出现。再次，债务人对让与人的债权先于转让的债权到期或者同时到期。例如，债务人于7月1日接到债权转让通知，债务人对让与人的债权是8月1日到期，而转让的债权是同年8月1日或者9月1日到期，此时债务人就可以向受让人主张抵销。

三、独立抵销

根据本条第2项规定，债务人对受让人主张抵销权的条件如下。首先，债务人必须对让与人享有债权，且标的物种类、品质相同。其次，债务人对让与人的债权与转让债权是基于同一合同产生的。由于这两个债权是基于同一合同产生的，因此具有密切的联系，受让人就应当认识到债务人对让与人可能基于该合同享有债权，因此受让人能够在订立债权转让合同时对这种抵销可能性进行预先的安排。例如，甲作为卖方和乙签订货物买卖合同，甲在交完货之后将其对乙的支付价款的债权转让给丙，并通知了乙。丙向乙请求支付价款时，乙以甲交的货有质量瑕疵为由，主张以乙对甲享有的违约赔偿债权抵销该支付价款债权。此时，转让债权与乙对甲的违约赔偿债权都是基于该货物买卖合同产生的，乙可以向丙主张抵销。

应当注意的是，如果债务人在接到债权转让通知时，债务人的抵销权依照法律规定已经产生，其可以行使抵销权但尚未行使，即使在债权转让后，债务人原本可以主张抵销的利益此时也应加以保护，因此在债务人接到转让通知后，仍可以向受让人主张该抵销。例如，转让的债权于 8 月 1 日到期，债务人对让与人的债权于同年 9 月 1 日到期，而债务人于 9 月 15 日接到转让通知。债务人接到债权转让通知时，债务人已经依据本法第 568 条第 1 款的规定取得抵销权，在其接到债权转让通知后，仍然可以向受让人主张之前已经产生的抵销权。

债务人向受让人主张此种抵销的，应当依据第 568 条第 2 款的规定通知受让人，并且抵销不得附条件或者附期限。

第五百五十条

因债权转让增加的履行费用，由让与人负担。

本条主旨

本条是关于因债权转让增加的履行费用负担的规定。

相关条文

《民法典》第 511 条　当事人就有关合同内容约定不明确，依据前条规定仍不能确定的，适用下列规定：

…………

（六）履行费用的负担不明确的，由履行义务一方负担；因债权人原因增加的履行费用，由债权人负担。

理解与适用

债权转让可能会增加债务人履行债务的费用，为了保护债务人利益，应当规定增加的履行费用由让与人最终负担。债权转让后，债务人履行债务的费用可能会有所增加，例如，受让人有权要求债务人在其他地点履行、债权部分转让等情形中，基于对债务人利益保护的考虑，参考《欧洲合同法原则》第 11：103 条等立法例，本条明确规定了因债权转让增加的履行费用，由让与人负担。具体而言，因债权转让而额外增加的债务人的履行费用，有约定的按约定处理；无约定的，基于保护债务人利益的考虑，当然不应由债务人自行负担，债务人有权在受让人要求履行时相应地依法主张抵销或者行使履行抗辩权。债务人或者受让人先负担了增加的履行费用的，除另有约定外，可以要求让与人最终负担该增加的履行费用。这也与《民法典》第 511 条第 6 项的规定保持一致，当事人就有关履行费用的负担约定不明确并且无法确定的，因债权人原因增加的履行费用，由债权人负担。

第五百五十一条

债务人将债务的全部或者部分转移给第三人的，应当经债权人同意。

债务人或者第三人可以催告债权人在合理期限内予以同意，债权人未作表示的，视为不同意。

本条主旨

本条是关于债务转移的规定。

相关条文

《合同法》第 84 条　债务人将合同的义务全部或者部分转移给第三人的，应当经债权人同意。

《诉讼时效规定》第 19 条第 2 款　债务承担情形下，构成原债务人对债务承认的，应当认定诉讼时效从债务承担意思表示到达债权人之日起中断。

理解与适用

一、债务转移的含义

债务转移，又称为“免责的债务承担”[①]，是指不改变债务的内容，债务人将债务全部或者部分地转让给第三人。正如债权人可以全部或者部分转让债权一样，债务人也可以依照法律规定将债务全部或者部分转让转移给第三人。与消灭一个既存的债的关系才能缔结新债相比，债务转移制度克服了债的相对性，使得债务关系没有因为债务人一方的改变而消灭，避免对本已谈妥的事项重新商议而引发风险[②]，从而节省交易者的时间和精力。其背后往往存在一定的经济目的，

① 债务承担，在广义上包括两种情形：(1) 第三人完全替代债务人承受债务人的地位；(2) 第三人加入债的关系与原债务人共同负担同一内容的债务。前者称为免责的债务承担，后者称为并存的债务承担。在《民法典》之前，学说对于《合同法》第 84 条所包含的范围颇有分歧，部分学者认为其仅指免责债务承担，但亦有学者认为其也包含并存的债务承担。但是，并存的债务承担与免责的债务承担的重要区别在于，并存的债务承担无须债权人的同意，而免责的债务承担需债权人同意。在《民法典》中，本条明确规定，债务人不管是将合同义务的全部还是部分转移给第三人，均需债权人同意，故本条仅是对全部免责债务承担和部分免责债务承担的规定，而非对并存债务承担的规定。《民法典》第 552 条则对并存的债务承担作出了特别规定，故本条已明确为免责债务承担的规定。

② 欧洲民法典研究组，欧盟现行私法研究组．欧洲私法的原则、定义与示范规则：第 1—3 卷．高圣平，等译．北京：法律出版社，2014：942.

例如，销售商甲有权请求货物买方乙支付货款，但甲对货物供应商丙负有债务，此时，甲可以将其对丙所负的债务转移至乙，经过丙同意后，由乙对丙直接履行。① 对债务转移分为以下情况：一种情况是债务的全部转移，在这种情况下，新的债务人完全取代了原债务人，新的债务人负责全面地履行债务；另一种情况是债务的部分转移，即原债务人和新债务人负有按份债务。

债务人转移债务有别于约定由第三人履行债务。本法第 523 条规定，当事人可以约定由第三人向债权人履行债务，第三人不履行债务或者履行债务不符合约定的，债务人应当向债权人承担违约责任。两者最大的区别在于，在债务人转移债务时，第三人作为新的债务人相应地取代债务人，因此，当第三人不履行债务或者履行债务不符合约定的，应当由第三人向债权人承担责任；但在由第三人履行的债务中，债务人和债权人的关系继续存在，第三人和债权人之间不存在直接的关系，因此，第三人不履行债务或者履行债务不符合约定的，由债务人向债权人承担责任。

同时，债务转移也与第三人代为履行或者履行承担不同。本法第 524 条第 1 款规定，债务人不履行债务，第三人对履行该债务具有合法利益的，第三人有权向债权人代为履行；但是，根据债务性质、按照当事人约定或者依照法律规定只能由债务人履行的除外。两者都是由原债权债务关系以外的第三人向债权人履行债务，从而使得原来存在的全部或部分债权债务归于消灭。两者的区别主要有以下几方面：（1）在债务人转移债务时，债务人应当征得债权人的同意。在第三人代为履行债务的情况下，符合法律规定时，第三人单方表示代替债务人清偿债务或者与债务人达成代替其清偿债务的协议，不必经债权人的同意；第三人对履行该债务具有合法利益的，债权人甚至无权拒绝。（2）在债务人转移债务的情况下，第三人作为新的债务人相应地取代债务人。第三人代为履行时，不涉及债务人的变化，第三人只是履行主体而不是债务人，债权人不能把第三人作为债务人要求第三人履行债务。（3）在债务人转移债务后，第三人相应地作为债务人，如果第三人未能履行债务，债权人可以直接请求第三人履行，而不能再要求原债务人履行。在第三人代为履行的情况下，第三人不履行或者不完全履行，债权人只能要求债务人承担责任，而不能要求第三人承担责任。

债务承担和第三人代为履行的界限有时并非十分清晰，由于当事人往往约定

---

① 最高人民法院（2001）民二提字第 16 号民事判决书中，法院认为：第三人对债务人、债务人对债权人存在连环债务，三方协议约定由第三人向债权人直接付款以等额冲抵各方债务的，应认定三方成立债务转移关系。

不明确，更会出现两种类型交错的局面：合同中虽然有“债务转移”字样但约定的内容是支付价款；或者反过来可能合同中约定“代为偿还”，但又为第三人设定了债务。在实践中，法官往往通过考察约定中是具有较强的履行意愿，还是更着重为第三人设定义务的意图来区分。[①] 如果在合同中使用“委托付款”或者“代为支付”等类似表达，一般认为是第三人代为履行债务。[②] 反之，如果合同强调的是偿还债务本身，或者明确约定债权人可以向第三人直接主张，则会被看做是债务转移。[③] 当事人之间就是债务转移抑或第三人代为履行约定不清晰的，应当基于保护债权人对债务人资信状况或者债务履行能力的信赖，认为是由第三人代为履行债务而非债务转移，因此，第三人不履行债务或者履行债务不符合约定的，由债务人而非第三人向债权人承担责任。[④]

二、债务转移的构成要件

债务转移合同的订立，由于涉及债权人、债务人、第三人（新债务人），故可通过三种方式实现免责的债务承担：一是由债务人与第三人订立债务转移合同；二是由第三人与债权人直接订立债务转移合同；三是由债权人、债务人和第三人三方共同订立债务转移合同。就本条文义而言，本条明文规定的内容当属第一种方式，即债务人与第三人订立债务转移合同，并经债权人同意的方式，这也是债务转移的常态。

（一）债务存在且不具有不可转移性

1. 债务存在

在债务转移中，首先，要求存在债务。已经有效成立的债务自然可以转移；未来发生的债务也可以进行转移，而且这种转移与对已有债务的转移效力相同，

---

① 肖俊．《合同法》第 84 条（债务承担规则）评注．法学家，2018（2）：177.

② 云南省高级人民法院（2013）云高民二终字第 245 号民事判决书中，法院认为：“从付款计划内容上看，仅表明兆顺公司受泰安公司的委托向叠鑫公司清偿债务，而委托基于兆顺公司欠泰安公司工程款未付，故同意从工程款中抵扣一部分用于偿还叠鑫公司的贷款，因此，兆顺公司未以担保债的履行为目的而主动加入泰安公司与叠鑫公司之间债务关系的意思表示。”

③ 湖北省高级人民法院（2013）鄂民二终字第 00029 号民事判决书：本案中，双方当事人约定“对于丙公司在贵行的债务……贵行可根据本承诺书向我公司主张债权”，法院据此认为是债务转移。

④ 史尚宽．债法总论．北京：中国政法大学出版社，2000：745. 最高人民法院（2005）民二终字第 35 号民事判决书中，法院认为：“虽然当事人在合同中使用了债务转让的字样，但该条款本质上仍属于第三人代为履行债务，并没有使合同关系当事人发生变化，因此，该案仍属于第三人代为履行，在第三人没有履行债务或者没有全面履行时，债权人只能向原债务人主张，而不能向第三人主张。”《德国民法典》第 329 条规定：“契约当事人之一方并非为债务承担，而仅负担对方对债权人应为清偿之义务时，如有疑义，推定债权人不得取得对此人直接请求清偿的权利。”

只是债务实际产生时才发生债务转移的效力。①

时效期间届满的债务也可被转移，当债务人与第三人就诉讼时效届满的债务达成债务转移合同，且经债权人同意的，因该债务转移合同合法有效，自然应受法律的保护。但问题在于，在债务人与第三人订立合同后，能否认为债务人或者第三人已通过此种方式同意履行债务，进而推导出第三人（新债务人）不享有诉讼时效届满的抗辩权？对此存在不同观点。② 更为合适的观点是债务人与第三人订立债务转移合同的，在有疑义时，并不当然构成同意履行债务而丧失时效期间届满的抗辩权，因为抗辩权放弃对债务人和第三人产生不利，故需要债务人和第三人更为明确的意思表示，且这对债权人并未增加新的不利；此时，在债权人同意后，债务转移并非成立新的债务，债务仍然具有同一性，依据《民法典》第 553 条规定，第三人（新债务人）仍然能够对债权人主张诉讼时效期间届满的抗辩权。③

2. 债务不具有不可转移性

债务原则上具有可转移性，但是，根据债务的性质、当事人的约定或者法律规定，也存在不得被移转的情形。例如，法律明确规定不得转移的债务，例如《民法典》第 894 条第 1 款规定，保管人一般不得将保管物转交第三人保管；法律未明确规定，但根据债务的性质只能由债务人本人而不能由他人履行的债务，如著名画家绘制肖像的债务、歌手登台演出的债务，这些债务重视债务人的个性、技能、熟练程度等，通常不许转移④；当事人约定不得转移的合同债务，此为当事人意思自治、合同自由的表现，自应尊重当事人的意思。

但是，对于债务的可转移性的限制无须特别严格。债务转移的制度目的在于尊重当事人对于自身债权债务的安排，在充分保护债权人利益的前提下，使债务人摆脱原债务关系，从而实现权利义务在全社会范围内的合理配置，其效力仅发生于债权人、债务人、承担人之间，不违反社会公共利益、善良风俗，并无加以

---

① 杨立新．债法总则研究．北京：中国人民大学出版社，2006：234；崔建远．合同法总论：中卷．北京：中国人民大学出版社，2012：482-483. 反对观点，参见肖俊．《合同法》第 84 条（债务承担规则）评注．法学家，2018（2）：184.

② 持肯定观点的案例，参见“中国工商银行内蒙古自治区通辽分行与通辽市科尔沁区工商农村信用合作社借款合同纠纷案”．民商事审判指导·案例分析，2006（1）．其中认为，债务人开办单位对原债务是否已过时效应推定其应知，故其加入债务承担表明其已放弃了原债务人的时效抗辩权。贵州省贵阳市（2015）筑民二（商）终字第 570 号民事判决书中，法院认为：“对被告盛泉公司辩称本案诉讼时效已过的意见，因被告盛泉公司、被告蔡斌在 2013 年 4 月 5 日即诉讼时效已过的情况仍然与原告葛晓青签订债务承担协议，应当视为被告盛泉公司对债务的重新认可，由此发生了诉讼时效重新起算，即该笔债务的诉讼时效应从签订债务承担协议之日起重新起算。”

③ 同样观点，见肖俊．《合同法》第 84 条（债务承担规则）评注．法学家，2018（2）：184，187-188.

④ 韩世远．合同法总论．北京：法律出版社，2018：627.

严格限制的必要。① 无论是性质上不可转移的债务，还是当事人特别约定不得转移的债务，如果限制转移的目的是保护债权人的利益，均可以通过债权人同意这一环节发生效力，债权人同意本身已经保护了债权人自己的利益，债权人同意债务转移本身就使得这些债务具有了可转移性。

（二）债务人和第三人之间订立债务转移合同

债务人和第三人之间签订债务转移合同，该债务转移合同适用民事法律行为和合同的一般规定。如果法律、行政法规规定应当办理批准等手续生效的，应依法办理这些手续。在债权人同意前，债务人和第三人可以协商一致变更或者解除债务转移合同。

在债务人和第三人订立的债务转移合同中，必须存在由第三人负担债务并且债务人从债务关系中脱离出来的明确意思表示。欠缺此种明确意思表示的，即使经过债权人同意，也不能发生债务转移的法律效果。②

（三）经债权人同意

1. 债权人的同意

按照本条第 1 款的规定，债务转移需要经过债权人的同意。在债务的多种类型中，合同债务是最为重要的一种，债权人和债务人的合同关系是产生在相互了解的基础上，在订立合同时，债权人一般要对债务人的资信情况和偿还能力进行了解，而对于取代债务人或者加入债务人中的第三人的资信情况及履行债务的能力，债权人不可能完全清楚。所以，如果债务人不经债权人的同意就将债务转让给了第三人，那么，对于债权人来说显然是不公平的，不利于保障债权人合法利益的实现。债务人不论转移的是全部债务还是部分债务，都需要征得债权人同意。③ 未经债权人同意，债务人转移债务的行为对债权人不发生效力。债权人有权拒绝第三人向其履行，同时有权要求债务人履行债务并承担不履行或者迟延履

---

① 龚兵．免责的债务承担．法学杂志，2006（2）．

② 同样观点，见肖俊．《合同法》第 84 条（债务承担规则）评注．法学家，2018（2）：179．最高人民法院（2005）民二终字第 217 号民事判决书中，法院认为："对免责性的债务承担的认定应慎重，因为，其涉及免除债务人的责任和对债权人债权的保护问题。一般而言，在当事人明确约定或表示原债务人退出原债权债务法律关系中，或者根据合同约定可以确切推断原债务人退出原债权债务法律关系，方可认定成立免责性的债务承担。"

③ ［德］梅迪库斯．德国债法总论．杜景林，卢谌，译．北京：法律出版社，2004：566．最高人民法院（2008）民二终字第 81 号民事判决书中，法院认为："债务人天元集团公司与第三人天元股份公司订立的债务承担协议未经债权人三门峡车站支行的同意，因此，该债务承担协议不能产生债务转移的效力。"最高人民法院（2009）民申字第 855 号民事裁定书［人民司法·案例，2010（14）］中，法院认为："由于第三人取代债务人，会对债权人利益能否有效实现产生重大影响，一般来讲债权人会对第三人的履约能力比较后作出权衡，即同意还是不同意。要求征得债权人同意，也能在一定程度上反映出债权人权衡的过程，更能完整有效地体现债权人更新债务人的真实意思表示。"

行债务的法律责任。转移债务要经过债权人的同意，这也是债务转移制度与债权转让制度最主要的区别。

债权人的同意是单方的需受领的意思表示。其包括事前和事后的同意，故债权人同意也可以事先作出，但为保护债权人的利益，债务转移仍需要通知债权人才可对债权人发生效力。① 债权人的同意可以向债务人或者新债务人作出。按照《民法典》第 140 条，债权人的同意可以是明示的方式，也可以是默示的方式，例如债权人向新债务人为催告、诉讼，通知新债务人对债权进行转让，在新债务人破产时申报破产财产，免除，未为保留而受领新债务人的给付或者对新债务人其他有关债务的行为表示同意等。② 单纯的沉默只有在有法律规定、当事人约定或者符合当事人之间的交易习惯时，才可以被视为债权人同意。③ 在一些特殊的情况下，如果债权人的利益已经获得足够的担保，债务人的人身性不再重要的时候，可以从默示中推定出债权人的同意。例如，债务人为担保债务而在特定物上为债权人设有抵押权，后来该特定物被出售，买受人愿意承担债务，以减少现金的支付，由于债权人因抵押权而得到了足够可靠的担保，所以此时债务人个人的给付能力不再具有实质意义，如果在合理的期间内债权人没有表示明确的拒绝，则债权人的沉默可以视为同意。④

同时，债务人与第三人之间的债务转移合同，在债权人同意之前，对于债权人不发生效力。因而，债务人或者第三人为避免债务转移的效力久悬不决，均可定合理期限请求债权人就是否同意作出答复。债权人逾期不为答复的，基于保护债权人利益的考虑，即应视为不同意。本条第 2 款明确规定，债务人或者第三人可以催告债权人在合理期限内予以同意，债权人未作表示的，视为不同意。但债权人虽未明确作出同意的意思表示，但其主动向承担债务的第三人请求履行债务的，应视为同意。⑤

---

① 参见《法国民法典》第 1327—1 条、DCFR 第 III—5：503 条第 2 款、PICC 第 9.2.4 条。于此，债权人事先同意等同于要约，向债权人发出通知，等同于对此要约做出的承诺。

② 参见《瑞士债务法》第 176 条第 3 款。最高人民法院（2009）民二终字第 18 号民事裁定书中，法院认为："一汽公司虽未明确对汽贸集团所作出的债务承担的意思表示进行承诺，但其在一审期间，以汽贸集团作为被告，并以其构成债务承担为由诉请其承担本案债务的行为表明，其对汽贸集团债务承担的意思表示予以接受，故应认定当事人双方对债务承担达成合意。"

③ 广东省广州市中级人民法院（2014）穗中法民二终字第 1535 号民事判决书中，法院认为："默示的行为一般应为积极的作为，而缄默和消极的不作为不应视为默示，尤其是对原债务人免责的债务承担，除有第三人愿意承担债务的意思外，还需有债权人免除原债务的意思表示。"

④ ［德］梅迪库斯．德国债法总论．杜景林，卢谌，译．北京：法律出版社，2004：567；肖俊．《合同法》第 84 条（债务承担规则）评注．法学家，2018（2）：182－183.

⑤ 该规定与《德国民法典》第 415 条第 2 款、《瑞士债务法》第 177 条第 1 款、《韩国民法典》第 455 条、我国台湾地区"民法"第 302 条第 1 项基本一致。

2. 债权人不同意的效力

如果债权人不同意，对其效力存在不同观点。一种观点认为债权人同意只是债务转移合同对于债权人生效的要件，故债权人拒绝承认债务转移合同时，第三人或债务人均不得以合同之效力对抗债权人，因此债权人仍以原债务人为债务人，唯在第三人与债务人间，合同效力已经发生。[①] 另一种观点则认为，债务人与第三人之间的债务转移合同，因债务人和第三人意思表示一致而成立，在债权人同意之前，其债务是否发生移转的效力，尚处于不确定状态，只有经债权人同意，债务转移合同方确定地发生效力，即债权人的同意是债务转移合同的生效要件。[②]

债务转移合同必须经过债权人同意方能对债权人发生效力，乃出于保护债权人的考虑，故在债务转移合同未经债权人同意时，仅需要其不对债权人生效即足以起到保护债权人的目的，并无必要将债务转移合同的效力完全否定。[③] 此时，债务人和第三人之间的债务转移合同的效力，应当根据当事人的意思加以确定，如果当事人有明确的意思，例如约定于债权人拒绝时转化为第三人代为履行债务等，则依其意思发生效力。如果当事人没有约定或者约定不明确，除债务是具有人身性质的债务外，可以将该合同转换为由第三人代为履行债务的合同，即债务人与第三人约定由第三人替代该债务人履行债务，债权人保留对债务人的请求权[④]；债务人仍负有向债权人履行的义务，债权人仍有权向债务人请求履行债务，但不能请求第三人履行债务。

三、债务转移的法律后果

除另有约定外，全部债务被转移后，原债务人脱离债务关系而不再是债务人，而由第三人作为新债务人完全取代原债务人的地位，成为新的债务人。债权人有权请求该第三人履行债务，并在第三人不履行债务或者不完全履行债务时请

---

① 林诚二．民法债编总论——体系化解说．北京：中国人民大学出版社，2003：508；孙森焱．民法债编总论：下．北京：法律出版社，2006：807；欧洲民法典研究组，欧盟现行私法研究组．欧洲私法的原则、定义与示范规则：第1—3卷．高圣平，等译．北京：法律出版社，2014：947.

② 王利明．合同法研究：第二卷．北京：中国人民大学出版社，2015：230；崔建远．合同法总论：中卷．北京：中国人民大学出版社，2012：486.

③ 最高人民法院（2008）民二终字第81号民事判决书中，法院认为："债务人向债权人出具承诺书，表示将所负债务全部或者部分转移给第三人，而债权人对此未予接受，亦未在债务人与第三人签订的债务转移协议书上加盖公章的，应当认定债权人不同意债务转让，债务人与第三人之间的债务转让协议对债权人不发生法律效力。"

④ PICC第9.2.6条，See Unidroit Principles of International Commercial Contracts 2016，Article 9.2.3，Comment 4.《德国民法典》第415条第3款也明确规定："债权人承认前，有疑义时，承担人对债务人负有遵期向债权人清偿之义务。债权人拒绝承认时，亦同。"债权人拒绝同意的，债务人和第三人可以撤销债务转移合同，我国台湾地区"民法"第302条第2款对此明确规定。

求第三人承担责任。债务被部分转移的，除另有约定外，第三人仅就部分债务负责，原债务人对未转移的部分债务仍须负责，两个债务各自独立，第三人和债务人对债权人负有按份债务。除另有约定外，债务人对第三人的履行能力不负有担保义务。即使新债务人不履行债务或者陷入破产导致债权不能实现，债权人也不能要求原债务人继续履行。① 同时，《诉讼时效规定》第19条第2款规定："债务承担情形下，构成原债务人对债务承认的，应当认定诉讼时效从债务承担意思表示到达债权人之日起中断。"这意味着，债务转移并非当然构成原债务人对债务的承认。

至于第三人履行债务后与债务人之间的关系，依据第三人与债务人之间的约定，或者无约定时第三人代为履行的后果而处理。例如，第三人为了向债务人为赠与，自不存在第三人对债务人的追偿权问题；如第三人是为了消灭其对债务人的债务，则第三人对债务人的债务因此归于消灭；如第三人是受债务人的委托代为清偿，则依据《民法典》第921条规定，委托人应当予以偿还并支付利息。

四、其他方式的债务转移

债务人、第三人可以和债权人三方共同订立债务转移合同，此时可以认为债权人已经同意，这与债务人与第三人订立债务转移合同并经债权人同意并无实质差异，只是在债权人同意的时间上存在先后之别，故无须特别论述。

债务转移合同也有可能是债权人和第三人之间签订。由于债务原则上均可由第三人履行，而债权人对自己权利又有处分权，故第三人与债权人自可约定由第三人代替原债务人而承担其债务。从性质上而言，该种承担合同具有为第三人利益（原债务人利益）合同的属性，只不过其并非要为原债务人增加利益，而是免除或减轻原债务人原有的负担，通常对债务人只有利益而无不利益的影响。因此，一般认为，这种债务承担原则上无须原债务人的意思表示，也不必通知原债务人。②

固然，该合同一般情况下对债务人是有利的；但是，也有可能出现债务人对此不存在利益的情形，甚至债务人有合理的理由要求履行债务，例如债务人考虑

---

① 肖俊．《合同法》第84条（债务承担规则）评注．法学家，2018（2）：186．参见《意大利民法典》第1274条第1款。

② 王家福．中国民法学．民法债权．北京：法律出版社，1991：244；王利明．合同法研究：第二卷．北京：中国人民大学出版社，2015：228；崔建远．合同法总论：中卷．北京：中国人民大学出版社，2012：487．我国台湾地区通说观点也是如此，参见林诚二．民法债编总论．北京：中国人民大学出版社，2003：507；孙森焱．民法债编总论：下．北京：法律出版社，2006：804；陈自强．民法讲义 II：契约之内容与消灭．北京：法律出版社，2004：269；郑玉波．民法债编总论．修订2版．陈隆荣，修订．北京：中国政法大学出版社，2004：443．无须债务人同意的立法例有《德国民法典》第414条、《瑞士债务法》第176条第1款、《日本民法典》第472条第2款（仅需通知）、我国台湾地区"民法"第300条。对此持反对观点的，参见韩世远．合同法总论．北京：法律出版社，2018：629．

到其被取代对声誉的影响，或者无法通过履行债务训练团队以吸引未来的业务，甚至可能已经和他人签订辅助性的合同以履行债务，此时可能要被迫解除这些合同。因此，该类债务转移合同至少应当通知债务人，债务人应当至少能够拒绝债权人和第三人之间签订的债务转移合同对其发生效力。[①] 这也类似于《民法典》第 522 条第 2 款规定的真正的利益第三人合同的构建方案。[②] 债务人拒绝的，第三人仍然基于其与债权人之间的合同对债权人承担债务，但是债务人和第三人对债权人承担连带责任。[③] 即使如此，对债权人而言，债权人也可以通过将其对债务人的债权依法转让给第三人，实现同样的交易目的，此时无须取得债务人的同意。

至于第三人履行债务后与债务人之间的关系，依据第三人与债务人之间的约定或者无约定时第三人代为履行的后果而处理。但是，如果债务人对第三人和债权人订立的债务转移合同明确表示反对的，则类似于违反本人意思的不适当无因管理，此时可以参照适用《民法典》第 980 条的规定，债务人享有利益的，应当向第三人偿还必要费用，但以债务人获得利益的范围为限。[④]

第五百五十二条

第三人与债务人约定加入债务并通知债权人，或者第三人向债权人表示愿意加入债务，债权人未在合理期限内明确拒绝的，债权人可以请求第三人在其愿意承担的债务范围内和债务人承担连带债务。

本条主旨

本条是关于债务加入的规定。

相关条文

本条为新增条文。

理解与适用

一、债务加入的含义

债务加入，又被称为“并存的债务承担”，即原债务人不退出债权债务关系，

---

① DCFR 甚至要求债务人的同意，参见欧洲民法典研究组，欧盟现行私法研究组．欧洲私法的原则、定义与示范规则：第 1—3 卷．高圣平，等译．北京：法律出版社，2014：950.

② Unidroit Principles of International Commercial Contracts 2016，Article 9.2.5，Comment 6.

③ 黄立．民法债编总论．北京：中国政法大学出版社，2002：628－629.

④ 不同规定参见《日本民法典》第 472 条之三：“免责的债务承担之承担人，不对债务人取得求偿权。”

第三人加入债务中，作为新债务人和原债务人一起向债权人负有连带债务。关于是否应当规定债务加入存在不同的观点。有的观点认为，关于债务转移尤其是债务部分转移的规定已经包含了债务加入，无须特别规定；有的观点认为，债务转移指的是免责的债务转移，与作为并存的债务转移的债务加入不同，应当对债务加入予以明确规定。本条最终增加了对债务加入的明确规定，毕竟债务加入与免责的债务转移存在构成要件、法律效果等多方面的不同，对债务加入予以明确规定，有利于明确两者的不同，有利于法律适用的清晰，有利于债权人权利的实现，也在一定程度上减轻了其他债务人的负担。

债务加入与第551条规定的债务转移之间的区别在于，债务转移中，原则上原债务人不再作为债务人，而由第三人作为债务人；但债务加入中，第三人和原债务人一起对债权人负有连带债务。相较于免责的债务承担需要债权人的同意这一要件方可对债权人生效，债务加入并不需要债权人的积极同意，原因在于债务加入制度有利于增强债权的实现可能，对债权人而言相当于增加一份债务担保，取得较高的债权保障，从而更好地保护了债权人的利益。①

根据原债务人是否完全退出债务关系，在债务加入和债务转移之间，还可能依据当事人的约定存在居于两者之间的类型，即债务人不脱离债务关系，但债权人必须先对新债务人请求，如果新债务人不履行或者不完全履行债务的，原债务人的债务没有消灭，债权人仍可以请求原债务人履行。② 该情形是将原债务人作为次级债务人，原债务人此时更类似于保证人的地位，但是仍然存在是否受到保证期间限制等一些不同。这种约定仍然需要债权人同意，因为债权人面临首先起诉新债务人的麻烦和损失。③ 此时，在抗辩和抵销方面，这和完全的债务转移相同，在原债务人未摆脱的债务范围内，任何为原债务人履行债务而提供的人或物的担保均不受债务人变化的影响；原债务人的责任，由关于担保人的责任规则调整，参照适用保证人的规则处理。④

如果当事人对原债务人是否完全退出债务关系没有约定或者约定不明时，考

---

① 岳业鹏．中国法语境下的并存债务加入制度．北京科技大学学报，2011（1）．最高人民法院（2011）民提字第68号民事判决书中，法院认为："案涉承诺书文字表述系由信托公司继续执行实业公司与银行间借券协议，其性质并非是在保留实业公司责任的基础上由信托公司加入债务，而系免除实业公司责任的债务承担，故该承诺书须经债权人银行的同意才能生效。由于银行当时并未认可该承诺书，该债务承担的要约因银行拒绝而失效，双方间债务承担合同关系并未成立。信托公司不应对实业公司债务承担连带责任。"

② 参见PICC第9.2.5条、DCFR第III－5：206条。也有学者称之为"不完全免责的债务承担"，参见肖俊．《合同法》第84条（债务承担规则）评注．法学家，2018（2）：180；另外还有"累加型的债务承担"，参见王洪亮．债法总论．北京：北京大学出版社，2016：465.

③ 同样观点，参见肖俊．《合同法》第84条（债务承担规则）评注．法学家，2018（2）：180. DCFR第III－5：203条第1款对此明确规定。

④ DCFR第III－5：207条对此明确规定。

虑到债权人对债务人资力和履行能力的信赖，基于保护债权人利益的价值，债务人不应轻易地从债务中摆脱，可以推定为债务加入。① 例如，业主与物业使用人明确约定由物业使用人支付物业费，但未经物业服务人同意；或者虽然明确约定由物业使用人支付物业费，但并未约定业主不再支付物业费。此时，不能对物业服务人增加不利，业主不能轻易摆脱支付物业费的义务，此时可以理解债务加入。

同样应当区分的是债务加入和连带保证。两者均增加了担保债权实现的责任财产②，在一些方面，债务加入可以参照适用担保的规则。③ 但是，不同之处在于：第一，保证债务是债务人不履行债务时，保证人承担保证责任的从属性债务，而债务加入时第三人作为连带债务人，没有主从关系④；第二，连带保证具

---

① Unidroit Principles of International Commercial Contracts 2016，Article 9.2.5，Comment 5；立法例参见，《法国民法典》第1327—2条、《意大利民法典》第1273条第2款、《中国澳门民法典》第590条第2款、DCFR第III—5：202条第2款。同样观点，参见崔建远．无权处分合同的效力、不安抗辩、解除及债务承担．法学研究，2013（6）：86；肖俊．《合同法》第84条（债务承担规则）评注．法学家，2018（2）：181．最高人民法院（2010）民提字第153号民事判决书中，法院认为：“合同外的第三人向合同中的债权人承诺承担债务人义务的，如果没有充分的证据证明债权人同意债务转移给该第三人或者债务人退出合同关系，不宜轻易认定构成债务转移，一般应认定为债务加入。”“中运公司诉香港美通公司、天津美通公司拖欠海运费、港杂费纠纷案”［最高人民法院公报，2002（4）］中，法院认为：“被上诉人天津美通公司只是在被上诉人香港美通公司出具的《还款计划》上签名确认，双方没有约定各自还款的比例。……天津美通公司只是以第三人身份加入到香港美通公司与原集装箱公司的债权债务关系中，与香港美通公司共同承担着债务。香港美通公司与天津美通公司之间形成的是连带关系，互为连带债务人。本案是并存的债务承担，不是免责的债务承担。”江苏省高级法院《关于适用〈中华人民共和国合同法〉若干问题的讨论纪要（一）》（苏高发审委［2005］16号）第18条规定：“第三人与债权人在合同中未明确约定免除债务人可履行义务的，债权人请求债务人承担履行责任的，人民法院应当支持。但债权人对免除债务人的履行义务无异议的除外。”持同样观点的案例，参见“中实投资有限责任公司、杭州欣融金属材料有限公司与北京隆瑞投资发展有限公司、北京京华都房地产开发有限公司、嘉成企业发展有限公司股权转让纠纷申请再审案”．商事审判指导·商事审判案例分析，2010（2）；广东省高级人民法院（2007）粤高法民二终字第165号民事判决书、湖北省武汉市洪山区人民法院（2015）鄂洪山民商初字第00275号民事判决书。

② 史尚宽．债法各论．北京：中国政法大学出版社，2000：886．此前的司法实践中，由于债务加入制度未有明文规定，裁判者往往将此二者加以混用，例如，最高人民法院（2016）最高法民再322号民事判决书中，法院认为：“我国法律就债务加入未作明确规定，与债务加入在法律性质上最为接近并且有明确法律规定的应为连带责任保证法律关系，可参照适用担保法的相关规定。”

③ 《全国法院民商事审判工作会议纪要》（法［2019］254号）第23条：【债务加入准用担保规则】法定代表人以公司名义与债务人约定加入债务并通知债权人或者向债权人表示愿意加入债务，该约定的效力问题，参照本纪要关于公司为他人提供担保的有关规则处理。同时，在破产程序中，虽然《企业破产法》第31条未明确列举债务加入行为属于可以撤销的行为，债务加入行为是单务行为，债务人不能因此获得任何利益，明显减少了其他债权人可以分配的财产，与《企业破产法》第31条中的“对没有财产担保的债务提供财产担保的”类似，对债务人财产的减损以及对全体一般债权人利益的损害在作用和性质上是一致的，具有对破产程序的有害性和不当性，应当参照此条予以撤销，参见江苏省高级人民法院（2017）苏民终1401号民事判决书。

④ 刘丽．债务加入与保证之司法区分．法律适用，2012（7）．

有保证期间和诉讼时效的限制，而债务加入后产生的连带债务仅具有诉讼时效的限制；第三，连带保证人承担保证责任后，无特别约定时可以向债务人追偿，而债务加入人作为连带债务人履行债务后，是否对债务人有追偿权，取决于其与债务人之间的约定。① 对债权人而言，债务加入比连带保证更为有利；相应地，对第三人而言，债务加入就更为不利。

究竟是债务加入还是连带保证，直接关涉到保证期间规定是否适用，具有重要的实践意义。首先，应当根据第 142 条第 1 款予以意思表示解释。其中需要考虑第三人出具的承诺函或当事人签订的协议所使用的文字词句，如果承诺函或协议明确使用“保证”或“债务加入”的措辞，原则上应依其表述进行相应的定性，除非存在足以支持偏离文义进行解释的特别情事；但是在协议或承诺函的措辞明确但具有多种理解可能性、其他内容与措辞相互矛盾或者措辞并不明确、语义含混之时②，就应当不拘泥于所使用之词句，而应加以合理裁判，例如在协议或承诺函的其他内容，实际履行情况等与保证之特性不甚契合的情形，即便明确采用“保证”的表述，亦不得认定为保证。③ 履行顺位的约定可以排除债务加

---

① 最高人民法院（2019）最高法民再 316 号民事判决书中，法院认为：“债务加入与保证的本质区别在于债务承担人并非从债务人，而是共同债务人，与原债务人无主次之分，债权人为实现其债权，可以直接选择由债务承担人偿还债务，无须待债务人迟延履行，债务承担人即具有完全清偿债务的义务，其履行的法律效果及于债务人，而保证人则是在主债务迟延履行时方承担责任。”同样观点，参见最高人民法院（2018）最高法民终 867 号民事判决书。

② 参见最高人民法院（2005）民二终字第 200 号民事判决书。本案中，案涉《承诺书》的核心内容为“我公司对归还该笔贷款本息加入连带还款责任，并放弃一切抗辩权”，最高人民法院将其定性为保证：“根据承诺书的具体内容以及向河北中意的催收通知中的担保人身份的注明，对河北中意的保证人身份有较为明确的表示与认可。”江苏省高级人民法院（2018）苏民申 942 号民事裁定书中，法院认为：“虽然新建镇财政所出具的承诺书的内容中表明是‘债务加入方’，但结合江苏银行开发支行要求多方当事人出具承诺书的时间、目的可以看出，该承诺书具有保证性质。”对判决的批评，参见夏昊晗．债务加入与保证之识别．法学家，2019（6）：103－105.

③ 最高人民法院（2019）最高法民再 316 号民事判决书中，法院认为：“张成双作为借款合同外的第三人向张刚良承诺承担午时阳光公司的债务，其行为并非创设新的债权债务关系，而是加入到午时阳光公司与张刚良之间原有的债权债务关系中。张成双加入债务的行为是为了保证张刚良债权的实现，但《还款计划保证协议书》约定的内容并非担保法意义上的保证，张成双与午时阳光公司之间亦不是保证人与债务人的关系，而是并存式债务承担中共同债务人的关系。……综上，案涉《还款计划保证协议书》虽名含‘保证’字样，但名不符文……案涉《还款计划保证协议书》的性质不是保证合同，而是债务加入协议，张成双的法律身份不是保证人，而是债务承担人。”四川省成都市中级人民法院（2016）川 01 民终 5158 号民事判决书中，法院认为：“九天龙泉驿区分公司出具的承诺书虽有保证二字，但内容和后续履行行为表明九天龙泉驿分公司的真实意思是代替邓显云向张继光支付材料款。故一审判决将九天龙泉驿区公司出具承诺书的行为认定为债务加入并无不当。”同样观点，参见厦门海事法院（2015）厦海法商初字第 963 号民事判决书。

入，而更接近一般保证[①]；不以债务人届期未履行作为第三人履行债务的条件可以排除保证。[②] 同时，还需要考量第三人自身对债务的履行是否具有直接和实际的经济利益，如果是，则更有理由认为是债务加入[③]；但是不可绝对化，毕竟，尽管利益标准的确立为解决实务问题提供了思路，但其自身也有不合理之处，一方面是债务加入人并不必然意在追求自身的经济利益，另一方面是“直接的经济利益”的内涵往往也并不明晰，依赖于法官的自由裁判。[④]

即使如此，在有疑义时，应推定为债务加入还是连带保证，仍存在不同观点。如果从保护债权人的立场出发，则可以认为在约定不明时，推定为债务加入。[⑤] 但是，债权人已经在原有债权之外增加了一个保障，而此时更需要考虑第三人的意思自治，如果从意思自治的立场出发，对意思表示人的后果越严重，越需要意思表示人更为明确的意思表示，因此，债务加入和连带保证约定不明时，由于债务加入对加入人更为苛刻，后果更为严重，就应当需要更为明确的意思表

① 参见最高人民法院（2016）最高法民终 623 号民事判决书、最高人民法院（2009）民提字第 7 号民事判决书、广东省高级人民法院（2018）粤民再 1 号民事判决书、北京市第二中级人民法院（2009）民二终字第 06384 号民事判决书。反对观点的案例参见最高人民法院（2017）最高法民终 940 号民事判决书。

② 具体案例的梳理，参见夏昊晗．债务加入与保证之识别．法学家，2019（6）：108－109.

③ 同样观点，参见梅仲协．民法要义．北京：中国政法大学出版社，1998：297；黄立．民法债编总论．北京：中国政法大学出版社，2002：626；朱广新．合同法总则研究：下册．北京：中国人民大学出版社，2018：503；王洪亮．债法总论．北京：北京大学出版社，2016：465；［德］罗歇尔德斯．德国债法总论．沈小军，张金海，译．北京：中国人民大学出版社，2014：414. 采取此标准的案例，参见最高人民法院（2018）最高法民终第 867 号民事判决书：“在当事人意思表示不明时，应斟酌具体情事综合判断，如主要为原债务人的利益而为承担行为的，可以认定为保证，承担人有直接和实际的利益时，可以认定为债务加入。”最高人民法院（2014）民二终字第 138 号民事判决书：“在双方约定不明的情况下，应结合合同目的、承担人与合同利益的关联程度综合考虑上述约定的性质。本案中，益安煤矿向中翔集团借款 2 000 万元系用于煤矿改造事宜，李俊生作为益安煤矿的实际出资人和控制人，与益安煤矿的经营行为和实际收益存在利害关系，其亦直接参与了本案所涉益安煤矿股权转让和借款过程，并直接向中翔集团支付了 200 万元款项，故其在《借款合同》中承诺的对益安煤矿借款承担连带还款责任，不仅仅是为了益安煤矿的利益而承担责任，其对此亦有直接和实际的利益。因此，李俊生在《借款合同》中作出的还款承诺更符合债务加入的特征。”同样观点的案例还有最高人民法院（2002）民一终字第 53 号民事判决书、最高人民法院（2013）民一终字第 117 号民事判决书、最高人民法院（2016）民一终字第 621 号民事判决书。

④ 具体论述，参见夏昊晗．债务加入与保证之识别．法学家，2019（6）；肖俊．《合同法》第 84 条（债务承担规则）评注．法学家，2018（2）：178；朱奕奕．并存的债务承担之认定．东方法学，2016（3）.

⑤ 最高人民法院（2005）民二终字第 200 号民事判决书中，法院认为：“判断一个行为究竟是保证，还是债务加入，应根据具体情况确定。如加入人加入债务的意思表示中有较为明显的保证含义，可以认定为保证；如果没有，则应当从保护债权人利益的立法目的出发，认定为债务加入。”同样观点的案例还有最高人民法院（2006）民二终字第 199 号民事判决书、（2014）民申字第 460 号民事裁定书、（2014）民申字第 1250 号民事裁定书、（2018）最高法民终 867 号民事判决书，江苏省高级人民法院（2017）苏民再 350 号民事判决书。

示，故推定为连带保证更为妥当。①

二、债务加入的要件

在债务加入中，同样首先要求存在债务和债务不具有不可转移性。其次要求存在债务加入合同。这在第 551 条的释义中已经说明，不再赘述。

债务加入合同可以是第三人和债务人约定，可以是第三人、债务人和债权人共同约定，也可以是第三人直接单方向债权人表示愿意加入或者债权人和第三人之间签订债务加入合同。② 债权人、债务人、加入人三方共同达成债务加入的协议，约定由加入人、债务人共同向债权人负责，此种协议表明各方不仅在债务人与第三人之间达成了转让债务的合意，而且该债务加入的合意取得了债权人的明确同意，此种情形下构成债务加入并无疑义。

但是，如果是第三人和债务人约定，或者第三人直接单方向债权人表示愿意加入，是否需要债权人的同意，立法例或者学说存在不同观点：有的认为同样需要债权人的同意③；有的认为无需债权人的同意而仅需通知④；有的认为无需债权人同意，但债权人有权拒绝。⑤ 考虑到债务加入一般对债权人不会造成损失，但是，任何人均有权拒绝获利，且在例外情形中也可能对债权人增加不便，因此本条明确规定，无需债权人明确同意，但是应当通知债权人，债权人有权在接到通知后的合理期限内对此予以明确拒绝。这与民法典第 522 条第 2 款规定的真正的利益第三人合同、第 575 条规定的债权人免除情形中的考量类似。

当然，在第三人向债权人表示愿意加入债务，或者债权人和第三人之间签订

---

① 同样观点，参见夏昊晗．债务加入与保证之识别．法学家，2019（6）：110－113.

② 最高人民法院（2010）民二终字第 26 号民事判决书中，同样认为，第三人与债权人签订协议，愿意代替债务人偿还债务，并通过一系列民事行为相互印证，应认定第三人加入债务。江苏省高级法院《关于适用〈中华人民共和国合同法〉若干问题的讨论纪要（一）》（苏高发审委［2005］16 号）第 17 条规定："债务加入是指第三人与债权人、债务人达成三方协议或第三人与债权人达成双方协议或第三人向债权人单方承诺由第三人履行债务人的债务，但同时不免除债务人履行义务的债务承担方式。"

③ PICC 第 9.2.3 条统一要求债权人的同意，类似的参见《日本民法典》第 470 条第 3 款。

④ 林诚二．民法债编总论：下册．北京：中国人民大学出版社，2003：341；孙森焱．民法债编总论．北京：中国政法大学出版社，2004：810。最高人民法院（2006）民二终字第 199 号民事判决书中，法院认为："无论开发公司与电信公司之间是否存在直接的借款关系，但依开发公司出具的承诺书亦可认定开发公司之关于债务加入的意思表示，且该债务加入的承诺无须征得债权人电信公司的同意，即自开发公司出具承诺书之时起，开发公司即因债务加入而成为债务人之一。"

⑤ 王利明．民法典合同编通则中的重大疑难问题研究．云南社会科学，2020（1）．立法例参见 DCFR 第 III－5：203 条第 3 款。最高人民法院（2010）民提字第 153 号民事判决书中，法院认为："第三人向债权人表明债务加入的意思后，即使债权人未明确表示同意，但只要其未明确表示反对或未以行为表示反对，仍应当认定为债务加入成立，债权人可以依照债务加入关系向该第三人主张权利。"

债务加入合同，无须债务人同意。[①] 但是，与上述债权人和第三人订立债务转移合同的情形相同，债务加入也可能对债务人产生不利影响，故该类债务加入合同至少应当通知债务人，债务人也有权拒绝债权人和第三人之间签订的债务转移合同对其发生效力，这同样类似于本法第 522 条第 2 款规定的真正利益第三人合同的构建方案。[②] 此时，虽然第三人和债权人之间的合同仍然在他们之间发生效力，但是不能对债务人发生效力。

实践中，在房屋租赁合同纠纷案件中，由于存在大量的承租人与实际使用人不一致的情况，因此债务加入的情况较多。如果实际使用人享有租赁合同的权利，也已经以自己名义履行合同义务，或者事后同意履行合同义务的，可以认定构成债务加入。出租人向承租人主张权利的同时，可以一并主张实际使用人共同履行债务。这里认定债务加入应分两种情况，一种是实际使用人同意承担合同债务。这种情况双方无争议，法院可直接认定债务加入。另外一种是实际使用人在合同履行过程中已经实际履行了合同债务，如以自己名义交纳租金、与出租人进行债务对账清算等，对此种情况法院应当根据出租人提供的证据加以审核，如租金支付记录、租金发票开具情况、双方来往函件等。只有相关证据足以证明实际使用人构成债务加入，才能认定实际使用人承担合同义务。[③] 同时，债务加入不等同于债务转移，即使构成债务加入，实际使用人同意履行债务，也不免除承租人的债务。

三、债务加入的法律后果

构成债务加入后，除另有约定外，第三人和债务人负有同一内容的债务，但债务人并不因此而免负债务，而是与第三人一起对债权人负有连带债务，当然，

---

① 最高人民法院（2013）民申字第 2070 号民事裁定书中，法院认为："因债务加入行为并未给原债务人增加负担，无须经其同意。"

② 反对观点，参见最高人民法院（2005）民二终字第 155 号民事判决书："因该种债务承担协议并不损害原债务人利益，故债务承担人与债权人签订协议不需要通知原债务人。"

③ 北京高院《关于审理房屋租赁合同纠纷案件若干疑难问题的解答》［京高法发（2013）462 号］第 9 条中规定："承租人订立租赁合同后，以租赁房屋为经营场所设立企业（或个体工商户）实际使用房屋，因租赁合同履行发生纠纷的，原则上应当依据合同相对性确定诉讼主体。出租人以承租人和实际使用房屋的企业为共同被告提起诉讼，要求两者就租赁合同产生的债务承担连带责任的，一般不予支持，但有证据证明该企业对承租人所欠合同债务构成债务加入的除外。实际使用房屋的企业同意承担承租人欠付租金等合同债务，或者其存在以自己名义交纳租金、与出租人进行债务对账清算等实际履行租赁合同义务行为的，可以认定为前述的债务加入。"

连带债务的范围应当限制在第三人愿意承担的债务范围内。[①] 此时，除当事人另有明确约定外，《民法典》关于连带债务的规定应当在债务加入中被适用；同样，《民法典》第553条和第554条关于新债务人抗辩、抵销权和承担有关从债务的规定，在债务加入中，在不相抵触的范围内也被适用。[②] 但需要注意的是，由于在债务加入中，债务人并未被取代而摆脱债务，仍然要对债权人负有债务，因此，为债务人提供的担保并不因第三人加入债务而受到影响，但该担保仍然仅对债务人发生担保效力，而对加入的第三人不发生担保效力。例如，本法第697条第2款就规定，第三人加入债务的，保证人的保证责任不受影响。[③]

至于第三人履行债务后与债务人之间的关系，仍然依据第三人与债务人之间的约定或者无约定时第三人代为履行的后果而处理。同样，如果债务人对第三人和债权人订立的债务加入合同明确表示反对的，则类似于违反本人意思的不适当无因管理，此时可以参照适用《民法典》第980条的规定，债务人享有利益的，应当向第三人偿还必要费用，但以债务人获得利益的范围为限。

第五百五十三条

债务人转移债务的，新债务人可以主张原债务人对债权人的抗辩；原债务人对债权人享有债权的，新债务人不得向债权人主张抵销。

本条主旨

本条是关于债务转移中新债务人抗辩和抵销的规定。

相关条文

《合同法》第85条　债务人转移义务的，新债务人可以主张原债务人对债权人的抗辩。

《合同法司法解释一》第28条　经债权人同意，债务人转移合同义务后，受

---

① 参见最高人民法院（2013）民四终字第22号民事判决书、（2014）民二终字第138号民事判决书、“中运公司诉香港美通公司、天津美通公司拖欠海运费、港杂费纠纷案”［最高人民法院公报，2002(4)］。江苏省高级法院《关于适用〈中华人民共和国合同法〉若干问题的讨论纪要（一）》（苏高发审委［2005］16号）第19条规定：“债权人请求第三人与债务人承担连带责任的，人民法院应当支持。当事人在合同中对责任形式有约定的除外。”理论中也有认为第三人和债务人承担的是不真正连带责任，参见孙森焱．民法债编总论：下．北京：法律出版社，2006：816；［日］我妻荣．新订债权总论．王燚，译．北京：中国法制出版社，2008：509．但是，在与债权人之间的关系上，连带责任和不真正连带责任并无不同。

② 参见DCFR第III—5：209条。

③ 参见《法国民法典》第1328—1条第1款。

让人与债权人之间因履行合同发生纠纷诉至人民法院，受让人就债务人对债权人的权利提出抗辩的，可以将债务人列为第三人。

《仲裁法解释》第 9 条　债权债务全部或者部分转让的，仲裁协议对受让人有效，但当事人另有约定、在受让债权债务时受让人明确反对或者不知有单独仲裁协议的除外。

《民事诉讼法司法解释》第 33 条　合同转让的，合同的管辖协议对合同受让人有效，但转让时受让人不知道有管辖协议，或者转让协议另有约定且原合同相对人同意的除外。

理解与适用

一、原债务人基于其与债权人关系所产生抗辩的延续

债务人转移债务的，新的债务人取代了原债务人的地位，承担其履行义务的责任，但是债务仍然具有同一性，而与债的更新不同。这意味着新债务人和原债务人具有相同的法律地位，因此，原债务人享有的对债权人的抗辩，不因债务的转移而消灭，新债务人可以继续向债权人主张。① 例如，甲将向乙支付价金的债务移转给丙，支付价金和交付标的物的债务应当同时履行，而乙尚未交付标的物，甲应当对乙享有同时履行抗辩权，在甲将其支付价金的债务转移给丙后，丙也应当有权对乙主张同时履行抗辩权。再如，债务转移后，新的债务人已经完全履行了义务，但是债权人还是要求其履行，债务人就有权以履行完毕为由向债权人提出抗辩。当然，新债务人和债权人另有约定的，可以排除此等抗辩的延续。

原债务人对债权人的抗辩，本条并未限制抗辩产生的时点必须在债务转移时，这与《民法典》第 548 条的主旨保持一致。② 当然，只有在债务转移对债权人生效后，新债务人才可对债权人主张原债务人对债权人的抗辩。

本条将新债务人主张的抗辩限制于原债务人对债权人的抗辩。这排除了新债务人与债权人之间的合同所产生的抗辩，同时也排除了债务转移对债权人发生效

---

① 相同立法例参见《德国民法典》第 417 条第 1 款、《法国民法典》第 1328 条、《瑞士债务法》第 179 条第 1 款、《日本民法典》第 472 条之二第 1 款、《韩国民法典》第 458 条、我国台湾地区“民法”第 303 条第 1 项、PICC 第 9.2.7 条第 1 款、DCFR 第 III—5：205 条第 1 款。

② DCFR 认为，抗辩或者抗辩原因须在新债务人替代原债务人的合同达成的时刻，参见欧洲民法典研究组，欧盟现行私法研究组．欧洲私法的原则、定义与示范规则：第 1—3 卷．高圣平，等译．北京：法律出版社，2014：953. 类似的立法例，参见《日本民法典》第 472 条之二，其限制于“效力发生时债务人得主张的抗辩”，相同观点参见肖俊．《合同法》第 84 条（债务承担规则）评注．法学家，2018（2）：186－187. 但是，如果不限于抗辩权实际产生的时点而扩张到抗辩原因的时点，则这与不限制抗辩产生的时点在实践结果上没有显著差异。

力后，因新债务人自己的行为所产生的对债权人的抗辩。这些抗辩当然可以由新债务人向债权人主张，无须特别规定。

原债务人对债权人的抗辩，是基于债权人和原债务人之间的法律关系所产生的抗辩。并且，抗辩不限于抗辩权，阻止或者排斥债权的成立、存续或者行使的所有事由所产生的一切实体抗辩和程序抗辩，均可由新债务人向债权人主张，包括：诉讼时效完成的抗辩，债权不发生的抗辩，债权因履行、提存、免除、抵销等消灭的抗辩，债权因合同被撤销、被解除等而不存在的抗辩，同时履行抗辩权、不安抗辩权和先履行抗辩权等履行抗辩权，以及程序上的抗辩。在债权人和原债务人之间的基础关系存在撤销或者解除事由，债务人对债权人享有撤销权、解除权等形成权时，由于这些形成权不仅涉及转移的债务，而且涉及整个基础关系，是“合同关联性”权利而非“债务关联性”权利，因此，这些形成权等不能随债务的转移而转移。[①] 但是，为保障新债务人利益，可以考虑扩张本条所称的“原债务人对债权人的抗辩”，故新债务人可以在相应范围内拒绝履行债务。[②]

原债务人对债权人的抗辩也包括程序抗辩，尤其是仲裁和管辖约定所产生的抗辩。《仲裁法解释》第9条规定：“债权债务全部或者部分转让的，仲裁协议对受让人有效，但当事人另有约定、在受让债权债务时受让人明确反对或者不知有单独仲裁协议的除外。”《民事诉讼法司法解释》第33条规定：“合同转让的，合同的管辖协议对合同受让人有效，但转让时受让人不知道有管辖协议，或者转让协议另有约定且原合同相对人同意的除外。”这都体现了上述程序抗辩，新债务人也可向债权人主张。《仲裁法解释》第9条中的“当事人另有约定”的例外规定应当与《民事诉讼法司法解释》第33条中的例外规定同样理解，即“转让协议另有约定且原合同相对人同意”，在债务转移中，即债务转移合同另有约定且债权人同意。至于受让人（新债务人）明确反对或者不知有单独的仲裁或者管辖协议这个例外，正当性颇值怀疑，毕竟新债务人明确反对仅仅是其单方意思，不应影响到债权人利益，而新债务人不知有单独的程序性协议也不能过分牺牲债权人利益。

就抗辩的诉讼行使，《合同法司法解释一》第28条规定：“经债权人同意，债务人转移合同义务后，受让人与债权人之间因履行合同发生纠纷诉至人民法院，受让人就债务人对债权人的权利提出抗辩的，可以将债务人列为第三人。”

---

① 史尚宽．债法总论．北京：中国政法大学出版社，2000：748；王家福．中国民法学．民法债权．北京：法律出版社，1991：86；崔建远．合同法总论：中卷．北京：中国人民大学出版社，2012：539.

② 《日本民法典》第472条之二第2款对此明确规定。

二、原债务人抵销权的不延续

原债务人的抵销并非抗辩，而是对自己债权的处分，本条明确规定，债务转移中，因债权人对原债务人承担的债务而产生的抵销权，新债务人不能行使，否则无异于承认新债务人可以处分债务人的权利。① 例如，甲对乙负有支付价款的债务，甲该债务转移给丙并取得了乙的同意，但此前甲因出借给乙钱而对乙享有请求还款的债权，此时，丙不能以甲对乙的债权抵销乙对丙所享有的债权。

三、关于新债务人对原债务人的抗辩

如果新债务人和原债务人订立债务转移合同，经债权人同意，则新债务人基于债务转移合同而可能对原债务人享有的抗辩，当然不能向债权人主张，这并无疑问。这与《民法典》第522条第2款对真正的利益第三人合同所规定的“债务人对债权人的抗辩，可以向第三人主张”不同。

但是，有争议的问题在于，新债务人和原债务人之间的基础合同关系不成立、无效、被撤销等，新债务人基于债务转移合同或者包含债务转移之基础合同的效力瑕疵所享有的抗辩，可否向债权人主张。这涉及债务转移的有因性和无因性。债务转移往往基于新债务人和原债务人之间的基础关系，例如两者之间存在买卖合同，而以债务转移作为价金结算方式，构成原因的是内容更为广泛的交易，包括买卖或者股权转让等，而债务转移只是其中的对待给付，此时债务转移的原因就是买卖或者股权转让合同等。② 有的立法例认为，债务转移的原因行为无效等，并不会导致债务转移的无效，即债务转移的无因性，此时，新债务人就不可向债权人主张因债务转移原因的无效等所产生的抗辩。③ 但是，如果不承认此种无因性，则原因行为的无效等也导致债务转移的无效，此时新债务人就不承担债务。

在债权人和新债务人订立债务转移合同，或者债权人、新债务人和原债务人三方订立债务转移合同时，新债务人和原债务人之间的关系不是债务转移的原因，而仅仅是动机，因此，为了保护债权人，债务转移合同自然不应受到新债务

① 同样观点，参见崔建远．合同法总论：中卷．北京：中国人民大学出版社，2012：538. 同样立法例，参见《德国民法典》第417条第1款、我国台湾地区“民法”第303条第1项、PICC第9.2.7条第2款、DCFR第III—5：205条第2款。

② ［德］梅迪库斯．德国债法总论．杜景林，卢谌，译．北京：法律出版社，2004：567.

③ 例如，《德国民法典》第417条第2款、我国台湾地区“民法”第303条第2项。

人和原债务人之间关系瑕疵的影响。[①] 该债务转移合同自身有效力瑕疵，新债务人自然可以向债权人主张该效力瑕疵。

如果债权人和新债务人之间并无独立的债务转移合同，而是根据新债务人和原债务人之间的合同并经过了债权人的同意。对债权人而言，在其同意之后就应当信赖债务已经被转移，即使债权人可能知道债务转移合同的真实效力状况，但债权人也不必介入原债务人和新债务人之间的关系和争议之中。同时，债权人可能会因为债务转移而受到损失，例如原债务人履行能力不足，但原债务人将债务转移至新债务人，新债务人履行能力很强，故债权人同意债务的转移，且未要求原债务人提供足额担保；如果债务转移合同无效，新债务人也能对债权人以此理由而抗辩，则债权人会因此而遭受损失。此时，可以采取两种方案，一种就是新债务人不能向债权人主张其与债务人之间的基础关系瑕疵。另一种方案是，新债务人可以向债权人主张此种瑕疵，债务自动回复由原债务人承担，但债权人因此而遭受损失的，有权请求新债务人承担赔偿责任，除非新债务人能够证明其对于债务转移合同的无效和债权人所受的损害无任何过错，这实际上就是侵害债权的侵权赔偿责任。[②] 民法典并未明确规定第一种方案或者无因性，故第二种方案可能更为符合民法典目前的整体体系安排。

四、本条对债务加入和不完全的债务转移的适用

对于债务加入而言，除了适用民法典关于连带债务的一般规则之外，在加入人抗辩和行使抵销权这一问题上，也同样适用债务转移的上述规则。同样，加入人对原债务人享有的抗辩同样不能向债权人主张，这与《民法典》第 522 条第 2 款对真正的利益第三人合同所规定的“债务人对债权人的抗辩，可以向第三人主

---

① 欧洲民法典研究组，欧盟现行私法研究组．欧洲私法的原则、定义与示范规则：第 1—3 卷．高圣平，等译．北京：法律出版社，2014：954. 实践中承认无因性的案例多是此种情形，例如吉林省长春市中级人民法院（2016）吉 01 民终 639 号民事判决书、云南省通海县人民法院（2016）云 0423 民初 393 号民事判决书，具体的整理和分析参见肖俊．《合同法》第 84 条（债务承担规则）评注．法学家，2018（2）：185.

② 《瑞士债务法》第 180 条就采取此种方案。事实上，德国法以无因性为前提，但在一些情形中采取瑕疵同一性，而瑞士法以有因性为前提，但补充以新债务人的侵害债权的赔偿责任，因此，“无因＋瑕疵同一性”和“有因＋侵权赔偿”都是以不同的起点向中间走，只是在德国法中，有可能由新债务人承担原债务人履行不能的风险，而瑞士法中，有可能由债权人承担原债务人履行不能的风险。因此，两种方案是“中间偏左”和“中间偏右”的区别，但共识都是协调新债务人保护和债权人保护，故依据不同的论证起点采取一些缓和方案以朝向中间点。

张”不同。①

对于不完全债务转移而言，即使债务人并未完全退出债务关系，但在抵销和抗辩方面，与完全的债务转移并无区别，因此可以适用本条规定。②

第五百五十四条

债务人转移债务的，新债务人应当承担与主债务有关的从债务，但是该从债务专属于原债务人自身的除外。

本条主旨

本条是关于债务转移中新债务人承担从债务的规定。

相关条文

《合同法》第 86 条 债务人转移义务的，新债务人应当承担与主债务有关的从债务，但该从债务专属于原债务人自身的除外。

理解与适用

一、新债务人承担与主债务有关的从债务

所谓从债务，是指附随于主债务的债务。从债务与主债务密切联系在一起，不能与主债务相互分离而单独存在。因此，当主债务发生移转以后，从债务也要发生转移，新债务人应当承担与主债务有关的从债务。如附随于主债务的未发生的利息债务等，因主债务将转移给新的债务人，新债务人应当向债权人承担这些从债务。之所以如此，其制度目的仍然是保护债权人的利益，使得债权人不因债务转移而遭受不利。当然，这对新债务人有所不利，但是新债务人在承担债务时能够对该债务的状况进行调查或者审核，因此，新债务人承担这些从债务也是公平的。新债务人承担与主债务有关的从债务，这仅是任意性规范，当事人之间可以另行约定。③

新债务人承担的是与主债务有关的从债务，例如交付从物、交付权利证明文

① DCFR 第 III—5：209 条的规定产生大致类似的结果。与真正的利益第三人合同的区别，参见肖俊．《合同法》第 84 条（债务承担规则）评注．法学家，2018（2）：188.

② DCFR 第 III—5：207 条第 1 款对此明确规定。

③ Unidroit Principles of International Commercial Contracts 2016，Article 9.2.8，Comment 2.

件、支付利息、支付以后发生的违约金和损害赔偿金等。[①] 如果相关债务已经具有独立性，例如债务转移前已经产生的利息之债，或者已经产生的违约金之债，也可以推定一并由新债务人承担，除非当事人之间另有约定。[②]

但是，有的从债务是专属于债务人本身的，这些从债务不随主债务的转移而转移。例如，债务人应向债权人提供服务，以抵充利息的，因为该义务具有专属性，如果主债务已经转移给新债务人，则新债务人并不当然负有向债权人提供服务以抵充利息的义务。

二、新债务人不享有与主债务有关的从权利

本条仅规定了新债务人应当承担与主债务有关的从债务，并未规定新债务人当然享有与主债务有关的从权利。例如，原债务人和其他第三人签订了协助债务人进行履行的合同，在债务转移后，新债务人并不当然能够请求该第三人协助履行，除非该第三人另有其他意思表示。[③]

最为重要的是，在债务转移中，第三人为原债务人提供的担保，由于涉及原债务人和新债务人之间资力和履行能力的差异，因此，除另有约定外，未经担保人同意，担保人不对债务承担担保责任。《民法典》第 391 条据此规定，第三人提供担保，未经其书面同意，债权人允许债务人转移全部或者部分债务的，担保人不再承担相应的担保责任。第 697 条第 1 款也同样规定，债权人未经保证人书面同意，允许债务人转移全部或者部分债务，保证人对未经其同意转移的债务不再承担保证责任，但是债权人和保证人另有约定的除外。即使在债务转移合同无效等情形中，原债恢复，但已经消灭的第三人担保并不随之恢复。[④] 如果新债务人就是被转移债务的担保人，则应当认为新债务人同意债务转移本身就包含了其作为担保人的同意，转化为为自己的债务提供担保，如果是新债务人所提供的担保方式是保证，则保证人和新债务人混同，保证消灭。[⑤] 但是，对于原债务人自己提供的物保，是否因债务转移而消灭？根据《民法典》第 391 条的规定，似乎

---

① 甘肃省庆阳市中级人民法院（2014）庆中民终字第 563 号民事判决书中，法院认为："利息属于从债务，故恒泰房地产公司应当承担支付利息的义务。"

② 不同观点认为，这些债务因为具有独立性，所以推定并不由新债务人承担，参见孙森焱．民法债编总论：下．北京：法律出版社，2006：810.

③ 欧洲民法典研究组，欧盟现行私法研究组．欧洲私法的原则、定义与示范规则：第 1—3 卷．高圣平，等译．北京：法律出版社，2014：953.

④ 《意大利民法典》第 1276 条明确规定。

⑤ 参见《日本民法典》第 472 条之四第 1 款、PICC 第 9.2.8 条第 2 款、DCFR 第 III—5：205 条第 5 款，Unidroit Principles of International Commercial Contracts 2016，Article 9.2.8，Comment 4.

仅仅是第三人提供的担保消灭，而原债务人提供的担保并不因为债务转移而消灭，除非当事人另有约定。[①] 对于法定的担保权，例如留置权、建设工程中的法定优先权、船舶优先权、航空器优先权等，在债务转移中，仅仅是债务人发生了变化，担保关系存在于特定的物上，这些法定担保权仍然可被行使或者继续存在。[②]

担保的上述一般规则仅适用于意定的债务转移，不适用于法定的债权债务概括转移。[③] 同时，在不完全的债务转移和债务加入中，债务人并未退出债务关系，而仍然要对债权人负有债务，且并未增加担保人的不利益，因此，为债务人提供的担保并不因此而受到影响，但该担保仍然仅对债务人发生担保效力，而对新债务人不发生担保效力。例如，本法第 697 条第 2 款就规定，第三人加入债务的，保证人的保证责任不受影响。[④]

第五百五十五条

当事人一方经对方同意，可以将自己在合同中的权利和义务一并转让给第三人。

本条主旨

本条是合同权利义务意定一并转让的规定。

相关条文

《合同法》第 88 条　当事人一方经对方同意，可以将自己在合同中的权利和义务一并转让给第三人。

《民法典》第 67 条　法人合并的，其权利和义务由合并后的法人享有和

---

① 相同立法例，参见我国台湾地区“民法”第 304 条第 2 款；不同立法例参见 PICC 第 9.2.8 条第 3 款、DCFR 第 III－5：205 条第 4 款，其原则上认为即使是原债务人提供的担保在债务转移后也消灭，除非设立担保的财产已经作为原债务人和新债务人之间交易的一部分而转移，例如甲对乙负有债权，乙以其享有的股票提供质押，经甲同意，乙将债务转移给丙，原则上股票质押也消灭，但是如果乙和丙的债务转移是大型交易的一部分，质押所涉股票也据此交易转移给了丙，此时股票质押继续存在。

② 同样观点，参见肖俊．《合同法》第 84 条（债务承担规则）评注．法学家，2018（2）：189－190.

③ 最高人民法院（2010）民提字第 130 号民事判决书中，法院认为，债务人注销后，案外人承接该债务行为，不构成债务转让，保证人不能因此免除保证责任。

④ 参见《法国民法典》第 1328－1 条第 1 款、DCFR 第 III－5：207 条第 2 款。相同观点的案例，参见最高人民法院（2003）民二终字第 172 号民事判决书。

承担。

法人分立的，其权利和义务由分立后的法人享有连带债权，承担连带债务，但是债权人和债务人另有约定的除外。

《合同法司法解释一》第 29 条　合同当事人一方经对方同意将其在合同中的权利义务一并转让给受让人，对方与受让人因履行合同发生纠纷诉至人民法院，对方就合同权利义务提出抗辩的，可以将出让方列为第三人。

理解与适用

一、一并转让的含义

合同权利义务的一并转让，又被称为概括转让或者合同地位转让，是指合同关系的一方当事人将其合同权利义务一并转移给第三人，由第三人全部地承受这些权利义务。合同权利义务的一并转让不同于债权转让、债务转移的是，它是一方当事人对其当事人地位的转让，其转让的内容实际上包括但不限于债权转让和债务转移，并非债权转让和债务转移的简单组合，而是第三人成为新的当事人，因此，与当事人地位联系在一起的撤销权、解除权等权利，也均转移给第三人。[①] 合同权利义务的一并转让主要发生于双务合同，只有双务合同中的当事人一方才可以转让此种权利和义务。[②] 在单务合同中，由于一方当事人可能仅享有权利或仅承担义务，因此不能出让全部的权利义务，故单务合同一般不发生合同权利义务的一并转让。比如，赠与合同的被赠与人只享有权利而不承担义务，这些合同的当事人一般不可能出现将合同权利义务一并转让的情况。

有观点认为本条规定不应限于合同权利义务，而应包括所有的债权债务，故应当将“合同中的权利和义务”修改为“债权和债务”。债权债务除了合同权利义务之外，确实还包括其他法定的债权债务，例如，无因管理中管理人和受益人就可能相互之间存在债权和债务。但是，合同权利义务通过约定一并转让，涉及与当事人地位联系在一起的撤销权、解除权等权利也随之转让，因此有必要做出特别规定。而法定的债权债务虽然也可能通过约定而被一并转让，但一般不会涉及撤销权、解除权等权利的随之转让，因此可以被认为是债权转让和债务转移的结合，并无像合同权利义务通过约定一并转让那样强的特殊性。因此，本条仍然保留了原合同法之前的规定。

---

① 韩世远．合同法总论．北京：法律出版社，2018：636；郑玉波．民法债编总论：修订 2 版．陈隆荣，修订．北京：中国政法大学出版社，2004：460.

② 崔建远．合同法总论．北京：中国人民大学出版社，2012：505.

应当注意的是，本条仅规定了通过约定所进行的合同权利义务的一并转让。除此之外，还有法定的债权和债务的一并转让，此时一般无须对方当事人的同意，适用特别的规定。最为典型的是，法人合并和分立情形中的一并转让。《民法典》第 67 条规定："法人合并的，其权利和义务由合并后的法人享有和承担"，"法人分立的，其权利和义务由分立后的法人享有连带债权，承担连带债务，但是债权人和债务人另有约定的除外"。《公司法》第 174 条规定："公司合并时，合并各方的债权、债务，应当由合并后存续的公司或者新设的公司承继。"第 176 条规定："公司分立前的债务由分立后的公司承担连带责任。但是，公司在分立前与债权人就债务清偿达成的书面协议另有约定的除外。"据此，法人的合并、分立不应当影响法人外部债权人和债务人的利益，合并、分立前法人的权利义务应当概括转移给合并、分立后的法人。并且，在合并中，为保护公司债权人利益，《公司法》第 173 条规定了较为严格的合并程序，且债权人自接到通知书之日起 30 日内，未接到通知书的自公告之日起 45 日内，可以要求公司清偿债务或者提供相应的担保。而在分立中，由于不会影响到公司债权人利益，故分立程序相对简单。

另外，在被继承人死亡以后，被继承人的遗产（包括债权）转让给继承人继承的同时，继承人也应当概括继承被继承人的债务，当然，对被继承人的债务应当在被继承的遗产的范围内予以清偿。《民法典》第 1161 条第 1 款规定：" 继承人以所得遗产实际价值为限清偿被继承人依法应当缴纳的税款和债务。超过遗产实际价值部分，继承人自愿偿还的不在此限。"依据该规定，继承人在继承遗产时，也应当承受被继承人的债务。由于被继承人的债权在性质上属于遗产的范畴，应当由继承人继承，因此，继承也可以产生债权和债务一并转让的效力。本法第 725 条规定："租赁物在承租人按照租赁合同占有期限内发生所有权变动的，不影响租赁合同的效力。"根据该规定，买受人在取得租赁物所有权的同时，还承受该租赁物上已经存在的租赁合同关系中出租人的当事人地位，也可认为是法定的债权和债务的一并转让。① 除此之外，《城市房地产管理法》第 42 条规定："房地产转让时，土地使用权出让合同载明的权利、义务随之转移。"这也会产生债权和债务一并转让的效力。

---

① 基于原出租人和现出租人可能的履行能力不同，为保障承租人的利益，更妥当的做法是将此种情形认为是合同权利义务的不完全概括转移，使得原出租人能够对现出租人的履行能力提供保证；此种处理方案，参见欧洲民法典研究组，欧盟现行私法研究组．欧洲私法的原则、定义与示范规则：第 1—3 卷．高圣平，等译．北京：法律出版社，2014：963.

二、一并转让的构成和效果

合同权利义务的转让，根据《民法典》第556条的规定，当然也需要权利义务的有效存在和不具有不可移转性。根据民法典规定，债权人转让债权应当通知债务人；债务人转移债务必须经债权人的同意。合同权利义务的一并转让既包括了债权的转让，又包括了债务的转移，这可能会对对方当事人产生不利，因此，当事人一方将合同权利义务一并转让时，应当经过对方当事人的同意。关于同意，与债务转移中的同意并无不同，于此可参见第551条中的释义。[①] 如果当事人一方未经对方当事人同意，将自己的权利和义务一并转让的，对对方当事人不发生效力。[②] 此时，在让与人和受让人之间，如果有明确约定按照约定。在没有约定或者约定不明时，在不违反当事人意思表示的前提下，也可以转换为在当事人之间发生约定债权转让及并存的债务转移效力[③]；但是，如果基于当事人进行一并转让中的经济目的，认为不能凭空设想其在不能实现其本初目的时，退而求其次选择实现部分内容时，则不能进行上述转换，而应当认为在当事人之间也不发生效力。

合同权利义务的一并转让，除当事人另有约定外，原则上转让的当事人一方退出合同关系，其当事人地位被第三人所取代，第三人成为新的当事人，享有当事人的所有权利，包括与合同当事人地位联系在一起的撤销权和解除权、所有的从债权等，并承担当事人的所有义务，包括所有的从债务。《合同法司法解释一》第29条规定："合同当事人一方经对方同意将其在合同中的权利义务一并转让给受让人，对方与受让人因履行合同发生纠纷诉至人民法院，对方就合同权利义务提出抗辩的，可以将出让方列为第三人。"

当事人也可以另行作出其他约定，例如当事人可以约定，转让方的债务不解除，而是继续对债务承担连带责任，或者转让方作为次级债务人而对债务承担约定的担保责任；另一方当事人也可以就合同中的某项债务完全解除转让方的债务，但就其余债务保留转让方作为次级债务人或者使转让方与受让人承担连带责任。如果另一方当事人既没有表明他希望解除转让方的债务，也没有表示希望保

---

① 例如，对方当事人也可以事先同意，于此同样可以参见第551条中的释义；PECL第9.5.4中明确规定："(1)另一方当事人可预先同意。(2)另一方当事人预先同意的，合同转让自转让通知到达该另一方当事人时，或者当该另一方当事人认可该合同转让时，产生效力。"DCFR第III－5：302条第2款类似规定。

② 朱广新．合同法总则．北京：中国人民大学出版社，2012：423.

③ 史尚宽．债法总论．北京：中国政法大学出版社，2000：755；孙森焱．民法债编总论：下册．北京：法律出版社，2006：820.

留转让人作为次级债务人，则转让方和受让方承担连带责任。[①]

第五百五十六条

合同的权利和义务一并转让的，适用债权转让、债务转移的有关规定。

本条主旨

本条是关于合同权利义务一并转让适用有关条款的规定。

相关条文

《合同法》第 89 条 权利和义务一并转让的，适用本法第七十九条、第八十一条至第八十三条、第八十五条至第八十七条的规定。

理解与适用

合同权利和义务一并转让时，应当遵守本法有关债权转让和债务转移的其他规定。具体而言，在涉及债权转让的范围内，适用以下规定。

1. 不得转让的债权的规定。（第 545 条）
2. 债权受让人取得与债权有关的从权利的规定。（第 547 条）
3. 债务人对让与人的抗辩可以继续向受让人主张的规定。（第 548 条）
4. 债务人对受让人主张抵销的规定。（第 549 条）
5. 债权转让增加的履行费用的负担的规定。（第 550 条）
6. 债权转让批准的规定。（第 502 条第 3 款）

在涉及债务转移的范围内，适用以下规定。

1. 新债务人的抗辩和抵销的规定。（第 553 条）
2. 新债务人承担与主债务有关的从债务的规定。（第 554 条）
3. 债务转移批准的规定。（第 502 条第 3 款）

---

① Unidroit Principles of International Commercial Contracts 2016, Article 9. 3. 5, Comment 5.

第七章

合同的权利义务终止

本章共 20 条，是关于合同的权利义务终止的规定。合同是平等主体的自然人、法人、其他组织之间设立、变更、终止民事权利义务关系的协议。本章规定了债权债务和合同权利义务关系终止的一般事由和后果，清偿抵充，解除合同的条件、程序及解除合同后责任的承担，抵销的条件、程序，提存的条件、程序、后果，债务的免除，债权债务的混同等。当然，除解除规则外，其他规则也能适用于所有的债权债务，而非仅能适用于合同权利义务。在原合同法的基础上，本章增加规定了债务清偿抵充规则，完善了合同解除、抵销、提存、免除等具体规则。

第五百五十七条

有下列情形之一的，债权债务终止：

（一）债务已经履行；

（二）债务相互抵销；

（三）债务人依法将标的物提存；

（四）债权人免除债务；

（五）债权债务同归于一人；

（六）法律规定或者当事人约定终止的其他情形。

合同解除的，该合同的权利义务关系终止。

本条主旨

本条是关于债权债务终止情形的一般规定。

相关条文

《合同法》第 91 条 有下列情形之一的，合同的权利义务终止：

（一）债务已经按照约定履行；

（二）合同解除；

（三）债务相互抵销；

（四）债务人依法将标的物提存；

（五）债权人免除债务；

（六）债权债务同归于一人；

（七）法律规定或者当事人约定终止的其他情形。

理解与适用

一、债权债务终止概述

债的性质和目的，决定了债是有期限的，不可能永恒存在，有着从设立到终止的过程。债权债务终止，是指有效的债权债务因具备法定情形和当事人约定的情形，使得债权、债务归于消灭，债权人不再享有债权，债务人也不必再履行债务。从理论上而言，债权债务的终止，一是指债务关系中的单个债权债务消灭，二是指原合同债权债务关系整体终止。① 为使得这两种终止的含义更为清晰，本条在原合同法规定的基础上，分成两款。

本条第 1 款所规定的情形是债权债务关系中单个债权债务的终止。例如，在双务合同中，一方当事人适当履行了自己的债务，只能导致该债务和相应的债权消灭，但并非使得整体债权债务关系消灭，只有当事人双方都按照约定适当和全面履行后，整体的债权债务义务关系，也即合同关系，才能终止。同时，该款中的表述是“债权债务”，意味着本款不仅适用于合同债权债务，还包括法定的债权债务。

本条第 2 款规定了合同解除导致该合同的权利义务关系终止。这首先意味着，解除仅能适用于合同债权债务关系，但不能适用于其他法定债权债务关系。其次意味着，解除导致合同整体债权债务关系的终止，而非合同关系中单个债权债务的终止，并且合同权利义务终止后，还涉及解除后的各种清算权利义务

---

① 崔建远．合同法学．北京：法律出版社，2015：222－223；韩世远．合同法总论．北京：法律出版社，2018：641；朱广新．合同法总则研究：下．北京：中国人民大学出版社，2018：513.

关系。

由于本章其余条文对解除、抵销、提存、免除、混同等情形作出了具体规定，故本条注释仅集中在履行这一问题上予以阐述。

二、债务已经履行

债务已经履行，在导致债权债务终止的意义上又称为“清偿”，是指通过履行行为或者通过给付结果的产生使所负担的给付对有受领权的债权人或第三人发生效果。[①] 清偿与履行基本同义，清偿所重视的是给付结果的发生，而履行更重视债务内容的实现过程和行为。[②] “债务已经履行”实质上就是“债务已经清偿”，清偿是债权债务正常终止的主要原因。原合同法中表述为“债务已经按照约定履行”，即债务人按照约定的标的、质量、数量、价款或者报酬、履行期限、履行地点和方式全面履行。但是，第三人代为清偿、当事人之外的第三人接受履行、债权人同意以他种给付代替原给付等情况可能也会发生债权债务消灭的效果，因此，民法典中不强调“按照约定”履行，仅规定“债务已经履行”，使得第三人代为清偿、第三人接受履行、代物清偿等也可以作为履行或者清偿的类型涵盖在本条之内。

（一）履行主体

债权债务原则上不涉及债权债务关系之外的第三人，债务应当由债务人履行，履行主体原则上即应为债务人。当债务的内容需要他人协助时，债务人可以使用履行辅助人，但此时仍然是债务人履行。

但是，有时为了实现当事人特定目的，便捷交易，法律允许债务由债权人和债务人约定的第三人履行，第三人履行债务，也产生债务消灭的后果。例如，债务人乙和债权人甲约定，由第三人丙偿还乙欠甲的 10 万元人民币的债务，丙将 10 万元人民币偿还给甲后，该合同的权利义务即终止。本法第 522 条即对此做出了规定。

另外，第三人还可以依据法律的规定履行以消灭债务，即第三人代为清偿。例如，本法第 524 条第 1 款规定，债务人不履行债务，第三人对履行该债务具有合法利益的，第三人有权向债权人代为履行；但是，根据债务性质、按照当事人约定或者依照法律规定只能由债务人履行的除外。根据该条第 2 款，债权人接受第三人履行后，原则上并不会导致债权的消灭，而会产生债权的法定转移，即债权人享有的债权转移给第三人。但是，如果债务人和第三人约定在第三人向债权人履行后债权消灭，此时，第三人向债权人的履行也会导致债权债务终止。

---

① 王洪亮．债法总论．北京：北京大学出版社，2016：159.

② 王利明．合同法研究：第二卷．北京：中国人民大学出版社，2015：257－258.

（二）受领主体

原则上，履行受领人是债权人，只有向债权人履行才会导致债权的消灭，向第三人为履行并不能使债权债务终止。但是债权人的受领权可能会被限制，在以下情况下，除非满足其他条件，否则向债权人履行不构成有效履行：第一，债权被保全①；第二，债权被强制执行②；第三，债权已被出质，并通知债务人后③；第四，债权人的破产申请被受理。④ 对于向为无民事行为能力人或者限制民事行为能力人的债权人履行是否构成有效履行，存在争议。支持者认为履行行为是事实行为，无行为能力或者限制行为能力人也可以作为受领人。⑤ 而反对者认为无限制民事行为能力人缺乏受领主管之权限，对其给付并不发生履行清偿的效力。⑥ 履行可能导致债权债务的终止，并非纯获利益的行为，基于保护不具有完全民事行为能力人利益的考虑，仍然应当适用或者类推适用其做出的民事法律行为的一般规则。⑦

当事人约定由债务人向第三人履行债务，债务人向第三人履行后，也产生债务消灭的后果。比如，债务人乙欠债权人甲 1 万元人民币，债权人甲又欠第三人丙的钱，债权人甲请求债务人乙直接将欠款付给丙，乙同意，并按照其欠甲款的数额将钱付给了丙，从而消灭了其对甲的债务。本法第 523 条对此作出了规定。

债务人依照法律规定向第三人履行的，也可能产生债权债务终止的法律效果。这里的第三人，包括被债权人授予受领权或者依法具有受领权的代理人、债权收取的受托人、债权质权人、监护人、遗产管理人、破产管理人等。同时，依据本法第 537 条中的规定，人民法院认定代位权成立的，由债务人的债务人向债

---

① 《民事诉讼法司法解释》第 159 条规定："债务人的财产不能满足保全请求，但对他人有到期债权的，人民法院可以依债权人的申请裁定该他人不得对本案债务人清偿。该他人要求偿付的，由人民法院提存财物或者价款。"

② 《民事诉讼法司法解释》第 501 条第 1 款："人民法院执行被执行人对他人的到期债权，可以作出冻结债权的裁定，并通知该他人向申请执行人履行。"

③ 《民法典》第 442 条规定："汇票、本票、支票、债券、存款单、仓单、提单的兑现日期或者提货日期先于主债权到期的，质权人可以兑现或者提货，并与出质人协议将兑现的价款或者提取的货物提前清偿债务或者提存。"

④ 《企业破产法》第 17 条："人民法院受理破产申请后，债务人的债务人或者财产持有人应当向管理人清偿债务或者交付财产。债务人的债务人或者财产持有人故意违反前款规定向债务人清偿债务或者交付财产，使债权人受到损失的，不免除其清偿债务或者交付财产的义务。"

⑤ 王利明．合同法研究：第二卷．北京：中国人民大学出版社，2015：264；黄立．民法债编总论．北京：中国政法大学出版社，2002：660；陈自强．民法讲义 II 契约之内容与消灭．台北：元照出版有限公司，2018：323.

⑥ 郑玉波．民法债编总论．北京：中国政法大学出版社，2004：470－471；朱广新．合同法总则研究：下．北京：中国人民大学出版社，2018：521；王洪亮．债法总论．北京：北京大学出版社，2016：165.

⑦ 参见《法国民法典》第 1342—2 条第 3 款、《意大利民法典》第 1190 条。

权人履行义务，债权人接受履行后，债权人与债务人、债务人与其债务人之间相应的权利义务也终止。向无受领权的第三人作出履行例外情况下也发生债权债务终止的效果，例如，善意向债权的准占有人（具有受领权外观者，例如持有债权人签名的收据或者有效的债权凭证）履行[①]；同时，经债权人承认或者债权人已经从中获益的，也导致相应的债权债务终止。[②]

三、债权人和债务人协商一致以他种给付代替原定给付

债务人应当按照合同约定的内容履行，债权人有权拒绝债务人的他种给付。但有时，实际履行原定债务在法律上或者事实上不可能，比如，债务履行时，法律规定该履行须经审批，债务人无法得到批准许可，或者标的物已灭失，无法交付；或者实际履行费用过高，如交付货物的运输费用大大提高，甚至超过合同标的的价格，实际履行极不经济；或者不适于强制履行，如以债务人的具有人身性质的特定行为作为标的的合同；或者债务人无力履行原定的给付。在这些情况下，经债权人和债务人协商一致，可以采用代物履行的办法，达到债务消灭的目的，债权人和债务人协商一致以他种给付代替原定给付，在债务人履行了该他种给付之后，债务消灭。[③] 例如，债务人乙按照合同约定，应当向债权人甲交付100吨吉林产圆粒大米，由于乙收购遇到困难，不能交付，但乙有100吨天津圆粒大米，质量与合同约定的吉林大米基本相同，甲同意交付天津大米以代替吉林大米的交付，乙交付了天津大米之后，债务即消灭。但是，单纯地受领他种给付

---

① 参见《德国民法典》第370条、《法国民法典》第1342—3条、《意大利民法典》第1189条、《日本民法典》第478条、《韩国民法典》第472条、我国台湾地区“民法”第309条第2项和第310条第2项。民法典对此未做规定，可考虑类推适用表见代理规则。在实践中频发的冒领存款纠纷问题，就可能出现两个结论，即不构成向债权准占有人之的履行，银行的债务依然存在；或者构成向债权准占有人之清偿，银行的债务消灭。但法院往往审查银行的履行是否善意，当债务人向没有受领权限之第三人清偿，法律效果只可能有两种：要么构成；要么不构成，作为债务人之银行仍需要全额负担其对债权人的债务。事实上，法院在该类纠纷的审理过程中，不仅审查银行是否善意履行，还往往会考虑存款人的过错，例如密码设置过于简单、保管不善、不及时挂失等，很多时候采取损失分担的结果，以避免上述全有或者全无的结果；同时，在理论上，如同表见代理中的争论一样，也存在是否考虑债权人的可归责性的争论。法院的观点，参见最高人民法院法（民）复（1990）13号批复；“周福君诉徐水县工商银行挂失存款被冒领赔偿损失案”．最高人民法院公报，1991（1）；“顾骏诉上海交行储蓄合同纠纷案”．最高人民法院公报，2005（4）；“周培栋诉江东农行储蓄合同纠纷案”．最高人民法院公报，2006（2）；“王永胜诉中国银行股份有限公司南京河西支行储蓄存款合同纠纷案”．最高人民法院公报，2009（2）；最高人民法院（2004）民一提字第0003号民事判决书。相关的整理分析，参见解亘．冒领存款纠纷背后的法理．浙江社会科学，2013（2）．

② 参见《法国民法典》第1342—2条第2款、《日本民法典》第479条、我国台湾地区“民法”第310条第3项。

③ 参见《德国民法典》第364条第1款、《意大利民法典》第1197条、《日本民法典》第482条、《韩国民法典》第466条、我国台湾地区“民法”第319条。

并不能当然推导出债权人同意以他种给付代替原定给付。

实践中频发的以房抵债或者以物抵债并非法律用语，有可能是为了担保目的或者清偿目的，有可能是在履行期届满前或者届满后形成约定，有可能采取或者未采取法定的权利公示方式。如果仅着眼于履行期届满后债权人和债务人的以物抵债的债权效力，第一，基于当事人意思自治所订立的以物抵债协议，在实际履行了之后，会使得债权消灭，但即使未实际履行，以物抵债约定仍然具有合同效力。① 第二，如果未履行的以物抵债约定仍具有合同效力，那么其与原债之间的关系，取决于当事人之间约定中所体现的真实意图。如果当事人的真实意思在解释上有疑问时，基于意思表示效力越强就应当越明确的考量，不宜解释为债的更新和变更，可以推定为新债和原债并存，也即学理上所说的“新债清偿”或者“间接给付”，将此作为意思表示的默示规则，此时，债务人有在一定条件下选择的权利，但新债务不履行，则原债务不消灭，新债务履行，则原债务随之消灭。② 其中的考量与《民法典》第515条第1款的内在考量一致。在此种新债清偿或者间接给付中，如果债务人现实履行了，就构成代物清偿，则发生新债务和原债务都消灭的效力，这是严格意义上的“以物抵债”。在债务人履行之前，新债务和原债务并存，是以负担新债务作为清偿旧债务的方法，当事人之间并没有

---

① 相同观点，参见崔建远．以物抵债的理论与实践．河北法学，2012（3）：27；陈自强．无因债权契约论．北京：中国政法大学出版社，2002：321－325；陆青．以房抵债协议的法理分析．法学研究，2015（3）．参见“通州建总集团有限公司与内蒙古兴华房地产有限责任公司建设工程施工合同纠纷案”［最高人民法院公报，2017（9）］：“以物抵债，系债务清偿的方式之一，是当事人之间对于如何清偿债务作出的安排，故对以物抵债协议的效力、履行等问题的认定，应以尊重当事人的意思自治为基本原则。一般而言，除当事人明确约定外，当事人于债务清偿期届满后签订的以物抵债协议，并不以债权人现实地受领抵债物，或取得抵债物所有权、使用权等财产权利，为成立或生效要件。只要双方当事人的意思表示真实，合同内容不违反法律、行政法规的强制性规定，合同即为有效。”

② 参见“通州建总集团有限公司与内蒙古兴华房地产有限责任公司建设工程施工合同纠纷案”［最高人民法院公报，2017（9）］：“当事人于债务清偿期届满后达成的以物抵债协议，可能构成债的更改，即成立新债务，同时消灭旧债务；亦可能属于新债清偿，即成立新债务，与旧债务并存。基于保护债权的理念，债的更改一般需有当事人明确消灭旧债的合意，否则，当事人于债务清偿期届满后达成的以物抵债协议，性质一般应为新债清偿。换言之，债务清偿期届满后，债权人与债务人所签订的以物抵债协议，如未约定消灭原有的金钱给付债务，应认定系双方当事人另行增加一种清偿债务的履行方式，而非原金钱给付债务的消灭。”“若债务人未实际履行以物抵债协议，则债权人与债务人之间的旧债务并未消灭。也就是说，在新债清偿，旧债务于新债务履行之前不消灭，旧债务和新债务处于衔接并存的状态；在新债务合法有效并得以履行完毕后，因完成了债务清偿义务，旧债务才归于消灭。”同样观点，参见最高人民法院（2015）执复字第30号执行裁定书：“市政集团与东方柏丰公司签订的《协议》，是双方当事人自行达成的和解协议，其实质是新债清偿协议，由债权人与债务人协商一致，由债务人负担新的债务以履行原有的债务，如新债务不履行，则旧债务不消灭，如新债务履行，则旧债务随之消灭。”学理观点，参见崔建远．以物抵债的理论与实践．河北法学，2012（3）：24；王洪亮．代物清偿制度的发现与构建．浙江工商大学学报，2018（2）：39－40；房绍坤，严聪．以物抵债协议的法律适用与性质判断．求是学刊，2018（5）：106；王洪亮．债法总论．北京：北京大学出版社，2016：171.

变更原定债权债务关系的内容，只是在债务人所附原定给付义务仍不消灭的情况下，额外为债权人创设实现符合债之目的的另一途径。① 但是，债务人到期不履行，则选择权转由债权人享有，这也与《民法典》第 515 条第 2 款的内在考量一致，即享有选择权的当他是人在约定期限内或者履行期限届满未作选择，经催告后在合理期限内仍未选择的，选择权转移至对方。此时，债权人有权选择请求债务人履行原债务②，也有权选择请求债务人履行新债务。③

四、法律规定或者当事人约定终止的其他情形

除了本条明确列举的债权债务终止的情形，出现了法律规定的终止的其他情形的，合同的权利义务也可以终止。比如，本法第 934 条规定，委托人死亡、终止或者受托人死亡、丧失民事行为能力、终止的，委托合同终止。本法第 940 条规定，建设单位依法与物业服务人订立的前期物业服务合同约定的服务期限届满前，业主委员会或者业主与新物业服务人订立的物业服务合同生效的，前期物业

---

① 郑玉波．民法债编总论．北京：中国政法大学出版社，2004：486. 此种观点的立法例，参见《德国民法典》第 364 条第 2 款、我国台湾地区“民法”第 320 条。关于新债务的履行，如果他种给付是移转其他需要公示的权利，则在未采取法定公示方式之前，债务人并未履行新债务；如果他种给付是为债权人设立其他债权或者移转其他债权给债权人，则在普通债权中，债权人在债权转让合同生效而立即取得该其他债权时，债务人就履行了新债务；如果是票据债权，则在债权人取得票据债权时，债务人就履行了新债务。

② 参见“通州建总集团有限公司与内蒙古兴华房地产有限责任公司建设工程施工合同纠纷案”［最高人民法院公报，2017（9）］：“债务人于债务已届清偿期时，应依约按时足额清偿债务。在债权人与债务人达成以物抵债协议、新债务与旧债务并存时，确定债权人应通过主张新债务抑或旧债务履行以实现债权，亦应以此作为出发点和立足点。若新债务届期不履行，致使以物抵债协议目的不能实现的，债权人有权请求债务人履行旧债务；而且，该请求权的行使，并不以以物抵债协议无效、被撤销或者被解除为前提。”同样认为债权人有权请求债务人履行原债务，进而也有权向法院恢复对原债权的执行的，也请参见最高人民法院（2011）民提字第 210 号民事判决书．最高人民法院公报，2012（6）；最高人民法院（2015）执复字第 30 号执行裁定书；广东省佛山市中级人民法院（2016）粤 06 执复 140 号执行裁定书。

③ 《全国法院民商事审判工作会议纪要》（法［2019］254 号）第 44 条“履行期届满后达成的以物抵债协议”规定：“当事人在债务履行期限届满后达成以物抵债协议，抵债物尚未交付债权人，债权人请求债务人交付的，人民法院要着重审查以物抵债协议是否存在恶意损害第三人合法权益等情形，避免虚假诉讼的发生。经审查，不存在以上情况，且无其他无效事由的，人民法院依法予以支持。”“当事人在一审程序中因达成以物抵债协议申请撤回起诉的，人民法院可予准许。当事人在二审程序中申请撤回上诉的，人民法院应当告知其申请撤回起诉。当事人申请撤回起诉，经审查不损害国家利益、社会公共利益、他人合法权益的，人民法院可予准许。当事人不申请撤回起诉，请求人民法院出具调解书对以物抵债协议予以确认的，因债务人完全可以立即履行该协议，没有必要由人民法院出具调解书，故人民法院不应准许，同时应当继续对原债权债务关系进行审理。”2014 年的《北京市高级人民法院关于审理房屋买卖合同纠纷案件若干疑难问题的会议纪要》第 25 条规定：“当事人在民间借贷债务履行期限届满后签订合同约定以房抵债，性质上属于债务履行方式的变更，贷款人要求继续履行合同办理房屋过户登记手续的，应予支持。借款人认为抵债价格明显过低，显失公平的，可以参照本纪要第 24 条第 2 款规定处理。”该规定也承认了债权人可请求履行新债务，但是将之定位为合同变更有失妥当。

服务合同终止。本法第 977 条规定，合伙人死亡、丧失民事行为能力或者终止的，合伙合同一般也终止。

当事人也可以约定债权债务终止的情形，只要约定不存在效力瑕疵的事由。《民法典》第 158、160 条中所规定的民事法律行为的“失效”也可以使得合同权利义务终止。比如，当事人订立的附解除条件的合同，当解除条件成就时，债权债务关系消灭，合同的权利义务终止；当事人订立附终止期限的合同，期限届满时，合同的权利义务终止。[①] 再比如，赠与人与受赠人约定，赠与人每月负担受赠人的生活费至其 18 周岁，受赠人 18 周岁前参加工作的，自参加工作之日，赠与合同终止。如果受赠人 17 周岁参加工作，则赠与人与受赠人之间的合同的权利义务终止。关于债的更新，也是债权债务终止的事由之一。民法典并未规定债的更新，但不妨碍通过当事人之间的明确约定发生债的更新，进而导致债权债务终止。

第五百五十八条

债权债务终止后，当事人应当遵循诚信等原则，根据交易习惯履行通知、协助、保密、旧物回收等义务。

本条主旨

本条是关于后合同义务的规定。

相关条文

《合同法》第 92 条　合同的权利义务终止后，当事人应当遵循诚实信用原则，根据交易习惯履行通知、协助、保密等义务。

《合同法司法解释二》第 22 条　当事人一方违反合同法第九十二条规定的义务，给对方当事人造成损失，对方当事人请求赔偿实际损失的，人民法院应当支持。

理解与适用

一、后合同义务概述

后合同义务，是指合同的权利义务终止后，当事人依照法律的规定，遵循诚信等原则，根据交易习惯履行的各项义务。在债权债务关系中，当事人之间的法

---

① 最高人民法院（2015）民申字第 3114 号民事判决书中，法院认为：“合同约定‘2011 年 6 月 1 日至 2012 年 5 月 31 日为合同有效期限’，因合同有效与否属于司法权裁判范畴，并非由当事人自由约定，故该约定的真实意思表示实为合同的存续期间。该存续期间届满，合同的权利义务终止。”

律关系并不是静止的、孤立的，而是鲜活的、联动的、互利共赢的，任何一方在利益实现的过程中都应该考虑对方的权利和利益，并依据诚信原则公平行事。[①]尤其是在继续性合同关系中，合同关系的长久存在会造成两个结果，第一是维持合同关系长久性的信赖关系，第二是合同关系的社会性增强，当合同关系完全被社会认知后，在社会交往中会成为一种可被他人信赖的外观，并以此为中心产生其他社会信任。[②] 为消灭此种客观化的合同关系，同时保护他人既有利益，在债权债务终止之后有必要赋予当事人以通知、协助、保密等后合同义务，这有利于在交易中强化诚信观念、维护交易的正常秩序。

这些义务不仅在合同的权利义务终止后会发生，在其他法定之债的债权债务终止后，也应当存在这些义务，例如，因无因管理等发生的法定之债中，在债权债务终止后，也同样可能发生协助、保密等义务，因此，本条将原合同法中的"合同的权利义务"修改为"债权债务"。但这些义务仍然主要发生于合同的权利义务终止后，故本条释义仍以后合同义务为中心予以阐述。

认定后合同义务存在时，应考虑本条规定的后合同义务的条件。

1. 后合同义务是合同的权利义务终止后产生的义务。先合同义务、合同义务（包括主给付义务、从给付义务、附随义务、不真正义务）和后合同义务三者共同组成与合同有关的义务群。[③] 合同成立前，当事人承担的是先合同义务；合同的权利义务未终止，当事人履行的是合同义务。本条中的"债权债务终止"应当理解为整体的权利义务关系终止。实践中出现的问题在于[④]：第一，有法院误将合同成立后当事人履行合同过程中负有的通知等义务错误理解为后合同义务。[⑤] 第二，有法院将"主给付义务履行完毕"等同于"合同终止"，从而将主给付义务之外的合同义务理解为后合同义务。[⑥] 例如，房屋出卖人交付房屋、办理过户登记后，尚负有瑕疵担保义务等合同义务，合同并未全部履行完毕，却有

① ［德］施瓦布．民法导论．郑冲，译．北京：法律出版社，2006：611.

② 朱广新．合同法总则研究：下册．北京：中国人民大学出版社，2018：399.

③ 王利明．合同法研究：第二卷．北京：中国人民大学出版社，2015：254.

④ 实践中误用的整理，参见李宇．后合同义务之检讨．中外法学，2019（5）：1274－1286. 本条释义中很多案例受惠于该论文中的整理，在此一并说明。

⑤ 在"唐学富、庞华与合肥建鑫房地产开发有限公司给付瑕疵担保责任纠纷案"［最高人民法院公报，2020（2）］中，一审法院认为，被告合肥建鑫公司未提供证据证明其在签订合同之后采用适当的方式向承租方合肥君悦公司告知房产所有权发生转移，也未就租赁关系的变更办理任何手续，更未就其申请查封设备作出适当安排，致使原告唐学富、庞华既无法以出租人的身份主张租金，也无法以所有权人的身份实际使用房屋，故合肥建鑫公司没有及时履行后合同义务，亦构成不适当履行合同，应承担损害赔偿责任。

⑥ 李宇．后合同义务之检讨．中外法学，2019（5）：1275.

判决认为物的瑕疵担保义务、权利瑕疵担保义务系后合同义务。[①] 第三，有法院将当事人变更合同之后新的协议中约定的义务认定为后合同义务。[②]

2. 后合同义务主要是法律规定的义务。如果当事人在合同中约定履行某项义务，该义务为合同义务，不履行该义务，承担违反合同的责任。后合同义务主要是法定义务，违反后合同义务要承担损害赔偿责任。有观点认为，对于违反后合同义务的法律后果，亦得由当事人约定违约金作为保障手段，比如约定“在合同终止后 2 年内承担保密义务，如有违反，支付违约金若干。”[③] 但此种保密义务已经经由当事人之间的意思表示订入合同，与合同的给付义务所不同者只是当事人安排的事务范围与时段不同而已。因此，如果当事人在合同中约定于合同权利义务终止后应履行某项义务，该义务应为合同义务，仍应适用民法典关于合同订立、履行、变更、终止、违约责任等规定。实践中将合同中约定的保密义务[④]、竞业禁止义务[⑤]、清理结算条款[⑥]、开具发票义务[⑦]等认定为后合同义务，这些均值得反思。

3. 后合同义务是诚信等原则派生的义务。诚信原则要求民事活动的当事人具有诚实、守信、善意的心理状况，不损人利己，不规避法律，秉持诚实，恪守承诺，在民事活动中维持双方的利益平衡，以及当事人利益与社会利益的平衡。合同的权利义务终止后，当事人应当履行哪些义务，并没有一定之规，依诚信原则应履行的义务，均应为后合同义务的范围。当事人主观方面的要求也可以根据诚信原则予以确定。除此之外，本条还使用了“等”字，意味着民法的其他基本

---

① 参见江苏省南通市中级法院（2005）通中民一终字第 0760 号判决书、上海市第一中级法院（2009）沪一中民二（民）终字第 83 号民事判决书。

② 参见北京市第一中级人民法院（2017）京 01 民终 5918 号民事判决书，本案中，法院以《合同法》第 60 条、92 条为依据判决买受人履行其与出卖人就货物质量达纠纷达成的保密协议。

③ 韩世远．合同法总论．北京：法律出版社，2018：643.

④ 参见河南省郑州市中级法院（2011）郑民三初字第 322 号民事判决书。

⑤ 参见上海市第二中级法院（2014）沪二中民四（商）终字第 567 号民事判决书。

⑥ 参见浙江省义乌市法院（2013）金义商初字第 2025 号民事判决书、北京市朝阳区人民法院（2015）朝民（知）初字第 47881 号民事判决书、山东省高级人民法院（2016）鲁民终 15 号民事判决书。

⑦ 参见最高人民法院（2017）最高法民终 730 号民事判决书。本案中，一审法院认定开具发票为“附随的法定义务”，二审法院认定其为法定义务且当事人之间有明确约定。另见最高人民法院（2017）最高法民终 603 号民事判决书。本案中，法院认为依据《合同法》第 92 条当事人于合同终止后仍应履行合同中约定的开具发票义务。无论是否有约定，开具发票义务是否属于后合同义务确有争议，第一种观点认为开具发票义务属于税法上的义务，无论是否订入合同，当事人均有权主张该合同义务，参见最高人民法院（2014）民一终字第 4 号民事判决书；第二种观点认为，开具发票属于行政法律关系，不属于民事纠纷，参见最高人民法院（2018）最高法民申 1395 号民事裁定书。本释义认为，开具发票是税法义务，但是，向对方当事人开具发票则是合同义务的一种。

原则也可以在债权债务关系终止之后派生出权利义务，最为重要的是本条新增加的“回收旧物”这一项义务是《民法典》第9条所规定的“绿色原则”的反映。

4. 后合同义务的内容根据交易习惯确定。合同的内容不同，后合同义务也不同，法律不可能针对个案确定后合同义务的内容，但按照交易习惯，某类合同终止后，当事人通常的行为准则，应作为后合同义务。所谓交易习惯，一方面指一般的民商事活动应遵循的习惯，另一方面指当事人双方长期交易关系中形成的习惯。据《合同法司法解释二》第7条规定，下列情形，不违反法律、行政法规强制性规定的，人民法院可以认定为合同法所称“交易习惯”：(1) 在交易行为当地或者某一领域、某一行业通常采用并为交易对方订立合同时所知道或者应当知道的做法；(2) 当事人双方经常使用的习惯做法。但收集的案例中法院几乎未对交易习惯展开论述。[①]

二、后合同义务的内容

遵循诚信等原则，根据交易习惯，债权债务终止后的义务通常包括但不限于以下内容。

(一) 通知义务

合同权利义务终止后，一方当事人应当将有关情况及时通知另一方当事人。比如，房屋买卖合同履行完毕后，出卖人应该将房屋的重大情况通知买受人[②]、在租赁合同终止后，出租人应及时通知承租人取回物品。[③] 但是在司法实践中，有法院未细究涉案合同是否已消灭，以致误将合同存续期间的义务称为后合同义务，比如将解除合同的通知义务认定为后合同义务。[④]

(二) 协助义务

合同的权利义务终止后，当事人应当协助对方处理与原合同有关的事务。比如，合同解除后，需要恢复原状的，对于恢复原状给予必要的协助；合同的权利义务终止后，对于需要保管的标的物协助保管。实践中，法院认定债权债务终止后当事人负有后合同义务的主要情形是协助义务，包括：股份代持协议终止后，

---

① 明确论及交易习惯的，参见上海市第二中级法院（2010）沪二中民二（民）终字第1118号民事判决书，本案中法院认为后合同义务内容根据交易习惯确定；北京市第二中级人民法院（2017）京02民终11892号判决书。

② 最高人民法院研究室．最高人民法院关于合同法司法解释（二）理解与适用．北京：人民法院出版社，2009：166.

③ 参见北京市第一中级人民法院（2016）京01民终3263号民事判决书。

④ 参见成都铁路运输中级法院（2013）成铁中民终字第18号民事判决书。

代持人应协助隐名股东履行股权处置和领取分红款等义务①；商住楼合作开发协议解除后，当事人一方仍应协助另一方向第三人交付房屋以及办理不动产登记②；挂靠协议终止后，车辆挂靠公司应该协助车辆实际所有权人办理车辆运营手续③；劳动关系终止后，劳动者请求办理劳动合同消灭时的交接手续等。④

（三）保密义务

保密指保守国家秘密、商业秘密和合同约定不得泄露的事项。国家秘密，是指关系国家的安全和利益，依照法定程序确定，在一定时间内只限于一定范围的人员知悉的事项。国家秘密事关国家安全和利益，合同的权利义务终止后，合法接触、掌握、使用国家秘密的合同当事人，对于保密期内的国家秘密，无权向第三者泄露。泄露了国家秘密，要承担民事责任、行政责任甚至刑事责任。商业秘密，指不为公众所知悉，能为权利人带来经济利益，具有实用性，并经权利人采取保密措施的技术信息和经营信息。商业秘密一旦进入公共领域，就会失去其商业价值，损害合同当事人的经济利益和竞争优势。因此，合同的权利义务终止后，当事人负有保守商业秘密的义务。泄露了商业秘密要承担民事责任。除了国家秘密和商业秘密，当事人在合同中约定保密的特定事项，合同的权利义务终止后，当事人也不得泄露。实践中，法院认定当事人负有保密义务的主要情形是商业秘密，例如，技术转让合同无效或者解除后，已经受让技术材料的当事人负有保密义务⑤；软件开发合同终止后，当事人双方负有保密义务等。⑥

（四）旧物回收的义务

债权债务终止后，当事人之间自可主张返还原物，原则上这是当事人的权利，自然可以不行使，但是有些情况下当事人不收回其原物可能会给对方造成损害，或者会给自然环境造成损害。《民法典》第9条规定："民事主体从事民事活

① 参见最高人民法院（2011）民二终字第63号民事判决书。本案中，二审法院认为，《代持协议》属于委托合同，委托合同终止后，受托人首都机场应当履行协助委托人广联公司处置股权和领取分红款的义务。

② 参见广东省高级人民法院（2007）粤高法民一终字第262号民事判决书。

③ 参见安徽省高级人民法院（2019）皖民再133号民事判决书。

④ 参见广东省广州市中级法院（2010）穗中法民一终字第2645号民事判决书。

⑤ 参见最高人民法院（2013）民申字第718号民事裁定书。本案中，法院认为："由于福瑞研究所已交付涉案相应技术，合同解除后即使返还相关技术资料已不得使其回复至未交付前的状态，根据《中华人民共和国合同法》第九十二条的规定，济川公司应根据诚实信用原则对本案合同履行期间知悉的盐酸罗哌卡因原料与注射剂技术承担保密义务，且未经福瑞研究所同意，不得利用其所掌握的上述技术单独或者与其他单位合作申请该药品的注册与生产批件。"类似判决还可参见四川省高级人民法院（2006）川民终字第129号民事判决书。

⑥ 参见江苏省高级人民法院（2018）苏民终1170号民事判决书。

动，应当有利于节约资源、保护生态环境。”为进一步落实该项原则的要求，促进生态文明建设，本条扩充了后合同义务的范围。在债权债务终止后，当事人还依法负有旧物回收的义务。《民法典》第625条也规定：“依照法律、行政法规的规定或者按照当事人的约定，标的物在有效使用年限届满后应予回收的，出卖人负有自行或者委托第三人对标的物予以回收的义务。”旧物回收也可能会包括包装物的回收。①

三、违反后合同义务的构成要件和法律后果

本条属于不完全规范，没有明确规定违反后合同义务的构成要件和法律效果。《合同法司法解释二》第22条规定：“当事人一方违反合同法第九十二条规定的义务，给对方当事人造成损失，对方当事人请求赔偿实际损失的，人民法院应当支持。”虽然当事人也有权请求对方当事人继续履行后合同义务等责任，例如履行旧物回收义务，但是最为重要的仍然是违反后合同义务应当承担赔偿损失的责任。

就赔偿损失责任而言，首先当然需要违反后合同义务的行为；其次要有损害，既可以是财产损害，也可以是人身损害，主要是对于相对人固有利益的损害②；再次还需要有行为和损害之间的因果关系。但争议最大的是，是否要求行为人有过错。该争议体现于违反后合同义务所生的责任性质这个争论上。目前主要有四种学说：一是合同责任说。该说认为后合同义务性质上仍然是合同义务，对此种义务债权人有权请求债务人履行，债务人在违反后合同义务时，与违反一般的合同义务相同应承担债务不履行的损害赔偿责任。③ 二是缔约过失责任说，该说认为缔约过失责任可以适用于合同订立前后，凡是违反诚实信用原则而产生的义务，都应承担缔约过失责任。三是侵权责任说，该说认为合同关系中止，不存在合同义务，在一般情况下后合同义务不能成为合同义务。加之该种义务的违反可能造成对民事权益的侵害，且行为人违反义务也具有过错，所以常常符合侵权责任的构成要件。后合同义务主要是保护、保密等义务，而不应成为合同法上的义务。四是独立责任说，理由在于，后合同义务强于侵权责任人的义务，后合同责任方式可以是继续履行，后合同义务存于合同当事人之间（彼此有信赖关系、而侵权责任人与权利人之间无须有信赖关系），此三点异于侵权责任，此外

① 对以私法手段实现环保义务所存在的一些障碍的说明，参见贺剑．绿色原则与法经济学．中国法学，2019（2）：113－116．

② 韩世远．合同法总论．北京：法律出版社，2018：643．

③ 王泽鉴．民法学说与判例研究．重排合订本．北京：北京大学出版社，2015：380．

也异于违约责任、缔约过失责任。①

上述争论仅仅是一种解释选择的争论，不同的观点并不会必然导致价值判断结论的实质差异。从体系整体考量，德国法创设先合同义务和后合同义务，主要根源于其侵权保护对象的狭窄，故需要扩充合同义务弥补漏洞，另外还涉及雇主责任和履行辅助人责任免责事由的不同，故有其特殊的规范背景和体系前提。②但是，后合同义务规定于合同的权利义务终止部分，但其具体内容所包含的通知、协助、保密等义务贯穿于合同成立前、合同成立后和合同终止后。在合同成立前为先合同义务，违反先合同义务构成缔约过失责任。在合同成立后消灭前为附随义务，违反附随义务应负违约责任。如发生于无合同关系的当事人之间，则因违反侵权行为法上的不作为义务而原则上应负过错侵权责任。如果同一行为，仅因发生时空不同，便实行截然不同的归责原则，理据不足；仅因当事人之间存在合同关系，便不考虑行为人的过错而加重其侵害相对人固有利益的责任，并不符合法理。③ 因此，可能的价值共识是，在违反后合同义务而承担赔偿损失的责任时，应当考虑行为人的过错。④

但是，应当考虑行为人的过错是一个价值判断的结论，实现此结论的方式多种多样。一种方式是在违反后合同义务这个要件之外，另行增加行为人的过错这个要件（外部区分）。但还存在另一种方式，即认定违反后合同义务时，首先要认定后合同义务的具体内容，而此时行为人的过错是应予考虑的因素之一（内部包含）。具体而言，后合同义务的具体范围需要根据具体个案予以细致和具体的判断，不宜以结果倒推后合同义务的范围，要考虑诚信等原则所要求的不同价值之间的平衡，要考虑交易习惯的举证，结合当事人主观方面的要求、履行的对价、成本和收益的对比、当事人约定的可能性等，在个案中具体判断后合同义务的具体范围、强度、地域、内容、期限等，此时，当事人主观方面的要求也可以根据诚信原则予以确定。这与《民法典》第 500 条所规定的缔约过失责任相同，该条第 1 项和第 2 项已经明确规定了当事人主观方面的要求，而在第 3 项中的“有其他违背诚信原则的行为”，在确定是否存在此种行为时当然也应当考量当事

---

① 焦富民．后合同责任制度研究．河北法学，2005（11）：66；最高人民法院研究室．最高人民法院关于合同法司法解释（二）理解与适用．北京：人民法院出版社，2009：166.

② 从立法立场认为后合同义务不必要且不正当的观点，参见李宇．后合同义务之检讨．中外法学，2019（5）：1286.

③ 李宇．后合同义务之检讨．中外法学，2019（5）：1273.

④ 最高人民法院研究室．最高人民法院关于合同法司法解释（二）理解与适用．北京：人民法院出版社，2009：166.

人主观方面的要求。①

第五百五十九条

债权债务终止时，债权的从权利同时消灭，但是法律另有规定或者当事人另有约定的除外。

本条主旨

本条是关于从权利随主权利消灭而消灭的规定。

相关条文

《民法典》第 393 条　有下列情形之一的，担保物权消灭：

（一）主债权消灭；

…………

《民法典》第 587 条　债务人履行债务的，定金应当抵作价款或者收回。……

《担保法》第 88 条　留置权因下列原因消灭：

（一）债权消灭的；

…………

理解与适用

一、从权利同时消灭

从权利是指附随于主权利的权利。由于从权利是从主权利派生出来的，从权利从属于主权利，这也包括消灭上的从属性。当主债权债务终止时，从权利一般也就没有了存在的价值，同时随之消灭。

抵押权、质权、保证权利、定金权利等担保权利都属于主权利的从权利。据此，《民法典》第 393 条第 1 项就规定，主债权消灭的，担保物权也消灭。第 587 条中也规定，债务人履行债务后，定金应当抵作价款或者收回。此时，担保权人有义务涂销登记，或者返还担保物。② 但是，由银行或者非银行金融机构开立的

---

① 同样认为应当考虑行为人的过错的，参见孙维飞．《合同法》第 42 条（缔约过失责任）评注．法学家，2018（1）：187.

② 郑玉波．民法债编总论．北京：中国政法大学出版社，2004：465.

独立保函所产生的权利并非从权利。① 另外，常见的从权利还包括尚未发生的利息债权、违约金债权等。但是，如果利息债权、违约金债权已经发生，则成为独立的权利，并非从权利。②

但是，法律可能作出不同的规定。例如，主债权部分消灭的，作为从权利之一的担保物权并不在相应范围内部分消灭，而是根据担保物权的不可分性，主债权部分消灭，担保物权仍然存在，担保财产仍然担保剩余的债权，直到债务人履行全部债务时为止。最高额抵押、最高额质押、最高额保证等，在约定的主债权确定前，也并不随着某一项主债权的消灭而消灭。《企业破产法》第 124 条也规定："破产人的保证人和其他连带债务人，在破产程序终结后，对债权人依照破产清算程序未受清偿的债权，依法继续承担清偿责任。"

同时，本条也允许当事人另有约定，如果当事人约定债权债权终止时，债权的从权利并不消灭而是独立存在，一般应当允许当事人的此种约定发生效力。但法律另有规定的除外，例如，当事人如果约定主债权消灭后，抵押权仍然继续独立存在，则这会从根本上取消了抵押权的从属性。

二、债权债务终止的其他法律后果

其中最为重要的是，债务人出具负债字据的，为防止债权人或者其他人恶意利用负债字据（欠条）重复请求，在债权债务全部消灭后，债务人有权请求返还或者涂销负债字据；如果部分消灭，或者负债字据上载有债权人其他权利的，债务人有权请求将消灭事由记入字据；清偿人对受领清偿人，同样有权请求出具收据，载明清偿人、受领清偿人、受领的标的、清偿期日等。③ 负债字据的返还，可以推定债权消灭；关于利息或者其他如租赁等的定期给付，债权人给与受领一期给付的收据，未为他期保留的，推定其以前各期的给付已经为清偿；债权人给与受领本金的收据的，推定利息也已经受领。④

---

① 《全国法院民商事审判工作会议纪要》第 54 条"独立担保"规定："从属性是担保的基本属性，但由银行或者非银行金融机构开立的独立保函除外。独立保函纠纷案件依据《最高人民法院关于审理独立保函纠纷案件若干问题的规定》处理。……"

② 邱聪智．新订民法债编通则：下册．北京：中国人民大学出版社，2004：442；孙森焱．民法债编总论：下．北京：法律出版社，2006：830；朱广新．合同法总则研究：下册．北京：中国人民大学出版社，2018：516。《瑞士债务法》第 114 条则规定："已产生的利息，仅在依约定或者依据情事可得出债权人有权在债务消灭后行使利息债权的情形，始得在债务消灭后请求。"

③ 《德国民法典》第 368、371 条、《瑞士债务法》第 88 条、《意大利民法典》第 1191 条第 1 款、《日本民法典》第 486、487 条、我国台湾地区"民法"第 308、324 条。

④ 同样观点，参见王利明．合同法研究．第二卷．北京：中国人民大学出版社，2015：253；王洪亮．债法总论．北京：北京大学出版社，2016：162；朱广新．合同法总则研究：下册．北京：中国人民大学出版社，2018：561. 立法例参见《法国民法典》第 1342－9 条、《瑞士债务法》第 89 条、《意大利民法典》第 1191 条第 2 款、我国台湾地区"民法"第 325 条。

第五百六十条

债务人对同一债权人负担的数项债务种类相同，债务人的给付不足以清偿全部债务的，除当事人另有约定外，由债务人在清偿时指定其履行的债务。

债务人未作指定的，应当优先履行已到期的债务；数项债务均到期的，优先履行对债权人缺乏担保或者担保最少的债务；均无担保或者担保相等的，优先履行债务人负担较重的债务；负担相同的，按照债务到期的先后顺序履行；到期时间相同的，按照债务比例履行。

本条主旨

本条是关于数项债务的履行抵充顺序的规定。

相关条文

《合同法司法解释二》第20条　债务人的给付不足以清偿其对同一债权人所负的数笔相同种类的全部债务，应当优先抵充已到期的债务；几项债务均到期的，优先抵充对债权人缺乏担保或者担保数额最少的债务；担保数额相同的，优先抵充债务负担较重的债务；负担相同的，按照债务到期的先后顺序抵充；到期时间相同的，按比例抵充。但是，债权人与债务人对清偿的债务或者清偿抵充顺序有约定的除外。

理解与适用

一、概述和构成要件

履行抵充，指的是债务人对同一债权人负担的数项债务种类相同，债务人的给付不足以清偿全部债务时，确定该给付抵充这些债务中某项或者某几项债务；或者债务人在履行主债务外还应当支付利息和实现债权的有关费用，其给付不足以清偿全部债务的，确定该给付抵充该项债务中的某个或者某几个部分。原合同法对履行抵充的顺序并未作出规定，但《合同法司法解释二》第20条对此补充规定，实践中也多有案例发生。履行抵充的顺序对于当事人的利害关系非常重要，且有利于解决当事人之间的争议，在比较法中也多明确规定了履行抵充。①

---

① 参见《德国民法典》第366—367条、《法国民法典》第1253—1256条、《瑞士债务法》第85—87条、《意大利民法典》第1193—1194条、《日本民法典》第488—491条、我国台湾地区“民法”第321—333条、《国际商事合同通则》(PICC)第6.1.12条、DCFR第III—2：110条。关于履行抵充的历史溯源，参见齐云．抵充制度的起源、术语及体系研究．政治与法律，2008(12)．

本条和下条明确规定了履行抵充顺序。应当注意的是，在抵销中，也涉及抵销抵充，此时也应参照本条和下一条规定的履行抵充顺序予以确定。①

本条规定了履行抵充的第一种情形，即数项债务的履行抵充，在适用时，首先要求债务人对同一债权人负担数项债务。如果多个债务人分别负担债务，则应当分别清偿，从而不发生抵充问题；如果是对不同的债权人负担债务，也应当分别做出履行，也不会发生抵充问题。此所谓数项债务，不问自始即发生于债权人及债务人间，抑或嗣后由他人承担而来，均有适用。如果债务人只负担一项债务，一般只发生部分履行而不发生抵充问题，但是，如果作为一个债务的履行而应作出数个给付的，例如同一债务的分期履行，债务人所作出的给付不足以使得债务全部消灭的，也可以准用本条规定。②

其次要求债务人负担的数项债务的种类相同。如果数项债务给付的种类不同，应当以给付的种类确定该给付清偿的是何项债务，没必要发生抵充问题。但是此处的数项债务不限于以金钱债务或者其他替代物为标的之债务，其以同种之行为或者不可替代物为标的者亦可以发生抵充问题。③

再次要求债务人的给付不足以清偿全部债务。如果债务人的给付可能清偿全部债务，也没有必要确立清偿的顺序，因为所有的债务都可以得到清偿。只有当债务无法得到全部清偿时，才有讨论抵充问题的可能。但是不需要债务人的给付超过数项债务中的某一项，虽不足清偿一项债务，亦适用关于本条的规定，但对所清偿的该项债务而言，同时可适用下一条的规定，通过下条确定该项债务中费用、利息和主债务履行的顺序。④

二、履行抵充的顺序

确定履行抵充顺序的基本原则是：有约定从约定，无约定从指定，无指定从法定。据此，确定履行抵充顺序是约定抵充、指定抵充和法定抵充。

（一）约定抵充

如果当事人就抵充的顺序协商一致，这是意思自治的表现，此时，该约定应当优先于指定抵充和法定抵充，本条第1款中的“除当事人另有约定外”即体现

---

① 《德国民法典》第396条、我国台湾地区“民法”第342条对此明文规定。

② 最高人民法院研究室．最高人民法院关于合同法司法解释（二）理解与适用．北京：人民法院出版社，2009：158；孙森焱．民法债编总论：下．北京：法律出版社，2006：868.《日本民法典》第492条对此明确规定。

③ 史尚宽．债法总论．北京：中国政法大学出版社，2000：793. PICC第6.1.13条明确规定了非金钱债务的履行抵充。

④ 黄立．民法债编总论．北京：中国政法大学出版社，2002：687.

了约定抵充。例如，乙欠甲借款、货款各 1 万元，均已届期，乙向甲清偿 8 000 元，双方约定该笔给付用于抵充借款，则从其约定。约定抵充的合意为诺成及不要式，效力判断根据民事法律行为的一般规则予以处理。抵充的意思表示可以是明示，也可以是默示，例如，债权人请求偿付特定债务，债务人对此予以支付；或者债务人的给付系为清偿特定的债务，债权人未表示反对而默认受领；债权人在收据中指明了某项给付所偿付的债务，并且债务人接受了该收据的，也可认为当事人之间成立了默示的抵充合意。①

在债务履行之前或在履行之时，都可以达成抵充约定。如果在债务履行之前达成抵充约定，债务人违反该约定而指定抵充其他债务的，债权人有权拒绝受领，不构成受领迟延，债务人因未按照抵充约定履行给付，陷于给付迟延并承担损害赔偿责任②；债权人仍受领该给付且未提出异议的，债务人所指定抵充的债务即归于消灭，原因在于债务人并不因为抵充约定而失去指定权。③ 在债务履行之后，当事人也可以协议抵充或者变更原抵充约定，但这种约定仅在当事人之间发生效力，但对有利害关系的第三人而言，原来因抵充而消灭的债务不复活，特别是因清偿而免责的担保人并不受影响。④ 在约定抵充中债务受偿的顺序并无限制，可以先抵充无担保的债务，担保人、连带债务人等利害关系人亦无权干涉当事人的抵充约定，但此等利害关系人与债权人和债务人共同约定抵充之后，债权人与债务人作出的与之相异的抵充约定或指定，对他们不具有对抗效力。⑤

（二）指定抵充

根据本条第 1 款规定，当事人之间如果没有约定抵充的，则默认由债务人指定其履行的债务。《合同法司法解释二》第 20 条并未规定指定抵充，而仅规定了“债权人与债务人对清偿的债务或者清偿抵充顺序有约定的除外”，即在没有约定抵充时，直接适用法定抵充，但债务履行本来就不必在当事人之间形成合意，不承认债务人的指定抵充，可能有损债务人为了自己的利益进行偿债的自由，法政

---

① ［日］我妻荣．新订债权总论．王燚，译．北京：中国法制出版社，2008：260；欧洲民法典研究组，欧盟现行私法研究组．欧洲私法的原则、定义与示范规则：第 1—3 卷．高圣平，等译．北京：法律出版社，2014：654.

② 史尚宽．债法总论．北京：中国政法大学出版社，2000：794.

③ 史尚宽．债法总论．北京：中国政法大学出版社，2000：794；孙森焱．民法债编总论：下．北京：法律出版社，2006：869.

④ 同②795.

⑤ 黄文煌．清偿抵充探微．中外法学，2015（4）：998.

策上值得检讨，且比较法中和我国学理也多对指定抵充予以承认。[①] 本条第款规定了指定抵充，且明定债务人享有指定的权利，有助于解决上述问题。

债务人的指定权是形成权，其行使是有相对人的单方意思表示，无需债权人同意，其生效适用《民法典》第137条的一般规则，且生效后不得撤销。指定的意思表示可以是明示的，也可以是默示的。债务人的指定应当在给付时做出，债务人在给付时未指定，给付后的指定无效，否则在有争议的时候，债务人可以立即指定，之后的法定抵充顺序就没有任何意义。当然，如果债权人同意债务人于之后指定，在当事人之间虽然不妨碍给付以后债务人抵充指定的效力，但是债务已经消灭，不得因此而危及到就债务消灭有利害关系的第三人的利益。同时，在债务人指定了抵充的债务后，给付不足以完全清偿该项被指定的债务的，应当按照本法第561条的规定，在无约定情形下，按照费用、利息、主债务的顺序抵充，不得由债务人另行指定，除非债权人同意。

有疑问的是，清偿人并非债务人时，其是否具有抵充的指定权？如果该清偿人仅概括表示清偿债务人的债务但未指定清偿何项债务，则可以根据该清偿人与债务的利害关系推知其所清偿的债务，例如，担保人或担保物的受让人，通常为自己的利益偿付其所担保的债务或受让的担保物所担保的债务。但是，如果无从据以推知清偿人的清偿决定，例如，该清偿人是数项债务的同一担保人，似乎仍然有必要承认清偿人的抵充指定权，以充分体现意思自治，避免债务人指定抵充和法定抵充所可能带来的违反清偿人意思的情形。[②]

同时，本条第1款并非规定债权人的指定权。如果当事人约定由债权人指定，或者由第三人指定，这并无问题，其行使与上述债务人指定并无实质差异。但是，有些立法例规定，债务人未指定的，债权人可以在受领时或者受领后的合理期间内指定；为了防止债权人滥用指定权，这些立法例往往特设特别规则，例如禁止指定抵充其尚未到期的、有争议的、违法的债权，或者允许债务人对债权人的指定提出异议。[③] 因此，债权人的指定抵充受到诸多限制，其意义大打折

---

① 黄文煌．清偿抵充探微．中外法学，2015（4）：998. 最高人民法院的理由是，审判实践中尚未遇到债务人指定抵充的案例，参见最高人民法院研究室．最高人民法院关于合同法司法解释（二）理解与适用．北京：人民法院出版社，2009：154. 但是，在该解释出台之前，实践中已经有相关案例出现，例如浙江宁波市江北区人民法院（2008）甬北民二初字第422号民事判决书中，法院认为："应尊重债务人指定抵充的权利，在债权人与债务人双方未达成抵充合意的情况下，各国民法无例外地规定债务人有权以其单方面的意思表示，决定其给付系清偿何宗债务，这无疑符合私法自治的本义。因为清偿的给付行为，由债务人为之，自然应当尊重其意思。"同样观点的案例，参见浙江绍兴市中级人民法院（2009）浙绍商终字第612号民事判决书、江苏盐城市人民法院（2013）盐商初字第0152号民事判决书。

② 否定观点，参见黄文煌．清偿抵充探微．中外法学，2015（4）：994.

③ 例如，《法国民法典》第1255条、《日本民法典》第488条第2款、PICC第6.1.12条第2款、DCFR第III—2：110条第2—3款。

扣，且增加了不确定性，在效果上也往往与法定抵充的效果相同，排除了债权人的指定权实际上是避免了制度之间叠床架屋，避繁就简；同时，如果承认债权人的指定权，则无需在法定抵充顺序中过多考量债权人利益，应更多考量债务人利益，而本条第 2 款并非如此，其更多地考量了债权人利益，故也无需债权人的指定权。① 当然，如果债权人出具的收据中载明了清偿某债务，而债务人无异议地接受的，这并非债权人指示，而是债务人通过默示的意思表示与债权人达成了抵充约定。②

（三）法定抵充

既无约定抵充也无指定抵充时，则直接依据本条第 2 款规定的法定抵充顺序。在本条第 1 款已经承认了债务人指定权的情况下，法定的抵充顺序应更多地考量债权人的利益，采取债权人利益优先、兼顾债务人利益的原则确定顺序。具体顺序如下。

1. 已到期债务

如果到期的债务和未到期的债务并存，应当先抵充已到期的债务，毕竟债务未到期，则债务人不负有履行义务，应保障债务人的期限利益，这既符合当事人之间的利益状况，又符合债务人可推知的意思。③

但是，在已到期的债务中，如果对应债权的诉讼时效期间已经届满，不宜基于片面保护债权人的目的，认为债务人放弃了时效抗辩权，进而认为抵充时效期间已经届满的债权，除非债务人明确表示放弃时效抗辩权。④ 否则，相当于在债务人无明确意思表示的情况下，剥夺了债务人所享有的时效抗辩权，因此，诉讼时效期间已经届满的债务，不能适用法定抵充规则，除非债务人明确放弃了时效抗辩权。

2. 缺乏担保或者担保最少的债务

该规定旨在保护债权人的利益，使得债权人未被清偿的债务尽量存在担保，这有利于债权人实现其债权、强化对债权人的保护。该顺序适用的前提是“数项债务均到期的”，但是，在数项债务均未到期，债务人依据本法第 530 条规定提前履行

---

① 韩世远．合同法总论．北京：法律出版社，2018：429；曲佳，翟云岭．论清偿抵充．法律科学，2014（3）；黄文煌．清偿抵充探微．中外法学，2015（4）：995.

② 参见《瑞士债务法》第 86 条第 2 款的规定。

③ 王洪亮．债法总论．北京：北京大学出版社，2016：162.

④ 该观点，参见最高人民法院民事审判第二庭．最高人民法院关于民事案件诉讼时效司法解释理解与适用．北京：人民法院出版社，2008：380.

且不损害债权人利益，债务人明确放弃了期限利益，同样应当适用该顺序。[①]

如果某债务有担保，另一债务无担保或者缺乏担保，则优先履行缺乏担保的债务。连带债务对比单独债务，可能连带债务实质上具有担保作用，因此可以认为单独债务优先被冲抵。[②] 在债务均存在担保的情形，则优先履行担保最少的债务。本条所规定的“担保最少”，并非担保的绝对数额最少，而是对债权人而言担保利益最少或者担保状况最低的，否则某些情况下容易导致和本规定目的相违背的情形。比如，50 万元的债务存在担保 50 万元，同时另外一个 100 万元的债务存在同样类型的担保 60 万元，债务人支付 50 万元，优先清偿哪一个债务？此时，后一项债务的担保比例较少，因此优先抵充后一项债务中的未担保债务，这对债权人最为有利。但如果将“担保最少”理解为担保的绝对数额最小，则应优先抵充前一项债权，这无法实现保护债权人合理利益的目的。同时，除了上述担保的比例之外，在判断担保的多少时，还可以考虑担保的类型、担保人的信用或者履行能力等因素予以综合判断。例如，有抵押担保的债务较之由大银行提供保证的债务，所受的担保程度可能要差一些，应当被先抵充。[③]

3. 债务人负担较重的债务

该规定旨在保护债务人的利益，优先清偿负担较重的债务，使得债务人因清偿而获益最多。判定债务的负担轻重以及债务因清偿给债务人带来的获益多寡，存在经济性标准和非经济性标准。在非经济性标准方面，如果债务人不履行某项债务会招致刑事或者行政处罚的，甚至影响到个人信用记录的，应该认为其履行负担更重。[④] 在经济性标准方面，在不违背债权人保护的情况下，应该再次从债务人的角度考虑其负担的轻重，比如，无利息的债务对比有利息的债务，前者显然对债务人的负担较轻；在本金相同的情况下，低利息的债务对比高利息的债务，前者对债务人的负担较轻；无违约金的债务对比有违约金的债务，前者对债务人的负担较轻。[⑤] 但是，在不少情形中抵充哪项债务对债务人而言获益更多，

---

① 黄文煌．清偿抵充探微．中外法学，2015（4）：1401.《日本民法典》第 488 条第 4 款第 2 项、我国台湾地区“民法”第 322 条第 2 项。

② 欧洲民法典研究组，欧盟现行私法研究组．欧洲私法的原则、定义与示范规则：第 1—3 卷．高圣平，等译．北京：法律出版社，2014：655. 不同观点则认为，连带债务并非担保，但是，连带债务对比单独的债务，由于前者中债务人可能享有追偿权，故后者对债务人的负担较重，同样应当被优先抵充。两种观点之间的差异在于无其他担保的连带债务与有担保的单独债务之间的抵充顺序。

③ ［德］梅迪库斯．德国债法总论．杜景林，卢谌，译．北京：法律出版社，2004：190；黄文煌．清偿抵充探微．中外法学，2015（4）：1002.

④ 黄文煌．清偿抵充探微．中外法学，2015（4）：996.

⑤ 韩世远：合同法总论．北京：法律出版社，2018：429.

不能一概而论，需要综合评判各项因素加以判断。例如，有保证担保且附有利息的债务与有抵押担保且规定了违约金的债务并存时，为确定清偿何项债务担保最少以及对债务人的获益更大，便需要衡量诸种因素加以判断。①

4. 先到期的债务

比如，8 月 1 日到期的债务，对比同年 9 月 1 日到期的债务，应当先抵充前一个债务。根据该规定，并非抵充最先成立的债务，而是抵充最先到期的债务。② 先到期的债务先被抵充，是为了保护债权人的利益，因此也可能隐含了另外一个因素，即诉讼时效期间较早届满的先被抵充，这同样为了保护债权人的利益。例如，在商事交往中，交易双方经常采用往来账的结算方式，往来账中所包含的各个债务，如果无法完全得到清偿，当事人未进行余额确认，且无法根据以上顺序确定抵充顺序的，则似乎应当按照债务比例确定，此时仍将存在所有各项债务的余额，没有一项债务得到完全清偿。这种解决方案很不实用，因此，有观点正当地认为，诉讼时效较早过期的债权应先获抵充。③

5. 债务比例

即各按数项债务的比例部分清偿数项债务，以兼顾双方利益。④

第五百六十一条

债务人在履行主债务外还应当支付利息和实现债权的有关费用，其给付不足以清偿全部债务的，除当事人另有约定外，应当按照下列顺序履行：

（一）实现债权的有关费用；

（二）利息；

（三）主债务。

---

① ［日］我妻荣．新订债权总论．王燚，译．北京：中国法制出版社，2008：258；黄文煌．清偿抵充探微．中外法学，2015（4）：996.

② 在有些立法例中，债务到期的先后在法定抵充顺位中，是首先要被考虑的，例如 PICC 第 6.1.12 条第 3 款（a）“到期的债务，或者首先到期的债务”，DCFR 第 III－2：110 条第 4 款（a）同样如此。同时，也有些立法例在这一顺序中，考虑的是债务发生的时间，例如 PICC 第 6.1.12 条第 3 款（d）、DCFR 第 III－2：110 条第 4 款（d）、《德国民法典》第 366 条第 2 款。事实上，法定抵充顺序的确定因素在各个立法例中并不完全相同。

③ ［德］卡纳里斯．德国商法．杨继，译．北京：法律出版社，2006：61；黄文煌．清偿抵充探微．中外法学，2015（4）：1002. 也有观点认为，诉讼时效届满的时间可纳入担保因素予以考量，参见［德］罗歇尔德斯．德国债法总论．沈小军，张金海，译．北京：中国人民大学出版社，2014：140.

④ 王洪亮．债法总论．北京：北京大学出版社，2016：163.

本条主旨

本条是关于费用、利息和主债务的履行抵充顺序的规定。

相关条文

《合同法司法解释二》第 21 条　债务人除主债务之外还应当支付利息和费用，当其给付不足以清偿全部债务时，并且当事人没有约定的，人民法院应当按照下列顺序抵充：

（一）实现债权的有关费用；

（二）利息；

（三）主债务。

理解与适用

一、概述和构成要件

本条主要是针对债务人在履行主债务外还应当支付利息和费用，当其给付不足以清偿全部债务时，应如何确定主债务、利息和实现债权费用的清偿顺序所做出的具体规定。本条承认了在当事人之间没有约定时，以法定的形式对债权人的利益加以有效保护，同时可以平衡当事人之间的利益，有利于纠纷的解决，是对我国抵充制度的进一步完善。

本条的适用，首先要求债务人在履行主债务外还应当支付利息和实现债权的有关费用。债务人对于同一债权人负担一项或者数项债务，除主债务外应支付费用及利息时，以其费用及利息与主债务有同种标的为限，如果以金钱标的为主债务，但是以金钱之外的标的物为利息，由于标的相异，主张以金钱清偿抵充金钱以外的利息者应承担举证责任。[①] 应抵充的利息、费用需已经具体发生。其次要求债务人的给付不足以清偿主债务、利息和实现费用这些全部债务。

二、抵充顺序

（一）约定抵充

此时，确定履行抵充顺序的基本原则是：有约定按约定，无约定按法定。如果当事人就抵充的顺序协商一致，这是意思自治的表现，该约定应当优先于法定

① 史尚宽．债法总论．北京：中国政法大学出版社，2000：798.

抵充，本条中的“除当事人另有约定外”即体现了约定抵充的优先。例如，乙欠甲借款 10 万元，利息 5 000 元，实现债权的费用 3 000 元，乙向甲清偿 3 万元，双方约定该笔给付用于抵充主债务，则从其约定。

（二）法定抵充

在当事人对抵充顺序没有约定时，各个立法例与本条的规定基本一致，采取有利于债权人的立场，直接适用法定抵充，而排除了债务人的抵充指定权，否则将违背保护债权人利益的立场。据此，在存在数项债务时，债务人有权依据第 560 条第 1 款指定其履行的某项债务，但在该项债务中，债务人不能违反本条规定的费用、利息和主债务的法定抵充顺位，不得先指定抵充主债务，然后抵充费用和利息，除非债权人明确同意。① 当然，既然本条是为了保障债权人利益，则债权人可以做出与本条规定的抵充顺序不同的要求②，但不能影响到有利害关系的第三人的利益。

按照本条规定，在上例中，3 万元首先抵充实现债权的有关费用 3 000 元，其次抵充利息 5 000 元，最后抵充主债务 2.2 万元，因此未偿还的主债务还剩 7.8 万元。法定抵充的顺序，具体如下：

1. 实现债权的有关费用

这些费用包括保管费用、诉讼费用、执行费用、拍卖费用等。债权人为实现债权支出的费用属于额外的支出，故债务人应当优先清偿这些费用。采取同样的精神，《民法典》第 412 条规定，债务人不履行到期债务或者发生当事人约定的实现抵押权的情形，致使抵押财产被人民法院依法扣押的，自扣押之日起抵押权人有权收取该抵押财产的天然孳息或者法定孳息，孳息应当先充抵收取孳息的费用。《民法典》第 430 条也规定，质权人收取质押财产的孳息也应当先充抵收取孳息的费用。

2. 利息

利息是债权人预期应有的收益，应当先于本金而抵充。尤其是对于银行而言，其收取利息是其发放贷款的主要目的，如果利息不能得到保护，则与此种债权的目的不相一致。关于超过法定利率限额的利息和逾期利息可否适用法定抵充规则，实践中的观点多认为，超过法定利率限额的利息并不适用关于法定抵充的规定③，不能认为债务人的履行当然构成了对超额利息的自愿给付。对逾期利息

① 欧洲民法典研究组，欧盟现行私法研究组．欧洲私法的原则、定义与示范规则：第 1—3 卷．高圣平，等译．北京：法律出版社，2014：655. 相同立法例，参见《德国民法典》第 367 条第 2 款、PICC 第 6.1.12 条第 1 款、DCFR 第 III—2：110 条第 1 款。

② DCFR 第 III—2：110 条第 5 款明确承认了“债权人就抵充有不同要求的除外”。

③ 参见广西壮族自治区高级人民法院（2019）桂民终 534 号民事判决书、吉林省高级人民法院（2019）吉民再 223 号民事判决书、重庆市高级人民法院（2013）渝高法民终字第 00259 号民事判决书、江苏省徐州市中级人民法院（2012）徐商初字第 00125 号民事判决书。

而言[①]，逾期利息也属于债权人应有的收益，是一种资金占有的成本，给付仅取决于债务人占用了本归债权人支配的资金的事实，不考虑债权人遭受的实际损害，纵因不可抗力致迟延归还本金，债务人偿付逾期利息的义务也不能豁免，债务人纵因运用资金得宜而大有斩获，亦无须对债权人增加给付，逾期利息的偿付与当事人营业的盈亏无关。因此，逾期利息的支付具有绝对性，它与已经发生的本金利息具有同质性，可适用相同的抵充规则，故总计不超过法定利率限额的逾期利息能够适用法定抵充规则。[②]

另外，本条仅规定了费用和利息应先于主债务抵充，未规定违约金的抵充顺序。实践中，很多案例将违约金与利息等同，因此先于主债务抵充。[③] 但是，违约金和利息迥然不同，利息是一种资金占有的成本，不需要考量债权人遭受的实际损失，故一般不适用违约金酌减的规则，而违约金是对约定的损害赔偿，两者是不同的，利息的优先抵充不能当然适用于违约金，除非债权人和债务人另有约定。在借款合同中，可能会出现既约定逾期利息又约定了违约金情形，此时可以考虑将逾期利息和违约金一并计算为利息[④]，总计不超过法定利率限额的利息能够适用法定抵充规则。在买卖、租赁等非借款合同中，针对付款的义务，也会出现逾期付款违约金。[⑤] 此时，逾期付款违约金包含了逾期利息，该逾期利息部分应作为利息先于主债务抵充，但超出逾期利息的其他部分不得作为利息先于主债务抵充，而属于数项债务，按照第 560 条规定处理，可以由债务人在清偿时指定，同时，未作指定的，在违约金债务和主债务均到期的情况下，如果主债务无

---

① 关于逾期利息，有约定的按照约定，但不得超过法定利率限制；无约定的，按照相关规范处理。例如，《民间借贷司法解释》第 29 条规定：“借贷双方对逾期利率有约定的，从其约定，但以不超过年利率 24%为限。未约定逾期利率或者约定不明的，人民法院可以区分不同情况处理：（一）既未约定借期内的利率，也未约定逾期利率，出借人主张借款人自逾期还款之日起按照年利率 6%支付资金占用期间利息的，人民法院应予支持；（二）约定了借期内的利率但未约定逾期利率，出借人主张借款人自逾期还款之日起按照借期内的利率支付资金占用期间利息的，人民法院应予支持。”同时，值得注意的是，按照《全国法院民商事审判工作会议纪要》的观点，法院裁判贷款利息的基本标准应改为全国银行间同业拆借中心公布的贷款市场报价利率（LPR）。

② 黄文煌．清偿抵充探微．中外法学，2015（4）：1005；邱聪智．新订民法债编通则：下．北京：中国人民大学出版社，2004：461；［日］我妻荣．新订债权总论．王燚，译．北京：中国法制出版社，2008：259.

③ 具体的案例整理，参见黄文煌．清偿抵充探微．中外法学，2015（4）：1006－1007.

④ 《民间借贷司法解释》第 30 条规定：“出借人与借款人既约定了逾期利率，又约定了违约金或者其他费用，出借人可以选择主张逾期利息、违约金或者其他费用，也可以一并主张，但总计超过年利率 24%的部分，人民法院不予支持。”

⑤ 最高人民法院作出的法复［1996］7 号《关于逾期付款违约金应当依据何种标准计算问题的批复》、法释［1999］8 号《关于逾期付款违约金应当按照何种标准计算问题的批复》、法释［2000］34 号《关于修改〈关于逾期付款违约金应当按照何种标准计算问题的批复〉的批复》、法释［2012］8 号《关于审理买卖合同纠纷案件适用法律问题的解释》第 24 条。

担保而违约金债务有担保，则优先抵充违约金债务；在担保相等的一般情形中，主债务较之违约金债务对债务人的负担更重，因此主债务应当先于违约金债务而被抵充。[①] 从利益平衡的角度来观察，本条的主旨是着重于债权人利益的保护，且排除了债务人指定的权利，因此，在具体问题上，适度考量债务人的利益，通过这种违约金和利息的区分，使得违约金能够适用第 560 条的规定，债务人享有指定权，增加主债务数额减少的可能性，有助于在债权人利益保护的前提下适度平衡债务人的利益，同时，债务人就费用和利息之外的履行部分，能够取得指定权而可能使得主债务数额减少，有利于督促债务人多履行，同样也间接有利于债权人利益的保护。

3. 主债务

还应当注意的是第 561 条和第 562 条之间的关系。如果有数项债务，每项债务均包含费用、利息和主债务，此时是先根据第 560 条确定各项债务的抵充，再依据本条确定各项债务的费用、利息和主债务本身的抵充，因此，只有某项债务被完全抵充之后，债务人的履行才能被用于抵充因后顺位主债务而发生的费用和利息；抑或反之。[②] 前者更有利于债务人，此时债务人有抵充的指定权，而后者更有利于债权人。同样，基于抵充主旨是保护债权人利益的整体立场，故在具体问题上适度平衡债务人利益、督促债务人多履行的考量，同时便利计算，笔者倾向于采取前一种观点。

第五百六十二条

当事人协商一致，可以解除合同。

当事人可以约定一方解除合同的事由。解除合同的事由发生时，解除权人可以解除合同。

本条主旨

本条是关于合意解除合同和约定解除权的规定。

---

① 黄文煌．清偿抵充探微．中外法学，2015（4）：1008.

② 采取前种观点的，参见［德］罗歇尔德斯．德国债法总论．沈小军，张金海，译．北京：中国人民大学出版社，2014：141；案例参见浙江省温州市瓯海区人民法院（2009）温瓯商初字第 758 号民事判决书。采取后种观点的，参见郑玉波．民法债编总论．北京：中国政法大学出版社，2004：499；朱广新．合同法总则研究：下．北京：中国人民大学出版社，2018：530；黄文煌．清偿抵充探微．中外法学，2015（4）：1009.

相关条文

《合同法》第 93 条 当事人协商一致，可以解除合同。

当事人可以约定一方解除合同的条件。解除合同的条件成就时，解除权人可以解除合同。

理解与适用

一、解除概述

（一）合同解除的制度目的

合同解除，是指因当事人一方或双方的意思表示，使具有约束力的合同溯及自始或者仅向将来终止。解除是对当事人进行救济的方式之一。作为民事法律行为的合同行为不存在解除问题，能够被解除的仅仅是合同关系。[①] 合同通过合同解除，能够使得当事人在其合同目的不能实现的情形中摆脱现有合同权利义务关系的约束，重新获得交易的自由，使得当事人不再负有对待给付义务、受领义务，在解除具有溯及力时还可以请求返还已经作出的给付。[②] 比如，甲作为卖方和乙作为买方签订买卖合同，乙到期未支付价款，如果甲已经先交货，则甲可以解除合同，要求返还货物，将货物重新出卖；如果甲未交货，则甲可以通过解除消灭自己交货的义务。相对比而言，履行抗辩权的效果是暂时性地对抗对方的请求，而违约责任尤其是违约损害赔偿责任的效果是弥补损失。因此，合同解除具有履行抗辩权和违约责任所不能取代的功能，避免就继续履行和损害赔偿请求权实现前保持对待给付的状态。[③] 合同解除是合同严守的例外，故在合同解除中，应当考量意思自治和社会整体信赖之间的关系，在意思自治和合同约束之间形成平衡。

关于是否以及如何合同解除与合同终止，存在不同的观点。有些观点区分了是否具有溯及力，没有溯及力的称为终止，有溯及力的称为解除。民法典采取了广义的终止的概念，“解除”仅是“终止”的原因之一[④]，同时在解除的效果上区分有溯及力和没有溯及力的解除，其中没有溯及力的解除就相当于狭义上的“终止”。

---

① 欧洲民法典研究组，欧洲现行私法研究组．欧洲私法的原则、定义与示范规则：第1—3卷．高圣平，等译．北京：法律出版社，2014：737.

② 韩世远．合同法总论．北京：法律出版社，2018：649；赵文杰．《合同法》第 94 条（法定解除）评注．法学家，2019（4）：175.

③ 赵文杰．《合同法》第 94 条（法定解除）评注．法学家，2019（4）：176.

④ 王利明．合同法研究：第二卷．北京：中国人民大学出版社，2015：247；朱广新．合同法总则研究：下册．北京：中国人民大学出版社，2018：511－512.

（二）合同解除的对象

解除的目的既然是摆脱合同的约束，则解除的对象就是具有约束力的合同。能够被解除的合同，简而言之就是在当事人之间具有法律约束力的合同，即使合同尚未发生当事人期望的法律效果，并不意味着合同不具有任何约束力。在当事人之间不具有任何约束力的合同，就无摆脱合同约束的必要，无需被解除。已成立并且有效的合同，当然可以被解除。以下合同需要被具体讨论。

（1）无效的合同。无效的合同无需解除，当事人起诉既请求解除合同，又请求确认合同无效的，法院应当依法受理，并首先审理合同效力，认定合同无效的，应驳回解除合同的诉讼请求；认定合同有效的，应对解除合同的诉讼请求进行审理，并依法判决。

（2）相对无效的合同。相对无效的合同，对于合同双方之外的第三人而言是无效的，但在合同当事人之间仍然是有效的，故当事人仍可以请求解除合同。例如，已经被查封的房屋，被执行人就该房屋又签订租赁合同，《最高人民法院关于人民法院民事执行中查封、扣押、冻结财产的规定》第26条规定："被执行人就已经查封、扣押、冻结的财产所作的移转、设定权利负担或者其他有碍执行的行为，不得对抗申请执行人。第三人未经人民法院准许占有查封、扣押、冻结的财产或者实施其他有碍执行的行为的，人民法院可以依据申请执行人的申请或者依职权解除其占有或者排除其妨害。……"因此，租赁合同对申请执行人而言是无效的，是相对无效，而非绝对无效，因此，承租人依据租赁合同占有查封物的，人民法院可以解除其占有，但不应当在裁定中直接宣布租赁合同无效或解除租赁合同。[①] 但是，租赁合同在出租人和承租人之间仍然是有效的，故因查封而导致租赁房屋无法使用，租赁合同目的无法实现，承租人有权请求解除该租赁合同。[②]

（3）不生效的合同。《民法典》第502条第2款规定了未办理批准等手续的不生效合同，同时规定合同不生效不影响合同中履行报批义务条款以及相关条款的效力。因此，更为精准的观点是认为此时该合同不完全生效。在此情形中，由于履行报批义务条款以及相关条款已经发生效力，因此仍有摆脱合同约束的必

① 刘贵祥．执行程序中租赁权的认定与处理．人民法院报，2014-05-28（8）．最高人民法院执行局《关于山东省高级人民法院关于被执行人擅自出租已查封的财产执行程序中人民法院排除执行妨害能否认定该合同无效或者解除租赁合同的请示的函》（［2009］执他字第7号函）："在执行程序中被执行人擅自处分的查封物，包括本案中以出租的形式妨害查封效果的行为，执行法院有权以裁定形式直接予以处理。根据最高人民法院《关于人民法院民事执行中查封、扣押、冻结财产的规定》第26条，被执行人擅自处分查封物，与第三人签订的租赁合同，并不当然无效，只是不得对抗申请执行人。第三人依据租赁合同占有查封物的，人民法院可以解除其占有，但不应当在裁定中直接宣布租赁合同无效或解除租赁合同，而仅应指出租赁合同不能对抗申请执行人。"

② 《城镇房屋租赁合同纠纷司法解释》第8条："因下列情形之一，导致租赁房屋无法使用，承租人请求解除合同的，人民法院应予支持：（一）租赁房屋被司法机关或者行政机关依法查封的；……"

要，故不生效的合同也可以被解除。①

(4) 附生效条件、附生效期限的合同。条件成就和期限届至后，该合同自然可以被解除。但是，在条件成就和期限届至之前，该合同虽然不能发生当事人期望的法律效果，但是已经具有约束力，仍然有解除以彻底摆脱合同约束的必要，例如，债务人条件成就和期限届至前明确拒绝履行债务，债权人可以解除该合同。

(5) 效力待定的合同。在追认权人追认后，合同有效，自然可以被解除；追认权人拒绝追认或者善意相对人撤销后，合同确定不生效，不具有合同拘束力，自然无须被解除。在效力不确定的阶段，一般情形中，为摆脱合同约束，追认权人拒绝追认即可，相对人善意情形下享有撤销权，都有摆脱合同约束的方式，似乎无需通过解除而摆脱合同约束。但是，如果出现合同目的不能实现的情形，在相对人因为恶意不享有撤销权的情形中，相对人仍然有通过解除摆脱合同约束的必要。

(6) 可撤销的合同。如果撤销权人和解除权人一致，例如，甲欺诈了乙导致乙订立合同，甲根本违约，乙此时既享有解除权也享有撤销权，其选择行使即可。如果撤销权人和解除权人不一致，例如，甲欺诈了乙导致乙订立合同，乙发现后明确拒绝履行，则甲有解除权，乙有撤销权，在甲行使解除权而乙同时行使撤销权的情形中，乙应当得到法律的保护，此时应当支持乙撤销权的行使，以体现出对乙的保护。②

---

① 同样观点，参见崔建远．合同解除的疑问与释答．法学，2005 (9)：73-74. 例如，《外商投资纠纷司法解释》第5条："外商投资企业股权转让合同成立后，转让方和外商投资企业不履行报批义务，经受让方催告后在合理的期限内仍未履行，受让方请求解除合同并由转让方返还其已支付的转让款、赔偿因未履行报批义务而造成的实际损失的，人民法院应予支持。"第6条第2款："转让方和外商投资企业拒不根据人民法院生效判决确定的期限履行报批义务，受让方另行起诉，请求解除合同并赔偿损失的，人民法院应予支持。……"《矿业权纠纷司法解释》第8条规定："矿业权转让合同依法成立后，转让人无正当理由拒不履行报批义务，受让人请求解除合同、返还已付转让款及利息，并由转让人承担违约责任的，人民法院应予支持。"

② 类似观点，参见崔建远．合同解除的疑问与释答．法学，2005 (9)：74—75. 在保险合同中，《保险法》第16条第2款规定："投保人故意或者因重大过失未履行前款规定的如实告知义务，足以影响保险人决定是否同意承保或者提高保险费率的，保险人有权解除合同。"但是，此时保险合同也是可撤销的合同，就会出现保险人的解除权和撤销权之间的关系问题，例如：投保人非故意或者重大过失的行为，是否仍可能构成合同撤销权；合同撤销权的除斥期间是撤销权人知道或者应当知道撤销事由之日起1年，而解除权依据《保险法》第16条第3款，自保险人知道有解除事由之日超过30日不行使而消灭，并且有2年的最长期限限制（2年后的不可争辩），在解除权消灭后保险人是否可以行使撤销权；保险合同解除，投保人故意的情形，保险人无须返还保险费，重大过失则需要退还保险费，而无论是基于欺诈还是重大误解撤销合同，都会产生保险费退还（返还财产）的效果。对此存在不同观点。一种观点主张以解除权排除撤销权；另一种观点主张两者可择一适用。本释义采取前一种观点。针对投保人违反告知义务导致保险人基于错误的意思表示承保，《保险法》第16条第2、3款已经赋予保险人解除合同的特殊救济的权利，但保险人怠于行使该权利，再以欺诈为由撤销合同，将导致保险法的不可争辩条款和特殊除斥期间条款形同具文；同时，《保险法》第16条第4、5款区分投保人的故意和重大过失规定了解除后的特殊责任后果，如果允许保险人撤销，则又会使得后果的特殊规定落空。这种观点有助于加大保险公司全面严格审核的义务，增加投保人对保险合同的信赖，吸引投保人从而对保险人在商业上也是有利的，最终有助于保险行业的健康发展。

(7) 单务合同。有观点认为，解除的目的是免除对待给付义务，而单务合同中无此义务，故解除不适用于单务合同。[①] 但是，在单务合同中，即使无对待给付关系，但因信赖关系的破坏，同样可能导致提前终止合同的需要，使合同面向未来而终止。[②]

(三) 合同解除的类型

解除包括了当事人协商解除（合意解除）、行使约定解除权和行使法定解除权。合意解除和约定解除权都是根据当事人的意思自治产生的，而法定解除权时依据法律规定产生的。合意解除直接导致合同被解除，约定解除的事由和法定解除的事由发生，仅产生了解除权，解除权人必须依法行使解除权后才能够导致合同被解除。本条规定了当事人协商解除合同和约定解除权。

二、合意解除

(一) 构成

合意解除，是指合同产生法律约束力后，当事人以解除合同为目的，经协商一致，订立一个解除原来合同的协议。比如，乙公司向甲公司订购了一批服装面料，准备生产时装，但由于乙公司的生产订单被取消，乙公司不再需要订购的面料，于是与甲公司协商一致解除合同。

合意解除是双方的民事法律行为，是通过订立一个新的合同而解除原来的合同，合意解除的实质是一种消灭既存合同之效力的合同，故又称为“解除合同”或者“反对合同”，因此应当遵循民事法律行为和合同的一般规定，即双方当事人应当对解除合同意思表示一致。[③] 解除协议未达成之前，原合同仍然有效。如果协商解除违反了法律规定的法律行为有效的条件，如违背了公序良俗，解除合同的协议不能发生法律效力，原有的合同仍要履行。解除的合同本身也可以附生效条件或者生效期限。

在合意解除中，最为重要的是当事人具有解除的明确意思表示。该意思表示，根据《民法典》第 140 条第 1 款的规定，可以是明示的，也可以通过行为等

① 韩世远．合同法总论．北京：法律出版社，2018：650－652.

② 赵文杰．《合同法》第 94 条（法定解除）评注．法学家，2019（4）：176－177.

③ 同①695.

方式予以默示[①]；既可能在诉讼外达成合意，也可能是在诉讼中达成解除合同的合意。[②] 一方起诉请求解除合同，另一方反诉亦请求解除合同，这是也可以认为双方解除合同的意思表示一致，此时合同解除，之后一方反悔的，不应予以支持。[③] 有争议的问题是，双方都明确同意解除，但未就协商解除后的法律后果形成一致的意思表示，此时合同是否解除？有观点认为，此时合意内容并不清晰确定，并且就解除后的法律后果未协商一致，合同效力的持续往往成为双方当事人合意解除时的一种讨价还价的砝码，因此，此时不能构成合意解除。[④] 实际上，这里涉及合意解除的意思表示解释问题。如果合意解除的意思表示以对结算清理事项形成一致意见为前提，则该前提未成就的情况下，当然不能推导出合意解除的意思表示；但是，如果合意解除的意思表示已经非常清晰的情况下，即使未就结算清理事项形成一致合意，仍然可以认为构成合意解除，合同被解除，而解除

---

① 最高人民法院（2016）最高法民终 802 号民事判决书［最高人民法院公报，2017（12）］中，法院认为："该函虽未明示同意解除合同，但并未主张继续履行合同，反而对合同解除后如何处理提出要求，即要求返还保证金及支付交易费，该回复函应认定为表示同意解除合同。"最高人民法院（2013）最高法民四终字第 16 号民事判决书中，法院认为："经双方协商，香港豪德公司于 2005 年 6 月 10 日至 11 月 18 日期间，分 27 笔退还香港龙采公司投资款 3 450 万元，香港龙采公司接受了退款。双方协商以及退款、收款行为表明双方同意解除合作合同，而不是香港豪德公司单方解除合同。"最高人民法院（2008）民抗字第 104 号民事判决书中，法院认为："发展公司接到石油公司提前终止合同的要约后，其在电报回复中，虽然没有明确表示同意或不同意，但提出了因终止合同造成的经济损失（车修费）由石油公司承担的要求，反映其同意解除合同的意思表示。"浙江省绍兴市中级人民法院（2010）浙绍民再终字第 8 号民事判决书中，法院认为："2008 年 12 月 23 日，李某某方向五菱公司出具载明收到租赁物钥匙及租赁期间拆除房屋的补偿款 15 000 元等内容的收条一份，本院认为，该收条表明双方无继续履行合同之意愿，应视为双方已合意解除了租赁合同，原审以此作为合同解除时间点进而确定上诉人所欠租金及应支付滞纳金数额并无不当。"

② 北京市第一中级人民法院（2012）一中民终字第 12213 号民事判决书中，法院认为："并考虑之前发回重审案件的庭审中，双方均表示不再继续履行广告位合作协议，故歌华广告公司与金凯鑫公司之间的合同应予解除。"上海市第二中级人民法院（2007）沪二中民四（商）终字第 396 号民事判决书中，法院认为："上诉人于本案审理中坚持要求解除诉争合同，被上诉人于 2007 年 2 月 14 日表示同意解除，上诉人、被上诉人的意思表示符合合同法有关协议解除之规定，合同自 2007 年 2 月 14 日解除。"

③ 最高人民法院（2017）最高法民再 54 号民事判决书、（2017）最高法民申 3629 号民事裁定书、（2017）最高法民再 316 号民事判决书、（2015）民一终字第 4 号民事判决书、（2008）最高法民提字第 22 号民事判决书。

④ 最高人民法院（2016）最高法民申 213 号民事裁定书中，法院认为："解除合同协议的有效成立，也必须满足合同成立的一般要件。即，一是在合同的订立方式上，要通过要约和承诺的方式订立；二是在合同的内容上要具体确定，合同中不仅要有消灭既存合同关系的内容，也要包括已经履行部分是否返还、责任如何分担等结算和清理内容。本案虽然中行桂林分行诉请解除《房屋合作开发协议书》，全兴公司在诉讼中表示同意解除，但对于合同解除后的结算和清理事项并未形成一致的意思表示，故双方当事人协商解除合同的合意并未有效成立。"同样观点，参见最高人民法院（2017）最高法民再 315 号民事判决书、（2015）民一终字第 156 号民事判决书。

后的结算清理事项依据法律规定予以确定[①]，这更为方便也更为具有效率。因此，只要双方合意解除的意思表示是明确的，推定为构成合意解除，除非协商解除的意思表示以对解除后果形成一致意见为前提。

（二）后果

根据意思自治，当事人可以协商决定合意解除的具体效力。当事人可以协商决定合同解除的具体时间，对此无约定或者约定不明确时，解除合意确定之日就是合同解除之日。[②] 双方当事人也可以约定合同解除后的效果，比如可以在协议中明确放弃违约损害赔偿请求权[③]；未约定或者约定不明确时，根据法律规定确定解除后的后果。[④] 同时，在解除协议无明确约定或者约定不明确时，推定之前所有的相关合同都已经被解除。[⑤]

三、约定解除权

（一）含义

约定解除权，是指当事人约定，合同履行过程中出现某种情况，当事人一方或者双方有解除合同的权利。比如甲乙双方签订了房屋租赁合同，出租人甲与承租人乙约定，未经出租人同意，承租人允许第三人在该出租房屋居住的，出租人

---

① 《四川省高级人民法院关于审理合同解除纠纷案件若干问题的指导意见》第 18 条规定："当事人仅对合同解除协商一致，未对合同清结形成一致意见，一方当事人起诉要求清结合同的，人民法院应当根据合同法第九十七条的规定予以处理。"

② 《上海市高级人民法院关于处理房屋租赁纠纷若干法律适用问题的解答（三）》（沪高法民一［2005］16 号）第 33 条规定："如何确定合同解除的时间？一般情况下，可以分以下三种情况：1. 诉讼之前，双方当事人协商解除租赁合同的，协商确定之日为合同解除之日；……3. 一方当事人行使合同解除权，对方有异议提起诉讼，经法院审理认为该当事人无合同解除权，但双方当事人在诉讼中均同意解除合同的，可以在判决或调解书中明确合意解除之日为合同解除之日。"

③ 《吉林省高级人民法院民二庭关于商事案件适用合同解除制度若干问题的解答》第 31 条中规定，解除协议明确导致合同解除的原因系一方当事人违约，但约定放弃追究违约方违约责任权利的，守约方要求违约方承担违约责任，人民法院不予支持；解除协议明确导致合同解除的原因系一方当事人违约，未约定放弃追究违约方违约责任权利，但未对违约责任进行约定的，守约方依据原合同的约定要求违约方承担违约责任的，人民法院应予支持；解除协议明确导致合同解除的原因系一方当事人违约，且对违约责任进行了重新约定的，守约方依据解除协议的约定要求违约方承担违约责任的，人民法院应予支持。

④ 《吉林省高级人民法院民二庭关于商事案件适用合同解除制度若干问题的解答》第 31 条中规定，解除协议未明确导致合同解除的原因系一方当事人违约，一方当事人要求对方当事人承担违约责任的，人民法院不予支持。就此而言，该规定似乎有待商榷，参见最高人民法院民事审判第二庭．《全国法院民商事审判工作会议纪要》理解与适用．北京：人民法院出版社，2019：324.

⑤ 最高人民法院（2014）民一终字第 4 号民事判决书中，法院认为："《协议书》签订的目的及意义是解除之前双方签订的《建筑工程施工合同》及其补充协议，并就解除后的双方权利义务作出重新约定。因此，在《协议书》无明确约定时，应当认定《建筑工程施工合同》及其补充协议都已被解除，其内容不再拘束双方当事人。"

有权解除合同；也可以约定，出租房屋的设施出现问题，出租人不予以维修的，承租人有权解除合同。解除权可以在订立合同时约定，也可以在履行合同的过程中约定；可以约定一方享有解除合同的权利，也可以约定双方享有解除合同的权利。当约定解除合同的事由发生时，享有解除权的当事人可以行使解除权解除合同，而不必再与对方当事人协商。

合意解除和约定解除权，虽然都是基于当事人双方的合意，但是，协商解除是当事人双方根据已经发生的情况，达成解除原合同的协议，是解除现存的合同关系。约定解除权是约定将来发生某种事由时，一方或双方享有解除权，约定解除权本身不导致合同的解除，只有在约定的解除事由发生时，通过行使解除权方可使合同归于消灭。

同时，约定解除权和附解除条件的合同不同。《民法典》第 158 条中规定，附解除条件的民事法律行为，自条件成就时失效。附解除条件的合同，条件成就时合同自然失效，不需要当事人再有另外的意思表示；而在约定解除权的情况下，双方约定以一定的事由作为解除权的产生原因，约定的事由发生时仅产生了解除权，合同并不是自动解除，必须由解除权人主动行使解除权，才能导致合同解除。原《合同法》第 93 条第 2 款规定“解除合同的条件成就时，解除权人可以解除合同”，为了更清晰地显示出约定解除权和附解除条件的不同，本条将之修改为“解除合同的事由发生时，解除权人可以解除合同”。

究竟是约定解除权抑或是附解除条件的合同，取决于当事人的意思表示，应结合该约定的内容、该约定与整个合同的关系、约定的目的等因素予以确定。①如果针对某一事由出现时，当事人约定“合同自动解除”，则可以认为是附解除

① 最高人民法院（2012）民申字第 1542 号民事判决书中，法院认为：“……附解除条件的合同，自条件成就时失效。一般认为，合同所附解除条件是对合同所加的附款，通常与合同自身的内容以及合同的履行行为本身无关。合同约定的解除条件则是指当事人在合同中约定了解除合同的条件，合同的解除条件成就时，解除权人可以依照法律规定的程序和方式解除合同。……从约定的内容看，该项约定在天圣公司不支付约定款项的情况下，赋予了国栋公司停止向天圣公司进行技术转让的权利，并且不退还天圣公司已支付款项。这实际上是约定了在天圣公司出现违约的情况下，国栋公司享有的权利以及所产生的相应法律后果。从该约定与整个技术转让合同的关系看，该约定被规定在本案技术转让合同的第十三条即违约责任条款中。显然，合同双方当事人约定该项的目的在于防范一方的违约行为，而不是简单地通过附款限制本案技术转让合同的效力。……”广东省高级人民法院（2018）粤民申 2052 号民事判决书中，法院认为：“当事人在上述条款中明确约定了应退回已付转让款及已转让债权的具体条件，且并未将一方当事人行使解除权作为条件之一。在上述条款约定的条件成就之时，无须当事人行使解除权，就能发生双方分别退回已收取的转让款、已转让债权的法律效果。此法律效果应当理解为债权转让协议失效的法律后果，而非合同当事人行使解除权的法律后果。”

条件的合同；当事人约定“有权解除合同”，则可以认为是约定解除权。① 至于约定一方有某一违反合同主要义务的违约行为时合同自动解除，有观点认为合同义务不能成为附解除条件中的条件，否则将导致条件和合同义务难以区分。但是，即使如此，在价值上仍然应当原则上尊重当事人的意思自治而承认此种约定的效力，这意味着，在一方违反涉及的主要义务时，非违约方无须发出解除通知，且因为合同已被解除，非违约方不能请求违约方继续履行。

（二）构成和后果

关于解除权的约定也是一种合同，行使约定的解除权应当以该合同为基础，因此对解除权的约定也应当遵循民事法律行为和合同的一般规定。约定解除权在实践中有多重形式，例如，双方可以约定解约定金，即定金交付后，交付定金的一方可以按照合同的约定以丧失定金为代价而解除主合同，收受定金的一方可以双倍返还定金为代价而解除主合同。《民法典》仅在第985条以下规定了违约定金，解约定金可被认为是约定解除权的形式之一。

当事人对解除权产生事由的约定应当明确。例如，当事人在合同中作出类似“任何一方违约，对方即可解除合同”的约定，该约定在形式上属于约定解除权，但实对解除权产生事由的约定不明，可以考虑适用法定解除权的规则。② 裁判合同解除权纠纷案件，应首先查明当事人是否享有约定解除权，如果不享有约定解除权，则依据《民法典》第563条规定认定当事人是否可享有法定解除权，除非当事人明确排除了法定解除权的适用。③

约定解除权的功能体现在对法定解除权的要件和行使效果进行修正、缓和和补充，并使当事人在观念上对此明确化。在实践中，当事人对解除权产生事由的约定与解除权产生的法定事由之间，可能存在重申、扩张和限制三种关系。如果

① 朱广新．合同法总则研究：下册．北京：中国人民大学出版社，2018：609；崔建远．附解除条件不同于合同解除．法学杂志，2015（7）：30-38.

② 最高人民法院（2018）最高法民终863号民事判决书中，法院认为：“单从上述第1点来看，任何一方只要有任何违约行为并给对方造成损失的，不论违约程度轻重、损失后果大小，守约方均有权解除合同。虽然该约定将守约方行使合同解除权的条件限定为一方违约且同时造成对方损失，但由于客观上违约与损失息息相关，该条款实质仍着眼于只要发生了违约，则守约方即有权解除合同。如此一来，显然泛化了作为合同约定解除条件的违约行为，将所有违约行为不加区分同质化，若简单依此履行，必将造成解除合同过于随意，增加了合同被解除的风险，不利于交易安全和稳定。故，上述第1点虽在形式上约定了合同解除的条件，但实属对解除条件约定不明。合同当事人出现违约情形时，不能当然以此为由主张解除合同，而应当结合合同履行情况、违约程度等因素，从合理平衡双方利益出发，慎重判断合同是否符合法定解除条件。”

③ 最高人民法院（2016）最高法民终715号民事判决书中，法院认为：“此外，《合同法》第九十三条规定了当事人的约定解除权，第九十四条规定了当事人的法定解除权，两者之间在行使上并不矛盾或互相排斥，在当事人未行使约定解除权、但符合法定解除条件时，可行使法定解除权解除合同。”

当事人的约定仅仅是重申了法定事由，则应当具体适用解除权产生的法定事由。但是，在后两种关系中则需要更为具体的观察。以不可抗力致使不能实现合同目的产生法定解除权为例，法院通常主张不可抗力解除或者免责规定是强制性规定[①]，但是，这些规定并不直接必然涉及公共利益，大多仍属于当事人之间的私利益安排。据此，当事人可以约定扩张不可抗力的法定范围，也可以约定排除或者限缩不可抗力的法定范围。首先就应当审查约定的效力。例如，如果约定通过格式条款实现，就要根据民法典关于格式条款的规制规则审查。如果约定违反了法律、行政法规的效力性强制性规定或者违反公序良俗，根据民法典第 153 条规定，该约定无效。例如，因扩张、限缩、排除不可抗力的范围而获益的当事人，属于经营者或者用人单位等，而对方当事人属于消费者或者劳动者等应受法律特别保护的弱势群体，当事人约定的适用，相较于法律对消费者或者劳动者等弱势群体的倾斜保护，就会降低对消费者权益或者劳动者权益的保护水平，从而损害消费者或者劳动者等弱势群体的利益。如果合同的双方当事人都属于商事主体，或者双方当事人都是普通的民事主体，不存在着法律对某一方当事人进行特别保护的问题，此时以双方当事人平等协商，自主决定为基础，合同中约定的不可抗力条款只要不存在其他损害公共利益或者合同关系以外特定第三人应受法律保护合法权益的情形，该不可抗力条款得为有效。特别是扩张能够解除合同的不可抗力范围，根本未违反不可抗力导致合同目的不能实现时的规定。[②]

在约定有效的前提下，当事人约定的合同解除事由是否发生，需要根据诚实信用原则进行判断，不宜轻易地否定一个已经生效甚至已经作出大部分履行的合同。[③] 法院在认定约定解除事由是否发生时，应根据诚实信用原则，综合考量以下因素来确定：一是要考察违约方的过错程度是轻微过失、严重过失还是故意，如果仅是轻微过失，一般不宜认定解除合同成就。二是要考察违约行为形态，如当事人在合同中作出诸如“任何一方违约，对方就有权解除合同”的约定，要对“违约行为”进行适当限制，避免合同因某一方当事人的轻微违约行为而解除，

---

① 关于不可抗力免责的规定是强制性规定故不可被强制排除的案例，参见最高人民法院（2008）民一抗字第 20 号民事判决书、广州市中级人民法院（2017）粤 01 民终 14456 号民事判决书；不同观点的案例参见上海市高级人民法院在（2019）沪民终 298 号民事判决书。

② 王轶．新冠肺炎疫情、不可抗力和情势变更．法学，2020（3）．类似观点，参见 Unidroit Principles of International Commercial Contracts 2016，Article 7. 1. 7，Comment 4.

③ 《全国法院民商事审判工作会议纪要》第 47 条“约定解除的条件”规定：“合同约定的解除条件成就时，守约方以此为由请求解除合同的，人民法院应当审查违约方的违约程度是否显著轻微，是否影响守约方合同目的的实现，根据诚实信用原则，确定合同应否解除。违约方的违约程度显著轻微，不影响守约方合同目的的实现，守约方请求解除合同的，人民法院不予支持；反之，则依法予以支持。”

要关注约定的解除事由针对的是拒绝履行等重大违约行为还是附随义务，如果是附随义务，则不能轻易认定解除事由发生。三是要考察违约行为的后果，如果一方已经履行了合同的主要义务，此时违约方的违约程度显著轻微，即便违约也不影响合同目的的实现，不能轻易根据合同约定认定解除合同事由已经发生。[①] 实践中也认为："合同当事人出现违约情形时，不能当然以此为由主张解除合同，而应当结合合同履行情况、违约程度等因素，从合理平衡双方利益出发，慎重判断合同是否符合法定解除条件。"

当事人行使约定解除权，应当通知对方，合同解除的时间根据民法典第 565 条的规定处理。合同解除的效果首先根据当事人的约定予以确定，当事人没有约定或约定不明时，适用本法对于合同解除效果的规定。同时，在实践中，任意解除权，除委托合同等之外的其他类型的合同中，法院多认为原则上不应允许当事人作出此类约定，否则，既容易造成社会资源的浪费，也不符合当事人缔约的真实目的。[②]

第五百六十三条

有下列情形之一的，当事人可以解除合同：

（一）因不可抗力致使不能实现合同目的；

（二）在履行期限届满前，当事人一方明确表示或者以自己的行为表明不履行主要债务；

（三）当事人一方迟延履行主要债务，经催告后在合理期限内仍未履行；

（四）当事人一方迟延履行债务或者有其他违约行为致使不能实现合同目的；

（五）法律规定的其他情形。

以持续履行的债务为内容的不定期合同，当事人可以随时解除合同，但是应当在合理期限之前通知对方。

本条主旨

本条是关于法定解除事由的规定。

① 最高人民法院民事审判第二庭．《全国法院民商事审判工作会议纪要》理解与适用．北京：人民法院出版社，2019：315.

② 同①.

相关条文

《合同法》第 94 条　有下列情形之一的，当事人可以解除合同：

（一）因不可抗力致使不能实现合同目的；

（二）在履行期限届满之前，当事人一方明确表示或者以自己的行为表明不履行主要债务；

（三）当事人一方迟延履行主要债务，经催告后在合理期限内仍未履行；

（四）当事人一方迟延履行债务或者有其他违约行为致使不能实现合同目的；

（五）法律规定的其他情形。

理解与适用

一、法定解除概述

法定解除，是指合同具有法律约束力后，当事人在法律规定的解除事由出现时，行使解除权而使合同权利义务关系终止。法定解除权的产生事由与约定解除权的产生事由既有区别又有联系。其区别表现在，法定解除事由是法律直接规定的；而约定解除事由是双方通过合同约定的。其联系表现在：约定解除事由主要是对法定解除事由和解除效果进行修正、缓和和补充，比如，可以约定违反合同中的某项规定，不论程度如何，均可解除合同；也可以约定必须违反合同某项规定达到一个明确的程度，才可解除合同。在约定解除的事由没有涵盖全部法定解除事由的情况下，除非当事人明确排除适用法定解除的事由，在未涵盖的领域，法定解除权仍有其适用余地，这是法律行为调整模式和法定调整模式相互衔接配合的当然要求，是法定解除制度目的的表现。

依据本条规定产生的法定解除权能否被预先排除或者放弃？有观点认为，但合同解除权是法律赋予合同当事人的一项法定权利，该权利的行使不因合同双方作出的排斥性约定而归于消灭，且允许放弃，将不可避免地成为占优势地位的合同当事人签订不平等合同条款的工具。① 但是，仅以法定解除权是一项法定权利

① 最高人民法院（2014）民申字第 30 号民事裁定书中，法院认为：“《通讯花苑合作销售协议》虽约定在代理期限内，三方均不得单方面终止本协议。但合同解除权是法律赋予合同当事人的一项法定权利，该权利的行使不因合同双方作出的排斥性约定而归于消灭。因此，二审法院认定《通讯花苑合作销售协议》已依法解除，在事实认定和法律适用方面并无不妥。”《吉林省高级人民法院民二庭关于商事案件适用合同解除制度若干问题的解答》中认为：“合同法第九十四条规定的‘法定解除权’是合同法赋予当事人的一项重要合同救济权利，如果确立当事人在合同中约定预先放弃法定解除权这一规则，其将不可避免地成为占优势地位的合同当事人签订不平等合同条款的工具，违反合同法第五条的公平原则和第六条的诚实信用原则。因此，合同中有关预先放弃法定解除权的条款应当认定无效。”

为由而不允许预先排除或者放弃，并非强有力的理由，例如，违约赔偿请求权作为法定权利也可预先放弃，仅受到第506条的限制，即造成对方人身损害的、因故意或者重大过失造成对方财产损失的免责条款无效。实际上，法定解除权是为了使得当事人重获交易自由，但当事人完全可以选择承担多个有效的合同，在商事交易中，法定解除权的预先放弃，往往伴随着当事人双方的其他补偿性约定，因此，如果这是当事人真实意思自治的结果，应予尊重，除非通过格式条款规则、法律行为效力的一般规则而否认约定效力。同时，法定解除权的完全放弃或者限制仅仅是量的区别而非质的区别，当事人完全可以有效约定仅在极为有限的情形下才可行使解除权，达到与完全放弃法定解除权类似的结果。

二、合同目的不能实现

法律规定解除的事由，也是对任意解除合同的限制，以鼓励交易，避免资源浪费，合理保护双方当事人的合法权益；同时，并不是说具备这些事由，当事人必须解除合同，是否行使解除的权利，应由当事人决定。合同解除的目的是使得当事人摆脱合同权利义务的约束，并非为了制裁，因此法定解除权的发生，不以当事人的过错为要件，不以对方当事人具有可归责性作为要件。因此，即使是不可抗力发生时，双方当事人都不具有可归责性，仍然在一定前提下可以产生法定解除权。①

但是，为了避免当事人任意地解除合同，仍然需要对法定解除权的产生予以限制，而对此限制的方式，要么是宽限期模式；要么是合同目的不能实现模式；要么是以合同目的不能实现模式为基础，在履行迟延时采取宽限模式。民法典采取了最后一种模式。② 其最为核心的是必须达到“致使不能实现合同目的”的程度。如果合同目的仍然能够实现，则一般不产生法定解除权。因此，判断法定解除权是否产生的重心，并非是对方当事人的可归责性，而是合同目的是否不能实现。

判断合同目的是否不能实现，首先需要区分合同目的和合同动机。对于“合同目的”，学理上认为其包括客观目的和主观目的，客观目的即典型交易目的，即给付所欲实现的法律效果，合同的主给付义务一般就体现了合同目的，具体而言是合同标的在种类、数量、质量方面的要求及表现；主观目的即当事人签订合

---

① Unidroit Principles of International Commercial Contracts 2016，Article 7.3.1，Comment 1，2.

② 相同模式的还有CISG第25条、第49条第1款b、第64条第1款b；PICC第7.3.1、7.3.5条；PECL第8：103条。

同的动机。虽然当事人签订合同的动机在大多数情况下不得作为合同目的，但合同动机也可能在一定情况下会转化成合同目的，如果当事人明确地将其签订合同的动机告知了对方当事人，并且作为成交的基础，或者说作为合同的条件，也可以甚至应当将此类动机视为合同目的。①

赢利一般仅仅是合同的动机而非目的，当事人不能仅以己方赢利目的落空或者不能实现为由，主张合同目的不能实现。② 合同目的要根据合同性质判断，主给付义务在判断中发挥了很重要的作用。但当事人订立合同可能基于多种动机，这些动机往往无法被对方所知，如果允许以合同动机不能实现为由任意解除合同，这显然是不妥当的。例如，公司为扩大生产规模购买设备，但在交付前发生地震，公司整个建筑被毁，无力再行扩大生产规模，请求解除合同。但是，设备购买合同对公司的目的是获得设备的占有和所有权，至于设备是被转卖抑或扩大生产规模，仅仅是合同的动机，公司不能以动机不能实现为由而产生法定解除权。再如，父母为了维持儿子与儿媳的婚姻，将自己的房屋低价转让给儿子儿媳，之后儿子儿媳离婚，此时也不能认为因此产生父母亲的法定解除权。实践中也有法院持此观点，认为合同目的应当分为客观目的和主观目的，且主观目的经当事人客观化后，其不能实现能够成为法定解除事由。③

判断合同目的是否能够实现，是否据此产生法定解除权时，不能简单地由所违反条款的性质推断根本违约，而必须讨论这一违约是否会产生合同目的落空的结果。④ 此时可以考虑以下情况。⑤

① 崔建远．论合同目的及其不能实现．吉林大学社会科学学报，2015（3）：40－50.

② 最高人民法院（2009）民提字第125号民事判决书［最高人民法院公报，2010（5）］中，法院认为："不良金融资产转让协议之目的是公平合规的完成债权及实物资产的顺利转让，在未对受让人是否能够清收债权及清收债权的比例作出承诺和规范的情况下，受让人以合同预期盈利目的不能实现为由提出解除合同的诉讼请求，人民法院不予支持。"

③ 江苏省南通市中级人民法院（2015）通中民终字第03134号民事判决书［最高人民法院公报，2017（9）］中，法院认为："首先，合同目的包括客观目的和主观目的。客观目的即典型交易目的，当事人购房的客观目的在于取得房屋所有权并用于居住、孩子入学、投资等，影响合同客观目的的实现的因素有房屋位置、面积、楼层、采光、质量、小区配套设施等，客观目的可通过社会大众的普通认知标准予以判断。主观目的为某些特定情况下当事人的动机和本意。一般而言，《中华人民共和国合同法》第九十四条第一款第四项中的合同目的不包括主观目的，但当事人将特定的主观目的作为合同的条件或成交的基础，则该特定的主观目的客观化，属于《中华人民共和国合同法》第九十四条的规制范围。"

④ 最高人民法院（2016）最高法民再251号民事判决书中，法院认为："首先，要明确是否致使合同目的落空是能否行使合同法定解除权的判断标准。我国合同法中，法定解除的认定标准是违约后果是否足够严重而非所违反的条款本身是否重要。虽然上述二者之间可能存在逻辑关联，但强调以违约结果的严重性作为法定解除认定标准的落脚点，本身就是对合同法定解除权的限制。故在判断违约行为是否足以导致合同法定解除时，不能简单地由所违反条款的性质推断根本违约，而必须讨论这一违约是否会产生合同目的落空的结果。"

⑤ 参见PICC第7.3.1条第2款、CISG第25条、DCFR第3－3：502条。

第一，违约是否实质上剥夺了另一方当事人根据合同有权期待的利益，除非另一方当事人并未预见而且也不可能合理地预见到此结果。① 例如，甲负责在30日内为乙的工地清理完废物，但没有明确具体的开始时间，乙没有通知甲他已经高价雇佣了挖掘工人在1月2日施工，乙不能以甲没有在1月2日前完成清理工作为由解除合同。②

此时可以考虑违约部分的价值或者金额与整个合同价值或者金额之间的比例，例如，在履行不符合约定时，如果卖方交付的不符合约定的标的物的价值占全部合同金额的大部分，一般可以认为构成违约导致不能实现合同目的③；还可以考虑违约部分对合同目标实现的影响程度，在某些案件中，尽管违约部分的价值并不高，但对合同的实现有着重大影响，例如，在成套设备中，某一部件或配件的瑕疵可能导致整套设备无法正常运转，此时，这一违约也可以认定为违约导致不能实现合同目的；违约的后果及损害能否得到修补也需要考虑，即使违约行为十分严重，但如果这种违约是可以修补的，也可以不认定产生法定解除权。违约行为的持续时间也会对判断合同目的是否不能实现产生重要影响。④

① 最高人民法院（2006）民二抗字第28号民事判决书中，法院认为，卖方提供的原料未能通过国家规定的标准，导致买方生产的产品无法办理相关批准证书，不能合法销售，致使约定内容失去履行基础的，属于卖方未能按约履行合同义务，应当认定合同目的不能实现，买方有权解除合同。广东省深圳市中级人民法院（2017）粤03民终10534号民事判决书中，法院认为："无论是否为了方便上市的目的，绿叶化工公司将业务和资产剥离至绿叶农化公司的行为，都属于《股权代持协议》中约定的影响到委托人纳菲尔公司权益的行为，作为受托人的康通公司在行使表决权和签署相关协议时，理应事前征得纳菲尔公司同意或事后追认。……但是，尽管存在上述违约行为，本院基于如下理由，并不能认定纳菲尔公司合同目的不能实现：首先，绿叶化工公司将业务和资产剥离至绿叶农化公司的行为，属于重大资产重组和经营行为，即使纳菲尔公司不同意，在其股权实际由康通公司代持的情况下，康通公司在绿叶化工公司形式上仅仅为占股11.11%股东，并不能将代持的纳菲尔公司实际拥有的2%股份拆分出来单独行使否决权，因此并不能阻止绿叶化工公司相关决议的通过。……其次，也是最重要的，虽然绿叶化工公司将业务和资产剥离至绿叶农化公司，但依据2010年11月20日康通公司与绿叶化工公司签订《股权转让协议》，以及2010年12月1日绿叶化工公司股东会决议，绿叶化工公司各股东按照持有的实际股份比例，对应获得绿叶农化公司，同时保留绿叶化工公司及各股东在该公司股权（比例不变）。因此，康通公司其后向纳菲尔公司发出的《绿叶股权代持补充协议》，对继续代持纳菲尔公司在绿叶农化公司的股权予以承认，双方可以通过签订此补充协议进一步完善。也就是说，纳菲尔公司此前在绿叶化工公司投资权益并没有缺失。"

② Unidroit Principles of International Commercial Contracts 2016，Article 7.3.1，Illustration 3.

③ 最高人民法院（2006）民二终字第111号民事判决书中，法院认为，因卖方少交货及与合同约定质量不符部分货物的价值约占合同总金额的8%，不仅违约部分价值不高，而且并未因此实质剥夺买方再次转售从而获取利润的机会，并不影响合同目的的实现，买方可以以现金补偿的方式予以救济。迟延履行或其他违约行为在影响合同目的实现的情况下构成合同解除的法定条件，如未影响合同目的的实现，当事人不得依此要求解除合同。

④ 最高人民法院（2006）民一监字第162－1号民事裁定书中，法院认为，当事人双方签订以取得项目转让款为目的的合同，因一方违约行为持续多年，致使涉案项目长期无法完成，其虽认可双方确认的项目转让尾款，但未能作出愿意支付项目尾款并有能力支付该笔款项的明确意思表示。转让方通过该项目转让合同所享有的利益无法实现，故对转让方行使法定解除权的行为应予支持。

此外，还可能结合合同履行状况和合同类型考量其他因素。例如，股权转让合同中，法律关系的稳定、对第三人利益的影响、债权人寻求其他救济的可能性（如债务人尚有资力，可通过继续履行满足债权人的期待利益）都是需考量的因素。① 债权人能够以成本较低的方式作出替代交易也需要考虑，如果债权人很容易作出替代交易，例如标的物的市场流通性很高，很容易出卖，此时出卖标的物可以认为仅是实现合同目的的手段，而非合同目的本身。但是，如果标的物的市场流通性很高，则可能债权人脱手这个标的物本身就是合同目的之一。

第二，对被违反义务的严格遵守是否是合同的实质性约定。② 例如，在跟单信用证交易中，提交的单据必须严格与信用证条款相符。③

第三，违反义务是否导致不能信赖其将来的履行。如果一方当事人分期履行义务，并且在某一次先履行中出现瑕疵很明显将要在整个履行中重复，尽管先期履行中的瑕疵本身并不构成解除合同的依据，另一方当事人仍然可以解除合同。④ 例如，一个为期 10 年的按月供货合同，如果供货人在第二年年底发生一次不可能重复发生的债务不履行，此时，买受人不能解除全部合同关系，而只能解除发生债务不履行那个月相关的合同关系。但是，如果供应商的违约是故意的，使得买方有充分的理由认为不能指望供应商的后续履行，则买方有权解除全部合同关系。⑤ 当然，如果违反义务即使是故意但却是微不足道的，仍然不能解除。

第四，合同解除是否导致违反义务人因已经做出的准备或者履行而遭受不相称的损失，比如，甲和乙约定甲向乙交付专为其制造的软件，约定的交付时间是 12 月 31 日之前，但甲在次年 1 月 31 日才交付，此时乙仍然需要该软件，并且甲无法将该软件出售给其他客户，乙这时可以请求甲承担违约责任，但不能解除合同。⑥

解除权的范围与合同目的不能实现的程度密切相关。如果一方要履行的合同

① 赵文杰．《合同法》第 94 条（法定解除）评注．法学家，2019（4）：187. 参见最高人民法院（2017）最高法民申 919 号民事裁定书。

② 最高人民法院（2009）民提字第 125 号民事判决书［最高人民法院公报，2010（5）］中，法院认为，转让方未依约在实物资产所在地共同填写实物资产交接单，属一般违约行为，并不影响受让方清收债权，应属实物资产交付中的履约瑕疵，并非迟延履行主要债务，未影响合同目的，当事人不得依此要求解除合同。

③ Unidroit Principles of International Commercial Contracts 2016，Article 7. 3. 1，Comment 3（b）.

④ 同①.

⑤ 欧洲民法典研究组，欧盟现行私法研究组．欧洲私法的原则、定义与示范规则：第 1—3 卷．高圣平，等译．北京：法律出版社，2014：770—771. 关于违反义务的故意，PICC 第 7.3.1 条（2）（c）将其作为独立的考量因素，而 DCFR 第 3—3：502 条（2）（a）将其与是否使得债权人有理由认为无法信赖债务人将来的履行联系在一起。

⑥ Unidroit Principles of International Commercial Contracts 2016，Article 7. 3. 1，Illustration 5.

义务有多项，只有部分不履行或者履行不符合约定，导致合同目的部分不能实现时，可以考虑仅就部分行使解除权；但如果部分不履行或者履行不符合约定，导致合同目的全部不能实现时，可以就整个合同行使解除权。① 例如，《民法典》第 632 条规定："标的物为数物，其中一物不符合约定的，买受人可以就该物解除。但是，该物与他物分离使标的物的价值显受损害的，买受人可以就数物解除合同。"第 633 条规定："出卖人分批交付标的物的，出卖人对其中一批标的物不交付或者交付不符合约定，致使该批标的物不能实现合同目的的，买受人可以就该批标的物解除。""出卖人不交付其中一批标的物或者交付不符合约定，致使之后其他各批标的物的交付不能实现合同目的的，买受人可以就该批以及之后其他各批标的物解除。买受人如果就其中一批标的物解除，该批标的物与其他各批标的物相互依存的，可以就已经交付和未交付的各批标的物解除。"当然，如果将要解除的部分构成了合同的主要内容，或者该部分内容的解除将使合同的主要目的不能实现，或者部分解除将使当事人权利义务严重不对称，进而损害另一方当事人合法权益时，不能仅就部分内容行使解除权。② 因合同而产生的债务不可分时，债权人也只能解除全部合同关系。在不能合理期待债权人接受后续的给付时，债权人也能够解除全部合同关系。③

三、具体的法定解除事由

（一）因不可抗力致使不能实现合同的目的

《民法典》第 180 条第 2 款规定，不可抗力是不能预见、不能避免并不能克

① 欧洲民法典研究组，欧盟现行私法研究组．欧洲私法的原则、定义与示范规则：第 1—3 卷．高圣平，等译．北京：法律出版社，2014：740.

② 最高人民法院（2009）民提字第 125 号民事判决书中，法院认为，银行不良金融债权以资产包形式整体出售转让的，资产包内各不良金融债权的可回收比例各不相同，而资产包一旦形成，即具有不可分割性。因此，资产包整体买进后，如需解除合同，也必须整体解除，将资产包整体返还。银行不良金融债权的受让人在将资产包中相对优质的债权变卖获益后，又通过诉讼请求部分解除合同，将资产包中其他债权返还的，人民法院不予支持。"董明树与朱宪军、李文科股权转让合同纠纷上诉案"（民事审判指导与参考，2010 年第 3 辑．北京：法律出版社，2011：188）中，法院认为："《中天仕翔全盘整合协议书》是一份由多方当事人参加的全面合作协议。朱宪军、李文科诉请解除《中天仕翔全盘整合协议书》的第 1、3、5、8 条，涵盖了全盘整合的总体目标、仕翔公司股权整合目标以及资金整合目标等，这些条款构成了《中天仕翔全盘整合协议书》的主要内容，如被单独解除将严重影响《中天仕翔全盘整合协议书》目的的实现，不利于仕翔公司和中天仕翔公司的经营和发展，也不利于维护已经发生的交易关系的稳定和公司股东的利益，因而不应被解除。"

③ 参见 DCFR 第 3—3：506 条规定："（1）债务人因合同而产生的债务不可分时，债权人只能解除全部合同关系。（2）债务人因合同而产生的债务，将被分开履行或以其他方式分割时：（a）根据本节规定有理由解除与对待履行相对应的某部分债务的，债权人有权就该部分解除合同关系；（b）只有在债权人不可能接受其他部分债务的履行或存在解除全部合同关系的理由时，债权人才可以解除全部合同关系。"

服的客观情况。不能预见，是指行为人主观上对于某一客观情况的发生无法预测。对于某一客观情况的发生可否预见，因人的认知能力不同，科学技术的发展水平各异，预见能力必然有差别。因此，不可预见，应以一般人的预见能力作为判断标准。某些事件的发生，在过去不可预见，但随着科学技术水平的发展，现在就可以预见。例如现在对天气预报的准确率已达到了 90%以上，人们对狂风暴雨的规避能力已大大提高。不能避免并不能克服，表明某一事件的发生和事件所造成的后果具有必然性。不能避免，是指当事人尽了最大的努力和采取一切可以采取的措施，仍然不能避免某种事件的发生并不能克服事件所造成的后果。客观情况，是指独立于当事人行为之外的客观情况。①

不能预见、不能避免并不能克服是对不可抗力范围的原则规定，至于哪些可作为影响合同履行的不可抗力事件，我国法律没有具体规定，各国法律规定不尽相同，一般说来，以下情况被认为属于不可抗力：（1）自然灾害。自然灾害包括因自然界的力量引发的灾害，例如地震、海啸、火山喷发、台风、冰雹等。自然灾害的发生，常常使合同的履行成为不必要或者不可能，需要解除合同。比如，地震摧毁了供货一方的工厂，使其无法生产订购的货物，其要求解除合同。需要注意的是，一般各国都承认自然灾害为不可抗力，但有的国家认为自然灾害不是不可抗力。因此，在处理涉外合同时，要特别注意各国法律的不同规定。（2）战争。战争的爆发可能影响到一国以至于更多国家的经济秩序，使合同履行成为不必要。（3）社会异常事件。主要指一些偶发的阻碍合同履行的事件。比如罢工、骚乱，一些国家认为属于不可抗力。（4）政府行为。主要指合同订立后，政府颁布新的政策、法律，采取行政措施导致合同不能履行，如禁运、交通封锁、人员隔离、进出境限制、停工停产等，有些国家认为属于不可抗力。②

因不可抗力致使不能实现合同的目的的，民法典没有采取合同自动终止的方式，而是采取了产生法定解除权的方式，这有利于当事人之间的互通情况和互相

---

①　石宏．中华人民共和国民法总则：条文说明、立法理由及相关规定．北京：北京大学出版社，2017：423－424.

②　王利明．民法总则详解：下．北京：中国法制出版社，2017：831. 最高人民法院（2019）最高法民终 283 号民事判决书中，法院认为：“（双方）在合作协议第 13.2 条中进一步明确：‘不可抗力’是指双方不能合理控制、不可预见或即使预见亦无法避免的事件，该等事件妨碍、影响或延误任何一方根据本协议履行其全部或部分义务。该等事件包括但不限于一定级别的风、雨、雪、洪、震等自然灾害、火灾、战争、骚乱、罢工、政府行为、法律法规及规章政策变动或任何其他类似事件。本案根据查明的事实，双方合作协议系因政府政策调整的原因导致不能履行，是当事人不能预见、不能避免的，符合双方协议约定的不可抗力情形，也符合我国合同法律制度中有关法定解除权的规定。……据此，双方合作协议系因政府政策调整导致不能履行，属因不可抗力致使不能实现合同目的。依据双方协议约定和合同法相关规定，鸿福置业公司有权要求解除合同。”

配合，并积极采取救济措施。① 根据此目的，应当认为此种情况下，双方当事人都有权解除合同。不可抗力事件的发生，对履行合同的影响可能有大有小。只有不可抗力致使合同目的不能实现时，当事人才可以解除合同。不可抗力导致不能实现合同目的，既可能表现为不可抗力致使债务人不能履行合同，债权人订立合同的目的因而不能实现；又可能表现为，不可抗力的发生对债务人的履行行为未发生影响，只是使得债权人订立合同的目的落空。②《民法典》第 533 条规定了情势变更规则，在发生不可抗力事件时，致使继续履行合同对于一方当事人明显不公平的，得适用情势变更制度；不可抗力事件的发生，致使合同目的不能实现的，得适用法定解除制度。③

(二) 预期违约

在合同履行期限届满之前，当事人一方明确表示或者以自己的行为表明不履行主要债务的，对方当事人可以解除合同。预期违约，降低了另一方享有的合同权利的价值，如果在一方当事人预期违约的情况下，仍然要求另一方当事人在履行期间届满才能主张补救，将给另一方造成损失。允许受害人解除合同，受害人对于自己尚未履行的合同可以不必履行，有利于保护受害人的合法权益。

预期违约，首先，要求在履行期限届满之前。不仅可以包括履行期限为一期间的情形，也可以包括履行期限为一时点的情形。其次，履行是可能的。再次，当事人一方明确表示或者以自己的行为表明不履行主要债务。预期违约分为明示违约和默示违约。所谓明示违约，是指合同履行期到来之前，一方当事人明确肯定地向另一方当事人表示他将不履行主要债务。所谓默示违约，是指合同履行期限到来前，一方当事人有确凿的证据证明另一方当事人在履行期限到来时，明显将不履行主要债务。这要求将会发生不履行是很明显的，怀疑，即使是一种有理由的怀疑，也是不充分的。④ 例如，在货物需要运输的情形中，按照既有时间，无论如何货物也无法按期运送到。并且，此时不履行的是主要债务，因此是根本性的影响合同目的实现的债务，而非其他债务。最后，其不享有履行抗辩权等正当理由。

应当注意的是，该规定与不安抗辩权的相互衔接。如果将会发生不履行是很

① 韩世远．合同法总论．北京：法律出版社，2018：658-659.

② 朱广新．合同法总则研究：下册．北京：中国人民大学出版社，2018：614.

③ 王轶．新冠肺炎疫情、不可抗力和情势变更．法学，2020（3）．

④ Unidroit Principles of International Commercial Contracts 2016，Article 7.3.3，Comment 1. 欧洲民法典研究组，欧洲现行私法研究组．欧洲私法的原则、定义与示范规则：第 1—3 卷．高圣平，等译．北京：法律出版社，2014：752.

明显的，对方当事人可以依据本条规定享有法定解除权，其可以直接解除。《民法典》第 527 条第 1 款同时规定了不安抗辩权及解除："应当先履行债务的当事人，有确切证据证明对方有下列情形之一的，可以中止履行：（一）经营状况严重恶化；（二）转移财产、抽逃资金，以逃避债务；（三）丧失商业信誉；（四）有丧失或者可能丧失履行债务能力的其他情形。"第 528 条规定："当事人依据前条规定中止履行的，应当及时通知对方。对方提供适当担保的，应当恢复履行。中止履行后，对方在合理期限内未恢复履行能力且未提供适当担保的，视为以自己的行为表明不履行主要债务，中止履行的一方可以解除合同并可以请求对方承担违约责任。"有观点认为，不安抗辩权适用于"想履行而不能履行"的情形，而本项规定则适用于"能履行而不想履行"的情形。① 但是，这无法解释第 527 条第 1 款第 2 项中的"转移财产、抽逃资金，以逃避债务"。可能更佳的解释方案是，对于预期违约，必须要有非常确定的证据，但是当事人对此可能会出现判断的不准确，如果等到履行到期之日但却没有得到履行，当事人可能会遭受损失；但是，如果他认为对方可能丧失履行债务能力或者存在其他预期违约行为，而直接解除合同，但实际上对方仍然具有履行能力或者无其他预期违约行为，则他可能会因此承担违约责任。② 因此，为避免当事人因判断不准确而遭受上述风险，处于两难境地，保护守约方利益，同时考虑到上述行为对合同目的是否能够实现的影响程度的不同，守约方可以依据本项规定直接解除合同，但其也可以为保险起见，选择不直接解除合同，而是首先中止自己的履行并催告对方，给对方一个恢复履行能力和提供担保的机会，消除判断所可能出现的不确定性。③

（三）迟延履行主要债务经催告仍未履行

当事人一方迟延履行主要债务，经催告后在合理期限内仍未履行的，对方当事人可以解除合同。这有助于降低对方当事人证明迟延履行致使不能实现合同目的的难度。④ 民法典据此规定了许多具体的情形。例如，《民法典》第 722 条规

---

① 李建星．不安抗辩权与预期违约的完全区分论．政治与法律，2017（6）．

② Unidroit Principles of International Commercial Contracts 2016，Article 7.3.4，Comment 1；欧洲民法典研究组，欧洲现行私法研究组．欧洲私法的原则、定义与示范规则：第 1—3 卷．高圣平，等译．北京：法律出版社，2014：755.

③ 类似观点，参见赵文杰．《合同法》第 94 条（法定解除）评注．法学家，2019（4）：183.

④ DCFR 第 3—3：503 条第 1 款规定："债务人迟延履行合同债务后，债权人向债务人发出通知并规定了合理的履行宽限期，但债务人在该期间内仍未履行的，即使迟延履行合同债务本身不构成根本不履行，债权人也可以解除合同。"例如，在承揽合同中，定作人协助义务的履行可能极为重要，《民法典》第 778 条中规定，定作人不履行协助义务致使承揽工作不能完成的，承揽人可以催告定作人在合理期限内履行义务，并可以顺延履行期限；定作人逾期不履行的，承揽人可以解除合同。

定，承租人无正当理由未支付或者迟延支付租金的，出租人可以请求承租人在合理期限内支付；承租人逾期不支付的，出租人可以解除合同。债务人迟延履行债务是违反合同约定的行为，但并非就可以因此解除合同。只有符合以下条件，才可以解除合同。

1. 迟延履行

迟延履行，是指合同债务能够履行，但债务人无正当理由，在合同约定的履行期间届满，仍未履行合同债务；或者对于未约定履行期限的合同，应当根据本法第510条予以确定，如果仍然无法确定，根据本法第511条第4项，债务人在债权人提出履行请求并且给对方必要的准备时间届满后仍未履行。(3) 债务人到期不履行债务。

2. 迟延履行的是主要债务

所谓主要债务，应当依照合同的个案进行判断，一般说来，影响合同目的实现的债务，应为主要债务。如买卖合同，在履行期限内交付的标的物只占合同约定的很少一部分，不能满足债权人的要求，应认为迟延履行主要债务。有时，迟延履行的部分在合同中所占比例不大，但却至关重要，如购买机械设备，债务人交付了所有的设备，但迟迟不交付合同约定的有关设备的安装使用技术资料，使债权人不能利用该设备，也应认为是迟延履行主要债务。

3. 经催告后债务人仍然不履行债务

债务人迟延履行主要债务的，债权人一般应当催告债务人履行。合同的解除将导致合同权利义务关系的终止，一旦解除将会消灭一项交易，如果允许债权人在债务人任何迟延履行主要债务的情况下都可以直接解除合同，会造成财产的不必要的损失和浪费，因此，债权人一般应当进行催告，并且指定一个确定的合理期间，给对方履行的机会。指定的期限必须确定和合理，如果债权人通知指定的期间短于合理期间，则并不需要再次做出通知，债权人在通知后经过合理期间即可解除合同。① 在该合理期间内，当事人可以请求违约责任的承担，但不得解除合同。② 催告既可以采用口头的方式，也可以采用书面的方式。债权人之前未经催告，第一次向法院提起诉讼主张合同解除权，属于对债务人的催告。③ 催告的

---

① DCFR第3—3：503条第2款明确规定，具体参见欧洲民法典研究组，欧洲现行私法研究组．欧洲私法的原则、定义与示范规则：第1—3卷．高圣平，等译．北京：法律出版社，2014：748.

② PICC第7.1.5条第2款对此明确规定。

③ 湖南省张家界市中级人民法院（2019）湘08民终920号民事判决书中，法院认为："结合当事人签署的合同与备忘录，双方约定的权属登记办理时间即2019年6月30日届满后，万容达置业公司未完成权属登记事宜，属于迟延履行主要债务。张道贤提起诉讼，主张合同解除权，属于对万容达置业公司进行催告。"

费用原则上由债权人承担。催告在内容上至少应满足三项要求：一是必须指明所涉债权；二是确定合理的宽限期；三是必须明确地让债务人注意到可能的法律后果。[①] 但是，如果债务人虽然在催告后的合理期间内未履行，但在债权人行使解除权前已经履行，则债权人不应当不受领该履行而解除合同。例如，在房屋买卖合同中，买方迟延支付价金，卖方给了一个月宽限期后其仍未履行，但但又过了一个月，卖方未行使解除权，而买方要支付价金，此时，就不宜允许卖方解除。

合理期限有明确规定的，依照其规定。例如，《商品房买卖合同司法解释》第15条将“合理期限”规定为3个月[②]、《技术合同司法解释》第15条将“合理期限”规定为30日。[③] 当事人通知中指定的期限可以长于该期限，但不能短于该期限，否则应当延长到法定的期限。没有明确规定时，合理期限根据债务履行的难易程度和所需要时间的长短确定。[④] 在实践中，债权人“多次催告”后债务人仍不履行，法院将认定“合理期限”已过。[⑤] 即使当事人在催告中明确了合理期限，法院也可以根据实际情况对该期限是否合理进行裁量。[⑥] 如果债权人通知指定的期间短于合理期间，则并不需要再次作出通知，可以直接延长至合理期间，债权人在通知后经过合理期间即可解除合同。

超过该合理期间债务人仍不履行的，表明债务人没有履行合同的诚意，或者根本不可能再履行合同，在此情况下，如果仍要债权人等待履行，不仅对债权人

---

① 赵文杰．《合同法》第94条（法定解除）评注．法学家，2019（4）：185.

② 《商品房买卖合同司法解释》第15条：“根据《合同法》第九十四条的规定，出卖人迟延交付房屋或者买受人迟延支付购房款，经催告后在三个月的合理期限内仍未履行，当事人一方请求解除合同的，应予支持，但当事人另有约定的除外。……”该规定适用于房地产开发企业将尚未建成或者已竣工的房屋向社会销售并转移房屋所有权于买受人商品房的买卖合同，关于其他类型的房屋买卖，例如存量房买卖等，在该期间上，实质利益关系并无显著不同，可以类推适用。

③ 《技术合同司法解释》第15条：“技术合同当事人一方迟延履行主要债务，经催告后在30日内仍未履行，另一方依据合同法第九十四条第（三）项的规定主张解除合同的，人民法院应当予以支持。当事人在催告通知中附有履行期限且该期限超过30日的，人民法院应当认定该履行期限为合同法第九十四条第（三）项规定的合理期限。”

④ 湖南省张家界市中级人民法院（2019）湘08民终920号民事判决书中，法院认为：“因商品房权属登记涉及行政主管部门的审批，程序相对复杂，依法应给予合理期限。结合《慈利县商品房买卖合同》中关于‘在商品房交付使用后365日内将办理权属登记需由出卖人提供的资料交由产权登记机关备案’的约定，酌情给予合理期限1年，即自2019年7月1日至2020年6月30日。”

⑤ 参见最高人民法院（2017）最高法民申51号民事判决书、云南省玉溪市中级人民法院（2019）云04民终1397号民事判决书、安徽省安庆市中级人民法院（2019）皖08民终2858号民事判决书。

⑥ 最高人民法院（2014）民二终字第129号民事判决书中，法院认为：“催告函要求的15天期限不符合《中华人民共和国合同法》第九十四条第三项‘合理期限’的规定。其一，从合同签订和履行过程来看，2011年1月26日双方签订《投资合作合同书》至2013年9月5日中艺华海向宏盛煤矿、梁东泰煤矿邮寄催告履行通知书，长达两年多的时间内中艺华海没有发送任何函件督促对方尽快办好相关手续，两年多没有办好的手续，中艺华海要求宏盛煤矿、梁东泰煤矿在15天内完成，未尽合理。”

不公平，也会给其造成更大的损失，因此，债权人可以依法解除合同。债务人在宽限期内提出的给付有瑕疵，债权人不知情而受领，或保留要求补正给付的权利而受领的，需要再为定期催告，因为债务人未必知悉给付有瑕疵，应给予其补正机会和必要的时间，不应当因给付迟延而剥夺债务人在瑕疵给付中享有的利益；但是，如果债权人能够证明债务人故意为瑕疵给付，则可能因破坏当事人间的信赖而无须催告解除，依据本条第 1 款第 4 项规定直接产生法定解除权。①

在承揽等需要交付工作成果的情形中，承揽人未按照期限完成工作、交付工作成果的迟延履行而产生定作人的法定解除权问题，其中主要的关注点在于是否能够适用第 563 条第 1 款第 3 项“当事人一方迟延履行主要债务，经催告后在合理期限内仍未履行”。对此，有观点认为，如果承揽人已经完成大部分工作，仅是交付工作成果迟延，且时间不是太久，单次定期催告无果后解除可能使已完成的大部分工作丧失价值，对相关债务人失之过苛，且不合经济效益原则。② 在此需要权衡定作人和承揽人双方利益，据此：（1）在期限极为重要的定期承揽合同中，履行期限构成合同的必要因素，无论工作大部分是否完成，此时应适用第 563 条第 1 款第 4 项“当事人一方迟延履行债务或者有其他违约行为致使不能实现合同目的”，定作人直接享有法定解除权。（2）在非定期的承揽合同中，一般情况下，如果工作大部分尚未完成，此时仍然能够适用第 563 条第 1 款第 3 项，经定作人催告后承揽人在合理期限内仍未履行的，定作人享有法定解除权。（3）但是，如果工作大部分已经完成，可以认为此时交付工作成果并非主要债务，故不能适用第 563 条第 1 款第 3 项，而应适用第 563 条第 1 款第 4 项，因此，此时单次催告无果，不足以发生解除权，尚需由承揽人进一步证明合同目的不能实现，即工作成果对定作人已经没有多少利益，例如承揽人迟延履行，而定作人为履行与他人之间的合同，已经与第三人订立了相同内容的承揽合同并已经履行完毕。③

---

① 赵文杰.《合同法》第 94 条（法定解除）评注.法学家，2019（4）：186.

② 崔建远.合同一般法定解除条件探微.法律科学，2011（6）：125；赵文杰.《合同法》第 94 条（法定解除）评注.法学家，2019（4）：186；宁红丽.《民法典草案》“承揽合同”章评析与完善.经贸法律评论，2010（1）：112－114.我国台湾地区“民法”第 502 条对承揽人迟延履行作出专门规定：“因可归责于承揽人之事由，致工作逾约定期限始完成，或未定期限而逾相当时期始完成者，定作人得请求减少报酬或请求赔偿因迟延而生之损害。前项情形，如以工作于特定期限完成或交付为契约之要素者，定作人得解除契约，并得请求赔偿因不履行而生之损害。”通说观点认为定作人的解除权不能适用第 254 条的一般规定，以妥当平衡双方利益。

③ 相同观点，参见刘春堂.承揽人未依限完成工作与契约解除.裁判时报，2017（9）.广东省广州市中级人民法院（2016）粤 01 民终 8739 号民事判决书中，法院认为：“根据中汇公司前后两次向冠锋公司发送邮件内容可知，冠锋公司对中汇公司在第一次提出的关于拉手、边框、木皮等问题并未进行整改，中汇公司第二次邮件提出的问题与前述修改问题基本一致。可见，冠锋公司作为承揽人未能及时有效的按照中汇公司的要求制作涉案家具。据此，冠锋公司迟延交付货物，违反合同的主要义务，中汇公司有权解除《家具采购合同》，原审法院判令解除涉案合同正确，本院予以维持。”

（四）其他根本违约行为

迟延履行债务或者有其他违约行为致使不能实现合同目的，构成根本违约，也产生法定解除权。违约行为导致法定解除权产生的前提是，因为违约行为致使不能实现合同目的，理论上将这些违约称为“根本违约”[①]。虽然违反合同义务，但并未致使合同目的不能实现的，为非根本违约。同样一个违约行为，可能导致根本违约，也可能是非根本违约。例如，顾客买二米五布料，商店仅裁了二米三，短2分米的布。如果消费者买布的目的是做一套西装，二米三布料不够置装用，商店构成根本违约，如果消费者买布的目的是做一幅床单，虽短2分米，但不影响使用，商店则构成非根本违约。[②] 本条明确规定只有在这些违约行为致使合同目的不能实现时，也即根本违约时，才产生法定解除权，此种情况下，债权人可以解除合同，不给予债务人采取合理的补救措施的权利。

迟延履行债务致使不能实现合同目的，是指履行期限对于债权的实现至关重要，超过了合同约定的期限履行合同，合同目的就将落空。如果迟延履行致使合同目的不能实现，则不需要经过催告，而可以直接解除合同。通常以下情况可以认为构成根本违约的迟延履行：（1）当事人在合同中明确约定超过期限履行合同，债权人将不接受履行，而债务人履行迟延。（2）履行期限构成合同的必要因素，超过期限履行将严重影响订立合同所期望的经济利益。比如季节性、时效性较强的标的物，像中秋月饼，过了中秋节交付，就没有了销路，这是绝对的定期行为。还有相对的定期行为，即仅从给付的客观性质不能断定其为定期行为，要从债权人的主观动机来看，对于相对定期行为，债权人需要将动机告知债务人，否则债务人的迟延履行不会产生法定解除权。[③] （3）继续履行不能得到合同利益。比如由于债务人迟延时间过长，市场行情发生重大变化，继续履行将使债权人蒙受重大损失，应允许解除合同。

致使不能实现合同目的的其他违约行为，主要指违反的义务对合同目的的实

---

① 参见最高人民法院（2019）最高法民终464号民事判决书、最高人民法院（2019）最高法民申2472号民事判决书。

② 《联合国国际货物销售合同公约》（CISG）第25条将根本违约界定为：“一方当事人违反合同的结果，如使另一方当事人蒙受损害，以至于实际上剥夺了他根据合同规定有权期待得到的东西，即为根本违反合同，除非违反合同一方并不预知而且一个同等资格、通情达理的人处于相同情况中也没有理由预知会发生这种结果。”PICC第7.3.1条、PECL第8：103条也做出了类似的规定。

③ 北京市第一中级人民法院（2012）一中民终字第4699号民事判决书中，法院认为：“北京中亿公司主张涉案作品是为纪念建党90周年而制作，过了建党90周年纪念日履行，合同目的即不能实现，并将其视为与中秋月饼订购合同相类似的绝对的定期行为，但纵观整个合同，并没有相关条款支持其主张，从合同的客观性质也无法判定若未在建党90周年纪念日之前的合理期限履行，合同目的即不能实现，故其相关主张缺乏法律及合同依据。”

现十分重要，如一方不履行这种义务，将剥夺另一方当事人根据合同有权期待的利益。该种违约行为主要包括：（1）不能履行主要债务。在不能履行主要债务的场合下，如果不能履行是由不可抗力导致的，则通过本条第1款第1项解决；其他场合下的不能履行主要债务，债权人依据本项规定可以解除合同且无需催告。[①]（2）拒绝履行，即债务人拒绝履行合同义务，包括债务人在履行期限届满前明示或者默示地拒绝履行非主要债务致使不能实现合同目的，或者履行期限届满后拒绝履行主要债务或拒绝履行其他合同义务致使不能实现合同目的。（3）履行与约定严重不符，无法通过修理、替换、降价的方法予以补救，致使不能实现合同目的。比如，约定交付的标的物是一级棉花，但交付的却是买方根本无法使用的等外品。如果有通过修理、替换、降价的方法予以补救的可能时，债权人则不享有法定解除权。实践中多为债务人瑕疵履行后，债权人多次请求补正，但债务人不能补正，债权人因此解除合同的情况。[②]（4）履行主要债务之外的其他合同义务不适当，致使不能实现合同目的。原则上，债务人违反从给付义务和附随义务时，债权人并不当然享有法定解除权。但如果从给付义务或附随义务的不履行会导致合同目的不能实现时，债权人可以解除合同。对于违反从给付义务，《买卖合同司法解释》第25条规定："出卖人没有履行或者不当履行从给付义务，致使买受人不能实现合同目的，买受人主张解除合同的，人民法院应当根据合同法第九十四条第（四）项的规定，予以支持。"实践中买卖合同纠纷[③]、建设用地

---

① 广东省广州市中级人民法院（2019）粤01民终19880号民事判决书中，法院认为："首先，从双方的来往函件中看，报建报批手续需要南沙旅游公司提供相关证照，但南沙旅游公司并非涉案地块的权属人，无法提供的相关报建报批材料。……现南沙旅游公司无法提供相关报建报批材料，已构成违约。……其后果是深圳观景酒店整个项目的投资计划无法继续实施，涉案项目已经长时间停工，其合同目的无法实现，合同预期落空。根据《中华人民共和国合同法》第九十四条第四项规定……南沙旅游公司请求解除合同有事实和法律依据，原审法院予以支持。"

② 最高人民法院（2019）最高法民终1197号民事判决书中，法院认为："土地是否属于无权利瑕疵和符合'三通一平'的净地，涉及受让人合同目的能否顺利实现，是土地使用权出让合同关系中的重要内容，也是出让人的一项主要合同义务。赣州市自然资源局未保障案涉土地为净地出让，违反了应尽的合同义务，经旺业公司多次催促仍未解决，已经构成违约。旺业公司认为该重大瑕疵行为影响土地的整体开发利用并导致旺业公司合同目的无法实现，理由成立。旺业公司提出解除《成交确认书》，符合《中华人民共和国合同法》第九十四条第四项……的规定情形，其要求确认该解除行为效力的诉讼请求，依法应当予以支持。"最高人民法院（2017）最高法民终386号民事判决书中，法院认为："《调试协议》的内容表明，案涉设备于2008年10月抵达赫里克里特有限公司并开始进行安装调试工作，但一年后仍完全无法完成调试，以致无法投入正常生产，需要对设备进行整改和售后安装和维护。……经过整改和维护，设备质量问题始终未得到解决。现五矿公司未能提供证据证明案涉设备已经调试合格，其已履行了合同义务，故一审判决认定涉案设备质量存在问题导致订立合同的目的无法实现，五矿公司构成根本违约，并根据《中华人民共和国合同法》第九十四条第四项的规定，认定赫里克里特有限公司有权解除合同，有相应的事实和法律依据，并无不当。"

③ 天津市宝坻区人民法院（2019）津0115民初5440号民事判决书。

使用权转让合同纠纷[①]均有违反从给付义务致使合同目的不能实现从而解除合同的情况。对于违反附随义务，典型的有客运合同纠纷中承运人没有明确向旅客通知运输事项等。[②]《民法典》第 778 条也规定："承揽工作需要定作人协助的，定作人有协助的义务。定作人不履行协助义务致使承揽工作不能完成的，承揽人可以催告定作人在合理期限内履行义务，并可以顺延履行期限；定作人逾期不履行的，承揽人可以解除合同。"实践中，对于租赁房屋经营，出租人迟延履行协助承租人以该房屋为经营场所办理营业执照的义务，也可产生法定解除权。

《民法典》据此规定了许多具体的情形。例如，第 597 条规定，因出卖人未取得处分权致使标的物所有权不能转移的，买受人可以解除合同并请求出卖人承担违约责任。第 610 条规定，因标的物不符合质量要求，致使不能实现合同目的的，买受人可以拒绝接受标的物或者解除合同。第 711 条规定，承租人未按照约定的方法或者根据租赁物的性质使用租赁物，致使租赁物受到损失的，出租人可以解除合同并请求赔偿损失。第 716 条规定，承租人未经出租人同意转租的，出租人可以解除合同。第 724 条规定，有下列情形之一，因出租人原因致使租赁物无法使用的，承租人可以解除合同：（1）租赁物被司法机关或者行政机关依法查封、扣押；（2）租赁物权属有争议；（3）租赁物具有违反法律、行政法规关于使用条件的强制性规定情形。第 731 条规定，租赁物危及承租人的安全或者健康的，即使承租人订立合同时明知该租赁物质量不合格，承租人仍然可以随时解除合同。

（五）法律规定的其他解除情形

除了上述四种情形外，民法典还规定了其他产生法定解除权的情形。比如，因行使不安抗辩权而中止履行合同，对方在合理期限内未恢复履行能力，也未提供适当担保的，中止履行的一方可以请求解除合同。例如，本法第 533 条第 1 款规定，合同成立后，合同的基础条件发生了当事人在订立合同时无法预见的、不属于商业风险的重大变化，继续履行合同对于当事人一方明显不公平的，受不利影响的当事人可以与对方重新协商；在合理期限内协商不成的，当事人可以请求人民法院或者仲裁机构变更或者解除合同。本法第 634 条规定，分期付款的买受人未支付到期价款的数额达到全部价款的 1/3，经催告后在合理期限内仍未支付到期价款的，出卖人可以请求买受人支付全部价款或者解除合同。第 787 条规定，定作人在承揽人完成工作前可以随时解除合同，造成承揽人损失的，应当赔

① 参见山东省高级人民法院（2018）鲁民终 1584 号民事判决书。

② "杨艳辉诉南方航空公司、民惠公司客运合同纠纷案". 最高人民法院公报，2003（5）.

偿损失。第 933 条规定，委托人或者受托人可以随时解除委托合同。第 1022 条第 2 款规定，当事人对肖像许可使用期限有明确约定，肖像权人有正当理由的，可以解除肖像许可使用合同，但是应当在合理期限之前通知对方。

除了本法外，其他法律也规定了一些合同的法定解除权事由。例如，《旅游法》第 66 条第 1 款规定："旅游者有下列情形之一的，旅行社可以解除合同：(一) 患有传染病等疾病，可能危害其他旅游者健康和安全的；(二) 携带危害公共安全的物品且不同意交有关部门处理的；(三) 从事违法或者违反社会公德的活动的；(四) 从事严重影响其他旅游者权益的活动，且不听劝阻、不能制止的；(五) 法律规定的其他情形。"《保险法》第 52 条规定："在合同有效期内，保险标的的危险程度显著增加的，被保险人应当按照合同约定及时通知保险人，保险人可以按照合同约定增加保险费或者解除合同。"《保险法》第 15 条规定："除本法另有规定或者保险合同另有约定外，保险合同成立后，投保人可以解除合同，保险人不得解除合同。"《劳动法》第 25 条规定："劳动者有下列情形之一的，用人单位可以解除劳动合同：(一) 在试用期间被证明不符合录用条件的；(二) 严重违反劳动纪律或者用人单位规章制度的；(三) 严重失职，营私舞弊，对用人单位利益造成重大损害的；(四) 被依法追究刑事责任的。"《企业破产法》第 18 条规定："人民法院受理破产申请后，管理人对破产申请受理前成立而债务人和对方当事人均未履行完毕的合同有权决定解除或者继续履行，并通知对方当事人。管理人自破产申请受理之日起二个月内未通知对方当事人，或者自收到对方当事人催告之日起三十日内未答复的，视为解除合同。管理人决定继续履行合同的，对方当事人应当履行；但是，对方当事人有权要求管理人提供担保。管理人不提供担保的，视为解除合同。"①

四、解除权主体

通常认为，在违约情形中，仅守约方才享有法定解除权，违约方不享有法定解除权。② 这首先因为违约行为是不当行为，违约方不能因不当的行为而取得权利；同时可避免违约方的机会主义行为，防止其滥用权利损害对方及社会利益；

① 具体的梳理，参见陆青．论法定解除事由的规范体系．华东政法大学学报，2015 (1)．

② 最高人民法院 (2017) 最高法民申第 51 号民事裁定书中，法院认为："正由于法定解除权赋予了权利主体以单方意思表示干预法律关系的权利，从保护相对人免受不公平结果损害，以及维护交易安全和稳定，鼓励交易的角度出发，法定解除权通常应赋予守约方而非违约。"最高人民法院 (2003) 民一终字第 47 号民事判决书［最高人民法院公报，2005 (3)］中，法院认为："催告对方履行的当事人应当是守约方，处于违约状态的当事人不享有基于催告对方仍不履行而产生的合同解除权。"

其次是因为对违约后的继续履行和损害赔偿由守约方选择，如果守约方请求继续履行，而违约方有解除权且行使后导致履行义务消灭，则这是相互矛盾的。

在双务合同中，双方当事人均存在违约的，应根据合同义务分配情况、合同履行程度以及各方违约程度大小等综合因素，判断合同当事人是否享有解除权。[①] 如一方当事人已经履行了大部分合同义务，尤其是合同目的已基本达成的，若另一方当事人解除合同，应综合考虑合同的履行情况等因素，判断其是否享有解除权。如果另一方当事人解除合同将导致合同双方利益的显著失衡，且合同继续履行并不影响各方要求对方承担违约责任的权利的，则不宜认定其享有合同解除权。如果双方都存在致使合同目的不能实现的根本违约行为时，任何一方都享有法定解除权。[②]

另外，在不可抗力致使不能实现合同目的时，由于不存在违约的不当行为，也不存在机会主义行为的危险，此时也可认为双方当事人都享有法定解除权。但是，在不可抗力之外，还存在其他不可归责于双方当事人的事由致使合同目的不能实现，据此，可以做出进一步扩展，在因不可归责于双方当事人的事由致使合同目的不能实现时，双方当事人都享有法定解除权。例如，《民法典》第 729 条中规定，因不可归责于承租人的事由，致使租赁物部分或者全部毁损、灭失的，进而致使不能实现合同目的的，承租人可以解除合同。第 754 条中规定，租赁物因不可归责于当事人的原因毁损灭失，且不能修复或确定替代物，或者因出卖人的原因导致融资租赁合同目的不能实现，出租人或者承租人均可以解除融资租赁合同。第 857 条规定，在因作为技术开发合同标的的技术已经由他人公开，致使技术开发合同的履行没有意义的，当事人可以解除合同，此时双方当事人均享有法定解除权。《旅游法》第 67 条中也规定，因不可抗力或者旅行社、履行辅助人已尽合理注意义务仍不能避免的事件，影响旅游行程的，合同不能继续履行的，旅行社和旅游者均可以解除合同。实践中，最高人民法院对此予以进一步扩展。例如，因不可归责于双方的事由未能订立商品房担保贷款合同并导致商品房买卖合同不能继续履行[③]，因不可抗力等不可归责于旅游经营者、旅游辅助服务者的客观原因导致旅游合同无法履行的[④]，双方当事人均享有法定解除权。

---

① 参见最高人民法院（2012）民一终字第 126 号民事判决书。

② 最高人民法院（2016）最高法民终第 276 号民事判决书中，法院认为："因双方均存在违约行为，导致合同无法履行……双方合作的信任基础已经不存在，合作协议事实上已经无法继续履行。在此情形下，解除合同无疑是使双方摆脱困局、减少损失、重寻商机的最佳选择。"

③ 《商品房买卖合同司法解释》第 23 条。

④ 《最高人民法院关于审理旅游纠纷案件适用法律若干问题的规定》第 13 条第 1 款。

五、不定期继续性合同中的任意解除权

(一) 制度目的和规范性质

本条第 2 款规定了以持续履行的债务为内容的不定期合同中当事人的随时解除权或者任意解除权。该规则的制度目的是在以持续履行债务内容的不定期合同中，避免当事人无限期地受到合同约束，任何人都不能根据合同被另一个人永久地拘束，防止逸出个人自主决定的范围。① 这种制度目的也决定了其为强制性规范，当事人完全放弃此种任意解除权的约定是无效的。但是，当事人可以约定行使此种任意解除权的方法，例如约定提前 3 个月通知。

《民法典》保留了原合同法相关规范中的此类任意解除权，包括第 675 条后半句（借款）、第 730 条（租赁）、第 899 条第 2 款（保管）、第 914 条（仓储）；又增加了一些典型合同中的此类任意解除权，包括第 948 条第 2 款（物业服务）、第 976 条第 3 款（合伙）、第 1022 条第 1 款（肖像许可使用）。在民法典之外，《合伙企业法》第 46 条规定了不定期合伙协议合伙人随时退伙的权利；《农村土地承包纠纷司法解释》（法释［2005］6 号）第 17 条第 1 款规定了不定期的农地转包和租赁合同的任意解除权。为统合这些规定，并将此种任意解除权扩张至所有的不定期继续性合同中，本条第 2 款增设规定。

在定期的继续性合同中，根据当事人的意思，期间届满则合同消灭，但是考虑到合同继续性的弊害，便有在期间尚未届满时因特殊事由而允许的解除，同时，基于保护合同安定性的理由，对特殊事由应有一定的限制。德国法上的特殊事由称为"重大事由"，通常涉及违反合同义务，包括违反合同保护义务，但是在其他情况下亦可能存在。② 基于不能合理期待合同继续履行的重大事由而解除具有重要价值，重大事由与是否根本违约、可归责性无关。③ 《民法典》在一些具体规定中存在类似考量，例如，第 899 条第 2 款后半句中的"特别事由"，还

---

① 参见欧洲民法典研究组等，欧洲现行私法研究组．欧洲私法的原则、定义与示范规则：第 1－3 卷．高圣平，等译．北京：法律出版社，2014：611，613；Unidroit Principles of International Commercial Contracts 2016，Article 5. 1. 8，Comment；Lando and Beale（eds.），Principles of European Contract Law：Parts I and II，Kluwer Law International，2000，p. 317. 比较立法例，参见《法国民法典》第 1210 条和第 1211 条、《国际商事合同通则》（PICC）第 5. 1. 8 条、《欧洲合同法原则》（PECL）第 6：109 条、《欧洲私法共同参考框架》（DCFR）第 3－1：109 条第 2 款、《德国民法典》第 624 条和《意大利民法典》第 2118 条关于雇佣合同的规定、《西班牙民法典》第 1583 条关于雇佣合同的规定和第 1705 条关于合伙合同的规定。

② 王文军．论继续性合同的解除．法商研究，2019（2）．

③ 《德国民法典》第 314 条对此明确规定，并且第 626 条第 1 款（雇佣）、第 671 条第 1 款和第 3 款（委托）、第 723 条第 1 款和第 2 款（合伙）予以具体规定。在委托合同中此种解除的立法例更为常见，例如 DCFR 第 4. 4－6：103 条和第 4. 4－6：105 条。

有第729、756、857条和第1022条第2款；《合伙企业法》第45条第3项，《旅游法》第67条第1项，《劳动合同法》第40、41条等。但此种“重大事由”确实只能在个案中判断，即使立法规定，也可能是用不确定概念界定不确定概念，较难控制司法滥用可能。[①]

（二）构成要件

首先，合同必须以持续履行的债务为内容的合同，例如租赁合同、保管合同、合伙合同等，而非一次履行就会使得债务消灭的合同，这类合同又被称为继续性合同。以持续履行债务为内容的继续性合同，也就是给付的范围单纯由时间决定的合同。如果全部给付的范围自始确定，即使未规定具体期限，但当全部给付完成时，合同自然终止，就不会产生上述无限期约束的可能性。这里所谓的“持续履行债务”包括持续性给付和重复给付。[②] 前者又被称为固有的继续性合同，例如借款合同、租赁合同、保管合同、仓储合同、委托合同、合伙合同、劳动合同、保险合同等。后者又称为连续供应合同，是重复发生给付的合同，主要与买卖联系在一起，例如每天送牛奶的合同、需求供应合同甚至供用电、水、气、热力合同等。与特定结果目标联系在一起的承揽类合同并非继续性合同，债务人给付的范围已经通过特定结果目标予以确定。同时，也排除了分期给付合同，例如，分期付款、分批交货等，其中给付的范围也已事先确定，故是同一债务，仅仅是履行方式是分期分批而已。

其次，不定期的合同。继续性合同通常会约定一个存续或者履行期间；如果没有约定期间或者约定不明确，根据《民法典》第510条规定，当事人可以协议补充，不能达成补充协议的，可以按照合同有关条款、合同性质等予以确定。既未约定期间或者约定不明确，也无法确定期间的，就是不定期的合同。例如民法典第730条规定，当事人对租赁期限没有约定或者约定不明确，依据本法第510条的规定仍不能确定的，视为不定期租赁。第976条第1款规定，合伙人对合伙期限没有约定或者约定不明确，依据本法第510条的规定仍不能确定的，视为不定期合伙。同时，不定期的合同也可能是以下情形，合同的存续或者履行期间本来是明确的，但是该期间结束后，尽管当事人未明确约定继续该合同，但双方当事人均默示地继续该合同。例如，本法第734条第1款规定，租赁期间届满，承

---

① 最新的研究，参见韩世远．继续性合同的解除：违约方解除抑或重大事由解除．中外法学，2020（1）．

② ［德］罗歇尔德斯．德国债法总论．沈小军，张金海，译．北京：中国人民大学出版社，2014：286. DCFR第3－1：109条第2款对此作出明确规定。

租人继续使用租赁物，出租人没有提出异议的，原租赁合同继续有效，但是租赁期限为不定期。第 948 条第 1 款规定，物业服务期限届满后，业主没有依法作出续聘或者另聘物业服务人的决定，物业服务人继续提供物业服务的，原物业服务合同继续有效，但是服务期限为不定期。第 976 条第 2 款规定，合伙期限届满，合伙人继续执行合伙事务，其他合伙人没有提出异议的，原合伙合同继续有效，但是合伙期限为不定期。合同约定存续或者履行期间是无限期的、永久的或者终生的，除法律另有规定外，也可将此类合同视为不定期合同。除此之外，不定期合同也包括了在原定的合同期限届满后继续履行而对方未提出异议的情形，第 734 条第 1 款（租赁）、第 948 条第 1 款（物业服务）、第 976 条第 2 款（合伙）均对其作出明确规定。此外，还包括法律明确规定的其他情形，例如，依据第 707 条，租赁期限 6 个月以上未采用书面形式，无法确定租赁期限的，视为不定期租赁。

（三）法律后果

根据本款规定，以持续履行的债务为内容的不定期合同，当事人可以随时解除合同，但是应当在合理期限之前通知对方。双方当事人都有解除权，而非仅当事人一方享有解除权。本款中的“通知”属于附始期的解除通知，当事人在合理期限前向对方发出解除通知，合同自通知载明的期限届满时解除。

并且，应当在合理期限之前通知对方。这是为了给予对方必要的准备时间，合理期间的确定可以考虑当事人之间合作时间和合同关系已经持续时间的长短、另一方当事人为履行合同所付出的努力和投资、寻找新的合同对方所可能需要的时间、双方履行之间的时间间隔等等。当事人没有在合理期限之前通知对方的，并非解除通知无效，而仅需认为解除通知延至合理期限之后发生效力即可。针对不同类型的合同，“合理期限”在典型合同中分散规定。① 在实践中，不定期房屋租赁合同随时解除的通知合理期限一般是 3 个月②，也有法院认为 1 个月或 20 天也是合理的③；根据案件实际情况，如腾退难度等，法院也会认为当事人提前 20 天通知时

① 随时解除不定期物业服务合同，要提前 60 日并以书面方式通知对方（第 948 条第 2 款）；不定期租赁合同（第 730 条）、不定期合伙合同（第 976 条）、不定期肖像许可合同（第 1022 条）的解除，法律只是规定了“在合理期限之前通知”，没有明确合理期限，需要法官自由裁量。

② 广东省高级人民法院（2011）粤高法民一终字第 105 号民事判决书中，法院认为：“（当事人主张）应依据《中华人民共和国合同法》第二百三十三条之规定在合理期限内履行通知义务，而该合理期限一般为三个月。”

③ 江苏省高级人民法院（2015）苏审二民申字第 00524 号民事判决书中，法院认为：“出租人徐州市体育中心可随时解除租赁合同，但应在合理期限之前通知承租人张娟。徐州市体育中心提前一个月于 2011 年 4 月 7 日向张娟发出《终止房屋租赁关系的通知》，通知张娟终止房屋租赁关系，符合上述法律规定。”湖北省高级人民法院（2017）鄂民终 152 号民事判决书中，法院认为：“亚划中心可以随时解除合同，但应当在合理期限之前通知金三利酒店。2014 年 8 月 29 日，亚划中心向金三利酒店发函限期 20 日内腾退，实际上金三利酒店并没有马上腾退房屋，也没有对亚划中心给予的时间提出异议，亚划中心与金三利酒店间不定期租赁关系于 2014 年 9 月 18 日解除。”

间过短[①]，甚至酌情认定合理期限时长。[②] 当事人行使随时解除权但未在合理期限之前通知对方的，不影响合同解除的效力，但要赔偿因未在合理期限前通知对方从而给对方造成的损失[③]，或者认为解除通知延至合理期限之后才发生效力。

第五百六十四条

法律规定或者当事人约定解除权行使期限，期限届满当事人不行使的，该权利消灭。

法律没有规定或者当事人没有约定解除权行使期限，自解除权人知道或者应当知道解除事由之日起一年内不行使，或者经对方催告后在合理期限内不行使的，该权利消灭。

本条主旨

本条是关于解除权行使期限的规定。

相关条文

《合同法》第95条　法律规定或者当事人约定解除权行使期限，期限届满当事人不行使的，该权利消灭。

法律没有规定或者当事人没有约定解除权行使期限，经对方催告后在合理期限内不行使的，该权利消灭。

理解与适用

一、概述

无论是约定解除权，还是法定解除权，解除权的行使，是法律赋予当事人的

① 陕西省高级人民法院（2019）陕民申1826号民事判决书中，法院认为："但根据上述法律规定培训中心解除合同还应在合理期限之前通知承租人，而培训中心在2016年4月16日租赁期限届满后双方形成不定期租赁尚不满20日即通知解除合同，显然于法相悖，对于由此给深视公司造成的损失培训中心理应赔偿。"

② 河北省高级人民法院（2015）冀民二终字第3号民事判决书中，法院认为："……虽然上述条款规定出租人应当提前通知承租人，但结合公平原则，中交路通作为承租方解除租赁关系亦应提前通知维特根公司。中交路通虽不能证明提前通知维特根公司要解除租赁关系，但维特根公司在收到中交路通的起诉状时（2013年9月25日）就应明知中交路通要解除租赁关系，因此维特根公司应当在得知中交路通要解除租赁关系后的'合理期限'内返还300万元的欠款。本院将'合理期限'酌定为两个月，即维特根公司应在2013年11月25日之前返还欠款。"

③ 河南省高级人民法院（2010）豫法民一终字第135号民事判决书中，法院认为："耿虹光与新星商场系不定期租赁关系，新星商场虽有解除权，但其未给耿虹光预留合理的搬出时间，由此给耿虹光造成的经营利润损失应予赔偿，原审判决新星商场赔偿耿虹光两个月的经营利润损失亦无不当。"

保护自己合法权益的手段，但该权利的行使不能毫无限制。行使解除权会引起合同关系的重大变化，如果享有解除权的当事人长期不行使解除的权利，就会使合同关系处于不确定状态，影响当事人权利的享有和义务的履行。因此，解除权作为形成权，应当在一定期间内行使，以促使法律关系尽早确定为目标。该期间是解除权的行使期限、存续期间或者除斥期间。当然，任意解除权不受本条规定的行使期限的限制。

根据《民法典》第 199 条规定，该期间是除斥期间，不适用有关限制请求权的诉讼时效的中止、中断和延长的规定；并且该期间届满后，解除权消灭，因此与诉讼时效期间届满后的后果也不相同，诉讼时效期间届满的，根据民法典第 192 条规定，义务人可以提出不履行义务的抗辩，但权利本身并不消灭。

二、行使期限的具体确定

(一) 法律规定或者当事人约定的行使期限

法律规定的行使期限，例如，《保险法》第 16 条第 3 款规定："前款规定的合同解除权，自保险人知道有解除事由之日起，超过三十日不行使而消灭。自合同成立之日起超过二年的，保险人不得解除合同；发生保险事故的，保险人应当承担赔偿或者给付保险金的责任。"①

基于自愿原则，当事人也可以约定解除权的行使期限。比如，如果当事人约定出现某种事由可以在一个月内行使解除权。那么在合同约定的事由发生一个月后，解除权消灭，当事人不能要求解除合同。此时，无须对方当事人进行催告，只要该约定期限经过，解除权即消灭。有观点认为，如果当事人约定的除斥期间过长，则既存的合同关系随时会因解除权人行使其解除权而被废止，若恢复原状，则现有的法律秩序会遭到破坏。② 但是，约定的除斥期间仅涉及双方当事人利益，对第三人利益的保护可以通过其他规则予以实现，无须通过限制约定除斥

---

① 《民法典》第 718 条规定："出租人知道或者应当知道承租人转租，但是在六个月内未提出异议的，视为出租人同意转租。"此时，出租人不能以未经同意为由解除租赁合同。《城镇房屋租赁合同纠纷司法解释》第 16 条也规定，出租人知道或者应当知道承租人转租，但在 6 个月内未提出异议，其以承租人未经同意为由请求解除合同或者认定转租合同无效的，人民法院不予支持。实践中常将此期限扩展至租赁合同中承租人的其他违约行为所产生的解除权中，例如《北京市高级人民法院关于审理房屋租赁合同纠纷案件若干疑难问题的解答》第 14 条中规定，租赁合同约定房屋装饰装修或扩建须经出租人同意，出租人知道或者应当知道承租人对租赁房屋进行装饰装修或扩建，但在合理期限内（一般为 6 个月）未提出异议……可以视为出租人同意装饰装修或扩建，或者放弃再提出异议的权利。

② 崔建远．合同法总论：中卷．北京：中国人民大学出版社，2016：743.

期间予以实现，基于意思自治原则，限制约定的除斥期间过长似乎不具有充分且正当的理由。

根据本法第 199 条规定，法律规定或者当事人约定的撤销权、解除权等权利的存续期间，除法律另有规定或者当事人另有约定外，自权利人知道或者应当知道权利产生之日起计算。

（二）在对方当事人催告后的合理期限内行使

法律没有规定或者当事人没有约定解除权行使期限的，对方当事人为明确自己义务是否还需要履行，可以催告享有解除权的当事人行使解除权，享有解除权的当事人超过合理期限不行使解除权的，解除权消灭，合同关系仍然存在，当事人仍要按照合同约定履行义务。这有利于督促解除权的及时行使，使合同关系得到尽快的确定和稳定。催告后的合理期限，有法定或者约定的按照法定或者约定，例如，《商品房买卖合同司法解释》第 15 条第 2 款将其规定为 3 个月。[①] 相对人在催告的内容中可以定有合理期限[②]，也可以不定，但催告中所定的合理期限过短的，可以延长到合理期限。仍无法确定的，根据个案的不同情况确定，作为享有解除权的当事人应本着诚信原则，在收到催告后尽早通知对方是否解除合同。

（三）自解除权人知道或者应当知道解除事由之日起一年内不行使

法律没有规定或者当事人没有约定解除权行使期限的，另一方当事人未催告的，或者另一方当事人在很长时间之后才进行催告的，如果解除权长期存在，就可能在很长时间之后仍然行使解除权，这不利于合同关系的尽快确定和稳定。原

---

① 该规定适用于房地产开发企业将尚未建成或者已竣工的房屋向社会销售并转移房屋所有权于买受人商品房的买卖合同，关于其他类型的房屋买卖，例如存量房买卖等，在该期间上，实质利益关系并无显著不同，可以类推适用。但对此也有不同观点，例如“天津市滨海商贸大世界有限公司与天津市天益工贸有限公司、王锡锋财产权属纠纷案”［最高人民法院公报，2013（10）］中，法院认为：“最高人民法院《关于审理商品房买卖合同纠纷案件适用法律若干问题的解释》第十五条关于解除权行使期限的规定仅适用于该解释所称的商品房买卖合同纠纷案件；对于其他房屋买卖合同解除权的行使期限，法律没有规定或者当事人没有约定的，应当根据《中华人民共和国合同法》第九十五条的规定，在合理期限内行使；何为‘合理期限’，由人民法院结合具体案情予以认定。但是，在该问题上，房地产开发企业将尚未建成或者已竣工的房屋向社会销售并转移房屋所有权于买受人商品房的买卖合同，与其他买卖合同在法律性质上并无实质差别，只是标的物不同而已，根据‘相似的事物相同处理’的法律适用理念，界定‘合理期限’自然不应有差别。”《吉林省高级人民法院民二庭关于商事案件适用合同解除制度若干问题的解答》第 24 条即对此采取参照适用的观点。

② 我国台湾地区“民法”采催告中定有期限的做法，其第 257 条规定：“解除权之行使，未定有期间者，他方当事人得定相当期限，催告解除权人于期限内确答是否解除；如逾期未受解除之通知，解除权即消灭。”

合同法对此并未规定，实践中做法不一。① 为实现确定性，考虑到其他形成权的一般除斥期间，本条明确规定，自解除权人知道或者应当知道解除事由之日起一年内不行使的，解除权消灭。

该期间的起算期间并非解除权发生之日，而是自解除权人知道或者应当知道解除事由之日起计算，这也与本法第 199 条规定的"自权利人知道或者应当知道权利产生之日起计算"保持了一致。但是，如果解除权人有权解除合同，但是选择请求对方当事人在合理期限内采取修理、重作、更换等补救措施，而对方当事人置之不理的，该期间应当从补救的合理期限届满时起算。② 但是，关于最长除斥期间，本条并未做规定，可以考虑类推适用《民法典》第 152 条第 2 款和第 541 条的规定，自解除事由发生之日起 5 年内没有行使解除权的，解除权消灭。

三、解除权的其他消灭事由

解除权消灭的事由除了行使期限届满，还包括当事人知道解除事由后明确表示或者以自己的行为表明放弃解除权，这可以类推适用《民法典》第 152 条第 1 款第 3 项"当事人知道撤销事由后明确表示或者以自己的行为表明放弃撤销权"。解除权人无论是明确表示还是通过行为表示对解除权的放弃，均属于对自己权利的处分，依据自愿原则，法律予以准许。

解除权的放弃可以书面形式、口头形式和其他形式作出。如果解除权人知道解除事由后，但仍然请求对方当事人继续履行合同或者自己继续履行合同的，可以认为解除权人已经放弃了解除权。③ 当事人起诉既请求解除合同，又请求继续履行，人民法院应当告知当事人"解除合同"和"继续履行"的诉讼请求互相矛盾，其应当做出选择；当事人拒绝做出选择的，人民法院应当以诉讼请求不具体为由，裁定不予受理，已经受理的，裁定驳回起诉。

如果解除权人知道解除事由已经发生仍接受对方的履行行为的情形中，是否

---

① 之前实践中的做法不一，有的认为解除权人的解除权长达 4 年都不消灭，参见最高人民法院（2017）最高法民终 162 号民事判决书；有的类推适用民法总则关于撤销权的一般除斥期间为一年的规定和《商品房买卖合同司法解释》第 15 条第 2 款对解除权除斥期间为一年的规定，参见最高人民法院（2018）最高法民申 4614 号民事判决书；还有的认为解除权应当在合理期限内行使，且商事行为的"合理期限"要比民事法律行为的"合理期限"更加严格，参见最高人民法院（2018）最高法民终 854 号民事判决书（一审观点，二审予以维持）。

② DCFR 第 3－3：508 条第 2 款对此明确规定。

③ 参见上海市第一中级人民法院（2010）沪一中民四（商）终字第 1509 号民事判决书。《吉林省高级人民法院民二庭关于商事案件适用合同解除制度若干问题的解答》第 9 条也规定，解除权人起诉要求对方当事人继续履行合同的，可以认定为合同解除权的放弃。《广东省高级人民法院民二庭民商事审判实践中有关疑难法律问题的解答意见》第 12 条中规定，如有充分的证据证明解除权人明知解除合同的条件已成就仍选择继续履约，可视为其放弃解除权。

可以认为是放弃解除权，对此存在不同观点。[①] 这实际上是意思表示解释的问题，可以考虑区分继续履行合同行为和接受补救措施行为。例如，房屋租赁合同关系中，当承租人拖欠租金后，如果只是补缴已拖欠的房租金，出租人的收款行为不应当视为继续履行合同行为，而应当视为接受承租人所采取的补救措施行为，并不影响合同解除权；如果承租人不仅补缴了已拖欠的房屋租金，还按照合同约定预交了租金，出租人的收款行为则视合同为继续履行合同的行为，则直接影响到合同解除权的存续，可以认为放弃了合同解除权。当然，上述结论仍然是相对的，判断解除权在此情况下能否行使，需要综合考虑以下因素：第一，承租人迟延履行的程度或数额；第二，承租人嗣后恢复履行的时间和程度；第三，出租人在此过程中的反应；第四，合同目的实现的程度；第五，促使出租人解除合同的原因等等。

有观点认为，解除权人因可归责于自己的事由，致其所受领之给付物有毁损、灭失或者其他情形不能返还者，解除权消灭；因加工或者改造，将所受领的给付物变其种类者亦同[②]，除非有解除权之人不知其有解除权。[③] 但是，此时无须认为解除权消灭，一般情形下应当肯定解除权人仍然有解除权，但应当对此折价补偿以代替恢复原状或者返还给付、收益[④]，除非能够从加工或者改造等行为

① 有的认为是放弃解除权，参见最高人民法院民事审判第二庭．《全国法院民商事审判工作会议纪要》理解与适用．北京：人民法院出版社，2019：312．最高人民法院（2013）民二终字第 54 号民事判决书中，法院认为："在提起诉讼前，合同当事人在享有合同解除权的情况下，未行使合同解除权，并接受了违约方逾期支付的价款而未提出异议，表明其已接受违约方继续履行合同的事实，在诉讼过程中再行使合同解除权免除合同义务的，有违诚信原则，解除无效。"贵州省黔西南布依族苗族自治州中级人民法院（2019）黔 23 民终 1816 号民事判决书中，法院认为："若解除权人要求或接受对方继续履行，推定其默示放弃解除权。因为，从人的行为和心理来看，相对人在知道解除权人有权解除合同的情况下，既不催告解除权人解除合同，亦未等待解除权人发出解除通知，而是积极地履行合同义务，此种行为包含有不愿意解除合同而希望继续维持合同效力的意思。从解除权人的心理来看，在相对人积极继续履行合同的情形下，若解除权人认为继续履行合同已无必要或无意义，则应作出拒绝继续履行的意思表示；若解除权人无明确相反的意思表示，则表明解除权人默示接受对方的履行，可推定解除权人默示放弃解除权，该解除权消灭。"《北京市高级人民法院关于审理房屋租赁合同纠纷案件若干疑难问题的解答》第 14 条中规定，租赁合同约定房屋装饰装修或扩建须经出租人同意，出租人知道或者应当知道承租人对租赁房屋进行装饰装修或扩建，但在合理期限内（一般为 6 个月）未提出异议，或者在合理期限内提出异议后又继续履行合同或接受承租人履行义务的，可以视为出租人同意装饰装修或扩建，或者放弃再提出异议的权利。《吉林省高级人民法院民二庭关于商事案件适用合同解除制度若干问题的解答》第 9 条也规定，解除权人接受对方继续履行合同的，可以认定为合同解除权的放弃。

② 我国台湾地区"民法"第 262 条对此明确规定。

③ 《日本民法典》第 458 条即规定了"但有解除权之人不知其有解除权时，不在此限"这个例外。

④ 崔建远．合同法总论：中卷．北京：中国人民大学出版社，2016：760－761；韩世远．合同法总论．北京：法律出版社，2018：692；朱广新．合同法总则研究：下．北京：中国人民大学出版社，2018：628.《德国民法典》第 346 条第 2 款即采取此种观点。

中推导出解除权放弃的意思表示。

第五百六十五条

当事人一方依法主张解除合同的，应当通知对方。合同自通知到达对方时解除；通知载明债务人在一定期限内不履行债务则合同自动解除，债务人在该期限内未履行债务的，合同自通知载明的期限届满时解除。对方对解除合同有异议的，任何一方当事人均可以请求人民法院或者仲裁机构确认解除行为的效力。

当事人一方未通知对方，直接以提起诉讼或者申请仲裁的方式依法主张解除合同，人民法院或者仲裁机构确认该主张的，合同自起诉状副本或者仲裁申请书副本送达对方时解除。

本条主旨

本条是关于解除权行使的规定。

相关条文

《合同法》第 96 条　当事人一方依照本法第九十三条第二款、第九十四条的规定主张解除合同的，应当通知对方。合同自通知到达对方时解除。对方有异议的，可以请求人民法院或者仲裁机构确认解除合同的效力。

法律、行政法规规定解除合同应当办理批准、登记等手续的，依照其规定。

《合同法司法解释二》第 24 条　当事人对合同法第九十六条、第九十九条规定的合同解除或者债务抵销虽有异议，但在约定的异议期限届满后才提出异议并向人民法院起诉的，人民法院不予支持；当事人没有约定异议期间，在解除合同或者债务抵销通知到达之日起三个月以后才向人民法院起诉的，人民法院不予支持。

理解与适用

一、解除权的行使

当事人一方依照《民法典》第 562 条第 2 款、第 563 条规定行使解除权而解除合同，必然引起合同的权利义务的终止。但是，解除权产生之后，并不导致合同自动解除，为了防止一方当事人因不确定对方已行使合同解除权而仍为履行的行为，避免债权人的消极反应使得债务人误解债权人会接受其履行，从而对己方给付做出必要的安排以避免遭受损害，解除权人必须行使解除权才能使得合同解除。本条规定，当事人根据约定解除权和法定解除权主张解除合同的，应当通知对方。解除的意思表示可以通过诉讼外的通知的方式作出，也可以直接以提起诉讼或者申请仲裁的方式作出。

二、解除通知

解除权是一种形成权，仅需要通知对方即可，而无需取得对方的同意。行使解除权的意思表示是由相对人的单方意思表示，适用民法典总则编关于民事法律行为和意思表示的一般规定。当事人可以事先约定解除通知的方式，如果没有约定或者约定不明确，则解除通知不限于书面形式，通知可以通过任何形式发出。① 解除合同的意思表示，根据《民法典》第141条，可以撤回，但一般是不可撤销的，除非相对人同意撤销。②

在实践中，解除权产生后，解除权人为了给对方一个纠正自己违约的机会，可能会向对方发出催告，载明要求对方履行，并且在合理期限内对方仍不履行的话，合同就自动解除。这对对方当事人并不会产生任何不利，反而是对其有利，获得了纠正自己违约的机会。《民法典》第563条第2款规定，不定期继续性合同的解除需要当事人“在合理期限之前通知对方”之后才可解除，该通知即为附生效期限的解除通知。

当然，解除权人也可以在解除权产生后，不向对方发出解除通知，而直接以提起诉讼或者申请仲裁的方式依法主张解除合同。如果人民法院或者仲裁机构确认解除权人享有解除权，则应产生合同解除的法律效果。

三、合同解除的时间

第一，当事人协商一致解除合同的，解除协议成立并生效的时间作为合同解除的时间，除非当事人另有约定。

第二，解除权人诉讼外发出解除通知的，自解除通知的意思表示生效时，合同解除。解除的意思表示是有相对人的意思表示，如果解除的意思表示以非对话方式作出，本条第1款中明确规定，自解除通知到达对方当事人时，合同解除，具体到达时间可以依据《民法典》第137条第2款确定。但是，解除通知中债务人在一定期限内不履行债务则合同自动解除，债务人在该期限内未履行债务的，

① 参见最高人民法院（2006）民二终字第200号民事判决书。

② 我国台湾地区“民法”第258条第3项对此明确规定。

本条第 1 款中明确规定，债务人在该期限内未履行债务的，合同自通知载明的期限届满时解除，无须解除权人再次之后另发一份解除通知。

第三，解除权人直接以提起诉讼或者申请仲裁的方式依法主张解除合同，人民法院或者仲裁机构确认该主张的，合同自起诉状副本或者仲裁申请书副本送达对方时解除。本条第 2 款对此明确规定。双方当事人均起诉解除合同，法院审理后查明双方均享有解除权的，合同解除时间应以解除权行使较早者为准。

第四，解除权人先行发出解除通知，然后提起诉讼或者申请仲裁请求解除合同，由于解除权人已经发出解除通知，合同解除时间仍然应当是解除通知的意思表示生效之时。

四、相对人的异议和确认解除

如果一方当事人向对方当事人发出了解除通知，对方对解除合同有异议，认为解除通知的发出人不享有解除权等情形的，为防止随意解除合同导致对方利益受损，避免进一步争议的发生，对方自然可以请求人民法院或者仲裁机构确认解除合同的效力。为了使得当事人之间的法律关系确定，解除通知的发出人也可以在收到对方的异议后，请求人民法院或者仲裁机构确认解除行为的效力。较之《合同法》第 96 条第 1 款的规定“对方有异议的，可以请求人民法院或者仲裁机构确认解除合同的效力”，本条第 1 款更为明确：首先，双方都有请求人民法院或者仲裁机构确认解除行为效力的权利；其次，对方的异议与向请求人民法院或者仲裁机构确认解除行为的效力并不等同，对方提出异议不见得必须要以请求人民法院或者仲裁机构确认解除行为的效力这种方式提出①，而可以更为简便地提出，否则会倒逼对方必须以诉讼或者仲裁的方式表示异议。因此，本条规定有助于对方异议方式的简便，同时也有利于双方的相互制约，以尽快确定双方之间的法律关系。

《合同法司法解释二》第 24 条规定：“当事人对合同法第九十六条、第九十九条规定的合同解除或者债务抵销虽有异议，但在约定的异议期限届满后才提出异议并向人民法院起诉的，人民法院不予支持；当事人没有约定异议期间，在解除合同或者债务抵销通知到达之日起三个月以后才向人民法院起诉的，人民法院不予支持。”但是，即使上述异议期间届满相对人未提出异议，法院仍然需要审查解除权是否存在，不享有解除权的一方向另一方发出解除通知，另一方即便未

① 最高人民法院（2013）民一终字第 18 号民事判决书中，法院认为：“如对方当事人的异议为合同解除不具备合同法第九十三条或者第九十四条规定的条件，可以以抗辩的方式提出；如对方当事人的异议为其他理由，以抗辩方式提出的，人民法院应当告知其以仲裁或诉讼的方式提出。”

在异议期限内提起诉讼，也不发生合同解除的效果。①

五、诉讼过程中的释明

合同解除之诉却涉及所解除合同本身的有关情况，即合同是否成立、有效，又涉及解除权是否发生，如合同违约方的违约行为是否构成根本违约等问题，当事人对此认识可能会与法院不一致，往往会导致当事人行使权利不当，其诉讼请求不被法院所支持。为发挥法院对诉讼的引导功能，减少当事人的讼累，人民法院有必要对诉讼中相关事宜，例如诉请解除合同的效力、解除权是否产生等，予以释明。

《全国法院民商事审判工作会议纪要》第 49 条第 2 款规定："双务合同解除时人民法院的释明问题，参照本纪要第 36 条的相关规定处理。"第 36 条规定："在双务合同中，原告起诉请求确认合同有效并请求继续履行合同，被告主张合同无效的，或者原告起诉请求确认合同无效并返还财产，而被告主张合同有效的，都要防止机械适用'不告不理'原则，仅就当事人的诉讼请求进行审理，而应向原告释明变更或者增加诉讼请求，或者向被告释明提出同时履行抗辩，尽可能一次性解决纠纷。例如，基于合同有给付行为的原告请求确认合同无效，但并未提出返还原物或者折价补偿、赔偿损失等请求的，人民法院应当向其释明，告知其一并提出相应诉讼请求；原告请求确认合同无效并要求被告返还原物或者赔偿损失，被告基于合同也有给付行为的，人民法院同样应当向被告释明，告知其也可以提出返还请求；人民法院经审理认定合同无效的，除了要在判决书'本院认为'部分对同时返还作出认定外，还应当在判项中作出明确表述，避免因判令单方返还而出现不公平的结果。""第一审人民法院未予释明，第二审人民法院认为应当对合同不成立、无效或者被撤销的法律后果作出判决的，可以直接释明并改判。当然，如果返还财产或者赔偿损失的范围确实难以确定或者双方争议较大的，也可以告知当事人通过另行起诉等方式解决，并在裁判文书中予以明确。""当事人按照释明变更诉讼请求或者提出抗辩的，人民法院应当将其归纳为案件争议焦点，组织当事人充分举证、质证、辩论。"

---

① 《全国法院民商事审判工作会议纪要》第 46 条"通知解除的条件"规定："审判实践中，部分人民法院对合同法司法解释（二）第 24 条的理解存在偏差，认为不论发出解除通知的一方有无解除权，只要另一方未在异议期限内以起诉方式提出异议，就判令解除合同，这不符合合同法关于合同解除权行使的有关规定。对该条的准确理解是，只有享有法定或者约定解除权的当事人才能以通知方式解除合同。不享有解除权的一方向另一方发出解除通知，另一方即便未在异议期限内提起诉讼，也不发生合同解除的效果。人民法院在审理案件时，应当审查发出解除通知的一方是否享有约定或者法定的解除权来决定合同应否解除，不能仅以受通知一方在约定或者法定的异议期限届满内未起诉这一事实就认定合同已经解除。"

第五百六十六条

合同解除后，尚未履行的，终止履行；已经履行的，根据履行情况和合同性质，当事人可以请求恢复原状或者采取其他补救措施，并有权请求赔偿损失。

合同因违约解除的，解除权人可以请求违约方承担违约责任，但是当事人另有约定的除外。

主合同解除后，担保人对债务人应当承担的民事责任仍应当承担担保责任，但是担保合同另有约定的除外。

本条主旨

本条是关于合同解除后法律后果的规定。

相关条文

《合同法》第 97 条　合同解除后，尚未履行的，终止履行；已经履行的，根据履行情况和合同性质，当事人可以要求恢复原状、采取其他补救措施，并有权要求赔偿损失。

理解与适用

一、合同解除的一般效果

依据《民法典》第 557 条第 2 款的规定，合同解除的，该合同的权利义务关系终止。但是，合同关系终止，并不意味着不发生其他的权利义务关系，解除后仍然会产生诸多权利义务关系，本条对此予以明确规定。

本条第 1 款首先是针对尚未履行的部分，由于解除终止了合同权利义务关系，因此本条第 1 款规定，尚未履行的，终止履行，这在实践中不存在争议。

较有争议的是对已经履行的部分是否应恢复原状或采取其他补救措施，这里涉及合同解除的溯及力。

本条第 1 款规定，根据履行情况和合同性质，当事人可以要求恢复原状、采取其他补救措施，并有权要求赔偿损失。所谓根据履行情况，是指根据履行部分对债权的影响。如果债权人的利益不是必须通过恢复原状才能得到保护，不一定采用恢复原状。当然如果债务人已经履行的部分，对债权人根本无意义，可以请求恢复原状。所谓根据合同性质，是指根据合同标的的属性。根据合同的属性不可能或者不容易恢复原状的，不必恢复原状。这类情况主要包括：第一，以持续履行的债务为内容的继续性合同。第二，涉及第三人利益或者交易秩序的合同。

对于合同解除的效力，也会产生直接效力和间接效力的争论。① 直接效力和间接效力的相同点在于，尚未履行的，终止履行；而二者的不同点则体现在恢复原状义务的性质、损害赔偿的范围、违约金条款和其他结算清理条款的效力以及担保的效力问题上。直接效力和间接效力的争论并不必然导致对实践问题的价值判断差异，更多的是一种对同一价值判断结论的解释的选择。

二、恢复原状和采取其他补救措施

在实践中，法院对“恢复原状”和“采取其他补救措施”的界分不是十分明显，对二者的性质也没有特别明确的说明。本释义将“恢复原状”和“采取其他补救措施”统称为广义上的“恢复原状”。广义上的恢复原状包括：第一，因履行行为而取得财产的返还。第二，不能返还或者没有必要返还时的价值返还。

如果当事人互负恢复原状或者采取其他补救措施的义务，构成对待给付关系，可以行使同时履行抗辩权。②

“恢复原状”的性质是物权还是债权，在破产中待履行合同的解除后果上比较重要，这尤其涉及买卖合同。若采直接效力说，则“恢复原状”为所有物返还请求权，债权人享有取回权；若采间接效力说，则“恢复原状”为债权，债权人仅享有普通债权。笔者认为，所有权在买卖之后被解除之后并非立即自动回复，而是买受人负有返还物的占有和所有权的债务，只有在买受人依据基于法律行为的物权转让规则作出相应公示后，出卖人才重新享有所有权。③

三、赔偿损失

《民法典》承认合同解除与赔偿损失并存，毕竟两者的功能是不同的，不存在排斥关系。本条第 1 款规定，合同解除后，有权要求赔偿损失。同时，本条第 2 款明确规定，合同因违约解除的，解除权人可以请求违约方承担违约责任，但是当事人另有约定的除外。本款适用的前提是合同因违约而被解除。除当事人另有约定外，解除权人可以请求违约方承担违约责任。

尤其是违约责任中的赔偿损失，包括了法定的违约损失赔偿，也包括了约定

---

① 具体的整理，参见崔建远．解除效果折衷说之评论．法学研究，2012（2）；韩世远：合同法总论．北京：法律出版社，2018：672.

② DCFR 第 3—3：510 条第 1 款、《日本民法典》第 546 条。《全国法院民商事审判工作会议纪要》第 34 条中规定，双务合同不成立、无效或者被撤销时，标的物返还与价款返还互为对待给付，双方应当同时返还。这也可以类推适用于解除情形中。

③ 同样观点，参见韩世远．合同法总论．北京：法律出版社，2018：678－680.

的违约损失赔偿。在没有约定的情况下，根据本款规定，合同解除后，当事人可以请求赔偿履行利益。毕竟，合同解除情形中的损失赔偿请求权是因合同解除之前的违约行为而发生的，并非因合同解除才产生，损失赔偿的对象是因违约行为而产生的损。在当事人约定了一定数额的违约金、因违约产生的损失赔偿额的计算方法、定金等这些违约责任条款时，在合同因违约而解除的情况下，合同解除后仍然能够适用这些约定条款。但是，在未履行完毕的合同中，合同因违约而被守约方解除后，因为合同权利义务关系终止，所以守约方就不应当信赖合同在解除后仍然被履行，因此，在合同解除后，守约方也负有积极地通过替代措施的安排减少自己损失的义务。故合同未被解除与合同被解除后的可得利益损失仍然存在一定的区别，并非完全等同。

本条第 2 款在法律存在特别规定的情况下不适用，而应依据特别规定。例如，本法第 933 条规定："委托人或者受托人可以随时解除委托合同。因解除合同造成对方损失的，除不可归责于该当事人的事由外，无偿委托合同的解除方应当赔偿因解除时间不当造成的直接损失，有偿委托合同的解除方应当赔偿对方的直接损失和合同履行后可以获得的利益。"

四、解除后的担保

本条第 3 款规定，主合同解除后，担保人对债务人应当承担的民事责任仍应当承担担保责任，但是担保合同另有约定的除外。担保本来就为保障主债务的履行而设立，在合同因主债务未履行而被解除的，合同解除后所产生的债务人的责任也同样是因主债务未履行而导致的，因此担保人对债务人应当承担的民事责任仍应当承担担保责任，这也并不违反担保人的通常意思。《担保法司法解释》第 10 条也同样规定："主合同解除后，担保人对债务人应当承担的民事责任仍应承担担保责任。但是，担保合同另有约定的除外。"担保合同中约定保证责任随主合同的解除而免除或者变更的，基于自愿原则，应承认此种约定的效力。担保合同与主合同存在密切联系的，担保合同也可因主合同被解除而产生法定解除权。①

① 最高人民法院（2005）民二终字第 38 号民事判决书中，法院认为："远大集团公司兼并感光材料公司后，对感光材料公司投入了一定的人力、财力，而现有证据不能证明其从兼并中获得了相应的收益，享受了优惠政策。为此，远大集团公司在已付出了兼并成本，且《兼并协议》应依法予以解除的情况下，还要承担感光材料公司原有巨额旧债的担保责任，对其而言确实显失公平。故对于远大集团公司关于其基于《兼并协议》为感光材料公司的旧债提供的担保予以免除的请求应予支持。根据《民法通则》的基本原则，担保责任免除后的债权债务关系应当恢复到原来的状态，作为债权人的工行广厦支行、东方公司天津办事处可以向原债务人主张权利。"

第五百六十七条

合同的权利义务关系终止，不影响合同中结算和清理条款的效力。

本条主旨

本条是关于结算和清理条款不受合同终止影响的规定。

相关条文

《合同法》第98条　合同的权利义务终止，不影响合同中结算和清理条款的效力。

理解与适用

合同权利义务关系的终止，也就是合同权利义务条款的效力也终止，但是，如果当事人事先约定了有关合同终止后的结算和清理条款，因为这些条款本身就涉及对合同终止后事务的处理，故应当尊重当事人的此种约定。本条即规定，合同的权利义务关系终止，不影响合同中结算和清理条款的效力。

理论上对此有两种解读，一种观点认为一个合同文本中可能有多个典型合同或者非典型合同，结算和清算的条款不属于由当事人缔约目的所决定的合同条款。解除权人解除的只是系争合同，并未解除结算和清算的条款所在的另一合同，亦即结算条款、清理条款与仲裁条款、报批义务条款等一样，属于另一个合同。[①] 或者可以认为是部分解除。另一种观点认为，“清算关系”是原来的合同的约定债之关系转换而来，实质上是法定的债之关系，该债之关系的目的就是清算，故以清算为目的的结算和清理条款不可理解为当然消灭。[②] 上述理论解读仅仅是解释的选择，并不影响价值共识的存在。

该条适用的前提，首先是合同约定了结算和清理条款。结算是经济活动中的货币给付行为，结算的方式主要有：(1) 银行汇票结算。银行汇票是汇款人将款项交存银行，由银行签发给汇款人持往异地办理转账结算或支取现金的票据。(2) 商业汇票结算。商业汇票是收款人或者付款人（或承兑申请人）签发，由承兑人承兑，并于到期日向收款人或被背书人支付款项的票据。(3) 银行本票结

① 崔建远．解除效果折衷说之评论．法学研究，2012 (2)：61.

② 韩世远．合同法总论．北京：法律出版社，2018：690.

算。银行本票是申请人将款项交存银行，由银行签发给其凭以办理转账结算或支取现金的票据。(4) 支票结算。支票是银行的存款人签发给收款人办理结算或委托开户银行将款项支付给收款人的票据。(5) 汇兑。汇兑是汇款人委托银行将款项汇给外地收款人的结算方式。(6) 委托收款。委托收款是收款人委托银行向付款人收取款项的结算方式。如果当事人在合同中约定了结算方式，合同终止后，应当按照约定的方式结算。清理指对债权债务进行清点、估价和处理。如果合同中约定了进行清理的主体——比如某会计师事务所、某财产评估机构，清理的范围——比如是固定资产、流动资金，还是库存产成品，以及清理的方法——比如按照政府定价还是市场价，应当按照合同约定进行清理。同时，如上条释义中所述，关于违约责任的违约金和定金的约定也可以被认为是结算和清理条款。

应当注意的是，与解决争议方法有关的仲裁、选择适用法律、选择管辖、选择鉴定机构等条款，根据本法第 507 条，合同不生效、无效、被撤销或者终止的，不影响合同中有关解决争议方法的条款的效力。除了结算和清理条款之外，合同终止后仍然有效的还包括其他在合同终止后仍然应当履行的其他合同条款，例如保密条款。①

其次，是合同的权利义务关系终止。合同的权利义务关系终止与合同无效并非一回事。在合同无效的情形中，并不能适用本条规定。就无效之后的法律后果，当事人可以通过真实的意思表示对此予以约定。如果是独立的意思表示，既然应当承认其效力。② 即使该约定规定在无效合同中，依据《民法典》第 156 条

① PICC 第 7.3.5 条 (3)、DCFR 第 3－3：509 条 (2)，See Unidroit Principles of International Commercial Contracts 2016，Article 7.3.5，Comment 3. 欧洲民法典研究组，欧洲现行私法研究组．欧洲私法的原则、定义与示范规则：第 1－3 卷．高圣平，等译．北京：法律出版社，2014：769.

② 最高人民法院通常承认这些约定的效力，但规范依据经常被认为是《民法典》第 567 条（原《合同法》第 98 条），这在规范依据上似乎有些问题。参见最高人民法院 (2019) 最高法民终 187 号民事判决书中，法院认为："因《建设工程施工合同》未进行招投标程序，违反了《中华人民共和国招投标法》第三条规定，当事人之间签订的解决履约保证金利息、临建费用和管理人员工资、税金的承担等问题的《解除协议》效力如何。最高人民法院认为，从《解除协议》签订的原因和内容上看，该协议系江林房地产公司与中核第二二公司因《建设工程施工合同》无法履行后，通过协商一致达成的终止《建设工程施工合同》并就江林房地产公司应返还给中核第二二公司的履约保证金、已经产生的利息、临建费用和管理人员工资等费用的数额进行了确认，并就前述费用的支付期限、违约金的计算方式等问题达成的协议，是对双方权利义务的清理，具有结算性质。依据《中华人民共和国合同法》第九十八条'合同的权利义务终止，不影响合同中结算和清理条款的效力'的规定，该协议独立于《建设工程施工合同》，系双方的真实意思表示，内容不违反法律法规的强制性规定，应属有效。故江林房地产公司称《建设工程施工合同》无效，《解除协议》亦无效的理由不能成立。"最高人民法院 (2017) 最高法民终 918 号民事判决书中，法院认为："即使本案工程属于必须进行招标的工程，《建设工程施工合同》因存在串标行为而无效，亦不影响《工程结算书》《解除建设施工合同协议书》等结算和清理条款的效力。"

规定的“民事法律行为部分无效，不影响其他部分效力的，其他部分仍然有效”，合同无效，但只要不影响就无效之后的法律后果的约定的效力，这些约定仍然有效，除非这些约定也具有无效原因，例如，合同因为违反法律、行政法规的强制性规范而无效，但是，当事人就无效之后的后果进行了约定，通过这些约定达到了与合同有效相类似的结果，从而这些约定也可能会无效。

如果当事人一方未按照有效的结算和清理条款履行，则应当依法承担违约责任。①

第五百六十八条

当事人互负债务，该债务的标的物种类、品质相同的，任何一方可以将自己的债务与对方的到期债务抵销；但是，根据债务性质、按照当事人约定或者依照法律规定不得抵销的除外。

当事人主张抵销的，应当通知对方。通知自到达对方时生效。抵销不得附条件或者附期限。

本条主旨

本条是关于法定抵销的规定。

相关条文

《合同法》第 99 条　当事人互负到期债务，该债务的标的物种类、品质相同的，任何一方可以将自己的债务与对方的债务抵销，但依照法律规定或者按照合同性质不得抵销的除外。

当事人主张抵销的，应当通知对方。通知自到达对方时生效。抵销不得附条件或者附期限。

理解与适用

一、抵销概述

抵销，是指当事人双方互负债务，各以其债权充抵债务的履行，双方各自的

---

① 上海市嘉定区人民法院（2010）嘉民二（商）初字第 813 号民事判决书中，法院认为，合同终止后，双方应按照合同约定进行结算，被告违约，应承担相应的民事责任。

债权和对应债务在对等额内消灭。比如，乙在合同约定的还款日期，应支付给甲10万元人民币货款，与此同时甲也欠乙10万元人民币，并已到支付日期，此时，乙可以向甲表明，自己不偿还甲的10万元债务，甲也不必偿还欠乙的10万元债务。两相抵销，互不相欠。抵销因其产生的根据不同，可分为法定抵销和约定抵销。法定抵销，是指法律规定抵销的条件，具备条件时依当事人一方的意思表示即发生抵销的效力。约定抵销，是指当事人双方合意协商一致，使自己的债务与对方的债务发生抵销的效力。本条规定了法定抵销。

抵销具有以下功能：第一，实现债权，债权人无须诉讼、判决或者强制执行，即可实现债权，是对自己债权的私人执行。第二，简化法律关系，在未现实交付的情况下，债务人仅需通过单方的意思表示就能消灭债务，免除双方互相履行的时间、费用及其他交易成本。① 某种意义上，各种集中结算也以抵销规则作为基础。第三，担保的功能，如当事人一方只行使自己的债权，不履行自己的债务，那么，对方当事人就不能确保自己债权的实现，特别是在一方当事人财产状况恶化不能履行债务时，对方当事人行使抵销权就能够确保自己的债权相应实现。比如，某人在银行存款，又在同一银行借款，这两项债务都到期以后，如果该借款人信用不佳，则将有可能发生信用风险，此时，如果赋予银行抵销权，就可以担保其债权的实现，及时地化解风险。在他方债务人丧失清偿能力或者破产时，无论债权债务是否到期、种类品质是否相同，均能抵销，担保功能更为扩大。② 因此，现代经济社会活动上，担保作用是抵销的重要机能。此项担保机能在主张抵销之双方当事人间固然稳妥，但仍有其极限，尤其因抵销欠缺公示方法，且因当事人一方意思表示足使债权归于消灭，对于善意第三人易遭受难以预测的损害。③ 因此，我国《企业破产法》第40条对破产抵销做了特别限定，该规定应当优先适用。④

---

① 王利明．合同法研究：第二卷．北京：中国人民大学出版社，2015：271；黄立．民法债编总论．北京：中国政法大学出版社，2002：704.

② 《破产法解释二》第43条规定："债权人主张抵销，管理人以下列理由提出异议的，人民法院不予支持：（一）破产申请受理时，债务人对债权人负有的债务尚未到期；（二）破产申请受理时，债权人对债务人负有的债务尚未到期；（三）双方互负债务标的物种类、品质不同。"

③ 孙森焱．民法债编总论：下册．北京：法律出版社，2006：903-904.

④ 《企业破产法》第40条规定："债权人在破产申请受理前对债务人负有债务的，可以向管理人主张抵销。但是，有下列情形之一的，不得抵销：（一）债务人的债务人在破产申请受理后取得他人对债务人的债权的；（二）债权人已知债务人有不能清偿到期债务或者破产申请的事实，对债务人负担债务的；但是，债权人因为法律规定或者有破产申请一年前所发生的原因而负担债务的除外；（三）债务人的债务人已知债务人有不能清偿到期债务或者破产申请的事实，对债务人取得债权的；但是，债务人的债务人因为法律规定或者有破产申请一年前所发生的原因而取得债权的除外。"

二、法定抵销权的产生要件

法定抵销能因当事人一方行使抵销权而使双方互负的债务归于消灭，为防止一方擅自以一己之意改变双方当事人的债务关系，故法定抵销权的产生需满足以下构成要件，理论上称之为“抵销适状”。

（一）当事人互负有效的债务

抵销发生的基础在于当事人既互负有效的债务，又互享有效的债权，只有债务而无债权或者只有债权而无债务，均不发生抵销。双方当事人互负的债权债务，可能会因同一个法律关系而发生，也可能基于两个或两个以上的法律关系发生。比如，甲欠乙建设工程款 200 万元，乙第一次向甲购货欠款 150 万元，第二次购货欠 50 万元。甲可以以乙两次共欠其的 200 万元货款债权，抵销其欠乙的 200 万元工程款。其中，提出抵销的一方所享有的债权，称为主动债权；被抵销的债权，称为被动债权。

如果债权人和债务人并非同一人，不产生法定抵销权，不得主张抵销。[①] 例如，《合伙企业法》第 41 条中规定，合伙人发生与合伙企业无关的债务，相关债权人不得以其债权抵销其对合伙企业的债务。但是，有法律特别规定时，仍然可以允许抵销权向第三人行使，例如，《民法典》第 549 条规定：“有下列情形之一的，债务人可以向受让人主张抵销：（一）债务人接到债权转让通知时，债务人对让与人享有债权，并且债务人的债权先于转让的债权到期或者同时到期；（二）债务人的债权与转让的债权是基于同一合同产生。”同时，在第三人对债务履行具有合法利益时，依据第 524 条第 1 款规定，第三人有权向债权人代为履行，此时也应当允许第三人抵销。

同时，抵销使得债权消灭，这要求抵销人应当对用以抵销的主动债权具有处

① “无锡市春江花园业主委员会诉上海陆家嘴物业管理有限公司等物业管理纠纷案”［最高人民法院公报，2010（5）］中，法院认为：“物业公司提出有部分业主尚结欠 2008 年 6 月 30 日以前的物业管理费 131 万元，并未提交充分证据予以证明，更重要的是，《中华人民共和国合同法》第九十九条规定：‘当事人互负到期债务，该债务的标的物种类、品质相同的，任何一方可以将自己的债务与对方的债务抵销，但依照法律规定或者按照合同性质不得抵销的除外。’根据该规定，要进行债务抵销，当事人之间应当互负债务，互享债权。本案中诉讼的双方当事人为原告业委会和物业公司、被告无锡分公司，而结欠物业管理费的为部分业主，为单个的主体。业委会系代表小区全体业主提起诉讼，虽然包括了该部分欠费业主，但两者有本质的区别。因此，双方债权债务主体不同，不符合法定抵销的规定，因此，对物业公司行使抵销权的主张不予支持。”“向明清与安江信用社下属茅渡分社储蓄存款合同纠纷上诉案”（何志．合同法原理精要与实务指南．北京：人民法院出版社，2008：381 页）中，法院认为，当事人行使抵销权的对象必须是对其负有债务的债务人。银行通过扣收债务人配偶的存款实现债权，不是对抵销权的正当行使，属侵权行为。

分权。比如，提出抵销的一方用于抵销的债权上已经设立质权，未经质权人同意，不能发生抵销效力；债权被扣押的，也不得作为主动债权为抵销。同时，在债权人提起代位权诉讼后，债务人丧失主动处分其对相对人债权的权利①，这应当也包括行使抵销权而消灭债权，即债务人不得行使抵销权。但相对人是否可以行使抵销权？对此存在争议。一种观点认为，在债权人代位权诉讼审理期间，相对人向债权人主张与债务人互负债务相互抵销，如果法院认定代位权成立，则相对人只能向债权人清偿，其抵销主张不能得到支持。因为相对人清偿债务的对象是固定的，只能向债权人清偿，债务人与相对人之间的抵销等债权处分行为将导致债务人对相对人的债权消灭或未到期，从而直接或间接影响债权人代位权的行使，亦即相当于允许债务人和相对人自主处分财产，债权人代位权制度设定的目的便落空，故提起代位权之诉后就应该否定相对人行使抵销权的效力。② 但是，代位权的行使不能使得相对人的地位因为债权被他人依法行使而恶化，就此，《民法典》第 535 条第 3 款规定“相对人对债务人的抗辩，可以向债权人主张”，相对人行使抵销权也可以被作为广义上的抗辩，在相对人行使抵销权的情形中，债务人的积极财产虽然减少，但是债务也相应减少，整体上债务人的履行能力并未恶化。因此，可能更为合适的观点是认为，即使在代位权诉讼中，相对人仍可主张抵销。③

抵销人不得以第三人对被抵销人享有的债权进行抵销，比如《民法典》第

---

① 参见“中国农业银行哈尔滨市汇金支行诉江苏省张家港市涤纶长丝厂代位权纠纷案”［最高人民法院公报，2004（4）］：“进入代位权诉讼程序后，债务人即丧失主动处分其对次债务人的债权的权利。”《广东省高级人民法院关于民商事审判适用代位权制度若干问题的指导意见》第 8 条：“债权人提起代位权诉讼后，债务人以放弃、转让等方式处分其对次债务人的债权的行为，未经法院或债权人认可的，应认定无效，不影响债权人行使代位权。但受让债权的善意第三人已向债务人支付合理对价的除外。”同样观点，参见奚晓明，王闯．关于合同法债权人代位权制度若干重要问题//最高人民法院民事审判第二庭．民商事审判指导：2004 年第 2 辑．北京：人民法院出版社，2005：20－22. 当然，学说上存在争论，毕竟债权的保全，不同于民事诉讼上的保全措施，债务人的处分权和相对人的处分权问题，都不应该受到限制，更何况民事诉讼上的保全，通常会伴随着担保，而合同保全没有要求担保，赋予如此强大的效力，是否合适。但是，在本释义看来，保全需要担保，这以保全要件较为宽松为前提，而代位权不要求担保，但构成要件较为严格，且必须诉讼行使，所以整体上看仍然是合适的。

② 江苏省无锡市中级人民法院（2017）苏 02 民终 4767 号民事判决书［人民司法·案例，2019 年（29）］中，法院认为：在法院认定中源公司提起代位诉讼成立的情况下，朱仁迪不能行使对中稷公司的抵销权。虽然法律规定，在代位权诉讼中，次债务人对债务人的抗辩，可以向债权人主张，但该抗辩仅是对债权真实性、已超过诉讼时效等的抗辩。代位权诉讼中，基于债权人向次债务人提起诉讼，是法律赋予债权人在债务人怠于行使其到期债权损害债权人权利实现时的一种特殊的债的保全制度。按照《合同法解释（一）》第 20 条规定，人民法院认定债权人代位权成立的情况下，次债务人朱仁迪只能向债权人中源公司履行，不能主张与债务人中稷公司互负债务互相抵销。

③ 相同观点，参见最高人民法院（2017）最高法民申 1392 号民事裁定书。

553条中规定，债务承担时，原债务人对债权人享有债权的，新债务人不得向债权人主张抵销。学说上有观点认为，连带债务人以其他连带债务人对于债权人的债权，就其应承担的部分为限可以主张抵销。① 学说上也有观点认为，债务人对债权人享有债权的，保证人得主张抵销。②《民法典》第520条第1款前段仅规定，部分连带债务人履行、抵销债务或者提存标的物的，其他债务人对债权人的债务在相应范围内消灭，并未明确承认其他连带债务人有权主动主张抵销。可能的观点是认为，考虑到民法典是以相对效力作为起点，则在没有明确规定绝对效力的前提下，连带债务人不能以其他连带债务人对于债权人的债权主张抵销，否则虽然避免了追偿麻烦，但却违反了享有抵销权的连带债务人的意愿，并且剥夺了债权人基于连带债务所享有的担保利益③；与此对应，在内部追偿时，被追偿的连带债务人也不可以其对债权人所享有的抵销权对抗追偿人，不应适用第519条第2款中规定的"其他连带债务人对债权人的抗辩，可以向该债务人主张"④，否则容易产生被追偿的连带债务人和债权人串通损害追偿人的道德风险，而且，被追偿的连带债务人本来可以向债权人主张抵销而避免追偿中不能行使抵销权的风险。但是，《民法典》第702条规定，债务人对债权人享有抵销权或者撤销权的，保证人可以在相应范围内拒绝承担保证责任，不承认保证人的抵销权，这样既能避免保证人通过抵销处分债务人的债权，又能避免保证人利益受损。据此，可能统一的解释方案是认为，连带债务人也有权以其他连带债务人对债权人所享有的抵销权在相应范围内拒绝承担债务，在追偿时，将抵销权解释为广义的抗辩，适用第519条中所规定的"其他连带债务人对债权人的抗辩，可以向该债务人主张"⑤。

抵销的效果是使得对立的债权在相当的额度范围内归于消灭，因此需以双方债权的有效存在为前提。在此需要考虑以下特殊类型的债权是否能够作为主动债权抵销。

（1）就主动债权而言必须有强制履行的效力，不具有强制履行效力的不完全债权，不得由债权人用作主动债权主张抵销，否则剥夺了主动债权的债务人的利益。

① 韩世远．合同法总论．北京：法律出版社，2018：698．意大利、日本和我国台湾地区采取此种立法例。

② 崔建远．合同法．北京：法律出版社，2016：215.

③ PICC第11.1.4条采取同样观点。

④ See Unidroit Principles of International Commercial Contracts 2016, Article 11.1.12, Comment 2.

⑤ 同样观点，参见王利明．合同法研究：第二卷．北京：中国人民大学出版社，2015：276-277.

（2）在附条件或者期限的债权中，若所附条件或者期限为生效条件或者期限，在条件成就或者期限届至前，债权尚不发生效力，自不得为抵销。若所附条件为解除条件或者所附期限为终止期限，则条件成就或者期限届满前债权为有效存在，得为抵销；但是条件成就或者期限届满后有无溯及力具有争议，一种观点认为没有溯及力，抵销仍然有效①；另一种观点认为具有溯及力，主动债权因条件成就或者期限届满而嗣后失其效力，被动债权此前因抵销而归于消灭，其主张抵销之一方系无法律上之原因（法律上原因嗣后消灭）而受利益，应当依不当得利返还所受利益。② 考虑到《民法典》第 158、160 条对此规定的是“失效”，而非第 155 条中的“自始没有法律约束力”，在因期限届满或者解除条件成就而失效的债权作为主动债权而为抵销时，为保护另一方利益，似乎采取后一种观点更为妥当，毕竟主动债权人在主张抵销时就应当考虑到债权失效的可能，而被动债权人则是完全被动，不应因被抵销而丧失被动债权的利益；但在该债权作为被动债权而被抵销时，似乎前一种观点更为妥当，毕竟另一方在主张抵销时就应当考虑到被动债权具有失效的可能性。

（3）可撤销的债权，在未经撤销以前，仍属有效存在，债权人自得以之为主动债权主张抵销；若嗣后被撤销则与自始无效同，抵销即失其效力，他方之债权乃因而复活。③

（4）附抗辩权的债权，不得作为主动债权抵销。例如，附履行抗辩权的债权，不得作为主动债权抵销，防止他方的抗辩机会遭到剥夺。④ 同样，超过诉讼时效的债权，不得作为主动债权主张抵销，否则同样剥夺了对方的时效抗辩权⑤；当然，在诉讼时效届满后，债务人同意履行的，即放弃了时效抗辩权，此时超过诉讼时效的债权也可以作为主动债权主张抵销。关于抵销适状以后主动债权诉讼时效才届满的情况，下文详述。

（5）持票人在丧失票据权利后，仍然有权依据作为票据基础关系的合同债权

---

① 崔建远．合同法．北京：法律出版社，2016：215.

② 邱聪智．新订民法债编通则：下．台北：辅仁大学，2001：758.

③ 孙森焱．民法债编总论：下册．北京：法律出版社，2006：906.

④ 孙森焱．民法债编总论：下册．北京：法律出版社，2006：907；邱聪智．新订民法债编通则：下．台北：辅仁大学，2001：758.

⑤ 四川省广元市利州区人民法院（2018）川 0802 民初 851 号民事判决书中，法院认为，由于本案中主张债务抵销的一方即被告利州信用联社，其债权已过诉讼时效，而对方即本案的原告郭全勇主张诉讼时效的抗辩。主张债务抵销的一方，债权诉讼时效已经经过，而诉讼时效的规定，是基于不让权利人在权利上睡觉，故本院认为，被告利州信用联社的抵销权不成立，不能主张抵销。同样观点，参见四川省成都市（2011）高新民初字第 128 号民事判决书。

行使抵销权。[①]

被动债权的限制较主动债权为小，不仅是可撤销、解除或者附解除条件或者附履行抗辩权的债权等，为被动债权而被主张抵销的均为有效。

（二）被抵销一方的债务（主动债权）已经到期

抵销具有相互清偿的作用，因此只有在提出抵销的一方所享有的主动债权的履行期限届至时，才可以主张抵销；否则，等于强制债务人提前履行债务，牺牲其期限利益。在符合其他条件的情况下，如果双方的债务均已经到期，则双方均可主张抵销，《合同法》第 99 条第 1 款即规定了“当事人互负到期债务”。但是，如果主动债权对应的债务履行期限届至，而被动债权对应的债务履行期限未届至，应当也允许主动债权人主张抵销，这实际上是其放弃了期限利益而提前履行，只要主动债权一方提前履行不损害另一方当事人的利益，这也是根据本法第 530 条得出的结论，依据本法第 530 条的规定，提前履行不损害债权人利益的，债务人可以提前履行，但给债权人增加的费用，由债务人负担。比如，甲对乙负有债务，该债务于 11 月 1 日到期，而乙对甲也负有同种类的债务，该债务于 12 月 1 日到期，在 11 月 15 日时，甲的债务已经到期，而乙的债务尚未到期，乙可以主张抵销，相当于乙提前履行债务；但是，甲不能主张抵销，否则相当于强制乙提前履行债务。为明确这一点，本条第 1 款对原《合同法》第 99 条第 1 款的规定予以修改。

但在破产情形中，未届履行期的债权债务可以视为到期债权债务，依法抵销。比如，《企业破产法》第 46 条规定：“未到期的债权，在破产申请受理时视为到期。附利息的债权自破产申请受理时起停止计息。”《破产法解释二》第 43 条也规定：“债权人主张抵销，管理人以下列理由提出异议的，人民法院不予支持：（一）破产申请受理时，债务人对债权人负有的债务尚未到期；（二）破产申请受理时，债权人对债务人负有的债务尚未到期；（三）双方互负债务标的物种类、品质不同。”

此处还需要讨论，债权在抵销适状之后才超过诉讼时效的，其作为被动债权而被抵销当然并无问题，但其能否作为主动债权而为抵销？这直接联系到抵销的

① “长治市达洋电器有限公司诉博西家用电器（中国）有限公司买卖合同纠纷案”［最高人民法院公报，2011（11）］中，法院认为：人民法院就票据作出的除权判决系对权利的重新确认，票据自除权判决公告之日起即丧失效力，持票人即丧失票据权利，使原来结合于票据中的权利人从票据中分离出来，公示催告申请人即有权依据除权判决请求票据付款人付款；但是，持票人丧失票据权利，并不意味着基础民事权利丧失，其仍有权依据基础合同主张民事权利，行使基础合同履行中的债务抵销权，并不损害基础合同相对方的合法权益。

溯及力问题。一种观点认为，抵销应当具有溯及力，即便主动债权在主张抵销时诉讼时效已经届满，但只要在抵销适状，即得为抵销时，诉讼时效尚未届满的，仍可主张抵销。[①] 但是，主动债权在诉讼时效届满之后，如果主动债权人不是主张抵销，而是要求被动债权人向其履行债务，债务人当然享有时效抗辩权，为何在抵销情形中就做出不同处理，更合理的方式似乎是不应因为请求履行或者主张抵销而有不同。同时，只要主动债权与被动债权曾经符合抵销要件，不论主动债权诉讼时效期间届满多久，主动债权人在逻辑上都可以主张抵销溯及发生效力，这似乎不符合诉讼时效督促权利人行为权利的宗旨，债权人原本可以在诉讼时效期间届满前轻易地要求债务人清偿债务或者主张抵销，但其疏于主张权利，事后再以诉讼时效期间届满的债权主张抵销，似乎缺乏正当性。[②] 因此，可能更为合理的方案是，诉讼时效期间届满的债权仍然可作为主动债权主张抵销，但债务人有权事先或者在收到抵销通知后一定期限内主张时效抗辩。[③] 关于主张时效抗辩的期限，可以考虑《合同法司法解释二》第 24 条规定的约定期限或者法定的 3 个月期限。[④]

（三）债务的标的物种类、品质相同

种类相同，是指合同标的物本身的性质和特点一致。比如都是支付金钱，或者交付同样的种类物。品质相同，是指标的物的质量、规格、等级无差别，如都

---

① 郑玉波．民法债编总论．北京：中国政法大学出版社，2004：514；李永军．民法总论．北京：法律出版社，2006：745．持此种观点的案例，参见“厦门源昌房地产开发有限公司、海南悦信集团有限公司委托合同纠纷再审案”［最高人民法院公报，2019（4）］：“通知仅系法定抵销权的行使方式，抵销权成立后当事人是否及时行使抵销权通知对方，并不影响抵销权的成立。行使抵销权之时虽已超出诉讼时效，但并不妨碍此前抵销权的成立。抵销通知亦为单方意思表示，意思表示只要到达对方，无需其同意即可发生抵销的法律后果，作为形成权抵销权的行使不受诉讼时效限制。此外，因抵销关系之双方均对对方承担债务，在某种程度上对己方之债权具有担保作用，故我国《合同法》未对抵销权的行使设置除斥期间，而是规定抵销权人行使抵销权后，对方可以在一定期间内提出异议。但即使如此，抵销权的行使亦不应不合理的迟延。从实体公平的角度看若以诉讼时效届满为由认定其不能行使抵销权，不仅违背抵销权的立法意旨，且有悖于民法之公平原则。”还可参见福建省福州市中级人民法院（2007）榕民初字第 575 号民事判决书、江苏省张家港市人民法院（2013）张商初字第 1085 号民事判决书、广东省广州市海事法院（2007）广海法初字第 129 号民事判决书。相同立法例，参见《德国民法典》第 215 条、《瑞士债务法》第 120 条第 3 款、《荷兰民法典》第 6：131 条第 1 款、《日本民法典》第 508 条、《联合国国际贸易法委员会国际货物销售时效期间公约》第 25 条第 2 款、我国台湾地区“民法”第 337 条。

② 欧洲民法典研究组、欧盟现行私法研究组．欧洲私法的原则、定义与示范规则：第 1—3 卷．高圣平，等译．北京：法律出版社，2014：1051；张保华．抵销溯及力质疑．环球法律评论，2019（2）：112.

③ 相同观点，参见 PECL 第 14：503 条、DCFR 第 3—7：503 条。其规定异议的法定期限为 2 个月。

④ 《合同法司法解释二》第 24 条：“当事人对合同法第九十六条、第九十九条规定的合同解除或者债务抵销虽有异议，但在约定的异议期限届满后才提出异议并向人民法院起诉的，人民法院不予支持；当事人没有约定异议期间，在解除合同或者债务抵销通知到达之日起三个月以后才向人民法院起诉的，人民法院不予支持。”

是一级天津大米。债务种类品质不相同，原则上不允许抵销，除非法律另有规定，例如在破产程序中，种类品质不同的债务也能抵销。① 如果主动债权的品质优于被动债权的，也应当允许抵销。债务的标的物种类品质相同还表明，用以抵销的债务的标的应当是物而非行为，因为行为具有特定的人身性质，不具有可比性，很难使双方债权在对等额内消灭。履行地点不属于种类和品质的范畴，因此履行地点不同的同种类同品质的债务，也可以抵销，但主张抵销的债务人应当赔偿相对人因抵销而遭受的损失。②

实践中还需要考虑一些特殊情况：（1）币种不同的金钱之债可否抵销。学说上认为币种不同的债务不属于相同种类的标的物，原则上不得抵销。理由是从中国的外汇管理制度下外汇具有稀缺性来看，外汇具有一般等价物之上的特殊意义和价值，允许抵销会剥夺外汇债权人所享有的一般等价物之外的特殊意义或价值；从当事人意思来看，以外汇计价必然有当事人特殊的目的，对当事人具有约束力；允许抵销会带来币种标准和汇率标准难以确定等问题。③ 但是，如果外汇债权人提出抵销，或者外汇对被动债权人不具有特殊意义时，应当允许抵销，此时，法院依据《外汇管理条例》第 8 条关于中华人民共和国境内禁止外币流通并不得以外币计价结算的规定，将外币按照提出抵销时的汇率折合为人民币从而适用抵销的有关规定。④ 这促使在波动中遭受损失的一方当事人尽快发出抵销通知，防止利用货币市场波动的投机行为。

（2）特定物与特定物、种类物与特定物、种类物与种类物之间的抵销。以特定物为给付物时，即使双方的给付物属于同种类，也不允许抵销。但是，在双方

---

① 《破产法解释二》第 43 条："债权人主张抵销，管理人以下列理由提出异议的，人民法院不予支持：（一）破产申请受理时，债务人对债权人负有的债务尚未到期；（二）破产申请受理时，债权人对债务人负有的债务尚未到期；（三）双方互负债务标的物种类、品质不同。"

② 《德国民法典》第 391 条、《日本民法典》第 507 条、我国台湾地区"民法"第 336 条对此明确规定。

③ 韩世远．合同法总论．北京：法律出版社，2018：701－704；王洪亮．债法总论．北京：北京大学出版社，2016：176. PICC 第 8.2 条规定：当以不同货币支付金钱债务时，也可行使抵销权，但要以该两种货币均为可自由兑换的货币，而且当事人没有约定第一方当事人必须以特定货币支付为条件。DCFR 第 3－6：104 条类似规定。

④ 参见广东省东莞市第二人民法院（2015）东二法民四初字第 107 号民事判决书，本案中法院认为："依照《中华人民共和国外汇管理条例》第八条的规定，在中华人民共和国境内应以人民币计价结算，故原告主张的前述损失 1 050 万日元应折合为人民币。原告主张按日元兑人民币 100：5.07 的汇价将前述损失1 050 万日元折合为人民币 532 350 元，由于中国人民银行授权中国外汇交易中心于判决当日（即 2018 年 7 月 23 日）公布的日元兑人民币的汇率中间价 100：6.0813 高于原告主张的前述日元兑人民币的汇价，故本院对原告的前述主张依法予以照准。原告与被告确认原告就案涉买卖合同关系尚未向被告支付货款人民币 345 000 元，原告与被告均主张在本案中抵销处理前述未付货款，依照《中华人民共和国合同法》第九十九条第一款的规定，本院对原告与被告的前述主张依法予以支持。"

当事人均以同一物为给付物时，仍属同一种类的给付，可以抵销。[①] 当事人一方的给付物为特定物，对方的给付物为同种类的种类物时，因两者不是同种类的给付，不允许以种类债权抵销特定债权，但允许以特定物抵销种类，因为种类之物并无特性，以种类之债为被动债权，于另一方当事人并无不利益；反之，若以种类之债为主动债权，与特定之债权抵销，则另一方当事人取得具有特性的标的物的权利即遭剥夺。[②] 双方当事人的债权皆为种类债权，但种类的范围有广有狭时，范围狭的种类债权对范围广的种类债权可以抵销；范围广的种类债权对于范围狭的种类债权，则不允许抵销。[③]

（四）无禁止抵销的情形

根据本条第1款规定，禁止抵销的情形如下。

1. 根据债务性质不得抵销

所谓根据债务性质不能抵销，是指如果允许抵销，即违反债之本旨或者不符合给付目的，因此只能相互清偿以实现债权目的。根据债务性质不得抵销的情形主要有：（1）必须履行的债务不得抵销。如应当支付给下岗工人的生活保障金，不得用以抵销工人欠企业的债务。（2）具有特定人身性质或者依赖特定技能完成的债务，以及相互提供劳务的债务，不得相互抵销。如根据教学合同，乙校的张老师应去甲校讲授数学课一个月，而甲校的李老师也负有在乙校讲授一个月数学课的义务，讲课报酬相同。虽然是同种类债务，时间、报酬都相同，但由于张、李二人的讲授方法不可能相同，因此，双方的讲课债务不能抵销。（3）不作为债务不得相互抵销，此种债务不经过相互实际履行，就无法实现债权的目的。（4）故意、重大过失侵权所产生的债务，以及造成对方人身损害所产生的债务。《民法典》第506条规定了这两类债务的免责条款无效，这两类债务不能实现约定免除，基于同样的意旨，也不允许抵销，防止债权人任意侵犯债务人的人身和财产权利，如果允许抵销，有违公序良俗，且会诱发侵权行为，不利于侵权行为的遏制。这可以防止以下情形，例如，债权人享有债权后，持有属于债务人的一些物资，债权人故意将之出卖，以所得收益偿付债务。[④] 但是，对于因故意侵权行为而发生的债权应允许受害人作为主动债权主张抵销。[⑤]（5）约定应当向第三

---

① 崔建远．合同法学．北京：法律出版社，2015：215。

② 孙森焱．民法债编总论：下．北京：法律出版社，2006：908.

③ 王利明．合同法研究：第二卷．北京：中国人民大学出版社，2015：278.

④ 欧洲民法典研究组、欧盟现行私法研究组．欧洲私法的原则、定义与示范规则：第1—3卷．高圣平，等译．北京：法律出版社，2014：993.

⑤ 《德国民法典》第393条、我国台湾地区“民法”第339条、DCFR第3—6：108条（c）限于故意侵权所产生的债务。《日本民法典》原第509条不区分故意或者过失，对于侵权行为所产生的债权，一概不允许抵销；但修改后，基于恶意侵权行为的损害赔偿债务以及因侵害人之生命或者身体的损害赔偿债务不得主张抵销。

人履行的债务，债务人不得以自己对于对方当事人享有的债权而主张抵销。①（6）出资的义务不得抵销。即使仅存在两个出资人也是如此。同样，有可能也禁止公司股东以其出资债务抵销公司对他们所负的债务，这是为了维护公司债权人利益。② 股东对公司的债权是真正的债权，而公司对股东的出资缴付请求权系“会社法上的权利”，是由股东地位（成员权）派生出来的，只有公司才能主张，且只能向股东主张。倘若公司能任意处分，则不仅会罔顾其对成员权的依赖性，罔顾股东和公司的相对关系，而且会有损于公司资本充实和公司债权人保护。

2. 按照当事人约定不得抵销

《合同法》第 99 条第 1 款并未规定此种消极要件，但《合同法司法解释二》第 23 条规定：“对于依照合同法第九十九条的规定可以抵销的到期债权，当事人约定不得抵销的，人民法院可以认定该约定有效。”本条规定予以吸收。如果当事人之间有不得抵销的特约，基于合同自由原则，合同当事人作出此种特别约定自无不许，当事人自然应该受其约束。

当事人之间禁止抵销的约定可为明示，也可以为默示，是否有禁止抵销的特别约定应解释合同。③ 实践中，当事人约定“本协议之外的债权债务另行核对核算，签订协议处理”，可能被法院认为并非是禁止抵销的约定。④ 当事人之间约定专款专用则可能被法院认定为是禁止抵销的协议。⑤

当事人之间有禁止抵销的约定，而一方将其债权转让给第三人，第三人能否以其受让的债权抵销其原本对另一方当事人负担的债务？民法典并未对此作出明确规定，为维护交易安全，保护债权善意受让人的利益，促进债权流通，此种不得抵销的特约不得对抗善意的受让人。基于同样的目的，《民法典》第 545 条第 2

---

① 《瑞士债务法》第 122 条、我国台湾地区“民法”第 341 条明确规定。

② 例如，《破产法解释二》第 46 条规定：“债务人的股东主张以下列债务与债务人对其负有的债务抵销，债务人管理人提出异议的，人民法院应予支持：（一）债务人股东因欠缴债务人的出资或者抽逃出资对债务人所负的债务；（二）债务人股东滥用股东权利或者关联关系损害公司利益对债务人所负的债务。”

③ 实践中，有法院认为禁止抵销的约定应为明示，例如江苏省南通市中级人民法院（2014）通中商终字第 0595 号民事判决书中，法院认为《合同法司法解释二》中该规定中所指“约定”应为明示行为。

④ 广东省高级人民法院（2016）粤民终 867 号民事裁定书中，一审法院认定，协议书第十三条第 5 项“首创公司、林小娟及其关联公司，与东方广场公司、王如洪及其关联公司之间的债权债务（本协议约定范围之外部分），协议各方同意另行核对核算，并另行签订协议进行约定和处理”的约定对东方广场公司与林小娟具有约束力，东方广场公司反诉要求与本案该公司欠蔡燕屏的债务作抵销的两笔借款，属于该协议约定“另行核对核算，并另行签订协议进行约定和处理”的情形。但二审法院认为，该条款并非约定协议书之外的债权债务不得抵销，予以改判。

⑤ 江苏省扬州市中级人民法院（2019）苏 10 民终 1386 号民事判决书中，二审法院认为，案涉 300 万元款项在黄梨木与屠有怀以及屠有怀与田明德三方之间形成了债权债务关系，并明确约定专款专用于合作铁粉生意，不作他用，该约定是当事人各方的真实意思表示，说明三方对该债权债务产生的原因行为明知，符合当事人约定排除抵销互负到期债务的情形。

款区分了金钱债权和非金钱债权而赋予禁止转让特约以不同的效力。但是，与禁止转让特约不同的是，在禁止抵销特约中，不应当区分金钱债权和非金钱债权。在禁止转让特约中，金钱债权的转让对债务人不会产生太大负担，故可以不考虑受让人的善恶意。但是，在禁止金钱债权抵销的特约中，往往是因为债务人资力不足，债权人基于债务人付出一定对价而授信给债务人承诺不主张抵销，如果在受让人为善意的情形中，不得不为了债权流通性而牺牲债务人利益，这尚且具有正当性，但在受让人为恶意的情形中允许其也能够主张抵销，则使得债务人丧失授信利益，这过分不利于债务人利益的保护。因此，无论是金钱债权还是非金钱债权，只要当事人之间存在禁止抵销的约定，恶意受让人都不可主张抵销，但善意受让人可以主张抵销①，债务人因此受到损失的，可以请求让与人承担违约赔偿责任。

3. 依照法律规定不得抵销的

法律规定不得抵销的债务，当事人不得主张抵销。我国现行法上对于禁止抵销的情形大致有：（1）被扣押的债权。《民事诉讼法司法解释》第 300 条规定："被执行人不能清偿债务，但对第三人享有到期债权的，人民法院可依申请执行人的申请，通知该第三人向申请执行人履行债务。该第三人对债务没有异议但又在通知指定的期限内不履行的，人民法院可以强制执行。"该债权可以被扣押。此时该第三人能否以其对被执行人享有的债权抵销其对被执行人负担的债务？合理的方案是，由于扣押与破产的类似性，可以参照适用《企业破产法》第 40 条，第三人在扣押后取得对被执行人的债权的，不能以此主张抵销；但是在扣押前取得的债权，第三人可以以此主张抵销；虽然第三人在扣押后取得对被执行人的债权，但是基于法律规定或者扣押前的原因所产生的，仍然能够以该债权主张抵销。②

（2）禁止扣押的债权。例如，《民事诉讼法》第 243 条规定："被执行人未按执行通知履行法律文书确定的义务，人民法院有权扣留、提取被执行人应当履行义务部分的收入。但应当保留被执行人及其所扶养家属的生活必需费用。"这一规定的目的是保护债务人（被执行人），因此对方当事人不得将债务人的生活必需费用债权用以抵销债务，禁止扣押的债权不得作为被动债权而被抵销。但是，如果禁止扣押的目的是保护私主体的利益，则该债权可作为主动债权而为抵销，

① 《日本民法典》第 505 条第 2 款、我国台湾地区"民法"第 334 条第 2 项对此明确规定。

② 《日本民法典》第 511 条明确规定，《德国民法典》第 392 条也有类似规定。《企业破产法》第 40 条规定："债权人在破产申请受理前对债务人负有债务的，可以向管理人主张抵销。但是，有下列情形之一的，不得抵销：（一）债务人的债务人在破产申请受理后取得他人对债务人的债权的；（二）债权人已知债务人有不能清偿到期债务或者破产申请的事实，对债务人负担债务的；但是，债权人因为法律规定或者有破产申请一年前所发生的原因而负担债务的除外；（三）债务人的债务人已知债务人有不能清偿到期债务或者破产申请的事实，对债务人取得债权的；但是，债务人的债务人因为法律规定或者有破产申请一年前所发生的原因而取得债权的除外。"

也可以约定抵销。[①]

（3）信托财产和基金财产所生债权。《信托法》第18条规定："受托人管理运用、处分信托财产所产生的债权，不得与其固有财产产生的债务相抵销。受托人管理运用、处分不同委托人的信托财产所产生的债权债务，不得相互抵销。"《证券投资基金法》第6条规定："基金财产的债权，不得与基金管理人、基金托管人固有财产的债务相抵销；不同基金财产的债权债务，不得相互抵销。"此时，由于均具有营业外观，且往往采取独立账户，抵销受到限制。

（4）破产法中的特殊规定。《企业破产法》第40条规定："债权人在破产申请受理前对债务人负有债务的，可以向管理人主张抵销。但是，有下列情形之一的，不得抵销：（一）债务人的债务人在破产申请受理后取得他人对债务人的债权的；（二）债权人已知债务人有不能清偿到期债务或者破产申请的事实，对债务人负担债务的；但是，债权人因为法律规定或者有破产申请一年前所发生的原因而负担债务的除外；（三）债务人的债务人已知债务人有不能清偿到期债务或者破产申请的事实，对债务人取得债权的；但是，债务人的债务人因为法律规定或者有破产申请一年前所发生的原因而取得债权的除外。"[②]

（5）请求返还承包收益或者土地承包经营权收益的债权。《农村土地承包纠纷司法解释》第18条规定："发包方或者其他组织、个人擅自截留、扣缴承包收益或者土地承包经营权流转收益，承包方请求返还的，应予支持。发包方或者其他组织、个人主张抵销的，不予支持。"

三、抵销权的行使

（一）抵销意思表示

抵销权性质上是形成权，依据单方意思表示即可发生抵销效果，导致权利义务变动。本条第2款中规定，当事人主张抵销的，应当通知对方。这表明民法典并未采取自动抵销主义和诉讼抵销主义，而是抵销意思主义，即抵销必须以意思表示向对方主张方可发生抵销效力。[③] 这能够更好地体现意思自治原则，同时使

---

① 《德国民法典》第394条、《日本民法典》第510条、我国台湾地区"民法"第338条、DCFR第3－6：108条（b）对此明确规定；并且，均认为禁止扣押的债权是为了保护私主体利益。

② 破产中的特殊规定，还可参见《破产法解释二》第44条："破产申请受理前六个月内，债务人有企业破产法第二条第一款规定的情形，债务人与个别债权人以抵销方式对个别债权人清偿，其抵销的债权债务属于企业破产法第四十条第（二）、（三）项规定的情形之一，管理人在破产申请受理之日起三个月内向人民法院提起诉讼，主张该抵销无效的，人民法院应予支持。"第45条："企业破产法第四十条所列不得抵销情形的债权人，主张以其对债务人特定财产享有优先受偿权的债权，与债务人对其不享有优先受偿权的债权抵销，债务人管理人以抵销存在企业破产法第四十条规定的情形提出异议的，人民法院不予支持。但是，用以抵销的债权大于债权人享有优先受偿权财产价值的除外。"

③ 王利明．合同法研究：第二卷．北京：中国人民大学出版社，2015：281.

得债权债务关系更为明确。

当事人主张抵销的，必须向被抵销人为抵销的意思表示，为不要式行为和有相对人的单方行为。抵销的意思表示以表明消灭二人互负的债务为已足，不要求必须说明债务的发生日期、发生原因、数额等①；但是，主张抵销的当事人对对方当事人享有两项或者多项债权的，通知仅在指明了与抵销相关的债权时才生效，但是，无需明确表示所涉的债权，其意思可以通过解释推断出来，如果推断不出具体意思，就必须由主张抵销的当事人承担不确定所导致的风险。② 银行有权从借款人账户上扣划存款以抵销贷款。债权银行与债务人之间成立的是借款法律关系，其债权债务所指向的标的物为货币。而债务人将款项存到银行，其与银行之间成立的是存储法律关系，债权债务所指向的标的物同为货币。在存款为活期存款的情形下，权利人可随时主张，义务人也得随之清偿，因此，除非当事人之间有特殊约定，债权银行（在借贷法律关系中）均可在符合法定抵销的情形下行使法定抵销权以实现其权利。

行使抵销权系处分债权的行为，因此抵销人需要由处分权。例如，公司的业务员未获得公司授权抵销公司的债权债务，是业务员超越代理权的行为，事后未得到公司追认的其抵销行为的效果不能归属于公司。③ 抵销权虽属于形成权，但不属于“专属于债务人自身”的权利，而可以解释为“与债权有关的从权利”，可成为代位权行使的标的。诉讼代理人虽未受特别委托，也可在诉讼上代理本人主张抵销。

抵销的意思表示是有相对人的意思表示，如果抵销的意思表示以非对话方式作出，本条第 2 款中明确规定，通知自到达对方时生效。具体到达时间可以依据《民法典》第 137 条第 2 款的规定：“以非对话方式作出的意思表示，到达相对人时生效。以非对话方式作出的采用数据电文形式的意思表示，相对人指定特定系统接收数据电文的，该数据电文进入该特定系统时生效；未指定特定系统的，相对人知道或者应当知道该数据电文进入其系统时生效。当事人对采用数据电文形式的意思表示的生效时间另有约定的，按照其约定。”如果抵销的意思表示以对话方式作出，根据《民法典》第 137 条第 1 款“以对话方式作出的意思表示，相对人知道其内容时生效”，则自相对人知道其内容时，抵销意思表示生效。

本条第 2 款同时规定了，抵销不得附条件或者附期限。抵销具有消灭权利义

---

① 韩世远．合同法总论．北京：法律出版社，2018：708－709.

② DCFR 第 3－6：106 条第 1 款明确规定，参见欧洲民法典研究组、欧盟现行私法研究组．欧洲私法的原则、定义与示范规则：第 1－3 卷．高圣平，等译．北京：法律出版社，2014：988.

③ 参见最高人民法院（2012）民提字第 172 号民事判决书。该案中公司员工签署了抵销债务的“备忘录”，法院认为，丁建一、姚雄白在“备忘录”上签字的行为未获得依维柯公司的书面授权，没有得到依维柯公司的事后追认，且不存在《合同法》第 49 条规定的“相对人有理由相信行为人有代理权”的情形。故丁建一、姚雄白在“备忘录”上签字的行为不能构成表见代理，“备忘录”对依维柯公司不发生法律效力。

务的效力，对当事人之间的利益关系影响巨大。附生效条件的抵销只有在条件成就时才能发生抵销效力，而条件有可能不成就。附生效期限的抵销在期限尚未到来时也不能实现。附解除条件或者附终止期限也会使得抵销的效力无法确定。因此，抵销附条件和附期限，使得抵销不能产生确定的效力，不符合设立抵销制度的目的，并可能损害一方当事人的权利。① 因此，抵销附有条件或期限的，抵销的意思表示不生效力。②

关于抵销意思表示的撤回、撤销等其他具体问题与解除权的行使较为类似，可参见上文关于解除权行使的阐述。

与解除权的行使相同，《合同法司法解释二》第 24 条对抵销也规定了异议期限，当事人对债务抵销的异议应该在约定期限内提出，没约定的应该在通知到达之日起 3 个月内提出。此时也与解除权行使中的问题相同，该一般意义上的抵销异议期间并无足够正当性，即使上述异议期间届满相对人未提出异议，法院仍然需要审查抵销权是否存在，不享有抵销权的一方向另一方发出抵销通知，另一方即便未在异议期限内提起诉讼，也不发生抵销的效果。《合同法司法解释二》所确定的异议期间，即使仍然保留，也应当弱化相对人未在异议期间内提出异议的效力。如果相对人在异议期间内提出异议，首先，主张抵销方可以撤销抵销通知；其次，主张抵销方应当承担举证责任，其应当举证证明自己享有抵销权，只要其无法证明其具有抵销权的，就应承担败诉后果。但是，如果相对人未在异议期间内提出异议，则主张抵销方只需证明其发出了抵销通知、对方收到了抵销通知即可完成初步举证责任，无须举证证明自己享有抵销权，此时举证责任转移，由相对人举证证明主张抵销方不享有抵销权。具体参见上文关于解除权异议期间的阐述。

（二）抵销权的诉讼行使

当事人行使抵销权可以在诉讼外，也可以在诉讼中，还可以在执行程序中。③ 本条对于通知的提出的时点和形式并未做限定，如果作为被告的债务人，

---

① 王利明．合同法研究：第二卷．北京：中国人民大学出版社，2015：283.

② DCFR 同时认为，债权未届清偿期的债务人也可以主张抵销，但抵销通知仅在该债权已届清偿期时才会生效，参见欧洲民法典研究组，欧盟现行私法研究组．欧洲私法的原则、定义与示范规则：第1—3卷．高圣平，等译．北京：法律出版社，2014：985.

③ 《最高人民法院关于人民法院办理执行异议和复议案件若干问题的规定》（法释［2015］10 号）第 19 规定："当事人互负到期债务，被执行人请求抵销，请求抵销的债务符合下列情形的，除依照法律规定或者按照债务性质不得抵销的以外，人民法院应予支持：（一）已经生效法律文书确定或者经申请执行人认可；（二）与被执行人所负债务的标的物种类、品质相同。"从司法适用的角度上看，该规定对于执行抵销实施操作中被执行人的申请方式、申请的时间与期限、执行法院的审查方式、审查组织类型、准予与不准予的决定形式、被执行人能否以自然债权申请执行抵销、裁定不准抵销情况下的权利救济等诸多适用性问题都没有作出明确、具体的规定，有待进一步的解释，可参见廖中洪，蒋陆军．执行抵销若干适用问题研究．西南政法大学学报，2017（2）：46.

在诉讼过程中发出抵销的意思表示，或者重申在诉讼之前已经做出的抵销表示，以此主张作为原告债权人诉讼请求权利基础的实体请求权已经消灭，从而对抗原告提出的诉讼请求，则为诉讼抵销。在通过诉讼程序行使形成权时，需要区别两种情形：一是权利人已在诉讼程序外以通知的方式行使形成权，但对方当事人有异议，并据此提起诉讼的，此时该诉讼在性质上属于确认之诉，即确认权利人是否享有形成权以及该形成权行使方式是否符合法律规定。二是权利人直接提起诉讼，请求撤销或者解除合同，此时，该诉讼性质上属于形成之诉。①

从学说上，有观点认为诉讼抵销是被告的一种抗辩②，也有观点认为诉讼抵销应以反诉的形式提出。③ 此前，人民法院对于当事人在诉讼中提出的抵销抗辩大多不予支持，而是告知当事人另行提起诉讼。④ 之后也有法院基于简化诉讼关系，节约成本的角度出发认为应该一体审查当事人的抵销抗辩而不应该让当事人另行提起诉讼。⑤《全国法院民商事审判工作会议纪要》第 43 条中规定，抵销权既可以通知的方式行使，也可以提出抗辩或者提起反诉的方式行使。

但是，在诉讼程序中，以不确定的债权，包括不容易被证实或者存在尚不确定的债权，作为主动债权主张抵销，存在明显的不利，例如，可能会延长诉讼程序。此时，一种方案是要求主动债权必须确定，但这会不必要地抑制抵销可能性，例如主动债权的价值明显高于被动债权，不允许主张抵销似乎并不必要。另

① 最高人民法院民事审判第二庭．《全国法院民商事审判工作会议纪要》理解与适用．北京：人民法院出版社，2019：297. 案例参见最高人民法院（2019）最高法民再 12 号民事裁定书。

② 张卫平．民事诉讼法．北京：法律出版社，2016：322.

③ 刘哲玮．论诉讼抵销在中国法上的实现路径．现代法学，2019（1）：149.

④ 参见最高人民法院（2015）民申字第 1790 号民事裁定书，本案中法院认为：关于湘润公司主张的办公设备费、水电费、生产用压缩空气费等，并非与本案合同履行有关的费用，湘润公司未在合同解除前提出抵销，现云龙公司对此不予认可，故二审判决未予审理并无不当。就上述款项，湘润公司可以另行诉讼解决。

⑤ 参见广东省深圳市前海合作区人民法院（2016）粤 0391 民初 609 号民事判决书，本案中法院认为：在诉讼上，由于双方当事人对抵销的原因事实和债务消灭的后果存在争议，需要由法院审判权的介入并作出具有约束力的判断。故在诉讼中行使抵销权，需要综合考虑实体法和程序法两个方面的法律关系，方能最终确定抵销权的行使方式及其法律效果。法院如何在诉讼中展开对抵销性抗辩的审查，既要有利于简化债的清偿、有利于整体上减少当事人的讼累，又要有利于人民法院提高诉讼效率、公平保护双方当事人的合法权益。从诉讼效益、诉讼公平以及比较法的三个方面的维度进行审查，该案被告诚煜公司所提的抵销性抗辩与原告的诉讼请求并非出于同一民事法律关系，在抗辩的原因事实较为复杂、双方争议较大、短期内难以作出判断的情况下，法院基于适度、合理的原则应当停止在本案中对于抵销事由的审查，驳回被告诚煜公司提出的抵销性抗辩。类似案例还可参见上海市高级人民法院（2016）沪民申 1625 号民事裁定书，本案中法院认为：一方在诉讼中主张抵销的目的，在于抗辩对方的债权履行请求，故两被申请人在一审诉讼中主张抵销，与刘晖的诉讼请求不必然有牵连性，无须以提起反诉或另行诉讼方式方能行权。两被申请人在一审庭审抗辩时已明确提出相互抵充债务，可视为向刘晖发出了抵销通知，通知一经到达对方即发生法律效力。

一种方案是要求主动债权无需确定，但在主动债权不确定会导致诉讼程序过度延长时，不允许主张抵销，而这要伴随着程序性规定，即允许分别处理被动债权和主动债权，并对被动债权做出一个临时裁判，不过这相当地难以操作。第三种折中的方案是赋予司法裁量权，如果主动债权不能马上确定，法官有权对被动债权单独做出判决，无需考虑抵销，此时法官享有自由裁量权，其可以考虑被动债权和主动债权的诉讼程序可能持续的时间或者迟延对债权人的影响。但是，无论如何，如果主动债权和被动债权产生于同一合同关系或者同一交易，则应当将主动债权和被动债权一并处理，考虑抵销的问题。此种情况下，被动债权的债权人的利益一般不会被损害，债权债务的确定相对容易，基于同一合同关系产生的损害赔偿，即使数额尚不确定，仍然能够以最低赔偿数额为限进行抵销，这有利于有商业往来的当事人之间简单、便捷地清偿各种债权债务。如果不是同一法律关系，则商业上的可预见性和公平性会要求，不应当阻碍拥有确定权利的一方当事人行使该权利，债务人的权利应被单独审理。① 这与《民法典》第 549 条区分独立抵销和非独立抵销的意旨相同。因此，在两个债权并非基于同一合同关系或者同一交易产生的独立抵消中，原则上不应允许抗辩方式行使抵销权，且可根据情况分别判决；反之，则可以允许抗辩方式行使抵销权，或者合并审理两个诉讼。

四、抵销的法律效果

（一）双方互负的债务在同等数额内消灭

在当事人双方债权债务互为相等的情况下，抵销产生债权债务消灭的法律后果，但如果债务的数额大于抵销额，抵销不能全部消灭债务，而只是在抵销范围内使得债务部分消灭。比如，甲公司尚未偿还乙公司 20 万元人民币到期债务，乙公司向甲公司支付 20 万元货款的债务也已届清偿期，双方协商一致将债务互为抵销，双方的合同关系即归于消灭。如果乙公司应偿付甲公司 50 万元人民币货款，那么乙公司与甲公司的债权相互抵销后，仍负有偿还 30 万元人民币的债务。同时，根据本法第 520 条的规定，部分连带债务人履行、抵销债务或者提存标的物的，其他债务人对债权人的债务在相应范围内消灭；该债务人可以依据前条规定向其他债务人追偿。

应当注意的是，主张抵销方对对方当事人负有两项或者多项债务的，或者主动债权数额不足以抵销全部被动债权数额时，即发生抵充的问题，应当参照本法

---

① 参见 DCFR 第 6－6：103 条、PICC 第 8.1 条；欧洲民法典研究组、欧盟现行私法研究组．欧洲私法的原则、定义与示范规则：第 1－3 卷．高圣平，等译．北京：法律出版社，2014：980.

第560、561条的履行抵充规则。①

（二）诉讼时效中断

抵销实为债权的行使，因此，抵销权的行使，依据民法典第195条规定，导致诉讼时效中断。《诉讼时效规定》第13条中也规定，在诉讼中主张抵销，人民法院应当认定与提起诉讼具有同等诉讼时效中断的效力。在诉讼外主张抵销，与在诉讼中主张抵销仅仅是行使抵销权的时段不同而已，都是权利人向义务人提出履行请求，也应该中断诉讼时效，故就残存的债权而言，诉讼时效期间应该重新起算。

（三）抵销的溯及力

所谓抵销的溯及力是指债之关系溯及最初得为抵销（抵销适状）时消灭，本条并未明确规定抵销是否具有溯及力。一种观点认为抵销具有溯及力。理由包括：（1）抵销的溯及效力规则，源自于罗马法上的抵销需经法定规则，即无需意思表示即可发生抵销效力。（2）抵销的制度目的就在于使当事人简洁、高效地解决债权债务关系，所以抵销权具有溯及力。（3）鉴于当事人以为随时可以抵销，因而往往怠于抵销，若抵销的意思表示仅仅面向将来发生效力，容易发生不公平的情形，此种不公平在两债权的迟延损害赔偿金比率不同的场合尤为明显。（4）抵销适状的期待效力。一旦出现了抵销适状，即使没有作出抵销的意思表示，由于当事人对于抵销已经发生了期待，对此应该予以保护。② 抵销具有溯及力的表现为：（1）自抵销适状之时起，就消灭的债务不再发生支付利息义务。如果抵销前一方已经向对方支付的，可主张不当得利返还。（2）自抵销适状之时起，就消灭的债务不发生债务人迟延责任，如为债务迟延而给付迟延利息或者违

---

① 《全国法院民商事审判工作会议纪要》第43条中也规定："双方互负的债务数额，是截至抵销条件成就之时各自负有的包括主债务、利息、违约金、赔偿金等在内的全部债务数额。行使抵销权一方享有的债权不足以抵销全部债务数额，当事人对抵销顺序又没有特别约定的，应当根据实现债权的费用、利息、主债务的顺序进行抵销。"案例参见最高人民法院（2019）最高法民再12号民事裁定书。相同观点的立法例，参见《德国民法典》第396条、《日本民法典》第512条和第512条之二、我国台湾地区"民法"第342条、DCFR第3－6：106条第2款。PICC第8.4条采取不同规则，在主张抵销方没有指明且对方未在合理时间内申明的，抵销将按比例适用于所有债务，这与其第6.1.12条确定的履行抵充规则不一致。

② 王利明．合同法研究：第二卷．北京：中国人民大学出版社，2015：288；王洪亮．债法总论．北京：北京大学出版社，2016：181；韩世远．合同法总论．北京：法律出版社，2018：710；最高人民法院民事审判第二庭．《全国法院民商事审判工作会议纪要》理解与适用．北京：人民法院出版社，2019：298．《全国法院民商事审判工作会议纪要》第43条中规定，抵销的意思表示自到达对方时生效，抵销一经生效，其效力溯及自抵销条件成就之时，双方互负的债务在同等数额内消灭。案例参见"厦门源昌房地产开发有限公司、海南悦信集团有限公司委托合同纠纷再审案"［最高人民法院公报，2019（4）］。立法例参见《德国民法典》第389条、《荷兰民法典》第6：129条、《葡萄牙民法典》第854条、《意大利民法典》第1242条第1款、《日本民法典》第506条第2款、我国台湾地区"民法"第335条第1项。

约金，可以主张不当得利返还。(3) 抵销适状之后主债权发生的变化不影响抵销权人抵销，比如前述抵销适状之后主动债权的诉讼时效届满的。

但是，否定观点对此认为：(1) 抵销溯及力理论的历史根源之一是潘德克顿学派在发展出通知抵销理论的同时没有把作为其理论内核的自由意志理念贯彻到底，固守并且迁就了抵销须在诉讼中提出的历史传统，为了防止当事人不当拖延诉讼获取高额利息，故发明了抵销溯及力理论免去此等不公平，但是现在抵销通知不一定要以诉讼形式提出，这种认识显然已经落伍。(2) 认为抵销具有溯及力更能简化清偿并没有很强的说服力，无论是以抵销数额或者债务余额为标准，都不能当然得出具有溯及力更有利于简化清偿的结论。所谓简化清偿或许是出于其在计算上的简化效果，即省去了自得为抵销之时至抵销通知生效之时这一时段内的债权债务计算问题。但需要澄清的是，简化计算并不等于清偿本身得以简化，因此不适宜作为简化清偿效果的判断标准。(3) 认定怠于抵销在所难免的前提是假定当事人认为具备抵销条件时应当抵销且会主动主张抵销，但是这种假定只是猜测，并没有充分的证据证明。抵销不具有溯及力，并不一定对抵销人不利，如果从抵销适状到抵销通知生效期间，抵销人的债权净余额减少或者债务净余额增大，则抵销具有溯及力对其是有利的；反之则对其不利。而有利与不利的概率，应该是基本相同的。(4) 对于抵销期待确实应当给予适当保护。但是，并非任何情境下的抵销期待都值得保护。如果仅仅信赖抵销的可能性，却并未及时采取行动，这种信赖即难谓合理，并不值得保护。而且，在特定情境下对抵销期待进行适当保护，并不等于必须全面赋予抵销溯及效力。(5) 抵销溯及力有违法律行为不溯及既往的原则，有损交易安全，同时抵销溯及力与实际清偿、诉讼时效以及不当得利等领域的相关规则不能融洽衔接，会产生体系负面效应，在功能上缺乏正当性。①

目前，否定观点更具有说服力，并且这在最新的一些立法例中也体现出来。② 据此：(1) 如上文所述，诉讼时效期间届满的债权仍然可作为主动债权主张抵销，但债务人有权事先或者在收到抵销通知后一定期限内主张时效抗辩。(2) 抵销通知生效时，利息停止计算。(3) 债务履行期届满至抵销通知生效时，债务人仍然要承担违约责任。(4) 抵销通知生效后的履行才可依据不当得利请求返还。

---

① 张保华．抵销溯及力质疑．环球法律评论，2019 (2)：106－113.

② 例如，PICC 第 8.5 条第 3 款、DCFR 第 6：107 条。英美法始终仅赋予抵销以将来的效力。

第五百六十九条

当事人互负债务，标的物种类、品质不相同的，经协商一致，也可以抵销。

本条主旨

本条是关于约定抵销的规定。

相关条文

《合同法》第100条　当事人互负债务，标的物种类、品质不相同的，经双方协商一致，也可以抵销。

理解与适用

一、约定抵销概述

约定抵销，是指当事人双方协商一致，使自己的债务与对方的债务在对等额内消灭。法定抵销与约定抵销都是将双方的债务在对等额内消灭。但两者有不同，主要表现在：(1) 抵销的根据不同。法定抵销是基于法律规定，只要具备法定条件，任何一方可将自己的债务与对方的债务抵销，无需对方当事人的同意；约定抵销，双方必须协商一致，不能由单方决定抵销。(2) 对抵销的债务的要求不同。法定抵销要求标的物的种类、品质相同；约定抵销标的物的种类、品质可以不同。如可以约定以煤炭抵销运输费，以二级大米抵销一级大米。(3) 对抵销的债务的期限要求不同。法定抵销要求提出抵销的当事人一方所享有的债权也即对方的债务已经到期；约定抵销，双方互负的债务即使没有到期，只要双方当事人协商一致，愿意在履行期到来前将互负的债务抵销，也可以抵销。(4) 程序要求不同。法定抵销，当事人主张抵销的应当通知对方，通知未到达对方，抵销不生效；约定抵销，双方达成抵销协议时，除双方另有约定外，即发生抵销的法律效力，不必履行通知义务。

因此，约定抵销的意义在于，当事人通过合同使得债务发生抵销，将会改变法定抵销的条件或弥补法定抵销的不足。约定抵销可能对当事人也更为便利，也可能使得抵销更为困难，例如约定债权达到一定数额后才可主张抵销，基于自愿原则，应当承认该约定的效力。实践中，交互计算可以视为特殊的约定抵销，其主要发生专门从事买卖的商人之间，因此是商事交易中的一项重要制度。约定抵销应当优先于法定抵销适用。

二、构成要件

（一）当事人互负债务

这里的债务当然应该是合法有效的债务，与上文所述相同。互负债务的当事人既可以是互负债务的二人，也可以是多方当事人。比如：(1) 一方当事人以其对于第三人的债权与对方对于自己的债权抵销的合同，犹如代物清偿合同，似无理由不许有效。(2) 一方当事人以其对于对方的债权与对方对于第三人的债权抵销，则有第三人清偿之性质，亦应属有效。[①] (3) 多数当事人之间的债权，也可通过由全体合意达成的合同使之消灭。在《最高人民法院执行工作办公室关于上市公司发起人股份质押合同及红利抵债协议效力问题请示案的复函》（[2002] 执他字第 22 号）中，最高人民法院认为，三方当事人达成的以股份所产生的红利抵债的协议（简称三方抵债协议）性质上属于三方当事人之间的连环债务的约定抵销关系。在约定抵销的情况下，抵销的条件、标的物、范围，均由当事人自主约定。

（二）当事人具有对债权的处分权

约定抵销是对债权的处分，这要求当事人应当所涉债权具有处分权。已设立质权的债权、被扣押或者冻结的债权，债权人均丧失处分权，不得约定抵销。[②] 在债权人提起代位权诉讼后，债务人同样丧失主动处分其对相对人债权的权利，上条的注释中已经述及。不具有处分权的，约定抵销不发生抵销效力。

（三）标的物种类、品质不相同

法定抵销要求标的物种类品质相同，但是标的物种类、品质不同的债务亦可以约定抵消。除此之外，还应该考虑，(1) 即使是禁止法定抵消的债务，经协商一致也可以抵销。但是订立抵销合同损害第三人利益时，抵销对第三人不发生效力。(2) 债权虽未届清偿期，仍可以约定抵销，负有抗辩权的债权也可以抵销，

---

① 韩世远．合同法总论．北京：法律出版社，2018：712.

② 山东省高级人民法院（2014）鲁执复议字第 27 号执行裁定书中，法院认为："约定抵销作为双方法律行为，是双方当事人为达到消灭债权债务的目的，而对彼此之间的互享债权、互负债务所达成的处分、清理合意，是对债权债务的一种特殊处分方式。基于此，约定抵销的双方必须对协商抵销的债权债务具有完整的处分权。……合意予以抵销是债权人对自己财产权益的处分而对于人民法院已经采取保全措施财产，在未解除保全前不得进行处分。被执行人与第三人协议将被采取冻结措施的收入与其他债务抵销的，属于对人民法院已经冻结财产的擅自处分，不能产生债务抵销的法律后果，不能对抗人民法院的冻结以及后续执行行为。"

因为当事人可以抛弃期限利益或者抗辩。[1]（3）当事人不但可以依抵销合同减轻法定抵销的要件，也可以依合同加重其要件。例如，约定双方债权虽具备法律上抵销的要件，非达于一定的数额后，不得为抵销。

（四）协商一致

在约定抵销中，要求存在当事人之间的抵销合意或者抵销合同。约定抵销有两种情况，一是当事人在合同中约定一定的抵销权行使条件，待条件成就时一方可以行使抵销权（约定抵销权）。二是当事人可以通过协议将债务抵销（协议抵销）。在此情况下，抵销合同为独立的合同，并非原合同的组成部分。[2] 抵销合同为双方当事人以消灭互负的债务为目的而订立的合同，属于诺成合同及不要式合同；又由于抵销合同是互相以免除对方所负债务为目的而订立的，故属于双务合同及有偿合同；如一方的债务有无效或不成立的原因，则对方所为免除债务的意思表示即归无效，抵销合同也随之消灭。抵销合同适用民事法律行为和合同的一般规则。

三、法律后果

抵销合同生效之后，除合同另有约定外，即按照合同约定发生债权债务消灭的效果。但是应该注意：（1）当双方所负债务额不等时，债务数额小的一方的债务消灭，债务数额大的一方的债务部分消灭，债务人对未消灭的债务部分仍负清偿义务，要与民法典所规定的协议解除相区分。[3]（2）抵销合同的效力于当事人意思一致时发生，除当事人另有约定外，抵销没有溯及力。（3）原债务的诉讼时效仍然中断，在行使约定抵销权时，则需考虑双方当事人约定抵销的意思表示是否真实，即使一方当事人行使抵销权没有得到法院的支持，其对另一方当事人主张相应权利的诉讼时效依然发生中断的法律后果。

---

① 最高人民法院（2014）民一终字第58号民事判决书中，法院认为：“约定抵销不宜双方互负债务均以到期为必要，只要双方协商一致，愿意在履行期到来之前将互负债务抵销，应尊重当事人的意思自治。”

② 王利明．合同法研究：第二卷．北京：中国人民大学出版社，2015：284；关于抵销合同的性质，有拟制清偿说、清偿说、无因的免除合同说、双务的免除合同说、独立契约说等，参见史尚宽．债法总论．北京：中国政法大学出版社，2000：870－871.

③ 大连海事法院（2004）大海东商初字第35号民事判决书中，法院认为：原告与被告二冷签订对账单的行为是《合同法》所规定的债的合意抵销，其效力仅是消灭了原告方的部分债权，其剩余承包金的请求权和违约金请求权等从权利依然存在。被告方认为签订对账单是对原合同的协议解除没有根据，因为除法律规定或双方事前约定外，协议解除合同必须是明示的，而本案中的对账单并不能看出双方有解除原承包合同的意思。故原告依合同请求承包金和违约金应受法律保护，原告已经主动调整了违约金的数额，但数额仍过分高于其因被告二冷不支付承包金所造成的损失，即利息损失。

第五百七十条

有下列情形之一，难以履行债务的，债务人可以将标的物提存：

（一）债权人无正当理由拒绝受领；

（二）债权人下落不明；

（三）债权人死亡未确定继承人、遗产管理人，或者丧失民事行为能力未确定监护人；

（四）法律规定的其他情形。

标的物不适于提存或者提存费用过高的，债务人依法可以拍卖或者变卖标的物，提存所得的价款。

本条主旨

本条是关于提存条件的规定。

相关条文

《合同法》第101条　有下列情形之一，难以履行债务的，债务人可以将标的物提存：

（一）债权人无正当理由拒绝受领；

（二）债权人下落不明；

（三）债权人死亡未确定继承人或者丧失民事行为能力未确定监护人；

（四）法律规定的其他情形。

标的物不适于提存或者提存费用过高的，债务人依法可以拍卖或者变卖标的物，提存所得的价款。

理解与适用

一、提存概述

提存，是指由于法律规定的原因导致债务人难以向债权人履行债务时，债务人将标的物交给提存部门而消灭债务的制度，是一种履行的替代。比如，债务人乙在合同约定的履行期限，准备向债权人甲交付货物，但却无法找到债权人，乙根据法律有关规定，将该货物交给提存部门，货物被提存后，债务即消灭。除了此种以消灭债权债务为目的的清偿提存之外，还有以保管或者担保为目的的提存。[①] 本条仅规定了清偿提存，《民法典》第 390 条、第 406 条、第 432 条、第 433 条、第 442—445 条等规定了担保提存，即出于担保债权的目的，使特定的债权人对提存的金钱、有价证券等享有优先受偿权的制度。担保提存不需要具备债务人因债权人的原因而难以履行这一要件，因此本条至第 574 条关于提存的条件、效果等规定仅适用于清偿提存。

债务的履行往往需要债权人的协助，债务人已经按照约定履行债务，应当产生债务消灭的法律效力，但债权人拒绝受领或者不能受领，在此情形下虽然因债权人受领迟延可以减轻债务人的责任，但债务不能消灭。让债务人无期限地等待履行，并且要随时准备履行，对物予以保管，同时为履行提供的担保也不能消灭，承担债权人不受领的后果，显失公平。[②] 为使债务人不因债权人的原因而受迟延履行之累，民法典将提存作为一种履行的替代，构成债权债务终止的原因之一，对提存制度作了规定，当由于债权人的原因而无法向其交付合同标的物时，无须债权人的协助，债务人将该标的物交给提存部门即可消灭债务。据此，提存不仅适用于约定之债，也适用于法定之债，例如合同无效、解除后的清算债务等。[③]

对于提存的性质，学说上争议尤为明显，由于提存部门成为一方当事人，所以有公法关系说和私法关系说两种观点。公法关系说认为，提存关系不包括债务人与债权人之间的关系，而为公法上的具有涉他效力的保管关系，主要理由包括：(1) 提存机关基于公法上的保管关系授予债权人领取提存物的直接权利；(2) 提存机关是公法上的主体，受领提存物是基于公法上的义务；(3) 提存关系

① 《提存公证规则》第 2 条："提存公证是公证处依照法定条件和程序，对债务人或担保人为债权人的利益而交付的债之标的物或担保物（含担保物的替代物）进行寄托、保管，并在条件成就时交付债权人的活动。为履行清偿义务或担保义务而向公证处申请提存的人为提存人。提存之债的债权人为提存受领人。"第 3 条第 1、2 款："以清偿为目的的提存公证具有债的消灭和债之标的物风险责任转移的法律效力。""以担保为目的的提存公证具有保证债务履行和替代其他担保形式的法律效力。"第 29 条："司法机关或行政机关因执行公务而申办提存公证的，参照本规则办理。""监护人、遗产管理人为保护被监护人、继承人利益，请求将所监护或管理的财产提存的，参照本规则办理。""遗嘱人或赠与人为保护遗嘱受益人或未成年的受赠人利益，请求将遗嘱所处分的财产或赠与财产提存的，参照本规则办理。"

② 江苏省盐城市中级人民法院（2019）苏 09 民终 862 号民事判决书中，因为上诉人阜宁法院提出履行而被上诉人拒绝接受，上诉人并未提存，法院认为："根据《中华人民共和国合同法》第一百零一条规定：债权人无正当理由拒绝受领难以履行债务的，债务人可以将标的物提存。第九十一条规定：债务人依法将标的物提存的，合同的权利义务终止。本案中，阜宁法院并未将未付工程款进行提存，双方之间就工程款的债权债务并未消灭，阜宁法院对兴亚公司负有支付工程款的义务，故其仍需继续承担逾期付款的责任。"

③ PECL 第 7：110 条即将所有未受领的情形合并规定。

的产生并非基于合意，而是基于共同参与之行政行为（提存人申请＋公证处审核受理，《提存公证规则》第 9—13 条）；（4）也因此纠纷的解决不是依据民事诉讼程序而是行政复议程序（《提存公证规则》第 10 条、第 13 条）；（5）债权人申请领取的程序须以提存公证规则为之；（6）法律上对于此种公法上的保管关系没有特别规则的，适用私法上的保管合同规则。[①] 私法关系说认为，在提存关系中无论是提存人与债权人之间，还是提存人、债权人和提存部门之间都属于私法关系，提存是债务人和提存部门之间缔结的以向第三人履行的保管合同（或为第三人利益的保管合同）。其主要理由在于：（1）公证部门虽然发挥着一定的公共服务作用，但又不全等同于公法机关，提存程序也并非公法上的程序；（2）提存因债务人与提存部门的意思表示一致而成立，其合同关系中有保管标的物以及为第三人设定利益的内容；（3）提存将产生清偿的效果，这属于私法上的效力范畴；（4）提存人并没有义务必须向提存部门提存，是否提存属于债务人的权利而非公法上的义务；（5）虽然提存部门一般不得拒绝受领提存物，但是强制缔约义务仍不失为私法上的义务；（6）解释为私法关系可以毫无障碍地适用本法关于利益第三人合同的规定。[②] 此外亦有学者认为，就提存的行政程序而言其具有不同于一般私法行为的性质，但债权人取得直接的受取请求权亦与民法上的利益第三人合同类似。[③] 或者认为提存人与债权人之间的关系为私法关系，提存人、债权人与提存部门的关系为公法关系。[④] 但是，似乎并无必要将债权人与债务人之间的关系纳入提存关系。民法典回避了该争论，未采取“提存机关”而是“提存部门”的用语。无论何种观点，其中的共识是，提存关系发生于提存人与提存部门之间，具有保管提存物和向债权人履行的内容，债权人因此享有直接领取提存物的权利。

二、提存关系人

对于提存的当事人，学说上有认为包括提存人、债权人和提存部门的，有认

---

① 张谷．论提存．清华法学，2003（2）：185－188；王洪亮．债法总论．北京：北京大学出版社，2016：184；黄立．民法债编总论．北京：中国政法大学出版社，2002：695－697.

② 王利明．合同法研究：第二卷．北京：中国人民大学出版社，2015：292－294；韩世远．合同法总论．北京：法律出版社，2018：715－716；朱广新．合同法总则研究：下册．北京：中国人民大学出版社，2018：540－541；史尚宽．债法总论．北京：中国政法大学出版社，2000：835－836；郑玉波：民法债编总论．北京：中国政法大学出版社，2004：501.

③ 陈自强．民法讲义 II 契约之内容与消灭．北京：法律出版社，2004：343.

④ 王家福．中国民法学·民法债权．北京：法律出版社，1997：208－209；崔建远．我国提存制度的完善．政治与法律，2019（8）：106－108. 此观点更接近于公法关系说，因为一般认为提存关系系指债务人与提存部门的关系而并不包括提存人与债权人之间的关系。

为包括清偿人和债权人的，有认为只包括提存人和提存部门的。此时，首先应该区分提存行为的当事人和提存关系的当事人，提存行为的当事人，不论是采公法关系说还是私法关系说，都只包括债务人和提存部门。而提存行为具有向第三人履行使第三人受益的性质，债权人也为提存效力之所及，因此提存关系的当事人还包括债权人。①

（一）提存人

本条规定，出现提存原因难以履行债务的，“债务人可以将标的物提存”，因此提存人通常为债务人。根据《提存公证规则》第13条第1款第1项，提存人应具有行为能力，且意思表示真实。如果提存人并无行为能力或者意思表示不真实应生何种后果？根据《提存公证规则》第13条第3款，不符合前述规定的公证处应当拒绝办理提存公证，并告知申请人对拒绝公证不服的复议程序。该规则并未规定提存部门嗣后发现提存人意思表示不真实或者欠缺行为能力时如何处理，按照公法关系说，提存行为作为提存部门的行政行为，自应有权对错误的行政行为撤销或者变更之；按照私法关系说，则可以按照民法典总则编中关于欠缺行为能力和意思表示瑕疵的相关规则处理。

提存人不限于债务人。第三人履行而债权人没有权利拒绝的，例如，本法第524条第1款规定，债务人不履行债务，第三人对履行该债务具有合法利益的，第三人有权向债权人代为履行；但是，根据债务性质、按照当事人约定或者依照法律规定只能由债务人履行的除外。此时，第三人也可以依据本条予以提存。②《提存公证规则》第2条中也规定，为履行清偿义务而向公证处申请提存的人为提存人。

（二）提存部门

提存部门为国家设立的接收并保管提存物，并应债权人的请求而将提存物发还给债权人的机构。关于哪个部门为提存部门，民法典没有明确规定。在外国，一般都有专门的提存所，附属于法院。此外法院指定的银行、信托局、商会、仓库营业人也可以办理提存事务。我国1982年颁布、1993年修改的《经济合同法》第19条规定：“定作方超过领取期限六个月不领取定作物的，承揽方有权将定作物变卖，所得价款在扣除报酬、保管费用以后，用定作方的名义存入银行。”此时可以认为银行能够作为金钱债务的提存部门。1995年司法部通过了提存公

① 张谷．论提存．清华法学，2003（2）：195；朱广新．合同法总则研究：下册．北京：中国人民大学出版社，2018：542－543.

② 王利明．合同法研究：第二卷．北京：中国人民大学出版社，2015：295－296；张谷．论提存．清华法学，2003（2）：195－197.

证规则，公证处可以作为提存部门，故根据《公证法》第10条和《提存公证规则》第4条，提存部门是公证处。提存公证由债务履行地的公证处管辖，以担保为目的的提存公证或在债务履行地申办提存公证有困难的，可由担保人住所地或债务人住所地的公证处管辖（《提存公证规则》第4条）。如果申请事项属于本公证处管辖，公证处应在收到申请之日起3日内作不予受理的决定（《提存公证规则》第10条）。此规定与《民法典》第511条第3项“其他标的，在履行义务一方所在地履行”相一致，不至于因债权人不明而影响提存功用之发挥。[①] 除公证处以外，诉讼过程中当事人还可以向人民法院提存。[②] 不向法定提存部门提存的，不生提存效力。[③]

（三）债权人

债权人并非提存行为当事人，而是提存行为效力所及之关系人，与《民法典》第522条第2款规定的真正的利益第三人合同结构上较为类似，债务人为提存之后，债权人取得受领提存物的权利。

三、提存条件

（一）具体的提存原因

本条第1款规定：“有下列情形之一，难以履行债务的，债务人可以将标的物提存：（一）债权人无正当理由拒绝受领；（二）债权人下落不明；（三）债权人死亡未确定继承人、遗产管理人，或者丧失民事行为能力未确定监护人；（四）法律规定的其他情形。”《提存公证规则》第5条规定：“债务清偿期限届至，有下列情况之一使债务人无法按时给付的，公证处可以根据债务人申请依法办理提存：（一）债权人无正当理由拒绝或延迟受领债之标的的；（二）债权人不

---

① 关于在无管辖权的提存部门提存的，《德国民法典》第374条规定应向债权人赔偿因此所生的损害，《瑞士债务法》第92条第2款规定，提存的地点由债务履行地法院指定，即使没有司法机关的授权，物品可以提存于仓库，具体参见张谷．论提存．清华法学，2003（2）：197-198.

② 参见黑龙江省齐齐哈尔市中级人民法院（2016）黑02民终字第949号民事判决书、江苏省南通市中级人民法院（2019）苏06民终5367号民事判决书等。

③ 湖南省郴州市中级人民法院（2017）湘10民终2595号民事判决书中，法院认为：“因百福投资公司未举证证明本案存在债权人艺杰果业公司无正当理由受理、下落不明等难以履行债务的情形，且街道办事处并非法定的提存机关，不能从事法律意义上的提存业务，故本案百福投资公司将涉案补偿款汇入石盖塘街道办事处指定账户的行为不符合提存的法定条件和程序，百福投资公司关于其将案涉款项支付给石盖塘街道办监管具有正当性、合法性故而其不应当继续履行的主张依法不能成立。”但是，天津市第一中级人民法院（2019）津01民终6114号民事判决书中，法院认为：“诉讼过程中，刘立均无法向村委会交纳承包费的情况下，已经向其所在地的政府部门交纳了案涉承包费，提存成立，依法应视为刘立均已经在提存范围内履行了债务。”

在债务履行地又不能到履行地受领的；（三）债权人不清、地址不详，或失踪、死亡（消灭）其继承人不清，或无行为能力其法定代理人不清的。”两者结合，提存原因如下。

1. 债权人无正当理由拒绝受领

债权人无正当理由拒绝受领，是指在债务履行期届至后，债务的履行需要债权人受领时，债务人提出了履行债务的请求，债权人能够接受履行，却无理由地不予受领。“债权人无正当理由拒绝受领”需要三项构成要件：一是债务内容的实现以债权人的受领或其他协助为必要；二是已届清偿期的债务人依债务本旨提供了履行或者履行请求；三是债权人无正当理由拒绝受领或不能受领。须注意提存制度的目的并不在于惩罚债权人，而是使得有意愿清偿债务却非因自己的原因无法给付的债务人从债务中解脱出来，免于承担违约责任和标的物毁损灭失的风险，因此不要求债权人具有过错才得提存。

债权人无正当理由拒绝受领的前提是，债务的履行需要债权人的受领或者协助配合，如果债务人单方即可完成，债务人不会因债权人拒绝受领而承受不利益，故无提存制度的适用空间。构成该提存原因，必须以债务人现实提出了给付或者以言词的形式提出了履行请求，如果债务履行期间债务人没有提出履行请求，债权人无从受领，自无拒绝受领的空间。有观点认为，以言词方式提出履行还需要伴有经证明的实现给付的现实能力，以防止不能实际履行的债务人提出给付以免除迟延履行的责任。[①] 不过，其以言词形式提出履行而为拒绝，还需要以提存才能免除自己的责任，不能实际履行的亦无力提存标的物，自然难逃违约责任。如果其提出履行为债权人接受，还需要实际交付才能免除责任。故此处的以言词形式提出履行仅仅是让债权人得以周知债务人将履行的事实，也方便提存部门审查提存原因，似无伴有经证明具有实际履行能力的必要。

提存是否以债务清偿期届至为必要？《提存公证规则》第 5 条中明确要求“债务清偿期限届至”。通说认为债务履行期限应该届至。债务人提前履行债务，债权人没有接受履行不构成本条所述的提存原因。原因在于，首先，根据本法第 530 条，债权人可以拒绝债务人提前履行债务，但提前履行不损害债权人利益的情况除外。既然提前履行债权人可以拒绝，那么期前所为之提存更可拒绝。其次，从提存制度的目的来看，提存制度是在债权人受领迟延致使债务人不能清偿债务时，为避免其负担过重所采取的让债务人尽快免除债务的变通方法，自然应该以履行期间届至为前提。最后，从利益衡量的角度来看，提存会导致债权债务

① 崔建远．我国提存制度的完善．政治与法律，2019（8）：108.

终止，可能给债权人带来不利，比如风险转移，提存费用负担等，而在清偿期限届至之前债务人本来就负有保管给付标的物的义务，因此应不允许其期前提存。①

《提存公证规则》第 5 条第 1 项还增加了债权人延迟受领债之标的的情形，该项规定中，拒绝受领与延迟受领迟延相并列，则延迟受领应为狭义。而本条第 1 款规定的“拒绝受领”应当认为包括债权人无正当理由明确或者以自己的行为表明拒绝受领，也包括债权人无正当理由长期迟延受领。

构成拒绝受领的正当理由可以是：(1) 债权人受到了不可抗力的影响。在债权人因为不可抗力无法受领的情况下自然得拒绝债务人的履行且免其责任。(2) 债权人遇到了难以克服的意外情况，无法受领。如得了传染病入院治疗，又无可代为受领人。(3) 债务人交付的标的物存在严重质量问题，甚至与合同约定根本不符。《民法典》第 610 条规定，因标的物不符合质量要求，致使不能实现合同目的的，买受人可以拒绝接受标的物或者解除合同。买受人拒绝接受标的物或者解除合同的，标的物毁损、灭失的风险由出卖人承担。如果债权人拒绝受领提出了正当理由，债务人不能将标的物提存。(4) 债务人迟延交付致使不能实现合同目的。(5) 合同被解除、被确认无效等。如果债权人拒绝受领提出了正当理由，债务人不能将标的物提存。

据此，《民法典》也明确规定了一些具体情形。比如，第 837 条规定，收货人无正当理由拒绝受领货物的，承运人依法可以提存货物。第 916 条规定，储存期间届满，存货人或者仓单持有人不提取仓储物的，保管人可以催告其在合理期限内提取；逾期不提取的，保管人可以提存仓储物。第 957 条规定：“行纪人按照约定买入委托物，委托人应当及时受领。经行纪人催告，委托人无正当理由拒绝受领的，行纪人依法可以提存委托物。”“委托物不能卖出或者委托人撤回出卖，经行纪人催告，委托人不取回或者不处分该物的，行纪人依法可以提存委托物。”

2. 债权人下落不明

债权人下落不明，是指当事人离开自己的住所、不知去向，或因为债权人地址不详等原因在合理期间内无法查找。② 债务人履行其债务债权人在合同履行地接受履行，债权人下落不明，债务人无法给付时，为消灭债权债务关系，债务

---

① 韩世远．合同法总论．北京：法律出版社，2018：718；张谷．论提存．清华法学，2003 (2)：192.

② 《提存公证规则》第 5 条第 3 项规定为“地址不详”和“失踪”。

人可以将标的物提存。如果债权人虽下落不明，但其提供了银行账号等，债务人能够履行的，不能提存。如果债权人下落不明只是暂时使债务人履行不能的，需要结合履行期确定，此种暂时不能受领的状态持续至履行期届满，就构成提存原因，相反未持续之履行期届满债务人并不否成违约，不构成提存原因。①

债权人下落不明，即使未被宣告失踪，债务人也无法履行，为消灭债权债务关系，债务人可以将标的物提存。②《提存公证规则》第5条第3项中也规定了“失踪”，失踪也是下落不明持续一段时间的一种状态，既然下落不明即可构成提存原因，自然无需下落不明满两年、利害关系人申请宣告失踪等程序。但是如果利害关系人已经申请宣告失踪，人民法院已经确定财产代管人的，债务人应该向财产代管人履行，不得提存。债权人下落不明应该包括债权人的代理人下落不明，如果债权人下落不明但其代理人确定，此时债务人得向其代理人履行以清偿债务，不得将标的物提存。③

民法典也明确规定了一些具体情形，比如，第529条规定，债权人分立、合并或者变更住所没有通知债务人，致使履行债务发生困难的，债务人可以中止履行或者将标的物提存。

3. 债权人死亡未确定继承人、遗产管理人或者丧失民事行为能力未确定监护人

债权人死亡或者丧失民事行为能力，并不必然导致债务人债务的消灭。当债权人死亡时，由于该债权人的继承人可以继承其债权，因此，债务人应当向债权人的继承人、遗产管理人履行债务。如果债权人死亡以后其继承人、遗产管理人未确定，造成债务人无法履行其债务的，债务人可以将标的物提存。如果债权人因为丧失民事行为能力导致其在法律上不能受领，应由其监护人代理。如果债权人的监护人未确定，造成债务人无法履行其债务的，债务人也可以将标的物提存。

4. 法律规定的其他情形

除了上述三种由于债权人的原因导致难以履行债务的事由之外，还存在法律规定的其他事由。这主要指债务人非因过失而无法确切地知道谁是债权人，也即债权人不明的其他情形。④ 比如，债权人和债权人的受让人之间就债权转让发生争议，此时债务人无法确知谁是真正的债权人，债务人就可以提存。本法就529

① 崔建远．我国提存制度的完善．政治与法律，2019（8）：110.

② 崔建远．合同法学．北京：法律出版社，2015：232.

③ 王利明．合同法研究：第二卷．北京：中国人民大学出版社，2015：298.

④ 《提存公证规则》第5条第3项即规定为“债权人不清”。《德国民法典》第372条第2款、《日本民法典》第494条、我国台湾地区“民法”第326条明确规定。

条也规定，债权人分立、合并或者变更住所没有通知债务人，致使履行债务发生困难的，债务人可以中止履行或者将标的物提存。第837条规定，收货人不明的，承运人依法可以提存标的物。债权人不在债务履行地又不能到履行地受领的，也可以作为提存原因之一。

（二）债务人难以履行债务

具备提存的上述情形之一的，除法律另有规定外，必须是导致债务人难以履行债务的才可以提存。所谓难以履行，是指债权人不能受领给付的情形不是暂时的、无法解决的，而是不易克服的。以下情况不能认为是难以履行：(1) 债权人虽然迟延受领但迟延时间很短。(2) 下落不明的债权人有财产代管人，可以代为接受履行。(3) 债权人的继承人、遗产管理人或者监护人很快可以确定。

（三）其他提存原因

当然，除了符合本条规定的情形可以提存之外，当事人在合同中约定以提存方式给付的，也可以提存。① 同时，还有一些法律规定的提存，最主要的是担保情形中的提存。这些提存不要求具备债务人难以履行债务的条件，一般是为了维护担保权人的利益。

四、提存标的物

提存的标的物应当是根据债务应当给付的标的物，主要是货币、有价证券、票据、提单、权利证书、贵重物品等适宜提存的标的物。本条第2款是对标的物不适于提存时如何处理作出的规定，从反面解释可以得出提存的标的物原则上应当是适合提存的、合同规定应当给付的标的物，故以行为为标的之债自无提存之可能。《提存公证规则》第7条从正面规定了适于提存之物包括：货币、有价证券、票据、提单、权利证书、贵重物品、担保物（金）或其替代物（此为担保提存之标的物）以及其他适宜提存的标的物。

提存标的物是否包括不动产？从立法层面，我国法承认提存标的物包括不动产的，实践中亦肯认之。② 德国民法中不承认不动产提存，但债务人可以在对债

① 《提存公证规则》第6条第1款第1项规定，“债的双方在合同（协议）中约定以提存方式给付的”。

② 《提存公证规则》第15条规定：“对提存的贵重物品、有价证券、不动产或其他物品的价值难以确定的，公证处可以聘请专业机构或人员进行估价。”第14条第1、4款规定：“公证处应当验收提存标的物并登记存档。对不能提交公证处的提存物，公证处应当派公证员到现场实地验收。验收时，提存申请人（或其代理人）应当在场，公证员应制作验收笔录。”“经验收的提存标的物，公证处应当采用封存、委托代管等必要的保管措施。”第22条第4款规定：“提存的不动产或其他物品的收益，除用于维护费用外剩余部分应当存入提存账户。”云南省曲靖市中级人民法院（2019）云03民终2690号民事判决书中，一审法院认定被告可以按照《合同法》第101条第1项规定对原告拒绝领受的房屋进行提存，并及时通知原告。

权发出警告后放弃占有以免去负担。[①] 但是，此项制度于不知债权人时无法适用，且会造成社会财富的浪费；我国规定了不动产也可以提存，无须上述不动产放弃占有规则。[②] 不动产提存中，即使不能提交给提存部门，《提存公证规则》也规定了相应的保管措施，不存在“不适宜提存”的问题。[③] 但是，不动产提存意义较之动产提存意义较小。

提存标的物是否应该符合债的本旨？学说多认为提存标的物不依债务本旨而为之，不发生消灭债务的效力，实践中亦有法院肯认之。[④] 但是，《提存公证规则》第13条规定提存标的与债的标的相符的公证处方予以提存，但“提存标的与债的标的不符或在提存时难以判明两者是否相符的，公证处应告知提存人如提存受领人因此原因拒绝受领提存物则不能产生提存的效力。提存人仍要求提存的，公证处可以办理提存公证，并记载上述条件”。即使标的物不符合债之本旨，自提存之日起亦发生提存的效力。而债权人的依法拒绝受领是解除条件（《提存公证规则》第13条第2款），如果债权人受领时拒绝，自然不发生提存效力。将提存标的物不符合债之本旨是否发生提存效力的最终决定权赋予债权人，是因为提存的本旨仍然是清偿之替代，从尊重当事人意思自治的角度，债权人能否从提存中获得满足，应由债权人自己判断，其愿意受领债务人的给付自然没有否认的必要，当然，提存人是否构成违约则属于另一问题。提存部门也无法查明债务人和债权人之间的约定。[⑤]

标的物不适于提存或者提存费用过高的，债务人依法可以拍卖或者变卖标的物，提存所得的价款。所谓标的物不适于提存，是指标的物不适于长期保管或者长期保管将损害价值的，如易腐、易烂、易燃、易爆等物品等。[⑥] 所谓标的物提

---

① 《德国民法典》第303条将抛弃占有限制在土地、已登记的船舶或者建造中的船舶，我国台湾地区“民法”第242条限制在不动产。

② 王洪亮．债法总论．北京：北京大学出版社，2016：186；张谷．论提存．清华法学，2003（2）：190.《日本民法典》中规定不动产也可以提存，同样未规定放弃占有制度。

③ 王利明．合同法研究：第二卷．北京：中国人民大学出版社，2015：301-302；张谷．论提存．清华法学，2003（2）：189-190.

④ 郑玉波．民法债编总论．北京：中国政法大学出版社，2004：505.河南省沁阳市人民法院（2013）沁民重字第00001号民事判决书中，法院认为：本案被告不存在无正当理由拒绝受领租金的法定情形，公证处未全面审查作为债务人的原告请求提存的原因和事实是否属实，提存标的与债的标的是否相符就草率作出提存公证，违反法定程序，因此不具有提存公证的法律效力。不过本案中法院虽然援引“提存标的与债的标的不符”作为说理理由，但案件事实中合同约定的租金本就没有明确数字，且原告提存的租金高于此前其支付的租金，以提存标的与债的标的不符进行说理似乎有欠妥当。

⑤ 张谷．论提存．清华法学，2003（2）：198-199.

⑥ 《提存公证规则》第14条第5款规定：“对易腐易烂易燃易爆等物品，公证处应当在保全证据后，由债务人拍卖或变卖，提存其价款。”

存费用过高，一般指提存费与所提存的标的的价额不成比例，如需要特殊设备或者人工照顾的动物。标的物不适于提存或者提存费用过高有悖设立提存制度的目的，但不提存，债务人又达不到使得债务消灭的目的，为此，可以依照我国拍卖法等有关法律规定，拍卖或者变卖标的物，提存所得的价款。但是，予以拍卖或者变卖的是债务人而非提存部门。在此情况下，债权人丧失了其应该依据合同关系本旨能得到的标的物，获得的是出卖所得，如果比物的实际价值低，债务人提存出卖所得价金之后，可以将之提存，视其在提存范围内清偿债务。

第五百七十一条

债务人将标的物或者将标的物依法拍卖、变卖所得价款交付提存部门时，提存成立。

提存成立的，视为债务人在其提存范围内已经交付标的物。

本条主旨

本条是关于提存成立的规定。

相关条文

原《合同法》未作规定。

理解与适用

一、提存成立的时间

《合同法》对提存成立的时间和效果未作规定。《合同法司法解释二》第 25 条第 1 款规定："依照合同法第一百零一条的规定，债务人将合同标的物或者标的物拍卖、变卖所得价款交付提存部门时，人民法院应当认定提存成立。"本条借鉴该规定和比较立法例，对此予以规定。

确定提存成立的时间有如下意义：（1）对债务人而言，因为标的物的提存成立后，不论债权人是否提取，视为债务人已经交付标的物，提存成立的时点即为交付的时点，确定提存成立的时间对于确定标的物毁损灭失的风险及是否构成违约责任具有重要意义；（2）对债权人而言，自提存之日起其取得了对于提存部门的领取提存物的权利，提存成立之日是该权利存续期间的起算点；（3）对于提存部门而言，提存成立之日起，其便负有保管义务。[1] 提存成立之日还是确定保管期限的起算点。[2]

在实践中，按照《提存公证规则》的规定，提存的程序类似于“行政许可”的程序[3]，需要经过申请人提出申请（第9条），公证处应在收到申请之日起三日内作为受理或不予受理的决定。不予受理的，公证处应当告知申请人对不予受理不服的复议程序（第10条）。受理之后，公证处还要制作谈话笔录（第11条），并对提存进行审查，审查范围包括提存人的行为能力和清偿依据、申请提存之债的真实性、合法性、请求提存的原因和事实是否属实、提存标的物与债的标的是否相符，是否适宜提存、提存标的物是否需要采取特殊的处理或保管措施（第12条）。审查不合格的，公证处应当拒绝办理提存公证，并告知申请人对拒绝公证不服的复议程序（第13条）。审查合格的，提存部门应当验收提存标的物并登记存档或者采取其他保管措施（第14条），且应当从提存之日起3日内出具提存公证书（第17条）。可见，提存公证中可能会有不同的时点。

本条第1款明确规定，债务人将标的物或者将标的物依法拍卖、变卖所得价款交付提存部门时，提存成立。这有助于避免关于提存成立时间的争议，同时，基于提存部门与提存人之间关系与向第三人履行的保管合同关系的类似性[4]，该规定也与《民法典》第890条规定（“保管合同自保管物交付时成立”）保持一致。具体而言：（1）提存货币的，以现金、支票交付提存部门的日期或提存款划入提存部门提存账户的日期为提存成立的日期。（2）提存的物品需要验收的，以提存部门验收合格的日期为提存成立的日期。（3）提存的有价证券、提单、权利证书或无需验收的物品，以实际交付提存部门的日期为提存成立的日期。[5]

二、提存成立对债务人的效力

提存成立后，涉及提存的效力，包括债务人和提存部门间的保管关系所生权利义务、债权人基于提存关系受益而对提存部门所生权利义务、提存关系对于债

---

① 《提存公证规则》第19条规定：“公证处有保管提存标的物的权利和义务。公证处应当采取适当的方法妥善保管提存标的，以防毁损、变质或灭失。”“对不宜保存的、提存受领人到期不领取或超过保管期限的提存物品，公证处可以拍卖，保存其价款。”

② 《提存公证规则》第20条规定：“下列物品的保管期限为六个月：（一）不适于长期保管或长期保管将损害其价值的；（二）六个月的保管费用超过物品价值5%的。”

③ 王洪亮．债法总论．北京：北京大学出版社，2016：186.

④ 韩世远．合同法总论．北京：法律出版社，2018：721；张谷．论提存．清华法学，2003（2）：187. 与《民法典》第522条第2款规定不同的是，不必推定第三人有受益的意思。

⑤ 《提存公证规则》第16条。

权人和债务人之间债务关系产生的影响。[①] 本条第 2 款仅规定了第三种关系中的一个问题，即提存成立的，视为债务人在其提存范围内已经交付标的物。首先，视为债务人在提存范围内已经履行了交付标的物的义务。所谓“视为”，是指此时债务人虽然没有直接向债权人交付，但本款认可债务人有权以此抗辩债权人的交付请求。其次，履行了交付标的物的义务，并非必然、绝对地构成导致债务消灭的履行债务。[②] 如果提存标的物确实是根据债务应当给付的标的物且不存在任何瑕疵，则提存成立时，构成了本法第 557 条第 1 款第 3 项规定的“债务人依法将标的物提存”，债务消灭，债权人请求债务人履行债务时，债务人可以据此提出抗辩。同时，依据本法第 552 条第 1 款的规定，部分连带债务人提存标的物的，其他债务人对债权人的债务在相应范围内消灭。但是，如果提存的标的物存在瑕疵，或者提存标的物与债的标的不符，债权人因此原因拒绝受领提存标的物的，不能构成本法第 557 条第 1 款第 3 项规定的“债务人依法将标的物提存”，债务并不消灭。[③] 再次，债务人除了交付提存范围内标的物的债务之外，还负有其他债务的，仍应当履行。例如，除交付标的物这一主给付义务外之外，出卖人可能还要负担从给付义务和附随义务，提存符合约定的标的物也仅仅是主给付义务已经履行，不能认为从给付义务和附随义务也相应消灭。[④]

另外，债务人依法将标的物提存之后，在承认债务人取回权的前提下，是否导致债务消灭，有不同的立法例。一种立法例认为债务当然消灭，仅在债务人行使取回权时，取回提存物时，债权及其从权利复活或者债权溯及既往地不消灭，称为解除条件说。[⑤] 另一种立法例认为，债务并非当然消灭，但债务人因提存取得对债权人的抗辩，债务人可以要求债权人就提存物获得清偿，在债务人取回权消灭的时候，清偿效力当然发生，称为停止条件说。[⑥]《民法典》第 557 条第 1 款第 3 项将“债务人依法将标的物提存”作为债权债务终止的原因之一，似乎采取了前一种观点。据此，债务人依法将标的物提存的，债务消灭，债务人可以此抗

---

① 张谷．论提存．清华法学，2003（2）：199.

② 《合同法司法解释二》第 25 条第 2 款规定：“提存成立的，视为债务人在其提存范围内已经履行债务。”《提存公证规则》第 17 条中规定：“提存之债从提存之日即告清偿。”

③ 《提存公证规则》第 13 条第 2 款规定：“提存标的与债的标的不符或在提存时难以判明两者是否相符的，公证处应告知提存人如提存受领人因此原因拒绝受领提存物则不能产生提存的效力。提存人仍要求提存的，公证处可以办理提存公证，并记载上述条件。”

④ 对于登记义务，有观点认为提存的事实本身可以视为提存人已有对登记的承诺，债权人得单独申请登记，参见史尚宽．债法总论．北京：中国政法大学出版社，2000：843.

⑤ 参见《瑞士债务法》第 94 条、《日本民法典》第 496 条。

⑥ 《德国民法典》第 378、379 条。

辩债权人的履行请求；但是，如果债务人依据第 574 条第 2 款取回提存物的，已消灭的债务复活。

第五百七十二条

标的物提存后，债务人应当及时通知债权人或者债权人的继承人、遗产管理人、监护人、财产代管人。

本条主旨

本条是关于提存通知的规定。

相关条文

《合同法》第 102 条 标的物提存后，除债权人下落不明的以外，债务人应当及时通知债权人或者债权人的继承人、监护人。

理解与适用

标的物提存成立后，债务消灭，但债权人还未现实地获得其债权利益。为了便于债权人领取提存物，债务人应当将提存的事实及时通知债权人或者债权人的继承人、遗产管理人、监护人、财产代管人，本条对此明确规定。有观点认为，该通知义务是后合同义务①，但是，即使交付标的物的债务和对应债权消灭，但广义的债的关系却未终止，故并非后合同义务②，而是基于提存关系产生的法定义务。

提存通知性质上为事实通知，提存通知的对象是债权人或者债权人的继承人、遗产管理人、监护人、财产代管人。通知应当告知提存的标的、提存的地点、领取提存物的时间和方法等有关提存的事项。通知也应当及时。

但是，提存之时很可能债权人下落不明，或者债权人死亡未确定继承人、遗产管理人、监护人、财产代管人。现实的解决方式有两种，一种是从债务人得为通知之时才负有及时通知的义务，比如债权人下落不明满两年，利害关系人申请宣告失踪后确定财产代管人、债权人死亡后通过法定程序确定了遗产管理人等，虽然债务人提存不必留待上述人员确定，但在债务得为通知之时才负有及时通知

① 王洪亮．债法总论．北京：北京大学出版社，2016：186.

② 张谷．论提存．清华法学，2003（2）：219.

的义务。另一种方式是，提存通知性质上为事实通知，本条并未限制通知的方式，可以以公告作出。

《合同法》将债权人下落不明作为免除通知义务的事由。但是，在债权人下落不明时，如果债权人已经被宣告失踪并被确定财产代管人的，则债务人可以向财产代管人履行，无须提存。如果没有确定财产代管人，债务人可以提存，在确定财产代管人之后通知财产代管人；而在在确定财产代管人之前，债务人也可以申请提存部门采取公告方式通知。① 因此，本条将该例外事由删除。《提存公证规则》第 18 条第 3 款也规定："提存受领人不清或下落不明、地址不详无法送达通知的，公证处应自提存之日起六十日内，以公告方式通知。公告应刊登在国家或债权人在国内住所地的法制报刊上，公告应在一个月内在同一报刊刊登三次。"

应当注意的是，通知本身不是提存成立的要件，通知与否不影响提存的成立。② 但是，为了保护债权人的利益，债务人怠于履行通知义务造成债权人损害，债务人应负有赔偿责任。③

第五百七十三条

标的物提存后，毁损、灭失的风险由债权人承担。提存期间，标的物的孳息归债权人所有。提存费用由债权人负担。

本条主旨

本条是关于提存期间风险、孳息和提存费用的规定

相关条文

《合同法》第 103 条　标的物提存后，毁损、灭失的风险由债权人承担。提存期间，标的物的孳息归债权人所有。提存费用由债权人负担。

---

① 王利明．合同法研究：第二卷．北京：中国人民大学出版社，2015：303.

② 有观点指出，似以通知义务为必要条件为妥，即要令债务速速消灭，又不以通知为必要条件，不免有矛盾，参见张谷．论提存．清华法学，2003（2）：219.

③ 最高人民法院研究室．最高人民法院关于合同法司法解释（二）理解与适用．北京：人民法院出版社，2009：183.

理解与适用

一、风险负担

本条所谓的风险负担，不在于解决债务人的给付风险，债务人就债之标的灭失，有无再为给付之义务，这可以通过《民法典》第 180、584 条和其他规则处理，而仅解决对待给付风险，即债权人是否应当对待给付。在单务合同中，只有给付风险而无对待给付风险，无须适用本条。[①] 只有在双务合同中，才会发生风险负担问题。具体而言，提存中的风险负担，涉及以下问题，即债务人在提存后，提存物嗣后毁损、灭失时，债权人已经为对待给付，债权人是否有权请求债务人返还对待给付？如果债权人未为对待给付，债务人是否有权要求债权人为对待给付？

本条中规定，标的物提存后，毁损、灭失的风险由债权人承担。这也与《民法典》第 604 条第 1 款规定的风险负担规则一致，即标的物毁损、灭失的风险，在标的物交付之前由出卖人承担，交付之后由买受人承担，但是法律另有规定或者当事人另有约定的除外。既然标的物提存后，即视为债务人在其提存范围内已经交付标的物，因此，标的物毁损、灭失的风险就由债权人承担。也就是说，在债务人提存前，提存物毁损、灭失的风险由债务人承担，在债务人履行不能的情况下，债权人已经为对待给付，则债权人有权请求债务人返还对待给付；如果债权人未为对待给付，债务人无权要求债权人为对待给付。在债务人提存后，提存物毁损、灭失的风险由债权人承担，债权人已经为对待给付，则债权人无权请求债务人返还对待给付；如果债权人未为对待给付，债务人有权要求债权人为对待给付。[②]

应当注意的是，《民法典》第 605 条规定，因买受人的原因致使标的物未按照约定的期限交付的，买受人应当自违反约定时起承担标的物毁损、灭失的风险。第 608 条规定，出卖人按照约定或者依据本法第六百零三条第二款第二项的规定将标的物置于交付地点，买受人违反约定没有收取的，标的物毁损、灭失的风险自违反约定时起由买受人承担。这些情形中，风险转移的时点不同于提存成立时点，应当优先适用上两条规定，而本条适用于除此之外的其他情形。[③]

标的物提存后，不可归责于债权人和债务人原因发生提存物的毁损、灭失，包

① 王利明．合同法研究：第二卷．北京：中国人民大学出版社，2015：305.

② 韩世远．合同法总论．北京：法律出版社，2018：727.

③ 同样观点，参见张谷．论提存．清华法学，2003（2）：217.

括因不可抗力、标的物的自然变化、第三人的原因或者提存人保管不当，都可能引起标的物的毁坏、损失、甚至标的物不复存在。标的物毁损、灭失的风险由债权人承担，一方面，由债权人按照上述方式承担因不可抗力、标的物自身性质而产生的毁损、灭失的后果。另一方面，债权人有权对造成标的物毁损、灭失责任的第三人或者提存部门索赔，比如，提存期间，提存标的物因为提存部门未履行保管职责造成毁损、灭失的，提存部门负有赔偿责任，由债权人向提存部门索赔。

二、孳息归属

标的物的孳息，是指由标的物产生的收益，包括自然孳息和法定孳息。自然孳息，是指依物的用法所产生的作为独立物的收益。法定孳息，是指依法律关系产生的收益，比如金钱所产生的利息，有价证券产生的股息、红利。债权人对提存物享有收益的权利，本条中规定，提存期间，标的物的孳息归债权人所有。在提存期间，提存部门负责提存的收取。具体而言，提存的存款单、有价证券、奖券需要领息、承兑、领奖的，提存部门应当代为承兑或领取，所获得的本金和孳息在不改变用途的前提下，按不损害提存受领人利益的原则处理；无法按原用途使用的，应以货币形式存入提存账户；定期存款到期的，原则上按原来期限将本金和利息一并转存；股息红利除用于支付有关的费用外，剩余部分应当存入提存专用账户；提存的不动产或其他物品的收益，除用于维护费用外剩余部分应当存入提存账户。[①] 提存期间，债务人不再负有支付利息的义务，或者就未收取的孳息承担赔偿责任。[②]

三、提存费用的负担

本条中规定，提存费用由债权人负担。提存作为履行之代用，履行费用本应由债务人自行负担，但是提存所生的费用，并非债务人履行债务所必要的费用，如无提存原因，债务人自然可以依据通常的履行方法而为履行，不会再将标的物提存，也就不会支出提存费用。因此，此项特别费用应由债权人负担，除非债权人和债务人另有约定。[③] 提存费用包括：提存公证费、公告费、邮电费、保管费、评估鉴定费、代管费、拍卖变卖费、保险费，以及为保管、处理、运输提存标的物所支出的其他费用。债权人应当支付提存费用，未支付提存费用钱前，提

① 参见《提存公证规则》第 22 条。

② 《德国民法典》第 379 条对此明确规定。

③ 王利明．合同法研究：第二卷．北京：中国人民大学出版社，2015：306；韩世远．合同法总论．北京：法律出版社，2018：728.

存人有权留置价值相当的提存标的物。[1] 但是，依据《民法典》第574条，在债务人依法取回标的物时，提存费用由债务人负担。

第五百七十四条

债权人可以随时领取提存物。但是，债权人对债务人负有到期债务的，在债权人未履行债务或者提供担保之前，提存部门根据债务人的要求应当拒绝其领取提存物。

债权人领取提存物的权利，自提存之日起五年内不行使而消灭，提存物扣除提存费用后归国家所有。但是，债权人未履行对债务人的到期债务，或者债权人向提存部门书面表示放弃领取提存物权利的，债务人负担提存费用后有权取回提存物。

本条主旨

本条是关于债权人领取提存物的权利和债务人取回提存物的权利的规定。

相关条文

《合同法》第104条　债权人可以随时领取提存物，但债权人对债务人负有到期债务的，在债权人未履行债务或者提供担保之前，提存部门根据债务人的要求应当拒绝其领取提存物。

债权人领取提存物的权利，自提存之日起五年内不行使而消灭，提存物扣除提存费用后归国家所有。

理解与适用

一、债权人领取提存物的权利

(一) 概述

标的物提存后，视为债务人在其提存范围内已经交付标的物。但是，债权人基于债权有权取得该标的物，此时提存可以被认为是为债权人利益的保管，基于此种涉他效力，债权人有权随时领取提存物。也正因为领取提存物的权利产生于提存行为的涉他效力，因此，如果提存行为无效、被撤销，则领取提存物权利也自始不发生。

提存后，债务人不再负有保管义务，而提存部门则负有保管提存物的权利和

[1] 参见《提存公证规则》第25条。

义务，应当采取适当的方法妥善保管提存物，以防毁损、变质或灭失，但不得擅自处分或者挪用；对不宜保存的、提存受领人到期不领取或超过保管期限的提存物品，提存部门可以拍卖，保存其价款；不适于长期保管或长期保管将损害其价值的、6个月的保管费用超过物品价值5%的提存物的保管期限为6个月。①

债权人可以随时领取提存物。理论中，争议较大的问题之一是，领取提存物的权利是何种性质？有观点认为，在债务人将标的物交付给提存机关之时，可把提存部门看作债权人的履行辅助人，提存物的所有权即归属于债权人②，因此领取提存物的权利是基于债权人对提存物的所有权而产生的物权请求权。但是，提存仅具有履行代用的功能，提存成立的，视为债务人在其提存范围内已经交付标的物，但是这仅仅意味着债务人履行的提供，即使是动产所有权的移转，还需要债权人的受领，才能导致动产所有权的变动，只有债权人领取了提存物时，才构成导致动产所有权转移的“交付”，此时动产的所有权才转移给债权人。③ 即使在此时认为这与指示交付类似，债权人是提存部门的间接占有人，但考虑到本条第2款规定了债务人一定条件下取回提存物的权利，在动产所有权因提存而转移给债权人的，债务人行使该权利时，所有权的回复构造较为困难。④ 故债权人领取提存物的权利仍然是依据法律规定发生的债权，债权人的债权人可以对领取提存物的请求权予以强制执行，或者依据《民法典》第935条以下的规定行使代位权，在债权人破产时，该请求权也属于破产财产。

债权人向提存部门主张的提存物领取请求权和原来的向债务人主张的给付请求权之间的关系，理论上存在不同观点，或者是认为两种请求权是并存⑤，或者认为前者替代了后者而后者消灭，或者认为前者是后者的“镜像”而与后者具有质的同一性。⑥《民法典》第557条第1款第3项将“债务人依法将标的物提存”

---

① 《提存公证规则》第19、20条。

② 孙森焱．民法债编总论：下册．北京：法律出版社，2006：897；王利明．合同法研究：第二卷．北京：中国人民大学出版社，2015：305-206；朱广新．合同法总则研究：下册．北京：中国人民大学出版社，2018：546；崔建远．我国提存制度的完善．政治与法律，2019（8）：113.

③ 史尚宽．债法总论．北京：中国政法大学出版社，2000：843；郑玉波．民法债编总论．北京：中国政法大学出版社，2004：508；韩世远．合同法总论．北京：法律出版社，2018：726；张谷．论提存．清华法学，2003（2）：202.

④ 就此，如果认为所有权已经转移给债权人，则不应承认取回权；如果认为所有权不转移，则可以承认也可以不承认取回权；在承认取回权的立法例中，一般将领取提存物请求权作为债权请求权。单纯以风险负担转移至债权人、孳息归属给债权人，认为债权人取得所有权，与买卖合同中单纯以交付而非所有权转移作为风险负担和孳息归属的界分点不符，甚至使得《民法典》第573条的规定俱成赘文，具体参见张谷．论提存．清华法学，2003（2）：202.

⑤ 张谷．论提存．清华法学，2003（2）：202-203.

⑥ 韩世远．合同法总论．北京：法律出版社，2018：724-725.

作为债权债务终止的原因之一，故此时只能认为给付请求权已经消灭，提存物领取请求权替代了原给付请求权，因此，在债权人请求债务人履行债务时，债务人能够抗辩，债权人只能行使提存物领取请求权。但无论如何，两种请求权都是为了实现相同的目的；在原给付请求权负有其他抗辩时，提存物领取请求权也附有相同的抗辩。可能有观点认为，原给付请求权消灭，但债权人主张原给付请求权，且债务人愿意依原给付而未履行，为何不可？从价值上当然应当对此予以承认，但即使认为原给付请求权消灭，也可以通过适当的解释路径实现这种合理的价值判断，例如，可认为债权人和债务人之间形成新的合意而产生新的债权，双方的合意之中包括债权人放弃提存物领取请求权，故债务人可以请求债权人出具书面表示放弃提存物领取请求权的证明，债务人有权依据第574条第2款行使取回权取回提存物。

（二）具体行使

《提存公证规则》第9条规定："提存申请人应当填写公证申请表，并提交下列材料：……（四）提存受领人姓名（名称）、地址、邮编、联系电话等。"因此，债权人领取提存物时，应当证明其为债务人提交的申请材料中的受领人。《提存公证规则》第23条第2款规定，提存受领人领取提存标的物时，应提供身份证明、提存通知书或公告，以及有关债权的证明，并承担因提存所支出的费用。提存受领人负有对待给付义务的，应提供履行对待给付义务的证明。委托他人代领的，还应提供有效的授权委托书。由其继承人领取的，应当提交继承公证书或其他有效的法律文书。第24条规定，因债权的转让、抵销等原因需要由第三人领取提存标的物的，该第三人应当提供已取得提存之债债权的有效法律文书。既然提存物在提存期间所产生的孳息归提存受领人所有，因此债权人还有权向提存部门主张提存物的孳息。提存部门对于保有提存物并无利益，因此除非法定情况，不得拒绝给付。《提存公证规则》第28条规定，符合法定或当事人约定的给付条件，公证处拒绝给付的，由其主管的司法行政机关责令限期给付；给当事人造成损失的，公证处负有赔偿责任。根据人民法院、仲裁机构的裁决或司法行政机关决定给付的，由此产生的法律后果由作出决定的机构承担。

（三）领取提存物请求权的阻却事由

本条第1款中规定："但是，债权人对债务人负有到期债务的，在债权人未履行债务或者提供担保之前，提存部门根据债务人的要求应当拒绝其领取提存物。"《提存公证规则》第6条第2款规定："当事人申办前款所列提存公证，必须列明提存物给付条件，公证处应按提存人所附条件给付提存标的物。"第23条第1款中规定："本规则第六条第一项规定的以对待给付为条件的提存，在提存受领人未为对待给付之前，公证处不得给付提存标的物。”第2款中规定：“提存受领人负有对待给付义务的，应提供履行对待给付义务的证明。”如果债权人对债务人也负有对待给付的义务，则当事人双方均需要履行各自的义务，债务人虽然依法将标的物提存，但与其互负到期债务的债权人并未履行对待给付的义务。为避免先行履行可能发生的风险，保证债务人债权的实现，债务人针对债权人的原给付请求权所可以行使的抗辩，即使原给付请求权消灭，这些抗辩也可以针对债权人的领取提存物请求权行使。由此，使得债务人和债权人的地位不因是否提存而在抗辩方面有差别。

因此，债务人申办提存时，可以列明提存物给付的条件，对提存部门给付提存物的行为附条件，即只有在债权人履行了对债务人的对待债务，或者为履行提供相应的担保后，才能领取提存物。提存部门应根据债务人的要求，按提存人所附条件给付提存标的物。债权人未履行债务或者提供担保而不符合所附条件的，提存部门应当拒绝债权人领取提存物，这实质上是提存部门行使债务人的抗辩。[①] 如果提存部门未按列明的给付条件而直接向债权人给付提存标的物，造成当事人造成损失的，提存部门负有赔偿责任。比如，甲乙二公司订立了购买电视机的合同，甲公司负有交付电视机的义务，乙公司负有支付价款的义务。债务履行期届满，乙公司长期迟延受领，也未支付货款，甲公司依法将标的物提存。为保证收回货款，甲公司提存时声明，只有乙公司支付了电视机价款或者提供了付款担保后，才能允许乙公司领取电视机。如果在乙公司没有支付价款也没有提供担保的情况下，提存部门将提存物交付给了乙公司，一旦乙公司领取提存物后不能支付甲公司的价款，提存部门要承担赔偿责任。

但是，抗辩是否行使是债务人的权利，应由债务人决定，如果债务人不行使，提存部门不必越俎代庖，本条第1款中的“根据债务人的要求”即体现这一点。如果债务人提存的时候并未列明给付条件，嗣后也未提出要求，则视为其未将债权人履行给付义务作为给付条件，提存部门不得自行决定拒绝债权人的领取提存物请求权。提存人提存时，应当向提存部门明确告知提存受领人所承担的对待给付义务的内容，以及对所提供的担保的要求，比如是人的保证，还是抵押或者质押担保。这样做的目的，一方面，可以便于提存部门交付提存物前进行审查；另一方面，也是判定提存部门责任的根据。符合法定或当事人约定的给付条件，提存部门拒绝给付的，债权人有权请求提存部门限期给付并承担赔偿责任。

---

① 同样立法例，参见《德国民法典》第373条、《日本民法典》第498条。

（四）提存物领取请求权的消灭事由

债权人虽然享有随时领取提存物的请求权，但该请求权长期不行使，不仅使权利长期处于不稳定状态，也会给提存部门增加负担，同时也不符合物的有效利用的原则，故本条第2款中规定："债权人领取提存物的权利，自提存之日起五年内不行使而消灭，提存物扣除提存费用后归国家所有。"①

理论上就此期间的性质有三种观点。一种认为其系除斥期间，理由在于该期间在于确定权利归属，而非仅为提存部门取得抗辩权②；一种认为系时效期间，理由在于从比较法、法制沿革、纯理论而言，时效期间说均有依据，如采除斥期间说则"不行使"属于赘文③；还有一种观点并未论及期间的性质，仅论及期间届满债权人受取提存物的权利消灭。④ 本条第1款中规定期间届满的后果是债权人领取提存物的权利消灭，而并非《民法典》第192条第1款中所规定的发生"义务人可以提出不履行义务的抗辩"，应当认定为除斥期间。可能的反对理由是：(1) 除斥期间仅适用于形成权，但领取提存物的权利是请求权；(2) 按照民法典第199条的规定，除斥期间的起算点是"自权利人知道或者应当知道权利产生之日起计算"，但本条的起算点是"自提存之日起"。但是，《民法典》第199条的适用对象虽然列明了"撤销权、解除权"，但并未将除斥期间的适用对象限定为这些权利，而是明定"撤销权、解除权等权利"，适用对象是多元化的⑤；同时，第199条的期间起算点也说明了"除法律另有规定外"。因此，上述反对理由无法成立。既然该期间是除斥期间，依据本法第199条的规定，该期间不适用有关诉讼时效中止、中断和延长的规定。⑥

本条第2款中同时规定，债权人领取提存物请求权自提存之日起5年内不行使消灭的，提存物扣除提存费用后归国家所有。此时，债权人不能再对提存物主张权利。其原因在于，对于提存物，债务人可能享有所有权但无取回权，同时债

---

① 这一规则类似于我国台湾地区"民法"第330条，只是后者规定为10年的期间。《提存公证规则》第21条则规定："从提存之日起，超过二十年无人领取的提存标的物，视为无主财产；公证处应在扣除提存费用后将其余额上缴国库。"该期限与民法典相冲突，不应再予以适用。

② 最高人民法院研究室．最高人民法院关于合同法司法解释（二）理解与适用．北京：人民法院出版社，2009：179，181；郑玉波．民法债编总论．北京：中国政法大学出版社，2004：509；黄立．民法债编总论．北京：中国政法大学出版社，2002：702－703.

③ 张谷．论提存．清华法学，2003（2）：206－207.

④ 史尚宽．债法总论．北京：中国政法大学出版社，2000：842.

⑤ 朱虎．诉讼时效制度的现代更新．中国高校社会科学，2017（5）.

⑥ 《合同法司法解释一》第8条规定："合同法……第一百零四条第二款规定的'五年'为不变期间，不适用诉讼时效中止、中断或者延长的规定。"

权人领取请求权也已经消灭，提存物此时可视为无主物。[①] 由此，又引申出其限制，即使债权人领取提存物请求权已经消灭，但债务人依据本款规定享有取回权的，提存物不应属于国家所有。[②]

二、债务人的取回权

本条第 2 款中规定："但是，债权人未履行对债务人的到期债务，或者债权人向提存部门书面表示放弃领取提存物权利的，债务人负担提存费用后有权取回提存物。"从文义上，"但是"似乎意味着，该规定仅仅是对前句的限制。但是，债权人书面放弃自然以其享有提存物领取请求权为前提，如果提存物领取请求权根据前句规定已经消灭，即谈不上书面放弃与否。推而广之，债务人的取回权，尤其是"债权人未履行对债务人的到期债务"情形中的债务人取回权，当然可能适用于债权人领取提存物请求权因除斥期间届满而消灭的情形，但并非仅适用于该情形，也包括债权人领取提存物请求权仍然存在的情形。

如上文所述，在提存之后，债权人领取提存物之前，尤其是动产所有权，仍然是债务人所有，但是否承认债务人的取回权?[③] 如果完全承认债务人的取回权，债务人行使取回权实质上是取消了债权人领取提存物的请求权，可能会损害债权人的利益，因此在承认债务人取回权的立法例中，多对此予以限制，在债务人对提存部门表示放弃、债权人对提存部门表示接受或者向提存机关提示宣告提存合法且已送达之生效判决时，债务人取回权消灭，以此保护债权人的利益。但是，如果完全不承认债务人的取回权，则在对债权人利益并无损害却可能损害债务人利益的情形中，可能使得债务人欠缺充分的选择余地，无法摆脱提存关系的约束，似乎无法实现债权人和债务人利益的平衡。[④]《合同法》第 104 条完全不承认债务人的取回权，为实现债权人和债务人利益之间的平衡，本条第 2 款中增加规定了债务人取回提存物的权利，同时明确规定了具体的条件，以避免损害债权人的利益。

根据本条第 2 款中的规定，债务人行使取回提存物权利的前提是符合以下两种情形之一。

（1）债权人未履行对债务人的到期债务，债务人有权取回提存物。如果债权

---

① 《提存公证规则》第 21 条即明定"视为无主财产"。

② 韩世远．合同法总论．北京：法律出版社，2018：725.

③ 《德国民法典》第 379 条、《瑞士债务法》第 94 条、《日本民法典》第 496 条规定了债务人的取回权，而我国台湾地区"民法"并未对此规定。

④ 具体分析，参见张谷．论提存．清华法学，2003（2）：213－215.

人已经履行了对债务人的到期债务，债务人就没有取回权，避免造成对债权人利益的损害。在债权人未履行对债务人的到期债务，债务人可以拒绝债权人的履行请求，本条第 1 款亦规定提存部门应因债务人的要求而拒绝债权人的受领请求权。此时，债务人虽不因此而陷于履行迟延，但其履行利益并未得到满足。在债权人的领取提存物的请求权因除斥期间届满而消灭后，债务人的履行利益未得到满足，但提存物却在扣除提存费用后归国有，即使债务人可以请求债权人赔偿，但债权人此时往往已经陷入资力不足状态，这对于债务人未免不公。即使债权人的领取提存物请求权仍然存在，但因为债权人并未履行对债务人的到期债务，提存部门可以拒绝债权人的领取提存物的请求，但是，债务人不应因提存部门能够行使履行抗辩权而丧失了自己行使履行抗辩权的机会，故债务人也可以选择行使取回权，这实质上是自己行使履行抗辩权，在此种情形中也并无保护债权人利益的必要。并且，此时取回权的行使不以债务人解除其和债权人之间的合同为前提，这恰恰体现了履行抗辩权和解除的不同功能。当然，债务人也有权依法解除其与债权人之间的合同，从而使得债权债务关系终止，进而取回提存物。

（2）债权人领取提存物的请求权也可能因为债权人向提存部门书面放弃领取提存物权利而消灭，此时，债务人享有取回提存物的权利。这更可能发生于债务人领取提存物的请求权在除斥期间届满前的情形中。《提存公证规则》第 26 条第 2 款也规定：“提存受领人以书面形式向公证处表示抛弃提存受领权的，提存人得取回提存物。”在债权人书面放弃提存物受领请求权的情况下，提存关系应该消灭。因为提存关系中因债权人迟延或者不清等原因，不得不行提存之法，故赋予债权人以受领权是目的，而让提存机关保管是达成此目的的手段。提存机关对于提存物的保留本无利害关系，现在受领权已经被抛弃，目的不达，作为手段之保管关系亦无存续之必要。①

除此之外，还可能在两种情形下承认债务人的取回权。第一，债务人和债权人之间的债权债务已经因另为履行、抵销、免除等其他原因而消灭。在债务人依法提存之后，虽然债权债务已经消灭，但债权人和债务人基于其他原因使得已经消灭的债权再次消灭，按照当事人之间的意思，应当是以后者为准，故依提存而债务消灭即构成债权人的不当得利，此时提存也同样无必要存在，债务人可以行使取回权，实质上是提存关系消灭后，要求提存机关返还不当得利的请求权。②《提存公证规则》第 26 条第 1 款还规定了提存人可以凭人民法院生效的判决、裁

① 张谷．论提存．清华法学，2003（2）：200.
② 同①200－201.

定或提存之债已经清偿的公证证明取回提存物。该规定中的判决、裁定的范围不清晰，但应当是有关所涉债权债务已经因另为履行、抵销、免除等其他原因而消灭的判决、裁定[①]；所谓的“提存之债已经清偿的公证证明”也应当是所涉债权债务已经因另为履行、抵销、免除等其他原因而消灭的公证证明。但是，即使没有上述判决、裁定、公证证明，也应当允许债务人通过证明债务已经因其他原因而消灭的其他证据而行使取回权。

第二，不承认债务人取回权的目的是保护债权人的利益，但是，在债权人的利益不可能被损害的前提下，仍然应当承认债务人的取回权。最为典型的情形是尚未向债权人予以提存通知的情形，此时债权人尚未确定地取得利益，故也无利益损害的问题，承认债务人的取回权并不会产生问题。[②]

符合上述条件的，债务人可以行使取回权，取回提存物的，视为未提存。因此产生的费用由债务人承担。[③]“负担提存费用后有权取回提存物”这个表述表明，债务人未支付提存费用前，提存部门有权留置价值相当的提存标的。同时，提存物的孳息也归债务人所有。但因债权人受领迟延所产生的效果并不因此消灭。

债务人行使取回权的情形中，债务人对债权人所负的交付标的物的债务是否复活可以区分情形判断：（1）在债权人未履行对债务人的到期债务导致债务人行使取回权的情形中，该债务以及相关的担保复活，但债务人有权依法解除合同。（2）债权人向提存部门书面放弃领取提存物权利导致债务人行使取回权的情形中，债务人对债权人所负的交付标的物的债务已经消灭，不再复活。（3）该债务因其他原因而消灭的情形中，在债务人行使取回权之后，该债务已经消灭不再复活。（4）尚未向债权人予以提存通知的情形中，债务人行使取回权后，上述债务以及相关的担保复活。

第五百七十五条

债权人免除债务人部分或者全部债务的，债权债务部分或者全部终止，但是债务人在合理期限内拒绝的除外。

---

① 韩世远．合同法总论．北京：法律出版社，2018：729.

② 同①.

③ 参见《提存公证规则》第26条第3款。

本条主旨

本条是关于免除债务的规定。

相关条文

《合同法》第105条　债权人免除债务人部分或者全部债务的，合同的权利义务部分或者全部终止。

理解与适用

一、免除概述

免除，指债权人抛弃债权，从而全部或者部分消灭债权债务。从债权人角度观察，免除是债权人抛弃债权，从债务人的角度观察，则因此而免其给付义务。债权人可以免除债务的部分，也可以免除债务的全部。比如，债务人乙应当偿还债权人甲2万元人民币，甲表示乙可以少还或者不还，就是债权人免除债务。甲表示只需要偿还1万元，是债务的部分免除；表示2万元都不必偿还，是债务的全部免除。免除部分债务的，债权债务部分终止，免除全部债务的，债权债务全部终止。本条对免除进行了具体规定。

增加既存债权或者设立新的债权，性质上属于债的变更，但是在债权被减少的情况下，可以认为性质上属于部分免除。民法典未明确规定债的更新，实践中，有法院认为当事人之间如果变更合同性质，属于对旧债务的免除，又成立新债务，从而认定从权利消灭。①

关于免除的性质有不同的观点。一种观点认为，免除是合同行为。理由是：(1) 债的关系是债权人与债务人之间特定的法律关系，不能仅依一方当事人的意思表示成立。(2) 债权人免除债务人的债务是一种恩惠，而恩惠不能滥施于人。(3) 债权人免除债务可能有其他动机和目的，为防止债权人滥用免除权损害债务人利益，免除应经债务人同意。② 另一种观点认为，免除是债权人抛弃债权的单方行为。理由是：(1) 免除使债务人享受利益，因此没有必要征得同意。(2) 如

① 参见最高人民法院（2018）最高法民终417号民事判决书。

② 朱广新．合同法总则研究：下册．北京：中国人民大学出版社，2018：549-550；张谷．论债务免除的性质．法律科学，2003（2）：82-84．采此种观点的立法例，参见《德国民法典》第397条、《瑞士债务法》第115条。

果免除一定要债务人同意，债务人不同意的，等于限制了债权人对权利的处分。[①] 单方行为观点并不排除债权人和债务人之间订立免除合同，案例中也承认以和解协议等形式为债务免除。[②]《合同法》第105条采取了单方行为观点，实务中也追随如此认为。[③]

免除多对债权人有利，债权人一般不会反对，如果认为免除必须双方当事人的明确同意才可，这可能是不效率的；但是，基于自愿原则，债务人在合理期限内明确拒绝的，应当尊重债务人拒绝的意思，尤其是免除在一些情况下还会影响到债务人的利益。比如，债务人和投资人约定，如果债务人保持在一定的资产负债率的情况下，资产负债率不能太高也不能太低，投资人就给债务人投资，但是债权人的免除可能影响到债务人的资产负债率，进而影响到债务人获得投资的利益。在《合同法》第105条的基础上，本条规定，债权人免除债务人债务的，无需债务人明确同意，即可发生免除效力，但增加了但书规定"但是债务人在合理期限内拒绝的除外"，即如果债务人在合理期限内拒绝的，免除效力自始不发生。这反映了一项最基本的考虑，即给予他人好处的，无须他人同意，但他人可以拒绝。本法第522条第2款所规定的真正的利益第三人合同、第552条规定的债务加入都体现了此种考虑。债权人和债务人当然也可以订立免除协议，免除债务人的义务。

因此，民法典实际上采取了一种折中观点[④]，其将逻辑起点从权利可得抛弃更换到"对债务人意思的推定"，即从现实考察绝大多数情况下债务人均予以接受，在此常态下采单方行为更为简便也更符合实际，但在债务人明确表示相反的意思之时推定即不成立，此时应限制债权人依单方行为终止债权债务，债务人可以要求继续履行，债权人无正当理由不得拒绝，债权人拒绝接受履行的，债务人

---

① 王利明．合同法研究：第二卷．北京：中国人民大学出版社，2015：307－308；崔建远．合同法．北京：法律出版社，2016：222；韩世远．合同法总论．北京：法律出版社，2018：730－731. 采此种观点的立法例，参见《日本民法典》第519条、我国台湾地区"民法"第343条。

② 云南省昆明市中级人民法院（2019）云01民终6893号民事判决书中，法院认为："免除是指债权人放弃部分或者全部债权，债权人单方作出意思表示从而使债务部分或全部消灭的一种制度。债务一经免除，债即终止。本案中，原告是完全民事行为能力人，对自己享有的债权有处分权利，原告以和解协议的方式作出免除部分债务的意思表示，其内容具体明确，是其真实意愿，不违反法律或社会公共利益，并且该份和解协议已实际履行，原、被告的法律行为已经产生了部分债务消灭的效果，依法不得撤销。"

③ 湖南省高级人民法院（2013）湘高法民再终字第267号民事判决书中，法院认为："刘春英以《承诺》的方式两次向廖建香作出免除部分债务的意思表示，其内容具体明确，是其真实意愿，不违反法律或社会公共利益，且已实际履行，其单方法律行为已经产生了部分债务消灭的效果，依法不得撤销。"还可参见江苏省南通市中级人民法院（2014）通中商初字第0567号民事判决书、云南省楚雄市人民法院（2018）云2301民初3938号民事判决书。

④ 相同立法例，参见《意大利民法典》第1236条。

可以提存标的物。当债权人将债务免除的意思通知债务人时，在债务人不表示反对的情况下，无论是认为债务免除效果的发生，不须以合同为之，还是认为债务人受领免除的意思表示仍可以视为默示同意而成立免除合同，均是自债权人意思表示到达债务人时生债权债务消灭的后果，如此情形为债务免除的常态，就此而言采合同行为说和单方行为说，实际上区别微乎其微。唯有债务人对于免除的意思予以明确反对时，采传统的单方行为说和合同说才会影响到债务免除的效力，前者债务免除仍可生效，后者则不生债务消灭的效果。[①] 依据民法典新增但书规定，“但是债务人在合理期限内拒绝的除外”，债务人在合理期限内拒绝的，不生免除效果。从单方行为说的角度解释，可以解释为此种情况下是对债权人单方行使权利的限制，从合同行为说的角度可以视为未达成免除协议。

二、构成要件

（一）免除应由有处分权人作出

免除是对债权的处分行为，故只有对于债权有处分权的人方能为免除的意思表示。（1）原则上能够做出免除的意思表示的人为债权人。由于免除行为解除了债务负担使得债权人遭受了一定的不利益，因此债权人应该具有完全民事行为能力。在共同债权的情况下，一个债权人免除债务人的债务时应当取得其他债权人的同意。[②] 在例外的情况下，比如债权人经法院受理宣告申请，债权被强制执行的、为质权的标的时，债权人不得随意免除其债权。[③] 在代位权诉讼中，债务人所享有的对相对人的债权，债务人丧失处分权，不得免除其债权。（2）代理人。免除作为法律行为，可以由代理人为之，民法典总则编关于代理的相关规定有适用的空间。（3）信托受托人。《中华人民共和国信托法》第2条规定，受托人按委托人的意愿以自己的名义，为受益人的利益或者特定目的，可以对信托财产进行管理或者处分。因管理信托事务所生的债权，在不违背信托目的的情况下，受托人有权免除债权。

被免除的债权也必须具有可处分性，否则处分的效力不能发生。比如，公司不能免除股东缴纳出资的债务。又比如德国法上将来债权中，亲属间或者夫妻间对于未来生活费请求权不得放弃，又如工人的工资请求权也不可以作为将来债权

---

① 陈自强．民法讲义Ⅱ契约之内容与消灭．北京：法律出版社，2004：357；朱广新．合同法总则研究：下册．北京：中国人民大学出版社，2018：549.

② 王利明．合同法研究：第二卷．北京：中国人民大学出版社，2015：311.

③ 郑玉波．民法债编总论．北京：中国政法大学出版社，2004：522.

予以放弃，否则放弃不生效力。[①]

（二）免除应以意思表示向债务人为之

免除应由债权人向债务人作出免除债务的意思表示，方能发生债务消灭的后果。免除债务表明债权人放弃债权，不再要求债务人履行义务，因此，债务人不必为免除为相应的对价，免除是无偿的民事法律行为。免除的原因行为虽得为有偿或为无偿，但是原因行为与免除的效力无关，为让债权人免除债务而约定对待给付，也不能因此而使免除具有有偿性。[②]

同时，债权人免除债务，不论是为了赠与、和解，还是别的什么原因，都不影响免除的效力。原因有无效或者消灭的情形，免除行为是否受到影响？通说认为免除为无因行为，免除的原因不成立、无效或者消灭，不影响免除的效力。[③]

免除的意思表示为有相对人的意思表示，因此应当适用意思表示和法律行为的一般规定。免除债务不必有特定形式，口头、书面，明示、默示都无不可，例如债权人撕毁债权证书即可推定为以默示方式免除债务。如债权人以口头或者书面形式通知债务人不必再履行债务，是以明示方式免除债务。该意思表示以向债务人作出为必要，如果只是向第三人作出免除的意思表示，债之关系并不消灭。如债权人与第三人约定抛弃对债务人的债权，并约定第三人对此负担与债务人之债务同一内容的债务，此时虽成立为第三人利益合同，但债权人对于债务人之债权并不因此消灭，债权人仅对于第三人负有抛弃其对于债务人的债权之义务。[④]免除为放弃债权的行为，向债务人或者债务人的代理人表示后，即产生债务消灭的法律后果，因此，债权人作出免除的意思表示不得撤销，但可以撤回，根据《民法典》第 141 条的规定，撤回免除意思表示的通知应当在意思表示到达相对人前或者与意思表示同时到达相对人。

免除可以附条件或者附期限。通说观点认为可以附生效条件或者生效期限。[⑤] 附生效条件的免除，如债权人表示只要债务人在合同履行期归还本金，可以免除利息。[⑥] 附生效期限的免除，如出租人通知承租人下月 1 号开始不必再支

① 张谷．论债务免除的性质．北京：法律科学，2003（2）：82.

② 王利明．合同法研究：第二卷．北京：中国人民大学出版社，2015：308；韩世远．合同法总论．北京：法律出版社，2018：731.

③ 韩世远．合同法总论．北京：法律出版社，2018：732；朱广新．合同法总则研究：下册．北京：中国人民大学出版社，2018：550；王洪亮．债法总论．北京：北京大学出版社，2016：191.

④ 史尚宽．债法总论．北京：中国政法大学出版社，2000：875.

⑤ 王利明．合同法研究：第二卷．北京：中国人民大学出版社，2015：312；韩世远．合同法总论．北京：法律出版社，2018：732.

⑥ 参见广东省广州市中级人民法院（2019）粤 01 民终 22459 号民事判决书。

付房租。至于能否附解除条件或终止期限则存在争议，虽有学者认为不能，以免效力不稳定①，但通说观点认为可以。附解除条件的免除，如在赠与合同生效后，受赠人表示，如果赠与人经济状况恶化，赠与合同不再履行。附终止期限的合同，如出卖人通知买受人，其售予买受人商品的八折优惠月底终止。

免除系免除债务人之债务，因此免除当时须有可供免除之债务，对于尚未发生的将来债务是否能够免除，有观点认为，免除的前提是债务存在，如果债务不存在就谈不上免除，将来债务的免除等于将来债务发生的禁止，有悖于公序良俗应为无效。② 但是，将来债务的免除属于私法自治的范畴，法律不必干预，在将来债务发生时不需任何行为即告消灭，同时，因为将来的债还没有发生，因此，只有当将来的债务实际发生时，该免除也发生效力，所以可以解释为附停止条件的免除。③

(三) 债务人未在合理期限内表示拒绝

债务人在合理期限内表示反对的，不生免除的效力，作出这一规定是为了保护债务人的合法利益，更为尊重债务人的意思。在债务人认为免除对其不利时债务人可以在合理期限内表示拒绝，债务不消灭，债务人可以要求继续履行，债权人拒绝的，债务人可以提存标的物。为防止债权效力长期存在变动的可能，此种拒绝的表示应该在合理期限内做出。合理期限的确定可以考虑作出拒绝的表示所必要的期间、拒绝的表示到达债权人所必要的时间等。

三、法律效果

免除使得债权债务消灭。债权人免除部分债务的，债权债务部分消灭；免除全部债务的，债权债务全部消灭。债权人免除部分债务，如债务人乙欠债权人甲100 万元货款，甲通知乙只要偿还 80 万元，免除了 20 万元债务。债权人免除部分债务的，免除的部分不必再履行，但尚未免除的部分仍要履行。债权人免除全部债务，如服装加工部向服装定作人表明不收取服装加工费。免除全部债务的，全部债务不必再履行，债权债务因此终止。在债务被全部免除的情况下，有债权证书的，债务人可以请求返还。但是，免除不得损害第三人的利益，如因免除的

① 黄立．民法债编总论．北京：中国政法大学出版社，2002：722.

② 王利明．合同法研究：第二卷．北京：中国人民大学出版社，2015：313；郑玉波．民法债编总论．北京：中国政法大学出版社，2004：523.

③ 郑玉波．民法债编总论．北京：中国政法大学出版社，2004：523；黄立．民法债编总论．北京：中国政法大学出版社，2002：722；韩世远．合同法总论．北京：法律出版社，2018：733；[日] 我妻荣．新订债权总论．北京：中国法制出版社，2008：326.

结果对第三人发生不利益，比如作为质权标的的债权不允许债权人随便免除，因为其行为会损害质权人的利益；融资租赁合同中出租人免除出卖人的交付义务，承租人会因此受到损害，故不允许其免除出卖人的义务。如有违反，对第三人不能发生免除效果。[①]

同时，根据本法第559条的规定，债权债务终止时，债权的从权利同时消灭，但是法律另有规定或者当事人另有约定的除外，因此债权因免除消灭的，从属于债权的担保权利、利息权利、违约金请求权等也随之消灭。比如甲免除了乙的债务，为乙提供履行担保的丙的保证责任没有了存在基础，必然一同消灭。根据本法第520条第2款的规定，部分连带债务人的债务被债权人免除的，在该连带债务人应当承担的份额范围内，其他债务人对债权人的债务消灭。

第五百七十六条

债权和债务同归于一人的，债权债务终止，但是损害第三人利益的除外。

本条主旨

本条是关于债权债务混同的规定。

相关条文

《合同法》第106条　债权和债务同归于一人的，合同的权利义务终止，但涉及第三人利益的除外。

理解与适用

一、概述

债权债务的混同，是指债权人和债务人同归于一人，致使债权债务终止。广义的混同，是指不能并立的两种法律关系同归于一人而使其权利义务归于消灭的现象。包括：（1）权利与权利混同，如所有权与他物权同归于一人；（2）权利与义务混同，如债权与债务同归于一人；（3）义务与义务混同，如主债务与保证债务同归于一人，此项混同与前两种混同有所不同，乃是由强势义务吸收弱势义

① 崔建远．合同法．北京：法律出版社，2016：223.

务，故称为不真正混同。[①] 狭义的混同，也即债权债务的混同，仅指债权与债务同归于一人的情况。本条仅规定了债权债务的混同，混同是一种法律规定的事件，即因某些客观事实发生而产生的债权债务同归一人，不必由当事人为意思表示。因为债之关系系指特定人得请求特定人为特定行为之法律关系，自应有债权人和债务人两个主体，如果一人同时为债权人和债务人，由于在法律上任何人对于自己享有债权没有意义，债权债务失去存在基础。比如，甲公司与乙公司签订了房屋租赁合同，在乙公司尚未支付租金时，甲乙二公司合并成立了一个新的公司，甲公司的债权和乙公司的债务都归属于新公司，原甲公司和乙公司之间的债权债务自然终止。本条具体规定了此种终止事由。

二、发生原因

（一）概括承受

概括承受是发生混同的主要原因。主要有以下几个方面：（1）合并，合并前的两个组织之间的债权债务因同归于合并后的组织而消灭。（2）债权人继承债务人，如父亲向儿子借钱后死亡，儿子继承父亲的债权和债务。（3）债务人继承债权人，如儿子向父亲借钱后，父亲死亡，儿子继承了父亲的财产。（4）第三人继承债权人和债务人，如儿子甲向父亲乙借钱后，因意外事件二人同时死亡，由甲的儿子丙继承他们二人的财产。

（二）特定承受

特定承受主要包括：（1）债务人受让债权人的债权，比如债权人甲与债务人乙签订合同后，甲将合同权利转让给乙。（2）债权人承受债务人的债务，比如甲乙二人签订合同后，债务人乙的债务转移给债权人甲。实践中，出租人为抵债将房屋过户给承租人，则房屋租赁合同的债权债务由于出租人和承租人同归一人而消灭。[②] 保证人受让主债权的，此种情形虽然与债权人免除债务人之债务或者债权人以债权赠予债务人并无不同，唯当事人无免除或者赠予的意思表示，因此不发生免除或者赠予的效力。[③]

三、法律效果

债权债务的存在，必须有债权人和债务人，债权人和债务人双方混同，债权

---

① 王利明．合同法研究：第二卷．北京：中国人民大学出版社，2015：313；韩世远．合同法总论．北京：法律出版社，2018：734.

② 参见辽宁省大连市中山区人民法院（2019）辽 0202 民初 8779 号民事判决书。

③ 孙森焱．民法债编总论：下册．北京：法律出版社，2006：930.

债务失去存在基础，自然应当终止。根据本法第559条的规定，债权债务终止时，债权的从权利同时消灭，但是法律另有规定或者当事人另有约定的除外，因此债权因混同消灭的，从属于债权的担保权利、利息权利、违约金请求权等也随之消灭。需要注意的是，债权与保证债务混同时，保证债务固然归于消灭，但是主债务仍然存在。同时，根据本法第520条第3款的规定，部分连带债务人的债务与债权人的债权同归于一人的，在扣除该债务人应当承担的份额后，债权人对其他债务人的债权继续存在。

本条但书规定，“但是损害第三人利益的除外”，虽然债权债务同归一人，但是该债权的继续存在具有特别的经济意义或者法律意义，尤其是会损害第三人利益的情况下，为保护第三人的利益，该债权并不因混同而消灭。具体包括：（1）债权成为第三人的权利标的的场合。债权与其债务如因混同而消灭时，第三人之法益即受影响者，为该第三人之利益，债权即不应归于消灭。比如甲以对乙的债权为丙设定权利质权，此后甲乙之间的权利义务即使混同，使之消灭会损害质权人的利益，因此作为质权标的的债权并不消灭；又比如债权人甲请求扣押债务人乙对于第三人丙的债权，此后乙丙之间的债权债务关系虽然发生混同，但是为了保护债权人甲的利益，被扣押的债权并不消灭，甲仍然可以请求人民法院强制执行。[①]（2）具有流通性的证券化债权。票据转让中，对于受让人没有限制，因此票据再转让到以前的票据债务人（发票人、承兑人或者其他票据债务人）亦可，称为回头背书，此时票据上的权利义务不因混同而消灭。[②]无记名债权、公司债等证券化债权，由于可以作为独立的有价物交易，自然不因混同而消灭。[③]

---

① 韩世远．合同法总论．北京：法律出版社，2018：735.

② 谢怀栻．票据法概论．北京：法律出版社，1990：126－127.

③ 同①.

第八章

违约责任

第五百七十七条

当事人一方不履行合同义务或者履行合同义务不符合约定的，应当承担继续履行、采取补救措施或者赔偿损失等违约责任。

本条主旨

本条是关于违约责任的一般规定。

相关条文

《民法通则》第111条　当事人一方不履行合同义务或者履行合同义务不符合约定条件的，另一方有权要求履行或者采取补救措施，并有权要求赔偿损失。

《合同法》第107条　当事人一方不履行合同义务或者履行合同义务不符合约定的，应当承担继续履行、采取补救措施或者赔偿损失等违约责任。

《民法典》第176条　民事主体依照法律规定或者按照当事人约定，履行民事义务，承担民事责任。

第179条　承担民事责任的方式主要有：

（一）停止侵害；

（二）排除妨碍；

（三）消除危险；

（四）返还财产；

（五）恢复原状；

（六）修理、重作、更换；

（七）继续履行；

（八）赔偿损失；

（九）支付违约金；

（十）消除影响、恢复名誉；

（十一）赔礼道歉。

法律规定惩罚性赔偿的，依照其规定。

本条规定的承担民事责任的方式，可以单独适用，也可以合并适用。

理解与适用

本条继承了《合同法》第 107 条，是违反各类合同义务的违约责任的规范基础。第一，本条是违反给付义务时违约责任的规范基础。在司法实践中，不需要严格区分迟延履行、不完全履行等不履行形态，便可依据本条主张违约责任。不过，对于不完全履行中的减价，《民法典》第 582 条作出专门规定；对迟延履行场合的违约金和加重责任，《民法典》第 585 条第 3 款和第 590 条第 2 款作出专门规定。如果需要援引这些条文，那便要说明存在不完全履行或者迟延履行。第二，本条也是违反合同附随义务时违约责任的规范基础。当事人一方违反通知、协助、保密等附随义务的，对方有权依据本条和有关附随义务的规定，请求其承担赔偿损失的违约责任。

一、违约责任的概念和特点

（一）违约的含义

违约，是指违反合同义务，既包括违反合同中的给付义务，又包括违反合同中的附随义务。[①] 本条将违约划分为“不履行合同义务”和“履行合同义务不符合约定”两种类型；这种类型划分方法具有历史传承性。[②] 无论是给付义务，还是附随义务，都是合同债务的组成部分。违反合同义务（breach of contract）的同义语就是不履行合同债务（nonperformance of contractual obligations）。

---

① 王利明．合同法研究：第二卷．北京：中国人民大学出版社，2015：402；王洪亮．债法总论．北京：北京大学出版社，2016：202.

② 无论是《经济合同法》《涉外经济合同法》《技术合同法》，还是《民法通则》，都有类似的两分法。江平．中华人民共和国合同法精解．北京：中国政法大学出版社，1999：89.

(二) 违约责任的含义

要界定违约责任，必须先澄清债务与责任之间的关系。对于债务与责任的关系，主要有两种理解方式。第一种理解方式是，责任是违反债务的法律后果；第二种理解方式是，责任是附加在债务关系上的替代关系或者担保。①

我国传统学说和《民法典》主要采用第一种理解方式，即民事责任是违反民事义务的法律后果。② 反映在合同法上，就是将违约责任理解为违反合同债务的各种法律后果。③ 这早在《民法通则》第106条第1款中便有所体现。该款规定："公民、法人违反合同或者不履行其他义务的，应当承担民事责任。"从中可以清晰地看到，民事责任就是违反合同或者其他义务的民事法律后果。《民法典》第176条规定："民事主体依照法律规定或者按照当事人约定，履行民事义务，承担民事责任。"该规定删除了承担民事责任的前提条件，与立法过程中多份审议稿的内容都不完全相同④，从而给民事责任的解释预留了一定灵活空间。尽管如此，从整体上看，《民法典》仍然是将民事责任界定为违反民事义务的法律后果。比如，《民法典》第180条规定："因不可抗力不能履行民事义务的，不承担民事责任。法律另有规定的，依照其规定。"

民法学界普遍采用的另一种理解方式是，责任是附加在债务关系上的替代关系或者担保。学界公认的是，债务（Schuld）与责任（Haftung）的区分是日耳曼法的贡献，责任是一种附加在债务上的关系。⑤ 据学者考察，在日耳曼古法上，债务的本质是法的当为（Rechtliches Sollen），不包含法的强制（Rechtliches Müssen），因而依契约或者其他事由所发生的债务，并不伴随有责任，责任必须另外依据以发生责任为标的的契约或者其他事由才能成立。⑥ 换言之，责任是替代（dafür Zustehenoderhaften）关系，是指债务人当为给付而不为给付，应服从债权人的强制取得。这种以服从强制取得为内容的责任关系，附加在债务关系上，债务关系才有拘束力（Bindung）。因而，为实现债权目的，责任具有担保

---

① 郑玉波．民事责任之分析//郑玉波．民法债编论文选辑：上．台北：五南图书出版公司，1984：60-62.

② 魏振瀛．论债与责任的融合与分离——兼论民法典体系之革新．中国法学，1998（1）：17.

③ 王利明．合同法研究：第二卷．北京：中国人民大学出版社，2015：395；陈甦．民法总则评注．北京：法律出版社，2017：1258；崔建远．合同法．北京：北京大学出版社，2016：326；郭明瑞，房绍坤．合同法学．上海：复旦大学出版社，2016：172；韩世远：合同法总论．北京：法律出版社，2018：738.

④ 陈甦．民法总则评注．北京：法律出版社，2017：1256-1257.

⑤ 王利明．合同法研究：第二卷．北京：中国人民大学出版社，2015：395；崔建远．合同法．北京：北京大学出版社，2016：326；韩世远．合同法总论．北京：法律出版社，2018：737.

⑥ 郑玉波．民法债编总论．陈荣隆，修订．北京：中国政法大学出版社，2004：9.

(Garantie)作用。[①] 该担保作用，在发生债务不履行时便能见到，这时债权人以债务人的担保责任为依据，采取强制方法以实现债权，其在性质上属于一种给付的代偿(Surrogat)。[②] 责任与债务未必相结合，有责任未必有债务；有债务未必有责任。日耳曼法上责任与债务相分离的观念对于后世具有实益之处，正是在于责任的担保作用。[③] 在发挥"担保作用"的意义上，出资人的有限责任或无限责任、保证人的保证责任、担保物权中的物上担保责任，均可以被理解为无债务的责任。如此一来，自然债务、担保物权中物的责任、有限责任与无限责任等观念相继确立。[④]

基于对债务与责任之间关系的不同理解，违约责任的含义也有所不同。违约责任的第一种含义是违反合同债务的民事法律后果，这种含义被《民法典》所采用。违约责任的第二种含义是发挥替代作用或者担保作用的法律关系，这在债法学说中也普遍被承认。如果在第一种含义上理解违约责任，那便可以将违反合同债务的各种法律后果纳入其中，包括解除、减价。如果在第二种含义上理解违约责任，那么其主要包括强制实际履行、违约损害赔偿和违约金，而不包括解除和减价。

在近代以前，债务不履行的责任形态有人格的责任与财产的责任之分，债务人甚至可能被变卖为奴，以此偿还债务。在现代文明社会，任何债务原则上都不会发生人格的责任。在财产的责任中，特定财产责任发展为担保物权，一般财产责任在观念上则成为债权的效力或者作用的一部分，原则上不必区分责任与债务的思想由此兴盛起来。[⑤]

按照大陆法系目前的主流债法学说，债权的强制力属于债权权能(Befugnisse)或者债权效力的组成部分。[⑥] 有学者将债权权能区分为可诉求性(Klagbarkeit)、可执行性(Vollstreckbarkeit)、自力实现(Eigenmächtige Durchsetzbarkeit)、处分权能(Die Verfügungsbefugnis)、给付保持的正当根据等。[⑦]

---

① 林诚二．论债之本质与责任//郑玉波．民法债编论文选辑：上．台北：五南图书出版公司，1984：28.

② 同①.

③ 强制力可以被债权的执行力特别是掴取力所吸收。中田裕康．债权总论．东京：岩波书店，2011：68.

④ 同①.

⑤ 郑玉波．民法债编总论．陈荣隆，修订．北京：中国政法大学出版社，2004：9. 据林诚二教授考察，罗马法上并未区分债务与责任，德国普通法沿袭罗马法，也未区分债务与责任。英美法亦不区分债务与责任。同①26－29.

⑥ 平井宜雄．债权总论．东京：弘文堂，1994：241.

⑦ Vgl. Medicus/Lorenz, Schuldrecht Ⅰ Allgemeiner Teil, 19 Aufl., München: 2010, Rn. 18 ff.

缺乏可诉求性、可执行性的债权，被称为不完全债权（Unvollstandige Forderungen）。[①] 有学者将债权的效力区分为请求力（请求任意履行的能力或权能）、给付保持力（合法地保持给付的能力或权能）、诉求力（通过诉讼请求履行的能力）、执行力（给付判决确定之后，通过强制执行程序实现债权）。[②] 有学者将债权的效力区分为对债务人的效力和对第三人的效力。对债务人的效力可分为给付保持力、请求力（含裁判外的请求权利和裁判上的请求力，后者即诉求力）和执行力（强制力，含贯彻力和掴取力——责任）；对第三人的效力可分为“保全债务人的责任财产的效力”和“对第三人违法的侵害债权的效力”[③]。总之，按照主流债法学说，合同中原定给付义务的强制履行是债权权能或者债权效力的题中应有之义，是可执行性或者执行力的内容。欠缺此项权能的债权，只不过是不具有完全权能的债权而已。债务人的任意履行与不履行之责任，只不过是债之效力的两种表现形式而已。[④] 如此一来，强制履行的责任属性便应当予以淡化[⑤]，违约责任的内核只剩下违约损害赔偿。

（三）违约责任的特点

最狭义的违约责任就是违约损害赔偿责任（包括赔偿性违约金）；狭义的违约责任包括违约损害赔偿和强制实际履行；广义的违约责任是指《民法典》合同编违约责任一章所规定的违反合同债务的所有民事法律后果，除狭义的违约责任以外，还包括减少价款或者报酬、退货。按照通说，债权人主张减少价款或者报酬本质上是行使作为形成权的减价权，债权人主张退货本质上是行使作为形成权的解除权。此外，惩罚性违约金、违约定金以迫使债务人严格依约履行合同为其主要功能，以填补损失为其次要功能，也体现出一定的救济属性。

违约责任具有以下特点。

第一，违约责任具有救济受损害方的功能。与其说违约责任是对违约方当事人的制裁，不如说违约责任主要是对受损害方的救济。这与现代民法作为权利保护法、权利救济法的功能定位是相契合的。具体来说，（1）强制实际履行是以强制力为保障手段，使合同中原定给付义务得到实际履行，其并不包含制裁的意味。（2）违约损害赔偿以填补受损害方的损失为目的，而不是为了制裁违约方；虽然惩罚性赔偿具有预防和制裁不法行为的功能，但是立法者主要是在《民法

① Medicus/Lorenz，Schuldrecht Ⅰ Allgemeiner Teil，19 Aufl.，München：2010，Rn. 24 ff.

② 中田裕康．债权总论．东京：岩波书店，2011：61-62.

③ 陈华彬．债法总论．北京：中国政法大学出版社，2018：162.

④ 王家福．中国民法学·民法债权．北京：法律出版社，1991：132.

⑤ 王洪亮．强制履行请求权的性质及其行使．法学，2012（1）：104.

典》侵权责任编和《消费者权益保护法》等特别法中对侵权行为作出惩罚性赔偿的规定，且局限在故意侵权场合。[①] 在违约责任领域，《民法典》并未为违约行为规定惩罚性赔偿。更何况，我国违约损害赔偿责任以无过错责任为原则，债务人对通常事变负责，违约损害赔偿实在不适宜发挥制裁的作用。(3) 赔偿性违约金属于损害赔偿责任的范畴，故以实际损失为基础调整其数额，也不产生制裁违约方的效果；至于当事人自愿约定的所谓"惩罚性违约金"，其本质上是督促债务人严格按照合同履行义务，也不是真正意义上的制裁措施。

第二，违约责任具有相对性。违约责任只能在特定的合同当事人之间发生，合同之外的第三人不承担违约责任，合同当事人原则上也不对第三人承担违约责任。例外情况是，在真正的利益第三人合同中，第三人虽然不是合同关系的当事人，但在债务人不履行债务时，应向该第三人承担违约责任。比如，人寿保险合同中的保险人不履行合同的，应向受益人承担违约责任。《民法典》第 593 条规定："当事人一方因第三人的原因造成违约的，应当依法向对方承担违约责任。当事人一方和第三人之间的纠纷，依照法律规定或者按照约定处理。"该条便是关于违约责任具有相对性的提示注意规定（参见第 593 条释评）。

第三，违约责任具有一定的任意性。当事人可以在不违反法律强制性规定的前提下对违约责任自由进行约定。当事人可以预先约定违约行为的类型、违约金的数额、损害赔偿的计算方法、免责事由等。这些约定本质上是合同自由原则的体现，也是合同当事人对未来可能出现的风险进行控制的方式。[②] 当事人约定惩罚性违约金的，还可能发挥督促债务人严格依约履行的效果。不过，当事人关于违约责任的约定不能违反法律、行政法规的效力性强制性规定，也不得违背公序良俗。

第四，违约责任具有补偿性。违约责任的补偿性主要体现为违约损害赔偿的补偿性。如上所述，违约损害赔偿是以填补损失为目的，而非以制裁违约方为目的。在合同法中，原则上不承认惩罚性损害赔偿。有关惩罚性赔偿的规定主要集中在侵权法领域。惩罚性赔偿主要发挥吓阻不法行为的目的，而违约行为常常是商业谋划失败的后果，通常不具有道德上的可非难性。

---

① 《民法典》第 1185 条规定："故意侵害他人知识产权，情节严重的，被侵权人有权请求相应的惩罚性赔偿。"第 1207 条规定："明知产品存在缺陷仍然生产、销售，或者没有依据前条规定采取有效补救措施，造成他人死亡或者健康严重损害的，被侵权人有权请求相应的惩罚性赔偿。"第 1232 条规定："侵权人违反法律规定故意污染环境、破坏生态造成严重后果的，被侵权人有权请求相应的惩罚性赔偿。"

② 李开国．合同法．北京：法律出版社，2007：156.

二、继续履行与采取补救措施

本条明确列举的违约责任包括继续履行、采取补救措施和赔偿损失。对于前两者应当一体把握，因为两者没有本质差异。继续履行也称强制履行、强制实际履行，是以第三方的强制力为保障的实际履行。[①] 在现代社会，这种强制力由国家垄断，强制履行通过强制执行程序得以实现。在德国、日本和我国，国家将强制执行的权力主要赋予司法机关。强制实际履行虽然在债务不履行时便已经存在，但只有在债权人获得生效法律文书等执行依据后才能现实发生。

采取补救措施，按照通说，是指修理、重作、更换等，完全可以被继续履行所涵盖。广义的继续履行既包括迟延履行场合的继续履行，又包括不完全履行场合的追完履行或者说补正履行；狭义的继续履行仅指前者，后者即为采取补救措施。

国内外早期债法上曾经盛行债奴制度。无论是古巴比伦的苏美尔法和《汉谟拉比法典》，还是古希腊法，都有债务人不履行债务时沦为债奴的制度。公元前5世纪的罗马《十二铜表法》更详细规定了严酷的债务人人身责任，允许债权人对不履行债务的债务人进行杀戮或者出卖。[②] 在中国古代，存在债务人以自己及其妻儿抵债的现象，法律并未加以禁止。[③] 在很多国家，直到近代都允许在特定条件下强制拘禁不履行债务的债务人。不过，当代大多数国家的强制履行主要是通过对债务人财产的强制执行来实现的。[④]

强制履行是债权在实体法上的效力，强制执行是确保债权、担保权实现的司法程序。为保障债权实现，强制执行方法有三。第一，直接强制，即依靠国家强制力直接实现债权的内容，从而原原本本地实现债权。比如，交付某幅画、支付价金。对于以交付金钱为内容的债权，直接强制是实现债权的最有效方式，而且不会给债务人的人格尊严、人身自由造成侵害。对于以作为为内容的债权，如交付动产，也可以通过直接强制来实现。不过，如果债权的内容是提供服务本身，那便往往不适宜直接强制，因为直接强制会给债务人的人身自由、人格尊严造成或多或少的侵害；对于不作为债权，通常也不适宜直接强制。

---

① 严格地说，我国法上的“继续履行”概念并不严谨，因为其既可以包括强制履行，又可以包括违约当事人自行而非在法院的强制下继续履行。郭明瑞，房绍坤．合同法学．上海：复旦大学出版社，2016：182.

② 王家福．中国民法学·民法债权．北京：法律出版社，1991：133.

③ 同②134.

④ 陈华彬．债法总论．北京：中国政法大学出版社，2018：179.

第二，代替执行或者代履行。对于一项债务，如果可以由债务人以外的第三人代为给付，从而实现债权，那么司法机关可以决定以债务人的费用，由第三人代履行。这种强制执行方式在传统大陆法系称为代替执行，在我国法上称为代履行。这种强制履行方式的普遍适用与大陆法系国家对实际履行的重视有密切关系；在英美法上，一般通过损害赔偿来达到类似的效果。由于代替执行基本上不会侵害债务人的人格尊严、人身自由，所以在以行为为债权标的时，这是一种较为有效的强制执行方式。比如，由第三人代为修理机动车、代为恢复生态环境。需要注意的是，应当区分程序法上的代履行与实体法上的履行费用偿付请求权。前者是程序法上的执行措施，不需要再经过诉讼程序即可实现债权人的债权；后者属于一种实体法上的请求权，是履行请求权的具体表现形态，如果债务人不为任意履行，那么还需要经过诉讼或者仲裁程序才能获得执行根据，进而通过强制执行实现债权。

第三，间接强制。间接强制是对债务人施加某种不利益，迫使债务人为一定行为；这种不利益通常表现为罚金。在传统债法上，间接强制是兜底性的执行措施。按照日本学者我妻荣的意见，间接强制只有在代替执行不能达到目的的情形下才可适用。[①] 在现代债法上，间接强制的适用范围有扩张的趋势。比如，在不支付抚养费、赡养费的场合，通过直接强制反而不利于债权的及时实现，通过间接强制可能更有助于债权的及时实现。在我国司法实践中，在以给付金钱为内容的判决中，通常包含以下间接强制条款："如果未按本判决指定的期间履行给付金钱义务，应当按照《中华人民共和国民事诉讼法》第二百五十三条之规定，加倍支付延迟履行期间的债务利息。"加倍支付迟延利息可以具有压迫的功能，可以迫使债务人严格履行判决书中确定的义务。

三、违约损害赔偿

本条规定的"赔偿损失"就是违约损害赔偿。违约损害赔偿是指以金钱填补受损害方因违约遭受的利益损失，在固有利益因违约而受损的情况下，其包括以恢复原状的各种方法填补固有利益的损失。

（一）违约损害赔偿的方法

按照主流意见，违约损害赔偿仅限于金钱赔偿。[②] 对于恢复原状，其在侵权

---

① ［日］我妻荣．新订债权总论．王燚，译．北京：中国法制出版社，2008：82.

② 在德国法上，损害赔偿的方法包括回复原状和金钱赔偿，以回复原状为原则。在我国法上，对于恢复原状和赔偿损失分别作出规定。

法上以修理、更换等为主要内容；在合同法上，修理、更换是不完全履行场合违约方进行补正履行或者说追完履行的具体方式，应该纳入实际履行的范畴，不应纳入违约损害赔偿的范畴。因此，在履行利益的赔偿方面，违约损害赔偿的方法就是金钱赔偿。不过，合同债务包括基于诚信原则而产生的附随义务，违反附随义务导致相对人固有利益遭受损害的，当事人承担违约损害赔偿责任时应当填补固有利益的损失。在固有利益的赔偿方法上，违约损害赔偿与侵权损害赔偿不应有所不同，除金钱赔偿以外，还应包括恢复原状的各种方法。

（二）违约损害赔偿的归责事由和构成要件

所谓归责，是指确定某个结果归由某人负责或者某种法律后果归由某人承担的判断过程。归责的法律根据就是归责事由，典型的归责事由是过错。如果某种归责事由是某种归责活动的一般依据，那么往往称之为归责原则；有原则就有例外，同一后果（如损害）在不同的交易中归由债务人承担，可能需要不同的归责事由。所谓违约责任的归责事由，就是违约损害赔偿责任归由某人承担的根据；强制履行不需要归责事由，因为给付义务是当事人约定的，按照约定提供给付是当事人意思自治的当然结果，不需要另外寻找债务人负责提供给付的根据。

违约损害赔偿的归责方式包括风险归责、过错归责，两者分别对应着无过错责任和过错责任。无过错责任与过错责任的区分是针对给付义务不履行而言，附随义务的违反都采用过错责任。结果之债（如买卖合同、承揽合同）中给付义务的不履行，原则上实行无过错责任，债务不履行行为与过错通常要分别予以判断；手段之债（如委托合同）中给付义务的不履行，原则上实行过错责任，债务不履行行为与过错通常难以区分，只能一并判断。在有的情况下，无过错责任会进一步加重（如债务人迟延的场合），过错责任也可能有进一步减轻（如债权人迟延或者无偿合同的场合）。

1. 无过错责任

根据通说，本条确立了违约损害赔偿的一般归责原则，即无过错责任。[①]

无过错责任是指不论违约方是否存在过错，只要其存在不履行行为，就应承担损害赔偿责任，除非存在不可抗力等免责事由。无过错责任实际上是将通常事变的风险分配给违约方承担，不可抗力、合同基础嗣后丧失的风险则由双方分担。在无过错责任领域，违约损害赔偿责任的成立要件包括：（1）损害，（2）债务不履行，（3）债务不履行与损害之间的因果关系，（4）无免责事由。在买卖合

① 关于《合同法》立法过程中归责原则的演变和争论，参见李开国．合同法．北京：法律出版社，2007：159－162.

同、借款合同、租赁合同、承揽合同等以交付物或者提交工作为主给付义务的合同中，当事人不履行主给付义务的，在认定违约损害赔偿责任成立时，都必须满足上述要件。关于债务不履行的介绍，请参阅本条释评第六部分。关于损害、因果关系与可预见性，请参阅第 584 条释评。关于作为法定免责事由的不可抗力，请参阅第 590 条释评。

2. 过错责任

过错责任是指违约损害赔偿以过错为归责事由。凡实行过错责任的，均在《民法典》合同编典型合同分编中作出明确规定；这与侵权损害赔偿的归责事由恰成对比。[①] 在采取过错责任的场合，违约损害赔偿责任的成立要件包括：（1）损害，（2）债务不履行，（3）债务不履行与损害之间的因果关系，（4）过错。关于债务不履行，请参阅本条释评第六部分。关于损害、因果关系与可预见性，请参阅第 584 条释评。下面对过错的含义和《民法典》中有关过错责任的规定进行介绍。

过错的形式包括故意、过失。故意是指积极追求债务不履行或消极放任该后果的出现。过失是指违反应尽的注意义务，导致债务不履行发生。有的合同，如有偿委托合同、有偿保管合同，只要债务人存在过错，就应承担损害赔偿责任。有的合同，如无偿委托合同、无偿保管合同，只有无偿提供服务的当事人因故意或者重大过失导致损害发生，其才承担损害赔偿责任。所谓重大过失，是指债务人严重背离普通人应尽的注意义务。需要注意的是，在买卖合同、承揽合同等结果之债中，给付结果未出现即构成债务不履行，需要独立考察免责事由是否存在。在委托合同等手段之债中，即使当事人期待的目标（如病人被治愈、理财产品获利）未实现也未必构成债务不履行，只有因债务人的过错导致期待的目标未实现，才成立债务不履行，作为客观要件的债务不履行和作为主观要件的过错难以截然区分。[②] 判断债务人是否违反其应尽的注意义务，是判断手段之债中违约损害赔偿是否成立的关键步骤。只要债务人违反其应尽的注意义务，且债权人遭受的损失属于债务人违反该类义务通常导致的损失，那么违约损害赔偿责任即成立。

在《民法典》合同编中，实行过错责任的情形大致可分为三类：一是以提供服务为标的的若干合同中，《民法典》规定了过错责任为违约损害赔偿责任的归

---

① 在侵权责任编中，过错为主要归责事由，对于无过错责任作出明确规定。

② 森田宏树．契约责任的归责构造．东京：有斐阁，2002：2－3，11－16；尹田．法国现代合同法．北京：法律出版社，2009：358－359.

责原则；二是在赠与合同中，鉴于其无偿性，赠与方只有在存在过错的情况下才承担违约损害赔偿责任；三是鉴于附随义务是基于诚实信用原则而生，违反附随义务产生的损害赔偿责任均属于过错责任。

第一，提供服务的合同中的过错责任。（1）客运合同属于承揽类合同，根据《民法典》第823条，旅客人身伤亡的，承运人构成未履行主给付义务，应承担无过错责任。不过，根据《民法典》第824条，在运输过程中旅客自带物品毁损、灭失，承运人有过错的，应当承担损害赔偿责任。可见，在客运合同（而非货运合同）中，有关旅客自带物品的毁损、灭失，承运人的责任有所减轻，仅承担过错责任。（2）根据《民法典》第897条规定，保管期间，因保管人保管不善造成保管物毁损、灭失的，保管人应当承担损害赔偿责任，但保管是无偿的，保管人证明自己没有重大过失的，不承担损害赔偿责任。保管合同系民事合同，保管人的主给付义务是妥善保管寄存物，其违约损害赔偿责任实行过错责任。同时，合同法区分保管合同的有偿性与无偿性，对过错的要求有所不同。（3）根据《民法典》第917条，储存期间内，因保管人保管不善造成仓储物毁损、灭失的，保管人应当承担损害赔偿责任。因仓储物的性质、包装不符合约定或者超过有效储存期造成仓储物变质、损坏的，保管人不承担损害赔偿责任。这是关于仓储合同的规定。仓储合同系商事合同、双务合同，仓储人的主给付义务是妥善保管仓储物，其违约损害赔偿责任也是过错责任。（4）根据《民法典》第929条，“有偿的委托合同，因受托人的过错造成委托人损失的，委托人可以请求赔偿损失。无偿的委托合同，因受托人的故意或者重大过失造成委托人损失的，委托人可以请求赔偿损失”。在我国，委托合同包含民事委托和商事委托，实际上肩负着雇佣合同的制度功能。受托人因提供劳务不符合合同要求而承担损害赔偿责任的，实行过错责任。（5）根据《民法典》第962条第2款，“中介人故意隐瞒与订立合同有关的重要事实或者提供虚假情况，损害委托人利益的，不得请求支付报酬并应当承担赔偿责任”。中介合同也称居间合同，其属于提供服务的合同。典型的居间合同是单务合同，居间人的主要义务是信息提供义务，该义务并非委托人报酬支付义务的对待给付义务。居间人违反信息提供义务的损害赔偿责任实行过错责任。

第二，赠与合同中的过错责任。赠与合同虽属于以提供物为给付内容的合同，但鉴于其无偿性，赠与人的责任有所减轻。根据《民法典》第660条，“经过公证的赠与合同或者依法不得撤销的具有救灾、扶贫、助残等公益、道德义务性质的赠与合同，赠与人不交付赠与财产的，受赠人可以请求交付”。“依据前款规定应当交付的赠与财产因赠与人故意或者重大过失致使毁损、灭失的，赠与人应当承担赔偿责任。”可见，赠与人的损害赔偿责任实行过错责任。

第三，违反附随义务的过错责任。违约损害赔偿责任的归责原则主要是指违反给付义务的损害赔偿责任。附随义务系基于诚实信用原则而生，违反附随义务产生的损害赔偿责任均属于过错责任。除了《民法典》合同编第500、501条有关缔约过失责任的规定，在《民法典》合同编典型合同分编中，存在有关违反附随义务的损害赔偿责任的具体规定。比如，《民法典》第714条规定：“承租人应当妥善保管租赁物，因保管不善造成租赁物毁损、灭失的，应当承担赔偿责任。”《民法典》第784条规定：“承揽人应当妥善保管定作人提供的材料以及完成的工作成果，因保管不善造成毁损、灭失的，应当承担赔偿责任。”可见，承租人、承揽人在违反作为附随义务的保管义务时，只有在有过错的情况下才承担损害赔偿责任。

需要指出的是，违反附随义务产生的违约责任与违反交往安全义务的侵权责任之间存在较大范围的重叠：两者都属于过错责任，主要过错形式都是过失，造成的损害都是固有利益的损害。尽管如此，在合同关系中，当事人是与个别的相对人之间产生特别的注意义务，附随义务的发展具有较强的针对性，与对不特定第三人应尽的交往安全义务仍有差别。因此，不能简单地认为一者可以代替另一者。

（三）违约损害赔偿的范围

《民法典》第584条对于违约损害赔偿的范围、赔偿原则、限定规则作出明确规定。请参见第584条的释评。

四、各项违约责任之间的关系

（一）继续履行与损害赔偿的关系

关于继续履行与损害赔偿的关系，在《民法典》第583条中有专门规定。该条主要对继续履行与损害赔偿可以一并主张作出明文规定，对于这两项救济之间是否存在优先与劣后的关系，则没有作出规定。实际上，本章没有任何一个条文对于这一问题作出明确规定。本条在列举违约责任时，虽然采用了“继续履行、采取补救措施或者赔偿损失”这样的表述，但并不意味着在适用本条主张违约责任时必须遵循从前到后的顺序。

在我国法上，在实际履行与代替给付的损害赔偿之间，不存在必须优先适用其中一种救济手段的原则。在德国法上，实际履行相对于代替给付的损害赔偿具有优先适用的地位；在英美法上，一般认为损害赔偿的地位较突出，只要损害赔偿能够充分救济违约方，法院通常便不给予债权人实际履行的救济。[①] 在我国法上，并未规定以实际履行或者损害赔偿为优先的救济手段。在债权人主张实际履行时，法院应结合债务的性质、实际履行的费用等综合判断是否给予债权人以实际履行的救济；在债权人主张代替给付的损害赔偿时，法院应结合交易习惯、债务人是否愿意通过及时履行来填补损失、债权人对债务人的信赖是否已经动摇等，综合判断是否给予债权人损害赔偿的救济。

（二）继续履行、损害赔偿与解除的关系

广义上的违约责任包括解除、减价。有必要简要介绍继续履行、损害赔偿与解除的关系。

继续履行与解除合同在目的上相反，前者是要求违约方按照合同中约定的内容履行义务，后者是将当事人从合同中原定给付义务的拘束中解放出来，两者无法并存。因此，违约方的相对人不得同时主张这两项救济，司法机关也不得同时支持这两项主张。

损害赔偿与解除并行不悖，可以同时主张。在传统学说上，对于解除合同后能否主张履行利益的损害赔偿存有分歧。《民法典》第566条第2款规定："合同因违约解除的，解除权人可以请求违约方承担违约责任，但是当事人另有约定的除外。"该规定虽然没有明确违约责任的具体形式，但是该款中的违约责任显然不能包括强制实际履行，而只能包括违约损害赔偿、违约金等（请参阅《民法典》第566条释评）。按照学界主流意见，在解除合同之后，履行利益的损失也包括在赔偿范围之内。只不过，在计算损失时，应当将因解除合同而节省的费用予以扣除。这是损益相抵规则的题中应有之义。

五、违约形态

违约形态是指违约行为的形态或者说合同义务不履行[②]的形态，本质上是按照违约行为的性质和特点对其所作的一些分类。[③] 之所以先对各项违约责任进行释评，后介绍违约形态，是因为不需要先界定清楚某个违约行为究竟属于哪种具体形态，就可以适用本条规定。这是由我国《民法典》合同编所采取的"救济"进路决定的。在违约发生时，首要问题是违约方的相对人希望获得何种救济，违

---

① 江平．中华人民共和国合同法精解．北京：中国政法大学出版社，1999：92.

② 作为强制实际履行、违约损害赔偿的要件之一，债务不履行是指债务人未按照合同的要求履行债务，无论该债务是否能够履行，也无论该债务不履行是否可归责于债务人；如果债务人是正当行使权利拒绝履行，那就不构成债的不履行。

③ 韩松．合同法学．武汉：武汉大学出版社，2014：126.

约行为究竟属于哪种形态是次要问题。

《民法典》合同编违约责任一章包含债法的一般规定，不能简单地说本章仅包含违约形态，而不包含债务不履行形态。从债法通则的层面说，给付不能、给付迟延、其他义务违反是最基本的三种债务不履行形态或者说义务违反形态，大陆法系国家的债法正是以此“三分法”为出发点，从“原因”进路出发构建履行障碍法的规则和理论体系。我国传统学说对此加以继受，将给付不能、给付迟延作为适用于意定之债和法定之债的一般抽象概念，前者是指给付不可能，后者是指已届清偿期、能为给付而不为给付，两者的外延并不重叠。不过，《民法典》合同编（以及《合同法》）没有采取原因进路，而是采取救济进路。与大陆法系国家传统债法相比，我国合同法未赋予给付不能如此基础的地位。履行不能与其他债务不履行的形态之间不是并列关系，而是兼容关系。

对于合同义务不履行的形态应如何分类，理论和实践中存在分歧。即使有分歧，对于司法实践也无太大实际影响。较常见的做法是：先区分预期不履行（又称预期违约、先期违约、期前拒绝履行）、实际不履行（又称实际违约、即期违约），然后将实际不履行区分为迟延履行、不完全履行（或不适当履行），再将迟延履行分为债务人迟延、债权人迟延，将不完全履行区分为瑕疵给付、加害给付和违反附随义务。本条是关于违约责任的一般规定，在司法实践中，不需要先严格区分各种不履行形态，就可以直接援引本条规定。不过，如果需要适用本章关于某个债务不履行形态的专门规定，那就需要辨析是否存在这种债务不履行形态。比如，只有存在不完全履行，才能适用《民法典》第 582 条关于减价的规定。

六、债务不履行

每一项违约责任都有其相应的构成要件。关于违约损害赔偿的构成要件，请参阅本条释评的第三部分和第 584 条释评。关于强制实际履行，需要按照其究竟属于金钱债务还是非金钱债务，区分各自的成立要件。结合《民法典》第 579 条来解释，金钱债务的强制实际履行其实只有一个要件，那就是存在债务不履行；结合《民法典》第 580 条来解释，非金钱债务的强制实际履行有两个要件，一是存在债务不履行，二是不存在《民法典》第 580 条第 1 款规定的除外情形。下面介绍债务不履行要件。

债务不履行究竟是一个客观概念还是一个包含可归责性的概念，学理上存在不同意见。一种意见认为，债务不履行是指未依照债的本旨履行债务的客观状态，另一种意见认为债务不履行是指债务人未依照债的本旨履行债务，且对此缺乏正当事由。按照第一种意见，债务不履行作为构成要件的实际意义不大，难以在司法实践中发挥限定违约责任范围的作用。按照第二种意见，债务不履行不包括那些属于正当、合法的情形，如债务不履行方行使双务合同中的履行抗辩权；此时，债务不履行作为一项独立构成要件便有助于划定违约责任的适用范围，更有实际意义。正当事由是使不履行具有正当性的事由，其不等于免责事由。免责事由既可能基于约定产生，也可能基于法定产生。比如，当事人在免责条款中约定，“销售商因生产商迟延履行而迟延履行的，不向买受人承担损害赔偿责任”，此为约定免责事由；不可抗力则是法定免责事由。无论是约定免责事由，还是法定免责事由，都只是使债务不履行方免于承担部分或者全部违约损害赔偿责任（属于免责事由要件下所处理的问题），而非使该行为具有正当性。比如，销售商因生产商迟延履行而迟延交货的，虽然不承担损害赔偿责任，但不宜将其评价为存在正当事由，否则买受人连行使同时履行抗辩权、解除权的余地也不复存在，显然不合理。

总之，债务不履行要件的主要功能是将基于正当事由拒绝履行的行为排除在外。这些正当事由包括双务合同中的履行抗辩权、赠与人的穷困抗辩权、保证人的先诉抗辩权，以及针对以侵权行为取得的债权行使的恶意抗辩权。

七、证明责任

根据本条，实际履行责任的承担不需要归责事由。不履行方的相对人主张不履行方承担实际履行责任的，不需要证明不履行方对于不履行存在可归责事由，而只需证明给付义务没有被履行或者没有被按照约定履行即可。债务人陷入法律不能或者事实不能，或者标的不适于强制履行的，法院可以依职权驳回债权人要求实际履行的诉讼请求；如果是履行费用过高，那么不履行方依据《民法典》第580条第1款第2项享有抗辩权，其对于存在履行费用过高的事实负有证明责任。

在违约损害赔偿责任实行无过错责任的领域，受损害方主张不履行方承担违约损害赔偿责任的，不需要证明不履行方存在过错，只需要证明存在损害、给付义务不履行，以及两者之间存在因果关系。不履行方对于存在法定或者约定免责事由负有证明责任。在违约损害赔偿责任实行过错责任的领域，受损害方请求不履行方承担违约损害赔偿责任的，除了需要证明存在损害、债务不履行，以及两者之间存在因果关系以外，还需要证明不履行方存在过错。

第五百七十八条

当事人一方明确表示或者以自己的行为表明不履行合同义务的，对方可以在履行期限届满前请求其承担违约责任。

本条主旨

本条是关于预期违约的规定。

相关条文

《合同法》第108条　当事人一方明确表示或者以自己的行为表明不履行合同义务的，对方可以在履行期限届满之前要求其承担违约责任。

理解与适用

本条规定继承了《合同法》第108条规定。本条规定仅适用于合同之债，不适用于侵权行为之债，因为按照通说，侵权行为之债自侵权行为发生之时便已经届期，不可能出现期前不履行的问题。因此，本条规定不是债法的一般规定，仅是合同法的一般规定。本条中的“履行期限届满前”应当解释为履行期尚未到来，如果履行期已经到来，只是期限尚未届满，那便构成实际违约，而非预期违约。

本条是不完全法条。构成预期违约的，受损害方在履行期到来前主张对方承担违约责任的，需要根据具体情况援引其他规定。第一，一方预期不履行全部债务或者主要债务的，对方可以依据《民法典》第563条第1款第2项解除合同，也可以同时援引本条和《民法典》第577条请求不履行方承担代替全部给付的违约损害赔偿责任。这种情况是预期违约的主要情况。第二，一方预期不履行次要债务的，对方不得解除合同，而仅可以依据本条和《民法典》第577条等请求违约方承担代替部分给付的违约损害赔偿责任，也可以依据本条和《民法典》第582条主张减价。这种情况虽不十分常见，但也有可能发生。如期前部分标的物灭失。第三，构成预期违约的，受损害方在履行期到来前无权请求对方承担实际履行责任，而只能等待履行期届至，才能请求对方承担实际履行责任。

一、预期违约的概念和类型

(一) 预期违约的概念

预期违约，也称期前违约、先期违约。① 与之相对应的概念是实际违约。② 预期违约制度源自英美法上的期前不履行（anticipatory reputation）。英国 1853 年的“霍克斯特诉德·拉·图案”（Hochster v. De la Tour）是该制度的开端。③ 该案涉及的是一起雇佣合同纠纷。1852 年 4 月 12 日，德·拉·图和霍克斯特约定，前者在欧洲旅行期间，后者为其当 3 个月的仆从，从 6 月 1 日起计算。5 月 11 日，德·拉·图写信说他改变了主意，霍克斯特被解雇了。5 月 22 日，霍克斯特向法院起诉请求对方赔偿。④ 在这个时候，履行期还未到来。自该案起，预期违约问题引起了关注和争论。逐渐地，预期违约制度的支持者占据上风。法院普遍接受了以下一般原则：“期前拒绝履行的，受损害方有权终止自己的剩余给付义务，并有权立即就全部违约请求损害赔偿。”⑤

在大陆法上，与预期违约类似的概念是拒绝履行。拒绝履行是指债务人能够履行债务而违法地作出不为履行的意思表示。其分为履行期到来之前的拒绝履行和履行期到来之后的拒绝履行。⑥ 显然，履行期到来前的拒绝履行与预期违约中的明示毁约本质相同。履行期到来后的拒绝履行与履行迟延、履行期到来后的不完全履行没有本质上的差异。

(二) 预期违约的类型

预期违约包括明示毁约、默示毁约两种类型。明示毁约是指在履行期到来前明确表示不履行合同义务，默示毁约是指在履行期到来前以自己的行为表明不履行合同义务。以言词表明不履行的，该言词的内容必须足够确定，以至于可以合理地将其理解为这种违约将实际发生。⑦ 义务人自愿地积极作为，使其自己在事实上不能履行或者不能完全履行合同的，也构成期前不履行。⑧ 比如，尽管没有

---

① 有意见认为应当区分这些概念。隋彭生．合同法要义．北京：中国人民大学出版社，2018：218.

② 有意见认为届期违约的概念更妥当。同①218－219.

③ 韩世远，崔建远．先期违约与中国合同法．法学研究，1993（3）：33；叶金强．我国合同法中的“预期违约”制度．南京大学学报（哲学·人文科学·社会科学版），2002（4）：52；葛云松．期前违约规则若干基本概念探源．环球法律评论，2003 年秋季号：329.

④ ［美］E. 艾伦·范斯沃思．美国合同法．葛云松，丁春艳，译．北京：中国政法大学出版社，2004：597.

⑤ 同④598－599.

⑥ 江平．中华人民共和国合同法精解．北京：中国政法大学出版社，1999：78.

⑦ 同④602.

⑧ 同④604.

任何言词，出卖人将作为标的物的房屋转让给第三人的，便构成期前不履行；这就是默示的期前不履行。需要指出的是，如果是经营困难导致有不能履行合同的危险，那便不属于自愿的积极作为，只可能产生不安抗辩权，而不能作为预期违约产生解除权和违约损害赔偿。

在2016年度上海法院金融商事审判十大典型案例之八“甲公司诉乙公司证券纠纷案”[①] 中，人民法院认为该案的争议焦点在于被告乙公司是否存在“默示拒绝履行（预期违约）行为”。人民法院在该案中结合债券买卖的特点，作出否定回答：“首先，从双方合同的约定来看，尽管被告发生了《募集说明书》约定下的‘违约事件’，但合同并未赋予原告就此主张被告提前兑付的权利。其次，被告虽对其他债券存在违约行为，但每一项债券的发行和兑付均系被告的独立履约行为，对其中任何一项债券丧失兑付能力并不必然延及其他债券的兑付结果，且被告对涉案债券一直按期兑付利息，无论从主观上还是行为的外化表现上，均未表明其将不履行涉案债券的兑付义务。因此，在案证据不足以证明被告出现了《合同法》第一百零八条规定的默示拒绝履行的情形。”债券交易的本质是发行人与债券持有人之间就该债券在一定期限内进行还本付息的约定，仍应受到合同法律规范的调整。该案系首起债券持有人在债券尚未到期时起诉发行人要求其承担违约责任的证券纠纷，人民法院的该项判决具有一定启发性。

二、预期违约的效果

依据本条，当事人可以在履行期到来之前请求违约方承担违约责任。面对预期违约，对方既可以在履行期到来之前主张违约责任，也可以在履行期到来之后主张违约责任；如果是在履行期到来之后主张违约责任，那就不适用本条，而适用《民法典》第577条等规定。

（一）损害赔偿

在预期违约场合，对损害赔偿额的估算与在现实违约中类似。在现实违约中，一方当事人全部违约，造成将来利益损失的，也要进行类似的估算。在这两种情况下，受损害方都要证明，假如没有对方的违约行为，那么自己原本会履行；在这两种情况下，证明难度并没有实质差别。在计算赔偿额时，人民法院应

① 上海市浦东新区人民法院（2015）浦民六（商）初字第4310号民事判决书。

当考虑受损害方因为不必再提出给付而避免支出的费用，以及因为利用该部分资源所避免的损失。由于期前不履行发生在履行期到来之前，受损害方特别要采取合理措施避免损失的扩大。

(二) 解除合同

解除合同是预期违约的主要法律后果。在《民法典》修改了不安抗辩权规定之后，不安抗辩权规定中不再包含独立的解除权规范。预期违约方的相对人主张解除合同的，必须援引《民法典》第563条第1款第2项，即“在履行期限届满前，当事人一方明确表示或者以自己的行为表明不履行主要债务”。可见，预期违约解除权的规范依据就在有关法定解除权的一般规定中。在这样的设计之下，不安抗辩权与预期违约之间便存在相互衔接的关系。不安抗辩权规定提供了中止履行的效果，本条和《民法典》第563条第1款第2项提供了解除的效果。

从预期违约的发展史来看，其主要适用于十分严重的违约情形，以致相对人可视其为完全违约。[①] 我国学者在考察域外立法后也指出，如果被拒绝履行的仅是合同的部分内容，并且不妨碍债权人的根本目的，这种拒绝履行并没有使债权期待成为不能，就不构成先期违约[②]；或者指出预期违反义务的重大性特征。[③] 这确实是预期违约的主要情形。不过，这种界定主要与预期违约解除权的成立有关。如果认为减价也是预期违约的一种法律后果，那便不能排除预期不完全履行存在的可能性。比如，期前部分给付对债权人有利益，而补足已不可能。

三、预期违约与不安抗辩的衔接

(一)《民法典》通过之前的争论

预期违约与不安抗辩权之间的衔接难题，早在《合同法》通过之前便埋下了伏笔。当时，立法论上对于是否引入预期违约存在争论。有学者认为英美法上的预期违约相较于大陆法上的不安抗辩更具有灵活性，更看重当事人订立合同的目的，更符合双方当事人的利益。[④] 有学者认为，预期违约比不安抗辩权适用范围更广，更有利于保护受损害方，合同法立法应采纳预期违约制度，而不应沿袭大

---

① E. Allan Farnsworth, Farnsworth on Contracts, Vol. Ⅱ, 3rd. New York: Aspen, 2004, p. 559.

② 韩世远，崔建远．先期违约与中国合同法．法学研究，1993（3）：34.

③ 叶金强．我国合同法中的“预期违约”制度．南京大学学报（哲学·人文科学·社会科学版），2002（4）：58.

④ 张谷．预期违约与不安抗辩之比较．法学，1993（4）：23.

陆法系中的不安抗辩权。[①] 反之，有学者认为，预期违约制度所处理的问题，大陆法系有自己的解决途径，我国法律为大陆法系模式，因而没有必要引入预期违约制度；不安抗辩权的设立已经足以对合同履行过程中先履行的一方的利益进行保障，无须再在合同法中再设立单独的条文去规定预期违约制度。[②] 最终，支持预期违约的意见占据主流，预期违约制度被《合同法》立法者所采纳。不过，《合同法》同时在不安抗辩权规则中规定了解除权，没有妥善处理不安抗辩和预期违约之间的关系。[③]

在《合同法》通过之后，不安抗辩和预期违约之间的关系在司法实践中引起争议，因为两者在解除权的成立条件上存在交叉之处，难以有效界分。主流学者认为，在民法典中应保留这两项制度，分别确定其适用范围和条件，并将二者有效衔接。在构成不安抗辩权的情形下，债权人只能主张暂时中止履行，若需解除合同并主张违约责任，则应以债务人在合理期限内未提供充分担保及未恢复债务履行能力为条件。[④]《民法典》基本上采纳了上述意见。

（二）《民法典》中不安抗辩与预期违约的有效衔接

《民法典》第528条规定："当事人依据前条规定中止履行的，应当及时通知对方。对方提供适当担保的，应当恢复履行。中止履行后，对方在合理期限内未恢复履行能力且未提供适当担保的，视为以自己的行为表明不履行主要债务，中止履行的一方可以解除合同并可以请求对方承担违约责任。"从中可以得出两项结论：第一，不安抗辩权的效果被限制在中止履行的范围内。第二，该规定第2句确认了默示毁约的一种具体表现形式，从而将不安抗辩权与预期违约的解除权、违约损害赔偿、违约金等有效衔接起来。在满足该条第2句规定的前提下，违约方的相对人主张违约责任时，仍必须援用《民法典》第577条；其在行使解除权时，需要同时援用《民法典》第563条第1款第2项。在司法实践中，不应再使用"不安抗辩权解除权"这样易生歧义的概念，而应采用"预期违约解除权"这样的概念。

在司法实践中，对于某一行为是否构成默示毁约，需要法官综合全案证据判断其是否符合默示毁约的构成要件。在2017年"江西庆和商业管理有限公司诉

---

① 王利明．预期违约制度若干问题研究．政法论坛，1995（2）：27.

② 李永军．合同法原理．北京：中国人民公安大学出版社，1999：516.

③《合同法》第69条规定："当事人依照本法第六十八条的规定中止履行的，应当及时通知对方。对方提供适当担保时，应当恢复履行。中止履行后，对方在合理期限内未恢复履行能力并且未提供适当担保的，中止履行的一方可以解除合同。"

④ 王利明．预期违约与不安抗辩权．华东政法大学学报，2016（6）：5.

抚州市银座商务大酒店合同纠纷案”① 中，江西省高级人民法院在对银座酒店能否就装修工程拆除补偿款要求庆和公司提前偿还的认定中明确指出：“庆和公司以自己的行为表明其将不会按照约定履行相应的付款义务，故其对未到期的酒店装修工程补偿款构成预期违约，因此银座公司有权要求庆和公司承担相应的违约责任，提前偿还工程拆除补偿款。”该裁判说理具有参考意义。

第五百七十九条

当事人一方未支付价款、报酬、租金、利息，或者不履行其他金钱债务的，对方可以请求其支付。

本条主旨

本条是关于金钱债务实际履行的规定。

相关条文

《合同法》第 109 条　当事人一方未支付价款或者报酬的，对方可以要求其支付价款或者报酬。

理解与适用

本条规定继承了《合同法》第 109 条规定，内容有变化。按照《合同法》第 109 条的规定，当事人一方未支付价款或者报酬的，对方可以要求其支付价款或者报酬。本条将“租金”“利息”补充进来，并以“其他金钱债务”兜底，意味着其适用于所有金钱债务的不履行。

一、金钱债务与非金钱债务的实际履行相区分

对于本条，必须基于体系标准进行解释。将本条和第 580 条结合起来解释可以得出的结论是，以支付金钱为标的的债务既不存在事实上或者法律上的履行不能，也不存在不适于强制履行或者履行费用过高的情况。概言之，当事人一方不履行金钱债务的，承担绝对的实际履行责任，不得以经济困窘或欠缺清偿能力为由免除给付义务。不过，作为法人的债务人破产后，债务人主体资格消灭，债权人不得要求股东清偿债务，除非存在否认法人人格的具体情形。在我国未来实施

① 江西省高级人民法院（2017）赣民终 297 号民事判决书。

自然人破产制度之后，自然人也可以在严格的条件下不再承担包括金钱债务在内的债务。①

二、金钱债务的实际履行与损害赔偿

本条明文规定的“利息”与价款、报酬、租金具有相同性质，都属于有偿合同中的对待给付义务（对价）。换言之，本条明文规定的利息通常是有偿借款合同中借款人使用金钱的对价，而不是金钱债务迟延履行场合产生的损失。当事人一方不履行金钱债务，造成对方利息损失的，该利息之债属于本条规定的“其他金钱债务”。

本条规定的前身是《合同法》第 109 条。该条继受了《国际商事合同通则》第 7.2.1 条有关金钱债务的履行请求权的规定。在《国际商事合同通则》第 7 章第 2 节关于履行请求权的规定中，不存在类似于我国《民法典》第 577 条的一般规定，而是直接规定了金钱债务不履行时的履行请求权和非金钱债务不履行时的履行请求权。由于我国《民法典》中存在第 577 条这条一般规定，金钱债务不履行时的履行请求权至少有两项规范基础，即第 577 条和第 579 条，由此产生规范竞合问题。从表面上看，第 577 条为一般规定，第 579 条为特别规定，然而，两者在继续履行的构成要件和法律效果上并无差异，不需要优先适用本条规定。司法机关在支持履行请求权时，可以自由选择第 579 条或者第 577 条作为裁判依据。

本条中的“请求其支付”背后包括两层含义。第一，债权人仍有权向债务人请求其任意支付。第二，债务人不支付的，债权人可以通过强制执行程序实现金钱债权。对于金钱之债，适宜采用直接强制的方式予以执行。金钱是一般等价物，大陆法系各国强制执行法都对以金钱为内容或可以替换为金钱的债务采取直接强制的方式实现债权。直接强制执行程序包括对债务人财产的扣押（查封）、变价和分配等内容。

第五百八十条

当事人一方不履行非金钱债务或者履行非金钱债务不符合约定的，对方可以

① 2020 年 6 月 2 日，深圳市人大常委会官网发布《深圳经济特区个人破产条例（征求意见稿）》。依据其第 2 条，在深圳经济特区居住，且参加深圳社会保险连续满三年的自然人，因生产经营、生活消费导致资产不足以清偿全部债务或者明显缺乏清偿能力的，依照本条例进行破产清算、和解或者重整。[2020-06-03]. http://www.szrd.gov.cn/szrd_zyfb/szrd_zyfb_tzgg/202006/t20200602_19246539.htm.

请求履行，但是有下列情形之一的除外：

（一）法律上或者事实上不能履行；

（二）债务的标的不适于强制履行或者履行费用过高；

（三）债权人在合理期限内未请求履行。

有前款规定的除外情形之一，致使不能实现合同目的的，人民法院或者仲裁机构可以根据当事人的请求终止合同权利义务关系，但是不影响违约责任的承担。

本条主旨

本条第1款是关于非金钱债务实际履行的规定，第2款是关于出现合同僵局后经由司法机关或仲裁机构终止合同权利义务关系的规定。

相关条文

《合同法》第110条　当事人一方不履行非金钱债务或者履行非金钱债务不符合约定的，对方可以要求履行，但有下列情形之一的除外：

（一）法律上或者事实上不能履行；

（二）债务的标的不适于强制履行或者履行费用过高；

（三）债权人在合理期限内未要求履行。

理解与适用

本条第1款规定了非金钱债务的实际履行责任。基于对合同拘束力的尊重，当事人不履行非金钱债务的，债权人有权要求其继续履行。在这一点上，我国法未采纳英美法的做法，后者在特定场合下才允许强制实际履行。

本条第1款还规定了非金钱债务实际履行责任被排除的具体情形。本条第1款第1项和第2项规定了实际履行责任的排除事由，第3项规定了实际履行请求权的失效期间。无论是迟延履行场合的实际履行请求权，还是不完全履行场合的补正履行或曰追完履行请求权，均得按照本条予以排除。

本条第2款是新增规定。其主要用于处理合同僵局问题。该款旨在赋予不履行方以申请终止合同关系的救济，而不是为了赋予受损害方以给付不能解除权。原因是，在履行不能导致合同目的不能实现时，受损害方可以依据《民法典》第563条第1款行使解除权，其只需要通知相对人即可解除合同，不需要经由人民法院或者仲裁机构行使解除权。如果认为本条第2款规定旨在赋予受损害方以解除权，那反而不利于对受损害方的救济。当然，本款规定并不排除受损害方依法所享有的解除权。

一、给付不能的定位

在我国，由于《民法典》未分别规定债法总则和合同总则，给付障碍的形态与违约形态之间不易作恰当区分，其中最突出的表现是给付不能的体系定位问题。有学者认为其不属于违约的独立形态。[①] 有学者认为，其属于违约的一种独立形态。[②] 有学者认为其是合同履行障碍的一种情形。[③] 严格地说，给付不能与给付迟延是对给付义务的不正常展开所作的划分，这一组概念普遍适用于意定之债和法定之债。即使是所谓瑕疵给付，也可以通过部分给付不能、部分给付迟延予以处理。上述二分法的不足之处主要是，无法有效涵盖与给付义务无必然关系的附随义务（保护义务）的违反，这正是德国积极侵害债权学说及法官法产生，2002 年德国新债法增订第 241 条第 2 款的原因。[④] 如果将（合同）义务违反作为上位概念，那么给付不能就未必属于义务违反。[⑤] 在德国法上，只能采用客观的义务违反概念，才能将给付不能加以涵盖。[⑥] 我国《民法典》采用违约概念，实际上是指违反合同义务，其具有较强的涵盖力，既包括违反合同中的给付义务，又包括违反合同中的附随义务。[⑦] 正因如此，有学者认为，合同义务违反早已将加害给付、违反保护义务等纳入囊中，不必借鉴德、日传统债法中所谓债务不履行三分法，来解释违约行为样态。[⑧] 与德国法不同，我国法上的给付不能不具有如此基础的地位，其与履行迟延、不完全履行并非并列关系，而是相互兼容的关系。

二、非金钱债务实际履行请求权的排除事由和失效期间

（一）事实不能和法律不能

本条第 1 款第 1 项规定的事由是法律上或者事实上的给付不能。事实上的给付不能是指基于自然法则上的原因无法提供给付。比如，一幅不可替代的画已被

① 王利明．合同法研究：第二卷．北京：中国人民大学出版社，2015：461.

② 崔建远．合同法．北京：北京大学出版社，2016：340.

③ 韩世远．合同法总论．北京：法律出版社，2018：474.

④ 朱晓喆．瑕疵担保、加害给付与请求权竞合——债法总则给付障碍中的固有利益损害．中外法学，2015（5）：1133.

⑤ 王洪亮．债法总论．北京：北京大学出版社，2016：202.

⑥ 同⑤.

⑦ 同③476.

⑧ 陈自强．不完全履行与不完全给付．北航法律评论，2013（1）：49.

焚毁，不可能交付；又如，一幢房屋在装修之前已被拆除，不可能被装修。法律上的给付不能是指基于法律上的原因而不可能提供给付。此时，提供给付要以违反法律的禁止性规定为代价。比如，出卖人必须违反禽流感爆发期间有关活禽买卖的禁止性规定才能销售柴鸡的，便存在法律上的给付不能。法律上的原因是广义的，既可能基于法律、行政法规、地方性法规、自治条例、单行条例的规定，也可能基于国务院部门规章、地方政府规章中的规定，甚至可能基于一项行政命令。不过，如果合同因违反法律、行政法规的强制性规定而为无效，那么给付义务自始未生效，不存在适用本条排除给付义务的问题。

在学理上还有以下关于履行不能的分类。(1) 永久不能与一时不能。根据债务履行期限内存在的履行障碍是永久性的，还是在某个时间点或时间段存在，可以将履行不能区分为永久不能和一时不能。一副不可替代的画被焚毁，即为永久不能；因禽流感疫情政府发布限制活禽交易的命令，出卖人不能按期交付活禽的，便为一时的不能。永久不能会导致履行请求权被永久排除，其与消灭无异；一时的不能只有在造成债权目的不能实现，进而当事人行使解除权的情形下，才会导致履行请求权消灭，否则只是在一段时期内暂时排除履行请求权。(2) 自始不能与嗣后不能。自始不能是指在债务关系成立时就存在的给付不能，也称原始不能；嗣后不能是指在债务关系成立之后因一定原因发生的不能。在传统债法上，曾有关于自始不能的合同自始无效的规则，如今该规则已被抛弃。即使是自始不能，也不影响合同的效力，除非依据《民法典》总则编有关虚假表示等规定合同为无效；不过，在自始永久不能场合，往往存在缔约过失责任与违约责任的竞合。(3) 客观不能与主观不能。客观不能是指任何人都不可能完成给付的情形，如作为标的物的房屋被彻底焚毁；主观不能是指因债务人个人不具备相应条件而陷入不能，如在建造高楼时承包人无合适的建筑资质。①

由于我国违约损害赔偿以无过错责任为原则，所以只要履行不能的产生原因不属于不可抗力，违约方就应承担损害赔偿责任。有鉴于此，不需要再从履行不能是否可归责于债务人出发判断损害赔偿责任是否成立。

学界普遍认为，应当承认履行不能场合债权人的代偿请求权，即在债务人陷入履行不能，且因履行不能之事由对第三人有损害赔偿请求权或者保险金请求权等债权时，只要该请求权具有可转让性，债权人就可主张代偿请求权。② 在我国，由于实行无过错责任原则，除非因不可抗力导致给付不能，债权人通过向债

① 刘心稳．债权法总论．北京：中国政法大学出版社，2015：145.

② 同①149.

务人主张损害赔偿即可填补自身遭受的损失。在因不可抗力导致给付不能的场合，如果风险已经转移，那么应当承认债权人的代偿请求权；如果风险尚未转移，那么债权人便不能主张代偿请求权。比如，在交付房屋之前，房屋因不可抗力部分毁损的，出卖人承担风险（丧失部分价款请求权，且买受人往往会积极主张减价），假设出卖人此时享有保险金请求权，那么买受人显然不得主张代偿请求权。

（二）标的不适于强制履行和履行费用过高

本条第1款第2项规定的事由是标的不适于强制履行或者履行费用过高。

标的不适于强制履行主要是指人身上的给付不能，即必须亲自提供劳务的给付。如果必须要对人身施加直接或间接强制才能实现实际履行，而即使加以强制也可能影响履行的质量，那就不适于强制履行。比如，演员拒绝出席颁奖典礼的，尚可通过间接强制促使其履行义务；演员拒绝表演一场经典话剧的，即使通过间接强制方式迫使其履行，也可能影响演出质量；演出对于艺术性要求越高，越不适合通过间接强制来迫使债务人履行。人身上的给付不能在适用时有以下几个特点。第一，人身上的给付不能往往适用于需要个人特殊的艺术、科学等方面能力的场合。比如，委托建筑设计大师为城市设计一件标志性雕塑或者委托一位著名画家画一幅肖像画的，该义务便既不能直接强制，也不适合间接强制。第二，人身上的给付不能往往适用于需要特殊信赖关系的场合。比如，在心理医生与患者之间，心理医生不履行合同义务的，便不适合进行直接强制或者间接强制。又如，在合伙合同中，只有当事人之间密切协作才能维系经营活动，任何一方拒绝进行协作的，都不适合进行直接强制或者间接强制。第三，人身上的给付不能不可适用于企业承担义务的情形。比如，委托建筑设计公司设计房屋的，该公司不能以工程师拒绝设计为由，主张设计义务被排除。

面对人身上的给付不能，司法机关无法支持债权人的实际履行请求权，因为其既不适合直接强制，又不适合间接强制，即使作出支持实际履行请求的判决，也无法通过强制执行程序实现债权。不过，这种给付不能大多与债务人履行合同的主观意愿和努力程度有关。如果债务人决心履行债务，那么只要合同目的尚未不能实现，合同就有继续履行的可能。因此，人身上的给付不能本身不产生合同解除权。

履行费用过高也称为经济上的给付不能，是指债权人所获利益与债务人为提供给付所支出的费用相比显著不合比例。如果出现履行费用过高，那么尽管排除给付障碍在理论上是可能的，但即使是一个理性人也无法期待债务人会履行。比如，甲不慎将应交付给乙的戒指落入海中。在判断履行费用是否过高时，应当依据诚信原则判断是否明显丧失均衡性。换言之，债务人提供给付是否会产生不成比例的耗费。所谓耗费，除金钱上的费用之外，还包括人的作为与努力。这一耗费应当与债权人的利益作比较。① 在判断是否不成比例时，需要考虑债务人是否有可归责事由。如果债务人有可归责事由，那么债权人当然会期待债务人以较多的努力来克服障碍。比如，出卖人将标的物转让给第三人时，买受人会期待其以高于市价的价格购回。②

戒指落海的情形毕竟少见。在商业实践中，较为典型的履行费用过高的情形包括：(1) 债务人修复标的物所要支出的费用，是其重新购置同类标的物所需费用的数倍，而债权人对于该标的物并无特殊利益需要保护。(2) 债权人要求债务人更换的一款标的物已经退出生产线，为更换该标的物可能需要重新调整生产线，造成其他产品的生产受严重影响，债务人为此耗费的时间和成本远远超过其修理该标的物的时间和成本。

履行费用过高产生的是一项抗辩权，而非无须主张的抗辩，因为债务人仍可以以不成比例的耗费去实际履行。只要债务人主张本项抗辩，就溯及既往地排除了给付迟延。③

履行费用过高可能与情势变更有关。在合同订立之后、履行完成之前，如果客观情况发生当事人在订立合同时难以预见的重大变化，导致履行的费用显著增加，债权人要求债务人严格按照合同履行原定给付义务的，可能违背诚信原则。在这种情况下，陷入履行艰难的当事人可以依据本条拒绝履行。不过，对于合同的内容，需要当事人基于诚信原则进行磋商，进而变更或者解除合同。此时适用有关情势变更的规定。

(三) 实际履行请求权的失效期间

本条第1款第3项规定的是实际履行请求权因合理期限的经过而失效。只有经债务人主张，债权人的履行请求权才发生失效的效果。合理期限经过后，违约方可能产生了对方不再主张实际履行的合理信赖。为保护这种信赖，履行请求权不再有效。该合理期限应当自债权人知道或者应当知道不履行之日起计算。合理期限的长度与标的物的性质、合同目的紧密关联，给付的内容越具有时效性，继续履行请求权的失效期间越短。比如，对不合格花卉的更换，应当在短暂的几日内提出。

---

① 黄立．民法债编总论．台北：元照出版公司，2006：456-457.

② 同①457.

③ 同①457.

（四）给付不能与解除、减价

本条第1款的法律效果不包括合同的解除，也不包括以下效果：当事人一方的给付义务因上述事由而陷入给付不能的，双务合同中的给付义务和对待给付义务自动消灭。在传统债法上，基于双务合同中给付义务和对待给付义务的牵连性，一方给付义务因给付不能消灭的，另一方的对待给付义务也自动消灭，除非义务消灭的原因主要归责于债权人。在我国法上，当事人一方陷入全部给付不能，导致对方的合同目的不能实现的，对方可以行使一般法定解除权，消灭自身的全部对待给付义务；当事人一方陷入部分给付不能，未导致对方的合同目的完全不能实现的，对方可以依据不完全履行规定行使减价权，消灭自身的部分对待给付义务。有的场合，对方还享有特殊法定解除权，如任意解除权。整体上说，我国《民法典》将消灭全部或者部分对待给付义务的权利交给解除权人、减价权人，而未承认债务因履行不能而自动消灭。司法机关不能依据本条第1款径行判决合同解除。

三、不能请求继续履行情形中的申请终止合同关系

（一）化解合同僵局的现实需求

本条第2款规定是新增条文，也是民法典合同编立法过程中变动较频繁、争议较大的条文之一。该款主要用于处理合同僵局的化解问题。[①]

2018年8月审议的《民法典各分编（草案）》第353条第3款规定："合同不能履行致使不能实现合同目的，解除权人不解除合同对对方明显不公平的，对方可以向人民法院或者仲裁机构请求解除合同，但是不影响其承担违约责任。"该规定一出便引发不少争论。在解除权人不解除时，为什么会出现对违约方"明显不公平"的情况？违约方当事人是否会借由本条规定随意摆脱合同关系的束缚？这些问题都未得到令人满意的回答。2018年12月审议的《民法典合同编（草案）》（二审稿）第353条第3款作出修改，增加了"滥用权利"的限制条件，并将"明显不公平"改为"显失公平"，该款规定："合同不能履行致使不能实现合同目的，有解除权的当事人不行使解除权，构成滥用权利对对方显失公平的，人民法院或者仲裁机构可以根据对方的请求解除合同，但是不影响违约责任的承担。"这一修改也引起了不少批评，因为其构成要件似乎是指引法院适用民法的

---

① 崔建远．完善合同解除制度的立法建议．武汉大学学报（哲学社会科学版），2018（2）：88－89；王利明．论合同僵局中违约方申请解约．法学评论，2020（1）：26.

基本原则进行裁判，难免带来较大的不确定性。① 鉴于争议颇多，2019年12月审议的《民法典草案》暂时删除了该款规定。2020年5月22日审议的《民法典（草案）》转换思路，在本条下增加第2款："有前款规定的除外情形之一，致使不能实现合同目的的，人民法院或者仲裁机构可以根据当事人的请求终止合同权利义务关系，但是不影响违约责任的承担。"

对于这一规定，需要借助2019年《全国法院民商事审判工作会议纪要》（简称《九民纪要》）来理解其由来。《九民纪要》第48条是关于"违约方起诉解除"的意见。其内容是："违约方不享有单方解除合同的权利。但是，在一些长期性合同如房屋租赁合同履行过程中，双方形成合同僵局，一概不允许违约方通过起诉的方式解除合同，有时对双方都不利。在此前提下，符合下列条件，违约方起诉请求解除合同的，人民法院依法予以支持：（1）违约方不存在恶意违约的情形；（2）违约方继续履行合同，对其显失公平；（3）守约方拒绝解除合同，违反诚实信用原则。""人民法院判决解除合同的，违约方本应当承担的违约责任不能因解除合同而减少或者免除。"从该条的内容看，"违约方起诉解除"裁判规则主要是为了解决长期性合同中出现"僵局"后，合同义务如何演变的问题。在这种长期性合同中，当事人需要在相互信任的基础上不断开展合作才能实现合同目的，如果当事人之间的信任基础丧失、合作关系已经完全破裂，那便无法期待这类长期合同继续履行至合同期限届满，合同目的实现的机会也十分渺茫；除了终止合同关系之外，恐怕别无更好的出路。此时，当事人可能都存在违约行为，希望解除合同的一方可能恰恰是违约情形较重的一方当事人；尽管如此，不能一概排除其申请终止合同关系的合理性。名为"违约方起诉解除"，主要是为了突出这一制度的两个特征：一是起诉请求解除合同的主体往往是违反合同义务的当事人；二是即使解除合同，违约方仍然必须承担违约责任。

围绕"违约方申请解除"，学界争议较大。有学者认为："依据《合同法》第110条的规定，违约方有权拒绝守约方关于继续履行的请求，这就表明存在此类情形的合同继续存在已无积极意义，消灭此类合同，解脱双方当事人，使其轻装上阵，从事新的交易，更符合公平正义。于此场合消灭合同，赋予守约方解除权固然允当，允许违约方解除合同也不失为一条路径及方法。"② 有学者认为："《合同法》第110条存在立法漏洞，容易产生所谓'合同僵局'，即在违约的债务人不能履行合同的情况下，债务人虽然可以援引该条来对抗债权人的实际履行

① 刘承韪．论违约方解除合同规则写入民法典之必要与可行．中国政法大学学报，2020（3）：14.

② 崔建远．完善合同解除制度的立法建议．武汉大学学报（哲学社会科学版），2018（2）：89.

主张，但合同关系并不因此消灭，债务在合同预定的期限内始终存在。而违约方申请解除合同制度正是为了打破此种合同僵局，由法院经过综合判断后决定违约方是否可以解除合同”[①]。有学者认为：“合同僵局的要件包括：非违约方拒绝解除合同违反了诚信原则，非违约方拒绝解除合同对违约方显失公平，且应由当事人提出申请。”[②] 有学者认为，“现行法关于继续性合同的解除规则供给不足，以至于在合同僵局场合法院被迫从拟制当事人的意思出发解除合同、打破僵局。……合同僵局问题并非仅在中国出现，在德、日两国，围绕继续性合同的解除（终止），立法及判例均有较为成熟的经验积累，值得我国立法借鉴。无视此类比较法经验，独创‘违约方解除权’规则，并不可行”，并建议借鉴《德国民法典》第 314 条，规定当事人可基于重大事由解除继续性合同。[③]

从最终通过的条文内容来看，本条第 2 款规定在尊重我国司法实践经验的基础上，适当借鉴域外法经验，放弃了“有解除权的当事人不行使解除权构成滥用权利”等易生分歧的要件，淡化了申请解除的当事人往往是违约方这一事实，采用“终止”以替代“解除”，从而在尽可能反映学理共识的基础上回应了司法实践中的现实需求。

（二）司法机关终止合同关系的要件和效果

按照本条第 2 款，其适用需要满足三个条件：（1）债务人负有非金钱债务，且该标的不适于强制履行、履行费用过高或者发生给付不能；（2）合同目的不能实现；（3）经由人民法院或者仲裁机构实现合同关系的终止。所谓“致使不能实现合同目的”不是指债务不履行方自己的合同目的不能实现，也不是仅仅导致对方的合同目的不能实现，而是导致双方的合同目的不能实现。在这三项条件基础上，在长期合同中，可能还要补充“合同继续履行不可合理期待”这一要件，原因是，无论是“不能履行”还是“标的不适于强制履行”，都是从债权的标的——给付本身出发所作的评价，“履行费用过高”则是指债务人履行的费用相较于债权人可以获得的利益显著不合比例；这些履行障碍无法恰当评价“信任基础已经丧失、合作关系已经破裂”等情事。“合同继续履行不可合理期待”是从债务关系当事人之间的信任基础、合作状况出发对合同未来的发展前景所作的综合判断，其显然难以被本条第 1 款的除外情形所吸收。在适用本条第 2 款规定判决或者裁决终止合同关系时，人民法院或者仲裁机构通常应援引本条第 1 款第 2 项

① 石佳友，高郦梅．违约方申请解除合同权：争议与回应．比较法研究，2019（6）：36.

② 王利明．论合同僵局中违约方申请解约．法学评论，2020（1）：26.

③ 韩世远．继续性合同的解除：违约方解除抑或重大事由解除．中外法学，2020（1）：104.

中的“标的不适于强制履行”，同时在判决理由或者裁决理由中补充说明当事人合作关系已经彻底破裂等情事。

本条并未赋予当事人解除权，而仅仅是赋予当事人申请法院或者仲裁机构终止合同的权利。如果当事人不申请，法院或者仲裁机构不能依职权主动终止合同。即使当事人申请，但法院或者仲裁机构对是否终止合同仍然有最终的决定权。其中，请求终止合同的当事人虽然可以是违约情形较严重的一方，但是其不能基于故意或者重大过失肆意地破坏合同关系，且对合同继续履行不可期待负有绝对主要责任。如果允许这类当事人起诉终止合同，那就实际上借助司法机关之手保护了很多企图通过严重违约摆脱合同的当事人，有违禁止权利滥用之原则。司法机关依据本条第 2 款处理长期性合同终止纠纷时，必须审慎地确定合同终止的时间点，一般应在当事人最后一次主张终止合同的时间点（往往是口头辩论最后阶段）进行通盘考量，就“此时”能否期待当事人继续履行合同得出结论。如果得出的结论为否，那便应认定合同在此时终止。

在我国司法实践中已逐渐承认的是，代理商合同不应适用普通委托合同中的任意解除权，只有在有重大理由时才能即时终止。[①] 在“新会江裕信息产业有限公司诉爱普生（中国）有限公司合同纠纷案”[②] 中，最高人民法院认为：“爱普生方实际是将 LQ-300K＋Ⅱ打印机的独家代理权授予给江裕方。……爱普生方自 2008 年 5 月起违反合同约定，不再保障江裕方……的独家销售代理权，开始向第三方供货，并于 2009 年 6 月起，停止向江裕方供货。因此，爱普生方的行为构成违约，应当承担违约责任。”最高人民法院援引《合同法》第 110 条（相当于本条第 1 款）作出判决：“虽然江裕方要求继续履行，然而打印机独家销售不适于强制履行，因此，不能支持江裕方关于继续履行的诉讼请求，即本案所涉 96 协议自此应当终止履行。爱普生方应当赔偿江裕方因此造成的损失。”“对江裕方的损失至少应该计算到二审法院判决解除合同之日止。”可见，最高人民法院是通过援用“不适于强制履行”来排除代理商有关继续履行的请求权，并认定合同应当“自此”终止履行。该合同的终止日期应当是最高人民法院判决合同解除或者终止的日期。

在演艺经纪合同纠纷中，人民法院对于合同的解除近年来逐渐慎重。在“窦骁与北京新画面影业有限公司演出经纪合同纠纷案”[③] 中，一审法院依据《合同

---

① 武腾．委托合同任意解除与违约责任．现代法学，2020（2）：62.

② 最高人民法院（2013）民提字第 233 号民事判决书。

③ 北京市高级人民法院（2013）高民终字第 1164 号知识产权判决书。

法》第110条判决合同解除，二审法院则认为："本案中，虽然涉案《合约》的履行属于具有人身依赖关系性质的合同，合同的履行需要当事人主观自愿进行配合，但是否此类合同在一方当事人明确表示不再履行时，即能够依法解除。对此本院认为，作为从事演艺工作的人员，其主要生活来源基本来自于参加的各类商业活动，若经纪公司本身不予安排活动或者恶意阻却活动的成立，将不仅导致演艺人员在合同期内不能出现在公众面前，无法接受任何商业活动，而且可能面临基本的生存困境。在此情况下，从合同的基本属性及人身权利的基本内涵出发，解除相关合同具有合理性。然而，涉案《合约》第三条规定，窦骁对所有演艺活动具有自己选择决定权。……而且其参加非新画面公司安排的演艺活动仅需承担支付相应酬金的违约责任，并不存在直接损害其人身权的情况。同时根据在案证据，新画面公司亦不存在任何过错及违约行为，并已履行了为窦骁安排演出、商业代言及市场推广等合同义务。因此，一审判决依据《合同法》第一百一十条规定解除涉案《合约》显然缺乏法律依据，本院予以纠正。"可见，在演艺经纪合同能够充分保障演艺人员参加演出的机会，且不侵害其人身自由的前提下，人民法院仍可能支持当事人有关继续履行演艺经纪合同的请求。不过，演艺经纪合同即使得到维系，也无强制履行的余地。就上述案件而言，判决生效之后实际可能出现的状态是，演艺人员一方面"参加非新画面公司安排的演艺活动"，另一方面按照约定"承担支付相应酬金的违约责任"①。不过，如果演艺人员是故意违反合同，且对于合同继续履行不可合理期待负有绝对主要责任，那么人民法院的判决仍然有一定合理性。如果不作这种判决，那么即使是背信的违约方也可以通过肆意破坏合同关系来达到摆脱合同的目的，恐严重违背诚信原则。

在司法实践中，人民法院也应当避免过多地从当地经济效益出发判断当事人之间的合同是否应当终止，而应当从当事人之间合同的性质、信任基础、合作关系等出发综合判断合同能否得到维系。

第五百八十一条

当事人一方不履行债务或者履行债务不符合约定，根据债务的性质不得强制履行的，对方可以请求其负担由第三人替代履行的费用。

① 相关分析，参见刘承韪．论演艺经纪合同的解除．清华法学，2019（4）：130．

本条主旨

本条是关于代履行或代替执行的规定。

相关条文

《民事诉讼法》第252条 对判决、裁定和其他法律文书指定的行为，被执行人未按执行通知履行的，人民法院可以强制执行或者委托有关单位或者其他人完成，费用由被执行人承担。

理解与适用

本条是新增的条文，是关于代履行的规定。

强制履行与任意履行相对应，是指以国家强制力保障合同中原定给付义务的履行，其只会发生在债务不履行的场合。实际履行责任又称为强制履行责任。执行程序中，强制履行的方法包括直接强制、代替执行和间接强制。我国《民事诉讼法》第二十一章对于这三种方法均有所规定。直接强制是指强制按照原定给付的内容履行，主要适用于交付一定标的物的债务。比如，出卖人拒绝履行房屋买卖合同的，人民法院可以依据《民事诉讼法》第250条和第251条强制实现房屋交付和不动产所有权转移登记。依据本条所产生的请求权是实体法上的请求权，且以根据债务的性质不得强制履行为前提，同时不以进入到执行程序为前提，因此，与民事诉讼法规定的执行措施不同。

代履行或曰代替执行是指由债务人以外的人提供给付，其费用由债务人负担，其适用于为一定行为的债务。比如，债务人拒不履行维修义务的，鉴于该义务不适于强制履行，债权人可以委托他人完成修复工作，费用由债务人承担。

在执行程序中《民事诉讼法司法解释》第503条规定："被执行人不履行生效法律文书确定的行为义务，该义务可由他人完成的，人民法院可以选定代履行人；法律、行政法规对履行该行为义务有资格限制的，应当从有资格的人中选定。必要时，可以通过招标的方式确定代履行人。""申请执行人可以在符合条件的人中推荐代履行人，也可以申请自己代为履行，是否准许，由人民法院决定。"该解释第504条规定："代履行费用的数额由人民法院根据案件具体情况确定，并由被执行人在指定期限内预先支付。被执行人未预付的，人民法院可以对该费用强制执行。""代履行结束后，被执行人可以查阅、复制费用清单以及主要凭证。"间接强制是人民法院判决债务人每迟延履行一日，就必须支付一定迟延履行金，具有督促债务人履行的效果。《民事诉讼法》第253条规定了金钱债务的间接强制。

第五百八十二条

履行不符合约定的，应当按照当事人的约定承担违约责任。对违约责任没有约定或者约定不明确，依据本法第五百一十条的规定仍不能确定的，受损害方根据标的的性质以及损失的大小，可以合理选择请求对方承担修理、重作、更换、退货、减少价款或者报酬等违约责任。

本条主旨

本条是关于不完全履行的一般规定。

相关条文

《民法典》第 781 条　承揽人交付的工作成果不符合质量要求的，定作人可以合理选择请求承揽人承担修理、重作、减少报酬、赔偿损失等违约责任。

《合同法》第 111 条　质量不符合约定的，应当按照当事人的约定承担违约责任。对违约责任没有约定或者约定不明确，依照本法第六十一条的规定仍不能确定的，受损害方根据标的的性质以及损失的大小，可以合理选择要求对方承担修理、更换、重作、退货、减少价款或者报酬等违约责任。

理解与适用

本条规定继承了《合同法》第 111 条，内容有变化。除了将“要求”改为“请求”，本条还将《合同法》第 111 条中的“质量不符合约定”改为“履行不符合约定”。本条的适用范围由此扩张。

一、不完全履行的含义

本条中的履行不符合约定即为不完全履行或者不完全给付[①]，是指履行不符合合同义务的要求，其既包括瑕疵给付（不良给付），又包括加害给付，但不包括与给付义务无关的违反附随义务，因为附随义务的违反以损害赔偿为其法律效果，其请求权基础规范是《民法典》第 583 条和第 577 条。瑕疵给付是指给付不符合合同债务的本旨，但未给债权人的固有利益造成损害。比如，所购买的书籍缺页。加害给付是指给付不仅不符合合同债务的本旨，还进一步造成债权人固有

① 刘心稳．债权法总论．北京：中国政法大学出版社，2015：151－153.

利益的损害。比如，所购买的食品已变质，造成食物中毒。本条不能被理解为仅关于物之瑕疵（质量瑕疵、数量瑕疵、包装方式瑕疵等）的规定。在权利瑕疵场合，债权人亦可依据本条规定主张减价，并在补正履行与代替给付的损害赔偿之间进行“合理选择”。

二、不完全履行的效果

第一种违约责任是补正履行或曰追完履行，也称采取补救措施，包括修理、重作、更换等方式（请参阅第 577 条释评第二部分）。这些方式根据合同标的的不同而有多种表现形态，如数量短缺场合的补足、通讯网络信号覆盖不足场合的补强。至于补正履行具体方式之间的合理选择，不能简单适用《民法典》第 580 条第 1 款第 2 项规定的第二种情况（履行费用过高），而应该解释为，必须综合考察债权人的请求和债务人的积极补救行为，注重违约方与相对人之间的诚信沟通，在违约方积极提供的补救措施与受损害人主张的补救措施不一致的场合，如果受损害人并无值得保护的特殊利益，那么认定违约方积极提供的补救措施具有合理性。①

在实践中，更换通常是在修理不足以消除瑕疵的情况下才能选择的补救措施。在“任才生诉宜兴市广海元汽车销售服务有限公司汽车买卖合同纠纷案”中，在尚未有专门的汽车“三包”规定的背景下，人民法院依据《合同法》第 111 条（即本条的前身）判决，买受人在机动车被修理之后仍出现故障的情况下有权要求更换。人民法院认为：“原告任才生所购车辆在不到两年的时间内两次出现变速箱质量问题，修理过程及试车过程仍出现问题，因此，在任才生与广海元公司未对车辆质量及违约责任进行约定的情况下，要求被告广海元公司承担修理（更换部件）的违约责任已不能实现原告的合同目的。……车辆最重要的部件之一变速箱反复出现质量问题，使得车辆是否达到安全技术标准、是否消除安全隐患难以确定。原告任才生从消除自身及他人安全隐患的角度，提出更换车辆的要求合理有据。”②

第二种违约责任是退货。买受人要求退货就是要求解除合同，既可能是全部解除（全部退货），又可能是部分解除（部分退货）。有观点认为退货的性质需要具体问题具体分析，可有合同解除、代物清偿、合同更改等形式。③ 这种学说可

---

① 对债权人、债务人均有利的瑕疵补正行为，应具有优先地位。谢鸿飞．合同法学的新发展．北京：中国社会科学出版社，2014：476.

② 江苏省宜兴市人民法院（2011）宜民初字第 2540 号民事判决书。

③ 崔建远．退货、减少价款的定性与定位．法律科学，2012（4）：95.

称为多种性质说。根据该说，退货在发展过程中首先分为两种情况：一是合同解除，二是中间、过渡状态。而后者又可以发展为更换、代物清偿、合同更改或者合同解除，演化和发展的情形颇为复杂。有观点认为，退货是行使拒绝受领权的效果之一，而非合同解除效力的表现。① 此观点可称为拒绝受领效果说。通说认为，退货是解除权行使的表现。② 笔者认为，退货是一个用语通俗，但不严密的概念，买受人要求退货往往是主张解除合同并请求出卖人返还价款。为避免解释和适用上的分歧，适宜采纳通说，将其解释为解除权行使的表现。换言之，只有在满足解除权的要件时买受人才能主张退货。至于解除权能否纳入违约责任的范畴，取决于所采用的违约责任的含义，对此请参阅第 577 条释评第一部分。

第三种违约责任是减少价款或者报酬，简称减价。减价实际上包括减少各种有偿合同中的对价，如减少租赁合同中的租金、减少有偿借款合同中的利息。按照通说，减价权是形成权，其行使条件类似于解除权。此时减价的本质是部分解除。在补正履行请求权未被排除的情况下，只有在催告违约方补正履行却没有效果，或者催告补正履行没有必要性的情况下，才可行使减价权。在补正履行请求权被排除的情况下，合同目的部分不能实现的，可行使减价权。

减价的原理和目标是实现质价均衡。减价权的行使，不以违约方存在可归责性为前提，也不在乎补正履行是否可能。换言之，因不可归责于债务人的原因导致合同部分履行不符合约定的，债权人仍可以行使减价权。

在《国际商事合同通则（2016）》第 7.2.3 条中，规定的是履行请求权“包括”瑕疵履行场合的修理、更换以及其他补救措施，此时适用第 7.2.1 条和第 7.2.2 条。根据其官方评论，《国际商事合同通则（2016）》第 7.2.3 条的目的是“为了澄清”履行请求权的内容。因此，该条并不是一个独立的请求权规范基础。与《国际商事合同通则（2016）》有所不同的是，我国《民法典》第 582 条（以及《合同法》第 111 条）是独立的请求权规范基础。如果将《民法典》第 577 条也理解为继续履行请求权的规范基础，那么不完全履行场合的继续履行请求权规范基础就有三个：第 577 条、第 579 条（金钱债务）或者第 580 条（非金钱债务）、第 582 条。如此多重复的请求权基础规范反映出立法技术尚不尽善尽美。如果要严格区分每一条规定中履行请求权的适用范围，如将第 579 条或者第 580

① 韩世远．合同法总论．北京：法律出版社，2018：426.

② 王利明．合同法研究：第三卷．北京：中国人民大学出版社，2012：112；郭明瑞，房绍坤．合同法学．上海：复旦大学出版社，2009：261；苏号朋．合同法教程．北京：中国人民大学出版社，2015：312.

条的适用范围局限于完全不履行，那就会造成法律漏洞。原因是，无论是完全不履行金钱债务，还是不完全履行金钱债务（如数量不足），依据第579条都不得排除强制履行；无论是完全不履行非金钱债务，还是不完全履行非金钱债务（如数量不足），依据第580条第1款都可以排除强制履行。有鉴于此，在司法实践中，对于主张继续履行的当事人和支持实际履行的人民法院来说，不必考虑优先适用第579条或者第580条，也未必需要优先适用第582条（除非需要适用“合理选择具体补救措施”这部分规定），而可以直接适用第577条。

第582条中的第四种违约责任是代替补正给付的损害赔偿。从买卖合同中的参引性规定即可得出这一结论。《民法典》第617条规定：“出卖人交付的标的物不符合质量要求的，买受人可以依据本法第五百八十二条至第五百八十四条的规定请求承担违约责任。”由此可得出解释结论：物的瑕疵救济的规范基础是第582条至第584条，而不包括第577条。第584条是可得利益损害赔偿的范围的规定，故第582条中的“等”应包含代替补正给付的损害赔偿。

有学者认为，修理、更换、重作是第一顺位的责任形式，减价和代替给付的损害赔偿是并列第二顺位的责任形式，解除是最后顺位的责任形式。① 该观点具有启发性。采取补救措施属于继续履行（参阅第577条释评第二部分），其与代替给付的损害赔偿之间并无优先和劣后的关系。债权人可以按照自己的意愿来加以主张，债务人则享有作为抗辩权的补救权。减价权、解除权作为形成权，需要满足各自的成立条件才可以行使，通常具有劣后性。

三、不完全履行与瑕疵担保的关系

依据《民法典》第617条的规定，还可得出的解释结论是，在买卖标的物存在物的瑕疵时，买受人的救济是包括损害赔偿在内的一般违约救济，不存在与违约责任相独立的瑕疵担保责任。《合同法》立法机关工作部门在解释《合同法》第154条时便持有这种立场，认为不存在独立的瑕疵担保责任。② 无论是2001年完成的德国债法现代化，还是2017年完成的日本债法修正，都对于传统瑕疵担保责任进行大刀阔斧的改革，将其统一到义务违反或者债务不履行的救济体系中。我国通说也认为，我国法不存在独立的瑕疵担保责任。《民法典》进一步明确了这种立场。

---

① 郭明瑞，房绍坤．合同法学．上海：复旦大学出版社，2016：209.

② 胡康生．中华人民共和国合同法释义．北京：法律出版社，2013：262.

第五百八十三条

当事人一方不履行合同义务或者履行合同义务不符合约定的，在履行义务或者采取补救措施后，对方还有其他损失的，应当赔偿损失。

本条主旨

本条是关于与实际履行责任并存的损害赔偿责任的规定。

相关条文

《民法典》第585条第3款　当事人就迟延履行约定违约金的，违约方支付违约金后，还应当履行债务。

《合同法》第112条　当事人一方不履行合同义务或者履行合同义务不符合约定的，在履行义务或者采取补救措施后，对方还有其他损失的，应当赔偿损失。

理解与适用

本条继承了《合同法》第112条，本条中的损失包括两类损失：一是迟延损失，二是固有利益损失。

在迟延履行场合，违约方继续履行后，受损害方仍可因履行迟延而遭受损失。比如，债务人迟延交货导致债权人生产停顿、无法向下游厂家交付货物，不得不支付违约金，在债务人交付货物之后，仍应对其造成的债权人损失予以赔偿。①

在不完全履行场合，违约方采取补救措施（补正履行或曰追完履行）的，受损害方既可能因部分履行迟延而遭受损失，也可能遭受尚未填补的瑕疵结果损害。比如，甲在暂停营业期间委托乙装修商铺，乙在装修过程中不仅使用了不符合合同要求的劣质材料，还损坏了商铺大门，甲可以依据承揽合同中的具体规定，合理选择重作作为补正履行的具体方式。② 乙在重作之后，对于商铺大门的损坏还负有损害赔偿责任；同时，因乙的不完全履行导致甲停业时间延长的，乙

---

① 王利明，崔建远．合同法新论总则．北京：中国政法大学出版社，2000：644.

② 2020年十三届全国人大三次会议审议期间，《民法典》第781条增加了“合理选择”的要求，从而使该条与《民法典》第582条更为协调。该条规定：“承揽人交付的工作成果不符合质量要求的，定作人可以合理选择请求承揽人承担修理、重作、减少报酬、赔偿损失等违约责任。”

还应向甲承担不能按期恢复营业期间的可得利益损失。后两项损害赔偿的请求权基础规范都是本条。

本条仅明确规定了实际履行可与损害赔偿并存，并未明确规定实际履行与违约金的并存。《民法典》第 585 条第 3 款对此有专门规定。在违约金是专门为迟延履行而约定的违约金时，在继续履行之后，无论是惩罚性违约金还是赔偿性违约金都应一并支付（请参见第 585 条释评第三部分）。如果违约金只是宽泛地针对违约行为而约定，那就要根据违约金的目的来予以确定。在违约金的性质是赔偿性违约金，且包括了对迟延损失数额的预定时，那便应按照违约的实际情况支付相应的违约金（可予以调整）。在违约金的性质是惩罚性违约金，且担保目的包括督促债务人严格按期履行时，那便应按照担保目的与担保手段之间的比例关系，结合不履行的实际情况来判断是否予以调整。

第五百八十四条

当事人一方不履行合同义务或者履行合同义务不符合约定，造成对方损失的，损失赔偿额应当相当于因违约所造成的损失，包括合同履行后可以获得的利益；但是，不得超过违约一方订立合同时预见到或者应当预见到的因违约可能造成的损失。

本条主旨

本条是关于违约损害赔偿的赔偿范围的规定。

相关条文

《合同法》第 113 条第 1 款　当事人一方不履行合同义务或者履行合同义务不符合约定，给对方造成损失的，损失赔偿额应当相当于因违约所造成的损失，包括合同履行后可以获得的利益，但不得超过违反合同一方订立合同时预见到或者应当预见到的因违反合同可能造成的损失。

理解与适用

本条继承了《合同法》第 113 条第 1 款。[①] 违约损害赔偿的数额是因违约造

① 《合同法》第 113 条第 2 款是关于欺诈消费者时适用惩罚性赔偿的衔接性规定。鉴于《民法典》第 179 条第 2 款规定了“法律规定惩罚性赔偿的，依照其规定”，本条不必再重复规定。

成的全部损失，其范围是可得利益的损失，也称期待利益或履行利益的损失。本条确立了完全赔偿原则。违约损害赔偿最基本的限定规则是可预见性规则，其在违约损害赔偿中的作用类似于因果关系在侵权损害赔偿中的作用。

违约损害赔偿的请求权基础规范是第 577 条、第 582 条和第 584 条。第 584 条不是独立的请求权基础规范，仅是关于违约损害赔偿的范围的规定。依照第 577 条、第 583 条以及分编中有关违约损害赔偿的具体规定，根据违约损害赔偿的归责原则实行无过错责任还是过错责任，其构成要件有所不同。在实行无过错责任的领域，其构成要件包括：(1) 损害，(2) 债务不履行，(3) 债务不履行与损害之间的因果关系，(4) 无免责事由。在实行过错责任的领域，违约损害赔偿的构成要件包括：(1) 损害，(2) 债务不履行，(3) 债务不履行与损害之间的因果关系，(4) 过错。两者的不同之处在于前者不要求存在归责事由，而仅要求无免责事由（包括法定免责事由和约定免责事由）；后者则要求存在过错这种归责事由，且过错原则上应由受损害方予以主张和证明。

关于债务不履行的含义和作用，请参阅第 577 条释评第六部分；关于过错的含义和类型，请参阅第 577 条释评第三部分；关于不可抗力这种法定免责事由，请参阅第 590 条释评。本条主要介绍的内容有二：一是损害的概念、类型、计算方法，二是因果关系可预见性。

一、违约损害赔偿的范围

(一) 损害的概念

只有存在损害，才会有损害赔偿责任。如何界定损害并区分其类型，对于损害赔偿责任的承担具有重要意义。根据通说，损害是指受损害方现在的利益状态与假如损害事件不存在时的利益状态之间的差额。如果前者减去后者得到的是一个负数，那么就存在损害。由此，损害赔偿请求权的目的是回复到假如损害事件不存在时受损害人所处的状态。在违约场合，是使受损害人处于假如合同得到完全履行，其所应处于的状态。比如，因甲向乙迟延交付钢材，导致乙的工程建设时间延迟，后者向发包人支付违约金，乙有权要求甲赔偿的损害就包括自身所支付的违约金。在侵权场合，损害赔偿是使受损害人处于假如不存在侵权行为其所应处于的状态。比如，甲因过失损毁了乙正用于生产经营的一台机器设备，乙可请求甲赔偿其生产经营中断而产生的徒劳支出或为寻找替代设备而额外产生的支出，假设该机器临近使用寿命期限，侵权行为人给生产经营造成的损失可能远远超过该台机器本身的价值；此时赔偿的范围不受该机器本身价值的限制。

（二）损害的种类

第一，从“包括合同履行后可以获得的利益”的表述来看，本条规定继受自《国际商事合同通则》第 7.4.2 条第 1 款。损失不仅包括所受损失（loss），还包括所失的可得利益（gain）。前者包括财产的积极减少和责任的增加。比如，因为不能向第三人履行合同而丧失的定金属于所受损失，因向另一银行获得高利息贷款而多支付的利息也属于所受损失。所失利益包括因不能向第三人履行合同而丧失的收益。比如，因演员不能参加演出而向观众退票的，可得票款收益便是所失利益。

所受损失和所失利益的分类是在实践中最为重要的分类。在“上海飞蕾科技有限公司诉富士医疗器材（上海）有限公司、富士胶片（中国）投资有限公司合同纠纷案”[①] 中，最高人民法院认为，飞蕾公司与富士医疗公司之间存在 4 年期独家代理销售合同关系[②]，对代理商的交易地位及相应权利应给予稳定保障，任何一方不得随意解除代理合同。最高人民法院认为，富士医疗公司在合同履行到第 27 个月时便单方解除合同，并在该期间内越过飞蕾公司向二级销售代理商恒博公司销售货物，构成根本违约。违约造成实际损失与可得利益损失：（1）实际损失。这是指富士医疗公司在合同履行期间将产品销售给恒博公司，以致恒博公司未在飞蕾公司购买产品，从而给飞蕾公司造成的损失。“如富士医疗公司不存在串货情况，这些产品将由飞蕾公司销售并产生利益，因此这部分利益的损失应视为飞蕾公司的实际损失。飞蕾公司……主张平均利润率 54.5%。富士医疗公司在与飞蕾公司合同履行期间共销售给恒博公司 146 423 904 元的产品，由此得出富士医疗公司串货导致其实际损失为 146 423 904×54.5%＝79 801 027.68 元。”（2）可得利益损失。这是指假设飞蕾公司继续与富士医疗公司履行合同至 4 年期限届满，则前者可以获得的利益。“通过已完成的销售额来推算此后合同期限能够完成的销售金额”，结合飞蕾公司已履行合同期间的平均利润率 54.5%，可以认定继续履行合同的情况下飞蕾公司可以获得的利益为 303 587 582 元。最高人民法院认为飞蕾公司最终可以获得的赔偿是上述两部分之和，即 383 388 609.70 元。

第二，根据损害是否为财产上的损害，可以将其划分为财产损害和非财产损

---

① 最高人民法院（2018）最高法民再 82 号民事判决书。

② 不过，该案中的所谓独家代理商似乎应为独家协议经销商，因为最高人民法院查明“飞蕾公司代理富士医疗公司出售医疗产品，但飞蕾公司并非从中收取代理费，而是通过买卖的方式从中赚取差价，飞蕾公司与富士医疗公司之间的每笔交易都另行签订销售合同”。［德］C. W. 卡纳里斯．德国商法．杨继，译．北京：法律出版社，2006：468－469.

害。财产上的损害是指赔偿权利人财产上发生的不利变动，既包括财产的积极减少，也包括财产的消极不增加。非财产上的损害是指财产之外的其他利益损失，主要包括对隐私、自由、名誉等加以侵害造成的损失，主要产生的后果是精神上的不适。对于非财产上的损害，主要由精神抚慰金来处理，在我国也称之为精神损害赔偿。一直以来，我国仅在侵权法领域明确规定精神损害赔偿，未在合同法中明确规定精神损害赔偿。

在域外法上，《国际商事合同通则（2016）》第 7.4.2 条第 2 款明确承认非财产损害（non-pecuniary），包括人身伤害（physical suffering）和精神不适（emotional distress）。这种非财产损害尤其发生在艺术工作者、运动员等订立合同的场合。比如，一位年轻的建筑设计师为自己开拓声誉，与某省文化艺术博物馆订立了将该博物馆进行现代化改造的建筑设计合同。该项目引起了媒体的广泛关注后，博物馆却在没有正当理由的情况下停止与年轻设计师之间的合作，改用另一位有经验的建筑设计师。该年轻设计师可以请求赔偿的范围不仅包括物质损失，还包括给其声誉方面造成的损失。德国传统债法限制基于违反合同的非财产损害赔偿，以防赋予司法机关以过大的自由裁量权。不过，2002 年德国新债法第 253 条新增第 2 款，规定因侵害身体、健康、自由或者性的自主决定而须赔偿的，也可以因非财产损害而请求给予公平的金钱赔偿。这种一般性的抚慰金请求权既适用于有过错的不法行为和违反合同的行为，又适用于无过错的危险责任。①

第三，根据损害的范围，可以将损害分为迟延损害、填补损害。迟延损害是因迟延履行而造成的损害。比如，金钱债务迟延履行场合的利息，即为典型的迟延损失。在不完全履行场合，即使通过追加、补充履行实现完全履行，也存在迟延损害，故继续履行请求权可与迟延损害赔偿请求权一并行使。填补损害也称代替给付的损害或者代替履行的损害，是指在未实际履行的情况下，通过损害赔偿使债权人达到与债务履行同等的地位。在履行不能或者继续履行失败的情形中，受损害方可以请求代替给付的损害赔偿。比如，在不能返还租赁的礼服时，按照同类礼服的市价进行赔偿。

第四，在合同债务中，将可赔偿的利益区分为履行利益和信赖利益。履行利益的损害是指一方当事人因另一方没有履行债务而遭受的损害，对这类利益进行赔偿的目的是使当事人处于假如债务被完全履行时其所会处于的状态。本条有关

① ［德］迪尔克·罗歇尔德斯．德国债法总论．沈小军，张金海，译．北京：中国人民大学出版社，2014：347.

违约损害赔偿的规定，肯定了违约损害赔偿应当赔偿履行利益的损失。信赖利益的损害包括两类：一类是当事人因信赖法律行为有效而遭受的损害，对这类利益进行赔偿的目的是使当事人处于假如其未曾知道该法律行为时其所会处于的状态。《民法典》中有关民事法律行为被撤销后，有过错方向对方当事人负有赔偿责任，就属于信赖利益的损害赔偿。另一类是当事人因信赖合同得到履行而徒劳支出的费用，即无益的费用。《德国民法典》第 284 条对此作出专门规定。可赔的费用必须是合理的费用，即一个处于同等地位的理性人在类似交易中通常支出的费用；如果在债务人履行义务的情况下，该费用的支出也不可避免，那么该费用便不可赔偿。

在合同被解除场合，由于解除并不使合同溯及既往地归于无效，当事人仍有权要求履行利益的损害赔偿，只不过需要减去因合同解除后不必提供给付而节省的费用。不过，由于履行利益的损失不易证明，而信赖利益的损失相对容易证明，即使当事人有权请求履行利益的损害赔偿，也可以转而请求赔偿信赖利益的损失。

第五，在传统学说上，承认直接损失和间接损失的区分。直接损失和间接损失主要是从因果关系出发所作的区分。在《民法典》合同编中并未使用这组概念，唯一的例外是，《民法典》第 933 条在委托合同任意解除规定中采用了“直接损失”的概念，其实应包括两部分内容：一是固有利益的损失，二是因信赖合同得到履行而产生的无益费用。①

（三）违约精神损害赔偿

我国法对于违约损害赔偿是否包括非财产损害未作明确规定。学说上存在分歧。传统通说否认违约损害赔偿包括精神损害赔偿。有意见认为，因加害给付导致人身伤亡的，可以将损失解释为实际遭受的财产损失，适宜用侵权损害赔偿来处理；对于精神损害，原则上不能基于违约请求赔偿。②

有力说认为，违约损害赔偿包括精神损害赔偿。有学者认为，有关违约责任的规定并没有排斥非财产上损害的赔偿，特别是在旅游、观看演出、保管骨灰盒等合同中，不应当禁止守约方选择违约的精神损害赔偿。③ 有学者认为，违约损害赔偿的范围不仅包括履行利益，还包括固有利益；不限于财产利益，还可包括非财产利益。④ 有学者认为：“在遵守限制规则的前提下，在一定条件下应给予

---

① 武腾．委托合同任意解除与违约责任．现代法学，2020（2）：64－65.

② 王利明．合同法研究：第二卷．北京：中国人民大学出版社，2015：607－611.

③ 崔建远．合同法．北京：北京大学出版社，2016：362－363.

④ 韩世远．合同法总论．北京：法律出版社，2018：782－783.

因违约造成的包括精神损害在内的非财产性救济，是生活逻辑的必要要求。”①总之，有力说认为只要违约中的履行利益包含精神利益，就可以支持违约的精神损害赔偿。具有代表性的民法典草案学者建议稿也对通过违约损害赔偿填补非财产损失持肯定立场。②

在《民法典》通过之后，对于这一问题还需要结合人格权编中的相关规定进行探讨。《民法典》人格权编第 996 条规定：“因当事人一方的违约行为，损害对方人格权并造成严重精神损害，受损害方选择请求其承担违约责任的，不影响受损害方请求精神损害赔偿。”该损害赔偿责任究竟是侵权损害赔偿，还是违约损害赔偿的内容？对此有两种解释方案。第一种解释方案是认为该损害赔偿属于侵权损害赔偿，此时受损害方依据《民法典》合同编第 577 条、第 583 条和本条请求其承担违约造成的财产损失，同时依据《民法典》人格权编第 996 条、侵权责任编第 1165 条和第 1183 条主张精神损害赔偿，这意味着当事人能同时主张违约责任（不包含精神损害赔偿）和侵权责任（包含精神损害赔偿）。第二种解释方案是认为该损害赔偿属于违约损害赔偿的内容，依据《民法典》合同编第 577 条、第 583 条和本条、人格权编第 996 条，受损害方即使主张违约责任也可包含精神损害赔偿。在第一种解释方案下，当事人实际上同时主张违约责任和侵权责任，而不是“选择请求其承担违约责任”，与《民法典》总则编第 186 条有关请求权竞合的规定存在矛盾。第二种解释方案与总则编第 186 条不矛盾，只不过按照请求权相互影响说，侵权责任编第 1183 条有关限制精神损害赔偿的规定仍应类推适用。从体系标准进行解释，第二种解释方案更为可取，受损害方选择请求承担违约责任的，可依据第 577 条、第 583 条和本条直接获得精神损害赔偿。

（四）损害的确定性

损害必须具有合理程度的确定性（reasonable degree of certainty）。机会的丧失具有可赔性，只要其具有合理程度的确定性。损害的数额不具有足够程度的确定性时，由法院自由裁量。在适用违约损害赔偿规定赔偿可得利益的损失时，最大的障碍便是预期可得利益的不确定性。在市场上没有同类交易可供比较时，这种困难尤其突出。比如，甲高校与乙超市约定，将教学楼一层的一间房屋出租给乙使用，而甲高校实际上只将地下一层的一间房屋出租给乙使用，因为地上一层房间全部用作教室和办公室。由于这种交易是在特定的环境中面向特定的消费

---

① 李永军．债权法．北京：北京大学出版社，2016：17.

② 梁慧星．中国民法典草案建议稿附理由（合同编）：上册．北京：法律出版社，2013：229－230.

者人群，通过替代性交易来计算可得利益损失的难度很高。[①]

二、违约损害赔偿的计算

（一）计算方法

损害的计算方法分为抽象的计算方法和具体的计算方法。抽象的计算方法也称客观的计算方法，是指仅考虑市场中的替代性交易价格进行计算。具体的计算方法又称主观的计算方法，着眼于交易的具体情况，根据受损害方具体遭受的损失进行计算。[②] 两种计算方法的差异主要在于是否考虑受损害方的主观的、具体的因素。比如，在出卖人拒不交货的场合，合同中原定价格为 10 元/千克，买受人与第三人订立转售合同中的定价为 13 元/千克，履行期到来时，履行地的市场价格为 15 元/千克。如果按照主观计算方法进行计算，那么考虑到买受人转卖货物的具体因素，损失应当是 3 元/千克；如果按照客观计算方法进行计算，那么只需要考虑履行地的市场价格，而不需要考虑买受人实际转售时的定价，故实际损失应当是 5 元/千克。在域外法上，主观计算方法和客观计算方法在各国司法实践中都有所采用，但难以一概地说何种计算方法更为公平、合理。[③] 在选取计算方法时，既要考虑到当事人证明的难度，也要考虑到对受损害方进行救济的充分性。如果受损害方难以对主观因素进行证明，那便应适用客观的计算方法；如果缺少市场中可供比较的替代性交易，那么可能只能适用主观的计算方法。

在计算违约损害赔偿的数额时，根据差额说，应当以受损害方现存的利益状态和假如损害事件不存在时受损害方所处的利益状态之间的差额进行计算。比如，在买卖合同中，因出卖人迟延交货，标的物价格下降，买受人以较高的价格转售时可得利润与其以较低价格转售时所得利润之差，即为其损失。又如，在租赁合同中，承租人迟延返还租赁物并按原合同的约定支付租金，出租人因迟延返还而未能再出租的，其在新的租赁合同中可收取的租金与其依据原合同所收取租金之差，即为损失。还如，在承揽合同中，因承揽人迟延完成机动车的修理工作，导致机动车所有人中止营业期间延长的，停业延长期间的预期利润即为损失。

在可替代的交易中，受损害方在合理期间内以合理方式订立一项替代性合同

① 类似案例参见“兰州星达发展有限公司与西北民族大学拍卖合同纠纷案”，最高人民法院（2013）民申字第 1452 号民事判决书。

② 王利明．合同法研究：第二卷．北京：中国人民大学出版社，2015：648－649；韩世远．合同法总论．北京：法律出版社，2018：819.

③ 王利明．合同法研究：第二卷．北京：中国人民大学出版社，2015：649.

的，该合同中的价格与被违反的合同中的价格之差，可推定为损失。为寻找替代性交易而额外支出的费用亦可包含在损失之中。如果受损害方未采用替代性交易，但同类交易有市价的，合同中的价格与合同解除时的市价之差，可推定为损失。为建立替代性交易而产生的合理支出亦可包含在损失之中。

在司法实践中，可得利益损失的计算是比较困难的。在没有前期交易数据或者同类交易数据可供参考时，人民法院在判决预期可得利益时有很大的自由裁量权。债权人预估的利益损失经常因为缺乏确定性而不能得到支持。在“云南同硕环保科技有限公司、云南金鼎锌业有限公司合同纠纷案”[①] 中，二审法院认为，债权人以“每年预估利润和合同没有履行的期限五年相乘，得出该收益损失”缺少相应依据，改判为以债权人“固定资产投资损失数额为基数，乘以同期中国人民银行公布的贷款基准利率”计算损失。不难发现，在债权人前期投入因对方违约而无法获得回报时，债权人较容易得到支持的计算方法是：以所投入资金为基数，乘以中国人民银行公布的同期贷款基准利率。这样一来，银行贷款可得利益就成为企业投资可得利益的基准。这是一个相对保守的计算方式，商业银行贷款利率尚有向上浮动的空间，更何况是普通企业；只要妥善经营，普通企业使用一笔资金可得的利益通常会高于商业银行该笔资金产生的贷款利息，否则普通企业便不可能通过向商业银行贷款来融资。因此，即使采取中国人民银行公布的同期贷款基准利率，也适宜根据债权人的具体经营状况作适当上调。

(二) 准用侵权责任编中的相关规定

《民法典》侵权责任编包含有关人身、财产损害具体项目的规定，在违约损害赔偿的计算中亦可适用。比如，《民法典》侵权责任编第 1179 条规定：“侵害他人造成人身损害的，应当赔偿医疗费、护理费、交通费、营养费、住院伙食补助费等为治疗和康复支出的合理费用，以及因误工减少的收入。造成残疾的，还应当赔偿辅助器具费和残疾赔偿金；造成死亡的，还应当赔偿丧葬费和死亡赔偿金。”因违约导致一方当事人遭受人身伤害，即使受损害方主张违约损害赔偿，也可准用该条有关人身损害赔偿的规定，违约方应赔偿受损害方医疗费、护理费、交通费、营养费、住院伙食补助费等为治疗和康复支出的合理费用，以及因误工减少的收入。

(三) 损益相抵规则

损害赔偿不得使受损害方获益。基于禁止得利原则，赔偿的最大范围是受损害方的履行利益，即受损害方不得因违约损害赔偿而处于比假如合同得到完全履

---

① 云南省高级人民法院（2019）云民终 1187 号民事判决书。

行时其所处地位更优越的地位，如果受损害方因损害事件获益，那么其所获利益应从所受损害中减去。比如，甲和乙订立钢材买卖合同，甲方迟延交付钢材，乙因为延期而延迟转售钢材，此时钢材价格上涨，乙从中获得利益即为所得利益。这种利益为积极利益。又如，甲迟延交付作为买卖标的物的奶牛，乙因此节省了饲料等费用。这种利益为消极利益。只要与违约行为之间存在因果关系，那么这些利益就应从损失中扣除。[①]《民法典》虽然未在违约责任一章对损益相抵规则进行明确规定，但在具体计算损失时，应当将因同一赔偿原因事实获取的收益从损失中扣除，此为损害赔偿计算的题中应有之义。《买卖合同司法解释》第 31 条规定："买卖合同当事人一方因对方违约而获有利益，违约方主张从损失赔偿额中扣除该部分利益的，人民法院应予支持。"从而明确了损益相抵规则在违约损害赔偿中的适用。

（四）与有过失规定

基于公平原则，在受损害方自身对于损害的发生和扩大有过错时，有必要对前述完全赔偿原则进行缓和，由此产生与有过失规则。与有过失是指，受损害方对于损害的发生和扩大有过错的，应当相应减轻相对方的损害赔偿责任（请参阅第 591 条释评和第 592 条释评）。该规则是违约损害赔偿与侵权损害赔偿的共通规则。

在《民法典》通过之前，《民法通则》第 131 条、《侵权责任法》第 26 条对此有专门规定，《合同法》第 119 条规定了受损害方的减损义务。根据《合同法》第 119 条第 1 款，当事人一方违约后，对方应当采取适当措施防止损失的扩大；没有采取适当措施致使损失扩大的，不得就扩大的损失要求赔偿。该条实际上对损失的扩大规定了与有过失规则。学说上对于《合同法》第 120 条是否属于与有过失规则有所讨论，该条规定："当事人双方都违反合同的，应当各自承担相应的责任"，实际上并未明确处理违约方的责任是否因受损害方的过失而得以减轻的问题。不过，在合同法分则中，存在具体的与有过失规则。比如，《合同法》第 302 条第 1 款规定："承运人应当对运输过程中旅客的伤亡承担损害赔偿责任，但伤亡是旅客自身健康原因造成的或者承运人证明伤亡是旅客故意、重大过失造成的除外。"在客运合同中，将乘客安全运送至目的地是承运人的主给付义务，对于乘客的伤亡承运人负无过错责任。但乘客因携带危险物品等而造成自身伤亡的，根据其过错程度相应减轻甚至免除承运人的损害赔偿责任。此外，2012 年颁布的《买卖合同司法解释》第 30 条规定："买卖合同当事人一方违约造成对方

① 郭明瑞，房绍坤．合同法学．上海：复旦大学出版社，2016：190.

损失，对方对损失的发生也有过错，违约方主张扣减相应的损失赔偿额的，人民法院应予支持。”鉴于买卖合同在有名合同中处于基础地位，该条规定基本上在合同法领域确立了受损害方对于损失的发生有过错时的与有过失规则，从而弥补了《合同法》第119条和第120条留下的漏洞。

在《民法典》通过之后，《民法典》第592条在继承《合同法》第120条规定的基础上，增加一款规定：“当事人一方违约造成对方损失，对方对损失的发生有过错的，可以减少相应的损失赔偿额”，从而明确承认了损害发生上的与有过失规则（请参阅第592条释评）。

三、因果关系和可预见性

（一）作为违约损害赔偿构成要件的因果关系

债务不履行与损害之间具有因果关系是损害赔偿责任的要件之一。只有因债务不履行而导致的损害，才能予以赔偿。在德国民法上，主要借助因果关系的内容来限定损害赔偿的范围。不难理解的是，如果借助自然科学意义上的因果关系，容易导致损害赔偿责任漫无边际，因此学说上通过规范目的对因果关系进行限制。在各类学说中，最重要的是相当性理论。根据相当性理论，只有在极不寻常的，甚至对理性人来说也是无法预见的情况下，引起损害的原因才是不重要的。这是基于价值考量对因果关系进行的限制。在侵权损害赔偿领域，立法并未对因果关系作出更为具体、明确的规定，有关因果关系的学说具有重要意义。在违约损害赔偿领域，对于因果关系和可预见性规则之间的关系，学界存在不同学说。有的认为可预见性规则隶属于因果关系，有的倾向于认为可预见性规则独立于因果关系。本条明确规定损害只有在可预见的范围内才可获得赔偿。因此，尽管因果关系作为违约损害赔偿责任构成要件的地位仍须予以承认，但实际上发挥限定违约损害赔偿范围功能的，不是真正意义上的因果关系学说，而是可预见性规则及其理论。

（二）作为损害赔偿限定规则的可预见性规定

本条明确规定，可得利益赔偿的范围不得超过违约方在订立合同时预见到或者应当预见到的范围。这一规则在域外法上普遍得到承认。① 在适用可预见性规定时，其要点如下。

其一，预见的主体是违约方以及处于违约方地位的普通理性人，而非合同双方。合同违约方是损害赔偿的债务人（包括其代理人、辅助人），只有将损害赔

① 韩松．合同法学．武汉：武汉大学出版社，2014：154.

偿与其预见能力相结合才具有正当性，如果以合同双方当事人共同的预见范围为基础，那便会不当缩小赔偿范围。如果仅以合同违约方实际预见到的内容为准，那也可能不当缩小损害赔偿范围，因此还应当考虑合同违约方的注意标准，即兼顾一个处于合同违约方地位的普通理性人的立场，合同违约方因重大过失而未尽到一个普通理性人的注意标准，从而未预见到损害的，仍应在该范围内承担损害赔偿责任。①

其二，预见的时点是订立合同时而非不履行债务时。合同是当事人通过合意对未来生活或交易风险进行的安排，一个理性人在订立合同时应对未来损害进行合理预估并在合同中作出适当安排。因此，应当以合同订立之时作为预见的时点。

其三，合同违约方只需预见到损害的性质和种类（nature and type），不须预见到损害的范围（extent），除非该范围的变化导致产生一项新的损害类型。可预见性规则具有较大的弹性，在涉及故意侵害固有利益的情形时应当从宽解释，在普通商事交易中则要避免将可预见范围解释得过宽。一家保洁公司订购的机械在迟延两个月后才送达，出卖人负有赔偿其在通常情形下使用该机械所能获得的利益，因为出卖人可以预见到该机械将在被送达后立即投入使用；但是，如果保洁公司因此丧失一项利润丰厚的政府订单，那么对于高额的利润部分出卖人不负责赔偿，因为这超出其应当合理预见的范围。在运输行业中，对于所运输商品的赔偿需要考虑到托运人在订立合同时对标的物性质和价值的声明，以及承运人在通常交易环境下检视标的物所能认识到的标的物性质和价值。标的物本身损坏的，对于其价值和运费，承运人原则上应予以完全赔偿，除非当事人之间存在有效的限制责任约定。对于因标的物毁损导致的商业机会丧失等其他损失，承运人原则上不应予以赔偿，但承运人故意损坏标的物的除外。因此，在普通货运交易中，应对可预见范围作从严解释，防止给运输服务经营者带来过重的负担。

对于当事人来说，可预见性规则具有促使其全面履行披露义务的效果。② 如果当事人在订立合同时未将自身与合同有关的重要利害关系加以告知，那么即使是一个理性的相对人也难以预见其可得利益的损失范围。按照可预见性规则，那些基于违约方所不能掌握的事项产生的损失，通常无法纳入违约损害赔偿的范围。

---

① 可预见性标准应兼顾主观标准与客观标准。多数国家都考虑到客观标准和违约人的特质。李永军．合同法．北京：中国人民大学出版社，2016：230.

② 谢鸿飞．合同法学的新发展．北京：中国社会科学出版社，2014：493.

第五百八十五条

当事人可以约定一方违约时应当根据违约情况向对方支付一定数额的违约金，也可以约定因违约产生的损失赔偿额的计算方法。

约定的违约金低于造成的损失的，人民法院或者仲裁机构可以根据当事人的请求予以增加；约定的违约金过分高于造成的损失的，人民法院或者仲裁机构可以根据当事人的请求予以适当减少。

当事人就迟延履行约定违约金的，违约方支付违约金后，还应当履行债务。

本条主旨

本条是关于违约金和损害赔偿计算方法的规定。

相关条文

《合同法》第114条　当事人可以约定一方违约时应当根据违约情况向对方支付一定数额的违约金，也可以约定因违约产生的损失赔偿额的计算方法。

约定的违约金低于造成的损失的，当事人可以请求人民法院或者仲裁机构予以增加；约定的违约金过分高于造成的损失的，当事人可以请求人民法院或者仲裁机构予以适当减少。

当事人就迟延履行约定违约金的，违约方支付违约金后，还应当履行债务。

理解与适用

本条继承了《合同法》第114条，除了将“当事人可以请求人民法院或者仲裁机构”改为“人民法院或者仲裁机构可以根据当事人的请求”，别无变化。这一调整旨在使得该条的适用条件更为清晰，即澄清了只有当事人可以提出调整违约金的主张，人民法院不得在当事人未提出请求的情况下依职权主动调整违约金。其实，在“山西嘉和泰房地产开发有限公司与太原重型机械（集团）有限公司土地使用权转让合同纠纷案”① 中，最高人民法院便明确指出：“对于当事人在合同中约定的违约金数额，只有在当事人请求调整、且合同约定的违约金数额确实低于或者过分高于违约行为给当事人造成的损失时，人民法院才能进行调整。”立法者对此予以进一步确认。

① 最高人民法院（2007）民一终字第62号民事判决书。

本条第1款规定了违约金、损害赔偿额的计算方法。该款中的违约金是指损害赔偿额的预定，也称赔偿性违约金。本条第2款规定了违约金的调整，该款主要适用于赔偿性违约金的调整。其调整的基准是实际损失。本条第3款是迟延履行违约金与实际履行请求权可以并存的规定。迟延履行违约金既可以是赔偿性违约金，也可以是惩罚性违约金。违约金的性质应根据当事人的合意来确定。

本条并未对惩罚性违约金的调整作出专门规定。惩罚性违约金以督促债务人严格按照合同约定履行义务，从而担保债权人的正当利益实现为其目的，债权人的正当利益损失常常是难以计算的；惩罚性违约金的调整目的是对担保手段与担保目的之间显著不合比例的情况进行矫正。

一、约定的损害赔偿计算方法

《民法典》第585条第1款规定了当事人可以约定损失赔偿额的计算方法。损害的计算方法分为抽象的计算方法和具体的计算方法。抽象的计算方法是指仅考虑市场中的替代性交易价格进行计算。具体的计算方法则着眼于交易的具体情况，根据受损害方具体遭受的损失进行计算。[①] 在当事人约定损害赔偿额的计算方法时，既可能采用抽象的计算方法，又可能采用具体的计算方法，还可能兼顾两种计算方法。当事人可能将既往交易中的营业额或者利润率作为计算基准，也可能将中国人民银行同期公布的贷款基准利率的倍数作为乘数，还可能对损失计算的时间长度作出约定。通过这些具体约定，当事人可以有效锁定风险，为解决纠纷做好较充分的准备。

本条第1款中的违约金是损失赔偿额的预定。所谓损害赔偿额的预定，是指当事人在订立合同时针对可能出现的违约损害赔偿的数额进行估计，并约定其数值或者范围。预定损害赔偿额对于可能的受损害方来说，可以减轻甚至避免损害赔偿额的证明负担；对于可能的违约方来说，也可以有效锁定风险，甚至达到在一定程度上减轻责任的效果。

二、违约金

（一）赔偿性违约金和惩罚性违约金

依照通说，对于违约金必须根据当事人订立违约金条款时的意思区分其类型，一种违约金是赔偿性违约金，即前述损害赔偿额的预定；另一种违约金是惩

① 王利明．合同法研究：第二卷．北京：中国人民大学出版社，2015：618－619；韩世远．合同法总论．北京：法律出版社，2018：819．

罚性违约金或称固有意义上的违约金金，其并不旨在对损害赔偿额进行预定，而是以迫使对方严格按照合同履行义务为目的，以担保为其主要功能，以填补损害为其次要功能。[①] 根据学界的研究，赔偿性违约金恰恰不属于固有意义的违约金，而属于损害赔偿责任的范畴。

惩罚性违约金的支付以受损害方值得保护的正当利益受损为前提，该利益损失通常是难以计算、难以预估，甚至不可赔的。通过下述例子，不难发现赔偿性违约金（损害赔偿额的预定）和惩罚性违约金之间的区别。

【例 1】甲为一图书销售商，乙为一出版社。近两年，甲在 8 月下旬至 9 月上旬开学季的《民法学》教材销售量基本维持在 1 万册左右，净利润约 5 万元。2019 年 6 月，甲与乙约定，乙在 9 月 10 日前须交付 1 万册《民法学》教材，否则数量每短缺 1 000 册，乙须支付 5 000 元违约金。

【例 2】乙为甲公司的高级管理人员，甲与乙在聘任合同中约定，乙在聘任合同终止之后仍对其掌握的甲公司客户信息负有保密义务，如果乙违反该保密义务，须承担 50 万元的违约金。

【例 3】乙为一演艺人员，甲为一演出经纪公司，甲与乙在演出经纪合同中约定，甲公司为乙提供演出经纪服务，帮助乙提高知名度并获得演出机会，乙在 7 年内不得终止经纪合同或者与其他演出经纪公司订立经纪合同，否则须根据提前终止合同的时间承担每年 500 万元违约金。

上述例子中，例一中的违约金可以认定为赔偿性违约金，当事人根据其往年经营情况，对可能发生违约造成的利润损失进行预估，以此为基础订入违约金条款，可以减轻履行利益损害的证明负担。例 2 和例 3 中的违约金都属于惩罚性违约金。在例 2 中的乙如果泄露甲公司的客户信息，给甲公司造成的损失难以在订立聘任合同时进行计算和预估，例 3 中的乙在获得知名度之后提前终止与甲公司的合同的，给甲造成的利润损失也难以在订立演出经纪合同时进行计算和预估。其实，在订立演出经纪合同时，演员能否成为知名演员都具有很大不确定性。总之，在上述例 2 和例 3 中，甲方在合同中订入违约金的目的都是迫使乙方严格按照合同履行义务，违约金的数额并非对违约损害赔偿额的预定；实际上，甲方在订立合同时也很难对违约损害赔偿额进行计算和预估。

当前研究表明，违约金在历史上主要作为债务履行的担保工具而存在。为促使债务人履行债务，当事人往往约定较高数额的违约金，以形成一种严格履约的

---

① 韩世远．合同法总论．北京：法律出版社，2018：824；韩强．违约金担保功能的异化与回归——以对违约金类型的考察为中心．法学研究，2015（3）：47.

压力。此类违约金的目的在于担保履行，而非解决损害赔偿问题，是固有意义上的违约金。

（二）违约金的调整

1. 赔偿性违约金的调整

赔偿性违约金本不属于固有意义上的违约金，而属于损害赔偿额的预定，因此其调整应以实际损失为基础。《民法典》第585条第2款规定："约定的违约金低于造成的损失的，人民法院或者仲裁机构可以根据当事人的请求予以增加；约定的违约金过分高于造成的损失的，人民法院或者仲裁机构可以根据当事人的请求予以适当减少。"这实际上只能适用于赔偿性违约金，而不适用于惩罚性违约金，因为后者主要针对的就是难以计算的正当利益损失。同时，较之《合同法》的表述调整，本条赋予了人民法院或者仲裁机构对调整违约金的裁量权，并非只要当事人请求就一定要调整。

《合同法司法解释二》第29条规定："当事人主张约定的违约金过高请求予以适当减少的，人民法院应当以实际损失为基础，兼顾合同的履行情况、当事人的过错程度以及预期利益等综合因素，根据公平原则和诚实信用原则予以衡量，并作出裁决。""当事人约定的违约金超过造成损失的百分之三十的，一般可以认定为合同法第一百一十四条第二款规定的'过分高于造成的损失'。"该条规定的第1款为酌减违约金规定了应予考量的因素以及基本原则，第2款则为违约金酌减的幅度进行具体规定。在司法实践中，这种幅度有助于统一裁判尺度，也难免导致一些地方司法机关形成依赖性和惰性，即仅按照30%的标准来进行调整，不再按照该条第1款规定的内容进行更有针对性的调整。

最高人民法院在"北京中关村开发建设股份有限公司、湖南潭衡高速公路开发有限公司建设工程施工合同纠纷案"[①] 中，依据《合同法》第114条第2款（相当于本条第2款）调整了欠付工程款的利息。最高人民法院认为："涉案施工合同约定未付款额利率为0.08‰/天……但从实际考量看，合同约定的利率0.08‰/天，折合年利率为2.88%，尚不足同期同类贷款利率6.12%的一半，确实过低。"最高人民法院将其调整为按照银行同期贷款年利率6.12%计息。需要指出的是，之所以本条第2款规定只有在"过分高于造成的损失"时才予以适当减少，主要原因是当事人可以证明的实际损失往往会略低于其遭受的实际损失。如果考虑到这种现实情况，那么违约金数额即使略高于可以证明的实际损失数额，也不意味着具有该违约金兼具惩罚性质。

---

① 最高人民法院（2019）最高法民终1401号民事判决书。

2. 惩罚性违约金的调整

惩罚性违约金是具有担保功能的违约金，旨在督促债务人严格按照合同履行债务，也称为固有意义上的违约金。这种具有担保功能的违约金并非损害赔偿额的预定，而是旨在督促债务人不要给债权人造成难以计算或难以确定的利益损失。对于惩罚性违约金，只有在其担保债务履行的目的与担保手段之间显著不合比例时，才有调整的必要。在前述例 2 中，乙不履行保密义务的，即使未给甲造成实际损失，该违约金也不失合理性，无须调整。因为一旦造成损失，其后果可能难以估量，违约金条款所维护的正当利益具有显而易见的重要性；即使通过高额的违约金迫使乙严格履行保密义务的，担保手段与担保目的之间并非不合比例。

下面再看一则例子。

【例 4】甲向乙购买两盒月饼，支付 200 元，为督促乙在农历八月十五前交付月饼，甲与乙约定，乙迟延履行的，需支付 2 000 元违约金。

为使债务人在农历八月十五前按期交付月饼，可以约定较高的违约金。2 000元违约金具有担保功能（属于惩罚性违约金），但与债权人节日期间享受的精神利益相比恐怕不合比例，有必要予以酌减。此类违约金酌减也应经由司法机关实现。司法机关需要综合考虑违约情形的严重性、受损害方正当利益受损的程度、违约方的主观恶性等因素，而不应以实际损失为标准。就例 4 来说，假设甲不得不临时购买其他月饼作为替代，通常情况下，其会因为月饼价格降低而未遭受实际损失，然而其原本可以食用特定食品的正当利益已丧失，惩罚性违约金并不缺乏合理性，经调整之后（如酌减至价款的三成）仍应予以支持。

（三）迟延履行场合的违约金

《民法典》第 585 条第 3 款规定："当事人就迟延履行约定违约金的，违约方支付违约金后，还应当履行债务。"对于该款是否规定了惩罚性违约金，学界有否定说、肯定说和折中说之分。[①] 否定说认为该款规定的违约金也是对迟延损失数额的预定。[②] 肯定说认为，该款规定的是惩罚性违约金。[③] 折中说认为，迟延履行违约金条款若为损害赔偿额的预定，则构成赔偿性违约金；若"属于替代赔偿额的预定时，则构成惩罚性违约金"[④]。

---

① 谢鸿飞．合同法学的新发展．北京：中国社会科学出版社，2014：499.

② 谢怀栻，等．合同法原理．北京：法律出版社，2000：295；韩世远．违约金的理论问题——以合同法第 114 条为中心的解释论．法学研究，2003（4）：15.

③ 王利明．合同法研究：第二卷．北京：中国人民大学出版社，2015：705.

④ 崔建远．合同法．北京：北京大学出版社，2016：389.

当事人在迟延履行场合既可能作出有关损害赔偿额预定的约定，也可能约定与迟延损失并存的惩罚性违约金（类似于罚息）。如果当事人约定的违约金是赔偿性违约金，那么只有当事人约定的违约金并非代替给付的损害赔偿额的预定时，其才可以与履行请求权并存，否则不得再请求继续履行。如果当事人约定的违约金是惩罚性违约金，那么该规定可直接适用。

有意见认为，该款中规定的“迟延履行，是包含拒绝履行、不完全履行、狭义的迟延履行在内的概念”[①]。严格地说，不完全履行场合也可能出现部分迟延。在这种情况下，并不是迟延履行可以包含不完全履行，而是一个债务不履行行为同时具有迟延、不完全两种形态。

三、押金、质量保证金与惩罚性违约金

在实践中，还存在押金、质量保证金等具有担保功能的工具。比如，在租赁合同中承租人通常需要向出租人支付一个月租金作为押金，在承租人依约返还租赁物时出租人返还押金。又如，在建设工程合同中，发包人常常将工程款的5%至10%作为质量保证金加以扣留，只有在质量保证期间内建设工程未出现质量问题，或者承包人及时有效修复质量问题，发包人才将质量保证金（部分价款）予以支付。这些担保工具的目的在于给承租人、承包人施加压力，促使其全面履行合同义务，直至合同关系完全结束。

与惩罚性违约金相同而与违约定金不同的是，押金、质量保证金都不会对双方当事人产生同等的压迫力，而只会对一方当事人产生压迫力。[②] 比如，出租人、发包人即使有违约行为，也不发生所谓双倍返还押金或者双倍支付质量保证金的问题。因此，惩罚性违约金、押金、质量保证金往往是合同中居于强势地位的一方当事人向相对人施加压力的工具。

与惩罚性违约金相比，押金、质量保证金具有以下特点：第一，惩罚性违约金经常用于担保那些难以计算的正当利益免受损失，而押金、质量保证金通常旨在担保合同履行过程中的普通财产利益免受损失，如租赁物不被损坏、建设工程不存在质量瑕疵。第二，惩罚性违约金只有在出现违约行为的时候才产生请求权，押金、质量保证金从一开始便支付给相对人。在实践中，出租人通常连押金的法定孳息也不会返还给承租人，实际上长期无偿使用该笔资金；发包人扣留的

---

① 崔建远．合同法．北京：北京大学出版社，2016：389.

② 柳经纬．债权法．厦门：厦门大学出版社，2018：76；刘心稳．债权法总论．北京：中国政法大学出版社，2015：187.

质量保证金可能达到价款的10%，由于部分款项的支付期限延后，承包人获得利润的时间也明显延后。第三，相关部门制定的合同示范文本，是押金、质量保证金条款成为市场交易中常见现象的主要推动因素之一，以致其与市场中自生自发的交易习惯难以区分，相关主管部门维护市场秩序的初衷值得理解，但这类条款最终导致合同中处于弱势的一方当事人承受较多负担或较大成本。有鉴于此，押金、质量保证金有可能成为一方当事人向另一方当事人施加过重负担的工具。无论是否采用合同示范文本，只要当事人在订立合同时采用的押金、质量保证金条款是不可磋商的，就必须依据格式条款相关规定对这些条款的实质合理性进行审查。如果押金数额过高或者质量保证金在价款中所占比例过高，那便构成不合理地加重对方责任，属于无效格式条款。

第五百八十六条

当事人可以约定一方向对方给付定金作为债权的担保。定金合同自实际交付定金时成立。

定金的数额由当事人约定；但是，不得超过主合同标的额的百分之二十，超过部分不产生定金的效力。实际交付的定金数额多于或者少于约定数额的，视为变更约定的定金数额。

本条主旨

本条是关于定金担保的一般规定。

相关条文

《担保法》第89条　当事人可以约定一方向对方给付定金作为债权的担保。债务人履行债务后，定金应当抵作价款或者收回。给付定金的一方不履行约定的债务的，无权要求返还定金；收受定金的一方不履行约定的债务的，应当双倍返还定金。

第90条　定金应当以书面形式约定。当事人在定金合同中应当约定交付定金的期限。定金合同从实际交付定金之日起生效。

第91条　定金的数额由当事人约定，但不得超过主合同标的额的百分之二十。

理解与适用

从一般意义上说，定金属于债权的担保，而不属于违约责任，只不过定金罚则具有违约救济的功能。将定金担保规定在违约责任部分，是因为我国《民法典》对于各种担保制度未进行彻底体系化，而是尽可能在维持原《合同法》、原《物权法》基本框架不变的情况下完善相关规定。鉴于定金相关条文数量较少，立法者决定在违约责任部分对其加以完善。《担保法》和《担保法司法解释》① 中有关定金的规定被整合起来，在本条中加以规定。

一、定金的概念和性质

定金是指合同当事人为了确保合同的履行，依据法律的规定或者当事人的约定，由当事人一方预先给予的一定金钱或者可替代物。② 由于定金可能出现双倍返还的问题，不可代替物不能作为定金。③ 定金和定金合同具有以下性质。

第一，定金属于金钱担保。本条第 1 款第 1 句规定："当事人可以约定一方向对方给付定金作为债权的担保。"可见，定金属于债权的担保，而不属于违约责任，只不过定金罚则具有违约救济的功能。④ 在支付定金之后，合同履行与否与该特定金额的金钱或者代替物的得失直接相关，给双方当事人产生心理压力，从而促使其严格按照约定履行合同，具有担保作用。与人的担保和物的担保不同，定金属于金钱担保。⑤

第二，定金合同是实践合同。本条第 1 款第 2 句明确规定："定金合同自实际交付定金时成立。"该规定改变了《担保法》第 90 条中的表述"生效"，采用"成立"的表述，更为严谨、科学，反映出定金合同为实践合同。本条第 2 款第 2 句规定："实际交付的定金数额多于或者少于约定数额的，视为变更约定的定金数额。"可见，在交付定金之前，双方即使作出支付定金的口头约定，也不受该约定的拘束，当事人实际交付的定金数额仍可多于或者少于约定的数额。在多于或者略少于约定数额的情况下，相对人通常不会提出异议，此时便按照实际交付的定金数额成立定金合同。相对人不同意变更定金数额的，必须拒收定金，否则

---

① 《担保法司法解释》第 119 条规定："实际交付的定金数额多于或者少于约定数额，视为变更定金合同；收受定金一方提出异议并拒绝接受定金的，定金合同不生效。"

② 王利明．合同法研究：第二卷．北京：中国人民大学出版社，2015：722；崔建远．合同法．北京：北京大学出版社，2016：225.

③ 王利明．合同法研究：第二卷．北京：中国人民大学出版社，2015：722－723.

④ 有学者认为定金具有惩罚性和补偿性。谭启平．中国民法学．北京：法律出版社，2018：566.

⑤ 崔建远．合同法．北京：北京大学出版社，2016：226.

应认为其接受了变更后的定金数额。

第三，定金合同是从合同。与其他担保合同一样，定金合同是从合同，主合同是以定金担保订立、履行的合同。

第四，定金担保为双方互为担保。在定金以外的其他担保方式中，担保措施往往是为一方债权的实现而设定的，因而产生的担保利益仅为一方债权人享有，而定金担保所提供的担保利益是双向的，该效力及于给付定金的一方当事人和收受定金的一方当事人。这是区别定金担保和押金担保的关键。①

二、定金的种类

第一，违约定金。违约定金是担保当事人按照约定履行合同，在违约时按照定金罚则弥补相对人损失的定金。结合《民法典》第 587 条、第 588 条来看，违约定金是《民法典》中最为重要的定金类型。

第二，立约定金。立约定金是指为保证订立合同而交付的定金。这种定金的效力是，交付定金的当事人拒绝订立合同的，丧失定金；接受定金的当事人拒绝订立合同的，应当双倍返还定金。《担保法司法解释》第 115 条承认了这种定金。该定金合同本质上相当于预约合同，立约定金可以说也是适用于预约合同的违约定金。

第三，解约定金。解约定金是以定金作为保留合同解除权的代价。《担保法司法解释》第 117 条第 1 句规定："定金交付后，交付定金的一方可以按照合同的约定以丧失定金为代价而解除主合同，收受定金的一方可以双倍返还定金为代价而解除主合同。"尽管《民法典》未对此作出明确规定，但基于意思自治的原则，当事人可以在合同中自由约定解约定金。解约定金规则的核心是将定金的丧失、双倍返还与约定解除权的行使条件相结合。在约定解除权的情况下，解除合同自然不属于违约。此时所谓的定金罚则不仅称不上惩罚性措施，也不是严格意义上的违约救济，而仅具有补偿功能。

第四，成约定金。成约定金是以定金的交付作为合同成立的条件。《担保法司法解释》第 116 条规定："当事人约定以交付定金作为主合同成立或者生效要件的，给付定金的一方未支付定金，但主合同已经履行或者已经履行主要部分的，不影响主合同的成立或者生效。"这种定金的目的在于使合同成立，不具有担保合同履行的功能，自然也不适用定金罚则。这种定金未必伴随有定金合同；既然没有定金合同，就无所谓主合同。对于成约定金，不适用本条和第 587 条、第 588 条的规定，对这三条进行释评时原则上将成约定金排除在外。

---

① 柳经纬．债权法．厦门：厦门大学出版社，2018：76.

第五，证约定金。证约定金是以定金作为订立合同的证据。在罗马法上，定金通常有证约定金的性质。证约定金的功能在于证明合同成立，不适用定金罚则。对于我国法是否承认证约定金，学界存在分歧。① 证约定金不具有担保功能，也不适用定金罚则。对本条和第587条、第588条的规定进行释评时，原则上将证约定金排除在外。

按照《民法典》第587条，定金在履行合同之后抵作价款。定金和预付款产生一定类似性；不过，两者的区别仍然十分明显：第一，预付款是一种支付手段，不具有担保作用；定金是一种担保手段，本身不是履行行为。第二，预付款是合同中约定的付款方式；定金合同一般是从合同，不是主合同中约定的给付义务。第三，违约定金、立约定金在出现债务不履行的情况下都具有填补受损害方损失的功能，预付款仅仅是价款，虽然在合同解除的情况下，价款受领方当事人有可能以损害赔偿请求权与相对人的价款返还请求权相抵销，但预付款本身不具有填补损失的功能。

定金也可能被理解为预先交付的违约金。② 定金和违约金之间的区别包括：第一，定金是在合同履行之前支付的，定金合同是实践合同，违约金是发生违约行为之后支付的，违约金条款是诺成性的。第二，定金具有违约、解约、成约等不同类型，违约金则分为赔偿性违约金和惩罚性违约金。第三，定金的数额不得超过法定数额，超过部分无效；违约金不存在确定的数额限制，但在过高的场合，当事人可向人民法院或者仲裁机构请求酌减。③

三、定金数额的限制

本条第2款第1句规定："定金的数额由当事人约定；但是，不得超过主合同标的额的百分之二十，超过部分不产生定金的效力。"该规定是限制定金数额的规定。定金数额之所以需要限制，原因在于两点。第一，定金具有担保合同履行的功能，如果定金数额过高，便会过分地将当事人束缚在合同之上。第二，违约定金、解约定金分别具有赔偿、补偿的功能，如果定金数额过高，那便脱离了赔偿、补偿的功能，可能使相对人获得超额利益，有违公平原则。

---

① 有学者认为《民法通则》第89条第3款（相当于《民法典》第587条）兼有证约定金和违约定金的功能。王家福．中国民法学·民法债权．北京：法律出版社，1991：125；刘心稳．债权法总论．北京：中国政法大学出版社，2015：185. 有学者认为，我国民法未规定证约定金。柳经纬．债权法．厦门：厦门大学出版社，2018：76.

② 王家福．中国民法学·民法债权．北京：法律出版社，1991：127.

③ 柳经纬．债权法．厦门：厦门大学出版社，2018：77.

第五百八十七条

债务人履行债务的，定金应当抵作价款或者收回。给付定金的一方不履行债务或者履行债务不符合约定，致使不能实现合同目的的，无权请求返还定金；收受定金的一方不履行债务或者履行债务不符合约定，致使不能实现合同目的的，应当双倍返还定金。

本条主旨

本条是关于定金罚则的规定。

相关条文

《合同法》第 115 条　当事人可以依照《中华人民共和国担保法》约定一方向对方给付定金作为债权的担保。债务人履行债务后，定金应当抵作价款或者收回。给付定金的一方不履行约定的债务的，无权要求返还定金；收受定金的一方不履行约定的债务的，应当双倍返还定金。

理解与适用

定金罚则适用于违约定金和立约定金，可类推适用于解约定金，不适用于证约定金和成约定金。

一、定金罚则的适用条件

与《合同法》第 115 条相比，本条在适用定金罚则的条件上增加了“或者履行债务不符合约定，致使不能实现合同目的”，从而将适用条件从完全不履行债务一项，扩张到“完全不履行债务”和“履行债务不符合约定，致使不能实现合同目的”两项。该修改使得本条规定的适用范围更为明确，即排除了“履行债务虽然不符合约定，但是不导致合同目的不能实现”的情形。①

二、定金罚则与定金的类型

该条所规定的定金罚则适用于债务不履行的场合，直接适用于违约定金、立

① 定金罚则只能适用于根本违约情形，如果一旦迟延就要加倍返还定金，或者一旦有瑕疵就要加倍返还定金，那便对于债务人过于苛刻，也违背了定金条款的目的。王利明，崔建远．合同法新论总则．北京：中国政法大学出版社，2000：696.

约定金。违约定金具有督促债务人严格依约履行债务的功能，以担保债务履行为其目的。立约定金本质上是适用于预约合同的违约定金，其旨在担保未来订立本约。对于立约定金，也可以直接适用定金罚则。

除违约定金、立约定金外，实践中比较常见的还有解约定金。《担保法司法解释》第117条第1句规定："定金交付后，交付定金的一方可以按照合同的约定以丧失定金为代价而解除主合同，收受定金的一方可以双倍返还定金为代价而解除主合同。"尽管《民法典》对此未作出明确规定，但基于意思自治的原则，当事人可以在合同中自由约定解约定金。值得指出的是，解约定金规则的核心是将定金的丧失、双倍返还与约定解除权的行使条件相结合。只要当事人约定了解除权，那么正当行使解除权自然不属于违约。此时丧失定金和双倍返还定金都仅具有补偿的功能，而不具有违约救济的功能。鉴于行使约定解除权不属于"不履行债务"，本条规定的定金罚则只能类推适用于解约定金，而非直接适用于解约定金。

第五百八十八条

当事人既约定违约金，又约定定金的，一方违约时，对方可以选择适用违约金或者定金条款。

定金不足以弥补一方违约造成的损失的，对方可以请求赔偿超过定金数额的损失。

本条主旨

本条是关于定金和违约金、损害赔偿之间适用关系的规定。

相关条文

《合同法》第116条　当事人既约定违约金，又约定定金的，一方违约时，对方可以选择适用违约金或者定金条款。

理解与适用

一、定金与惩罚性违约金可以相互替代

按照本条第1款规定，定金具有替代违约金的效力。① 这种替代必须以功能

① 李永军．债权法．北京：北京大学出版社，2016：57－58.

一致为前提。鉴于违约定金具有担保功能，其所能替代的应当是惩罚性违约金。当事人既约定惩罚性违约金，又约定违约定金的，一方违约时，对方可以选择适用违约金或者定金条款。因为两者都以担保债权实现为主要功能，其效果是重复的。赔偿性违约金属于损害赔偿额的预定，其并不具有担保债权实现的功能，如果要求当事人只能在违约定金和损害赔偿额的预定之间选择适用，无疑会导致违约定金自始不可能具有担保债权实现的功能，因此，违约定金和赔偿性违约金可以并存，由受损害方同时主张。只不过，违约定金也具有填补损害这一次要功能，在接受违约定金或者双倍返还违约定金之后，当事人的损失已经得到部分甚至全部填补的，因实际损失较小或者不存在实际损失，有必要对赔偿性违约金进行酌减。

二、定金与损害赔偿可以并存

本条在《合同法》第 116 条的基础上增添了第 2 款，即“定金不足以弥补一方违约造成的损失的，对方可以请求赔偿超过定金数额的损失”。这一规定充分显示出定金的次要功能是填补损失。当事人约定定金虽然往往不是为了预估将来的违约损失并锁定风险，但如前所述，违约定金具有一定的违约救济功能，解约定金具有一定的补偿功能；在实行定金罚则之后，当事人的损失往往可以得到弥补。比如，在商品房买卖场合，房屋价格为 600 万元，买受人预先支付 50 万元定金之后，出卖人将房屋转售给第三人的，应当双倍返还定金，即返还 100 万元。如果买受人可以以 650 万元买到同一地段类似的房屋，那么买受人便不能再请求损害赔偿，因为加倍返还的 50 万元足以填平买受人遭受的损失。不过，如果房屋上涨幅度过大，买受人只有支出 700 万元才能买到同一地段类似的房屋，那么出卖人双倍返还定金之后，还应向买受人赔偿 50 万元损失。

本条第 2 款规定可以类推适用于惩罚性违约金。在支付惩罚性违约金之后，债权人的损失无法得到完全填补的，更可取的手段其实是一并主张损害赔偿，而非直接调整违约金，否则违约金的性质便始终在赔偿性与惩罚性之间纠缠不清。

《民法典》第 585 条第 2 款后段规定：“约定的违约金过分高于造成的损失的，人民法院或者仲裁机构可以根据当事人的请求予以适当减少。”这是关于赔偿性违约金酌减的规定。鉴于违约定金的功能类似于惩罚性违约金的功能，即都以担保履行为目的，对于违约定金不应类推适用该段有关酌减违约金的规定。

《民法典》第 586 条第 2 款第 1 句规定：“定金的数额由当事人约定；但是，不得超过主合同标的额的百分之二十，超过部分不产生定金的效力。”这一规定已经对定金的数额进行了限制。因此，定金不需要再类推适用惩罚性违约金的酌减方法。反之，主流学者认为，惩罚性违约金的酌减可以类推适用定金的数额控制方案。① 该观点具有合理性，特别是在担保财产利益损失时，对于同样具有担保功能的惩罚性违约金和违约定金，应当予以同等处理。只不过，惩罚性违约金在实践中适用范围更广，可能适用于非财产利益的损失或者一些难以计算的财产利益损失，此时完全适用标的额20%的规则予以酌减，可能不尽周全。在这种情况下，适宜回归到惩罚性违约金酌减的一般标准，即担保目的与担保手段显著不合比例。

第五百八十九条

债务人按照约定履行债务，债权人无正当理由拒绝受领的，债务人可以请求债权人赔偿增加的费用。

在债权人受领迟延期间，债务人无须支付利息。

本条主旨

本条是有关债权人受领迟延的规定。本条规定了费用偿还的责任和利息的停止两项效果。

相关条文

《民法典》第570条　有下列情形之一，难以履行债务的，债务人可以将标的物提存：

（一）债权人无正当理由拒绝受领；

（二）债权人下落不明；

（三）债权人死亡未确定继承人、遗产管理人，或者丧失民事行为能力未确定监护人；

（四）法律规定的其他情形。

标的物不适于提存或者提存费用过高的，债务人依法可以拍卖或者变卖标的物，提存所得的价款。

第608条　出卖人按照约定或者依据本法第六百零三条第二款第二项的规定将标的物置于交付地点，买受人违反约定没有收取的，标的物毁损、灭失的风险自违反约定时起由买受人承担。

---

① 韩世远．合同法总论．北京：法律出版社，2018：834-835.

理解与适用

一、债权人受领的性质

给付的有权受领人通常为债权人。债权人的受领属于其权利抑或义务，大陆法系对此历来存有争论。① 债权人的受领首先是其债权效力的体现。其次，在有的场合债权人负有受领义务，该义务属于协助义务，系基于诚实信用原则而生。债权人拒绝受领的正当理由是债务人未依债之本旨提供给付。

二、债权人受领迟延的要件

债权人陷入受领迟延的要件包括：第一，依据本条第 1 款规定，债务人必须按照约定履行债务。如果债务人未履行债务，那么债权人自然没有受领的机会；如果债务人履行债务不符合合同要求，那么债权人有理由予以拒绝（如拒绝部分履行，请参阅第 531 条释评）。因此，债务人按照合同要求全面履行是首要的条件。第二，债权人未按照约定受领给付。第三，债权人缺乏拒绝受领的正当理由。债权人在有正当理由的场合拒绝受领的，其不陷入受领迟延，而债务人提供给付则不构成有效清偿。此时，债务人仍有义务按照合同要求再次提供给付。给付符合合同本旨的，债权人仍应受领。债权人拒绝受领的正当理由可以是约定的，也可以是法定的。在当事人有约定的情况下，优先适用当事人约定的条款；当事人没有约定的情况下，如果给付有质量瑕疵或者数量瑕疵，那便应适用《民法典》第 531 条，只要债务人的给付不符合债之本旨，债权人便有权予以拒绝，不需要达到造成合同目的不能实现的地步。② 需要指出的是，债权人拒绝受领可能是基于不可抗力而生。比如，在防治传染病期间，债权人可能基于政府的行政命令而无法受领给付。此时在受领迟延的效果层面可以适当照顾债权人利益，但并不能排除受领迟延的产生。

债权人受领迟延与债务人履行迟延，都属于广义的迟延履行。债权人受领既是其债权的权能内容，也是其协助义务的内容。

三、债权人受领迟延的效果

债权人陷入受领迟延的，产生不利于债权人的效果。按照学理意见，这些效

---

① 张广兴，韩世远．合同法总则：下．北京：法律出版社，1999：112－113.

② 武腾．拒绝受领瑕疵物的法定条件——兼论《合同法》第 148 条中拒绝接受制度的出路．法学，2015（8）：40.

果包括：债务人原则上仅就故意或重大过失负责；给付风险和对待给付风险转移到债权人一侧；债权人对因迟延受领而产生的额外费用负偿还之责；债务人可将标的物提存或抛弃；在双务合同场合债权人不得行使同时履行抗辩权。[①] 其中，本条规定了费用的赔偿、利息的停止，《民法典》第570条以下对提存作出详细规定，《民法典》买卖合同章第608条规定了对待给付风险的转移。至于债务人责任的减轻，则有待填补法律漏洞。

（一）费用的赔偿

依据本条第1款的规定，债务人有权请求债权人赔偿增加的费用。债务人通常会产生以下两方面的费用。第一，保管标的物的费用。尽管债权人迟延受领，债务人的给付义务并不当然消灭。其仍应按照善良管理人的标准妥善保管标的物，由此产生保管标的物的费用。第二，债务人再次提供给付所支出的费用。债务人再次提出给付，可能需要再次安排运输，由此重复产生清偿费用。与上述活动相关的仓储费、运费、保险费、维护费等均包含在内，但不包括所失利益（如保管标的物所需空间原本可以出租获得租金）。[②]

对上述费用的“赔偿”是否以债权人存在过错为前提？如果回答是肯定的，那就属于一般损害赔偿责任，如果回答是否定的，那就适宜界定为法定责任。笔者认为，该责任不以过错为前提。即使债权人因为不可归责于自身的原因（如不可抗力）陷入受领迟延，债务人为保管标的物和提出给付而支出的费用也应由债权人承担。在债权人和债务人之间，这是一种法定债务关系。

（二）利息的停止

根据本条第2款，在债权人陷入受领迟延的场合，债务人的利息停止。在债权人迟延中，债务人不需要支付利息之债中的利息。

按照通说，因为债权人受领迟延，债务人的债务并不消灭，仍应随时准备履行，已经不能合理期待债务人享受该金钱带来的利益。[③] 既然这种利息是使用金钱带来的利益，那就意味着这一法律效果只适用于金钱债务，如买受人迟延受领价款、出租人迟延受领租金、贷款人迟延受领本金和利息。值得指出的是，在有偿借款合同中，虽然不能合理期待借款人按照普通商业用途使用本金，但借款人只要保留本金就会产生法定利息。该法定利息为本金的法定孳息，即使是债权人迟延期间产生的法定孳息，也应当返还给债权人。

---

① 韩世远．合同法总论．北京：法律出版社，2018：577-580.

② 黄立．民法债编总论．台北：元照出版公司，2006：491.

③ 韩世远．合同法总论．北京：法律出版社，2018：578；黄立．民法债编总论．台北：元照出版公司，2006：490.

(三) 其他效果

1. 提存

提存是受领迟延最重要的法律效果。《民法典》第 570 条对此作出规定。依据该条第 1 款，债权人无正当理由拒绝受领，导致难以履行债务的，债务人可以将标的物提存。依据该条第 2 款，标的物不适于提存或者提存费用过高的，债务人依法可以拍卖或者变卖标的物，提存所得的价款。我国法未明确区分金钱债务的受领迟延和非金钱债务的受领迟延。这种区分不仅在提存方式的选取上有意义，还在是否产生保管费用上具有实际意义。[①] 关于提存的性质和法律效果，参见第 570 条释评。

2. 风险的转移

债权人受领迟延发生后，因不可归责于当事人的原因导致标的物毁损、灭失的，其风险由债权人承担。在我国法上，关于债权人迟延时风险转移的一般规定在买卖合同章第 608 条。根据该条，出卖人按照约定或者依据《民法典》第 603 条第 2 款第 2 项的规定将标的物置于交付地点，买受人违反约定没有收取的，标的物毁损、灭失的风险自违反约定时起由买受人承担。其他以交付标的物为给付内容的有偿合同中发生债权人迟延的，根据《民法典》第 646 条[②]，参照适用买卖合同章第 605 条的规定。

3. 债务人责任的减轻

债权人陷入受领迟延之后，债务人未必立即将标的物提存。在此阶段，债务人不必像给付之前那样对通常事变负责，其责任有所减轻。在传统学说上，认为受领迟延场合债务人的注意义务减轻后，债务人仅就故意或者重大过失负责。[③] 在违约损害赔偿实行过错责任的法律体系中，该规则具有合理性。然而，我国违约损害赔偿以无过错责任为原则，债权人迟延场合，债务人的注意义务究竟应减轻到何种程度？是否一概减轻到与无偿合同相当的程度（对故意或者重大过失负责）？笔者认为，有必要考虑债权人对于受领迟延是否存在不可抗力的因素。原则上，债务人只需对故意或者重大过失负责。例外地，如果债权人是因为不可抗力而无法受领，且债务人知道或者应当知道该事由（如不可抗拒的疫情防控命令），那么债务人在注意义务减轻后仍应对抽象轻过失负责，此时债务人应按照

---

① 《欧洲合同法原则》第 7.110 条和第 7.111 条区分了非金钱标的物的未受领和金钱的未受领，值得关注。

② 该条规定："法律对其他有偿合同有规定的，依照其规定；没有规定的，参照适用买卖合同的有关规定。"

③ 参见我国台湾地区"民法"第 237 条。

一个善良管理人的标准来尽注意义务。这种利益权衡背后的正当性根据是，债务人因不可抗力不履行义务的，不须对债权人承担违约损害赔偿责任，这意味着债权人与债务人在一定程度上分担了不可抗力带来的不利后果；反之，债权人因不可抗力而受领迟延，且债务人知道或应当知道该事由的，债务人也应在一定程度上与债权人分担不可抗力带来的不利后果。只有这样，才可谓对同类事物予以同等处理。

第五百九十条

当事人一方因不可抗力不能履行合同的，根据不可抗力的影响，部分或者全部免除责任，但是法律另有规定的除外。因不可抗力不能履行合同的，应当及时通知对方，以减轻可能给对方造成的损失，并应当在合理期限内提供证明。

当事人迟延履行后发生不可抗力的，不免除其违约责任。

本条主旨

本条是关于不可抗力与违约责任关系的规定，本条第 1 款规定了不可抗力为免除违约责任的法定事由。本条第 2 款规定了迟延履行场合不免除违约责任。

相关条文

《民法典》第 180 条　因不可抗力不能履行民事义务的，不承担民事责任。法律另有规定的，依照其规定。

不可抗力是不能预见、不能避免且不能克服的客观情况。

第 832 条　承运人对运输过程中货物的毁损、灭失承担赔偿责任。但是，承运人证明货物的毁损、灭失是因不可抗力、货物本身的自然性质或者合理损耗以及托运人、收货人的过错造成的，不承担赔偿责任。

《合同法》第 117 条　因不可抗力不能履行合同的，根据不可抗力的影响，部分或者全部免除责任，但法律另有规定的除外。当事人迟延履行后发生不可抗力的，不能免除责任。

本法所称不可抗力，是指不能预见、不能避免并不能克服的客观情况。

第 118 条　当事人一方因不可抗力不能履行合同的，应当及时通知对方，以减轻可能给对方造成的损失，并应当在合理期限内提供证明。

理解与适用

一、不可抗力的含义

不可抗力的一般规定在《民法典》总则编第 180 条中。根据该条第 1 款，“因不可抗力不能履行民事义务的，不承担民事责任。法律另有规定的，依照其规定”。根据该条第 2 款，不可抗力是不能预见、不能避免且不能克服的客观情况。

根据本条第 1 款，因不可抗力不能履行合同的，根据不可抗力的影响，部分或者全部免除违约责任，但法律另有规定的除外。当事人迟延履行后发生不可抗力的，不能免除违约责任。关于如何界定不可抗力，请参阅《民法典》总则编第 180 条释评。在此处，提示注意以下几个要点。

第一，不能预见与不能预测应予区分。所谓不能预见，是指可能预测但无法预见，对于地震、海啸，虽然可以认知、监测，甚至在一定范围内预测，但在订立合同时对于其发生的具体时间、范围均无法预见。可预见性在不同历史时期有不同内涵。在近代以前，人们对台风没有较强的监测技术，更谈不上预见。在气象卫星技术应用之后，人们对台风便有了较强的预测能力，能够提前数日进行较为准确的预测。在这种情况下，对于与天气变化有密切联系的合同来说，即使按照交易习惯，当事人也应谨慎关注天气状况；当事人不能轻易以台风、暴雨属于不可抗力为由主张免除一切违约责任，因为在订立合同时当事人有可能将这类天气现象加以考虑并提前在合同中作出相应安排。不过，对于地震、海啸、山体滑坡等自然灾害，即使可以提前数秒钟或者更长时间进行预测，对于交易来说显然也缺乏实际意义，这类现象属于典型的不可抗力。

第二，所谓不能避免，是指即使尽最大努力也不能采取合理的措施予以避免。所谓不能克服，是指尽最大努力也不能克服。至于何种努力程度可谓最大努力，不能基于当事人的主观标准进行判断。如果采取该合同中当事人的主观标准加以判断，那么不可抗力便会“因人而异”，显然不利于交易安全；相反，应当基于社会生活的通常观念，从普通人的客观标准出发加以判断。一般而言，自然灾害、战争、军事冲突是典型的不可抗力；新型传染病带来的物价波动不构成不可抗力，但是为防治传染病而实施的政府命令则往往是不可抗力；某一线城市市政府发布所谓“限购令”，将二套房首付款占房屋价款的比例从 30%提高至 70%的，在房价高企的一线城市既可能构成不可抗力，也可能带来合同基础的嗣后变化（情势变更）。

二、不可抗力与违约损害赔偿

本条是关于不可抗力与违约责任免除的规定，是总则编第 180 条的具体规定。首先应予明确的是，在不可抗力导致债务不履行的范围内，部分或者全部免除违约损害赔偿责任。原因在于，在实行无过错责任的领域，不可抗力是法定免责事由，只要具备该事由，违约损害赔偿责任便不成立。关于违约损害赔偿的构成要件，请参阅第 577 条释评第三部分。

不可抗力导致不能履行合同的，不影响当事人的解除权、减价权。该两项权利的行使不以债务不履行方具有可归责性为前提条件。不可抗力导致不能履行，合同目的无法实现的，当事人可以依据《民法典》第 563 条第 1 款第 1 项解除合同。不可抗力导致不能履行，合同目的部分无法实现的，当事人可以依据《民法典》第 582 条减少价款或者报酬。

根据本条第 2 款，当事人迟延履行后发生不可抗力的，不免除其违约责任。其主要适用于债务人迟延。债务人迟延给付后，即使发生不可抗力导致给付不能，也不免除违约损害赔偿责任。本条第 2 款可在有限范围内类推适用于债权人迟延。债权人受领迟延后，发生不可抗力导致其受领不能的，仍按照普通情形中的受领迟延处理，债务人仅对故意或者重大过失负责。关于不可抗力导致的债权人迟延效果，请参阅第 589 条释评第三部分。

三、不可抗力与实际履行、违约金

不可抗力能否排除实际履行、违约金责任?[①] 对此需要具体分析。本条中的“不能履行”既可以是一时的给付不能，也可以是永久的给付不能。不可抗力导致一时的给付不能的，依据《民法典》第 580 条第 1 款，履行请求权暂时被排除。不可抗力导致永久的给付不能的，依据该条第 1 款履行请求权永久被排除。不过严格地说，排除履行请求权的不是不可抗力这个“原因”，而是给付不能这个“结果”。

至于违约金责任，应当分别加以讨论。固有意义上的违约金旨在担保债务的履行，如果因为不可抗力导致债务不能履行，令债务人承担违约金有违担保目的，那么，在不可抗力导致合同不能履行的范围内，违约金责任也相应免除。赔偿性违约金本质上是损害赔偿额的预定，其属于损害赔偿的范畴。只要不可抗力导致违约损害赔偿全部或者部分免除，那么赔偿性违约金也应全部或者部分

---

① 王利明，崔建远．合同法新论总则．北京：中国政法大学出版社，2000：617.

免除。

四、通知义务和证明的提供

依据本条第1款第2句，当事人一方因不可抗力不能履行合同的，应当及时通知对方，以减轻可能给对方造成的损失，并应当在合理期限内提供证明。该通知义务是基于诚信原则而生的附随义务，尽管不可抗力造成不能履行给付义务，但当事人之间相互照顾的义务并不因此免除。不履行方怠于履行通知义务，给对方造成损失的，应承担违反附随义务的违约责任。

至于“在合理期限内提供证明”，其目的有二：一是避免当事人之间孳生纠纷，二是为债权人行使保险金请求权或者解决与第三人之间的纠纷提供协助。

五、约定的不可抗力条款

本条第1款第1句仅规定“但是法律另有规定的除外”，而未规定“但当事人另有约定的除外”。可见，只有在法律有特别规定的情况下，才会排除不可抗力的免责效果。这意味着，不可抗力免责之规定属于效力性强制性规定。原因在于，既然是不能预见、不能避免且不能克服的客观情况，令一方当事人承担违约的后果无疑向该方当事人分配过重的风险，有违无过错责任的规范目的，也往往有违公平原则和诚信原则。

本条属于效力性强制性规定，意味着当事人不能抽象地排除不可抗力免责规定的适用。如果当事人抽象地排除不可抗力免责规定的适用或者排除了不可抗力的核心内容（如将地震排除在不可抗力外），那就不当地加重违约方的责任，该约定因违反效力性强制性规定而无效。不过，当事人仍可以在合同中约定不可抗力的具体范围，特别是将处于模糊地带的事项加以明确，如疫情、骚乱。

在实践中，常见当事人在所谓的不可抗力免责条款中加入了本不属于不可抗力的事项（如供电中断）。这种约定仍然可能生效。只不过，这部分内容其实是当事人约定的普通免责事由，而非不可抗力事由。普通免责事由之约定是否生效，要适用《民法典》中有关格式条款、免责条款以及显失公平等方面的规定进行实质审查。

第五百九十一条

当事人一方违约后，对方应当采取适当措施防止损失的扩大；没有采取适当

措施致使损失扩大的，不得就扩大的损失请求赔偿。

当事人因防止损失扩大而支出的合理费用，由违约方负担。

本条主旨

本条是关于减损义务的规定。

相关条文

《合同法》第 119 条　当事人一方违约后，对方应当采取适当措施防止损失的扩大；没有采取适当措施致使损失扩大的，不得就扩大的损失要求赔偿。

当事人因防止损失扩大而支出的合理费用，由违约方承担。

理解与适用

一、减损义务的性质和内涵

减损义务属于不真正义务。减损义务是债权人在债务不履行造成损害之后，采取适当措施避免损失扩大的义务。违反该义务的后果是义务人遭受不利益，即就损失扩大的部分丧失损害赔偿请求权。债权人为防止损失扩大而支出的合理费用，属于损害的范畴。

本条中的“适当措施”是一个开放的不确定概念，在适用于具体案件时，须由法官作价值补充，使其具体化。①

二、减损义务和与有过失

在传统学说上，与有过失是指，受损害方对于损害的发生或扩大有过错的，应当相应减轻相对方的损害赔偿责任。本条对损失的扩大规定了与有过失规则，《民法典》第 592 条第 2 款对损失的发生规定了与有过失规则。在《民法典》通过之前，有学者便指出，在立法论上，“究竟是采单一的与有过失规则，还是采与有过失与减损规则并存的模式，实为一立法政策问题”，并认为并存模式较具实用性，因为两者的运作逻辑并不相同。②《民法典》在合同编中采取了并存模式或者说分立模式，在侵权责任编中采取了统一模式。按照《民法典》1173 条，被侵权人对同一损害的发生或者扩大有过错的，可以减轻侵权人的责任。该条显

① 韩世远．合同法总论．北京：法律出版社，2018：812.

② 同①.

然一并规定了损失发生场合的与有过失和损失扩大场合的与有过失。

由于《民法典》在合同编和侵权责任编对于与有过失的安排并不一致，与有过失便有广义和狭义之分。广义的与有过失是指受损害方对于损失的发生或者扩大有过错，狭义的与有过失仅指受损害方对于损失的发生有过错。在合同编采取分立模式的情况下，人民法院在违约场合适用法律时原则上应当区分受损害方究竟是对损失的发生存在过错，还是对损失的扩大存在过错，以便精准适用法律规定。不过，两者之间的界限可能不易划分。比如，在承揽合同中，定作人应当在承揽人所在地甲市检验标的物而未检验，从而未发现标的物不符合质量要求，然后运回自己位于乙市的工厂进行安装和使用，在使用之后才发现该物不符合质量要求。在这种情况，一般会产生运输费、拆卸费、因使用导致增加的修复费用，这些费用都属于广义上的与有过失所关照的对象。此时，严格区分哪部分损失适用减损规则，哪部分损失适用与有过失规则，恐怕不具有太大的实际意义，因为两项规则的原理和效果是一致的，都是按照受损害方过错的程度相应地减轻违约方的违约损害赔偿责任。其实，就拆卸费用和增加的修复费用而言，既可以看作损失的扩大，又可以看作一种新的损失发生。有鉴于此，在不易区分损失的发生和扩大时，人民法院可以通过同时援引本条和第 592 条来回避这种区分。

第五百九十二条

当事人都违反合同的，应当各自承担相应的责任。

当事人一方违约造成对方损失，对方对损失的发生有过错的，可以减少相应的损失赔偿额。

本条主旨

本条第 1 款是关于双方违约的规定。本条第 2 款是狭义的与有过失规定，是损害赔偿责任的限定规则之一。

相关条文

《民法典》第 1173 条　被侵权人对同一损害的发生或者扩大有过错的，可以减轻侵权人的责任。

《合同法》第 120 条　当事人双方都违反合同的，应当各自承担相应的责任。

理解与适用

一、双方违约

双方违约，是指双方当事人都违反合同义务。构成双方违约的条件只有一个，即当事人各方都违反了自己应当履行的义务。如果将本条第1款中的违反合同理解为违反合同中的给付义务，那么在单务合同中，因为只有一方负有给付义务，不会发生双方违约。[①] 不过，如果将本条第1款中的违反合同理解为违反合同中的各类义务，包括基于诚信原则而生的附随义务，那便不应将单务合同完全排除在本条第1款的适用范围外。比如，赠与合同中的赠与人违反给付义务、受赠人违反附随义务的，仍可构成双方违约。

在双方违约中，双方的违约行为是独立的。比如，客运合同中承运人未按要求提供相应的承运服务，旅客也违反规定携带危险物品，便属于双方违约。双方当事人中一方违反主给付义务，另一方违反受领义务的，也可能发生双方违约。比如，出卖人迟延交付货物，买受人在没有正当理由的情况下拒绝受领，便构成双方违约。这种情况在实践中并不少见。如果一方只是在另一方违约后对损失的扩大存在过错，那便属于违反减损义务的情形，不属于双方违约。[②] 可见，双方违约不应包括违反不真正义务的情形。

在《民法典》通过之前，学说上对于《合同法》第120条[③]是否属于与有过失规则有所讨论。严格地说，《合同法》120条和本条第1款并未明确处理违约方的责任是否因受损害方的过失而得以减轻的问题。[④] 该规定的意旨仅仅是，主张违约责任的一方当事人也违约的，对方亦可向其主张违约责任。

二、损害发生上的与有过失

（一）广义的与有过失和狭义的与有过失

基于公平原则，在受损害方自身对于损害的发生或扩大有过错时，有必要对前述完全赔偿原则进行缓和，这便是与有过失规则产生的原因。按照传统学说，与有过失是指受损害方对于损害的发生或扩大有过错的，应当相应减轻相对方的

---

① 王利明，崔建远．合同法新论总则．北京：中国政法大学出版社，2000：603；郭明瑞，房绍坤．合同法学．上海：复旦大学出版社，2016：181.

② 郭明瑞，房绍坤．合同法学．上海：复旦大学出版社，2016：181.

③ 其规定："当事人双方都违反合同的，应当各自承担相应的责任。"

④ 郭明瑞，房绍坤．合同法学．上海：复旦大学出版社，2016：189.

损害赔偿责任。该规则是违约损害赔偿与侵权损害赔偿的共通规则。《民法通则》第131条、《侵权责任法》第26条对此有专门规定。《民法典》第591条对损失的扩大规定了减损义务，其属于广义上的与有过失规则。

在《民法典》合同编典型合同分编中，存在具体的与有过失规定。比如，《民法典》第823条第1款规定："承运人应当对运输过程中旅客的伤亡承担赔偿责任；但是，伤亡是旅客自身健康原因造成的或者承运人证明伤亡是旅客故意、重大过失造成的除外。"在客运合同中，将乘客安全运送至目的地是承运人的主给付义务，对于乘客的伤亡承运人负无过错责任。但乘客因携带危险物品等而造成自身伤亡的，根据其过错程度相应减轻甚至免除承运人的损害赔偿责任。

在《民法典》通过之前，损害发生上的与有过失规则通过2012年发布的《买卖合同司法解释》得以确立。该司法解释第30条规定："买卖合同当事人一方违约造成对方损失，对方对损失的发生也有过错，违约方主张扣减相应的损失赔偿额的，人民法院应予支持。"鉴于买卖合同在有名合同中处于基础地位，该条规定基本上在合同法领域确立了损害发生上的与有过失规则。在《民法典》通过之后，本条借鉴了《买卖合同司法解释》第30条，在第2款作出规定："当事人一方违约造成对方损失，对方对损失的发生有过错的，可以减少相应的损失赔偿额"，从而明确承认了损害发生上的与有过失规则。

（二）损害发生上的与有过失在债法中的不同规定

与有过失规则是对损害赔偿的限定规则之一。在传统债法上，无论是违约损害赔偿还是侵权损害赔偿，任何债务不履行责任都可适用与有过失规则，故往往予以统一规定。比如，《日本民法典》第418条规定，对于债务不履行及其所生损害的发生或者扩大，债权人有过失的，法院在对此予以考量后，确定损害赔偿责任及其数额。

在我国法上，《民法典》合同编和侵权责任编分别对与有过失作出规定。两者的不同在于以下两点。第一，侵权责任编对于损失发生上的与有过失和损失扩大上的与有过失采取统一模式。《民法典》第1173条规定："被侵权人对同一损害的发生或者扩大有过错的，可以减轻侵权人的责任。"该规定采取广义的与有过失概念，既包括受损害人对损害的发生有过错，又包括受损害人对损害的扩大有过错。第二，《民法典》侵权责任编中对于受损害人故意造成自身损害的情况，直接排除行为人的责任。《民法典》第1174条规定："损害是因受害人故意造成的，行为人不承担责任。"之所以作此规定，是因为损失完全是受害人自己造成的，与所谓的行为人之间不存在因果关系。比如，甲谨慎地驾驶机动车通过十字路口时，乙故意冲到车前，造成自身伤亡的，甲不承担损害赔偿责任。在合同关系中，一方当事人故意导致对方不履行债务的情形固然少见，但在法理上并无二致，应作同等处理。比如，买受人在出卖人交付标的物之前故意焚毁该标的物，致使给付不能的，买受人的所谓损失与出卖人之间不存在因果关系，出卖人自然不承担违约责任。

三、受损害方承担风险的事由

在合同法上，应对与有过失进行目的论扩张，使其不仅包括受损害方的过错，还包括受损害方虽然无过错但应由其承担风险的事由。按照《国际商事合同通则》第 7.4.7 条，有的风险应由受损害方承担，此时产生的损失不应由违约方承担。比如，出租人违反合同提前终止租赁合同的，作为餐饮业经营者的承租人本可以就其剩余租赁期限的营业损失寻求赔偿，但如果因为附近出现食源性传染病导致该段期间内承租人无法正常营业，那么承租人便不得就该期间内的营业损失寻求赔偿。餐饮行业可能因食源性传染病而遭受损失，这属于餐饮业经营者应当承担的风险。不过，这不影响承租人要求就建立替代性交易而额外支出的费用要求赔偿，也不影响承租人以租赁期限不满为由主张减少相应租金。

第五百九十三条

当事人一方因第三人的原因造成违约的，应当依法向对方承担违约责任。当事人一方和第三人之间的纠纷，依照法律规定或者按照约定处理。

本条主旨

本条是关于违约责任相对性的注意性规定。

相关条文

《合同法》第 121 条　当事人一方因第三人的原因造成违约的，应当向对方承担违约责任。当事人一方和第三人之间的纠纷，依照法律规定或者按照约定解决。

理解与适用

一、违约责任的相对性与无过错责任

本条规定的源头是《民法通则》第 116 条。[①] 该条规定："当事人一方由于

① 江平．中华人民共和国合同法精解．北京：中国政法大学出版社，1999：100．关于本条在《合同法》制定过程中的演变，参见周江洪．《合同法》第 121 条的理解与适用．清华法学，2012（5）：153.

上级机关的原因，不能履行合同义务的，应当按照合同约定向另一方赔偿损失或者采取其他补救措施，再由上级机关对它因此受到的损失负责处理。”本条中的第三人不仅能够涵盖国家机关，还包括普通民事主体。① 需要注意的是，国家机关发布行政命令，一方当事人不可抗拒，进而出现债务不履行的，应适用《民法典》第590条有关不可抗力的规定，免除该方当事人的违约责任。

学界对本条的理解存在分歧，对“第三人”范围有不限定说和限定说之分，对本条的命运则有维持论、限制论、废除论之争。② 按照通说，本条一方面体现了合同相对性原则，另一方面明确了无过错责任原则或者说债务人为通常事变负责的原则。③ 就第一点而言，立法者主要通过本条防止在审判实践中动辄将第三人拉进来，作为第三人参加诉讼，甚至在纠纷双方没有争议的情况下，判决第三人承担责任。④ 在本条体现了合同相对性原理这一点上，学界基本上没有争议。就第二点而言，本条规定“因第三人的原因”而非“因第三人的过错”，主要是为了与无过错责任相搭配。比如，债务人在运输货物过程中遭受交通事故，原因是另一辆机动车的驾驶员甲突发严重疾病导致车辆失去控制，尽管债务人与第三人甲均无过错，货物受损的，债务人仍应向债权人承担违约损害赔偿责任。不过，《民法典》所规定的典型合同并非都实行无过错责任。比如，委托合同实行过错责任，在受托人无过错的情况下，受托人因为第三人原因陷入债务不履行的，不承担违约责任。

笔者认为，如果将本条理解为具有明确构成要件和法律效果的规定，那就必须对第三人的范围、类型以及“第三人的原因”的样态进行具体分析，并分别探讨各种情形下的法律效果。由于法律规定过于概括，本条的适用难以具有统一性和确定性。为了避免这种不统一性和不确定性，本条适宜被界定为关于违约责任相对性的提示注意规定，而不是具有完整构成要件和特定适用范围的规定。⑤ 判决债务人承担违约责任的，必须依据《民法典》第577条等其他有关违约责任的规定。

---

① 王利明．合同法研究：第二卷．北京：中国人民大学出版社，2015：454.

② 谢鸿飞．合同法学的新发展．北京：中国社会科学出版社，2014：520－523.

③ 郭明瑞，房绍坤．合同法学．上海：复旦大学出版社，2016：182；韩世远．合同法总论．北京：法律出版社，2018：756；王利明．合同法研究：第二卷．北京：中国人民大学出版社，2015：454；陈小君．合同法学．北京：中国政法大学出版社，2014：183.

④ 梁慧星．读条文学民法．北京：人民法院出版社，2014：207.

⑤ 有学者认为应当废止本条。解亘．论《合同法》第121条的存废．清华法学，2012（5）：143. 多数学者试图通过解释论澄清本条如何理解和适用。

二、债务人对履行辅助人的行为负责

对于本条是否属于有关履行辅助人的规定，存在不同意见。履行辅助人是履行债务人使用的人，既包括一时性使用的人，又包括继续性使用的人；既包括按照债务人的指挥、命令而如同债务人手足一样的人，又包括独立的企业，如物流企业。① 在违约损害赔偿责任实行无过错责任的前提下，债务人不仅对履行辅助人的过错负责，原则上还对履行辅助人无过错的行为负责。质言之，只要是履行辅助人的原因造成债权人的债权不能实现，债务人（而非履行辅助人）原则上就对债权人承担违约责任。不过，这并不意味着在辅助人侵害债权人固有权益时，也都由债务人承担侵权责任；此时，应当按照侵权责任编的规定来予以处理。对于债务人的雇员，债务人应当按照《民法典》第 1191 条承担雇主责任；对于独立的辅助人，应当适用或者类推适用《民法典》第 1193 条，债务人只有在选任、指示等方面存在过错时，才对辅助人的侵害行为负责。概言之，有必要区分以下两种情形：（1）因辅助人的原因造成债权人的合同债权不能实现，债务人对履行辅助人的行为负责，对债权人承担违约损害赔偿责任；（2）因辅助人的过错造成债权人的固有利益受到损害，区分不同情形判断债务人是否对辅助人的侵害行为负责，是否对债权人承担侵权损害赔偿责任。

将本条解释为关于履行辅助人的专门规定，难以契合文义和立法目的。回顾《合同法》的立法过程，这一问题自始便没有明确的答案。按照《〈中华人民共和国合同法〉立法方案》第 8 章第 1 节中的表述，“当事人应当对自己一方的第三人（如配件供应人、分包人、受托履行义务人）的原因造成违约负责。自己一方的上级机关的原因造成合同不能履行，也应适用此原则”②。不难发现，受托履行义务人只是第三人中的一种情形，配件供应人、分包人、上级机关都不是履行辅助人。在未采用“自己一方的”这一限定语的情况下，本条的适用范围显然较为宽泛，难以限定在履行辅助人这一类型范围内。其实，履行辅助人属于债务人一方，恰恰不适合将其归入第三人的范畴。③ 与其将本条解释为构成要件完整、法律效果明确的完全性法条，不如将本条解释为违约责任相对性的提示注意规定。这并不意味着《民法典》对履行辅助人的调整存在法律漏洞，因为债务人履行合同的方式本来就不仅包括由其命令雇员提供给付，也包括其委托独立的承运

---

① 陈华彬．债法总论．北京：中国政法大学出版社，2018：200.

② 韩世远．合同法总论．北京：法律出版社，2018：757.

③ 王利明．合同法研究：第二卷．北京：中国人民大学出版社，2015：454.

人等主体提供给付。这些行为都可通过解释纳入债务人履行合同义务的范畴。只要属于债务人履行合同义务，司法机关就应依据《民法典》第577条等有关“不履行合同义务或者履行合同义务不符合约定”的规定判决由债务人承担违约责任。

三、第三人侵害债权

第三人侵害债权是指，第三人以违背善良风俗的手段故意侵害合同债权，从而须对受损害方承担侵权损害赔偿责任。本条规定并非第三人侵害债权时损害赔偿责任的请求权基础规范。只要合同中的当事人主张违约责任，那便只能向合同中的相对人加以主张。如果合同中的当事人主张侵权责任，那便应根据侵权责任编的规定加以主张。

本条第2句是提示注意规定。所谓“当事人一方和第三人之间的纠纷”既可能是合同纠纷，也可能是侵权纠纷。比如，甲平台经营者和乙平台经营者之间签订协议，约定甲和乙在3年内互相不引诱对方平台内的主播跳槽，甲与其平台内的主播丙签订协议，约定后者应服务满3年才可终止合同。乙违反约定以高薪引诱丙离开甲平台的，甲可以分别向丙和乙主张违约责任。如果甲和乙之间不存在合同关系，那么甲不能向乙主张违约责任，也难以向其主张侵权责任，因为该高薪引诱行为本身是正常的市场竞争行为。第三人侵害债权的典型情形是，甲平台经营者与乙平台经营者之间有竞争关系，甲通过侵害主播丙的人身自由恶意阻碍其在乙平台开展直播活动，给乙造成损失的，属于以违背善良风俗的手段侵害乙的债权。在上述情形中，债务人与第三人之间的纠纷，都必须依照合同编、侵权责任编中的相关规定或者按照约定处理。

第五百九十四条

因国际货物买卖合同和技术进出口合同争议提起诉讼或者申请仲裁的时效期间为四年。

本条主旨

本条是关于涉外合同时效期间的规定。

相关条文

《民法典》第188条　向人民法院请求保护民事权利的诉讼时效期间为三年。

法律另有规定的，依照其规定。

诉讼时效期间自权利人知道或者应当知道权利受到损害以及义务人之日起计算。法律另有规定的，依照其规定。但是，自权利受到损害之日起超过二十年的，人民法院不予保护，有特殊情况的，人民法院可以根据权利人的申请决定延长。

《涉外民事关系法律适用法》第 7 条　诉讼时效，适用相关涉外民事关系应当适用的法律。

《合同法》第 129 条　因国际货物买卖合同和技术进出口合同争议提起诉讼或者申请仲裁的期限为四年，自当事人知道或者应当知道其权利受到侵害之日起计算。因其他合同争议提起诉讼或者申请仲裁的期限，依照有关法律的规定。

理解与适用

本条是对涉外合同的时效期间所作的专门规定，是《民法典》总则编第 188 条的特别规定。由于条文中所列举的两类合同往往存在合同有效期长、涉及金额大的特点，且都涉及国际贸易，所以如果适用一般诉讼时效，会产生对合同当事人权益保护不周的现象。有鉴于此，法律规定这两类合同的诉讼时效长于其他合同的时效。①

在我国《民法总则》生效之前，普通诉讼时效期间为两年。上述两类涉外合同与非涉外合同在诉讼时效上的差异较为显著。在我国《民法总则》生效之后，普通诉讼时效延长到 3 年，非涉外合同的时效期间与上述两类涉外合同的时效期间差异有所缩小。

要适用本条规定，前提是按照《涉外民事关系法律适用法》以及国际私法的相关规则，以《民法典》作为处理上述两类涉外合同纠纷的准据法。本条规定较长的时效期间，也可鼓励当事人选择《民法典》作为处理相关涉外合同纠纷的裁判依据。

---

①　江平．中华人民共和国合同法精解．北京：中国政法大学出版社，1999：105；胡康生．中华人民共和国合同法释义．北京：法律出版社，2013：221.

图书在版编目（CIP）数据

中国民法典释评：十卷本．合同编．通则/王利明主编．—北京：中国人民大学出版社，2020.8
ISBN 978-7-300-28382-1

Ⅰ.①中… Ⅱ.①王… Ⅲ.①民法-法典-法律解释-中国②合同法-法律解释-中国 Ⅳ.①D923.05

中国版本图书馆 CIP 数据核字（2020）第 123690 号

中国民法典释评·合同编·通则
主　编　王利明
副主编　朱　虎
Zhongguo Minfadian Shiping • Hetong Bian • Tongze

出版发行	中国人民大学出版社		
社　　址	北京中关村大街 31 号	**邮政编码**	100080
电　　话	010－62511242（总编室）		010－62511770（质管部）
	010－82501766（邮购部）		010－62514148（门市部）
	010－62515195（发行公司）		010－62515275（盗版举报）
网　　址	http://www.crup.com.cn		
经　　销	新华书店		
印　　刷	涿州市星河印刷有限公司		
规　　格	170 mm×240 mm　16 开本	**版　　次**	2020 年 8 月第 1 版
印　　张	41.75 插页 3	**印　　次**	2020 年 12 月第 2 次印刷
字　　数	755 000	**定　　价**	1 860.00 元（十卷本）